RECUEIL

DES

INSCRIPTIONS

GRECQUES ET LATINES

DE L'ÉGYPTE

33396749

RECUEIL
DES
INSCRIPTIONS
GRECQUES ET LATINES
DE L'ÉGYPTE

ÉTUDIÉES DANS LEUR RAPPORT AVEC L'HISTOIRE POLITIQUE,
L'ADMINISTRATION INTÉRIEURE, LES INSTITUTIONS CIVILES ET RELIGIEUSES DE CE PAYS
DEPUIS LA CONQUÊTE D'ALEXANDRE JUSQU'À CELLE DES ARABES

PAR M. LETRONNE

TOME DEUXIÈME

PARIS
IMPRIMÉ PAR AUTORISATION DU ROI
A L'IMPRIMERIE ROYALE
M DCCC XLVIII

RECUEIL

DES

INSCRIPTIONS

GRECQUES ET LATINES

DE L'ÉGYPTE.

SUITE

DE LA PREMIÈRE CLASSE.

INSCRIPTIONS RELIGIEUSES.

QUATRIÈME PARTIE.

HOMMAGES RELIGIEUX OU PROSCYNÈMES, ET ACTES DE PRÉSENCE
DES VOYAGEURS ANCIENS.

Nous voici parvenus à la quatrième partie des inscriptions portant un caractère religieux. Elle comprend tous les *proscynèmes,* c'est-à-dire toutes les inscriptions qui ont pour objet un hommage rendu, soit à la divinité d'un temple, soit à la beauté des édifices ou des lieux sacrés, expression de la piété ou de l'admiration des voyageurs. Sans doute la plupart d'entre elles n'ont point l'importance de celles qui sont entrées dans le premier volume; il en est cependant un grand nombre qui offrent aussi beaucoup d'intérêt, parce qu'elles renferment des indications neuves et précieuses. Les personnages qui les ont tracées, en nous faisant part des motifs qui les amenaient dans ces lieux, des sentiments qui les animaient en présence des monuments égyptiens, ou des vœux qu'ils formaient pour leurs parents et leurs amis absents, nous ont appris une foule de détails qui seraient perdus si, par bonheur, la vanité humaine ne s'était glissée, comme toujours, dans l'expression même des meilleurs sentiments. Plusieurs de ces personnages, doués du talent poétique, d'autres qui ne faisaient qu'y prétendre, ne se sont pas contentés d'une simple énumération de leurs noms et de leurs qualités; ils ont développé leur pensée ou décrit leurs impressions dans des pièces de vers plus ou moins étendues, dont plusieurs ne seront pas déplacées à côté des meilleures de l'anthologie, et dont aucune n'est indifférente pour l'histoire de la langue grecque.

Quant aux fonctionnaires publics, amenés par l'exercice de leurs charges dans ce lieu reculé, ils ont rarement négligé de faire étalage de leurs titres ou des honneurs dont ils étaient revêtus; ils ont souvent inscrit, au profit de leur amour-propre, la date précise de leur visite, et nous ont transmis des particularités qui perfectionnent d'une manière notable nos connaissances sur les principales branches de l'antiquité, sur la géographie, l'histoire, la chronologie, la numismatique et les usages administratifs ou civils.

Pour le classement de ces pièces si nombreuses et si variées, j'ai cru devoir suivre l'ordre géographique. Réunissant ensemble toutes celles qui appartiennent à un même lieu, j'ai rangé toutes les localités dans deux divisions, à savoir : 1° l'*Égypte* proprement dite, ou la vallée du Nil, depuis Philes jusqu'à la mer, et les déserts à l'est et à l'ouest du Nil; 2° la *Nubie,* ou la portion de la vallée du fleuve au-dessus de Philes. Les pièces relatives à chaque localité ont été disposées d'après l'ordre des temps : d'abord celles dont la date est précise, puis celles dont l'époque est marquée d'une manière vague, ou se conclut seulement de quelques indices plus ou moins certains.

SECTION Ire.

ÉGYPTE ET LES DÉSERTS DES DEUX CÔTÉS DU NIL.

§ I. PHILES.

OBSERVATIONS PRÉLIMINAIRES.

Outre les quatre inscriptions qui ont été expliquées dans le premier volume [a], importantes par leur objet et leur contenu, les voyageurs en ont découvert, dans cette île fameuse, et copié beaucoup d'autres dont la réunion formera, comme je l'ai dit [b], la collection la plus nombreuse de toutes celles qui se rapportent à une même localité égyptienne.

C'est que Philes, où la tradition égyptienne plaçait le tombeau d'Osiris, fut très-souvent visitée soit par de pieux voyageurs qu'attiraient la célébrité du lieu, la beauté de ses monuments, soit par les employés militaires ou civils qu'y appelaient les affaires dont ils étaient chargés.

Les *souvenirs* que les uns et les autres ont inscrits sur les parois des édifices sacrés de cette île se lient maintenant, jusqu'à un certain point, à l'histoire de ceux de ces édifices qui se rattachent au grand temple d'Isis.

Il existe, en effet, une évidente relation entre ce temple et toutes les constructions qui s'étendent de là, vers le midi, jusqu'à l'extrémité de l'île.

Si l'on aborde Philes par cette extrémité méridionale [c], on trouve d'abord un petit temple (*l*) bâti au bord du fleuve, sur le mur même du quai qui lui sert de soubassement; il ne se compose plus que de quatorze ou seize colonnes formant une enceinte sans plafond. Au devant de cet édifice, du côté du midi, s'élevaient deux petits obélisques posés sur le mur même du quai, qui leur formait un socle

[a] N°s II, VII, XXVI, XXVII. — [b] Introduction, p. xxiv, xxv. — [c] V. la pl. II, n° 2.

assez élevé. L'un d'eux, celui de l'orient, a été renversé dans le fleuve; l'autre, en grès, subsiste encore, privé seulement du sommet : sur le socle se lisent plusieurs inscriptions, tant égyptiennes que grecques. Ce temple, placé dans l'axe du grand pylône (g, h), est coordonné avec cette partie du temple, et avec cette partie seulement, puisque l'axe du temple lui-même est différent.

A partir de ce petit édifice (l) s'étend une colonnade (m) qui borde le fleuve à l'est, et se prolonge maintenant jusqu'à un point peu éloigné du grand pylône. Mais, comme l'extrémité septentrionale en est abattue, on ignore si elle ne s'étendait pas beaucoup plus loin vers le nord. Trente et une colonnes étaient encore debout lors de l'expédition française [a].

Les colonnes et le mur du fond de cette galerie sont entièrement couvertes de sculptures, dont quelques-unes conservent encore leurs couleurs.

Une autre galerie fait face à la précédente, commençant au midi, à quelque distance du temple (l), et se continuant vers le nord jusqu'à un petit édifice (e), qui est la chapelle d'Esculape (*Imouth*), dont l'inscription a été expliquée dans le premier volume (n° II).

Les deux colonnades ou galeries ne sont point parallèles; celle de l'ouest (l) suit la direction de la rive occidentale de l'île; l'autre est à peu près perpendiculaire au grand pylône : elles forment donc une cour irrégulière dont le pylône est le troisième côté, et le portique du temple le quatrième.

En avant du pylône, de chaque côté de la porte du milieu, s'élevaient deux petits obélisques en granit rose, précédés de deux lions accroupis, également en granit, dont l'un avait disparu. L'un de ces deux obélisques, déblayé par les soins de M. Bankes, a été transporté en Angleterre; c'est celui dont il a été question dans le premier volume [b].

Le *pylône* se compose, comme toutes les constructions de ce genre, d'une grande porte ou *propylon* (g) flanquée de deux massifs beau-

[a] Lancret, *Descript. de l'île de Philæ*, p. 20, dans la *Gr. descr. Ant. Descr.* t. I. — [b] P. 333-376.

coup plus élevés que cette porte[1]. Les parois de ces massifs offrent plusieurs rangées de grandes figures sculptées en relief dans le creux. A la rangée supérieure, les figures sont assises; à la rangée inférieure, elles sont debout. L'une d'elles, de chaque côté, représente un roi dans l'action de frapper un groupe d'ennemis qu'il tient réunis par leurs cheveux, sujet ordinairement sculpté sur ces massifs.

La face intérieure, celle du nord, tournée vers le temple, est aussi entièrement revêtue de sculptures.

Entre le pylône et le grand temple est une seconde cour irrégulière, bordée à droite, c'est-à-dire à l'est, par un portique de dix colonnes, qui a été entièrement terminé (k); derrière se trouvent diverses constructions auxquelles on communique par cinq portes; à gauche est un temple périptère (i) dont la façade et l'entrée sont tournées au sud, vers le grand pylône, dont ils touchent presque la paroi intérieure. Il a donc été nécessaire de pratiquer dans le pylône une porte (h) qui permît l'accès du temple. Cette porte indique que ce temple avait été construit antérieurement au pylône, ou, du moins, que, si ces deux édifices sont contemporains, ils ont été coordonnés l'un avec l'autre. C'est, sans doute, à cette circonstance qu'est dû le défaut de parallélisme de ce pylône avec le temple même. L'édifice i ayant été bâti en avant du grand temple d'Isis, dans un plan oblique, peut-être pour éviter de détruire des constructions antérieures existant en f, la direction du pylône a dû être parallèle au temple i, et conséquemment oblique par rapport au grand temple.

Celui-ci se compose : 1° d'un second pylône (pl. II, fig. 3, A); 2° d'un pronaos hypostyle (B), soutenu par dix colonnes, coupé en deux parties à l'époque chrétienne (b), pour faire de la partie c d une église; 3° du *naos* (C) divisé en plusieurs pièces.

---

[1] Sur le sens des mots πυλών et πρόπυλον voy. les Observations, au tom. I, p. 15 et 16. Je continuerai de donner le deuxième nom aux portes isolées, comme celles de Parembolé, de Pselcis et de Tentyra, réservant celui de *pylône* pour ces portes, lorsqu'elles sont flanquées de deux grands massifs, comme on en voit à Philes, à Apollonopolis Magna, à Thèbes, etc.

A ne considérer que la disposition relative de ces diverses parties, il est clair que le grand temple est la construction la plus ancienne de toutes; que le petit temple périptère (*i*) a été construit ensuite, et que la colonnade (*k*) qui forme le côté méridional, ayant été disposée parallèlement à ce temple, a été subordonnée à cet édifice, et doit être contemporaine, si elle n'est pas postérieure; enfin, que la même conséquence s'applique au pylône qui a été construit dans une évidente relation avec les édifices qui forment les parties latérales de la cour.

Ces observations, tirées de la disposition seule des constructions, ont été confirmées par les cartouches hiéroglyphiques qui donnent l'époque relative de chacune d'elles.

Quand on lit la description fort exacte (quoique non terminée par l'auteur) que Lancret a donnée des monuments de cette île, on est loin de soupçonner qu'ils n'appartiennent pas tous à la haute antiquité pharaonique. D'après l'opinion généralement admise à l'époque où il écrivait, Lancret, qui ne tarit pas sur la beauté de l'architecture, sur la richesse ou le fini des bas-reliefs de ces édifices, ne doute nullement que le tout ne soit du beau temps de l'art égyptien; que les plus anciens de ces édifices, comme le grand temple et le petit temple périptère, ne soient de l'époque où le Lion était solsticial, c'est-à-dire de vingt-cinq siècles au moins avant notre ère, et que les plus récents d'entre eux ont encore précédé de beaucoup la conquête des Perses[a].

Un fait observé et signalé par plusieurs savants de la Commission d'Égypte, a été le premier indice qui m'a conduit à penser que les sculptures du temple de Philes ne pouvaient être aussi anciennes qu'on le croyait.

« Le pylône, dit M. Jomard, est décoré de figures colossales,
« sculptées en creux, et placées sur plusieurs rangs. Si vous consi-
« dérez le rang inférieur des figures colossales qui ornent la face méri-
« dionale du grand pylône, vous apercevez des inscriptions grecques

[a] *Descript. de Philæ*, § X, p. 58, 59.

« tracées négligemment[1] l'une sous l'autre, et dont on ne voit plus
« que ce qui est entre les figures et les parties lisses de la muraille;
« mais, comme ces figures sont en relief dans le creux, de manière
« que la partie saillante est dans le plan du mur, on trouve encore
« quelques lettres de ces mêmes inscriptions vers le milieu des figures
« et de leurs membres. Il y a aussi des signes hiéroglyphiques peu
« visibles, qui semblent mêlés et confondus avec d'autres inscrip-
« tions grecques: ces inscriptions ont été entaillées manifestement
« et ont fait place aux hiéroglyphes et aux figures colossales. Cette
« circonstance me parut si extraordinaire, que je voulus la faire con-
« stater sur-le-champ par mes compagnons de voyage, notamment
« par MM. Lancret et Fourier; tous reconnurent que les inscriptions
« étaient *coupées et effacées par les sculptures de style égyptien.* Ainsi
« voilà des *inscriptions grecques* antérieures à la sculpture d'une partie
« du pylône[a]. »

Ce fait ne paraissait si extraordinaire que parce qu'il contrariait toutes les idées alors reçues. Pour l'expliquer, le même savant observateur conjectura que le pylône, bien que sculpté à l'époque pharaonique, n'avait peut-être pas été tout à fait terminé, et que, comme il restait à finir quelques figures, « des Grecs, sous les pre-
« miers Ptolémées, vinrent écrire leurs noms sur les parties restées
« libres. Ce qui subsiste de ces caractères, ajoute-t-il, se rapporte à
« Ptolémée Évergète plus qu'à tout autre. Si ces inscriptions étaient
« *postérieures, il serait difficile de soutenir notre opinion.* » Or, comme j'avais démontré que plusieurs de ces inscriptions antérieures aux sculptures sont des derniers temps de la domination grecque, cette opinion, de l'aveu même de l'auteur, devait tomber par le fait, et il fallait bien admettre que ces *sculptures égyptiennes* avaient été exécutées dans le cours du siècle qui a précédé la conquête de l'Égypte par les Romains. D'un autre côté, celles du pylône ne différant pas de celles du temple, il y avait là un puissant motif de croire que

---

[a] *Mémoire sur les inscriptions anciennes*, p. 8, dans la *Gr. descr. Antiq. Mém.* t. II.

[1] Pas plus négligemment que toutes les autres de ce genre.

toutes les sculptures qui décoraient ce grand édifice ne pouvaient guère remonter au delà de la dynastie lagide[1].

Peu de temps après que ces conséquences eurent été développées[a], MM. Huyot et Gau firent connaître le résultat de leurs observations sur le classement chronologique des édifices de style égyptien; et tous deux, sans avoir subi l'influence des idées nouvelles, qu'ils ne pouvaient connaître, s'accordèrent à mettre ceux de Philes dans la dernière époque. Leur jugement a été confirmé par tous les connaisseurs qui depuis ont visité ces monuments[2].

[a] V. notre *Introduction*, p. xiv et xv.

[1] Pour échapper à cette conséquence si contraire à l'opinion alors reçue, M. Jomard avait d'abord essayé d'expliquer d'une autre manière la rupture des inscriptions : « A « la vérité, dit-il, on pourrait hasarder une « explication, et dire que le pylône, étant « depuis longtemps terminé et sculpté, on « y appliqua un enduit sur lequel, dans la « suite, les voyageurs grecs écrivirent des « inscriptions; que cet enduit se brisa, et, « en tombant, emporta la plus grande partie « des caractères qui les composaient. » (Mémoire cité, pag. 9.) Mais ce judicieux observateur se hâte d'abandonner lui-même la conjecture, par cette raison péremptoire qu'on ne voit *d'enduit antique* sur aucun édifice *bâti*, les sculptures y étant toujours prises dans la pierre même. Il est certain, en effet, qu'un tel enduit n'existe que là où les chrétiens, ayant converti un temple en église, ont voulu cacher les sculptures païennes sous une couche de limon du Nil, recouvert d'un lait de chaux. Si je rappelle cette supposition, que son auteur qualifie lui-même de *toute gratuite*, c'est qu'elle a été, récemment encore, reproduite par un savant et spirituel voyageur, qui, en dépit des faits les plus positifs, persiste à ne pas croire que des sculptures égyptiennes ont pu être exécutées aux temps grecs et romains. (G. Parthey, *de Philis insula*, p. 19, 20, Berol. 1830; et *Wanderungen durch das Nilthal*, S. 361, Berl. 1840.) Il revient encore sur l'explication proposée, mais abandonnée par M. Jomard, en insistant sur l'effet de l'enduit prétendu. Quand on admettrait la réalité de cet enduit, qui n'a été employé qu'à l'époque chrétienne, on se demanderait encore par quelle singulière préoccupation les auteurs des inscriptions de la quatrième classe (plus bas, p. 10), pouvant les graver sur une surface libre, auraient justement choisi la place occupée par les figures égyptiennes, de manière que, pour avoir un plan lisse, ils auraient été obligés d'en remplir les vides par un enduit, et de cacher des figures que protégeait alors la piété publique. Le fait serait plus singulier encore pour les inscriptions de la troisième classe; car, en ce cas, ce ne sont pas les hiéroglyphes qui auraient pris la place des lettres, ce seraient celles-ci qu'on devrait apercevoir par-dessus les hiéroglyphes. Mais c'est peut-être trop insister sur une conjecture que repousse l'examen des faits.

[2] Voici le jugement qu'en porte Champollion : « La sculpture du grand temple,

PHILES. OBSERVATIONS PRÉLIMINAIRES.

En effet, Champollion, pendant son voyage, en 1828, a reconnu, par l'examen des cartouches hiéroglyphiques, qu'*aucun* des édifices de Philes ne remonte à l'époque proprement dite des Pharaons. Excepté le propylon, qui forme la porte principale du pylône, et le petit temple au sud, qui sont du temps de Nectanébo, premier roi égyptien de la trentième dynastie (vers 370 avant J. C.), toutes les autres parties de cet ensemble appartiennent aux temps grecs et romains, et leur époque relative cadre parfaitement avec ce qu'il était naturel de conclure de leur seule disposition.

Ainsi, dans le grand temple, le naos tout entier, avec le sanctuaire et les pièces adjacentes, appartient au temps de Ptolémée Philadelphe; le pronaos a été décoré par Évergète II, et le pylône par Philométor [a].

Le temple périptère, à gauche, a été dédié à Athor et consacré à la délivrance d'Isis, mère d'Horus, allusion à la délivrance de Cléopâtre, épouse d'Épiphane. Ce temple a été commencé par ce prince, sans doute pour rappeler la naissance de ses deux fils, dont l'un, Évergète II, a continué l'édifice. Il est donc, comme sa position seule le faisait présumer, postérieur au grand temple. Les bas-reliefs extérieurs qui le décorent n'ont été terminés que sous les règnes d'Auguste et de Tibère.

L'édifice de droite est aussi du temps de Philométor et de son frère, Évergète II, à l'exception d'une salle qui a été sculptée sous le règne de Tibère.

Les deux galeries qui se prolongent de chaque côté du pylône vers le midi appartiennent à l'époque romaine; aussi le petit nombre d'inscriptions qu'on y a trouvées sont toutes de cette époque.

Quant au grand pylône, Champollion a reconnu qu'il a dû être

---

[a] Champollion, *Lettres écrites d'Égypte*, p. 115, 116, 144, 164, 166.

commencée par Philadelphe, continuée sous Évergète I et Épiphane, Évergète II et Philométor, est digne en tout de cette époque de décadence; les portions d'édifices construits et décorés sous les Romains sont pires, et, quand j'ai quitté cette île, j'étais bien las de cette sculpture barbare. » (Champollion, *Lettres écrites d'Égypte, etc.* p. 115, 116.)

construit sous Philométor, après le petit temple périptère ; ce qui explique pourquoi la construction en a été subordonnée à celle de ce petit temple.

Ce pylône est la partie de tous ces édifices qui intéresse le plus notre sujet, puisqu'on trouve, sur cette partie seule, principalement à la face méridionale, une soixantaine d'inscriptions, c'est-à-dire environ les deux tiers de toutes celles qu'on a découvertes à Philes ; et qu'un bon nombre d'entre elles ont dû être tracées avant l'exécution des sculptures égyptiennes. Considérées sous ce rapport, les inscriptions du pylône peuvent être divisées en quatre classes distinctes :

1° Celles qui sont encore intactes, ou, du moins, qui n'ont perdu quelques lettres que par l'effet naturel du temps. De celles-là il n'y a rien à conclure, quant à la question de savoir si elles sont antérieures ou postérieures aux sculptures égyptiennes, car leur état d'intégrité peut tenir à ce qu'elles furent tracées sur une partie du pylône qui n'aura point été sculptée plus tard, de manière que les inscriptions gravées antérieurement auront été respectées.

2° Celles qui, se trouvant au milieu de sculptures ou d'hiéroglyphes, n'ont cependant perdu aucune lettre, parce que le graveur a passé par-dessus les contours des sculptures pour ne pas les endommager. Ce qui démontre sans réplique que les sculptures existaient déjà lorsqu'on a tracé les inscriptions ; c'est le cas des n°s LXXII et LXXX, et il est à remarquer qu'ils se trouvent tous deux sur le propylon de Nectanébo, dont, en effet, la sculpture est antérieure à l'établissement des Grecs en Égypte. Aucune inscription de ce genre n'existe sur les autres parties du grand pylône ; circonstance qui, indépendamment de toute considération tirée des inscriptions mêmes, indique que les sculptures de ces parties sont d'une époque plus récente.

3° Celles où les ornements égyptiens tiennent la place de quelques-uns des signes ou des lettres qui les composent. Ici, il y a pleine évidence que ces lettres effacées ont été remplacées par les hiéroglyphes, et conséquemment que les inscriptions existaient lorsqu'on a tracé les figures.

4° Enfin celles dans lesquelles le commencement ou la fin des lignes subsiste, tandis que le reste a été enlevé; ce qui est le cas observé par les membres de la Commission d'Égypte. La conséquence qu'il en faut tirer est la même; car il est clair qu'elles avaient été tracées sur une surface plane qui fut sculptée postérieurement.

Les inscriptions se trouvent principalement sur le massif de gauche du pylône et sur le propylon de Nectanébo. Quant au massif de droite, on n'en trouve qu'auprès d'une seule figure (A), placée immédiatement à droite du propylon.

Les autres sculptures de ce côté du pylône n'en portent aucune; et, selon Champollion, elles doivent avoir été exécutées sous le règne de Philométor. Mais c'est longtemps après le règne de ce prince qu'on s'avisa d'y graver des inscriptions grecques; car il n'en est aucune qu'on puisse croire antérieure au règne de Ptolémée Alexandre. En voici la preuve:

Quelques-unes de ces inscriptions portent leurs dates, tantôt précises, avec indication de l'année, du mois et du jour, tantôt plus vagues, ne contenant que le nom du roi lagide ou de l'empereur. D'autres ne présentent aucun caractère chronologique explicitement exprimé, mais contiennent un indice qui permet au moins de déterminer avec certitude l'époque au delà de laquelle on ne peut les faire remonter.

Cet indice se trouve dans la forme arrondie des trois lettres Є, C et Ѡ, qui s'y trouvent, au lieu de la forme anguleuse, E, Σ, Ω. On sait maintenant, à n'en pouvoir douter, que les premières n'ont été en usage, dans les inscriptions lapidaires, qu'à la fin du second ou tout au commencement du premier siècle avant notre ère [a]. En Égypte, on n'en aperçoit la première trace qu'à la fin du règne d'Alexandre, entre les années 99 et 89 avant notre ère. L'inscription n° LVIII, qui est de cette époque, est le plus ancien exemple qu'on en connaisse, et le seul même qui existe de ce règne. Leur emploi devint bientôt après plus fréquent sous le successeur de ce prince et de

[a] Böckh, *Corpus Inscriptionum græcarum*, t. I, p. 85.

Sôter II, Ptolémée Aulète ; car, sur les inscriptions qui appartiennent à ce règne, il n'en est qu'une seule (n° LXXX) qui offre les lettres anguleuses E, Σ, Ω, lesquelles restèrent en usage beaucoup plus tard, puisqu'on les trouve dans les monuments de presque tous les temps de la période romaine.

Les formes arrondies, depuis très-longtemps usitées dans l'écriture des papyrus *posée* ou *cursive*, et dans l'inscription *ponctuée* de la plaque d'or de Canope (n° I), ne passèrent que tard dans l'écriture lapidaire ou numismatique. Si l'on trouve les lettres Є et C sur la médaille de Gentius, roi d'Illyrie, frappée vers 170 avant J. C., et dans celle d'Asea[a] (ΑCЄΑΤΩΝ), en Achaïe, qui est antérieure à l'an 144[b], en Égypte les médailles conservèrent constamment les formes carrées, jusqu'au temps de Marc-Antoine et de Cléopâtre[c]; car le prétendu Є, que d'Hancarville avait cru trouver sur un médaillon de Philadelphe[d], n'existe dans aucun des exemplaires connus de cette pièce[e].

Appliquant cette observation aux inscriptions du pylône, on voit que, s'il en est de la troisième et de la quatrième classes qui soient écrites avec les lettres de forme arrondie, ce sera une preuve manifeste que les sculptures égyptiennes n'auront pu être exécutées avant la fin du règne d'Alexandre; et, si le nombre en est proportionnellement fort considérable, ce sera un indice assez clair qu'elles sont du temps où les lettres de cette forme étaient devenues fort en usage, c'est-à-dire qu'elles sont du règne d'Aulète ou de sa fille Cléopâtre.

J'ai déjà dit que, sur le massif de droite, il n'en existe qu'auprès d'une seule figure que j'appelle A; là se trouvent le plus grand nombre de celles qui ont été coupées par la sculpture.

Cette figure a été représentée dans la grande description de l'Égypte[f], mais d'une manière incomplète. M. Gau[g] l'a donnée plus exactement, ainsi que MM. Lenormant et Wilkinson. Dans les

---

[a] Eckhel, *D. N.* t. II, p. 158; Visconti, *Iconogr. gr.* t. II, p. 118. — [b] Eckhel, t. II, p. 232. — [c] Plus bas, p. 90, 92. — [d] *Rech. sur les arts, etc.* t. II, p. 193. — [e] Cf. Eckhel, t. IV, p. 8; Mionnet, *Descript des médailles, etc.* t. VI, p. 17, n°ˢ 144—149; Visconti, *Iconogr. gr.* pl. 54, n° 1. — [f] *Antiq. Planches*, t. V, p. LV, n° 5 — [g] Pl. XI.

inscriptions qui ont été gravées derrière, à gauche, on ne distingue plus que le commencement des lignes, et parfois quelques lettres conservées sur le relief. Le sculpteur, en traçant le creux qui marque le contour extérieur de la figure, n'a pas même pris la peine de gratter la partie convexe, en sorte que les lettres du milieu sont encore visibles. Ce qui est resté de ces inscriptions suffit pour montrer que ce sont des *proscynèmes*. Il en est plusieurs dont on peut, sans incertitude, restituer la partie principale, celle qui nous en fait connaître la date; la suite est souvent impossible à restituer, mais l'important est d'en saisir le sens général, et c'est à quoi l'on peut toujours parvenir.

Les lettres qu'on aperçoit le long du corps, à la partie antérieure, paraissent être la fin des inscriptions qui commencent de l'autre côté. Une seule est distincte, mais il n'en reste que le milieu. Celle qui est en avant du bras a été coupée obliquement, de sorte que les premières lignes sont presque entières.

Les inscriptions au bas de la figure sont à peu près intactes, quoique mêlées encore avec des ornements hiéroglyphiques, tracés postérieurement. En cet endroit de sa copie, sir Gardner Wilkinson a écrit ces mots: « Colonne d'hiéroglyphes taillés par-dessus le « grec (*column of hieroglyphics cut over the greek*). » Une inscription de l'an xiv d'Auguste (n° CIX), tracée par-dessus la moulure, indique que la figure était terminée à cette époque.

De toutes ces inscriptions il n'en est que trois (dont une seule porte la date de Ptolémée Alexandre) qui présentent les lettres carrées; dans les autres on voit les formes Є, C, ω; ainsi la figure n'a pu être sculptée avant le règne d'Alexandre, et elle a pu l'être beaucoup plus tard. Au bas, une inscription de l'an ii de notre ère (n° CXV) a été tracée *par-dessus* la moulure de l'encadrement. A cette époque, toute cette figure était sculptée; elle a dû l'être dans le cours du premier siècle avant notre ère.

Sur le propylon de Nectanébo sont deux bas-reliefs (B, C) placés, à la même hauteur, sur les deux montants de la porte. Ces bas-reliefs représentent le roi Nectanébo faisant son offrande à une divinité. Entre les deux figures, sur chacun des deux bas-reliefs, se trouvent plusieurs inscriptions qui toutes ont été gravées après l'exécution des sculptures, comme cela résulte de caractères certains.

M. Huyot, le premier voyageur qui ait copié l'inscription n° LXXII, m'a donné ce renseignement curieux, que, pour la lire, il fut obligé de gratter la *couleur qui remplissait la trace des lettres;* ce qui prouve, sans réplique, qu'après l'an XII d'Aulète, époque de cette inscription, on recouvrit les sculptures de ce propylon de nouvelles couleurs, les anciennes se trouvant effacées. Cette opération eut lieu, sans doute, à l'époque où la dernière main fut donnée aux ornements des massifs du pylone, époque qui est du temps d'Auguste, ainsi qu'on le verra par la suite.

Au massif de gauche, les inscriptions se trouvent en trois places différentes, auprès des figures D, E et F.

La figure D, contiguë au propylon de Nectanébo, n'a d'inscription qu'à la partie inférieure. On n'en trouve plus que trois (outre quelques débris informes) : l'une, du règne de Ptolémée Alexandre, ne conserve que les premières lettres de chaque ligne; le reste a été enlevé par le sculpteur; l'autre, du règne d'Aulète, est entière, mais cela ne prouve pas qu'elle soit postérieure à la figure, car elle a été commencée assez loin à gauche pour que la fin des lignes ait pu n'être pas touchée par le ciseau égyptien.

Le petit nombre de lettres mêlées à quelques-unes des lignes de celle-ci, et qui ne peuvent s'y lier, appartiennent évidemment à des inscriptions antérieures à la sculpture; or, parmi ces lettres, on aperçoit un ω, qui ne permet pas d'assigner à cette figure une date plus ancienne qu'à celle de l'autre massif (A).

La figure E, de proportion beaucoup plus petite que les deux autres, est surmontée du signe hiéroglyphique qui indique *un pays* (*kah* en copte); il est donc vraisemblable qu'elle représente un dieu *kah*, peut-être le génie même de l'île.

Quoi qu'il en soit, on aperçoit autour de ses épaules et de son bras étendu des débris d'inscriptions mutilées par le ciseau du sculpteur. Les formes des lettres y sont carrées, ainsi que dans une autre coupée par le pied gauche. Une dernière, à côté de la jambe droite, contient le C et l'Ꞓ, ce qui indique la même époque que pour les figures A et D.

En avant sont trois colonnes d'hiéroglyphes, que sir Gardner Wilkinson n'a point copiées, et qu'il désigne seulement par ces mots : *line of hieroglyphics cut over the greek;* et, en effet, les deux dernières lignes d'une inscription ont été évidemment mutilées par suite de la sculpture de ces hiéroglyphes.

Au-dessus de la tête il en est deux autres entières qui sont du commencement du règne d'Aulète; mais rien ne peut indiquer qu'elles aient été placées avant plutôt qu'après que la figure a été sculptée.

La figure colossale F, la dernière du pylône, est entourée d'inscriptions au nombre d'environ dix-sept, qui ont été gravées, tant au-dessus du bras gauche qu'entre ses jambes et en avant de la jambe gauche, entre celle-ci et la porte du petit propylon (2) qui conduit au temple périptère.

De toutes ces inscriptions il n'en est que deux qui puissent être de l'époque ptolémaïque, et, au plus tôt, du temps de Ptolémée Aulète. Toutes les autres sont de l'époque romaine et du règne d'Auguste, à l'exception d'une seule qui est de celui de Tibère.

Deux d'entre elles, qui appartiennent aux premières années d'Auguste, ont été coupées par la sculpture. D'une autre part, une inscription de l'an XIV de cet empereur (16 avant J. C.), a été tracée par-dessus la moulure de l'encadrement, après que celle-ci a été sculptée. Il semble donc que la dernière main a été mise à la figure avant cette année du règne d'Auguste.

Il résulte de l'ensemble de ces faits que les sculptures inférieures du massif de gauche du pylône ne sont point antérieures au règne d'Aulète, et qu'elles ont dû être terminées au commencement de celui d'Auguste, époque à laquelle doit appartenir le nouveau coloriage dont on revêtit les anciennes sculptures du propylon de Nectanébo, sans doute pour en mettre l'aspect en harmonie avec celles dont on avait orné le reste du pylône.

Il existe, sur les diverses parties de cet édifice, un assez grand nombre d'inscriptions qui portent la date d'une année, sans indication du prince au règne duquel se rapporte cette année; l'absence de tout nom royal peut jeter de l'incertitude sur leur époque. Je crois cependant qu'on peut se décider, à cet égard, avec toute assurance : dans toutes on trouve, sans exception, les formes Є, C, ω; elles sont donc tout au plus du temps de Ptolémée Aulète. D'une autre part, les titres de *parent*, qu'on trouve dans plusieurs, montrent qu'elles sont antérieures à la domination romaine. Leur date se renferme entre les années 81 et 30 avant notre ère, et elles ne peuvent appartenir qu'aux règnes de Ptolémée Aulète ou de ses enfants, Cléopâtre et ses deux frères. Mais il est bien vraisemblable que cette manière de compter concerne un même prince, et que les auteurs de ces proscynèmes, écrivant à côté les uns des autres, au-dessous d'inscriptions où le nom du prince était indiqué, se contentaient d'exprimer l'année, ce nom étant suffisamment entendu. Je les ai donc toutes rangées aux diverses années du règne d'Aulète. Plusieurs, sans avoir de date, s'y rapportent également, d'après plusieurs indices. En tout, les inscriptions de ce règne sont au nombre d'environ quarante. On voit par là que c'est principalement sous ce prince que de tels proscynèmes ont été écrits; le plus grand nombre des autres appartiennent au règne d'Auguste, époque qui vit, ainsi qu'on l'a dit plus haut, l'achèvement des sculptures du pylône.

Quant au classement de ces inscriptions, j'avais d'abord pensé à mettre ensemble toutes celles qui se trouvent sur une même partie des édifices de Philes, et, en premier lieu, toutes celles du grand pylône, figure par figure; mais je n'ai pas tardé à voir que cet arrangement avait l'inconvénient de séparer et d'écarter les unes des autres des inscriptions du même temps, qui se prêtent un jour mutuel. J'ai donc préféré de les ranger par ordre chronologique, en marquant, à l'article de chacune d'elles, la place qu'elle occupe sur les monuments; place, d'ailleurs, indiquée avec précision, pour celles du pylône, sur les pl. XVIII, XIX et XX, où les figures ont été tracées et les *fac-simile* reproduits fidèlement d'après les dessins de sir Gardner Wilkinson.

J'ai donc établi deux divisions générales : *Époque des Lagides; Époque des empereurs*. Cette séparation a pu se faire, avec une certitude complète pour la plupart, au moyen de caractères qui seront indiqués en détail. Dans chaque division, je commence par celles qui ont une date positive; je finis par celles qui, appartenant à cette division, ne peuvent être mises à une place précisément déterminée.

J'ai déjà dit[a] que le recueil entier des inscriptions de Philes n'a été obtenu que par les recherches successives de plusieurs voyageurs. La Commission d'Égypte[b] et M. Hamilton[c] n'en ont fait connaître qu'un très-petit nombre; M. Gau en a rapporté environ une soixantaine[d]; M. Lenormant et sir Gardner Wilkinson m'ont communiqué, outre de très-bonnes copies de la plupart de celles que l'on connaissait déjà, plusieurs pièces qui avaient échappé à leurs devanciers. Pour laisser à chacun de ces explorateurs la part qui lui revient dans cette utile collection, j'indiquerai, à chaque pièce, le nom de ceux auxquels on en doit la copie, désignant par les lettres C, E, la Commission d'Égypte; H, M. Hamilton; G, M. Gau; C, M. Cailliaud; L, M. Lenormant; et W, sir Gardner Wilkinson.

La collection de M. Gau a déjà été, de la part de Niebuhr, l'objet d'un travail préliminaire. Cet habile critique, qui était alors à Rome, fort occupé et privé de livres, n'a pu donner tous les soins nécessaires à une besogne si difficile. Il était le premier à le sentir, et il a réclamé plusieurs fois l'indulgence du lecteur, demandant de n'être point jugé à la rigueur sur un pareil essai. Pour nous, qui avons eu, pendant près de vingt ans, tout le loisir de revenir cent fois sur ces inscriptions, qui avons pu nous entourer d'une foule de renseignements qu'il n'a

---

[a] *Introd.* p. XXIV, XXV. — [b] *Ant.* t. V, pl. LV. — [c] *Ægyptiaca*, p. 52. — [d] *Ant. de la Nubie*, pl. XI et XII.

18 PROSCYNÈMES ET ACTES DE VISITE.

pu connaître, nous n'aurons pas grand mérite à nous être avancés plus loin que lui, et à donner un travail plus complet que le sien. Aussi nous nous garderons de relever tous les points où nous nous trouvons en dissentiment avec ce savant illustre, mais nous mettrons à profit, en ayant le soin de le citer, les observations judicieuses qu'un critique si profond et si pénétrant ne pouvait laisser échapper, même à une première vue. On juge, par ce qu'il a fait, de ce qu'il aurait pu faire, s'il avait pu ou voulu consacrer plus de temps à l'étude de ces documents si variés, dont toute l'importance ne se révèle qu'à une analyse approfondie et détaillée.

ÉPOQUE DES LAGIDES. AVANT PTOLÉMÉE AULÈTE.

LVII. (G. L. W.)

Cette inscription, placée au-dessus du pied de la figure (A), est antérieure à la sculpture des hiéroglyphes, puisque ceux-ci ont été taillés par-dessus. Les copies de MM. Gau et Lenormant ne donnent que les trois premières lignes; la quatrième, que sir Gardner Wilkinson a seul copiée, contient un chiffre qui exprime la date:

Θεόδωρος Διοδώρου	Moi, Théodore, fils de Diodore
τῶν συγγενῶν ἥκω	un des parents, je suis venu
πρὸς τὴν κυρίαν Ἶσιν	vers la maîtresse Isis,
[L] ΛΕ, μεχείρ...	l'an XXXV, de méchir le....

L'expression τῶν συγγενῶν, pour ἐκ τῶν συγγενῶν ou εἶς τ. σ. (analogue à celle de τῶν φίλων), est aussi fréquente que celle de ὁ συγγενής, que nous avons déjà vue et que nous verrons encore plusieurs fois[a].

L'an XXXV peut appartenir, soit au règne simultané de Ptolémée Philométor et d'Évergète II, soit au règne de ce dernier, après la mort de son frère[b]. Dans le premier cas, la date serait de l'an 147, et, dans le second, de l'an 136 avant notre ère, qui est l'époque de

[a] Plus haut, tom. I, p. 79. — [b] Plus haut, t. I, p. 346 et suiv.

LVII, LVIII. PHILES. LAGIDES, AVANT AULÈTE. 19

la dédicace du temple de Pselcis[a]. C'est la plus ancienne date que j'aie trouvée dans les inscriptions du pylône de Philes.

La forme des caractères s'accorde bien avec l'époque qui résulte de cette date précise et avec la circonstance que les hiéroglyphes sont plus récents que le grec.

LVIII. (G. L. W.)

En avant de la figure D se lit ce *proscynème royal,* dont le principal trait se rencontre à la seconde ligne : TOYKAIA. Lorsque je n'avais que la seule copie de M. Gau, je pensais, pour éviter une difficulté chronologique que je croyais apercevoir, mais qui n'existe pas, que la dernière lettre devait être un Δ, et je lisais τοῦ καὶ Διονύσου; mais les deux copies de M. Lenormant et de sir Gardner Wilkinson, que j'ai reçues depuis, s'accordent avec celle de M. Gau pour donner un A et non un Δ. M. Lenormant a expressément déclaré[b] qu'il est certain de cette lettre. Ainsi il n'y a plus à hésiter; on ne peut lire que τοῦ καὶ Ἀ[λεξάνδρου]. Le reste est facile à restituer jusqu'à la septième ligne, après laquelle il devait y avoir des noms propres dont les traces subsistent encore.

Βασιλέω[ς Πτολεμαίου	Du roi Ptolémée
τοῦ καὶ Ἀ[λεξάνδρου	dit Alexandre
τὸ προσ[κύνημα,	le proscynème,
καὶ τῆ[ς βασιλίσσης	ainsi que de la reine
καὶ τῶ[ν τέκνων,	et de ses enfants,
παρὰ τ[ῇ κυρίᾳ Ἴσιδι,	auprès de la maîtresse Isis,
ἔγραψ[αν Ν....	l'ont écrit Ν....
Σωπ[άτρου καὶ	fils de Sopater, et
Χαιρ[ήμων ὁ υἱὸς	Chérémon son fils
αὐτ[οῦ L....	l'an..
με[χεὶρ....	de méchir le....

L'analogie de ce proscynème avec le suivant est frappante; la date de l'un et de l'autre peut être fixée dans des limites assez resserrées.

[a] Plus haut, t. I, p. 38 et 79. — [b] Dans le *Musée des Antiquités égyptiennes,* p. 53, col. 1.

3.

On a vu que les monuments du règne d'Alexandre Ier peuvent se diviser en plusieurs classes, d'après les caractères chronologiques différents qu'ils présentent; ce qui résulte de la présence ou de l'absence du nom de sa mère, laquelle fut exclue, à deux reprises, de la formule des actes publics[a].

Le nom de Bérénice, femme d'Alexandre, remplaça, dans les actes, celui de Cléopâtre, à partir de l'an 99 jusqu'à l'expulsion de ce prince, en 89, c'est-à-dire pendant dix ans.

Cette observation résout une grave difficulté[b], qu'on vient d'élever tout récemment sur l'époque de l'avénement de Ptolémée Aulète, fait qui, dans le tableau du tome I[er][c], a été fixé à l'an 81 avant notre ère.

Plusieurs savants chronologistes, entre autres M. Champollion-Figeac[d], admettent qu'Alexandre II, après le meurtre de Bérénice, sa belle-mère, que les Alexandrins l'avaient forcé d'épouser, régna encore huit ans, et qu'ainsi Aulète monta sur le trône en 73, et non en 81 avant notre ère. Mais cette opinion est contraire, 1° au témoignage d'Appien et de Porphyre[e], qui disent expressément qu'Alexandre II fut tué le dix-neuvième jour de son règne, le jour même de l'assassinat de Bérénice; 2° aux témoignages exprès du même Porphyre, d'Eusèbe et de Ptolémée, qui donnent vingt-neuf ou trente ans de règne à Ptolémée Aulète, et non pas seulement vingt-deux, et ne font pas même mention, dans leurs listes, de cet *Alexandre* II, qui cependant aurait régné huit ans; 3° contraire enfin au témoignage de Strabon, qui présente Aulète comme le successeur immédiat d'Alexandre Ier; ce qui ne peut s'expliquer que par la brièveté excessive du règne d'Alexandre II. Les arguments déjà présentés par Visconti, mais d'une manière incomplète[f], ont été repris et très-judicieusement développés par Saint-Martin[g]; ils ne pouvaient laisser aucun doute sur la fausseté de ce prétendu règne de huit ans.

---

[a] Plus haut, t. I, p. 77. — [b] Plus haut, t. I, p. 74. — [c] P. 79. — [d] Champ.-Figeac, *Annales des Lagides*, t. II, p. 240 et suiv. — [e] *Bell. civil.* I, c. 102; Porphyr, c. 123, l. 10, ap. Cramer, *Anecd. Paris.* t. II. — [f] *Iconogr. grecque*, t. III, p. 25, n. 1 et 2. — [g] *Nouvelles Recherches sur la mort d'Alexandre*, p. 97 et suiv. art. *Ptolémée XI*, dans la *Biographie universelle*, t. XXXVI, p. 242 et suiv.

LVIII. PHILES. LAGIDES, AVANT AULÈTE. 21

L'opinion dont je parle devait donc paraître détruite sans retour, lorsqu'un savant, qui a acquis dans ces études une grande autorité, M. Rosellini, est venu tout récemment la ranimer en produisant une preuve qui lui a paru assez forte pour remettre tout en question. Il remarque que l'enceinte du grand temple d'Edfou, qui est tout couvert de sculptures égyptiennes, porte exclusivement les noms hiéroglyphiques, très-souvent répétés, de Ptolémée *Alexandre* et de *Bérénice*[a], ce que Champollion avait également reconnu le premier[b]. Il suppose que ces princes sont Alexandre II et son épouse. S'il en était ainsi, la question serait décidée, car assurément ce n'est pas pendant un règne de *dix-neuf jours* que cet immense travail pouvait être exécuté. Le fait ne pourrait donc s'expliquer que si l'on admettait, dit M. Rosellini, qu'Alexandre II régna *huit ans* pour le moins. Ce raisonnement pèche par la base, car l'opinion que les cartouches hiéroglyphiques de l'enceinte d'Edfou sont ceux de ce prince est une hypothèse purement gratuite et fort peu vraisemblable. Quand on admettrait que ce prince eût régné huit ans encore après le meurtre de Bérénice, intervalle pendant lequel il aurait fait exécuter les sculptures de l'enceinte du temple d'Edfou, il serait impossible de comprendre qu'il eût joint à son nom celui de la reine qu'il avait si lâchement fait assassiner huit années auparavant. Mais toute difficulté disparaît, ces cartouches étant réellement ceux d'Alexandre Ier et de sa femme, qui s'appelait aussi *Bérénice*[c]. C'est dans un intervalle de dix ans, c'est-à-dire dans la dernière partie du règne d'Alexandre Ier et de Bérénice, que furent exécutées les sculptures d'Edfou.

Ainsi l'époque de l'avènement de Ptolémée XI reste définitivement fixée par l'accord de tous les faits, et ce point, que M. Rosellini regarde comme étant encore très-embrouillé, devient un des plus clairement établis de toute la chronologie des Lagides.

Le renouvellement de l'année julienne avait lieu le 1er janvier;

---

[a] *Monum. dell'Egitto et della Nubia, Mon. Stor.* t. II, p. 389, 59; t. IV, p. 358. — [b] *Lettres écrites d'Égypte,* p. 192. — [c] Champollien le jeune ne s'y était pas trompé. *Lettres écrites d'Égypte,* endroit cité.

celui des années égyptiennes vagues, entre le 12 et le 5 septembre, pendant les trente ans du règne de Ptolémée Aulète. Il s'ensuit que celles-ci commencent environ quatre mois avant les autres; ainsi les dates postérieures à janvier appartiendront à l'année julienne suivante; par exemple, les quatre premiers mois de la première année d'Aulète correspondront à l'an 81 avant notre ère; les huit autres mois, à l'an 80. C'est sur ce principe que sont ramenées au calendrier julien les dates des inscriptions de ce règne, indiquées dans le tableau des pages 96 à 98.

L'inscription prouve que la figure d'Isis D, sur le massif de droite du pylône, n'était pas encore sculptée dans la dernière partie du règne d'Alexandre Ier.

LIX. (G. L. W.)

La même conséquence s'applique à la figure A, puisque cette inscription se présente avec les mêmes circonstances que la précédente.

C'est aussi un *proscynème* royal, conçu dans les mêmes termes, et où le nom d'Alexandre n'est pas moins évident.

Le commencement des lignes ne laisse aucun doute: ΛΕΜ de la seconde ne peut appartenir qu'à ΠΤΟ]ΛΕΜ[ΑΙΟΥ, et ΑΔΕ de la troisième ne peut être que le commencement de ΑΛΕ[ΞΑΝΔΡΟΥ. Les lettres ΤΗϹ de la cinquième ligne tiennent à la formule καὶ] τῆ[ς [βασιλίσσης]. Le reste n'est plus qu'une affaire de formule et de nom.

Βασ[ιλέως Πτο-
λεμ[αίου τοῦ καὶ
Ἀλε[ξάνδρου τὸ
προσ[κύνη]μα [καὶ]
τῆ[ς βασιλίσσης
κ]α[ὶ τῶν τέκνων.

On remarquera la forme carrée du Ϲ. C'est le plus ancien exemple

LIX, LX. PHILES. LAGIDES, AVANT AULÈTE.

que je connaisse, en Égypte, de l'emploi de cette forme, qui est si fréquente dans les inscriptions de l'époque de Tibère[a]. Hors de l'Égypte, elle ne se montre non plus que vers le premier siècle avant notre ère[b].

LX. (G. L. W.)

Celle qui vient ensuite est certainement aussi un *proscynème* royal, commençant par ΒΑC (*ἱλέως*), mot suivi du nom Πτολεμαίου, dont la syllabe finale se trouvera dans les lettres ιογ, qui sont de l'autre côté du corps. Les lettres ΘЄ de la deuxième ligne sont le commencement de ΘЄοῦ; les trois lettres peu distinctes sur la partie connue nous cachent le titre du roi qui suivait le mot ϑεοῦ. On doit lire ainsi les quatre premières lignes :

> Βασ[ιλέως Πτολεμα]ίου
> ϑε[οῦ Φιλαδέλφου Σω]τῆρος,
> τ[ὸ προσ]κύν[ημα πε-
> π[οίηκε]παρὰ [τῇ κυρίᾳ] Ἴσιδι.

On ne peut plus distinguer le nom qui suivait ϑεοῦ; mais ΤΗΡΟC, à la fin de la ligne, annonce clairement Σω]τῆρος. Le roi était donc Ptolémée Sôter II, et le nom de Σωτήρ était précédé d'une autre épithète qui ne peut être que Φιλαδέλφου.

En effet, s'il y a quelque chose de certain, c'est que, dans ce proscynème royal, il n'était point question de la reine. C'est là une raison suffisante pour croire que ni Cléopâtre, mère du roi, ni sa femme, n'existaient plus. L'époque est donc nécessairement de la seconde période du règne de Sôter II, lorsque, après le meurtre de Cléopâtre par son fils Alexandre, ce dernier fut chassé, et Sôter rappelé sur le trône par les Alexandrins, en 89 avant J. C.[c]; or c'est à son retour que, selon le témoignage de Porphyre, il prit le titre de Φιλάδελφος[d].

---

[a] Plus haut, n°ˢ X, XI, XXIV. — [b] Franz, *Elementa epigr. græcæ*, p. 232. — [c] Plus haut, t. I, p. 64. — [d] Même tome, p. 65.

PROSCYNÈMES ET ACTES DE VISITE.

L'inscription est donc postérieure à ce retour; la date en sera comprise dans l'intervalle de huit ans (de 89 à 81 avant J. C.), qui marque la durée de ce second règne. Ainsi la figure a été sculptée même postérieurement à ce retour de Sôter.

LXI. (G. L. W.)

On n'aperçoit plus que les deux extrémités de cette inscription (fig. E). Le milieu a été enlevé par la tête et la partie supérieure de la figure ; la forme des lettres convient à une époque assez ancienne, peut-être antérieure à Ptolémée Alexandre. La grandeur de l'intervalle montre qu'il a dû y avoir à la première ligne ΕΡΑΤΩΝΟΣ, et que l'inscription commençait par un génitif, comme tant d'autres, c'est-à-dire que le *proscynème* a été écrit par un particulier au nom de ce personnage. Le nom d'Ératon est souvent cité dans l'histoire. Aux exemples rapportés dans la nouvelle édition du *Thesaurus ling. græcæ*[a] on peut ajouter le navigateur alexandrin, qui avait donné son nom à une île du golfe arabique[b], un vainqueur olympien[c] et le sculpteur d'un vase de la Villa Albani[d]. Ce même nom se trouvera dans un autre proscynème (n° LXII); mais il y désigne un autre personnage.

L'état déplorable du texte original n'a permis de distinguer les lettres qu'avec difficulté : aussi chacune des trois copies données par MM. Gau, Lenormant et Wilkinson, fournit quelque indication qui n'est pas dans les autres, et j'ai fondu, en une seule copie, les trois copies que je donne à part, pour qu'on juge de la certitude de cette combinaison, d'où résulte la restitution suivante.

Ἐράτων[ος τῶν συγ]γενῶ[ν] D'Ératon un des parents
[καὶ σ]ρα]ηγοῦ, καὶ] τῶν ἀδελ- et stratége, et de ses
φῶν, [τὸ] π[ρο]σκύνημα [π]αρὰ frères, auprès
τῇ Ἴσιδι [τῇ ἐν Φίλ]αις [ἔ]γρα- d'Isis de Philes
ψεν Ε. . . . . un tel a écrit le proscynème
αὐ[τ]οῦ, L Δ[τ]υϐ[ὶ. . . l'an ..iv, de tybi le...

[a] T. III, p. 1966, C. — [b] Plin. VI, 29.— [c] Böckh, *Corp. inscr.* ad n. 1590; Krause, *Olympia,* p. 280. — [d] Winckelmann, *Pierres de Stosch,* p. 167.

LXI, LXII. PHILES. LAGIDES, AVANT AULÈTE.

Cet Ératon était donc un des *parents*; la restitution de la deuxième ligne, καὶ στρατηγοῦ, est fondée sur des exemples analogues, et sur la grandeur de l'espace, qui exige quatorze à quinze lettres; la troisième et la quatrième lignes ne laissent aucune incertitude : le mot ἔγραψεν précède certainement le nom de l'auteur du proscynème, commençant par un E. Ce particulier prenait une qualification, savoir : υἱός, φίλος, suivi du pronom αὐτοῦ, se rapportant à Ératon.

La dernière ligne contient une date dont il reste les lettres L . Δ ... YB. On ne sait si le chiffre Δ était précédé d'un autre indiquant la dixaine. Le nom du mois τυϐί est indubitable.

LXII. (G. L.)

L'un des pieds de la même figure est placé au milieu d'une inscription dont les deux premières lignes ont été en partie effacées par la sculpture; ni M. Gau ni M. Lenormant n'ont indiqué près duquel des deux pieds se trouve cette inscription, et le dessin de la figure entière, par sir Gardner Wilkinson, ne peut nous en instruire, puisque ce savant voyageur n'a pas copié cette inscription. Il s'y trouve un trait qui lui donne de l'importance historique. Je donne (planche XXI, n° 2) les deux copies dont la combinaison sert de fondement à la restitution suivante :

Ἐράτωνος τ[οῦ] συγγενοῦς καὶ ἀρχ[ιερέως] καὶ [ἀρχι-]προφήτου τῆς μεγίστης θεᾶς Ἴσιδος τῆς ἐν Φίλαις τὸ προσκύνημα παρὰ Ἴσιδι τῇ κυρίᾳ καὶ τ[οῖς] σ[υν]νάοις θεοῖς.	D'Ératon le parent, archiprêtre et archiprophète de la très-grande déesse Isis de Philes, un tel a fait le proscynème auprès de la maîtresse Isis et des dieux adorés dans le même temple.

L'inscription a été évidemment, comme les n°s LVIII à LXI, gravée avant l'exécution de la sculpture.

La restitution des mots ἀρχ[ιερέως] καὶ [ἀρχι]προφήτου est certaine.

La fin du premier, ΙΕΡΕѠC, est appelée par ΠΡΟΦΗΤΟΥ du second, et ΑΡΧΙ du second par ΑΡΧΙ du premier, les deux mots devant présenter un sens analogue et indiquer des fonctions du même ordre. Le mot ἀρχιπροφήτης se présente ici pour la première fois, comme ceux de ἀρχεδέατρος, de ἀρχισωματοφύλαξ et de ἀρχικύνηγος, que les inscriptions seules nous font connaître; il indique à coup sûr des fonctions sacerdotales. On a déjà vu[a] que les *prophètes* étaient les prêtres qui, dans les temples égyptiens, servaient d'interprètes aux dieux, en transmettant leurs oracles. Ils devaient naturellement avoir un chef qui portait le titre de ἀρχιπροφήτης et se plaçait au même rang que les ἀρχιερεῖς, dont il exerçait quelquefois les fonctions.

Ce trait est un des plus remarquables qui aient été jusqu'ici tirés de nos inscriptions; car ce *grand pontife* et *archiprophète* de la très-grande déesse Isis de Philes se nomme *Ératon*; c'était donc un *Grec* et non un *Égyptien*. Ceci est d'autant plus frappant, que, bien des siècles après, en 453 de notre ère, nous verrons que les simples *prophètes* et *prêtres* d'Isis, à Philes, étaient encore des Égyptiens, et sans doute il en était ainsi à une époque plus ancienne, et notamment sous les Lagides. Mais le chef du sacerdoce, au moins dans le temple d'Isis, était un *Grec* dévoué au roi, dont il avait reçu le titre et la dignité de *parent*.

Qu'il en fût de même en d'autres grands colléges, et peut-être dans tous ceux où les Grecs avaient le plus d'intérêt à rester souverains maîtres et arbitres, c'est ce dont il est difficile de douter; puisque les Ptolémées avaient institué une surveillance générale sur tout le sacerdoce égyptien, au moyen d'un pontife grec résidant à Alexandrie, espèce de *ministre des cultes*, de qui relevaient toutes les affaires de la religion, tant égyptienne que grecque[b]; combinaison profonde, qui plaçait dans la main du prince les intérêts les plus chers du peuple vaincu. Nous voyons à présent que cette domination ne se bornait pas à une surveillance générale qui s'exerçait de loin et au moyen des députations que les colléges sacerdotaux envoyaient à

[a] Plus haut, t. I, p. 206. — [b] Plus haut, t. I, p. 359 et suiv.

Alexandrie[a], mais qu'elle s'étendait encore sur les colléges eux-mêmes, au moins sur les principaux d'entre eux, qui avaient pour *directeurs* des fonctionnaires *grecs*, joignant aux titres sacerdotaux le titre et le rang de *parents du roi*.

L'admission, dans un collége de prêtres égyptiens, d'un *archiprêtre grec*, en même temps *archiprophète*, c'est-à-dire d'un *chef étranger*, suppose, en effet, que les deux religions, grecque et égyptienne, se mariaient dès lors, et pouvaient se prêter mutuellement à des cérémonies communes. Le polythéisme des deux peuples, quoique ayant une origine toute différente, put se réunir dans une seule et même religion, grâce à l'élasticité de celui des Grecs, qui voyaient toujours leurs dieux, sous d'autres noms, dans les cultes étrangers. Car, il faut bien le remarquer, dans cette fusion singulière, les Grecs firent presque toujours les principales avances. La religion des vainqueurs se subordonnait à celle des vaincus. Peu importait aux premiers, pourvu que leur conquête fût assurée par des institutions politiquement efficaces, comme toutes celles qui ont déjà été signalées, comme celle qui ressort de cette inscription curieuse. Il est à présumer que la politique alexandrine recommandait à ces *pontifes grecs* de se faire pardonner leur intrusion à l'aide de bons offices, en usant de leur crédit et de leur influence en faveur des temples dont ils étaient les chefs. C'est peut-être à une intercession de ce genre que les prêtres du temple d'Isis à Philes, sous le règne d'Évergète II, durent le succès de leur réclamation contre les exactions qu'exerçaient à leur égard les officiers civils et militaires[b].

[a] Plus haut, t. I, p. 278. — [b] Voy. dans le tome I les n°⁵ XXVI et XXVII.

28   PROSCYNÈMES ET ACTES DE VISITE.

RÈGNE DE PTOLÉMÉE AULÈTE.

LXIII. (W.)

A la partie supérieure de la figure E, au-dessous de l'inscription suivante, on trouve celle-ci, que sir Gardner Wilkinson a seul copiée :

CYPOCN..ACIOY O ΓΡΑΜΜΑΤΕΥCHKω   Σύρος Ν[ικ]ασίου ὁ γραμματεὺς ἥκω
ΚΑΙΠΡΟCΚΥΝΗCΑCΤΗΝΚΥΡΙΑΝΘΕΑΝΙCΙΝ   καὶ, προσκυνήσας τὴν κυρίαν Θεὰν Ἶσιν,
ΤΟΠΡΟCΚΥΝΗΜΑΕΠΟΗCΑΤωΝΠΑΙΔΙωΝ   τὸ προσκύνημα ἐπόησα τῶν παιδίων,
L A ΜΕΧΕΙΡ   L. Α. μεχείρ...

Syrus, fils de Nicasias (ou Nicasios), greffier, je suis venu, et, ayant adoré la maîtresse déesse Isis, j'ai fait le proscynème de mes enfants, l'an 1ᵉʳ, de méchir le...

En adorant Isis pour son compte, Syrus a fait le proscynème de ses enfants. Le nom de Σύρος (*Syrus*, esclave, dans les *Adelphes* et l'*Héautontimoruménos* de Térence) doit avoir été primitivement un nom servile, comme le masculin *Syriscus* (dans l'*Eunuque* de Térence) et les féminins[a] Συρίσκα et *Syra* (dans l'*Hécyre* de Térence et le *Marchand* de Plaute). Lucien parle d'un *Syrus*, esclave, *de nom et de patrie*, Σύρος τοὔνομα καὶ τὴν πατρίδα[b]. La Syrie était, en effet, un des pays d'où l'on tirait le plus d'esclaves. C'est ainsi que Publius Syrus fut d'abord un esclave d'origine syrienne. Il est probable que l'aïeul de celui-ci, et père de Nicasias, était un esclave affranchi.

LXIV. (H. G. L. W.)

Cette inscription, publiée pour la première fois par M. Hamilton[c], l'a été plus complétement ensuite par M. Gau, et enfin par M. Lenormant et sir Gardner Wilkinson :

ΝΕΙΛΟΥΠΕΡΑCΑCΚΑΡΠΟΦΟΡΟΥΜΕ   Νείλου περάσας καρποφόρου μέγαν πόρον,
ΓΑΝΠΟΡΟΝCΑΡΑΠΙωΝΑΡΙCΤΟΜΑΧΟΥΗ   Σαραπίων Ἀριστομάχου ἥκω
ΚωΙΠΡΟCΜΕΓΑΛΗΝΕΙCΙΝΘΕΑΝΤΗΝ   πρὸς μεγάλην Εἶσιν Θεὰν τὴν ἐν Φίλαις,
ΕΝΦΙΛΑΙCΜΝΕΙΑΝΕΠΑΓΑΘωΙΤωΝ   μνείαν ἐπ' ἀγαθῷ τῶν γονέων ποιούμενος.
ΓΟΝΕωΝΠΟΙΟΥΜΕΝΟC.

[a] *Corp. Inscr.* n° 1982. — [b] Lucian. *Toxar.* c. 28; p. 432, éd. Didot. — [c] *Ægyptiaca, etc.* p. 52.

LXIV. PHILES. LAGIDES, RÈGNE D'AULÈTE.

Franchissant le vaste lit du Nil fécondant, Sarapion, fils d'Aristomaque, est venu vers la grande Isis, déesse de Philes; pour un motif pieux, il se souvient de ses parents.

La première ligne est un vers ïambique trimètre, dont l'expression est assez poétique et le rhythme fort bon; si le quatrième pied n'était point un anapeste, ce qui est une licence trop grande pour un poëte tragique, on pourrait croire que c'est un vers de quelque tragédie dont Sarapion se sera souvenu. Il y a plus d'un exemple que des auteurs d'inscriptions y ont inséré des vers, tirés de quelque poëte connu[a], dont le sens convenait à l'idée qu'ils voulaient exprimer. Celui-ci, qui est un iambique comique, peut être tiré de quelque *périégèse*, comme celle de Scymnus de Chio. L'épithète καρποφόρος convient parfaitement au Nil, dont les eaux fécondent l'Égypte. Elle est ordinairement jointe au nom d'une divinité telle que Cérès[b].

La deuxième et la troisième ligne sont de la prose rhythmée, et, pour ainsi dire, *ïambiquement* cadencée; ce serait peine perdue que d'y chercher des vers; la quatrième est un trimètre du même genre que le premier. Ce mélange de prose et de vers, qui n'est pas rare dans les inscriptions latines et grecques, atteste l'embarras qu'éprouvaient les auteurs, souvent inhabiles, de ces vers improvisés, pour les mettre sur leurs pieds, et pour en compléter *ex tempore* l'expression poétique.

Quant à la manière de construire les mots ἐπ' ἀγαθῷ, on pourrait en faire dépendre τῶν γονέων, puisqu'ils sont quelquefois suivis d'un complément, comme ἐπ' ἀγαθῷ τῆς Ἀσίας dans Plutarque[c]; mais je crois qu'ils sont ici placés, selon l'usage, d'une manière absolue, et que le génitif dépend de μνείαν ποιούμενος, formule équivalente à μεμνημένος ou ἐμνήσθην[d]. On espérait qu'en se *souvenant* d'une personne dans un temple, ou près de la statue d'un dieu, on appellerait sur elle la protection de la divinité. C'est ce que signifie ici l'espèce de parenthèse ἐπ' ἀγαθῷ (*quod faustum sit*), prise absolument, comme

---

[a] D'Orville, dans les *Observ. miscellan. novæ*, tom. III, pag. 151. — [b] *Corpus inscript. græcarum*, n° 2175. — [c] Plutarch. *In Anton.* c. 26. — [d] Plus bas, p. 171.

à l'ordinaire. Diodore de Sicile dit : διὰ τὴν ἐκ ταύτης ἐπ' ἀγαθῷ μνήμην[a]; et Plutarque, ἀλλ' ἐμνήσθη ὁ δεῖνα τοῦ δεῖνος ἐπ' ἀγαθῷ[b]; on verra plus bas que le génitif suit même quelquefois la formule μνείας χάριν, qui est, le plus ordinairement, employée d'une manière absolue.

La date de l'inscription est indiquée par celle de la suivante, qui est conçue dans les mêmes termes. Toutes deux paraissent avoir été écrites par deux amis, se copiant l'un l'autre.

LXV. (L.)

Pour les deux inscriptions suivantes, qu'on trouve sur le pylône en face de la figure A, je n'ai que la copie de M. Lenormant. Elles ont été écrites l'une au-dessous de l'autre et le même jour.

ΝΕΙΛΟΥ. ΕΡΑϹΑϹΚΑΡΠΟΦΟΡΟΝΜΕΓΑΝΠΟΡΟΝ
ΔΗΜΗΤΡΙΟϹΗΚΩΠΡΟϹΜΕΓΑΛΗΝΙϹΙΝΘΕΑΝ
ΜΝΕΙΑΝΕΠΑΓΑΘΩΙΤΩΝΓΟΝϹΩΝΠΟΙΟΥΜΕΝΟϹ
ΚΑΙΤΩΝΑΔΕΛΦΩΝΚΑΙΦΙΛΩΝΜΟΥΚΑΙΤΟΝΟΜΑ
ΕΤΟΥϹΔΕΥΤΕΡΟΥ   ΜΕΧΕΙΡΔΕΚΑΤΗ

Νείλου[π]εράσας καρποφόρου μέγαν πόρον,
Δημήτριος ἥκω πρὸς μεγάλην Ἶσιν θεὰν,
μνείαν, ἐπ' ἀγαθῷ, τῶν γονέων ποιούμενος
καὶ τῶν ἀδελφῶν καὶ φίλων μου κατ' ὄνομα.
Ἔτους δευτέρου, μεχεὶρ δεκάτῃ.

On retrouve, au commencement, le même vers ïambique lié au sens de la phrase; mais ici les trois autres lignes sont des vers de même espèce, et à peu près aussi bons que le premier, avec l'anapeste au 4e pied dans le second et le troisième vers. La leçon καρποφόρον pour καρποφόρου n'est peut-être qu'une faute de copie. Démétrius, comme Sarapion, s'est *souvenu* de ses parents, en leur associant ses *frères* et ses *amis*. ΚΑΙΤΟΝΟΜΑ ne peut être que κατ' ὄνομα (*nominatim*), expression qui se rencontre encore ailleurs (n° LXVIII). Elle signifie, à ce qu'il semble, que Démétrius, en écrivant son proscynème, s'est souvenu de chacun de ses amis *nominativement*, c'est-à-dire qu'il a repassé leur nom dans sa mémoire, afin d'être bien sûr de n'en oublier aucun dans ses vœux.

La date est du 19 février de l'an 79 avant J. C.

[a] I, 2, ibique Wesseling — [b] *De curiosit.* § II, tom. II, p. 520, E; p. 630, l. 9, éd. Didot.

LXVI. (L.)

ΠΡΟϹΚΥΝΗΜΑⲰΔΕΠΑΡΑΤΗΙΙϹΙΔΙΕΠΑ   [τὸ]προσκύνημα ὧδε παρὰ τῇ Ἴσιδι, ἐπ' ἀ-
ΓΑΘⲰΙΚΕ. ⲞΝⲰΝΟϹΚΑΙΠΡⲰΤΟΓΕΝΟΥϹ   γαθῷ, Κε[φά]λωνος καὶ Πρωτογένους
     LB   ΜΕΧΕΙΡ $\overline{\text{Γ}}$ LB μεχεὶρ $\overline{\text{Γ}}$

L'absence du nom de l'auteur de ce proscynème, et l'identité de la date, donnent lieu de croire que cet auteur est celui du précédent. Il était, sans doute, chargé par Céphalon et Protogène de présenter, de leur part, son hommage à la déesse.

De la leçon ΚΕ. ⲞΝⲰΝΟϹ on tire assez naturellement ΚΕ[ΦΑ]ΛⲰΝΟϹ, par le seul changement du Ν en Λ; si le Ν est écrit distinctement sur la pierre, on pourrait lire ΚⲞ..ΝⲰΝΟϹ (Κόνωνος), en présumant, ce qui arrive quelquefois, qu'un défaut de la pierre a forcé le graveur de l'inscription à laisser vide un court espace, qui semble maintenant une lacune.

L'adverbe ὧδε (le proscynème qui est *ici*), pour τὸ προσκ. τόδε, se retrouvera souvent en pareille occasion.

LXVII. (G. L.)

Ce fragment mutilé, comme le suivant, se trouve sur l'obélisque au sud de l'île. Tous deux sont écrits à l'encre rouge.

ΑΠΟΛΛⲰΝΙΟϹΧⲞΕⲰΝΟϹΗΚⲰΙ   Ἀπολλώνιος Θέωνος ἥκω[καὶ προσεκύνη-]
ϹΑΤΗΝΚΥΡΙΑΝ...ΙΝΤΟΠ.ΚΥΝΝ   σα τὴν κυρίαν [Ἴσ]ιν, τὸ προσκύνη[μα ἐποίησα τῆς ἀ-
ΓΡΑΦΗϹΚΑΙΥϹΙ....ϹLΒΤΥΒ.ΚΕ   δελφῆς καὶ τοῦ[υἱοῦ] $\overline{\text{LB}}$, τυβὶ $\overline{\text{ΚΕ}}$

Moi, Apollonius, fils de Théon, je suis venu et j'ai adoré la dame Isis, et j'ai fait l'acte d'adoration de ma sœur et de mon fils. L'an II, le 25 de tybi (le 25 janvier, 79 avant J.C.).

ΗΚⲰΙ pour ΗΚⲰ est une orthographe fautive qui se montre dans d'autres inscriptions du même temps (n° XV et LXIV). L'*iota* est pourtant ici contraire à toute analogie; c'est une faute d'orthographe bien caractérisée, qui annonce que les principes de la langue commençaient à être méconnus.

LXVIII. (G. L.)

ΧΟϹΤΟΠΡΟϹΚΥΝ...ΛϹΕ	......χος τὸ προσκύν[ημα] πε-
ΙΕ.ΤѠΝΦΙΛΟ.. ΝΟΝΑΙ	[ποίηκ]ε τῶν φιλο[ύντων κατ' ὄ]νομα κ-
ΛLιFINѠΝ....ΛϹѠΝ	[αὶ τῶν τ]έκνων [πάντων ἐμ]ῶν....
ΤΛ.	

La copie de M. Gau, à la seconde ligne, donne distinctement ΝΟΜΑΚ, ce qui ne peut être que κατ' ὄνομα κ[αὶ], qui s'est trouvé plus haut avec la même circonstance (n° LXV).

LXIX. (G. L.)

Celle-ci, tracée près de la figure A, est coupée de manière à nous montrer que celui qui l'a tracée a été gêné par la sculpture ou par une colonne d'hiéroglyphes. Il a fallu un obstacle de ce genre pour porter à l'autre ligne les deux dernières lettres de ΔΙΟΝΥϹΙΟϹ, les trois d'ΗΡΑΚΛΕΟΥϹ, etc.

Διονύσι-	Moi, Dionysius
ος Ἡρακλέ-	fils d'Hercule,
ους ἥκω, καὶ	je suis venu et
προσκεκύνη-	j'ai adoré
κα τὴν κυρίαν	la maîtresse
Ἶσιν, καὶ πεπό-	Isis, et j'ai fait
ηκα τὸ προσ-	le proscynème
κ[ύνημ] α τ-	de ceux qui m'aiment.
ῶν φιλούν-	L'an VIII,
των με.	de méchir le 24.
Ἔτους Η	
μεχεὶρ ΚΔ.	

Nous retrouverons plus bas ce nom d'*Hercule*, donné à un parti-

LXIX, LXX. PHILES. LAGIDES, RÈGNE D'AULÈTE. 33

culier, ainsi que d'autres noms de divinité. Mais, selon toute apparence, ce n'est pas le même personnage.

La date est du 4 mars de l'an 73 avant J. C.

LXX. (G. L.)

On trouve, sur la stèle d'Évergète II, cette inscription, qui est de la même année et du même jour que la précédente.

ΑΠΟΛΛΩΝΙΔΗΣΟΣΥΓΓ	Ἀπολλωνίδης ὁ συγγ[ενὴς]
ΚΑΙΣΤΡΑ..ΓΟΣΗΚΩΚΘΙΠΡΟΣΚΕ	καὶ στρα[τη]γὸς ἥκω, καὶ προσκε-
ΚΥΝΗΚΑΤΗΝΜΕΓΙΣΤΗΝΘΕΑΝ	κύνηκα τὴν μεγίστην θεὰν
ΠΑΝΣΩΤΙΡΑΝΙΣΙΝΤΟΠΡΟΣΚΥΝΗ	πανσώτιραν Ἶσιν τὸ προσκύνη-
ΜΑΤΩΝΤΕΚΝΩΝΜΟΥΚΑΙ[...	μα τῶν τέκνων μου καὶ [τῶν φι-]
ΛΟΥΝΤΩΝΜΕΛΗΜΕΧΙΡΚΑ	λούντων με. L. H, μεχὶρ ΚΔ

On rencontre plusieurs exemples de *stratéges* qui reçoivent le titre aulique de *parent*. Dans les deux copies, le mot στρατηγός est écrit ΣΤΡΑΓΟΣ; ainsi le graveur aura oublié la syllabe ΤΗ, à moins qu'il ne l'ait indiquée dans l'interligne. (Sur le sens de στρατηγός, pris d'une manière absolue, voir le n° LXXI.) On pourrait croire que le καὶ devant τὸ προσκ., ainsi que le verbe ἐποίησα ou πεποίηκα, ont été oubliés; mais προσκεκ—τὸ προσκύνημα est aussi grec que πλήττει με καιρίαν πληγήν. Il est incertain s'il faut lire ΚΑ ou ΚΔ, ce quantième n'étant que dans la copie de M. Gau.

Cette inscription est la seule où Isis prenne le titre de πανσώτιρα (*sic*); l'épithète annonce peut-être que la déesse avait guéri Apollonide ou l'un de ses enfants de quelque maladie [a]. Elle reçoit aussi, aux n°s LXXIX et XCII, l'épithète de σώτειρα, sans doute par la même raison.

[a] Plus haut, tom. I, p. 380.

LXXI. (L.)

Celle-ci n'offre presque aucun intérêt.

ΔΙΟΝΥΣΙΟΣΠΤΟΛΕ   Διονύσιος Πτολε-
ΜΑΙΟΥΗΚΩΚΑΙΠΡΟΣ   μαίου ἥκω καὶ προσ-
ΚΥΝΗΜΑΤΩΝΦΙΛΟΥΝ   κύνημα τῶν φιλούν-
ΤΩΝΜΕΠΕΠΟΗΚΑ   των με πεπόηκα
LH MEX.   L $\overline{H}$ μεχείρ.

Tout fait présumer que cette inscription, placée au-dessous de la précédente, est de la même époque. Le mois est le même, celui de méchir; il en est peut-être ainsi de l'année, puisque le I du numéro précédent paraît n'être, comme on l'a vu, que le reste d'un H.

LXXII. (L. W.)

Ce proscynème, l'un des plus curieux qui aient été découverts à Philes, est gravé sur le propylon de Nectanébo, à l'endroit indiqué sur la planche en A. J'en dois la première connaissance à M. Lenormant.

Il est écrit entre les deux figures d'un bas-relief sculpté sur le montant de gauche de ce propylon, et qui représente Nectanébo faisant son offrande à une divinité. Toutes les lignes sont de longueur inégale; la sixième, la septième et la huitième, sont plus longues; les huit premières commencent exactement les unes sous les autres; les trois dernières commencent en retraite des précédentes; mais il est facile de voir qu'il ne manque rien à aucune d'elles, excepté quelques lettres au commencement de la dixième. Ces irrégularités tiennent uniquement à l'embarras causé par la sculpture antérieure, que le graveur a voulu ménager.

En voici le texte et la traduction :

LXXII. PHILES. LAGIDES, RÈGNE D'AULÈTE.

ΚΑΛΛΙΜΑΧΟC		Καλλίμαχος,
ΟCΥΓΓΕΝΗCΚΑΙΕΠΙ		ὁ συγγενὴς καὶ ἐπι-
CΤΡΑΤΗΓΟCΚΑΙCΤΡΑ		σ]ράτηγος καὶ σ]ρα-
ΤΗΓΟCΤΗCΙΝΔΙΚΗC		τηγὸς τῆς Ἰνδικῆς
ΚΑΙΕΡΥΘΡΑCΘΑΛΑCCΗC		καὶ Ἐρυθρᾶς Θαλάσσης,
ΗΚѠΠΡΟCΤΗΝΚ. ΡΙΑΝΙCΙΝ		ἥκω πρὸς τὴν κυρίαν Ἶσιν,
ΚΑΙΠΕΠοΗΚΑΤο	ΠΡΟCΚΥΝΗΜΑ	καὶ πεπόηκα τὸ προσκύνημα
ΤΟΥΚΥΡΙΟΥΒΑCΙΑ	ΕΟCΘΕΟΥΝΕΟΥ	τοῦ κυρίου βασιλέως, Θεοῦ, νέου
ΔΙΟΝΥCΟΥ	ΦΙΛΟΠΑΤΟΡ C	Διονύσου, Φιλοπάτορος
	ΑΔΕΛΦΟΥ	[καὶ Φιλ]αδέλφου
	LΘ ΠΑΚѠΝΕ	L.Θ. παχὼν $\overline{E}$

Moi, Callimaque, le parent et épistratége et stratége de la mer Indique et Érythrée, je suis venu visiter la maîtresse Isis, et j'ai fait le proscynème du seigneur roi, dieu, nouveau Dionysos, Philopator, Philadelphe; l'an ix, le 5 de pachon.

C'est, comme on voit, un *proscynème* ou acte d'adoration fait par un grand fonctionnaire, au nom d'un Ptolémée désigné par l'épithète de *Dionysos* ou *nouveau Bacchus*, désignation propre à Ptolémée Aulète, père de la fameuse Cléopâtre.

Avant de suivre les conséquences chronologiques et historiques auxquelles conduisent les quatre dernières lignes de cette inscription, il faut éclaircir quelques détails intéressants qu'elle présente.

Le Callimaque dont on retrouve le nom dans l'inscription suivante, également gravée sur le propylon, était un personnage éminent, *parent du roi*, συγγενὴς τοῦ βασιλέως [a], et, en même temps, *épistratége*, deux titres qu'on rencontre de même dans un papyrus du musée de Turin : Φομμούτι συγγενεῖ καὶ ἐπιστρατήγῳ [b]. Le deuxième titre, pris absolument, doit désigner le chef militaire de toute la Thébaïde [c]; aussi les mots τῆς Θηβαΐδος accompagnent-ils quelquefois le titre de ἐπιστράτηγος [d]. Cette fonction militaire était naturellement exercée par des Grecs, comme l'indiquent les noms de ceux qui en ont été investis, à l'exception d'un seul, Φόμμουτις, dont le nom est égyptien, exemple jusqu'à présent unique, qui me semble devoir être considéré

---

[a] Plus haut, t. I, p. 346 et suiv. — [b] Pap. VII, l. 1. — [c] V. mes *Recherches sur l'Égypte*, p. 276. Peyron, *Papyr. Taurin.* p. 64. — [d] V. le n° CXI.

comme une dérogation à un usage établi en Égypte par Alexandre lui-même; car, si ce grand politique avait confié à des Égyptiens, Doloaspis et Pétisis, l'administration civile des nomes de l'Égypte, il eut bien soin de ne remettre qu'à des Grecs seuls, Pantaléon, Lycidas, Eugnostus, etc. la conduite des troupes destinées à contenir le pays[1]. Ses successeurs, et après eux les Romains, suivirent cet exemple.

Si donc l'égyptien *Phommutis* fut revêtu de ce poste de haute confiance, il le devait à quelque circonstance particulière: peut-être son alliance avec une famille grecque sembla-t-elle une suffisante garantie de sa fidélité.

Quoi qu'il en soit, l'*épistratégie* tantôt était limitée à la Thébaïde proprement dite, dans la vallée d'Égypte, et aux principales stations du désert, tantôt s'étendait, en outre, à tous les établissements grecs formés sur la mer Rouge. La juridiction de notre Callimaque avait cette étendue; aussi ajoute-t-on à ce titre celui de στρατηγὸς τῆς Ἐρυθρᾶς θαλάσσης. Cette extension était même parfois dévolue, du moins sous les empereurs, au stratége du nome d'Ombos, qui, dans une inscription de Pselcis, réunit les titres de στρατηγὸς τοῦ Ὀμβείτου καὶ τοῦ περὶ Ἐλεφαντίνην καὶ Φίλας καὶ παραλίαν τῆς Ἐρυθρᾶς θαλάσσης. On voit par là que στρατ. τῆς... Ἐρυθρ. θαλάσσης revient à στρατ. τῆς παραλίας τῆς Ἐ. θ. Cette expression se retrouve exactement dans Polybe, qui parle d'un certain Pythiadès, ἔπαρχος τῆς Σουσιανῆς καὶ τῆς Ἐρυθρᾶς θαλάττης[a]. L'autre expression, celle de l'inscription de Pselcis, se trouve aussi dans Polybe : γενόμενος δὲ κύριος τῆς τε Βαβυλωνίας καὶ τῆς (χώρας) περὶ τὴν Ἐρυθρὰν θάλατταν[b]. Dans ces passages, la mer Érythrée désigne les côtes du *golfe Persique,* comme Schweighaeuser l'a déjà remarqué[c]. On sait que le nom de *mer Érythrée,* qui comprenait, en général, l'océan extérieur au midi de l'Asie, désignait en même temps les deux golfes qui en étaient formés, à savoir l'*Arabique* et le *Persique.* Ainsi Hé-

---

[a] Polyb. V, 46, 7. — [b] V, 48, 13. — [c] Ad h. l.

[1] Arrian. *Anab.* III, 6, 3, 4. Dans ce passage, il faut lire Πετίσιος (génitif de Πέτισις) au lieu de Πετισίου. Les copistes ont cru que le nominatif était Πετίσιος.

LXXII. PHILES. LAGIDES, RÈGNE D'AULÈTE. 37

rodote dit que l'Euphrate se jette dans la *mer Érythrée*[a], ce qui est répété encore par Diodore de Sicile[b], et que le canal creusé par Darius débouchait dans la *mer Érythrée*[c], quoiqu'il applique déjà ce même nom à la mer extérieure[d].

Ici on ne peut hésiter sur le sens; cette *mer Érythrée* dont Callimaque était *stratége* ne peut être que le *golfe Arabique*. Mais le nom d'*Érythrée* se montre accompagné, pour la première fois, d'une seconde épithète tout à fait remarquable: c'est celle d'*indienne*, τῆς Ἰνδικῆς καὶ Ἐρυθρᾶς θαλάσσης. Ce n'est pas assurément que cet épistratége de la *Thébaïde* étendît sa juridiction jusqu'à la mer qui baigne les côtes de l'Inde; l'expression signifie simplement qu'il commandait non-seulement aux établissements situés sur les côtes de la Thébaïde, par exemple depuis Coptos jusqu'à Bérénice, mais encore à tous ceux que les Grecs avaient formés plus au midi jusque vers Ptolémaïs Épithéras et Adulis.

Cette désignation, quoique tout à fait inutile, n'a pourtant rien qui doive nous surprendre. Ici se confirme une remarque déjà faite ailleurs[e], à laquelle j'ajouterai maintenant de nouvelles preuves, à savoir que les côtes méridionales de la mer Rouge reçurent souvent, même dans le langage historique et géographique des anciens, la dénomination d'*Inde* ou l'épithète d'*indienne*, mises en place d'*Éthiopie* et d'*Éthiopienne*.

Cette confusion remonte peut-être au partage qu'Homère a fait des Éthiopiens en *orientaux* et *occidentaux*, et dont on retrouve plus tard les traces dans Hérodote[f]. Les premiers poëtes tragiques lièrent à cette idée les notions confuses qu'ils avaient acquises sur l'Indus, et s'imaginèrent que le Nil y prenait sa source; par là s'explique le passage d'Eschyle: « Le fleuve éthiopien (le Nil) prend naissance chez « un peuple noir qui habite près des *sources du jour*[g], » et cet autre: « Vous êtes peut-être de ces *indiennes* nomades, voisines des *Éthiopiens*,

---

[a] II, 158. — [b] II, 11; cf. XIX, 100. — [c] Herod. II, 8, 158, 159. — [d] IV, 39. — [e] Cuper. *Observ.* IV, 7. Voy. mes *Matériaux pour servir à l'histoire du christianisme*, p. 31. — [f] VII, 70. — [g] Æschyl. *Prometh.* v. 808.

« à ce que j'ai entendu dire [a]. » De là encore la méprise d'Alexandre, qui prit l'Indus pour le Nil [b], erreur bien singulière après les saines notions qu'Hérodote avait données sur l'embouchure de l'Indus [c]. Il semble que les grammairiens d'Alexandrie, par leurs extravagants commentaires du passage d'Homère [d], contribuèrent à propager la confusion des noms d'*Éthiopie* et d'*Inde*. Les poëtes surtout s'en emparèrent, et les auteurs des poëmes dionysiaques fondèrent sur cette confusion même quelques-unes des fictions qu'ils rattachèrent au culte de Dionysos. Nonnus, donnant l'origine des *Blémyes*, dénomination générique des peuples qui habitaient les bords de la mer Rouge au sud de Bérénice, tire leur nom d'un héros nommé *Blémys*, roi des *Indiens*, qui résista dans l'*Inde* aux armes de Dionysos [e]. Il est curieux de voir les anciens grammairiens prendre gravement cette fiction pour un fait, et le héros Blémys pour un personnage historique [f].

C'est principalement à partir du III[e] siècle de notre ère que l'usage de cette confusion s'est répandu, et, ce qui pourrait bien y avoir contribué, c'est que les premiers chrétiens, ayant eu besoin, pour leurs systèmes sur la situation du paradis terrestre, principalement du Géon, dont les uns faisaient le *Nil*, les autres le *Gange*, ont été presque obligés de s'appuyer sur cette erreur géographique que les poëtes alexandrins avaient accréditée. Ainsi Philostorge expose, comme un fait très-probable, que le Nil, *né dans l'Inde*, passe par-dessous la mer *Indienne* pour reparaître dans les montagnes de l'Éthiopie. On pourrait citer bien des passages tirés des auteurs des IV[e], V[e] et VI[e] siècles, et principalement des auteurs ecclésiastiques, qui prennent la qualification d'*Indien* pour synonyme d'*Éthiopien*, et désignent par les noms d'*Inde* et d'*Inde intérieure* les côtes de l'Arabie et de la Troglodytique [g].

---

[a] Æschyl. *Suppl.* v. 292. — [b] Arrian. *Anab.* VI, 1; Strab. XV, p. 696. — [c] Herod. IV, 44. — [d] Strab. II, p. 103; traduct. franç. t. I, p. 293, et les notes de Gosselin. — [e] Nonn. *Dionys.* XVII, v. 304 sq. — [f] Steph. Byz.; Etym. Magn. voce Βλέμ.; Eustath. ad D. Perieg. v. 226. Τὴν σελήνην σέβουσιν Ἀσύριοι (leg. Ἀσσύριοι)· σέβουσιν δὲ καὶ τῶν Ἰνδῶν οἱ πλεῖστον (leg. πλεῖστοι)· Βλεμμύαι τε ὀνομάζονται. Cl. Ptolem. *Tetrabibl.* p. 61, Basil. 1559. — [g] Cosmas in *Collect. nov. Patr.* II, p. 149 C; Acacius, ap. H. Vales. in *Philost.* III, 110; S. Epiphan. in *Ancorat.* II, p. 60 E.

LXXII. PHILES. LAGIDES, RÈGNE D'AULÈTE. 39

On ne peut donc s'étonner de trouver des indices de cette confusion dans les poëtes du siècle d'Auguste : Tibulle dit, en parlant des nègres, *quos India torret*[a]. Virgile, à propos du Nil... *coloratis amnis devexus ab Indis*[b], et de l'Inde... *sola India nigrum fert ebenum*[c], où *India* est assurément pour *Æthiopia*, comme le remarquent Heyne et H. Voss. A cette occasion, ils auraient dû rapprocher l'expression si exactement géographique restituée par Cortius à Lucain, *hebenus Meroëtica*[1] ; car c'est de la haute Éthiopie, des environs de Méroé, que venait le bois d'ébène ; aussi, dans les bas-reliefs égyptiens de Beit-Oualli[d] et de Gournah[e], représentant le triomphe de Thouhtmosis III et de Sésostris, on voit des nègres portant sur leurs épaules, outre des défenses d'éléphants, des troncs de bois d'ébène. Il en faut dire probablement autant de la même épithète, *Indus* ou *Indicus,* appliquée à l'ivoire. Quand Virgile dit *India mittit ebur*[f] ; Horace, *ebur indicum*[g] ; Ovide, *sectile deliciis India præbet ebur*[h] ; Properce, *et valvæ libyci nobile dentis opus*[i] ; ils entendent tous également l'*Éthiopie*, d'où les anciens tiraient l'ivoire ; car M. Aug. W. de Schlegel a parfaitement démontré, dans son beau mémoire sur l'éléphant, qu'ils ne tiraient point cette substance de l'Inde[j], comme on le croyait généralement avant lui. La confusion dont je parle est résumée dans ce passage d'Hésychius : Ἰνδός· ὁ τὸν ἐλέφαντα ἄγων ἀπ' Αἰθιοπίας. « *Indien;* celui qui apporte l'ivoire de l'*Éthiopie*. » Par là s'explique encore le passage où l'historien Josèphe dit que l'Égypte, avec ses dépendances, c'est-à-dire ses établissements sur la mer Rouge, est ὅμορος τῆς Ἰνδικῆς, *contiguë à l'Inde*[k] ; et celui de Plutarque, qui rapporte que Cléopâtre,

---

[a] *Eleg.* II, 3, 35. — [b] *Georg.* IV, 292. — [c] *Ibid.* II, 117. — [d] Champollion, *Monum. de l'Égypte et de la Nubie*, pl. LXIX, LXX. — [e] Hosxins, *Travels in Æthiopia*, p. 328. — [f] *Georg.* I, 57. — [g] *Od.* I, 31, 6. — [h] *Medicam. Fac. fragm.* v. 10. — [i] *Eleg.* II, 31, 12. — [j] *Indische Bibliothek*, I. S. 144. — [k] *Bell. Jud.* II, 16, 4.

[1] *Pharsal.* X, 117. La leçon *Mareotica* (du lac ou du nom *Mareotis*), que portaient les éditions avant celle de Cortius, est un non-sens. Elle est cependant encore citée dans le lexique de Forcellini, et dans l'excellent *Thesaurus poeticus* de M. Quicherat, où l'on ne trouve point l'épithète *Meroetica* qui résulte de cette correction indubitable.

voulant soustraire son fils Césarion à la haine d'Octave, l'envoya dans l'Inde par l'Éthiopie : ἐξέπεμψεν εἰς τὴν Ἰνδικὴν δι' Αἰθιοπίας[a]. Il est impossible, en effet, de croire que cette reine voulût envoyer si loin l'objet de sa tendresse, qu'elle se disposait à aller rejoindre avec toute sa flotte, dont elle fit passer les vaisseaux par-dessus l'isthme[b]; aussi Dion Cassius dit-il simplement qu'elle l'envoya en Éthiopie[c], et la preuve que le jeune prince n'était pas allé au delà des cantons d'Adulis et d'Axum, c'est que son précepteur Rhodon ne tarda pas à le ramener perfidement à Alexandrie, où Auguste le fit périr[d]. Plutarque, qui avait sous les yeux les mémoires d'Auguste et d'autres excellentes sources contemporaines, y aura trouvé la mention de l'*Inde*. Cet emploi du nom avait dès lors passé dans le langage historique et même administratif, comme l'atteste notre inscription, qui est de l'an IX de Ptolémée, c'est-à-dire de l'an 73-72 avant Jésus-Christ.

Il n'est pas vraisemblable, en effet, que Callimaque, le parent du roi, et épistratége, pour exprimer les fonctions dont il était chargé, eût été chercher une expression insolite, étrangère au langage de l'administration; et, s'il s'intitule « stratége de la mer *Indienne et Rouge*, » c'est qu'une pareille expression était usitée et même ordinaire. Dans une autre inscription du propylon de Nectanébo, un certain Sarapion, fils de Dracon, vint faire un *proscynème* au nom du même Callimaque, auquel il donne tous ses titres, sans oublier celui de commandant des bords *de la mer Indienne et Rouge*, σΙρατηγὸς τῆς Ἰνδικῆς καὶ Ἐρυθρᾶς Θαλάσσης.

Entre toutes les inscriptions d'Égypte où il est question de la mer Érythrée, je ne connais que ces deux exemples de l'épithète Ἰνδική, et l'on remarquera que, dans les deux cas, il s'agit du même individu. En voici la raison, je pense : l'épistratége de la Thébaïde ou bien le stratége des nomes d'Ombos et d'Éléphantine étaient fréquemment chargés de l'administration des côtes de la mer Rouge, entre Coptos et Bérénice ; dans ce cas, on n'employait que l'expression

---

[a] *In Anton.* § 82. — [b] V. mon mémoire *sur l'isthme de Suez* dans la *Revue des Deux Mondes*, 15 juillet 1841. — [c] Dio Cass. LI, c. 15. — [d] Plutarch. *in Anton.* § 83.

LXXII, LXXIII. PHILES. LAGIDES, RÈGNE D'AULÈTE.

σ]ρατηγὸς τῆς Ἐρυθρᾶς θαλάσσης, qu'on trouve le plus souvent; mais s'il arrivait, ce qui était rare, qu'aux attributions de l'épistratége fût jointe la surveillance des côtes méridionales de la mer Rouge, alors on ajoutait l'épithète Ἰνδικη.

Ce *proscynème* ou *acte d'adoration* a été écrit, en effet, par Callimaque, non pas en son propre nom, mais en celui du roi, qui l'avait chargé, à ce qu'il paraît, de s'acquitter pour lui de ce devoir pieux, lorsque les affaires de sa charge l'appelleraient à Philes. Aussi Callimaque dit-il qu'étant venu visiter la *maîtresse Isis* (ἥκω πρὸς τὴν κυρίαν Ἶσιν), il a fait le proscynème du roi, *dieu, nouveau Dionysos.* C'est, comme on sait, le titre que portait le père de la fameuse Cléopâtre, Ptolémée surnommé Aulète, qui reçoit ici en même temps ceux de *Philopator* et de *Philadelphe,* sur lesquels je reviendrai bientôt.

LXXIII. (G. L. W.)

Celle-ci, placée au-dessous du n° LVIII, est intacte, parce qu'elle a été commencée assez loin vers la gauche pour que la sculpture exécutée plus tard ne l'ait pas endommagée. La copie de M. Lenormant donne beaucoup plus complètes les trois dernières lignes, tout à fait confuses dans les copies de M. Gau et de sir Gardner Wilkinson. Dans celle du premier voyageur, la septième et la huitième lignes ont conservé des traits importants qu'il est impossible de reconnaître dans les deux autres copies. En voici donc la restitution, d'après le texte de M. Lenormant:

Σαραπίων Δράκον7ος	Moi, Sarapion, fils de Dracon,
ἥκω πρὸς τὴν κυρίαν Ἶσιν,	je suis venu vers la maîtresse Isis,
καὶ πεπόηκα τὸ προσκύνημα	et j'ai fait le proscynème
Καλλιμάχου καὶ τῶν τέκνων	de Callimaque et des enfants
αὐτοῦ τοῦ συγγενοῦς καὶ	de lui, le parent et
σ]ρατηγοῦ καὶ ἐπισ]ρατήγου	stratége et épistratége
καὶ Θηβάρχου τῆς Θηβαΐδος	et thébarque de la Thébaïde
ἐπὶ τῆς Ἰνδι[κῆς κ]αὶ Ἐρυθρᾶς	vers la mer Indienne et Rouge
[θαλ]άσσης..........	.....

On rencontre encore ici l'orthographe ἥκῳ au lieu de ἥκω[a].

Dans la deuxième ligne, le titre de *stratége*, sans complément, précède celui d'*épistratége,* qui semblerait devoir l'exclure; car cette dernière fonction, étant supérieure à l'autre, devait naturellement l'absorber. N'est-ce pas comme si un de nos officiers prenait à la fois les deux titres de *maréchal de camp* et de *lieutenant général*, ou ceux de *colonel et de maréchal de camp?* Au numéro précédent, nous avons vu, il est vrai, ἐπισΊράτηγος καὶ σΊρατηγὸς τῆς——Θαλάσσης; mais le cas était différent : comme le premier titre y désigne la fonction générale de commandant de la Thébaïde, et le second, le commandement particulier des côtes de la mer Rouge, celui-ci, n'étant pas nécessairement compris dans l'autre, devait en être détaché, quand, par hasard, les fonctions qu'il exprime se trouvaient réunies dans les mains d'une même personne. Ici, au contraire, c'est le mot σΊρατηγός qui paraît avoir l'acception générale et, en quelque sorte, absolue. Je ne vois, quant à présent, d'autre moyen d'expliquer cette particularité qu'en admettant que le nom de *stratége* était quelquefois, comme celui d'*archisomatophylax,* un titre honorifique conféré indépendamment d'un service réel, et qui pouvait se cumuler avec d'autres titres exprimant des fonctions effectives. Ce sera le cas, probablement toutes les fois que le mot σΊρατηγός, comme ici et au n° LXIX, ne se montre suivi d'aucun complément.

Les fonctions effectives de Σαραπίων étaient exprimées par les titres de ἐπισΊράτηγος et de Θηβάρχης; le premier indiquait le commandant général d'une des trois grandes divisions de l'Égypte, et ici il s'agit de la *Thébaïde;* mais la grande ville de Thèbes et sa banlieue, ainsi qu'on le verra plus bas (n° XCIII), formait un nome et un commandement à part, confié à l'officier nommé ἄρχων Θηβῶν, ou Θηβάρχης; quand il arrivait que l'épistratége était aussi investi de ces fonctions, on ajoutait, comme ici, le second titre au premier.

Quoique le mot ἐπισΊράτηγος, surtout joint à Θηβάρχης, eût pu se passer du complément τῆς Θηβαΐδος, on a pourtant cru devoir l'expri-

[a] N° LXVII.

LXXIII. PHILES. LAGIDES, RÈGNE D'AULÈTE.

mer, ce complément devant encore être modifié par une circonstance, à savoir que le commandement de Thèbes et de la Thébaïde s'étendait jusqu'aux rivages de la mer *Indienne et Érythrée*; car ma restitution ἐπὶ τῆς Ἰνδικῆς καὶ Ἐρυθρᾶς θαλάσσης me paraît certaine, d'après le passage expliqué ci-dessus[a]. Cet endroit doit être fort peu distinct sur l'original, puisque sir Gardner Wilkinson n'y a pu rien discerner. M. Lenormant, qui nous a conservé ces mots importants, a pu négliger deux lettres, sans doute presque effacées, et lire ΕΠΙΤΗΝΔΙΚΗ au lieu de ΕΠΙΤΗ[CI]ΝΔΙΚΗC. La seule incertitude qui reste, c'est de savoir s'il y avait ἐπὶ τῇ Ἰνδικῇ...θαλ. plutôt que ἐπὶ τῆς Ἰνδ...θαλ. La première leçon ne diffère de la seconde, dans la copie de M. Lenormant, que par l'omission d'une seule lettre. Je me suis décidé pour l'autre, parce que le mot ΕΡΥΘΡΑC se lit distinctement dans cette copie. D'ailleurs le sens repousse le datif et appelle le génitif, qu'on employait par excellence, pour exprimer la charge d'un fonctionnaire: *l'épistratége...., préposé à la mer Indienne* (ὁ...ἐπὶ τῆς Ἰνδικῆς καὶ Ἐρυθρᾶς θαλ.).

Quant à l'époque de cette curieuse inscription, il me semble facile de l'établir, car on ne peut guère douter que le Callimaque dont il est ici question ne soit celui qui, dans l'inscription précédente, a déjà fait un *proscynème* en l'honneur de Ptolémée Dionysos; la presque identité des titres et des fonctions le démontre suffisamment. Un de ses amis, venant après lui à Philes, voulut faire pour ce personnage ce qu'il avait fait pour le roi, et appeler sur lui et sa famille la protection de la déesse.

Dans ce cas, la date appartiendrait au règne de Ptolémée Dionysos, mais serait plus récente que l'autre de quelques années, ce qui expliquerait la légère différence qu'on remarque dans les titres. Callimaque conservait son titre effectif d'épistratége et son commandement de la mer Rouge; mais il était, en outre, investi du titre honorifique de *stratége*, et de celui de *thébarque*, ou de commandant de la ville de Thèbes.

[a] Pag. 37 et suiv.

LXXIV. (G. L. W.)

A l'extrémité des dernières lignes de l'inscription précédente, et entre ces lignes, on aperçoit encore quelques caractères, reste d'inscriptions plus anciennes, qui ont été détruites lorsqu'on a sculpté la figure. Il est impossible d'en rien faire.

Plus bas, on distingue le commencement d'une autre, qui me paraît se lier à la précédente. Le nom de l'auteur du proscynème a disparu. On en tire assez naturellement cette leçon :

τὸ προσκύνη[μα αυ]τοῦ καὶ τῶν πα[ιδίων Καλλιμά]χου πάντων.	Un tel a fait le proscynème de lui-même et des enfants de Callimaque.

Je pense qu'un autre personnage, venu quelque temps après Sarapion, a voulu rendre le même service au même Callimaque, grand personnage à qui l'on n'était pas fâché de faire la cour.

LXXV. (L. W.)

Sous le proscynème de Callimaque (n° LVII) se trouve la courte inscription suivante :

Κρόνιος Καλλιμάχου ὁ συγγενὴς ἥκω πρὸς τὴν κυρίαν Ἶσιν.	Moi, Cronios, fils de Callimaque, le parent, je suis venu vers la maîtresse Isis.
L. Ῑ μεχεὶρ Ῑ	L'an x, de méchir le 10.

Le titre de *parent*, que porte ce personnage, et sa qualité de fils de Callimaque, donnent lieu de conjecturer que ce Callimaque est justement celui qui est mentionné dans l'inscription gravée au-dessus. La date serait du 19 février, 71 avant J. C., et postérieure d'environ neuf mois seulement au proscynème de Callimaque, le père de Cronios, nom porté par un graveur de pierres dans Pline[a], et par un magistrat de Clazomène[b].

[a] XXXVII, 1. — [b] Mionnet, *Médailles grecques*, III, p. 68.

Le fait ne serait pas sans importance, puisqu'il en résulterait que la dignité de *parent* passait aux enfants du vivant de leur père, à moins que Callimaque ne fût mort dans cet intervalle de neuf mois, ce qui assurément est fort probable ; dans ce cas, il s'ensuivrait seulement que ce titre était héréditaire, et constituait une véritable noblesse, qui se transmettait aux enfants.

C'est là un point qui a besoin d'être établi par un fait positif, mais que je signale en attendant.

LXXVI. (L.)

Cette inscription, placée au-dessous de la précédente, n'en est séparée par aucun intervalle. Elle est donc, selon toute apparence, postérieure; tout au plus pourrait-on supposer que l'auteur visitait le temple le même jour que Nicomaque, et dans sa compagnie, de sorte que la date pouvait servir pour les deux proscynèmes.

```
ΔΗΜΗΤΡΙΟCΔΗΜΗΤΡΙΟΥ          Δημήτριος Δημητρίου
ΗΚΩΠΡΟCΤΗΝΚΥΡΙΑΝ            ἥκω πρὸς τὴν κυρίαν
ΙCΙΝΚΑΙΠΡΟCΚΥ   ΜΑ           Ἶσιν, καὶ προσκύ[νη]μα,
ΕΠΑΓΑΘΩΜΥCΙ     ΠΕΠ ΗΝ       ἐπ' ἀγαθῷ μνεί[ας χάριν]πεποίη[κά
ΜΟΥΤΩΝΓΟΝC  ΙΚΑΙ             μου τῶν γονέ[ων] καὶ
ΑΔΕΛΦΩΝΜΟΥ      ΙΦΙΛ         ἀδελφῶν μου [καὶ τῶν] φίλων.
          Ι ΜΕΧΕΙΡ Ι .              [L] Ī μεχεὶρ Ī .
```

L'article, devant προσκύνημα, manque, comme en d'autres cas; ce qui donne une nuance différente; avec l'article, c'est *le proscynème que voici* (τὸ προσκύνημα τόδε ou τοῦτο); sans l'article, c'est *un proscynème*.

Les lettres ΜΥCΙ sont assez embarrassantes; on serait tout disposé à lire ΜΝΕΙΑΝ ΠΕΠοίηκα, en faisant dépendre de μνείαν les génitifs qui suivent; mais, comme προσκύνημα est, de toute nécessité, le régime de ce verbe, la construction n'est pas possible ; et, dès le moment qu'on ne peut séparer le nom du verbe, ce qui est entre ce verbe et ἐπ' ἀγαθῷ ne peut être qu'une idée absolue. Je lis donc μνείας χάριν, dont le complément naturel est μου τῶν γονέων (au lieu de τῶν μου γον.), comme s'il y avait προσκύνημα πεποίηκα, μεμνημένος, ou μνείαν ποιούμενος τῶν κ. τ. λ. On peut citer un exemple de μνείας χάριν, suivi d'un complément au génitif, dans cette inscription de Stratonicée[a]: Πετρώνιος καὶ Ἄπφιον Σωτηρίδος τοῦ θρεμματίου μνείας χάριν, c'est-à-dire « Pétrone et Apphium, en souvenir de Sôtéris, leur jeune « esclave. » Chandler avait fait de θρεμματίου un nom propre; mais ce mot répond au *vernula* des Latins, et Sôtéris était un σῶμα γυναικεῖον, un δοῦλος τρόφιμος, οἰκογενής ou ἐνδογενής, comme on disait dans le style légal. *Apphion* (Ἄπφιον ou Ἄφφιον) est un de ces noms neutres de femme en ιον si communs en grec. Celui-ci se trouve souvent, comme son dérivé Ἀφφιανός[b], dans les inscriptions de l'Asie mineure, et, par exemple, à Telmissus : Ἑλένη ἡ καὶ Ἄφφιον[c]. Je l'aperçois encore dans ce fragment découvert à Patara, par M. Fellow[d], où un certain Marc-Aurèle Jason, de cette ville, élève un *héroon* à lui-même et à son épouse, ΤΗΣΥΜΒΙΩΑΥΤΟΥΜΚΙΑΛΥΡΑΠΦΙΩΤΗΚΑΙΠΤΟΛΕΜΩΜΑΕΠΙΤΩΜΗΔΕΝΑΕΤΕΡΟΝΤΕΘΗΝΑΙ, que je lis : ....τῇ συμβίῳ αὐτοῦ Μαρκίᾳ Αὐρηλίᾳ Ἀπφίῳ τῇ καὶ Πτολεμίῳ, ἀλλ' ἐπὶ τῷ μηδένα ἕτερον τεθῆναι. M. Yates, le savant interprète des inscriptions de M. Fellow, trouve ici le nom Ἀπφιώτῃ datif de Ἀπφιώτης; mais il faut lire Ἀπφίῳ τῇ καὶ, après quoi vient le second nom, qui paraît avoir été Πτολεμίῳ, datif de Πτολέμιον, nom de femme formé du masculin Πτολέμων, comme on trouve, dans les inscriptions du même pays[e], Ἀρτέμιον, dérivé de Ἀρτέμων.

LXXVII. (G. W.)

Sir Gardner Wilkinson indique en ces termes la position des deux numéros suivants : *on doorway of inner Towers*, ce qui désigne, je pense, la paroi nord du propylon de Nectanébo.

---

[a] Chandler, *Inscr. antiq.* n° LXXXIII, n° 30; Böckh, *Corp. Inscr.* n° 2733. — [b] *Corp. Inscr.* n° 1699, 1703. — [c] Ap. Fellow, *an Account of discoveries in Lycia*, p. 107 et 374. — [d] *Journal written during an excursion in Asia minor*, p. 222. — [e] Ap. Fellow, *an Account, etc.* p. 83.

LXXVII—LXXIX. PHILES. LAGIDES, RÈGNE D'AULÈTE. 47

AMYN	Ἀμύν-	
ΤΑCΠΡΟ	τας προ-	Moi, Amyntas,
CEKYNHC	σεκύνησ-	j'ai adoré la déesse
ΑΤΗC. ӘΘ	α τὴν Θε-	Isis. L'an x̄, de pa-
ΑΝΙCΙΝ	ὰν Ἶσιν.	chon le 23.
.LΙΠΑΧΟ	L Ī παχών ΚΓ.	

LXXVIII. (W.)

ΤΡΥΦѠΝΠΡΟC	Τρύφων προσ-	
ЄΚΥΝΗCΑΤΗΝ	εκύνησα τὴν	Moi, Tryphon,
ΘЄΑΝΙCΙΝ	Θεὰν Ἶσιν.	j'ai adoré la déesse
L.ΙΑΧѠ	L Ī παχών	Isis. L'an x, de pa-
ΚΓ	ΚΓ.	chon le 23.

.ΙΑΧѠ doit être le reste de παχών. L'année manque, mais je crois que ces deux proscynèmes, placés l'un au-dessous de l'autre et conçus de même, sont encore de deux amis qui ont fait leur hommage le même jour. L'identité du mois l'indique; j'ai donc complété la date de l'une par celle de l'autre : toutes deux sont du 7 mai de l'an 70.

LXXIX. (L.)

M. Lenormant est le seul voyageur qui nous ait fait connaître ce proscynème, auquel les deuxième et troisième lignes donnent un certain intérêt.

ΠΤΟΛЄΜΑΙΟCΔΙΟΝΥ	Πτολεμαῖος Διονυ-	
CΙΟΥΟCΥΓΓЄΝΗCΚΑΙ	σίου, ὁ συγγενὴς καὶ	
CΤΡΑΤΗΓΟCΤΟΥΜΙ	στρατηγὸς τοῦ μι-	
ΚΡΟΥΔΙΟΠΟΛΙΤΟΥΗΚѠ	κροῦ Διοπολίτου, ἥκω,	
ΚΑΙΠΡΟCΚЄΚΥΝΗΚΑ	καὶ προσκεκύνηκα	
ΤΗΝΜЄΓΙCΤΗΝΘЄΑΝ	τὴν μεγίστην θεὰν	
ΚΥΡΙΑΝCѠΤЄΙΡΑΝΙCΙΝ	κυρίαν σώτειραν Ἶσιν	
ΤΟΠΡΟCΚΥΝΗΜΑΤѠΝ	τὸ προσκύνημα τῶν	
ΤЄΚΝѠΝΜΟΥΚΑΙΤѠΝ	τέκνων μου καὶ τῶν	
ΦΙΛΟΥΝΤѠΝΜΕ	φιλούντων με.	
LΙΑ Μ̅Ε Η̅.	L Ι Αʹμε...Η.	

Les lettres ΜЄ pouvant aussi bien convenir à μεσορί qu'à μεχείρ, la date est du 16 février ou du 15 août de l'an 71 avant J. C.

Isis, dans un autre proscynème (n° LXX), est appelée Πανσώτειρα, *de tout point salutaire*, expression emphatique d'une vive reconnaissance; ici, comme au n° XCII, elle serait simplement *salutaire;* ce qui indique également qu'elle a procuré une guérison au personnage qui vient l'adorer. On s'attend à trouver καὶ πεποίηκα devant τὸ προσκύνημα; la phrase est évidemment incomplète : le verbe a été omis comme dans la suivante, parce qu'il est sous-entendu naturellement.

Le nome ou département du petit *Diopolite*, ὁ μικρὸς Διοπολίτης, se présente ici pour la première fois. On voit que le nom de ce département ne s'exprimait pas par les mots ὁ Διὸς πόλεως τῆς μικρᾶς; de même, sur les médailles, le nom de la grande Diospolis est appelé ΔΙΟΠΟΛΙΤΗC ΜЄ[ΓAC] et non ὁ Διὸς πόλεως τῆς μεγάλης. Ici, l'adjectif ΜΙΚΡΟC est avant, étant appelé par l'article ΤΟΥ.

M. Tôchon dit : « Les médailles portent ΔΙΟΠ et ΔΙΟΠΟΛΙ, ce « qui peut s'appliquer *au nome comme à la ville*[a]. » Dans la dernière édition du *Thesaurus linguæ græcæ* on parle aussi de la double orthographe Διὸς πόλις et Διόσπολις en un seul mot, et l'on donne la préférence à la seconde orthographe; on cite encore Διόπολις d'après les médailles[b]; mais il est certain que, sur aucune médaille, on ne trouve Διόπολις. Ceci montre que la théorie de ces mots est assez peu connue des hommes les plus habiles, et, par conséquent, que les remarques suivantes ne seront pas superflues.

On ne trouve, sur les médailles et dans les auteurs, que ΔΙΟΠΟΛΙΤΗΣ, jamais ΔΙΟΣΠΟΛΙΤΗΣ[1]; au contraire, c'est toujours ΔΙΟΣ ΠΟΛΙΣ qu'on trouve, jamais ΔΙΟΠΟΛΙΣ. En voici la raison :

Dans les noms de villes d'Égypte, composés de celui d'un dieu suivi du mot πόλις, les deux mots ne sont jamais fondus en un seul au moyen du retranchement de la dernière consonne du génitif.

---

[a] *Rech. histor. sur les médailles des nomes*, p. 77. — [b] T. II, col. 1543, D.

[1] Les éditions de Ptolémée donnent, il est vrai, cette leçon. Mais il y a constamment Διοπολίτης dans les manuscrits. (P. 288, l. 21, edd. Wilberg et Grashof.)

LXXIX. PHILES. LAGIDES, RÈGNE D'AULÈTE.

Au contraire, tous les ethniques de ces noms ne forment qu'un seul mot. Au moyen de ce retranchement, on disait donc :

ἡ Ἀνδρῶν πόλις	ὁ Ἀνδροπολίτης [sous-entendu νομός]
ἡ Ἀνταίου πόλις	ὁ Ἀνταιοπολίτης
ἡ Ἀφροδίτης πόλις	ὁ Ἀφροδιτοπολίτης
ἡ Ἀπόλλωνος πόλις	ὁ Ἀπολλωνοπολίτης
ἡ Κυνῶν πόλις	ὁ Κυνοπολίτης
ἡ Ἡλίου πόλις	ὁ Ἡλιοπολίτης
ἡ Διὸς πόλις	ὁ Διοπολίτης
ἡ Ἑρμοῦ πόλις	ὁ Ἑρμοπολίτης
ἡ Ἡρακλέους πόλις	ὁ Ἡρακλεοπολίτης
ἡ Ἡρώων πόλις	ὁ Ἡρωοπολίτης
ἡ Λητοῦς πόλις	ὁ Λητοπολίτης
ἡ Πανὸς πόλις	ὁ Πανοπολίτης.

Cette orthographe se retrouve même dans les noms qu'à l'époque romaine on avait abrégés par le retranchement de πόλις; ainsi Ptolémée : Κυνώ, Ἀκάνθων, Ἀνταίου, et l'itinéraire d'Antonin : *Anteu*[a] (pour Ἀνταίου), *Heracleus*[b] (Ἡρακλέους), *Andron*[c] (Ἀνδρῶν), *Letous*[d] (Λητοῦς), *Kene*[e] (Καινή). Sur les médailles on trouve ΠΡΟϹѠ (πίτης), ΚΥΝΟ, ΑΝΤΕΟ, ΛΥΚΟ, ΕΡΜΟ, ΑΝΔΡΟ (πολίτης) ΣΕΘΡѠ (ίτης), ΠΗΛΟΥ pour Πηλουσιώτης, non Πηλούσιον, comme on l'a pensé[f].

Jamais, dans les auteurs ni sur les médailles, on ne trouverait Ἀνδρωνπολίτης, Ἀνταιουπολίτης, etc. Sestini cite Ἑρμουπολίτης d'après une médaille[g]; mais la leçon est des plus douteuses[h]. Dans Strabon, les deux seules exceptions Λεοντόπολις au lieu de Λεόντων πόλις[i], et Λατόπολις pour Λάτων πόλις[k], sont peut-être des fautes de copiste[l].

Lorsque le premier nom n'a éprouvé aucun retranchement, il ne se combine pas avec le second, comme on le voit par les exemples ci-dessus. Ce sont les Latins qui ont toujours dit *Hermopolis, Apollonopolis, Heliopolis,* etc. et les Grecs ensuite, à leur imitation, principalement pour les noms de ville créés à l'époque romaine, tels que

---

[a] *Itineraria vetera*, p. 166, 167, ed. Wessel. — [b] *Ead.* p. 152. — [c] *Ead.* p. 154, 155, 724. — [d] *Ead.* p. 156. — [e] *Ead.* l. l. — [f] Tôchon, *Rech. sur les médailles des nomes,* etc. p. 151, 152. — [g] *Descr. num. veter.* p. 559. — [h] Tôchon, ouvrage cité, p. 119. — [i] XVII, p. 802. — [k] XVII, p. 817.

[l] Dans ce passage de Ptolémée : ἐν μεθορίοις Ἀραβίας καί Ἀφροδιτοπόλεως, M. Grashof a bien vu qu'il faut lire Ἀφροδιτοπολίτου. (P. 286, l. 6.)

Κλαυδιόπολις, Πομπηϊόπολις (souvent aussi Κλαυδιούπολις et Πομπηϊούπολις), Μαγνόπολις, Σεβαστόπολις, Ἑλενόπολις, Μαρτυρόπολις, etc. Cependant, *Megalopolis*, qui est encore nommée Μεγάλη πόλις dans le faux Aristote[a], est déjà Μεγαλόπολις dans Polybe, mais le nom de *Néapolis* y reste encore Νέα πόλις, tandis que Strabon réunit les deux mots, Νεάπολις [1]. Quant aux médailles, celles de la Néapolis de Campanie[b] donnent presque constamment Νεοπολίτης (Νεοπολιτῶν), ou Νευπολίτης [2].

De ces exemples, auxquels on pourrait en joindre beaucoup d'autres, il résulte que, sur les médailles des nomes d'Égypte, par la seule raison que le nom est toujours composé (ἀνδροπολ., Ἑρμοπολ., Διοπολ.), ce sont les *nomes* et non les *villes* qui s'y trouvent désignés; et, en effet, toutes les fois que le nom y est gravé en entier, il se termine toujours en πολίτης et non en πόλις; par conséquent, ΔΙΟΠΟΛ. ne peut désigner la ville, qui a toujours été nommée ΔΙΟΣ ΠΟΛΙΣ, en deux mots. Toutes ces médailles furent donc frappées pour les *nomes* et non pour leur *capitale*. On peut objecter la médaille où l'on a cru lire ΥΨΗΛΗ, mais cette leçon est reconnue pour douteuse[c]; en tous cas, ce pourrait être un iotacisme pour ΥΨΗΛΙ[της]. Il n'y a réellement d'exception que pour *Naucratis*, dont les médailles portent bien distinctement ΝΑΥΚΡΑΤΙΣ, qui désigne la *ville*; mais ici la raison en est simple : c'est qu'il n'existait pas de nome *Naucratite*. Selon Strabon et Ptolémée [d] la ville de Naucratis était comprise dans celui de *Saïs*. Il est vrai que Pline parle d'un nome *Naucratite*, notion qui, si elle était exacte, supposerait que le nome aurait été créé après Strabon et détruit après Pline, ce qui est peu probable; mais il vaut mieux supposer ici une erreur de cet écrivain,

---

[a] *De mirab. ausc.* c. 129. — [b] Rasche, *Lexicon rei num.* t. III, p. 1, col. 1130-1147. — [c] Lenormant, dans le *Trésor des antiq. égypt.* p. 63, col. 1. — [d] Tôchon, *Rech. sur les médailles des nomes*, p. 70.

[1] Les médailles de Néapolis de Palestine portent Νέα πόλις en deux mots, comme le prouve le génitif Νέας πόλεως, qui s'y trouve constamment depuis Antonin; tandis qu'antérieurement, à partir de Titus, on y trouve ΝΕΑΠΟΛΙ au nominatif pour Νέα πόλις.

[2] Rasche en cite pourtant quatre avec ΝΕΑΠΟΛΙΤΩΝ. *Lexicon*, tom. III, part. 1, col. 1140. La leçon est-elle exacte?

LXXIX, LXXX. PHILES. LAGIDES, RÈGNE D'AULÈTE.

qui en a commis tant d'autres. Le point important, c'est la concordance des témoignages contemporains des médailles et de Ptolémée, qui ne connaissent point ce nome. Il en était, sans doute, de cette ville comme de *Ptolémaïs* et d'*Antinoé,* villes toutes grecques en Égypte, qui, ayant une administration différente de l'égyptienne, ne furent jamais chefs-lieux de nome. Naucratis, ville grecque d'origine, avait, sans doute, conservé le caractère primitif de son administration, et Adrien, par suite de quelque protection spéciale, lui permit de frapper une médaille, ce qui n'était accordé qu'aux nomes. Je crois que les difficultés qui, sur ce point, avaient arrêté Tôchon lui-même, ne subsistent plus, et sont levées par la seule considération de l'orthographe des noms.

Dans la légende ΔΙΟΠΟΛ.ΜΕ des médailles, Tôchon hésite si l'on ne doit pas lire ΔΙΟΠΟΛΙC ΜΕ[ΓΑΛΗ]. Il est clair, d'après ce qui précède, que la vraie leçon est ΔΙΟΠΟΛΙΤΗC ΜΕΓΑC; c'est là l'expression dont on se servait, comme on disait ΔΙΟΠΟΛΙΤΗC ΜΙΚΡΟC pour désigner le nome de *Diospolis parva*. Celui-ci se distinguait de l'autre, sur les médailles, en ce qu'il était appelé simplement ΔΙΟΠΟΛΙΤΗC; car c'est, selon toute apparence, au nome de *Diospolis magna* qu'il faut rapporter celles où le mot se trouve sans les lettres ΜΕ ou Μ.

LXXX. (L.)

Celle-ci, qui est sans date et placée au-dessous de la précédente, a probablement été tracée en même temps, par une personne qui accompagnait le stratége Ptolémée. Le verbe πεποίηκε ou πεποίηκα est omis avant ou après le mot τὸ προσκύνημα.

ΔΗΜΗΤΡΙΟCΕΡΜΙΟΥ	Δημήτριος Ἑρμίου
ΤΟΠΡΟCΚΥΝΗΜΑΤѠΝ	τὸ προσκύνημα τῶν
ΤΕΚΝѠΝΜΟΥΚΑΙΤѠΝ	τέκνων μου καὶ τῶν
ΦΙΛΟΥΝΤѠΝΜΕ.	φιλούντων με.

Moi, Démétrius fils d'Hermias, [j'ai fait] le proscynème de mes enfants et de ceux qui m'aiment.

LXXXI. (Huy. L. W.)

Elle est gravée sur le deuxième tableau (B), au propylon de Nectanébo, dont la position est indiquée sur la planche. C'est à M. Huyot que j'en ai dû la première connaissance. Plus tard, M. Lenormant et sir Gardner Wilkinson m'ont transmis des copies un peu plus complètes. Voici le texte, d'après ces deux copies :

βασιλέως Πτολε-	Du roi Ptolé-
μαίου θεοῦ φιλο-	mée, dieu, Philo-
πάτορος, φιλαδέλφου,	pator, Philadelphe,
καὶ τῆς βασιλίσσης	de la reine
καὶ τῶν τέκνων,	et de leurs enfants,
τὸ προσκύνημα,	le proscynème
[παρὰ] τῇ Ἴσιδι [τῇ]	à Isis
κυρίᾳ, ἔγραψεν	la maîtresse, a écrit
Λυσίμαχος πάρεδρος	Lysimaque, parèdre,
L. IB μεσορὶ Γ.	L'an xii, de mésori le 3.

A la septième ligne, M. Huyot avait omis παρά devant τῇ Ἴσιδι, et τῇ devant κυρίᾳ; après ce dernier mot il avait écrit un O, d'où résultait la leçon ὃ ἔγραψεν, mais cette lettre n'existe dans aucune des deux autres copies; il n'y a qu'un petit espace, comme avant ΙΣΙΔΙ, qui était occupé par l'*iota* muet, après KYPIA comme après THI. Le quantième du mois n'était point indiqué dans la copie de M. Huyot.

La tournure est différente de celle du numéro précédent, qui commence par le nom de l'auteur du *proscynème*, et se termine par celui du roi; ici, au contraire, le nom du roi, au génitif, commence l'inscription, ainsi que dans le numéro suivant. Le sens est le même; car, bien qu'on puisse, à la rigueur, faire dépendre le génitif de ὑπέρ, sous-entendu, ce qui ne serait pas sans exemple, il est bien plus vraisemblable d'admettre l'inversion, très-ordinaire en pareil cas, et de faire dépendre le génitif de τὸ προσκύνημα, ce qui donne le sens que j'ai exprimé.

L'inscription est interrompue, dans toute sa longueur, par un sceptre de divinité. Les lettres ont été tenues écartées, dans le dessein de ménager le sceptre, qui, ainsi que toutes les sculptures de ce propylon, avait été sculpté bien antérieurement. M. Huyot, le premier voyageur qui ait copié cette inscription, m'a cependant assuré qu'il fut obligé de gratter la peinture qui était entrée dans les traits des lettres grecques; sans cette précaution, il n'aurait pu en suivre les traces. Circonstance tout à fait remarquable, puisqu'elle prouve que les sculptures, exécutées bien avant l'inscription grecque, ont été plus tard revêtues de couleurs, probablement à l'époque où le reste des ornements du propylon ont été terminés.

Celui qui a été chargé de présenter à la grande déesse l'hommage du prince est Lysimaque, qui prend le titre de πάρεδρος, *assesseur*. Il est impossible, quant à présent, de savoir au juste quel sens on doit donner à ce mot; était-ce une fonction judiciaire, ou une dignité aulique qui conférait à celui qui en était revêtu le droit de siéger auprès du roi dans certains conseils supérieurs? Tout ce que l'on peut présumer, c'est que ce personnage devait, comme Callimaque l'épistratége, approcher assez de la personne du roi, pour qu'il pût être directement chargé par lui de le suppléer auprès de la grande *maîtresse Isis*. Cependant, il est à remarquer qu'il ne prend pas le titre de *parent*, qui, en effet, paraît n'avoir été l'apanage que des premiers dignitaires de l'État.

La date est de l'an XII, 3 de mésori, ce qui répond au 8 août de l'an 69 avant J. C. Elle est donc de trois ans et trois mois environ postérieure à celle du proscynème de Callimaque. Cet intervalle est remarquable à plus d'un titre, comme on le verra dans l'explication historique qui sera donnée de ce proscynème, de celui de Callimaque (LXXII), à la suite d'un troisième (n° LXXXVIII), rédigé plus tard; explication qui m'a conduit à remanier toute la chronologie des derniers Lagides.

LXXXII. (G. L.)

A la gauche du bras étendu de la figure E se trouve ce fragment, probablement mutilé par le ciseau du sculpteur. Il a été copié par M. Gau, et plus complétement par M. Lenormant, où l'on distingue :

<pre>
        ΠΤΙΛΕ   ...Πτολε[μαίου καὶ]
        ΤΗCΝΕWΤΕΡΑC   ...τῆς νεωτέρας [καὶ]
ΤΕCΑΔΕΛΦΗC....   τῆς ἀδελφῆς..... [καὶ]
ΤΟΥΑΔΕΛΦΟΥΠΑΝΙCΚΙWΝΟC   τοῦ ἀδελφοῦ Πανισκίωνος [καὶ]
ΤΟΥΑΔΕΛΦΟΥΚΑCΟΠΑΤΟC   τοῦ ἀδελφοῦ Κλεοπᾶτος [καὶ]
ΤΕCΑΔΕΛΦΗC .ΑΝ ΚΙ Ν C Υ   τῆς ἀδελφῆς...αν...καὶ....
ΥΙΟΥΑΥΤΗCΚΑΙΤWΝΛC Τ   υἱοῦ αὐτῆς καὶ τῶν νε[ω]τ[έρων
ΑΥΤΗCΤΕΚΝ ΚΑΙΠΑΝ   αὐτῆς τέκν[ων] καὶ πάν-
ΤCΟΝΑΔCΝΦ...   των ἀδελφ[ῶν...... καὶ τῆς]
ΡΟΥΚΑΙΟΡΑΥ   ...καὶ Θρα[σ]υ[μάχης γυναι-]
ΚΟCΑΥΤΟΥ   κὸς αὐτοῦ........
          ΗΓ   L ΙΓ
ΕΠΕΙΦΙ   ἐπειφὶ
</pre>

Les lettres ΟΡΑΥ sont les premières lettres d'un nom de femme, puisque le ΚΟC qui commence la seconde ligne ne peut provenir que de ΓΥΝΑΙΚΟC.

Ce fragment est un proscynème qui n'offre que des noms propres, qu'il n'est pas toujours facile de bien discerner. La construction est même fort douteuse. Il y a là une accumulation de frères et de sœurs qu'on ne comprend pas trop. A la dixième ligne, les lettres ΟΡΑΥ semblent nous cacher un des noms qui commencent par ΘΡΑΣΥ, comme Θράσυλλα, Θρασυμένεια, Θρασυμάχη, etc.

Il n'y a qu'un seul nom qui présente quelque intérêt; heureusement il se lit d'une manière indubitable: c'est, à la cinquième ligne, le nom ΚΑCΟΠΑΤΟC ou Κ.ΕΟΠΑΤΟC, dont la lecture ΚΛΕΟΠΑΤΟC est certaine. C'est le génitif de Κλεοπᾶς (pour Κλεόπατρος), un de ces noms abrégés introduits par la familiarité ou la tendresse, tels que Μηνᾶς, Ἐπαφρᾶς, Ζηνᾶς, Ἀρτεμᾶς, Ἀσκληπᾶς, etc. pour Μηνόδωρος, Ἐπαφρόδιτος, Ζηνόδωρος, Ἀρτεμίδωρος, Ἀσκληπιόδωρος, etc. forme commune surtout à l'époque alexandrine, tant en Égypte qu'en Asie [1].

Le génitif de ces noms est ordinairement en ᾶ et le datif en ᾷ; mais le génitif ᾶτος et le datif ᾶτι paraissent avoir été communs à Alexandrie et dans le reste de l'Égypte. Ainsi, Φωκᾶτι [a] pour Φωκᾷ, qui est la forme usitée à Constantinople. Nous trouverons successivement Ἀλεξᾶτος, Ἀρτεμιδωρᾶτος, Ἀνουβᾶτος, Γαιωνᾶτος, Κλιδημᾶτος, Πρωτᾶτος, etc.

Quant à Κλεοπᾶς (génitif Κλεοπᾶτος), il nous fournit un second exemple du nom d'un personnage célèbre dans le Nouveau Testament, de *Cléopas*, frère de saint Joseph, époux de Marie tante de la Sainte Vierge, et père des apôtres saint Jacques le Mineur et saint Mathieu. Ce nom se présente sous deux formes, Κλωπᾶς (Μαρία ἡ τοῦ Κλωπᾶ [2]), et Κλεόπας (comme on lit dans toutes les éditions), ou plutôt Κλεοπᾶς (ᾧ ὄνομα Κλεοπᾶς [b]), qui est la vraie orthographe; il n'y a qu'un seul changement à faire, celui de l'accent, car certainement on prononçait Κλεοπᾶς. Ceux qui ont voulu dériver ce nom du grec l'ont formé de Κλέος

[a] Plus haut, t. I, p. 444. — [b] Luc. XXIV, 18.

[1] Je pense que le circonflexe qui affecte constamment la dernière syllabe de ces noms provient de ce que l'on a considéré que leur forme régulière était en έας. Cela est certain, du moins pour plusieurs d'entre eux : ainsi le nom de Πρωτᾶς se présente sous la forme Πρωτέας dans Arrien (*Anab.* II, 27) et Athénée (IV, p. 129 A; p. 434 A). Le nom macédonien (dorien) Φιλώτας est écrit Φιλωτᾶς dans les manuscrits de Denys d'Halicarnasse (Heges. ap. Dion. Halic. *De composit. verbor.* p. 252, ed. Schaef.) ainsi que d'Athénée (VIII, p. 352 B), et, à tort, Φιλώτας dans ceux d'Arrien (*Anab.* 1, 2, 1-14, 2. — III, 11, 13. — IV, 13, 7). On trouve, sur une médaille de Smyrne, ΑΡΙΣΤΑΣ, et, sur celles d'Apamée, d'Éphèse, d'Érythrée, de Stratonicée, etc. ΑΡΙΣΤΕΑΣ, qui est le même nom. On peut ajouter encore Σωτέας (*Corp. inscr.* n° 1279), ou Σωτᾶς (*Id.* n° 244, l. 10; 266, 17, *et alibi*); Σαυρᾶς (sculpteur, Pline, XXXVI, 5), le même nom que Σαυρέας (le *Saurea* de Plaute dans l'*Asinaria*), et que Σαυρίας, dans Athénagore (*pro Christ.* pag. 59, ed. Dechair). Les Doriens ont écrit souvent sans contraction Ἱπποκλέας, Ἀριστοκλέας, etc. (*Corp. inscr.* n° 812); et, de même, les anciens Attiques, Πατροκλέης, Ὑψοκλέης, Ἀγασικλέης (*Marmor sandwic. in Corp. inscr.* n° 158). Lors donc que s'est introduit l'usage de ces noms abrégés, on leur a donné l'accent circonflexe, d'après l'analogie seulement, car il est douteux qu'on les ait jamais terminés par έας, en écrivant Μηνέας, Ἐπαφρέας, Ἀσκληπέας, etc.

[2] Joh. XIX, 23. Selon plusieurs critiques, Κλεοπᾶς et Κλωπᾶς sont deux personnages différents. (Winer, *Bibl. Realwörterbuch,* I, S 783.)

et de πᾶς. Schleusner, qui rejette avec raison cette étymologie forcée, en tire une autre de l'hébreu qui n'est peut-être pas beaucoup plus naturelle[a]. Notre inscription ne permet pas de douter qu'il ne soit *purement grec*, comme l'a pensé M. Winer[b], étant un diminutif ou abrégé de Κλεόπατρος, formé absolument comme Ἀντιπᾶς (de Ἀντίπατρος) et non Ἀντίπας, ainsi qu'il est écrit par erreur dans les manuscrits de l'Apocalypse[c], et constamment dans Josèphe, où ce nom désigne le fils d'Hérode et de la Samaritaine Malthace[d]. Cette origine certaine fait tomber celle de ἀντί et de πᾶς, ainsi que toutes les autres imaginées par les commentateurs, et sur lesquelles Schleusner n'ose se prononcer[e]. A présent, cette étymologie et la vraie orthographe du nom doivent paraître aussi peu douteuses que celles de Κλεοπᾶς venant de Κλεόπατρος[1]. Ce sont des exemples qu'on peut joindre à tous ceux qui prouvent que les juifs ont pris souvent des noms grecs ou romains, tels que ceux d'Hérode, d'Antipater (fils d'Hérode), d'Archelaüs, d'Aristobule, de Bérénice, d'Agrippa et de tant d'autres personnages juifs cités dans Josèphe, et plus anciennement; puisque, parmi les soixante-douze juifs qui, selon le faux Aristéas, traduisirent le Pentateuque, par l'ordre de Philadelphe, il y en a cinq qui portent les noms grecs de Θεόφιλος, Ἰάσων, Θεόδοτος, Θεοδόσιος, Δοσίθεος. Parmi les noms romains on peut citer *Marcus* (saint Marc), *Lucas* (saint Luc); car Λουκᾶς est une forme contractée de Λουκανός ou Λουκιανός; et *Silas*, Σιλᾶς et non Σίλας (comme il est écrit), est abrégé de Σιλουανός (*Silvanus*). Deux inscriptions du temple de Ouadi-Génesseh nous en montreront d'autres exemples. Il se peut donc que

[a] *Nov. Lexicon in Nov. Testam.* I, p. 1278. — [b] *Bibl. Realwörterbuch.* I, S 784. — [c] II, 13. — [d] *Antiq. jud.* XVII, 8, 1; 9, 4; 11, 4. *Bell. jud.* I, 28, 4; 32, 7; 33, 7; II, 2, 3; IV, 3, 4. — [e] T. I, p. 241.

[1] Je pense qu'il faut se garder de confondre Κλεοπᾶς avec Κλεοφᾶς, qu'on trouve aussi quelquefois, par exemple dans une inscription d'Amorgos: Σωσίμου τοῦ Κλεοφᾶ (ap. Ross, *Inscr. grec. ined.* n° 121, l. 4); et peut-être dans une autre d'Arassine, où se lit ΑΓΑΘΙΝΟΥΤΟΥΚΛΕΟΦΑ.. (Ross, n° 139). M. Ross lit Κλεοφάντου. Peut-être n'y avait-il que Κλεοφᾶ. Ce nom, ayant la même origine que ceux de Κλεοφῶν, Κλεοφάνης et Κλεόφαντος, diffère essentiellement de Κλεοπᾶς. On le trouve avec la forme *Cleuphas* (Κλευφᾶς) dans une inscription latine ap. Orelli, n° 4250.

LXXXII, LXXXIII. PHILES. LAGIDES, RÈGNE D'AULÈTE. 57

les noms d'Eupolémus, d'Aristéas, d'Hécatée, de Démétrius, que portaient certains écrits composés par des Juifs, soient, non pas des *pseudonymes grecs*[a], mais les véritables noms de ces auteurs.

Le même Cléopas était encore appelé Ἀλφαῖος, d'après le rapprochement des passages de saint Marc[b] et de saint Jean[c]. L'étymologie de ce nom est obscure; on l'a voulu rapprocher de celle de Κλεοπᾶς, au moyen du retranchement du K [п], et trouver aux deux noms même origine. Il me paraîtrait assez naturel de considérer Ἀλφαῖος comme un dérivé de ἄλφα (*aleph* hébraïque) première lettre de l'alphabet, qui servait en même temps de signe numérique; dans ce cas il répondrait aux noms de Πρῶτος et de *Primus*, de *Secundus, Tertius*, etc. qui indiquent l'ordre de naissance des enfants. Ἀλφανός, sur une monnaie de Lampsaque[d]; Βητίων (probablement dérivé de Βῆτα), nom d'un ami de Bion le Borysthénite[e], ont peut-être même origine. Si ma conjecture est vraie, le nom complet du frère de saint Joseph était Κλεοπᾶς ὁ καὶ Ἀλφαῖος; on employait tantôt l'un, tantôt l'autre pour le désigner; et de là le double nom qui a tant embarrassé les commentateurs.

LXXXIII. (G. L. W.)

Sur la façade intérieure du pylône, à gauche en entrant, est gravée l'inscription suivante, dont le texte, publié d'abord par M. Gau, a été rectifié en plusieurs points par les copies de M. Lenormant et de sir Gardner Wilkinson, que je vais transcrire.

ΑΠΟΛΛΩΝΙΟΣΑΛΕΞΑΝΔΡ   Ἀπολλώνιος Ἀλεξάνδρ[ου]
ΗΚΩLΙΕΠΑΧΩΝΙΓ̄ΚΑΙΠΙΟΣ   ἥκω L IΕ, παχὼν IΓ̄ καὶ προσ-
ΚΕΚΥΝΗΚΑΤΗΝΜΕΓΙΣΤΗΝ   κεκύνηκα τὴν μεγίσ7ην
ΘΕΑΝΙΣΙΝΚΑΙΠΕΠΟΙΚΑΤΣΠΡΣ   θεὰν Ἶσιν καὶ πεπόηκα τὸ προσ-
ΚΥΝΗΜΑΔΙΔΥΜΟΥΚ/ΣΤΗΣΓΙΦ   κύνημα Διδύμου καὶ τῆς γυν[αι]-
ΚΟΣΜΟΥΚΑΙΑΜΜΩΝΙΟΥ⏤ΟΣΚΝ   κός μου καὶ Ἀμμωνίου καὶ
ΔΙΔΥΜΗΣΚΝΑΠΟΛΛΩΝΙΟΥΚΑΙ   Διδύμης καὶ Ἀπολλωνίου καὶ
ΚΟΜΑΙΝΑΤΟΣΚΑΠΟΛΛΩΝΚ   Κομαινᾶτος καὶ Ἀπόλλων [ίου τοῦ]

---

[a] Valckenaer, *de Aristob. judæo.* p. 18, 19. — [b] XV, 40. — [c] XIX, 25.; cf. Schleusner, t. I, p. 133. — [d] Mionnet, *Méd. grecq. suppl.* t. V, p. 380. — [e] Diog. Laert. IV, 54.

TOM. II.   8

ΝΕΩΤΕΡΟϹΚΑΙΔΗΜΟΠΕΙΤΟΥ	νεωτέρου καὶ Δημοπείτου
ΚΑΙϹΑΡΑ...ΟΝΟϹΗΓ.....Ι	καὶ Σαραπίωνος[,........
ΩΛΝΟΥΕΠΑΓ∠......	... ἐπ'ἀγ[αθῷ ...
ΚΑΙΤΩΙ \ΔΕ/ ΦΩΝΜΟΥΕΕ	καὶ τῶν ἀδελφῶν μου καὶ
ΤΩΝΤ.ΚΝΩΝΑΥΤΩΝΚΑϹ	τῶν τεκνῶν αὐτῶν καὶ
ΚΙΛΩΝΙΟΥΚΑΙΠΡΑΤΟϹ	Ἰσιδώρου καὶ Πρᾶτος
ΚΛΠΤΩΝΦΙΛΟΤΩΝΜΕ	καὶ τῶν φιλούντων με
ΠΑΙΤΩΝ.	πάντων.

Ce ne sont que des noms propres. Un Apollonius, fils d'Alexandre, fait, en même temps que son proscynème, celui de plusieurs personnes. Il est venu l'an xv, le 13 de pachon, ce qui répond au 19 mai de l'an 66 avant Jésus Christ.

A la quatrième ligne, la leçon πεπότκα est dans les deux copies; iotacisme pour πεπόηκα. Le nom Κομαινᾶς ne se trouve qu'ici. Δημοπείτου (leçon de W.), au lieu de Δημοπαίτου (L.), est pour Δημοπείθου. D'après les copies de M. Lenormant et de sir Gardner Wilkinson, il y aurait plutôt ΙϹΙΔΩΡΟΥ que ΚΙΔΩΝΙΟΥ, que donne M. Gau. Le génitif Πρᾶτος annonce le nominatif Πρᾶς, qui peut paraître singulier; ce doit être un abrégé de Πρωτᾶς; à moins qu'on ne préfère de lire Πράτου, génitif de Πρᾶτος (pour Πρῶτος), qui est dans une inscription de Chandler[a], comme Πρώτη au féminin[b], et même Πρωτίς, nom d'une des Pléiades[c]? On connaît les dérivés Πράταλος, Πραταλίδας[d], et Πρατίων, dans Polybe[e], pour Πρωτίων.

LXXXIV. (L. W.)

Celle-ci est placée en avant de la figure de Nectanébo (A), entre cette figure et le sceptre qu'elle tient. Les mots sont si capricieusement séparés, qu'il ne reste nul doute qu'on a été forcé de les couper ainsi par la sculpture préexistante.

[a] *Inscr. ant.* 34, n° 152, 3. — [b] Ap. Crinagor. *Anth. Palat.* V, 108. — [c] *Schol. Theocrit.* XIII, 25. — [d] Meineke, *Ad Delect. anthol. gr.* p. 129. — [e] Polyb. XXXVIII, 19, 1.

LXXXIV. PHILES. LAGIDES, RÈGNE D'AULÈTE.

ICIWNKA	Ἰσίων Κα-	Ision, fils de
ΛΛΙΜΑΧ	λλιμάχ-	Callimaque,
ΟΥΟϹΥΝ	ου ὁ συγ-	le parent,
ΓΕΝΗϹΗ	γενὴς ἥ-	je suis venu,
ΚωΚΑΙΠ	κω, καὶ π-	et j'ai passé
ΡΟϹΚΥΝ	ροσκυν-	mon temps
ΗϹΑϹΔΙ	ήσας δι-	à adorer
ΑΓΕωΧ	αγέωχ-	la maîtresse
ΑΤΗΝΚ	α τὴν κ-	Isis.
ΥΡΙΑΝΙ	υρίαν Ἴ-	
ϹΙΝ	σιν.	

L'expression προσκυνήσας διαγέωχα est remarquable; le dernier verbe est un parfait attique de διάγειν, avec cette différence, toutefois, que la forme citée par les grammairiens, et celle qu'on trouve dans les auteurs, est ἀγήοχα, διαγήοχα[a], ἐξαγήοκα, etc. et c'est la seule régulière, puisqu'elle provient de ἧκα, par réduplication ἄγηχα, et, avec un second redoublement, ἀγήγοχα, qu'on trouve dans un décret des Sigéens[b], ou doriquement ἀγάγοκα[c], et, par retranchement du γ, ἀγήοκα. L'*Etymologicum magnum* cite aussi, comme forme béotienne, ἀγείοχα, que Buttmann pense, avec raison, provenir de ἀγήγοχα, par le changement de γ en ι. Cette dernière forme n'avait point, jusqu'ici, d'autre autorité, mais un des papyrus du Musée royal donne ἐπαγειοχότος, qui doit appartenir au dialecte macédonien, de même que l'exemple unique διαγέωχα, qui diffère de la forme attique en ce que la brève précède la longue (εω pour ηο).

Quant à la locution καὶ προσκυνήσας διαγέωχα, elle est bien connue, les meilleurs auteurs employant διάγειν (sous-entendu τὸν βίον ou τὸν χρόνον) comme διατελεῖν, accompagné d'un participe au présent; la construction eût été plus régulière et plus conforme à l'usage, s'il y avait eu προσκυνῶν au lieu de προσκυνήσας. Il semble donc que Ision a voulu faire entendre qu'il n'est pas venu à Philes pour affaires, mais uniquement pour rendre à Isis ses hommages religieux; aussi n'a-t-il pas été occupé d'autre chose pendant son séjour dans l'île. Il est assez naturel que la déesse dont il portait le nom fût, de sa part, l'objet d'une

---

[a] Cf Lobeck, *ad Phrynich.* p. 21. — [b] Ap. Chishull, *Antiq. asiat.* p. 150. — [c] Inscr. ap. Grut. p. 206, cf. Buttmann, *Lexilog.* I, p. 297.

60 PROSCYNÈMES ET ACTES DE VISITE.

dévotion particulière. Ce nom *Ision*, formé d'*Isis*, comme *Sarapion* de Sarapis, *Apion* d'Apis, est beaucoup plus rare que l'un et l'autre. On le retrouve au n° suivant, et dans une inscription de l'Argolide[a].

Cet Ision était à la fois *parent* et fils de Callimaque. Ces deux circonstances, jointes à la place de l'inscription gravée, comme la précédente, à côté de celle de Callimaque, permettent de hasarder la même conjecture, à savoir qu'il était aussi le fils de ce fonctionnaire, parent et épistratége. Il est, en effet, assez naturel que ses deux fils, venant à Philes après leur père, aient voulu inscrire leurs noms à côté du sien. Nous avons vu pourquoi Cronius, dans la date de son *proscynème*, n'avait pas mis le nom du prince; quant à *Ision*, il n'a mis aucune date : c'est qu'il n'a pas fait acte d'adoration tel jour plus que tel autre, mais constamment, pendant tout le temps de son séjour dans l'île. De la présence du titre de *parent* on peut conclure aussi la transmission héréditaire de ce titre honorifique.

La date doit être la même que celle du numéro suivant.

LXXXV. (W.)

Entre la figure et la bande d'hiéroglyphes a été tracée postérieurement la courte inscription suivante, dont je ne connais qu'une seule copie, celle de sir Gardner Wilkinson.

ICIω	Ἰσιω-	Ision,
ΝΔΙΟ	ν Διο-	fils de
ΔωΡΟΥΗ	δώρου ἥ-	Diodore,
ΚωΚΑΙΠΡ	κω καὶ πρ-	je suis venu
ΟC	οσ[κ]-	et j'ai adoré
ΕΚΥ	εκύ-	la maîtresse
ΝΗΚ	νηκ-	Isis.
ΑΤΗ	α τὴ-	L'an XXII,
ΝΚΥ	ν κυ-	de phaménoth
ΡΙΑΝ	ρίαν	le 9.
ΙCΙΝ	Ἴσιν.	
L ΚΒ	L ΚΒ	
ΦΑΜ	Φαμ.	
Θ	Θ.	

[a] *Corp. inscr.* n° 1184.

LXXXV, LXXXVI. PHILES. LAGIDES, RÈGNE D'AULÈTE.

La date répond au 13 mars 59 avant l'ère vulgaire.

Ision, fils de Diodore, était peut-être parent d'Ision fils de Callimaque; ce qui l'aura engagé à écrire son proscynème au-dessous du sien.

LXXXVI. (G. L W.)

Ce fragment est placé en avant de la figure A, au-dessous du bras, dans un espace resté libre, que la sculpture n'a point endommagé. C'est le proscynème fait par un particulier au nom de son frère et de deux amis. Rien ne paraît, au premier abord, plus insignifiant. Les noms qui s'y trouvent lui donnent cependant un certain intérêt. En voici d'abord le texte et l'exacte transcription :

ΛΙΒΑΝΟC	Λίβανος	Libanos
ΤΟΠΡΟCΚΥ	τὸ προσκύ-	a fait le proscynème
ΝΗΜΑΙΕΡΩ	νημα Ἱερω-	d'Hiéronyme,
ΝΥΜΟΥΤΟΥ	νύμου τοῦ	son frère,
ΑΔΕΛΦΟΥΚΑΙ	ἀδελφοῦ καὶ	d'Alexas et
ΑΛΕΞ.ΤΟCΚΝΙ	Ἀλεξᾶτος καὶ	de Zabinas,
ΖΑΒΙΝΑΤΟCΩΝ	Ζαβινᾶτος τῶν	ses compagnons d'âge,
CΥΝΗΛΙΚΙΩΤ.Ν	συνηλικιωτῶν,	auprès d'Isis.
ΠΑΡΑΤΗΙΙCΙΔΙ	παρὰ τῇ Ἴσιδι.	L'an xxv, de phaophi le 5.
LΚΕΦΡΙΕ	L. ΚΕ, φαωφὶ Ε.	

Le mois est marqué en abrégé par les trois lettres ΦΦΙ, pour φαωφί. Ainsi la date répond au 30 octobre de l'an 57 avant J. C.

Le premier nom est écrit ΛΙΒΑΝΟC dans les trois copies. Il n'y a donc pas moyen de lire Λιβάνιος, nom dérivé de Λίβανος, montagne de Syrie qui a été employée pour un nom propre d'homme, selon l'usage grec de donner quelquefois des noms de *ville*, de *fleuve*, de *pays*, à des particuliers, dont ils désignent en même temps la patrie ou l'origine; tels sont les noms d'hommes : Κάϊκος, Σκάμανδρος, Εὐρώτας; ceux de femme : Ἰταλία, Σύβαρις, Ἀσία[a], Μέμφις[b], etc. Celui de Λίβανος est du même genre, et annonce un homme né en Syrie, originaire des environs du Liban, ou dans la partie de l'Arabie

---
[a] Keil, *Spec. onomatol. græc.* p. 92. — [b] Böckh, *Corp. inscr.* n° 1906.

voisine de cette montagne. Ce nom convient surtout à un esclave, d'après l'usage si connu de donner aux esclaves le nom des pays d'où ils avaient été tirés[a]; or la Syrie était, comme on sait, la pépinière qui en fournissait le plus. Dans une inscription de Naupacte[b], il est aussi question d'un *Libanos* (Λίβανος), originaire d'*Arabie* (τὸ γένος Ἄραψ), *esclave* que son maître, Delphion de Naupacte, vend au temple de Bacchus de cette ville, à la condition de le laisser jouir, en qualité d'hiérodule, du droit d'aller où bon lui semble; espèce de transaction dont les inscriptions delphiennes ont conservé plus d'un exemple[c]. L'esclave de Déménète, dans l'*Asinaria* de Plaute, s'appelle aussi *Libanus*.

Que notre *Libanos* fût un esclave syrien, c'est ce qui est confirmé par un des noms qui accompagnent le sien. Il a fait son proscynème pour son frère Hiéronyme et deux amis, dont l'un s'appelle *Zabinas*; c'est là un nom syriaque, *uniquement* connu jusqu'ici par le surnom ou sobriquet du roi intrus de Syrie, Alexandre *Zabinas*, ce rival que la politique d'Évergète II suscita contre Démétrius, et qui régna depuis l'an 129 jusqu'à l'an 123, entre les années 42 et 48 d'Évergète. Ce roi, qui se prétendait fils d'Alexandre Balas, mais qui n'était qu'un Égyptien, fils du Grec Protarque[d], reçut de ses adversaires le sobriquet de *Zabinas* ou *Zebinas*, mot qui signifie, en syriaque et en chaldaïque, *acheté*, faisant allusion, dit Porphyre, à ce qu'il avait été *acheté* par Évergète[e], auquel il obéissait en esclave[1].

Notre inscription a cela d'intéressant, qu'elle nous donne la prononciation alors admise pour ce mot syriaque. Dans les fragments de Diodore de Sicile[f] et de Porphyre[g], il est écrit Ζαβινᾶς; ce qui

[a] Keil, *Specim. onomatol. gr.* p. 98; Boissonade, *ad Aristænet.* p. 666. — [b] Böckh, *Corp. inscript.* n° 1756. — [c] *Id.* n°ˢ 1699 ad 1710; cf. Franz, *Elem. epigr. græc.* p. 241. — [d] Justin, lib. XXXIX, 1, 4. — [e] Cf. Wesseling, *ad Diod. Sic.* t. X, p. 346, ed. Bip.; Ez. Spanh. *de Præst. et usu num.* II, p. 409; Visconti, *Iconogr. grecque*, II, p. 345. — [f] *Frag.* lib. XXXIV, 14. — [g] Porphyr. *in Anecd. Paris.* t. II, p. 126, l. 18.

[1] ...πέμπει βασιλέα τῆς Ἀσίας Ἀλέξανδρον, ὡς υἱὸν Ἀλεξάνδρου, ὃς διὰ τὸ ὡς ἀγοραστὸς εἶναι νενομίσθαι τοῦ Πτολεμαίου, Ζαβινᾶς ἀπεκλήθη πρὸς τῶν Σύρων. Au lieu de ὃς, que j'ai conservé, il y a, dans le manuscrit de Paris (ap. Cramer, *Anecd. græc. Parisiens.* t. II, p. 126, l. 16), ὡς, qui donne un faux sens.

revient au *Zabinna* de Trogue Pompée [a]; dans Josèphe seul on lit Ζεβινᾶς [b] et Ζεβιναῖος; encore le manuscrit du Vatican donne-t-il, en cet endroit, Σαβιναῖος. Cette orthographe se retrouve aussi sur la médaille citée par Goltzius : ΑΛΕΞΑΝΔΡΟΥ ΖΕΒΕΝΝΟΥΣ ΒΑΣΙΛΕΩΣ ; mais tous les numismatistes reconnaissent la fausseté de cette pièce, dont la légende a dû être fabriquée avec le texte même de Josèphe ; car un monument public ne pouvait porter le titre dérisoire de *Zabinas*. Les médailles authentiques de cet usurpateur ne portent que ΑΛΕΞΑΝΔΡΟΥ ΒΑΣΙΛΕΩΣ ; ainsi l'orthographe ΖΕΒΙΝΑΣ repose sur l'autorité unique des manuscrits de Josèphe. Au contraire, la leçon ΖΑΒΙΝΑC, qui est celle de Diodore, de Porphyre et de Justin, est confirmée par notre inscription; et, comme il n'est pas douteux que Libanos ne sût parfaitement prononcer le nom de son ami, on doit regarder cette orthographe comme exprimant la véritable prononciation du mot syriaque, qui devait se prononcer *Zabn,* non *Zebn.* Ce nom, d'après son étymologie, n'a pu être porté que par un *esclave;* il paraît, en effet, bien difficile qu'un homme libre, ou même qu'un esclave une fois affranchi, eût gardé un nom qui ne pouvait rappeler qu'une origine servile. C'est ainsi qu'on chercherait vainement en grec un exemple d'un nom tel qu'Ἀγοραστός, qui correspondrait au syriaque Ζαβινᾶς, appliqué à un homme libre; au lieu de ce nom, on ne trouve qu'Ἀγόρατος, dont le sens, tout différent, s'entendrait, comme Ἀγόρητος, d'un homme éloquent ou disert.

Cette remarque donne lieu de présumer que ce *Zabinas* était un *esclave* aussi bien que *Libanus*. S'il en est ainsi, le sobriquet donné à Alexandre par les Syriens devient encore plus sanglant ; comme c'était un nom *servile*, il présentait le double sens d'*esclave* et celui d'*acheté* par Évergète [c].

Une autre circonstance confirme ma conjecture : c'est qu'aucun des quatre noms cités n'est accompagné de celui du père. Cette absence totale du *patronymique* est encore un indice assez frappant de l'état de tous ces personnages. Avec le nom d'esclave, celui de père

[a] *Prolog. libr.* XXXIX, 1 et 2. — [b] *Antiq. Jud.* XIII, 9, 3. — [c] *Id.* XIII, 10, 1.

manque toujours. Cette remarque donne la vraie explication de cette inscription de Paros : Ἔρως Καίσαρος, ἐργεπιστάτης τοῦ λατομίου, ἱδρύσατο [a]. M. Ross croit que Καίσαρος est le nom du père d'Éros. Cela n'est guère probable : Καῖσαρ, pas plus que Σεβαστός ou αὐτοκράτωρ, n'a pu être le nom d'un particulier. Il y a là de sous-entendu le mot δοῦλος, comme dans les inscriptions des carrières de porphyre, où l'on trouve indifféremment Ἐπαφρόδιτος Καίσαρος δοῦλος et Ἐπαφρόδιτος Καίσαρος, sans le mot δοῦλος, qui est sous-entendu. Éros était donc un *esclave de César*, chargé de surveiller l'exploitation des carrières de marbre de Paros, comme Epaphroditus Sigerianus et Hymeneus, *esclaves aussi de César*, étaient, l'un, fermier de celles de porphyre, l'autre, préposé à celles des marbres de Caryste en Eubée [b].

Pour le deuxième nom, les copies portent ΑΛΕΞ.ΤΟΣ, ce qui ne peut être que Ἀλεξᾶτος, génitif de Ἀλεξᾶς pour Ἀλέξανδρος, un de ces noms abrégés dont j'ai parlé plus haut [c]. Il paraît que ce fut le nom familier que les Alexandrins donnèrent à Ptolémée Alexandre, puisqu'il est ainsi designé par Cicéron et saint Épiphane [d].

Il est très-vraisemblable que l'auteur du *proscynème*, Libanus, avait été chargé d'honorer la déesse par trois autres esclaves comme lui, dont l'un était son frère et les deux autres ses compagnons d'enfance, et peut-être aussi d'*esclavage*; car le mot συνηλικιώτης comporte souvent le double sens de *communauté d'âge, de goût, de condition*, comme le remarque Passow.

S'il en est ainsi, notre inscription est une preuve que la permission d'écrire des *proscynèmes* sur les parois du pylône n'était pas seulement accordée à de grands personnages, mais qu'il était loisible à tous, même à de simples esclaves, d'accomplir cet acte religieux.

Le trait vertical qui bordait, du côté de la figure, la colonne d'hiéroglyphes, a été évidemment tracé par-dessus le grec, puisqu'il n'y a point de séparation entre les lettres à l'endroit où il passe. Sir

---

[a] Ross, *Inscriptiones græc. inedit.* n° 149, part. II, pag. 42. — [b] Plus haut, tom. I, pag. 157. — [c] P. 55 de ce volume. — [d] Cicero, *de rege Alexandrino*; S. Epiphan. *De Ponderibus*, c. 12.

LXXXVI, LXXXVII. PHILES. LAGIDES, RÈGNE D'AULÈTE.

Gardner Wilkinson, parlant des signes égyptiens qui occupaient cette colonne, dit : « Colonne d'hiéroglyphes taillés par-dessus le grec. »

Les sculptures égyptiennes sont donc postérieures à l'an xxv de Ptolémée Aulète.

LXXXVII. (G.)

En avant de la figure E sont trois colonnes d'hiéroglyphes que sir Gardner Wilkinson n'a pas dessinées, mais il les indique par cette note : « *Lines of hieroglyphics cut over the greek* (lignes d'hiéroglyphes taillées par-dessus le grec). » M. Gau est le seul qui ait discerné, dans ces colonnes, quelques lettres d'une des inscriptions grecques cachées sous ces hiéroglyphes, lesquels, en effet, dès le premier coup d'œil, paraissent avoir été sculptés par-dessus le grec, car ils prennent la place de quelques-unes des lettres qui composaient les mots. Voici ce qu'on en peut lire avec certitude :

Κάσ7ο[ρος] τοῦ συγ]γενοῦς   De Castor, le parent,
καὶ πρώ[τ]ο[υ φίλ]ο[υ] κ[αὶ   premier ami et
οἰκον[όμ]ου τ[οῦ βασι]λέ[ως,   économe du roi,
καὶ τῆ[ς ἀ]δ[ελφῆς] καὶ τῶν   et de sa sœur et de ses
τέκν[ων τὸ προσκύνη]μ[α]   enfants, Tryphon... a fait le proscynème
παρὰ [τῇ] κ[υρίᾳ θεᾷ Ἴσιδι],   auprès de la maîtresse déesse Isis.
Τρύφ[ων........πεπόη-   ....
κα............
[L]KE[π]αῦ[ν]ὶ K...   L'an xxv, de payni le 20.

Les lettres ΚΑΙΠΡѠ semblent indiquer καὶ πρώτων φίλων; mais l'article τῶν serait indispensable en pareil cas; je pense qu'il y avait πρώτου φίλου, dépendant de l'article qui précède συγγενοῦς, d'où l'on voit que l'on disait indifféremment τοῦ πρώτου φίλου aussi bien que τῶν πρώτων φίλων, comme τοῦ συγγενοῦς aussi bien que τῶν συγγενῶν.

Je suppose que l'οἰκονόμος τοῦ βασιλέως, expression que j'ai déjà relevée dans un papyrus[a], devait être l'administrateur des biens par-

[a] Dans le *Catalogue de Passalaqua,* p. 277. Paris, 1826.

ticuliers du roi, peut-être l'*intendant* de la maison du roi; dans tous les cas un fonctionnaire d'un rang élevé, puisqu'il reçoit le titre de *parent*.

La suite, καὶ τῆς ἀδελφῆς καὶ τῶν τέκνων, est également certaine, mais le sens ne l'est pas à beaucoup près autant. Ces mots font-ils suite à οἰκονόμου τοῦ βασιλέως, et doit-on entendre : *économe du roi, de sa sœur (et épouse) et de ses enfants?* ou bien dépendent-ils de τὸ προσκύνημα? Dans ce dernier cas, il manquerait le pronom αὐτοῦ, car la place ne permet pas de l'insérer après τέκνων. Dans le premier cas, l'omission du pronom est permise; d'ailleurs, et cette raison me semble décisive, il n'est guère possible que le titre de οἰκονόμος τοῦ βασιλέως fût suivi de la mention de la reine et des enfants, car c'est là un titre absolu, un titre de fonction tout à fait indépendant de l'existence d'une reine et des enfants du roi; un tel complément serait aussi déplacé après ce titre qu'après celui de ἐπίτροπος Καίσαρος ou Σεβαστοῦ. C'est ce qui me décide pour le second sens, et me fait croire qu'il s'agit de la *sœur et des enfants* de Castor, dont la femme, sans doute, était morte à cette époque.

LXXXVIII. (G.)

Il en est une autre que son état fruste me fait hésiter de placer dans cette catégorie, car on ne sait si, après l'indication de l'année, venait le nom du prince ou bien le mois et son quantième. La voici:

...ΗΚΩΠΡΟϹΤΗΝΚΥΡΙΑΝΕΙϹΙΝΚΑΙΕΠΟΗ....   [.....]ἥκω πρὸς τὴν κυρίαν Εἶσιν καὶ ἐπόη[σα
....ΗΜΑΑΑΛΕΤΛΛΙΝΡ.ΜΙΔΩΡΑΤΟϹΚΛΙΓ   [τὸ προσκύν]ημα ἀδελφῆς Ἀρτεμιδωρᾶτος καὶ γ[υναικὸς
...ΩϹΛΙ.........ΑΤΑϹ......   [μου............π]αρὰ Θ[εᾷ Ἴσιδι τῇ μεγίσ]ῃ...
....LΚΘ......   L. ΚΘ.

Dans la seconde ligne, la finale ΔΩΡΑΤΟϹ peut convenir à ΙϹΙΔΩΡΑΤΟϹ; mais la lettre tronquée Μ me montre que la vraie restitution est ΑΡΤΕΜΙΔΩΡΑΤΟϹ. Les noms en ᾶς, ᾶτος, sont fréquemment appliqués à des femmes.

Si la date ΚΘ appartient au règne de Ptolémée Aulète, ce sera

LXXXVIII, LXXXIX. PHILES. LAGIDES, RÈGNE D'AULÈTE. 67

la dernière de ce règne, dont la xxixe commença le 5 septembre de l'an 53 avant J. C.

LXXXIX. (C. E. Ham. G. L. W.)

Cette inscription est écrite *à l'encre rouge*, sur le socle d'un des deux obélisques qui étaient dressés en avant du petit temple[a], à l'extrémité méridionale de l'île. On en a des copies exactes prises par la Commission d'Égypte, par MM. Hamilton, Gau, Lenormant et Wilkinson.

ΒΑΣΙΛΕΩΣΠΤΟΛΕΜΑΙΟΥ	Βασιλέως Πτολεμαίου,	Du roi Ptolémée,
ΘΕΟΥΝΕΟΥΔΙΟΝΥΣΟΥ	θεοῦ, νέου Διονύσου,	dieu, nouveau Dionysos,
ΦΙΛΟΠΑΤΟΡΟΣΚΑΙΦΙΛΑ	Φιλοπάτορος καὶ Φιλα-	Philopator et Phila-
ΔΕΛΦΟΥΚΑΙΤΩΝΤΕΚΝΩΝ	δέλφου καὶ τῶν τέκνων,	delphe et de ses enfants,
ΤΟΠΡΟΣΚΥΝΗΜΑΠΑΡΑΤΗΚΥ	τὸ προσκύνημα παρὰ τῇ κυ-	le proscynème auprès de la
ΡΙΑΙΙΣΙΔΙΚΑΙΤΟΙΣΣΥΝΝΑΟΙΣΘΕ	ρίᾳ Ἴσιδι καὶ τοῖς συννάοις θε-	maîtresse Isis et des dieux adorés dans le même temple,
ΟΙΣΘΕΟΔΟΤΟΣΑΓΕΣΙΦΩΝΤΟΣ	οῖς Θεόδοτος Ἀγεσιφῶντος	Théodote fils d'Agésiphon,
ΑΧΑΙΟΣΑΠΟΠΑΤΡΩΝΠΕΠΟΙ.	Ἀχαιὸς ἀπὸ Πατρῶν πεποίηκε.	de Patres en Achaïe l'a fait.

Elle est tout à fait analogue au n° LXXXI, et la tournure est la même; il n'y a que de faibles différences dans le nom de celui qui l'a écrite. C'était un Grec de Patres (actuellement Patras) en Achaïe[1], qui pousse la modestie, et nous devons le regretter, jusqu'à ne joindre aucun titre à son nom; cependant, tout indique qu'il devait être sur un bon pied à la cour. L'hommage ne s'adresse pas seulement à la maîtresse Isis, τῇ κυρίᾳ Ἴσιδι, mais encore aux dieux adorés dans le même temple, τοῖς συννάοις θεοῖς, que Callimaque et Lysimaque avaient oubliés. Il manque la date, que les autres ont exprimée soigneusement; enfin, et ceci est l'important, la mention de la reine a disparu, mais celle des enfants subsiste, d'où il résulte qu'alors

[a] Plus haut, p. 4.

[1] L'expression Ἀχαιὸς ἀπὸ Πατρῶν, comme Σύρος ἀπὸ Βαμβύκης dans un papyrus du Louvre, et ἀπ' Ἀρκαδίας Παρράσιος (Paus. VI, 8, 2.), est trop connue pour qu'on s'y arrête. On aurait dit également bien Πατραιεύς ou Πατρεὺς ἀπ' Ἀχαίας, ou ἀπὸ (ou ἐκ) Πατρῶν τῆς Ἀχαίας. (V. t. I, p. 393.)

le roi était devenu veuf. Elle a donc été écrite postérieurement aux deux autres.

Cette circonstance a de l'importance historique, comme on le verra dans la discussion suivante, où j'examine les inductions historiques qui ressortent de la comparaison de ces trois documents.

CHRONOLOGIE DE PTOLÉMÉE AULÈTE ET DE SES ENFANTS, JUSQU'À L'AVÉNEMENT D'AUGUSTE.

Je reprends l'examen de trois des documents qui précèdent; quoiqu'ils soient semblables entre eux pour le fond et la forme, on y remarque pourtant deux différences principales et caractéristiques.

La première consiste en ce que, dans le proscynème de Callimaque (n° LXXII) de l'an ιx, il est question du roi tout seul; dans celui de Lysimaque (n° LXXXI), de l'an xιι, il est fait mention, en outre, de la reine et de ses enfants; dans celui de Théodote (n° LXXXIX), qui n'a point de date précise, la mention de la reine a disparu, tandis que celle des enfants est restée.

La seconde différence consiste en ce que le titre de νέος Διόνυσος, qui se trouve dans le premier et le troisième, manque dans l'inscription intermédiaire. Ce sont ces différences dont il s'agit maintenant de découvrir la cause.

§ I. Époques de l'avénement de Ptolémée Aulète, de son mariage, de la naissance et du règne de ses enfants.

La conséquence à tirer du premier caractère, c'est que Ptolémée Aulète n'était pas encore marié lorsque le parent Callimaque a écrit son proscynème; car, selon l'usage constant suivi pour ces actes, comme pour toutes les dédicaces, si le roi avait eu alors femme et enfants, ils auraient été compris dans l'hommage religieux rendu en son nom à la déesse. Le proscynème de Lysimaque contient, au contraire, cette double mention. Ainsi, dans l'intervalle de temps écoulé entre l'un et l'autre, le roi non-seulement avait pris femme, mais encore, d'après le pluriel τέκνα, il avait au moins *deux* des enfants que l'histoire lui donne.

Ces deux inscriptions sont, l'une de l'an ix, au 5 de pachon (14 mai, 72 ans av. J. C.), la seconde de l'an xii, au 3 de mésori (8 août, 69 ans av. J. C.) : elles ont donc été tracées à trois ans deux mois vingt-huit jours de distance l'une de l'autre. Cet intervalle suffit pour que Ptolémée, marié après la date de la première, eût déjà *deux* enfants. Le 3 mésori de l'an xii, il pouvait même, à la rigueur, être père d'un troisième enfant; mais cela supposerait que le prince se serait marié immédiatement après le 14 mai 72, et que la reine, devenue enceinte peu de jours après son mariage, aurait eu ses trois grossesses sans aucune interruption. Le concours de ces diverses circonstances n'est pas impossible; mais ce serait un grand hasard. Il est plus conforme à la vraisemblance d'admettre que le roi n'avait encore que deux enfants le 8 août de l'an 69; et c'est aussi précisément, comme on le verra bientôt, ce qui s'accorde le mieux avec les données de l'histoire.

C'est entre ces deux limites que se placent et le mariage du roi et la naissance de ses deux premiers enfants. Le mariage a dû avoir lieu à la fin de 72, ou, au plus tard, dans le commencement de 71; la naissance du premier enfant en 71, et celle du second en 70, ou au commencement de 69. Nous avons donc ainsi des époques précises que la chronologie ne possédait pas, et dont elle va maintenant profiter.

D'abord on voit que Ptolémée Aulète ne s'était marié qu'entre la neuvième et la dixième année de son règne. Ce mariage tardif ne peut guère s'expliquer que parce qu'il était arrivé très-jeune à la couronne, et avant sa majorité, comme Ptolémée Épiphane, qui, parvenu au trône dans sa cinquième année, ne s'était marié que la douzième de son règne. Deux autres circonstances indiquent qu'il en fut ainsi : la première c'est qu'Aulète (ainsi qu'Épiphane dans l'inscription de Rosette) a reçu l'épithète de νέος[a], puisque Eusèbe le désigne ainsi : Πτολεμαῖος ὁ νέος ὁ καὶ Διόνυσος; et j'ai montré[b] que le titre de *νέος*, donné à Épiphane, se rapportait à ce que ce prince avait occupé le trône dès l'âge de quatre ans et demi; la seconde, c'est que Cicéron, voulant prouver qu'Aulète n'avait pu tremper dans l'assassinat d'Alexandre II, dit qu'à cette époque il était en Syrie et trop jeune pour en être soupçonné : *quum ille rex sit interfectus, hunc puerum in Syria fuisse*[c]. Sans doute le mot *puer* peut, à la rigueur, s'entendre d'un jeune homme de quinze à seize ans, et même encore plus âgé; mais il peut aussi désigner un enfant de cinq à six ans. L'ensemble du texte de Cicéron, joint aux autres circonstances que je viens d'indiquer, ne permet guère de douter qu'Aulète ne fût encore mineur et sous tutelle, lorsqu'il fut nommé par les Alexandrins[1].

Épiphane, comme je l'ai dit[d], parvenu à la couronne à cinq ans, s'était marié dans la douzième année de son règne, ou vers l'âge de dix-sept à dix-huit ans; Aulète, dans la dixième année au plus tard. En admettant qu'il se fût marié au même âge, cela supposerait qu'il avait environ huit ans à la mort de son père, Sôter II, et qu'il était né 89 ans avant Jésus-Christ.

[a] *Recueil des inscriptions de l'Égypte*, etc. t. I, p. 252. — [b] *Ibid.* p. 266. — [c] Cic. *De Alex. rege*, p. 49, ed Maio. — [d] Plus haut, t. I, p. 266.

[1] Par là s'explique naturellement une erreur évidente que Plutarque a commise. Cet historien rapporte que, pendant le siège d'Athènes par Sylla, Lucullus, envoyé pour rassembler quelques vaisseaux de renfort, se rendit en Égypte, où il fut très-bien accueilli par le *jeune Ptolémée*, τὸ μειράκιον ὁ Πτολεμαῖος. (*Recueil des inscriptions de l'Égypte*, t. I, p. 79.) Cette expression, τὸ μειράκιον, annonce un tout jeune homme, de treize à quatorze ans au plus. Or l'événement se passait dans l'hiver de l'an 87 avant notre ère. (Plutarch. *in Lucullo*, § 2.) A cette époque, Sôter II régnait à Alexandrie depuis deux ans, puisque l'expulsion de son frère, Alexandre Ier, avait eu lieu en 89. (Drumann, *Geschichte Roms*, Th. III, S. 121, 122.) Mais Sôter II, né en 144, marié en 127, avait alors au moins *cinquante-six ans*. Le terme μειράκιον ne peut donc être que le résultat d'une méprise, dont voici la cause : Plutarque, faisant un anachronisme de cinq à six ans, aura cru qu'Aulète régnait déjà en 87, et, sachant, d'ailleurs, qu'il était monté sur le trône étant encore mineur, il l'aura désigné par une qualification qui lui convenait parfaitement. Cette erreur devient encore une preuve, surabondante d'ailleurs, du jeune âge auquel Ptolémée Aulète parvint à la couronne.

Nos deux inscriptions sont donc, sur ce point, tout à fait en rapport avec les témoignages historiques; mais la mention des *enfants* du roi, d'après la date de la seconde, soulève une difficulté grave, dont la solution importe à l'histoire de ce règne.

Selon Strabon, Ptolémée Aulète, à l'époque de son expulsion, en 58 avant Jésus-Christ, avait *cinq* enfants, trois filles et deux garçons encore enfants (υἱοὶ δ' αὐτοῦ δύο νήπιοι); l'aînée de ses filles, qui était légitime, fut seule placée sur le trône. Cette princesse, que Strabon ne nomme pas, fut mise à mort par son père, lorsqu'il eut recouvré la couronne avec l'aide de Gabinus. Il ne lui restait donc, à sa mort, arrivée peu après, que *quatre enfants,* deux fils et deux filles, dont l'aînée était la fameuse Cléopâtre, et la seconde, Arsinoé. Les Alexandrins donnèrent la couronne à la première, en lui associant son frère aîné[a].

Cette narration, parfaitement suivie, revient à celle de Dion Cassius, qui dit que, après l'expulsion d'Aulète, sa fille *Bérénice* occupa le trône, et qu'à son retour son père la fit mourir[b].

De ces deux récits combinés il résulte que la fille d'Aulète, qui s'appelait *Bérénice,* fut seule placée sur le trône, parce qu'elle était majeure, et que sa seconde fille fut la fameuse Cléopâtre, qui était alors mineure.

Il est donc clair qu'au mois d'août de l'an 69 avant Jésus-Christ les deux filles aînées d'Aulète avaient déjà vu le jour; donc Cléopâtre était née à cette époque et peut-être dès l'an 70. Il s'ensuivrait qu'en l'année de sa mort, 30 ans avant Jésus-Christ, elle avait environ quarante et un ans; or une femme de cet âge est déjà vieille en Égypte. L'ascendant qu'elle avait conservé sur Antoine, et, plus que cela, l'espoir qu'elle conçut alors de séduire Auguste par ses charmes, annoncent un âge moins avancé; aussi tous les historiens l'ont supposée plus jeune de quatre ou cinq ans.

L'année de sa naissance étant jusqu'ici inconnue, ils l'avaient conclue uniquement de quelques circonstances extérieures assez vagues; et ils avaient présumé qu'elle ne pouvait avoir que trente-cinq

---

[a] Strab. XVII, p. 796. — [b] Dio Cass. XXXIX, 57, 58.

à trente-six ans à l'époque de sa mort. Quelque probable que fût leur opinion, elle serait à présent détruite par un monument décisif, et ce monument lui-même conduirait à une conséquence assez peu vraisemblable; car cette princesse serait nécessairement au nombre des enfants (τέκνα) que Ptolémée avait dès l'an 70.

Pour sortir naturellement de cette difficulté, il faudrait que, malgré les témoignages concordants de Strabon et de Dion Cassius, Ptolémée Aulète eût eu quatre filles, non pas trois seulement, et que la fameuse Cléopâtre eût été la troisième, non pas la seconde, de manière qu'il ne fût plus nécessaire de la comprendre parmi les τέκνα de l'inscription de l'an IX.

Or c'est là précisément ce qu'établit le texte de Porphyre d'une manière formelle. Le fragment de cet auteur que nous a conservé Eusèbe donne, comme on sait, de la dynastie des Lagides, un tableau chronologique d'une exactitude qui n'a été bien reconnue et sentie que depuis la découverte de certains papyrus grecs-égyptiens. Tous les détails de ce fragment, tels que la succession et la durée des règnes, l'usage des doubles dates pour ceux de Philométor, d'Évergète II, de Sôter II, d'Alexandre Ier, de Cléopâtre, concordent merveilleusement avec les dates de ces papyrus; et l'on ne peut douter que l'auteur de ce tableau n'ait eu sous les yeux, en le composant, une suite de documents originaux et contemporains.

Voici ce qu'on y lit à l'article d'Aulète : « Pendant le règne du nouveau Bacchus, *trois années* ont été attribuées à ses deux filles, *Cléopâtre* dite *Tryphène*, et *Bérénice*, comme ayant l'une et l'autre occupé le trône, c'est-à-dire *une année* à toutes les deux; et ensuite *l'espace de deux années*, après la mort de Cléopâtre dite Tryphène, à *Bérénice* seule[1]. »

Ainsi ce n'est plus *Bérénice* qui était l'aînée, c'est une *Cléopâtre*

---

[1] Ἐπὶ γὰρ τοῦ νέου Διονύσου (c'est-à-dire de son vivant, après son expulsion) εἰς τὰς αὐτοῦ θυγατέρας Κλεοπάτραν τὴν καὶ Τρύφαιναν καὶ Βερενίκην, τριετὴς ὡς βεβασιλευκυίας ἀνεγράφη χρόνος· εἰς μὲν ἀμφοτέρας ἐνιαυτὸς εἷς, ἡ δ' ἑξῆς μετὰ τὸν Κλεοπάτρας τῆς καὶ Τρυφαίνης θάνατον διετία εἰς μόνην Βερενίκην.

PHILES. LAGIDES, RÈGNE D'AULÈTE.

dite *Tryphène,* dont les autres auteurs ne parlent pas. Lors de son expulsion, en 58, Aulète laissait donc non pas *trois* filles, comme le dit Strabon, mais *quatre.* La couronne fut donnée aux deux aînées, parce qu'elles étaient majeures. La première étant morte dans le cours de la première année, la seconde, Bérénice, régna seule pendant *deux ans;* et elle occupait encore le trône en 55, au retour de son père, qui la fit mourir, comme le disent Strabon et Dion Cassius, pour la punir du tort, peut-être involontaire, d'avoir régné en sa place. C'est la première que Strabon et Dion Cassius ont tout à fait oubliée, sans doute parce que son règne passager se trouva absorbé dans celui de la seconde fille, appelée *Bérénice* par Dion Cassius et par Porphyre. C'est ainsi que le même Strabon n'a tenu compte ni de Ptolémée XII ni de Ptolémée XIII, qui furent cependant associés à leur sœur Cléopâtre; pour cet auteur, Ptolémée XI, *Aulète,* est le dernier roi des Lagides, parce que le règne de ses deux fils a été absorbé dans celui de la fameuse Cléopâtre, dont les vingt-deux ans de règne comprennent les huit années pendant lesquelles ces deux jeunes princes partagèrent la couronne avec elle. Maintenant le témoignage de Porphyre se trouve pleinement confirmé par notre inscription.

En effet, il est clair que les τέκνα de notre inscription sont *Cléopâtre Tryphène* et *Bérénice,* et que la fameuse Cléopâtre pouvait n'être pas encore née; ce qui lève toute difficulté relative à son âge.

Ce n'est pas seulement *cinq* enfants qu'eut Ptolémée Aulète; il en eut *six : quatre* filles, qui étaient les aînées, et *deux* fils, qui furent plus tard Ptolémée XII et Ptolémée XIII. De ses quatre filles, les deux aînées moururent, la première, Cléopâtre Tryphène, après un an de règne, par une cause que Porphyre ne nous a pas fait connaître; la seconde, Bérénice, fut mise à mort par son propre père, lors de son retour. En mourant, il ne laissait donc plus que *quatre enfants,* deux filles, Cléopâtre et Arsinoé, et les deux jeunes Ptolémées; c'est ce que dit Porphyre (τελευτῶν.... ἐπὶ παισὶ τέτρασι), d'accord avec Strabon sur ce point comme sur les autres, à l'exception d'un seul, celui qui concerne Cléopâtre Tryphène, dont ni lui, ni Dion Cassius n'ont parlé.

Il est impossible, quant à présent, de savoir au juste l'année de la naissance de la fameuse Cléopâtre; on peut cependant arriver très-près de la vérité, car on est sûr qu'elle était déjà majeure à la mort de son père, en 52, c'est-à-dire qu'elle devait avoir au moins quatorze à quinze ans, puisqu'elle lui succéda immédiatement. Elle n'a donc pu naître postérieurement à l'an 67, ni sa sœur cadette Arsinoé après l'an 66. Quant aux deux jeunes frères, ils ont dû naître, au plus tard, en 63 et 64; c'est ce que prouve un fait important que nous a conservé Appien. Cet historien, racontant la mort de Mithridate Eupator, dit que « ses deux filles, non encore mariées, mais *fiancées aux rois d'Égypte et de Chypre*, voulurent avaler le poison avant lui [1]. » L'événement est de l'année 63 avant Jésus-Christ; ces rois d'Égypte et de Chypre sont Ptolémée Aulète et son frère puîné, roi de Chypre. Les fiançailles des deux filles de Mithridate Eupator avec ces deux princes nous révèlent l'existence d'une alliance secrète entre ce grand ennemi des Romains et le royaume d'Égypte. Les deux frères ne pouvaient ignorer, à cette époque, combien leur position était précaire : ils savaient, à coup sûr, que, dans le sénat de Rome, on agitait la question du testament d'Alexandre II, qui avait légué l'Égypte au peuple romain.

Remarquons, en effet, la coïncidence des dates. C'est dans l'année 65 que le censeur M. Crassus proposa de faire de l'Égypte une province tributaire; sans l'opposition de son collègue Lutatius Catulus, l'asservissement de ce pays eût été dès lors consommé. C'est deux ans après, sous le consulat de Cicéron, en 63, que la loi agraire, proposée par Rullus, mit la couronne de Ptolémée dans un péril imminent [a]. Dans cette position difficile, Ptolémée et son frère de-

---

[a] *Annales des Lagides*, t. II, p. 289.

[1] Δύο δ' αὐτῷ θυγατέρες ἔτι κόραι συντρεφόμεναι, Μιθριδάτις καὶ Νύσσα, τοῖς Αἰγύπτου καὶ Κύπρου ἐνηγγυημέναι...... *Bell. Mithr.* § 111. Malgré les observations de Schweighæuser (t. III, p. 398), on peut hésiter encore entre cette leçon et ἐγγεγυημέναι.

vaient s'attendre à être dépouillés bientôt de leurs États : il est tout simple qu'à partir de cette époque, effrayés de ces dispositions menaçantes, ils aient recherché tous deux l'alliance et l'appui d'un prince puissant, qui, seul de tous les rois d'Asie, tenait tête aux Romains. Peut-être est-ce Mithridate lui-même qui, jugeant, à la situation des deux Ptolémées, qu'ils entreraient dans une alliance contre l'ennemi commun, fit négocier secrètement auprès d'eux leur mariage avec ses filles. La mort de ce grand roi, dans l'année 63, rompit l'alliance, et le mariage projeté n'eut point lieu; mais tout nous avertit que, s'il eût vécu plus longtemps, Mithridate, à l'aide des secours en hommes et en argent, fruit de son alliance avec l'Égypte, aurait opposé une résistance nouvelle à cet ennemi redoutable. On peut croire que la fortune de Rome l'aurait à la fin emporté; mais, du moins, la lutte aurait été plus terrible, et l'asservissement de l'Égypte retardé de quelques années.

Sans insister sur les conséquences probables d'une combinaison bien digne de la politique de Mithridate, je m'en tiens au fait matériel qui résulte de ce passage remarquable : c'est qu'Aulète était veuf lors de la mort de ce grand roi, et, conséquemment, qu'à cette époque il avait déjà les quatre filles et les deux fils qu'il laissait à Alexandrie quatre ou cinq ans après, quand il fut chassé du trône. A la vérité, on pourrait conjecturer, comme l'ont fait Vaillant[a] et Saint-Martin[b], que les deux jeunes princes étaient peut-être le fruit d'un second mariage contracté avant l'expulsion d'Aulète, entre 62 et 58. Mais deux difficultés s'y opposent. En premier lieu, lors de cette expulsion, en 58, il était certainement veuf, puisque autrement sa veuve lui aurait succédé, selon l'usage, et non ses filles. Sans doute, il ne serait pas impossible que cette seconde femme fût morte aussi dans ce court intervalle de deux ou trois ans; mais cela n'est pas très-probable, et, comme d'ailleurs l'histoire ne dit pas un mot de ce second mariage, on ne pourrait l'admettre que dans le cas d'une nécessité absolue. En second lieu, si les deux fils n'étaient nés

---

[a] *Hist. Ptolem.* p. 144. — [b] *Biograph. univ.* t. XXXVI, p. 247.

que dans cet intervalle de 62 à 58, ils se trouveraient beaucoup trop jeunes pour le rôle que leur fait jouer l'histoire peu de temps après. Tout s'explique, au contraire, sans effort, si l'on admet que les deux enfants étaient nés avant la mort de Mithridate, l'aîné en 64, le plus jeune en 63. Lors de l'expulsion de leur père en 58, ils avaient donc : l'aîné, six ou sept ans, le plus jeune, cinq ou six. Cet âge n'est pas au-dessus de celui que peut représenter le mot νήπιοι, qu'emploie Strabon pour les désigner; car ce mot, comme l'*infans* des Latins, qui en est la traduction exacte, avait de bonne heure, dans les deux langues, perdu le sens rigoureux qui résulte de leur étymologie. Dès le temps d'Homère, νήπιος servit à désigner non-seulement des *enfants* qui ne parlent pas encore, mais aussi des *enfants* de sept à huit ans, et même tous ceux qui ne sont pas pubères. L'âge des deux jeunes Ptolémées, à l'époque dont parle Strabon, n'excède donc pas la portée du mot νήπιος[1], dans l'acception relative que permettait l'usage.

Le témoignage formel de César atteste que, lorsque Cléopâtre, à la mort de son père Aulète, reçut la couronne, et qu'on lui associa son frère aîné, ce prince était encore sous la tutelle de Pothinus[a]. D'après notre calcul, ce jeune prince, né en 64, n'entrait, en 52, que dans sa douzième ou treizième année, conséquemment il était encore mineur; mais il ne pouvait être moins âgé; car, environ quatre ans après, nous le voyons faire acte de grande vigueur, combattre de sa personne contre César, et périr dans le Nil. Il ne pouvait alors avoir moins de dix-sept ans : c'est l'âge qui résulte également des données chronologiques précédentes, et qu'indiquent, comme on le verra bientôt, les médailles qui lui appartiennent.

A sa mort, son jeune frère fut associé à sa sœur, et lui fut même donné pour époux par la volonté de César, ce qui suppose qu'il était

---

[a] Cæsar, *De bello Alexandr.* § 30; Appian. *Bell. civil.* II, 89; V, 9; Plutarch. in Cæsar. § 49; Porphyr. p. 124, l. 9.

[1] Polybe désigne aussi par le mot νήπιος le jeune Épiphane, qui, à la mort de Philopator, était dans sa cinquième année. (xv, 20, 2.)

déjà majeur. En effet, né un an après son frère, il devait avoir environ seize ans. Au reste, Jules César entendait bien qu'il ne serait mari que de nom, et Cléopâtre, qui n'avait alors que vingt ans environ, l'entendait bien ainsi; car, l'année suivante, étant accouchée d'un fils, elle déclara sans hésiter qu'il était de César, et, afin qu'on n'en pût douter, elle lui donna publiquement le nom de *Césarion*, qu'elle changea depuis en celui de *César,* lorsqu'en l'année 42 elle fit asseoir à côté d'elle sur le trône ce fils âgé seulement de quatre ans.

L'intervalle pendant lequel se renferme la troisième inscription, celle de Théodote, est maintenant facile à déterminer. Aulète étant devenu veuf en l'année 63, et sa mort étant arrivée en 52, c'est dans cet espace de 11 ans que le proscynème a été écrit; mais, de cet espace, il faut retrancher les quatre années qu'Aulète passa dans l'exil, de 58 à 55. L'inscription a donc été tracée soit entre 63 et 58, soit entre 55 et 52. Mais je ne vois, pour le moment, aucun moyen de se décider entre ces deux intervalles : ce qui, du reste, a fort peu d'importance.

J'ai dit, plus haut, qu'on tire de nos inscriptions une nouvelle preuve qu'Alexandre II n'avait pas régné *huit ans,* et qu'Aulète était monté sur le trône en 81 avant notre ère. Cette preuve est palpable. En effet, s'il n'était monté sur le trône qu'en 73, la neuvième année de ce prince tomberait à l'an 64 avant notre ère. Or, comme, en cette année neuvième, d'après le proscynème de Callimaque, il n'avait encore ni femme ni enfant, il s'ensuivrait que, s'étant marié en 63, au plus tôt, sa fille aînée n'aurait eu que 4 ans en 58, époque de son expulsion : ce qui est impossible, deux de ses filles, au moins, étant alors majeures.

Ainsi nos trois inscriptions, dont les deux premières ont une date précise, et la troisième une date approximative, forment, par leur combinaison, une série d'indications qui s'accordent parfaitement avec l'ensemble de l'histoire, en même temps qu'elles la complètent sur plusieurs points.

Mais là ne se borne pas l'utilité historique de ces trois documents. La nécessité d'expliquer la seconde différence qui les distingue, à savoir l'absence du titre de *nouveau Bacchus* dans l'inscription intermédiaire, va nous amener à découvrir plusieurs faits qui ne sont pas sans importance, et à éclaircir la numismatique si obscure de Ptolémée Aulète et de ses enfants.

§ II. Des titres de Ptolémée XI, dit Aulète, *nouveau Bacchus, Philopator* et *Philadelphe*. Détermination des monnaies de ce prince et de son fils, Ptolémée XII.

Personne n'ignore que le titre d'*Aulète* (le Flûteur), sous lequel les historiens ont désigné Ptolémée XI, fils naturel de Sôter II, n'est pas et ne peut être son titre royal et officiel. Ce n'est qu'un de ces sobriquets dont la malice alexandrine a poursuivi plusieurs des Lagides. Cicéron[a] et Strabon[b] le nomment ainsi, et l'on ne peut douter que ce ne fût le surnom par lequel ce prince était familièrement désigné à Alexandrie. Il est à remarquer que Strabon, qui avait réuni, sans doute, dans cette ville même, les notes qu'il rédigea plus tard, désigne principalement les Ptolémées par leurs sobriquets populaires. Ainsi il appelle Philopator *l'homme d'Agathoclée* (ὁ τῆς Ἀγαθοκλείας); Évergète II, *Physcon* (le Ventru); Sôter II, *Lathyrus* (le Pois chiche)[1];

[a] *Pro Rabirio Posthumo*, § 10. — [b] Lib. XVII, p. 795.

[1] Saumaise cherche à ce mot une autre étymologie, par la raison, dit-il, que le pois chiche se disait en grec λάθυρος, tandis que *tous* les auteurs anciens appellent Ptolémée Λάθουρος. (*Exercit. Plin.* p. 877, a B.) Il croit que le mot signifie *violent, livré à ses passions* (de θοῦρος, précédé de la syllabe augmentative λα). Cette étymologie forcée est appuyée sur un fait erroné, et je ne le rappellerais pas, si Visconti ne l'avait reconnu comme réel. (*Iconograph. gr.* t. III, p. 243, n. 1.) Il est inexact de dire que *tous* les auteurs grecs s'accordent à ne nommer Ptolémée que Λάθουρος, puisque Plutarque l'appelle Λάθυρος (*in Coriolan*. § 11), ainsi que Pline, en deux endroits, *Lathyrus*. (II, 67; VI, 30.) D'un autre côté, bien que le nom ordinaire du pois chiche soit, en effet, λάθυρος, le diminutif λαθύριον, *cicercula* (ap. Du Cange, *Lexic. infim. græc.* v. ἄραχος), montre qu'on a dit aussi λάθουρος. Ce sont évidemment là deux formes d'un même mot, et il ne peut y avoir de doute sur l'étymologie, non plus que sur le sens du sobriquet, qui correspond au *Cicero* des Latins, avec cette différence que *Cicero* est un dérivé (de *cicer*), tandis que Λάθουρος serait le nom même du légume; on appelait Sôter *le Pois chiche*, au lieu de *l'Homme au pois chiche*, qui serait ὁ Λαθούριος, ὁ Λαθούρης,

Alexandre Ier, *Coccès* (le Bourgeonné[1]), ou *Parisactus* (l'Intrus), et le fils naturel de Sôter II, *Aulète* (le Flûteur). Aucun de ces noms n'a pu être le titre officiel des rois, et ne doit pas plus se retrouver sur les monuments que ceux de *Grypus*, de *Caligula* et de *Caracalla*, surnoms qui ne furent employés que d'une manière familière ou dérisoire par les contemporains d'Antiochus VIII et

ou bien ὁ Λαθουρίων. Baudelot de Dairval cite une médaille de ce prince, où l'on voit une *verrue* près de l'oreille. (*Histoire de Ptolémée Aulète*, p. 31.) Ce serait un fait curieux. Mais cette prétendue *verrue* n'est peut-être qu'un détail qui tient aux *favoris*. Cela, du moins, paraît évident sur la médaille d'or du cabinet des antiques. Du reste, on sait que, sur ses médailles, Arsace XIV ou Orode porte une verrue sur le front, à la naissance des cheveux.

[1] Ce surnom présente une grande difficulté. Strabon dit : ἐσύλησε δ' αὐτὴν ὁ Κόκκης καὶ Παρείσακτος ἐπικληθεὶς Πτολεμαῖος. (XVII, pag. 794.) Le dernier surnom, Παρείσακτος, est clair : il signifie *le substitué*, *l'intrus*, et convient fort bien à Ptolémée Alexandre, qui fut *substitué* par sa mère à Sôter II, qu'elle n'aimait point, mais que les Alexandrins préféraient. (Voy. notre tom. I, p. 59.) Il était tout simple qu'ils lui donnassent, pour se moquer, le sobriquet d'*intrus*. Le premier surnom doit être un sobriquet du même genre, mais le sens en est fort obscur.

J'ai, le premier, remarqué que la chronique paschale ou alexandrine (p. 183, ed. Paris; p. 346, ed. Bonn.) prend ce mot Κόκκης pour le nom de la mère du roi, Κόκκης μητρός (*Trad. de Strabon*, tom. V, p. 340, n. 1), et j'en ai conclu que Cléopâtre, la mère de Sôter II et d'Alexandre, avait reçu des Alexandrins le sobriquet de *Coccé*. J'ai traduit, en conséquence : « Le *fils de Coccé*, surnommé *l'Intrus*. » Cette interprétation, adoptée depuis par Coray, MM. Champollion-Figeac (*Ann. des Lagides*, t. II, p. 212-224), Ideler (*Ueber die Reduction Ægypt. Data*, S. 18), et d'autres savants, me paraît à présent erronée. D'abord, cette prétendue *Coccé* étant la mère de Sôter II aussi bien que d'Alexandre, on ne voit pas pourquoi ce dernier tout seul aurait été désigné par cette expression, *le fils de Coccé*, qui convenait également à tous les deux. Où pouvait être le sel du sobriquet ? Quand les Alexandrins ont appelé Philopator *l'homme d'Agathoclée*, ὁ τῆς Ἀγαθοκλείας, l'ironie était sanglante : quoi de plus offensant que de désigner un roi uniquement par le nom de sa maîtresse, comme on désignerait un *esclave* par le nom de son *maître* ? D'ailleurs, il y a deux remarques à faire : la première, c'est que l'auteur de cette partie de la chronique, après avoir dit qu'Alexandre a pour mère Κόκκη, dit ensuite que Sôter est le fils de Cléopâtre, comme s'ils avaient eu deux mères différentes ; la seconde, c'est que la phrase de Strabon, bien examinée, repousse le sens que lui a donné le compilateur, faute de l'avoir bien comprise. Si Strabon avait pris Κόκκης, comme il l'a cru, pour un génitif indiquant un sobriquet de Cléopâtre, il aurait dû nécessairement dire : ὁ τῆς Κόκκης καὶ ὁ Παρείσακ7ος ἐπικλ. Πτολ. ; l'article τῆς

des empereurs Caïus et Antonin fils de Septime Sévère. Si le nom d'*Aulète* est le seul de ces noms qui ait prévalu dans l'histoire, et soit devenu, chez les modernes, le nom historique de Ptolémée XI, c'est parce que les auteurs anciens, n'ayant pas conservé le titre officiel de ce prince ou son nom caractéristique (comme pour les autres), on n'a trouvé que ce moyen de le distinguer suffisamment

était indispensable devant Κόκκης, comme l'article ὁ devant Παρείσακτος, le premier article ὁ se rapportant à υἱός sous-entendu. La phrase ὁ Κόκκης καὶ Παρ. κ. τ. λ. ne peut grammaticalement s'entendre que dans le cas où Κόκκης serait un nominatif comme Παρείσακτος, et indiquerait aussi un sobriquet du prince. J'ai donc eu tort de négliger ici l'élément philologique pour m'appuyer sur la chronique alexandrine, qui fourmille de tant de fautes, que son autorité est presque nulle, quand elle est seule. Je le remarque d'autant plus volontiers, que mon erreur a égaré d'habiles gens à qui je dois des excuses.

Il reste maintenant à savoir ce que signifie le substantif Κόκκης (gén. Κόκκου). A mon avis, il exprime, comme Λάθουρος, un défaut physique. Ce doit être un dérivé de κόκκος, qui signifie un *grain de kermès* (*coccus quercus ilicis*) ou le *kermès* servant à la teinture en écarlate, et, par extension, la *couleur écarlate* elle-même. Κόκκης sera donc un mot très-propre à désigner une personne dont la figure est *rougeaude*, comme nous disons *haut en couleur*, et même, quelquefois, *rouge comme l'écarlate* ; image dont se sert Dromon, poëte de la moyenne comédie, à propos du parasite Tithymallus. Cet homme, furieux de n'avoir pas reçu d'invitation à dîner, (grave contrariété pour un parasite!) devint, dit le poëte, *plus rouge que l'écarlate*, ἐρυθρότερος κόκκου.

(Ap. Athen. p. 240, D; cf. Meineke, *Fragm. comic.* t. III, p. 541.) Mais, comme ce n'est pas précisément un défaut que d'être *haut en couleur*, je pense que le mot devait présenter la circonstance de *bourgeonné*, idée qu'on aurait exprimée par l'adjectif ἐρυθρόπλικτος, si l'on avait voulu parler sérieusement; mais Κόκκης en était l'expression ironique. On ne connaît pas, jusqu'ici, d'exemple de Κόκκης; mais on connaît le nom propre Κόκκος, celui d'un rhéteur athénien, disciple d'Isocrate (Ruhnken. *Hist. crit. orat. gr.* p. 64); c'est le nom même du *kermès*, comme Λάθουρος, du pois chiche; on connaît aussi le dérivé Κοκκίων, personnage nommé dans une inscription de Rhénéa. (Lebas, *Inscriptions recueillies en Grèce*, n° 257, p. 179.) Quant à la forme Κόκκης, c'est justement celle que demande le génie de la langue grecque pour indiquer un surnom formé d'un substantif en ος. M. Lobeck en a rassemblé beaucoup d'exemples. (*Paralipomena grammat. græcæ*, p. 134, 135.) Je crois que le *Coccius* et le *Cocceius* des Latins ont la même origine, et que ces mots ont primitivement servi de surnom à une personne *haute en couleur*, peut-être *bourgeonnée*.

La conséquence *historique* de cette observation est de faire disparaître le surnom de *Koccé*, donné à Cléopâtre, la mère de Sôter II et d'Alexandre Ier.

de ses prédécesseurs. Ce titre officiel et royal n'est révélé que par nos trois documents.

Ce n'est pourtant pas celui de *nouveau Dionysos*, dont l'histoire avait déjà fait mention. A l'époque où je ne connaissais que la deuxième et la troisième inscriptions, voyant que, dans celle de l'an XII, ce titre ne se trouvait pas, tandis qu'il existait dans l'autre, j'avais dû conclure de cette différence que Ptolémée reçut ce titre postérieurement à l'an XII de son règne[a]. Mais cette conséquence naturelle est à présent détruite par l'inscription de l'an IX, où ce même titre se rencontre. La conséquence rigoureuse à tirer du rapprochement des trois inscriptions, c'est que νέος Διόνυσος n'était point le titre distinctif et officiel de Ptolémée; ce n'était qu'une de ces désignations, postérieures à l'avénement d'un prince, dues à quelque circonstance particulière, et qu'on pouvait employer ou négliger à volonté, tandis que le titre royal accompagnait toujours son nom. Il en était donc du titre de νέος Διόνυσος comme de l'épithète εὐχάρισιος, qui est tantôt employée, tantôt omise après le nom d'Épiphane[b], ou du titre de Ποθεινός (*le Désiré*), que Sôter II reçut après son retour au trône[c]. C'est ainsi que Mithridate Eupator, qui eut aussi le titre de Διόνυσος ou de νέος Διόνυσος, ne le reçoit que dans les inscriptions qui ont un caractère dionysiaque[d]. Les véritables titres royaux de Ptolémée XI ne peuvent être que ceux qui se trouvent sans exception dans ces trois documents, à savoir ceux de *Philopator* et de *Philadelphe*. Le premier tenait, sans doute, au désir qu'avaient les tuteurs du roi, lors de son avénement, de justifier la préférence des Alexandrins à son égard, quoiqu'il ne fût que l'enfant illégitime de Sôter II. En prenant pour signe distinctif le titre de *Philopator,* on voulait rappeler sa tendresse filiale pour ce prince, dont le règne paisible répara les maux causés par les troubles et les désordres qui avaient signalé celui de son frère Alexandre Ier. Le second titre, *Philadelphe*, se rap-

---

[a] *Recherches pour servir à l'histoire de l'Égypte*, p. 144. — [b] *Recueil des inscriptions de l'Égypte*, t. I, p. 9 et 255. — [c] *Le même*, t. I, p. 139, 140. — [d] Böckh, *Corpus inscriptionum græcarum*, n° 2277, a, b.

portait à son attachement pour cette sœur Cléopâtre que les Alexandrins avaient toujours chérie[a], et que son beau-fils Alexandre II avait si lâchement assassinée, ainsi qu'à la bonne intelligence qui avait toujours régné entre eux. Au moyen de ces deux titres, qui le rattachaient à Sôter II et à sa fille légitime, on tâchait de faire oublier qu'il était lui-même fils illégitime de ce prince.

Mais, de ces deux titres, celui qui se montre constamment le *premier* était, à coup sûr, le principal, le seul réellement caractéristique; chacun des Ptolémées, quelque nombreuses que fussent, d'ailleurs, les épithètes dont la flatterie les avait décorés, n'a jamais été spécialement distingué que par un seul titre, qui se place toujours le premier, *Sôter, Philadelphe, Évergète, Philopator, Épiphane, Philométor, Évergète (II), Sôter (II)*, etc. Ainsi, d'après nos trois inscriptions, le véritable nom officiel et royal de Ptolémée Aulète est *Philopator;* et, dans la série des rois, il devrait prendre le nom de *Ptolémée Philopator II,* s'il était possible d'en bannir maintenant celui d'*Aulète,* qui lui est acquis dans l'histoire par une si longue possession.

Il en est de même de sa fille Cléopâtre, dont le titre royal a été jusqu'ici inconnu. La stèle de Turin, le seul monument qui nous l'ait révélé, qualifie cette princesse de θεὰ Φιλοπάτωρ; ce titre doit maintenant servir à la désigner, pour la distinguer des autres Cléopâtre, qui, à partir de l'épouse d'Épiphane, ont toutes leurs surnoms, à savoir: Cléopâtre *Épiphane, Philométor, Évergète, Sôter, Tryphène.* La fille d'Aulète, la célèbre Cléopâtre, devra donc désormais se nommer *Cléopâtre Philopator.*

Je reviens au titre de νέος Διόνυσος. J'ai déjà conjecturé, dans mes Recherches sur l'Égypte, que ce nom était dû, selon toute apparence, à ce que Ptolémée Aulète, livré avec passion au culte de Bacchus, avait accepté, à une époque quelconque de son règne, la présidence de quelque confrérie *dionysiaque*[b]. La ferveur, ou plutôt le dérègle-

---

[a] «....Cara acceptaque populo.» Cicer. *De Alexandr. rege,* p. 49 ed. Maio. — [b] *Recueil des inscriptions, etc.* t. I, p. 394, 395.

ment que ce jeune prince a porté de bonne heure dans la célébration du culte de ce dieu, est attesté suffisamment par un trait que nous a conservé Lucien[1] : « Quelqu'un vint dire au roi que le platonicien Démétrius se permettait de ne boire que de l'eau, et que, seul entre tous les autres, il évitait de prendre les vêtements de femme dans la célébration des Dionysiaques. Le roi lui fit savoir que, si, invité dès le matin à la cérémonie, il s'avisait de ne pas boire en présence de tout le monde, et s'il ne se revêtait pas d'une tunique tarentine pour danser en jouant des cymbales, il serait mis à mort comme dédaignant la manière de vivre du roi, dont il faisait la critique et se constituait l'adversaire[a]. » Deux inscriptions, qui seront expliquées plus bas (XC, XCI), montrent que ce roi, en effet, présidait une de ces confréries dionysiaques dont la licence était passée en proverbe. Mais on voit déjà combien il méritait cette qualification de *nouveau Dionysos*, que Marc-Antoine reçut, au même titre, des Athéniens[b], ainsi que des Éphésiens[c], et qu'il se donna lui-même à Alexandrie, sans oublier celle d'*Osiris*[d], le *Dionysos* des Égyptiens. Le titre de νέος Διόνυσος, que porta aussi Mithridate Eupator, s'explique de même par la *confrérie dionysiaque* qui avait pris de son fondateur et de son protecteur le nom d'*Eupatoriste*[e]. On peut en dire autant de l'empereur Antonin, auquel une association dionysiaque donne le même titre, et confère les mêmes honneurs qu'à Bacchus, puisqu'ils s'intitulent : οἱ περὶ τὸν Διόνυσον καὶ αὐτοκράτορα Καίσαρα Τίτον Αἴλιον Ἀδριανὸν Ἀντωνεῖνον...., τεχνῖται[f]. Ces divers exemples montrent que Vaillant[g], et après lui Eckhel[h] et Visconti[i], ont eu tort de croire que ce titre, également porté par les rois de Syrie Antiochus VI et Antiochus XII, était une allusion à la jeunesse et à la beauté de ces princes. Cette conjecture, contraire à tous les exemples qui viennent d'être cités,

---

[a] *De calumnia*, § 16, p. 618, ed. Didot. — [b] Plutarch. *in Anton*. c. 60. — [c] *Ibid*. c. 24. — [d] Dio Cass. lib. L, § 5 et 25. — [e] Voir notre tome I, p. 394. — [f] Osann. *Sylloge inscr*. p. 205 ; Franz *Elem. epigr. græc*. p. 260. — [g] Vaillant, *Hist. Ptolem*. p. 134. — [h] Eckhel, *Doct. Num*. III, 232. — [i] Visconti, *Iconogr. gr*. t. II, p. 336.

[1] Dion Chrysostome y fait allusion : οὐχ ὁ μὲν βασιλεὺς ὑμῶν περὶ αὐλησιν ἠσχολεῖτο καὶ μόνῳ τούτῳ προσεῖχεν ; *Orat*. XXXII, p. 383, 12.

est, d'ailleurs, détruite par deux passages de Plutarque. Dans le premier, parlant de l'usage de donner aux rois des noms de divinité, il dit : « Beaucoup de rois ne s'appellent-ils pas *Apollon*, s'ils gazouillent de petits vers (ἂν μινυρίσωσι); *Bacchus,* s'ils s'enivrent; *Hercule,* s'ils s'exercent à la lutte [a] ? » Dans le second, il dit que Marc-Antoine a dû le nom de νέος Διόνυσος à sa passion pour le vin [b]. Ainsi le titre de *Dionysos* était uniquement relatif au culte de Bacchus, dont les princes qui prirent ce nom étaient toujours de zélés sectateurs.

Cette origine du surnom de *Dionysos* donné à un roi nous indique que le onzième Ptolémée ne fut peut-être pas le seul prince qui l'ait porté. S'il en est quelque autre qui se soit livré, comme lui, à tous les excès du culte dionysiaque, il a dû se parer aussi de ce titre religieux. Philopator, le quatrième roi lagide, était justement dans ce cas : sa mollesse et ses déportements lui avaient valu le surnom de *Tryphon*[c], et de plus celui de *Gallus,* parce qu'à l'imitation des prêtres de Cybèle il aimait à se couronner de lierre dans les fêtes dionysiaques[d]. Un passage d'Ératosthène nous apprend, d'ailleurs, qu'il avait fondé les *Lagynophories,* fête dionysiaque (probablement des processions ou des courses que l'on faisait une bouteille à la main), et beaucoup d'autres cérémonies et sacrifices en l'honneur de Bacchus[e]. Par là s'explique peut-être suffisamment le passage de Clément d'Alexandrie, qui dit que le *quatrième Ptolémée s'appelait Dionysos*[1]; et la lourde erreur que Spanheim[f] et d'autres critiques n'ont pas craint de reprocher à ce savant Père de l'Église, d'avoir pris le qua-

---

[a] Plutarch. *De adulat. et amico*, p. 57 A; t. I, p. 68, ed. Didot; — [b] *Id. in Anton.* § 60. — [c] *Etymol. Magn.* p. 220, 20. Sylb. : Γάλλος, ὁ Φιλοπάτωρ Πτολεμαῖος· διὰ τὸ φύλλα κισσοῦ κατεσ]ίχθαι (lisez avec Spanheim κατεσ]έφθαι), ὡς οἱ Γάλλοι· ἀεὶ γὰρ ταῖς Διονυσιακαῖς τελεταῖς κισσῷ ἐσ]εφανοῦντο (lis. ἐσ]εφανοῦτο). — [d] Plin. VII, 56; Ælian, *Hist. var.* XIV, 31. — [e] Ap. Athen. VII, p. 276, A; cf. Bernhardy, *Eratosthen.* p. 197. — [f] *De præst. et usu num.* t. I, p. 435, 436.

[1] Πτολεμαῖος δ' ὁ τέταρτος Διόνυσος ἐκαλεῖτο. Clem. Alex. *Protrept.* IV, § 54, p. 47, 48, ed. Potter. Il m'était d'abord venu à la pensée que Clément d'Alexandrie avait été trompé par le titre de *Philopator,* que les deux Ptolémées portaient également. Mais, en réfléchissant au caractère et aux mœurs du premier, je ne vois point de raison pour rejeter le témoignage du plus savant des Pères de l'Église.

trième Ptolémée pour le *onzième*, est peut-être, heureusement, imaginaire, puisque tout fait présumer qu'un prince, à ce point dévoué au culte de *Dionysos*, a dû, selon l'usage de ces temps, prendre le nom de ce dieu.

L'extrême passion d'Aulète pour la flûte se liait, sans doute, à son zèle pour le culte de Bacchus; car cet instrument était, avec les cymbales, inséparable de ces fêtes aussi bien que des fêtes de Cybèle. C'était donc témoigner de sa ferveur pour ce dieu que de se rendre habile sur la flûte, de manière à pouvoir conduire avec talent les chœurs d'instruments qui faisaient une partie si importante des Dionysiaques[a]. En ce sens, le surnom d'*Aulète* se liait à celui de *nouveau Bacchus* : le premier touchait par le côté ridicule à la passion du prince; le second en était l'expression *religieuse*. De celle-ci le roi s'honorait, au point que, sur les monuments, elle était presque toujours mentionnée, et qu'elle était représentée, sur ses médailles, par la couronne de lierre et le thyrse, caractères distinctifs du culte de Bacchus. Ceci nous conduit à résoudre une des plus grandes difficultés que présente la numismatique encore si embrouillée des Lagides.

§ III. Médailles de Ptolémée XI, de Ptolémée XII, de Cléopâtre et d'Antoine.

On sait que les médailles des Ptolémées portent rarement des qualifications qui expliquent la légende commune ΠΤΟΛΕΜΑΙΟΥ ΒΑΣΙΛΕΩΣ. Même à partir de Sôter II toute qualification disparaît, et cette absence de titres distinctifs est une source d'incertitudes et d'obscurités. On ne peut donc être surpris que les médailles jusqu'ici attribuées à Ptolémée XI n'offrent aucune trace du titre de *Philopator*, à plus forte raison de celui de νέος Διόνυσος ou même du simple Διόνυσος, que l'on trouve quelquefois dans les auteurs[b], différence qui existe aussi pour Mithridate, appelé tantôt Διόνυσος et

[a] Baudelot de Dairval, *Hist. de Ptol. Aulète*, p. 89; Remarques, p. XXXII. — [b] Euseb. *Græc.* p. 125, in *Anecd. Paris.* t. II. Cramer.

tantôt *νέος Διόνυσος*[1]; mais on s'étonnerait davantage que le type de ces médailles n'offrît aucun attribut quelconque du culte dionysiaque, auquel Ptolémée devait le titre qui lui fut donné si constamment. Il est certain cependant que, sur celles qui lui sont attribuées, la tête du prince est toujours couronnée de laurier. Au contraire, sur les médailles attribuées à son fils Ptolémée XII, la tête du roi se montre couronnée de lierre, avec la partie supérieure d'un thyrse derrière l'épaule. Voilà qui conviendrait bien à un prince qualifié de *νέος Διόνυσος*. Il est vrai que, depuis le P. Petau[a], l'usage d'appeler Ptolémée XII *Dionysos* ou *Dionysios* s'est introduit parmi tous les chronologistes et tous les numismatistes, sans exception. Vaillant prétend qu'on l'appelait simplement *Διόνυσος* (*Dionysos*), pour le distinguer de son père, appelé *νέος Διόνυσος*[b]. Mais je viens de montrer qu'Aulète était appelé *Διόνυσος* aussi bien que *νέος Διόνυσος*. La distinction eût été insuffisante, et, de fait, elle est chimérique. Visconti ne s'y est pas trompé, mais il y substitue une explication qui n'est guère plus fondée[c]. Il pense « que le jeune prince avait été nommé *Dio-*
« *nysios*, et non *Dionysos*, deux noms employés, dit-il, indifféremment
« par les Grecs pour désigner *Bacchus*, afin de le distinguer de son
« père. » Mais, d'abord, on peut affirmer que jamais les Grecs n'ont appelé Bacchus du nom de *Διονύσιος*[2], qui n'est et ne peut être qu'un dérivé de *Διόνυσος*, employé soit comme adjectif, soit comme nom propre. Ensuite Visconti, dont l'érudition est ordinairement si réfléchie et si exacte, aurait dû s'apercevoir que le nom de *Dionysios*,

[a] *Doctor. temp.* X, 48, p. 133. — [b] *Hist. Ptolem.* p. 162. — [c] *Iconogr. gr.* t. III, p. 261, n° 1.

[1] *Corpus inscript. gr.* n° 2277, a, b; ibique Böckh, t. II, p. 232, col. 2. Sur leurs médailles, Antiochus VI et Antiochus XII ne portent que le simple nom ΔΙΟΝΥΣΟΣ.

[2] On ne peut citer d'exemple de *Διονύσιος* dans le sens de *Διόνυσος*. Tout au plus pourrait-on alléguer l'orthographe *Διονυσιόδωρος, Διονυσιοφάνης, Διονυσιοκλῆς*, etc.; mais ce sont de pures fautes de copiste.

Les *Διονυσοκόλακες* étaient des sectateurs outrés de *Bacchus*, et les *Διονυσιοκόλακες*, des flatteurs de *Denys le Tyran* : c'est donc cette dernière leçon qu'il faut restituer à Athénée (VI, p. 249 F; X, p. 435 E) en place de *Διονυσοκόλακες*, que les derniers éditeurs eux-mêmes ont conservé en ces deux endroits, faute de bien sentir la différence des deux mots.

aussi bien que celui de *Dionysos*, appliqué à Ptolémée XII, n'est appuyé sur aucune autorité antique; que c'est une pure imagination du P. Petau, qui prononce hardiment que ce roi s'appelait ainsi, sans alléguer aucun texte pour l'établir; et l'on peut s'étonner d'autant plus de voir qu'une pareille erreur se soit reproduite si constamment, que Spanheim[a], et, après lui, Wesseling[b], en avaient déjà fait la remarque expresse, comme s'ils eussent prévu que l'autorité du P. Petau induirait tout le monde en erreur; ce qui n'a pas manqué d'arriver, malgré l'avertissement de ces illustres critiques. Aveuglément adoptée par Baudelot de Dairval et par Vaillant, l'assertion du savant jésuite a fini par prendre, dans la science, une place jusqu'ici incontestée, qu'elle va perdre sans retour.

Il n'est pas douteux que cette épithète n'ait beaucoup contribué à maintenir, parmi tous les numismatistes, l'idée que des médailles où le roi Ptolémée se présente avec tous les attributs dionysiaques, tels que la couronne de lierre et le thyrse, appartiennent au fils d'Aulète, ce prétendu *Dionysios*, malgré les énormes difficultés qu'offre cette attribution. Toutes ces difficultés disparaissent, comme on va le voir, si l'on transporte au père les médailles du fils, et réciproquement.

Les médailles jusqu'ici attribuées à Ptolémée *Aulète*, dont le cabinet des antiques contient dix exemplaires de divers modules, sont identiques entre elles de fabrique et de type, tant à la face qu'au revers. La tête s'y montre couronnée de laurier, et, à la partie supérieure du buste, on voit le commencement d'une cuirasse ou d'une égide. Cette tête imberbe d'un jeune homme de seize à dix-sept ans est la même sur toutes, quel qu'en soit le module. A cette identité parfaite, on juge qu'elles ont dû être toutes frappées dans la même année. Or, indépendamment de ce qu'elles n'offrent aucun indice dionysiaque, ne serait-

[a] *De usu et præst. numism.* t. II, p. 437. — [b] *Ad Simson. chronic.* p. 1522, 1523.

il pas étrange qu'un roi qui occupa le trône pendant près de trente ans, et qui en vécut trente-sept ou trente-huit, n'ait eu que des médailles qui se rapportent à une seule année de son règne, et à l'époque où il était à peine majeur? Cette seule observation montre déjà que ces médailles ne peuvent appartenir qu'à son fils Ptolémée XII. En effet, ce jeune prince, associé à sa sœur Cléopâtre en 52, n'étant pas encore sorti de sa minorité, régna conjointement avec elle pendant les quatre premières années. Car, selon Porphyre, un espace de «quatre ans (τετραετὴς χρόνος) fut compté pour leur règne simultané, et cet usage aurait continué par la suite, ajoute-t-il [1], si le jeune prince, au mépris des prescriptions de son père, n'eût voulu avoir seul le souverain pouvoir.» S'étant soulevé contre sa sœur, au commencement de la cinquième année, il la força de se retirer en Syrie, et il occupait seul le trône, lorsque Pompée, au moment où il mettait le pied en Égypte, fut assassiné par ses ordres. Bientôt après il périt noyé dans le Nil, à l'issue d'un combat contre César. Porphyre ajoute que la cinquième année fut comptée à Cléopâtre et à son plus jeune frère, dont cette année fut la première. C'est là une preuve manifeste qu'il s'écoula moins d'un an depuis l'expulsion de Cléopâtre jusqu'à la mort de son frère aîné Ptolémée XII.

Ici les dates sont précises et parfaitement sûres, étant rattachées à des événements dont la chronologie n'offre nulle incertitude. La bataille de Pharsale se donna le 9 août de l'an 48 avant Jésus-Christ; la mort de Pompée eut lieu le 29 ou le 30 septembre, et César, qui vint en Égypte au commencement d'octobre de cette même année, y resta neuf mois entiers au dire d'Appien [a]. Il en partit au mois de juillet de l'an 47 [b], après avoir, à loisir, réglé la succession du roi défunt, et lui avoir substitué son jeune frère, qu'il fit épouser

[a] Appian. bell. civ. II, 90. — [b] Drumann, *Geschichte Roms*, III, Th. S. 533.

[1] Καὶ τοῦτο διέμεινεν ἂν ἐν τοῖς ἐξῆς τὸ ἔθος. Le manuscrit de Paris porte ἔτος, qui est une fausse leçon. (Cramer, *Anecd. gr. Paris.* t. II, p. 124, 6, 7.) La correction ἔθος proposée par Scaliger est certaine.

à Cléopâtre. Ces événements se passaient dans le mois de juin ; et, comme le 1er thoth, par conséquent le renouvellement de l'année civile, tombait alors le 4 septembre, on voit que ce renouvellement eut lieu après le rétablissement de Cléopâtre : ce qui explique pourquoi cette année, selon le témoignage de Porphyre, fut comptée à cette princesse. Ainsi le règne de son frère ne fut, en tout, que de sept ou huit mois ; il s'était révolté contre elle lorsque la quatrième année de leur règne simultané était commencée, il mourut avant que la cinquième fût révolue ; elle fut donc tout entière attribuée à sa sœur, ainsi que le dit Porphyre. Assurément il est peu de points chronologiques qu'on puisse déterminer avec autant de précision.

C'est dans ce court intervalle de quelques mois qu'ont été frappées les médailles dont je parle ; ce qui explique parfaitement pourquoi le type y est partout le même, et pourquoi la tête y annonce constamment la jeunesse. Les attributs ne sont pas moins clairs. La couronne de laurier rappelle la victoire de Ptolémée sur sa sœur, et la cuirasse, la vie toute guerrière qu'il mena pendant ce règne si agité et si court. On ne peut guère douter qu'il ne s'y montre revêtu de la cuirasse d'or (*lorica aurea*) qu'il portait le jour du combat où il périt dans le Nil. C'est, en effet, à cette cuirasse magnifique que fut reconnu, à demi caché par la vase, le cadavre de ce jeune prince, qui avait bravement payé de sa personne [a].

Ceci nous montre l'erreur que fait Appien, lorsqu'il ne donne que *treize ans* à Ptolémée, l'année de sa mort [b]. Il a évidemment confondu cette époque avec celle de son avénement, qui eut lieu quatre ans plus tôt. La part active et courageuse de ce jeune prince [c] dans le combat contre César n'est pas d'un enfant de douze à treize ans ; et, de plus, la tête gravée sur les médailles, et dont les traits juvéniles sont pleins de caractère, atteste un âge plus avancé de trois ou quatre ans. De cette confusion si bien attestée nous tirerons encore une preuve que ce jeune prince était réellement monté sur le

---

[a] Florus, IV, 2, 60 ; Oros. VI, 16. — [b] App. *Bell. civ.* II, § 84. — [c] Cæsar, *Bell. Alex.* § 31 ; Porphyr. p. 124, t. II, in Cramer. *Anecd. Paris.* Appian. *Bell. civ.* II, § 89 ; V. 9.

trône dans la treizième année de son âge, comme la combinaison seule des données chronologiques nous l'avait déjà indiqué[a].

Si l'on ne trouve point de ses médailles antérieures à l'époque indiquée, la raison en est simple. Les prétentions de Cléopâtre au pouvoir ne se seraient pas accommodées d'un pareil partage dans les signes extérieurs de la souveraineté. Son second frère, qui régna conjointement avec elle, à titre de mari, pendant quatre ans, n'eut jamais non plus son effigie sur aucune médaille; il en fut de même, ce qui est bien plus frappant, de son fils chéri *Césarion*, qu'elle fit régner avec elle, après la mort de son mari, sans doute pour capter la bienveillance de César, qui se croyait le père de cet enfant, et pour se faire pardonner le meurtre de son frère et mari. Elle n'admit jamais de partage qu'en faveur d'Antoine. Les monuments s'accordent encore avec le témoignage de Porphyre.

Selon ce chronologiste, à partir de la XVIe année du règne de Cléopâtre (46 ans avant Jésus-Christ), les actes publics portèrent deux dates jusqu'à sa mort, exprimées ainsi: l'an XVI, qui est aussi l'an I (ἔτους ἐκκαιδεκάτου τοῦ καὶ πρώτου); l'an XVII, qui est aussi l'an II, et ainsi de suite, jusqu'à la dernière année de son règne, *l'an XXII, qui est aussi l'an VII*. De la série des médailles appartenant à cette période de sept années, on n'en connaît plus qu'une seule, mais elle suffit pour confirmer le témoignage de Porphyre. Elle porte, d'un côté,

l'effigie de Cléopâtre, avec la légende ΒΑCΙΛΙCCΗC ΚΛΕΟΠΑΤΡΑC, et, de l'autre, celle de Marc-Antoine, avec la double date ΕΤΟΥC ΚΑ ΤΟΥ ΚΑΙ ϛ ΘΕΑC.... (ἔτους εἰκοστοῦ πρώτου τοῦ καὶ ἕκτου θεᾶς [νεωτέρας], « l'an XXI, qui est aussi l'an VI, de la déesse nou- « velle. » Ce qui donne justement la concordance indiquée par cet

---

[a] Plus haut, pag. 76.

auteur[1]. Porphyre n'a pas expliqué la cause de cette nouvelle ère. Il dit que le frère et mari de Cléopâtre « étant mort, par suite de ses embûches, dans la quatrième année du règne du jeune prince, qui était la huitième de celui de sa sœur, les années, à partir de là, furent rapportées à Cléopâtre seule, » ce qui donne lieu de croire qu'auparavant les années l'étaient à tous deux, au moyen de la double date. Il ajoute que « cela dura jusqu'à la quinzième année. » Il s'ensuit que, quoique Césarion, son fils, ait régné conjointement avec elle, la double date n'eut point lieu pour ce règne simultané. César étant mort peu de temps après l'avénement du jeune prince, Cléopâtre crut pouvoir impunément le priver de cette part de la souveraineté. Césarion, sous le nom de Ptolémée César, fut mentionné dans les actes; la stèle de Turin le prouve : mais les années du fils se confondirent dans celles de la mère. A partir de l'an XV, il en fut autrement, dit Porphyre, qui en donne une raison : c'est qu'à la mort de Lysimaque, roi de la Chalcide de Syrie, Marc-Antoine *imperator* donna ce canton et les lieux environnants à Cléopâtre. Mais la cession d'un petit canton de la Syrie ne peut être le seul motif d'un changement si notable dans la rédaction des actes publics, et d'une innovation qui ne se montre à aucune autre époque du règne de Cléopâtre. Il est un motif plus puissant, dont Porphyre n'a pas parlé, mais que d'autres textes et les médailles rendent évident, c'est que, à partir de ce moment, Marc-Antoine, entraîné par sa folle passion, répudia la sœur d'Auguste, Octavie, et se considéra comme l'*époux de Cléopâtre*. Ce fait singulier est constaté par ce passage de Servius : *Nam Antonius, Augusti sorore contempta, postquam Cleopatram duxit uxorem, monetam ejus nomine in Anagnia* (f. *Alexandria*) *civitate jussit feriri*[2], ce qui est confirmé, quant au fond, par le Syncelle[a] et

---

[a] P. 311 A, ed. Paris; p. 588, l. 10, ed. Bonn.

[1] M. Champollion-Figeac a le mérite d'avoir, le premier, donné l'explication de cette double date. (*Ann. des Lagid.* t. II, p. 355 et suiv.)

[2] Serv. *in Æneid.* VII, v. 684. Le nom d'*Anagnia* ne peut subsister. Servius aura confondu les deux noms, par suite d'une faute antérieure de lecture, dans l'auteur qu'il avait sous les yeux, et dont le manuscrit portait le nom *Alexandria*, écrit en abrégé *Andria*.

par une médaille du musée de Vienne [a], dont je ne puis hésiter à me servir, puisque Eckhel en garantit expressément l'authenticité (*neque de ejus fide dubitari potest*), et qui porte : ΚΛΕοΠ[άτρα] Γ[υνὴ] Μ[άρχου] Α[ὐτοκράτορος] Τ[ρίτον]. Toutes les médailles avec la double effigie de Cléopâtre et d'Antoine sont comprises dans cet intervalle, à dater de l'an 37, où il devint *imperator III* [b].

C'est donc en qualité d'*époux de Cléopâtre* qu'Antoine paraît avec elle sur les médailles, et que la double date y fut admise comme dans les actes. Certes, il ne fallait pas moins que cette grave circonstance pour amener cette complication, qu'on ne trouve, dans la chronologie des Lagides, que lorsqu'une association ou un mariage amenait un second souverain sur le trône. Tandis que Cléopâtre prend, sur ces médailles, le nom de *reine* (βασίλισσα Κλεοπάτρα θεὰ νεωτέρα), Antoine se contente modestement du titre d'αὐτοκράτωρ τρίτον et de τριῶν ἀνδρῶν (triumvir).

Cette médaille a dû être frappée immédiatement avant celle où la double date est exprimée : car, une fois cette date introduite sur les médailles comme dans les actes, elle n'a pu disparaître ni des unes ni des autres. Ainsi Cléopâtre fit d'abord mettre sur les monnaies la tête d'Antoine avec la sienne, en conservant les titres romains d'*imperator III* et de *triumvir*; puis elle fit un second pas : ce fut de le considérer comme *roi d'Égypte*, en lui comptant des années de règne, concurremment avec les siennes propres, à partir de l'an XVI. Marc-Antoine devint donc un véritable *roi égyptien*, et, comme tel, il fut *dieu*; c'est alors qu'il prit les titres de *Dionysos* et d'*Osiris*, ainsi que la reine ceux d'*Isis*, de *Séléné* et de la *déesse nouvelle*, et

---

[a] Eckhel, *Numi veteres anecdoti*, p. 292; *Doctr. num.* IV, p. 23. — [b] *Id.* VI, p. 45.

qu'ils donnèrent à leurs enfants les noms d'*Hélios* et de *Séléné*. Observons maintenant que, sur la médaille de l'an XXI et VI (plus haut p. 90) la tête de Marc-Antoine n'est accompagnée d'aucun titre quelconque. On le conçoit : un roi d'Égypte ne pouvait continuer d'être *imperator* ni *triumvir*; d'un autre côté, prendre le titre de βασιλεύς eût été une hardiesse excessive. Si le nom de *roi* n'eût pas été détesté des Romains, on peut bien croire qu'Antoine aurait mis le comble à ses extravagances, en faisant graver sur ces médailles, du côté de sa tête, βασιλεὺς Μ. Ἀντώνιος : mais c'est là un pas qu'il n'a pas osé franchir. Pour sortir d'embarras, il n'y mit aucun titre; il y exprima l'année, qui impliquait le nom de *roi*. C'était éluder la difficulté avec beaucoup d'adresse.

Le règne simultané de Cléopâtre et de Césarion ou Ptolémée César doit, selon toute apparence, avoir été compris entre l'an IX de cette princesse (3 septembre de l'an 45) et l'an XVI (1er septembre de l'an 37), époque où commence celui d'Antoine. C'est dans cet intervalle de sept ans que doit se placer la date de la stèle de Turin, qui appartient au règne de Cléopâtre et du fils de César. Antoine fut donc substitué à ce jeune prince, comme l'attestent les médailles; et, si l'on découvre, quelque jour, un décret ou tout autre acte public de Cléopâtre, compris entre l'an XVI et l'an XXII de son règne, on y trouvera, non la mention de Ptolémée César, mais celle d'Antoine avec la double date.

Puisqu'il est certain que Cléopâtre n'a jamais permis qu'on exécutât des médailles à l'effigie de ses deux frères, ni même de son propre fils *Césarion*, celles de Ptolémée XII n'ont pu être frappées qu'en l'absence de cette princesse, entre 48 et 47 avant notre ère.

Elle, de son côté, ne manqua point, à ce qu'il paraît, d'en faire autant, lorsque, reléguée en Syrie, elle agissait et levait des troupes pour recouvrer la couronne; car plusieurs médailles portant la légende ΒΑΣΙΛΙΣΣΗΣ ΚΛΕΟΠΑΤΡΑΣ, et qui lui appartiennent sans nul doute, ont la plus grande

94 PROSCYNÈMES ET ACTES DE VISITE.

analogie, pour le style, même pour l'aspect du métal, avec des médailles de Syrie, principalement de la Cyrrhestique et de la Commagène, surtout avec celles de la reine Jotape. Tout annonce qu'elles ont été frappées dans quelque ville de Syrie.

Sur ces divers points, la chronologie, la numismatique et l'histoire, viennent d'être mises, à ce qu'il me semble, parfaitement d'accord; mais il faut faire encore un pas de plus.

A présent qu'il est prouvé que les médailles qu'on attribuait à Ptolémée Aulète doivent être rendues à son fils, au prétendu Dionysios, on doit se demander où sont celles d'Aulète lui-même. La réponse est facile. Ce sont justement les médailles qui, jusqu'ici, avaient été attribuées à ce même fils, et tous les caractères se réunissent pour démontrer cette attribution.

1° Toutes ces médailles, sans exception, portent les mêmes indices dionysiaques, qui sont l'expression figurée du titre de *νέος Διόνυσος*, à savoir, la couronne de lierre et le thyrse sur l'épaule.

2° La tête, quoique toujours ornée de même, annonce différents âges, comme on peut le voir sur cette planche, qui offre le même personnage à dix-sept ou dix-huit ans (*a*), à vingt ou vingt-deux (*b*), à vingt-cinq ou trente (*c*); enfin, dans une médaille tout nouvellement acquise par le cabinet des Antiques, on retrouve cette même tête, mais barbue, annonçant un homme de trente à trente-cinq ans (*d*). Frappée, sans doute, peu de temps avant la mort du prince, cette dernière pièce, à laquelle les considérations qui précèdent donnent une grande valeur historique et numismatique, décide entièrement la question. Elle achève de montrer qu'il est impossible d'attribuer ces médailles à un jeune homme qui n'a vécu que dix-sept ou dix-huit ans, et n'a été maître de la couronne que pendant huit mois; tandis qu'elles conviennent de tout point à un prince dont le règne dura vingt-neuf ou trente ans, qui en vécut trente-six ou trente-sept, et qui, pendant tout son règne, conserva le titre de νέος Διόνυσος.

C'est ainsi que la nécessité d'expliquer complétement ce titre nous a conduit à résoudre de graves difficultés numismatiques. La simple transposition des noms de Ptolémée Aulète et de son fils opère une sorte de révolution dans cette partie intéressante de la numismatique grecque. En outre, les médailles de Cléopâtre et d'Antoine s'expliquent d'une manière complète; enfin, les époques comparatives des trois inscriptions permettent d'établir sur des bases certaines la chronologie si embarrassée de ce prince et de ses enfants, jusqu'à la conquête de l'Égypte par les Romains.

Le tableau suivant, qui montre l'accord de toutes les sources historiques, textes, médailles et inscriptions, résume cette chronologie, dont l'extrême complication est ramenée maintenant à toute la simplicité et à toute la clarté désirables.

TABLEAU DES RÈGNES

DE PTOLÉMÉE AULÈTE, DE CLÉOPÂTRE, DE SES FRÈRES ET DE SON FILS CÉSARION, JUSQU'À LA CONQUÊTE DE L'ÉGYPTE.

ANNÉES de règne.	DOUBLE DATE.	COMMENCEMENT des années de règne.	ANNÉES juliennes avant l'ère vulgaire.	FAITS HISTORIQUES.
Ptolémée Philopator II, dit *Aulète*.				
1	//	12 septembre	81	Ptolémée Aulète monte sur le trône à l'âge de huit ou neuf ans.
2	//	//	80	
3	//	//	79	
4	//	//	78	
5	//	11 septembre	77	
6	//	//	76	

ANNÉES de règne.	DOUBLE DATE.	COMMENCEMENT des années de règne.	ANNÉES juliennes avant l'ère vulgaire.	FAITS HISTORIQUES.
\multicolumn{5}{c}{*Suite de* Ptolémée Philopator II, dit *Aulète*.}			
7	″	″	75	
8	″	″	74	
9	″	10 septembre	73	
″	″	″	72	
″	″	″	″	14 mai, date du proscynème de Callimaque. Ptolémée se marie.
10	″	″	72	
11	″	″	71	Naissance de Cléopâtre dite *Tryphèna*, sa fille aînée.
12	″	″	70	Naissance de Bérénice, sa deuxième fille.
″	″	″	69	
″	″	″	″	8 août, date du proscynème de Lysimaque.
13	″	9 septembre	69	
14	″	″	68	
15	″	″	67	Naissance de Cléopâtre, sa troisième fille.
16	″	″	66	Naissance d'Arsinoé, sa quatrième fille.
17	″	8 septembre	65	M. Crassus propose de faire de l'Égypte une province romaine.
18	″	″	64	Naissance de Ptolémée XII, son fils aîné.
19	″	″	63	Naissance de Ptolémée XIII, son second fils. Mort de la femme d'Aulète. Loi agraire proposée par Rullus. Fiançailles d'Aulète et de son frère avec les filles de Mithridate. Mort de Mithridate.
20	″	″	62	
21	″	7 septembre	61	
22	″	″	60	
23	″	″	59	
24	″	″	58	Aulète est chassé d'Alexandrie.
\multicolumn{5}{c}{Cléopâtre Tryphène (à 15 ans) et Bérénice (à 14 ans) sont mises sur le trône après l'expulsion de leur père.}			
24	1	7 septembre	58	Cette première année est attribuée aux deux princesses.
\multicolumn{5}{c}{Bérénice règne seule, après la mort de sa sœur Cléopâtre Tryphène.}			
25	1	6 septembre	57	Ces deux années sont attribuées à Bérénice.
26	2	″	56	

PHILES. LAGIDES, RÈGNE D'AULÈTE.

ANNÉES de règne.	DOUBLE DATE.	COMMENCEMENT des années de règne.	ANNÉES juliennes avant l'ère vulgaire.	FAITS HISTORIQUES.
				Ptolémée Aulète remonte sur le trône.
27	//	//	55	Il fait mourir Bérénice.
28	//	//	54	
29	//	5 septembre	53	
30	//	//	52	Mort de Ptolémée Aulète, à 37 ou 38 ans.
				Cléopâtre *Philopator*, 3ᵉ fille d'Aulète, monte sur le trône (à 16 ans) avec son frère mineur, Ptolémée XII (à 12 ou 13 ans).
1	//	//	52	Ces quatre années sont comptées à Cléopâtre et à son frère. La quatrième année, Ptolémée chasse sa sœur, qui se réfugie en Syrie, où elle frappe des monnaies à son effigie; de son côté, il en frappe à Alexandrie pendant les huit mois de son règne.
2	//	//	51	
3	//	//	50	
4	//	4 septembre	49	9 août, bataille de Pharsale.
		//	48	
5	//	//	//	Cette cinquième année est comptée à Cléopâtre. 29 septembre, mort de Pompée. Dans le courant d'octobre, César arrive avec Cléopâtre. Ptolémée XII combat contre César et périt dans le Nil.
				Cléopâtre règne avec son plus jeune frère, Ptolémée XIII, qu'elle épouse.
5	1	//	48	Juillet, départ de César pour Rome. Naissance de Césarion, fils de César et de Cléopâtre, alors âgée de 20 à 21 ans.
6	2	//	47	
7	3	//	46	
8	//	3 septembre	45	Mort de Ptolémée XIII, après quatre années de règne, dont la dernière ne lui est point comptée.
				Cléopâtre règne avec son fils Ptolémée César, dit *Césarion*.
9	1	//	44	Mort de César aux ides de mars de cette année.
10	2	//	43	
11	3	//	42	
12	4	2 septembre	41	
13	5	//	40	
14	6	//	39	
15	7	//	38	Les années de règne cessent d'être comptées à Césarion.

98 PROSCYNÈMES ET ACTES DE VISITE.

ANNÉES de règne.	DOUBLE DATE.	COMMENCEMENT des années de règne.	ANNÉES juliennes avant l'ère vulgaire.	FAITS HISTORIQUES.
				Cléopâtre règne avec Marc-Antoine.
16	1	1ᵉʳ septembre	37	Médailles avec la double effigie de Cléopâtre et d'Antoine *imperator III* et *triumvir*. Antoine, époux de Cléopâtre. Commencement de la double date, selon Porphyre, et des médailles avec cette double date et la double effigie.
17	2	//	36	
18	3	//	35	
19	4	//	34	
20	5	31 août.	33	
21	6	//	32	Médaille avec la date de l'an XXI qui est aussi l'an VI.
22	7	//	31	2 septembre, bataille d'Actium.
			30	Cléopâtre envoie Césarion en Éthiopie; elle veut fuir et faire passer sa flotte par l'isthme. En février, Antoine revient à Alexandrie. Arrivée d'Octave. 10 août, prise d'Alexandrie. Mort de Cléopâtre. Mort de Césarion.
				Auguste.
1	//	//	30	29 août, commencement des années d'Auguste.

CX, XCI. (G. L. W.)

Voici un fragment qui paraît informe et sans suite, mais auquel un examen attentif donne quelque importance.

Les six lignes dont il se compose ont été copiées par M. Gau[a], ensuite par M. Lenormant et sir Gardner Wilkinson; leurs copies n'offrent aucune différence essentielle. La principale est dans la première ligne, où la copie de M. Lenormant donne ΣΤΟΥΘΕΙΝ, et les deux autres ΣΤΡΟΥΘΕΙΝ, qui est, comme on le verra, la véritable leçon.

Voici ces lignes, dont on trouvera, planche XXI, n° 4, le *fac-simile*,

[a] N° 51.

XC, XCI. PHILES. LAGIDES, RÈGNE D'AULÈTE.

tel que l'a donné M. Gau. J'ai complété la cinquième ligne d'après les deux autres copies.

XC. CTPOYΘΕΙΝΟΚΙ
ΝΑΙΔΟC ΗΚѠ
ΜΕΤΜΙΚΟΛΑ
XCI. ΤΡΥΦѠΝΔΙΟ...ΟΥ....
. ΕΟΥΚΙΝΑΙΔΟCΗΚ..
ΠΑΡΑΤΗΝΙCΙΝΤΗΝΕ.
C.I......

Quoique les trois premières lignes soient en retraite des quatre autres, il ne manque rien au commencement, comme le prouvent les lettres ΝΑΙΔΟC, en tête de la seconde, faisant suite aux deux lettres ΚΙ, à la fin de la première.

Le nominatif ΤΡΥΦѠΝ, en tête de la quatrième ligne, et la répétition du verbe ΗΚѠ, montrent qu'il faut voir ici deux proscynèmes distincts, dont le second commence avec le nom propre.

Le premier proscynème doit se lire :

Στρούθειν ὁ κί-	Strouthin le ci-
ναιδος ἥκω,	nède est venu
μετὰ Νικόλα.	avec Nicolas.

On pourrait préférer Νικολά[ου]. Mais on a pu dire Νικόλας aussi bien que Νικόλαος, comme Κλεόλας et Κλεόλαος, Ἀρκεσίλας et Ἀρκεσίλαος, Πρατόλας, Περίλας, Χαρίλας, etc.; ainsi Νικόλα est un génitif fort régulier.

Quant au premier mot, il est d'abord clair que CTPOYΘΕΙΝ est, comme ΤΡΥΦѠΝ, un nom propre, terminé en ΕΙΝ ou ΙΝ, pour ΕΙΟΝ ou ΙΟΝ, par l'effet du retranchement de l'Ο final dans les noms en ΙΟC et en ΙΟΝ, dont j'ai déjà parlé[a]; ce retranchement, qui est un des caractères du grec moderne, date de fort loin dans la langue. Coray en cite des exemples dès le temps de Plutarque,

[a] Plus haut, t. I, p. 111.

tel que Σθένις pour Σθένιος[a]. On en a relevé un grand nombre dans les inscriptions de l'époque romaine, tels que Ἀκέσιν, Ἀφροδεῖσιν, Καλλίστιν, Φιλημάτιν, Ἐλευθέριν pour Ἀκέσιον, Ἀφροδείσιον, Ἐλευθέριον, etc.[b] auxquels je joins Ἀρτέμιν pour Ἀρτέμιον, dans une inscription de Stratonicée[c]. Cette contraction tient, sans doute, à ce que, dans les syllabes finales en ιος, ιον, ιας, la seconde voyelle, se faisant très-peu sentir, disparaissait, pour ainsi dire, dans la prononciation, ce qui aura conduit à modifier l'orthographe avant même l'époque de Plutarque; car le nom de l'historien Νύμφις, d'Héraclée, qui vivait sous Ptolémée Évergète ou Épiphane[d], est identique avec celui de Νύμφιος; plus anciennement, le Κτῆσις d'Isée[e] est le même nom que Κτησίας[1], comme Νῖκις, Δεῖνις[f] nous représentent Νικίας, Δεινίας[g].

Le nom ΣΤΡΟΥΘΕΙΝ, qui est de même pour ΣΤΡΟΥΘΕΙΟΝ ou ΣΤΡΟΥΘΙΟΝ (Στρουθεῖον ou Στρουθίον, deux formes également usitées), confirme ces remarques.

Les noms propres en ιον sont toujours affectés aux femmes, étant des noms *hypocoristiques* ou caressants. Mais ici Στρουθεῖον ou Στρουθίον (et Στρούθιον, en retirant l'accent comme il convient à un nom propre, d'après l'usage attesté par les grammairiens), appartient à un homme, ce que montre le masculin ὁ κίναιδος. D'où viennent et cette singularité et l'étrange nom que porte ce personnage? C'est ce qu'explique la qualification non moins singulière et étrange qu'il se donne, ainsi que l'auteur du second proscynème.

Ce titre de κίναιδος (venant de κινεῖν et de αἰδοῖον) est un des plus

---

[a] Notes sur les Πλουτάρχ. πολιτικά, p. 127, 153, et sur *Héraclide de Pont.* p. 209, 353. — [b] Elem. epigr. gr. p. 242. — [c] Dans Fellow, *An account of discover. in Lycia*, p. 83; Böckh, *Corp. inscr.* n° 2729. — [d] G. J. Vossius, *Hist. gr.* p. 104, 140, Westerm. — [e] *De Nicostr. hæredit.* § 9, ed. Bekker, — [f] *Corp. inscr.* n° 1565, l. 14. — [g] *Id.* n° 1197, l. 2.

[1] Cette orthographe est fréquente en Sicile et d'autres pays doriens. Le nom de Σῶσις, qui se trouve sur des médailles de Syracuse, sur des inscriptions de Tauromenium, et d'Acres (Raoul-Rochette, *Lettre à M. le duc de Luynes*, p. 28, 29), n'est autre chose que le nom de Σωσίας. Ἀρτέμις, sur une médaille de Naples (*id.* p. 33), est pour Ἀρτέμιος; Ὀλύμπις (*id.* p. 34) pour Ὀλύμπιος, Ἀρίστις pour Ἀρίστιος, comme Ἀρίστais, sur des médailles de Cos (ap. Mionnet, *Description des Médailles grecques*, t. III. p. 402; *Supplément*, t. VI, p. 566), est, sans doute, pour Ἀρίσταιος, etc.

déshonorants qu'offre la langue grecque. D'après les meilleurs lexiques, ce nom ne signifie qu'un infâme débauché, ποιῶν ἢ παθών, livré aux plus viles passions, servant aux plaisirs des autres. Or il n'y a pas moyen de croire que personne se soit, de gaîté de cœur, donné une qualification pareille, comme on aurait pris celle d'une profession ordinaire, telles que μῖμος, mime, μυρεψός, parfumeur, etc. qui se trouvent dans d'autres proscynèmes.

Il est donc certain que ce mot a ici une autre signification, et doit indiquer une sorte de profession qu'on n'avait pas honte d'avouer. La littérature grecque est à peu près muette à ce sujet; mais la littérature latine, ce qui est singulier, fournit tous les renseignements dont on peut avoir besoin.

Nonius Marcellus[a] dit : *Cinædi dicti sunt apud veteres,* SALTATORES, *vel* PANTOMIMI, ἀπὸ τοῦ κινεῖν σῶμα; il cite ce vers de Lucilius : *Stulte saltatum te inter venisse cinædos*[b], et plusieurs de Plaute, entre autres celui-ci : *Tum ad saltandum non cinædus malacus æque est atque ego*[c]; Varron, dans le même Nonius[d], joint ensemble les mots *comici, cinædici* (correction très-probable de Scaliger), *scenatici* ; enfin Scipion Émilien, dans son discours contre une loi de Tiberius Gracchus, disait: *Docentur præstigias inhonestas, cum cinædulis et sambucá psalterioque eunt in ludum histrionum,* ajoutant : *Eunt, inquam, in ludum saltatorium inter cinædos virgines puerique ingenui*[e]. Cette signification, qui a dû être fréquente dans les anciens auteurs latins, n'était plus admise au temps de Cicéron, et, en grec, je n'en trouve qu'un seul exemple; il est dans Polybe : ἐβουλόμην ἄν σε (dit Cléomène à Nicagoras, qui amenait au roi d'Égypte un renfort de cavalerie), καὶ λίαν ἀντὶ τῶν ἵππων κιναίδους ἄγειν καὶ σάμβυκας· τούτων γὰρ ὁ νῦν βασιλεὺς κατεπείγεται. « J'aurais
« préféré qu'au lieu de chevaux tu eusses amené au roi des *baladins*
« et des joueurs de sambyce[1], car c'est là ce qui le presse pour le
« moment[f]. » Mot répété par Plutarque dans la vie de Cléomène[g].

[a] Nonius, *De propr. sermon.* p. 3, edd. Gerlach et Roth. — [b] Cf. *Lucilii Relliquiæ*, ed. J. Dousa, p. 270. — [c] *Miles glorios.* v. 668; cf. *Aulular.* v. 378. — [d] *De honest. etc.* p. 120. — [e] Ap. Macrob. *Saturn.* II, 10, p. 385, ed. Zeun. — [f] Polybe, V, 37, 10. — [g] Plut. *In Cleomen.* c. 35.

[1] Instrument analogue à notre tympanon.

Voilà donc ce qu'était notre *Strouthin* ou *Struthion*, peut-être un esclave, puisqu'il omet le nom de son père, faisant profession de ces danses *lascives*, dont les Grecs (ainsi que les Orientaux actuels) étaient si grands amateurs, de ces φαλλικὰ ὀρχήματα qui se dansaient principalement dans les fêtes dionysiaques.

Le nom de *Struthion* (moineau) semble être une allusion à cette profession singulière. La vivacité des mouvements du moineau, sa lasciveté proverbiale, avaient fait donner le nom de σ1ρουθοί aux hommes d'une complexion vive et amoureuse[a], et la liaison des deux idées était si bien reconnue, que l'oiseau que nous appelons *hochequeue*, l'ἴυγξ, appelé aussi σεισοπυγίς (qui remue les fesses), remarquable par la rapidité avec laquelle il remue la tête et la queue, était nommé κιναίδιον[b].

La danse exécutée par les *cinædi* était donc une de celles qui consistaient à remuer avec une grande vivacité la partie inférieure du corps; c'est ce que Jules Pollux explique par τὸ τὴν ὀσφὺν φορτικῶς περιάγειν[c]. Ainsi le nom de notre *Strouthin* ou *Strouthion* n'est pas dû, selon toute apparence, à un pur hasard, mais il exprime, par excellence, le mérite particulier à l'espèce de danse dont cet homme faisait métier; et il a même pour nous l'avantage de nous indiquer le caractère de cette danse, qui nous était inconnue, puisque c'en est le seul indice.

Ce nom de *Strouthion*, Στρούθιον, ou ses dérivés Στρουθίων et Στρουθίας[1], avaient été aussi donnés à des parasites, sans doute par allusion à la gloutonnerie du moineau; car on sait que les parasites étaient souvent désignés par des noms qui rappelaient leurs habitudes, tels que Γνάθων, Γναθωνίδης, Θράσων, Θήρων, Ψωμοκόλαξ, etc. Celui de Στρουθίων est dans Alciphron[d]; et cet écrivain désigne un autre parasite sous

---

[a] Hesych, Στρουθὸς, λαγνός. — [b] Schol. Theocr. 2. 17. Hesych, h. v. — [c] J. Poll. Onom. IV, 99. — [d] Alciphron, *Epist.* I. 9.

[1] On trouve aussi Στρούθων dans un vers de Simonide (*Carm.* 141, v. 10, ed. Schneidewin), à moins qu'il n'y ait eu originairement Στρουθίων, par synérèse. Toutefois, le nom paraît être là sans intention ironique.

le nom de Κύναιδος[a], peut-être Κίναιδος, car les mots κυναίδης et κύναιδος (c'est-à-dire λίαν ἀναιδής), dont ne se sert aucun auteur connu, n'existent que dans une glose d'Hésychius, et sont peut-être dus à quelque recherche d'étymologie. Quant au nom de Στρούθιον, il a pu exister dans un fragment du Flatteur de Ménandre, cité deux fois par Athénée[b] : la première fois écrit Στρουθία (au vocatif), la seconde, Στρούθιον[c], cet auteur ayant suivi pour l'une et l'autre leçons deux manuscrits différents. Στρουθίας étant un nom fort connu, et Στρούθιον, au contraire, très-rare, les copistes auront pu préférer le premier au second. Il est donc possible que Στρούθιον, qui est le mot rare, soit la vraie leçon de Ménandre, et notre inscription montrerait qu'il est inutile de le changer en Στρουθίων, comme M. Meineke[d] propose de le faire.

Nos deux inscriptions offrent, après Polybe, les deux seuls exemples connus de cet emploi *en grec* du mot κίναιδος, tandis qu'il en existe, dans les anciens auteurs latins, des exemples nombreux, qui ne permettent pas d'en mettre en doute l'usage à une certaine époque. L'extrême rareté de ce sens prouverait, du moins, qu'il était de bonne heure tombé en désuétude, à tel point que Pollux lui-même, dans l'article qu'il consacre à ce mot, et dans le grand nombre d'épithètes qui en expriment les significations diverses, ne laisse rien percer qui soit relatif à une danse[e]. Il n'avait donc rien trouvé là-dessus dans les auteurs qu'il consultait. Je pense que cette rareté tient à ce que le mot désignait une danse toute particulière, limitée à certaines cérémonies religieuses, et exécutée dans un seul pays, en Égypte, par exemple, où les confréries dionysiaques étaient si répandues ; et, en conséquence, qu'il ne peut se retrouver que dans les inscriptions qui se rapportent à ces danses bachiques ; or celles qui nous occupent sont les seules de ce genre que l'on connaisse jusqu'ici.

A l'époque où *Strouthin* et *Tryphon* ont écrit leur proscynème, ce mot, dans le sens de *danseur*, était encore assez connu et usité en Égypte pour être facilement entendu, sans qu'il fût nécessaire de

---

[a] Alciphron, III, 43, 1. — [b] Athen. X, p. 434, E. — [c] Id. XI, p. 477, F. — [d] *Fragm. comic. græc.* t. IV, p. 152. — [e] J. Poll. *Onom.* VI, 106.

l'expliquer par quelque complément pour éviter une équivoque fâcheuse. Que cette espèce de danse appartînt, en effet, au culte dionysiaque, c'est ce qui résulte déjà assez clairement du sens que Jules Pollux donne au verbe ῥικνοῦσθαι[a], un de ceux qui expriment une certaine nature de danse. Ce grammairien l'explique par τὴν ὀσφὺν φορτικῶς περιάγειν (*remuer les hanches indécemment*). En effet, le verbe venant de l'adjectif ῥικνός, *qui frissonne de froid* (racine ῥῖγος), devait exprimer un mouvement précipité, une espèce de tremblement convulsif. De là Bacchus, ou Dionysos, reçut l'épithète de ῥικνώδης, une de celles qui lui sont données dans un ancien hymne[b], évidente allusion au caractère de la danse que notre Strouthin exécutait en son honneur. Ces *artistes*, qui se donnaient le nom de *cinædes*, étaient donc du nombre des acteurs qu'on appelait οἱ διονυσιακοί ou περὶ τὸν Διόνυσον τεχνῖται, attachés à quelque confrérie *dionysiaque*; c'est, du reste, ce qui va ressortir de la seconde inscription.

Après le nom ΤΡΥΦѠΝ viennent les lettres ΔΙΟ, séparées de ΟΥ par un intervalle de trois lettres; après ΟΥ est une lacune de deux autres lettres; à la fin de la ligne, en tête de la seconde, on lit ЄΟΥ, précédé d'une lettre. On pourrait chercher là les restes d'un nom propre au génitif, qui serait celui du père de Tryphon; mais on ne s'attend guère à trouver ici le patronymique, l'autre cinæde, *Strouthin*, n'ayant point indiqué le nom de son père, sans doute parce que c'était un esclave. D'ailleurs, quel nom propre pourrait être terminé en ЄΟΥ? Il n'y a qu'un seul moyen de remplir ces lacunes, en ayant égard aux conditions que nous offrent les copies; c'est de lire :

Τρύφων, Διο[νύσ]ου [τοῦ] [ν]έου κίναιδος, ἥκ[ω] παρὰ τὴν Ἶσιν τὴν ἐ[ν [Φίλαις καὶ τῷ Ἀβάτῳ.]

Tryphon, cinæde de Dionysus le nouveau, je suis venu près de l'Isis de Philes et de l'Abaton.

[a] J. Poll. *Onom.* IV, 99. — [b] In Analect. t. II, p. 517; ibique Jacobs, t. X, p. 410.

XC, XCI. PHILES. LAGIDES, RÈGNE D'AULÈTE.

Διόνυσος νέος se disait tout aussi bien que νέος Διόνυσος; et la place de l'adjectif, en pareil cas, est à peu près indifférente, quoique la première fût plus usitée. Plutarque appelle aussi Ptolémée Aulète Διόνυσος νέος [a], et Philon parle de Caïus Caligula, dont une statue devait porter le nom de ΖΕῪΣ ἐπιφανὴς ΝΕΟΣ [b]; Plutarque dit qu'Aspasie fut appelée Ὀμφάλη νέα [c], et Épiménide, Κουρὴς νέος [d], le *nouveau Curète*. Dans Lucien, Glycon se gratifie du titre d'Ἀσκληπιὸς νέος [e]. On voit donc qu'il a pu y avoir sur l'original Διονύσου νέου, même sans l'article τοῦ. Toutefois, la copie de M. Gau indiquant, à la fin de la première ligne, une lacune de deux ou trois lettres, on pourrait y ajouter cet article.

Ce n'est pas la seule fois qu'on trouvera ἥκειν παρὰ τὴν Ἶσιν, au lieu de πρὸς τήν, qui est plus commun; παρά, suivi de l'accusatif, dans ce cas, n'est pas moins grec.

La restitution des deux premières lignes, qui est la seule importante, est certaine. Elle fixe d'abord l'époque des deux inscriptions, car elles sont évidemment du même temps, ou à très-peu d'intervalle l'une de l'autre, et elles appartiennent au règne de Ptolémée Aulète; en second lieu, elle nous démontre le caractère *dionysiaque* de la profession exprimée par le mot κίναιδος; et, en troisième lieu, elle confirme l'origine du titre donné à Ptolémée *Philopator*, ou Aulète.

On a vu que le nom de *nouveau Dionysos* n'était point le titre *officiel* et caractéristique de ce prince, qui était distingué par ceux de *Philopator* et de *Philadelphe* [f]. On a vu également que le titre de *nouveau Dionysos* était purement religieux, dérivé de la ferveur du prince pour le culte de Bacchus [g]; enfin que la qualification de *cinæde* exprimait la qualité des personnes qui, dans les cérémonies dionysiaques, exécutaient certaines danses d'un caractère analogue à ce culte déréglé. Tout cela est confirmé maintenant par l'expression : un tel, *cinæde du nouveau Dionysos*. Remarquons que Tryphon n'a pas mis l'article devant κίναιδος, tandis que Strouthion l'a employé, ce qu'il devait faire; dans ce dernier cas, Ὁ κίναιδος exprimait la profession en

---

[a] *In Anton.* c. 60. — [b] *Philo ad Caïum*, § 43, p. 196 Mang. — [c] *Plut. in Pericle*, § 24. — [d] *Id. in Solone*, § 12. — [e] *Alexandr.* § 43, p. 339, ed. Didot. — [f] Plus haut, p. 81. — [g] Plus haut, p. 83, 84.

général, Strouthion, *le cinæde;* dans l'autre, l'article n'aurait été de mise que si Tryphon avait été *le seul cinæde* du roi. Or on ne peut douter qu'il n'y en eût plusieurs, c'est-à-dire que, dans la confrérie dionysiaque placée sous l'invocation du nouveau Dionysos, il n'y eût plusieurs acteurs, τεχνῖται, chargés de l'exécution des danses animées et lascives qui avaient valu au dieu l'épithète de *Rhicnodes*[a]; ces acteurs prenaient chacun le nom de *cinæde du nouveau Dionysos,* Διονύσου νέου κίναιδος.

Tout ce qui a été dit plus haut sur le sens dionysiaque de cette expression se trouve donc à présent confirmé par une inscription positive. On a vu, par le passage de Lucien[b], que le roi était acteur dans ces scènes de désordre; qu'il s'habillait en femme, s'enivrait, et dansait comme les autres, en faisant résonner les cymbales. Son zèle effréné lui valut un titre religieux dont il faisait parade, celui de *nouveau* Dionysos, et une qualification que l'esprit moqueur des Alexandrins ne lui donnait qu'en cachette, et qu'il n'eût pas fait bon, sans doute, articuler en sa présence, celle d'*Aulète,* indiquant le rôle de *flûteur,* qu'il ne dédaignait pas de remplir dans ces cérémonies licencieuses.

XCII. (L.)

Voici une inscription fort courte, mais qui renferme une curieuse indication sur la situation géographique et la circonscription administrative de plusieurs nomes de la Thébaïde. M. Lenormant est le seul qui l'ait copiée, ainsi que les deux suivantes. Mais ses copies sont assez exactes pour ne laisser d'incertitude qu'à l'égard de points peu importants.

NIKOMAXΘCAΠOΛΛWNI
ΔOYOCYΓΓENHCKAICTPATHΓOC
TOYΠAΘYPITOYKAIΛATOΠ.ITOY
HKWKAIΠPOCKEKYNHKATHN
ΘEANMICYPANICINTOΠPO K
MAΔIO . . . . OYCIOCCTPATHΓOY

Νικόμαχος Ἀπολλωνί-
δου, ὁ συγγενὴς καὶ σ]ρατηγὸς
τοῦ Παθυρίτου καὶ Λατοπ[ολε]ίτου
ἥκω, καὶ προσκεκύνηκα τὴν
θεὰν [σώτ]ειραν Ἶσιν, τὸ προ[σ]κ[ύνη-]
μα Διο[. . . . . . Κατ]ούσιος σ]ρατηγοῦ.

[a] Plus haut, p. 104. — [b] Plus haut, p. 83.

XCII. PHILES. LAGIDES, RÈGNE D'AULÈTE.

Moi, Nicomaque, fils d'Apollonide, le parent et stratége du Pathyrite et du Latopolite, je suis venu, et j'ai adoré la salutaire Isis, ayant fait le proscynème de Dio....., fils de Catusis stratége.

Je ne crois pas que les lettres ΜΙCΥΡΑΝ puissent être autre chose que ΣΩΤΕΙΡΑΝ. On trouve, en effet, ce titre dans une autre inscription de Philes [a], et celui de ΠΑΝCΩΤΕΙΡΑΝ dans une troisième [b]. Nous avons vu qu'il se rapporte ordinairement à quelque guérison obtenue par l'intercession de la déesse; c'est moins un titre qui lui fut constamment donné, qu'une qualification due à un bienfait personnel [c].

Quant aux lettres de la fin, ΔΙΟ....ΟΥCΙΟC, c'est le génitif d'un nom terminé en ΟΥCΙC, finale qui a une physionomie égyptienne, probablement le Κάτουσις d'une des inscriptions de Khardassy, Διο[.... Κατ]ούσιος, ce qui s'explique de deux manières : ou ce nom est celui du père de Diodote (ou tout autre commençant ainsi); et, dans ce cas, ce Diodote serait le fils soit d'un Égyptien marié à une femme grecque, soit d'un Grec marié à une Égyptienne; ou bien c'est un double nom grec et égyptien, Dio.... Catusis (Διο.... Κάτουσις), comme on en trouve beaucoup d'exemples; ainsi, Σαραπίων Τρυχάμβης, dans l'inscription de Tentyra (n° X), et plus anciennement dans les papyrus ptolémaïques : Ἀπολλώνιος ὃς καὶ Ψεμμώνθης, Ἑρμίας ὃς καὶ Πετενεφώτης [d], etc. où l'on remarquera que le nom grec précède l'égyptien, comme dans notre inscription; d'où l'on peut conclure qu'en pareil cas le nom grec passait le premier, l'égyptien ne venait qu'ensuite. C'est donc encore un trait de mœurs que révèlent ces noms propres, et qu'il était bon de remarquer.

Le trait important se trouve dans la deuxième et la troisième lignes, où il est dit que Nicomaque est stratége des (nomes) *Pathyrite* et *Latopolite*. C'est la première fois que le nom du premier nome, fréquent dans les papyrus, se montre sur une inscription, et il fournit un moyen de résoudre les difficultés qui l'accompagnent dans les monuments où il se rencontre.

[a] N° LXXVIII. — [b] N° LXX. — [c] Plus haut, t. I, p. 380, 417. — [d] *Papyr. Taurin.* III, IV.

Avant la publication du papyrus d'Anastasy, le nome *Pathyrite* n'était connu que par un passage de Pline, qui le place, sous le nom de *Phaturite*, entre le *Thinite* et le *Coptite*[a]. D'Anville a remarqué que le *Thinite* a été déplacé par l'auteur latin, et doit être reporté après le *Diopolite*[b]; en sorte que le *Phaturite*, placé entre l'*Hermonthite* et le *Coptite*, répond au *nome de Thèbes*, ou de *Diospolis magna*[c].

L'observation est confirmée par tous les papyrus où le nom du *Pathyrite* s'est retrouvé. M. Peyron a essayé de montrer, par plusieurs passages[d], que les noms de ὁ περὶ Θήϐας (νομός) et de ὁ Παθυρίτης étaient fréquemment employés l'un pour l'autre, et devaient être considérés comme synonymes, avec cette différence pourtant que le premier s'entendait plus particulièrement de la partie du nome sur la rive orientale, et le second de celle qui était sur la rive occidentale ou libyque[e].

En effet, les divers actes d'enregistrement trouvés à Thèbes montrent qu'il y avait, pour cette ville et sa circonscription administrative, deux bureaux de recette (τράπεζαι), l'un à Diospolis (ou Thèbes), l'autre à Hermonthis (ἡ ἐν Διὸς πόλει et ἡ ἐν Ἑρμώνθει), ayant pour chef (ἐφ'ἧς) constamment un Grec, comme le prouvent les noms d'Ammonius, de Dionysius, d'Apollonius, de Lysimaque, les seuls qu'on y ait trouvés jusqu'à présent.

De là résulte nécessairement qu'*Hermonthis*, ville située à peu de distance au sud de Thèbes, était comprise dans le même nome que cette ville, c'est-à-dire dans le *Péri-Thèbes* ou le *Pathyrite*. Pour la commodité des contribuables, on l'avait rendue chef-lieu d'un arrondissement financier, où ils pouvaient déposer les sommes qu'ils devaient au fisc. Cette conséquence est démontrée par le papyrus de Casati, où le nom de la ville d'Hermonthis est suivi d'un complé-

---

[a] *...Ombiten, Apollopoliten, Hermonthiten, Thiniten, Phaturiten, Coptiten, Tentyriten, Diopoliten.* Plin. V, 9. — [b] Cf. Tôchon, *Recherches historiques et géographiques sur les médailles des nomes*, p. 74, 75. — [c] St-Martin, dans le *Journal des Savants*, année 1821, p. 5. — [d] *Ad Papyr. Taurin.* part. II, p. 27, 28. — [e] *Id.* part. I, p. 51.

ment remarquable, à savoir : ἐν Ἑρμώνθει τοῦ Παθυρίτου τῆς Θηβαΐδος. Hermonthis ne donnait donc pas alors (sous le règne d'Aulète) son nom à un nome particulier; elle était encore comprise dans le *Pathyrite*, qui s'étendait ainsi jusqu'à la limite du *Latopolite*, au sud.

C'est là justement ce qu'indique notre inscription de la manière la plus claire, en mettant les nomes *Pathyrite* et *Latopolite* sous le même stratège, ce qui suppose nécessairement que ces deux nomes étaient limitrophes, et conséquemment que l'*Hermonthite* n'existait pas. Selon M. Droysen, ces deux noms n'ont point été confondus en un seul; il pense qu'ils indiquent deux nomes différents, l'un sur la rive droite, l'autre sur la rive gauche du fleuve. (*Diversos puto Perithebaïcum cum Diospoli urbe ab orientali, Pathyriticum cum Memnoniis ab occidentali ripa*[a].)

Voici, à mon avis, ce qui résulte de tous les passages des papyrus combinés avec notre inscription.

Une remarque très-juste de M. Peyron, c'est que le terme νομός est sous-entendu avec ὁ περὶ Θήβας, comme avec ὁ Παθυρίτης; les exemples qu'il cite ne laissent point de doutes à ce sujet. Mais ces deux dénominations désignent-elles le même nome, comme il le croit? Le fait serait certain, si la même personne était appelée indifféremment ἐπιστάτης τοῦ περὶ Θήβας et ἐπιστ. τοῦ Παθυρίτου, ce qui n'est pas; car Héraclide, *épistate du Péri-Thèbes*[b], était autre qu'Hermoclès, *épistate du Pathyrite*[c]. Tout ce qu'on en peut conclure, c'est qu'il y avait un *épistate* pour l'un et l'autre nomes.

Maintenant, que le *Péri-Thèbes* s'étendît, aussi bien que le *Pathyrite*, sur la rive occidentale du fleuve, c'est ce que prouve le papyrus de Grey, où l'on trouve ἐν Θυναβουνοῦν ἐν τῇ Λιβύῃ τοῦ περὶ Θήβας [1], absolument comme on lit ailleurs ἡ Λιβύη τοῦ Παθυρίτου[d] et

---

[a] Droysen, *de Lagid. regno, Ptolemæo VI Philometore rege*, Berol. 1831, p. 30, 31; le même : *Die griech. Beyschriften von fünf ægypt. Papyren zu Berlin*; dans le *Rheinisches Museum*, 1839, S. 510, 511. — [b] *Papyr. Taurin.* VIII. — [c] *Papyr. Taurin.* XI. — [d] *Papyr. Taurin.* VIII, lig. 10.

[1] Dans l'enregistrement de ce papyrus, la copie de Th. Young donne τῆς περὶ Θήβας; si τῆς n'est pas mal lu, c'est une faute du scribe.

ἡ Λιβύη τοῦ Κοπτίτου[a]. D'où il résulte que les nomes Péri-Thèbes, Pathyrite et Coptite, s'étendaient sur les deux rives du Nil, et que la partie de leur territoire située à l'ouest, ou sur la rive gauche du fleuve, s'appelait ἡ Λιβύη, nom auquel se joignait celui du nome dont cette partie dépendait.

Il faut donc se représenter ces trois nomes limitrophes comme se succédant du sud au nord, formant trois zônes plus ou moins larges; mais il faut que le *Péri-Thèbes*, au moins à l'occident, ait formé une bande assez étroite, puisque les *Memnonia*, ou tombeaux répandus le long de la montagne libyque, en sortaient de chaque côté, et qu'il y en avait sur le territoire des deux nomes extrêmes, le *Coptite* et le *Pathyrite*, aussi bien que du nome moyen, le *Péri-Thèbes*.

Quand il s'agit d'intérêts liés aux *Memnonia* du *Péri-Thèbes*, les affaires relèvent du magistrat qui résidait à Diospolis; de là l'expression ἐπὶ τὴν ἐν Διὸς πόλει τράπεζαν [b]. Pour les *Memnonia* du Pathyrite, elles relevaient de celui qui résidait à *Hermonthis*, comme on le voit dans le papyrus d'Anastasy et quatre papyrus de Berlin[c]; de là cette expression ἐπὶ τὴν ἐν Ἑρμώνθει (comme Buttmann a lu le premier, au lieu de Ἑρμοπόλει) τράπεζαν, expression toujours liée avec la mention du *Pathyrite*, jamais avec celle du *Péri-Thèbes*.

Il en résulte qu'*Hermonthis* appartenait au *Pathyrite*, comme Diospolis au Péri-Thèbes; et, en effet, le papyrus de Casati donne cette désignation caractéristique, ἐν Ἑρμώνθει τοῦ Παθυρίτου τῆς Θηβαΐδος, qui lève toute incertitude à cet égard. S'il en est ainsi, le *Pathyrite* est le même nome qui fut appelé plus tard *Hermonthite*, de sa métropole Hermonthis, d'où il suit que ces deux noms ne peuvent se trouver à la fois sur un même monument, ni sur des monuments contemporains.

C'est ce qui est établi par des faits incontestables :

1° Par notre inscription, qui donne le *Pathyrite* comme limitrophe du *Latopolite*; puisque l'un et l'autre nomes avaient le même stratége.

---

[a] *Papyr. Taurin.* VIII, l. 53. — [b] *Papyr. Taurin.* IV, l. 1 et 2; *Papyr. Berolin.* n°s 36 et 41, ap. Droysen; *Papyr. Grey.* ap. Th. Young, *Discoveries in hieroglyph. litterature*, p. 145, 146. — [c] N°s 37, 38, 39, 40; Droysen, dans le *Rhein. Mus.* 1839, S. 493.

XCII. PHILES. LAGIDES, RÈGNE D'AULÈTE.

2° Par plusieurs inscriptions de l'époque romaine, où l'Hermonthite se montre à la place du Pathyrite, étant donné comme limitrophe du Latopolite. Telle est une autre inscription de Philes, certainement de date romaine ; dans deux autres du colosse de Memnon[a], des années VII et XIX d'Adrien, le même fonctionnaire est qualifié de stratége des nomes *Hermonthite* et *Latopolite;* dans une troisième de l'an XIX du même règne, un officier a le titre de *greffier royal* de ces deux nomes, ce qui suppose nécessairement qu'ils étaient limitrophes. Dans notre inscription, qui, par cela seul, devrait être reportée à l'époque ptolémaïque, quand le titre de *parent* ne le prouverait pas avec certitude, Nicomaque est qualifié de stratége du *Pathyrite et du Latopolite,* le *Pathyrite* tenant encore ici la place de l'*Hermonthite.*

3° Par l'autorité de Ptolémée, qui ne parle pas d'un nome *Pathyrite*, mais cite l'*Hermonthite* et le nome de Thèbes ($\Theta\eta\beta\tilde{\omega}\nu$ $\nu o\mu\acute{o}s$), ce qui nous rend les deux nomes *Pathyrite* et *Péri-Thèbes*. Dans une inscription de Pselcis[b], de l'époque romaine, il est question d'un stratége du *Péri-Thèbes* et de l'*Hermonthite,* d'où l'on voit que la dénomination de $\dot{o}$ $\pi\epsilon\rho\grave{\iota}$ $\Theta\acute{\eta}\beta\alpha s$ a duré plus longtemps que celle de *Pathyrite,* qui a cédé plus tôt sa place à celle d'*Hermonthite.*

4° Par des médailles frappées en Égypte sous les règnes d'Adrien et d'Antonin, où le nome *Pathyrite* ne paraît jamais ; en revanche, on trouve l'*Hermonthite* sur des médailles de l'an XI d'Adrien, et le *grand Diopolite* ($\Delta \iota o\pi o\lambda\acute{\iota} \tau \eta s$ $\dot{o}$ $\mu\acute{\epsilon}\gamma\alpha s$) sur les médailles de la même année ; or ce nom n'est qu'une autre expression du $\Theta\eta\beta\tilde{\omega}\nu$ $\nu o\mu\acute{o}s$ de Ptolémée, puisque cet auteur dit $\Theta\eta\beta\tilde{\omega}\nu$ $\nu o\mu\grave{o}s$ $\kappa\alpha\grave{\iota}$ $\mu\eta\tau\rho\acute{o}\pi o\lambda\iota s$ $\Delta\iota\grave{o}s$ $\pi\acute{o}\lambda\iota s$ $\mu\epsilon\gamma\acute{a}\lambda\eta$, $\alpha\grave{\iota}$ $\Theta\tilde{\eta}\beta\alpha\iota$. La synonymie de ces noms se trouvera donc parfaitement établie ainsi :

Nome de Thèbes appelé	$\dot{o}$ $\pi\epsilon\rho\grave{\iota}$ $\Theta\acute{\eta}\beta\alpha s$	Papyrus ptolémaïques. Inscription de Pselcis (époque romaine).
	$\dot{o}$ $\Theta\eta\beta\tilde{\omega}\nu$ $\nu o\mu\acute{o}s$	Ptolémée (règne d'Antonin le Pieux).
	$\Delta\iota o\pi o\lambda\acute{\iota}\tau\eta s$ $\mu\acute{\epsilon}\gamma\alpha s$.	Médailles d'Adrien.
Nome au sud de Thèbes appelé	Pathyrite	Papyrus ptolémaïque.
	Hermonthite	Pline. Ptolémée, médailles.

[a] *Statue vocale,* etc. p. 135, 189. — [b] Gau, pl. XIII, n° 14.

Sur la carte (pl. XX, n° 1) on trouvera indiqué le territoire de ces deux nomes; les *Memnonia* s'étendaient ainsi du *Pathyrite* jusqu'au *Coptite*, ce qui suppose que le *nome de Thèbes* était à peu près réduit à la ville et à sa banlieue; mais, vu son importance, elle formait un gouvernement ou préfecture considérable, dont le commandant est, sans doute, celui qu'on appelait Θήβαρχος ou ἄρχων Θηβῶν.

Tout ceci montre que Pline s'est trompé en citant à la fois, dans son énumération des nomes, *l'Hermonthite* et *le Pathyrite*, qui s'excluent l'un l'autre; c'est le *Thebaïcus* ou *Thebarum nomus* qu'il devait mettre en place du Pathyrite. Cette erreur n'est pas la seule qu'offre son texte en cet endroit, puisqu'on a déjà vu que le Thinite s'y trouve transposé. On s'en étonnera peu de la part de cet écrivain, qui compilait des auteurs d'époques différentes, dont il mêlait et confondait souvent les témoignages.

On ignore l'époque où le nom d'*Hermonthite* a été substitué à celui de *Pathyrite;* en d'autres termes, où la ville d'Hermonthis a donné son nom au département dont elle était depuis longtemps métropole. Strabon ne parle pas du nome Hermonthite; mais, comme il en omet plusieurs autres qui existaient de son temps, son silence n'est pas une preuve. L'autre inscription de Philes n'est pas datée; mais, d'après sa position, on a des raisons de croire qu'elle est de même date que celle qui est au-dessus, c'est-à-dire de l'an XIV d'Auguste, ou 16 avant J. C. Ainsi, à cette époque, le nome Hermonthite existait déjà. Ce serait donc entre les règnes de Ptolémée Aulète et d'Auguste que le changement se serait opéré, par suite d'une faveur royale octroyée aux habitants d'Hermonthis, dans quelque circonstance solennelle. Or on ne saurait négliger ici un fait très-frappant, dont la découverte est due à Champollion : c'est que le temple de cette ville avait été entièrement décoré, peut-être même construit, par l'ordre de Cléopâtre, fille de Ptolémée Dionysos, et à l'occasion de la naissance de *Césarion*, ou Ptolémée César[a], qu'elle prétendait avoir eu de Jules César[b]. Cet événement ne peut être antérieur à l'an 48 avant J. C., la

[a] Champollion, *Lettres écrites d'Égypte*, p. 104, 106. — [b] Plus haut, p. 90.

guerre alexandrine étant de l'an 48 à 47[a]. On a voulu rapporter ce nom de *Pathyrite* au mot *Pathros*, ou plutôt *Pathroussim*, désignant des fils de Misraïm dans la Genèse[b]. Il est plus vraisemblable que ce nom, comme celui de tous les nomes, vient de celui de la ville principale qui s'y trouvait. Ptolémée place une bourgade ($\varkappa\omega\mu\eta$) de *Tathyris* sur la rive occidentale du Nil, près de Memnon. Ce nom est si voisin de Πάθυρις[c], le T et le Π se confondant sans cesse, qu'on peut le regarder comme le même. On conçoit qu'un lieu dans l'intérieur des terres ($\mu\varepsilon\sigma\delta\gamma\varepsilon\iota\sigma$) a pu déchoir dans la suite des temps, et finir par être presque abandonné pour *Hermonthis*, qui, située au bord du fleuve, présentait bien plus d'avantages; mais la force de l'habitude a maintenu l'ancien nom de *Pathyrite* longtemps après qu'Hermonthis fût devenue la métropole et le centre des affaires du nome, comme elle l'était au temps de Philométor; et il n'a pas fallu moins qu'une circonstance telle que la naissance de Césarion, que peut-être Hermonthis avait célébrée avec une solennité particulière, pour faire transporter son nom à la province dont elle était effectivement le chef-lieu depuis longtemps.

Notre inscription a donc plus d'importance qu'on ne pouvait lui en supposer, puisqu'elle sert de lien, et en quelque sorte d'explication, aux faits qui se rapportent à un point géographique jusqu'à présent fort embrouillé.

XCIII. (G. L. W.)

Ce fragment, presque informe, est la plus haute des inscriptions coupées par le contour de la figure A. Il n'en reste que trois ou quatre lettres à chaque ligne; le seul caractère certain qu'on puisse saisir est la forme des Є, annonçant une époque qui n'est point antérieure à Ptolémée Aulète.

---

[a] Drumann, *Geschichte Roms*, Th. III, S. 548, 549. — [b] Bochard, *Phaleg.* IV, 27; Jablonski, *Opusc.* t. I, p. 198; Peyron, *ad Papyr. Taurin.* part. II, p. 28. — [c] εἶτα ὁ Μέμνων καὶ μεσόγειος κώμη Ταθυρίς (lis. Παθυρίς).

Comme elle ne commence pas par le mot ΒΑΣΙΛΕΩΣ, ce n'est point un *proscynème* fait au nom d'un roi, comme les n°ˢ LVIII, LIX, LX, etc. c'est un acte particulier fait par un ou plusieurs personnages.

Les lignes 3, 4 et 5 commencent par des lettres appartenant à des mots qu'on peut restituer avec une assez grande probabilité : ainsi ΤΙΝΗ ne peut provenir que de ἘλεφανΤΙΝΗ; ΡΙΤΟΥ est la fin du nom d'un nome [ΠΑΘΥ]ΡΙΤΟΥ, ou [ΤΕΝΤΥ]ΡΙΤΟΥ, les seuls qui aient cette finale; mais, comme les lettres ΤΕΝΤ, à la ligne 5, annoncent Τεντυρίτου, c'est Παθυρίτου qu'il faut lire à la ligne précédente.

Maintenant, comme on trouve souvent dans les inscriptions, soit de Pselcis, soit de Philes, la mention d'un σ7ρατηγὸς τοῦ περὶ Φίλας καὶ Ἐλεφαντίνην, on peut être à peu près certain que le τοῦ de la troisième ligne était suivi de ce complément ΤΟΥ [περὶ Φίλας καὶ Ἐλεφαν]-ΤΙΝΗΝ.

D'une autre part, on trouve aussi, comme on l'a vu au n° précédent, des fonctionnaires qui sont stratéges de deux nomes à la fois, mais limitrophes; or le nome *Pathyrite* (celui de Thèbes) n'était limitrophe ni de celui d'Éléphantine, dont il était séparé par l'Ombite, le Latopolite et l'Hermonthite, ni du Tentyrite, dont il était séparé par le Coptite. Le nom de ce nome doit donc avoir été, avec ce qui le précède, dans un rapport différent. Je conjecture que l'auteur du proscynème, en donnant ses titres actuels, avait rappelé celui qu'il avait porté auparavant, et en même temps indiqué sa patrie. C'est dans cette hypothèse que je propose la leçon suivante, uniquement comme un moyen assez naturel de faire entrer tous les éléments que le ciseau du sculpteur égyptien nous a conservés.

Ἐπι[. . . . . ὁ καὶ . . . .]
οδό [του τοῦ συγγενοῦς καὶ σ7ρατηγοῦ]
τοῦ [Ὀμβείτου καὶ τοῦ περὶ Φίλας καὶ Ἐλεφαν-]
τίνη[ν, τὸ πρὶν σ7ρατηγοῦ τοῦ Παθυ-]
ρίτου [καὶ Λατοπολείτου, ὁ ἀπὸ]
Τεντ[ύρων, ἥκω καὶ προσεκύνησα τὴν]
κυρία[ν Ἶσιν . . . .

Épi. . . . dit aussi . . fils de . . . . . odote le parent et stratége de l'Ombite, et du nome de Philes et d'Éléphantine, ci-devant stratége du Pathyrite et du Latopolite, natif de Tentyra, je suis venu et ai adoré la maîtresse Isis.

Un autre particulier indique aussi sa patrie, ἀπὸ Φαρεμώ, dans une inscription du temps de Septime Sévère.

XCIV, XCV, XCVI. (G. L. W.)

Ces trois inscriptions sont gravées le long de la figure C, et plus ou moins mutilées par le ciseau égyptien.

XCIV. — Celle-ci ne conserve que deux ou trois lettres des six lignes dont elle se composait. Il est inutile d'en essayer la restitution, car on ne peut deviner à quels mots ces lettres appartiennent.

XCV. — Quoique celle-ci soit à peu près dans le même état, on peut cependant y deviner ces mots :

Δη[μήτρι]ος
Σω[τῆρ]ος
ἥκ[ω πρὸς] τὴ[ν]
Εἶσ[ιν . . . .

XCVI. — Il en est à peu près de même de celle-ci, où l'on entrevoit ces mots :

Νικό[σ]ρατος] (Νικόμαχος, Νικόλαος, ou tout autre nom ayant même initiale)
καὶ Π[. . . . .
τὴν [κυρίαν Ἶσιν]
[προσκυνήσαντες]
[τὸ προσκύνημα]
    ἐπό[ησαν]

XCVII. (G. L. W.)

Cette inscription, coupée transversalement par le bras de la figure C, paraît plus ancienne que les précédentes, à en juger par la forme des caractères. On peut suppléer la plus grande partie de ce qui manque. Je la lis de cette manière :

τὸ πρ]οσκύνημα Πανίσ-	Ceci est le proscynème de Panis-
[κου τοῦ συ]γγενοῦς καὶ στ-	cus le parent et st-
[ρατηγοῦ] τοῦ Πανοπολίτου,	ratége du Panopolite,
[καὶ . . . . .] υίου τοῦ ἀδελ[φοῦ,]	et de . . .nius son frère,
[καὶ . . . . .] τοῦ υἱοῦ [αὐτοῦ,]	et de . . . . . son fils,
[καὶ Κλεοπ]άτρας τῆς ἀδε-	et de Cléopâtre sa sœur
[λφῆς καὶ τῶν] παιδίων καὶ τῶν	et de ses enfants et de
[φίλων αὐτοῦ πά]ντων παρὰ τῇ	tous ses amis, auprès
[κυρίᾳ Ἴσιδι, L . . .] παχὼν K.	de la maîtresse Isis,
	L'an . . . . de pachon le 20.

Cette leçon, qui me paraît incontestable, montre que l'inscription n'a rien de commun avec Ptolémée Philométor, et que la Cléopâtre qui s'y trouve mentionnée n'est que la sœur de l'auteur du προσκύνημα; ce personnage était un fonctionnaire supérieur, à la fois *parent* et *stratége* (ou gouverneur) *du nome de Panopolis*. Le mot νομοῦ peut avoir suivi le nom de Πανοπολίτου, mais l'usage permettait de l'omettre.

J'ai lu ΠΑΝΙΣκου, parce que ce nom, qui se trouve souvent dans les papyrus, m'a paru convenir mieux à la longueur présumée des lignes. Mais il a pu y avoir aussi Πανισκίωνος, nom dérivé qui se trouve dans une autre inscription de Philes. Πανίσκος (petit Pan) est un diminutif *hypocoristique* ou de flatterie et de tendresse, dont Πανισκίων était un dérivé naturel, comme Ἰσίων, Σαραπίων, Ἀπίων, etc.

XCVIII. (G. L. W.)

Ce fragment, placé entre le corps, l'avant-bras et le sceptre de la figure A, n'offre plus que le milieu de l'inscription; le commencement a été enlevé par le contour du corps, et la fin par le poignet

XCVIII. PHILES. LAGIDES, RÈGNE D'AULÈTE.

et le sceptre. Il est à présent impossible de savoir ce que les lignes ont perdu, et, par conséquent, de les rétablir d'une manière certaine. Elle a conservé pourtant plusieurs vestiges qui lui donnent quelque intérêt. Le premier consiste dans les lettres ΡΧΙΤΕΚΤΟΝΗC (mot que l'on complète en lisant ἠρχιτεκτόνησε, ἀρχιτεκτονήσων, ou ἀρχιτεκτονήσας); le deuxième, ΠΡΟΣ ΤΗΝ ΠΑΡΑΚΟΜ, nous représente, sans nul doute, les mots πρὸς τὴν παρακομιδήν; le troisième, ΠΛΟΙΑ, est le commencement du mot πλοιάριον, à un cas quelconque. Or il existe une liaison fort naturelle entre les idées exprimées par ces trois mots.

En effet, le mot παρακομιδή indique proprement l'action de transporter des objets d'un lieu à un autre, et, plus spécialement, parmi les auteurs de l'époque alexandrine, le transport d'une rive à l'autre d'un fleuve, de même que παρακομίζειν[a]; ainsi, dans Arrien, παρακομιδὴ σ̓ρατιᾶς ποταμῷ[b].

Maintenant, les mots ἀρχιτέκτων et ἀρχιτεκτονεῖν, en grec, s'entendent, non-seulement des fonctions de l'architecte proprement dit, mais encore de tout ce qui concerne l'entreprise ou la surveillance des travaux quelconques dont se compose la construction d'un édifice; de là cette expression des Septante: ἀρχιτεκτονεῖν κατὰ πάντα τὰ ἔργα τῆς ἀρχιτεκτονίας[c].

Or quelle partie des travaux, pour la construction d'un édifice, peut se rapporter à l'idée exprimée par le mot παρακομιδή, si ce n'est celle de *transport des pierres à bâtir* d'une des rives du fleuve dans l'île? Ce transport exigeait nécessairement une surveillance; les pierres étaient, sans doute, taillées, débitées et numérotées dans la carrière même par l'architecte, qui veillait ensuite à leur transport dans l'île, et à leur rangement dans le chantier pour être mises en place.

Il est donc certain qu'après le mot παρακομιδήν il y avait τῶν λίθων, ou τοῦ λίθου, car ce mot s'emploie quelquefois au singulier, dans le même sens où nous disons *la pierre à bâtir*. Diodore de Sicile: ...δι' ἧς ἀνάγκη κομίζεσθαι τοὺς λίθους, et, quelques lignes après: ἐκόμισαν τὸν

---

[a] Polyb. III, 43, 3; 44, 1. — [b] Arrian, Anab. VI, 1, 11. — [c] Exod. XXXV, 30.

λίθον[a], ou enfin τῆς λιθίας, abstrait pour concret, qui a justement la même signification; Strabon : πλαταμῶνες γάρ εἰσιν, ἀφ᾽ ὧν τὴν λιθίαν ἔχειν ἄφθονον συμβαίνει...πρὸς τὰς οἰκοδομίας[b], et ailleurs, εἰς δὲ Πάριον μετηνέχθη πᾶσα ἡ κατασκευὴ καὶ λιθία...[c].

L'historien Josèphe exprime ces deux genres de travaux, à savoir l'exploitation et le transport, par des termes tout à fait analogues : ἦσαν δ᾽ ἐκ τῶν παροίκων, οὓς Δαυΐδης καταλελοίπει, τῶν μὲν ΠΑΡΑΚΟΜΙΖΌΝ-ΤΩΝ ΤῊΝ ΛΙΘΕΊΑΝ (leg. λιθίαν cum codd.) καὶ τὴν ἄλλην ὕλην, ἑπτὰ μυ-ριάδες· τῶν δὲ ΛΑΤΟΜΟΎΝΤΩΝ, ὀκτάκις μύριοι[d].

Il ne reste plus qu'à connaître la liaison grammaticale des mots πρὸς τὴν παρακομιδὴν τῆς λιθίας avec le verbe ἀρχιτεκτονήσας. Ce verbe est ordinairement intransitif, et s'emploie presque toujours absolument: ainsi, Plutarque : Μνησικλέους ἀρχιτεκτονοῦντος[e]; Aristophane : φράζε κἀρχιτεκτόνει[f]; Sosipater : ἔπειτα μετὰ ταῦτ᾽ εὐθὺς ἀρχιτεκτονεῖν[g], et le passage déjà cité de l'Exode ἀρχ. κατὰ πάντα τὰ κ. τ. λ., ce qui n'em-pêche pas qu'il ne soit aussi quelquefois transitif; ainsi, Théophraste : καὶ τὴν οἰκίαν φῆσαι εὖ ἠρχιτεκτονῆσθαι[h]; les Septante : ἠρχιτέκτονησε τὰ ὕφαντα[1]. Mais, dans ces passages, il est employé avec le sens général de *construire* ou de *fabriquer*. Je réunis ensemble les idées ἀρχιτεκτο-νήσας.... πρὸς τὴν παρακομιδὴν τῆς λιθίας..., dans le sens de *exerçant la fonction d'entrepreneur pour le transport des pierres*. Ἀρχιτεκτονεῖν πρός τι est une locution qu'on peut, je crois, admettre sans beaucoup de difficulté.

Quant au mot représenté par les cinq lettres ΠΛΟΙΑ, un seul convient, c'est ΠΛΟΙΑΡΙΟΝ, à un cas quelconque, et ce mot, dans une telle situation, semble ne pouvoir se rapporter qu'aux *bateaux* servant au transport des pierres. D'après cela, on ne voit guère

---

[a] Diod. Sic. IV, 80, p. 228 fin; t. III, Bipont.— [b] Strab. XII, p. 538. D.— [c] Id. XIII, p. 588. B. — [d] Joseph. Ant. Jud. VIII, 2, 3. — [e] Plut. in Pericl. § 13. — [f] Pac. v. 305. — [g] Ap. Athen. IX, p. 378. B; cf. Meineke, Fragm. comic. græc. t. IV, p. 482. — [h] Charact. II, 5.

[1] XXXVIII, 23. Le texte porte ἠρχι-τεκτόνευσε; Schleusner a mis dans son lexique le verbe ἀρχιτεκτονεύω. Mais cette leçon, contredite par des manuscrits, n'est peut-être qu'une faute de copiste.

qu'une manière d'entendre la relation de ce mot avec ce qui précède. *Hercule* était le loueur de ces bateaux dont se servait l'architecte, et, en cette qualité, Apollonius s'était chargé de son proscynème. L'inscription a dû, en conséquence, être ainsi conçue :

Ἀπολλώνιος Πο[. . . . . καὶ]
ἀρχιτεκτονήσ[ας παρὰ τῇ Ἴσιδι τῇ κυρίᾳ]
πρὸς τὴν παρακομ[ιδὴν τῶν λίθων, τὸ προσκύ-]
[νημα] Ἡρακλέους, πλοια[ρίων τῶν φορτικῶν]
[μισθωτοῦ, ἐποίησα.]

Apollonius, fils de. . . . et chargé de l'entreprise du transport des pierres pour la maîtresse Isis de Philes, j'ai fait le proscynème d'Hercule, loueur des bateaux de charge.

L'absence de l'article devant πλοιαρίων annonce que le mot était suivi d'un qualificatif; τῶν φορτικῶν est appelé naturellement.

Le nom d'*Hercule,* qui surprenait Niebuhr, s'est déjà rencontré; il se trouvera encore ailleurs. Rien de moins rare que ces noms de divinités donnés à des particuliers, comme ceux de *Sérapis,* d'*Isis,* d'*Artémis,* d'*Apollon,* d'*Hermès,* etc. Ce dernier a été même porté par un martyr sous Dioclétien[a], et par un roi chrétien de la Nubie[b].

A quel édifice étaient appliqués les travaux architectoniques que cette inscription rappelle? Il semble, d'après l'hommage religieux d'Apollonius, qu'ils devaient concerner les édifices de Philes, dont plusieurs, et des plus importants, ont vu le jour sous les Ptolémées et sous les Romains[c], et auxquels on a travaillé fort tard, comme l'atteste une inscription du temps de Caracalla, trouvée dans les carrières de Khardassy en Nubie, où il est fait mention d'une extraction de cent dix pierres pour les travaux d'Isis de Philes : παρηλκήσαμεν (pour παρειλκύσαμεν) λίθους Pl εἰς τὸ ἔργον τῆς Ἴσιδος Φιλῶν[d]. C'est très-probablement de ces mêmes carrières qu'on extrayait les matériaux qu'Apollonius était chargé de *transporter* (παρακομίζειν) à Philes, au moyen des bateaux loués par Hercule.

[a] Keil, *Specim. onomatol. græci.* p. 20, sq. — [b] Renaudot, *Hist. patriarch. Alexandr.* p. 39, 220; Quatremère, *Mémoire sur l'Égypte,* tom. II, pag. 55. — [c] Plus haut, pag. 8 et suiv. — [d] Gau, pl. VI, n° 23.

XCIX. (G.)

M. Gau est le seul voyageur qui ait copié ce fragment, dont il n'a pas donné la position:

ZHNⲰNC
Γ-ΛΤ ΗΓΗ ΝΝ
ΛΥ....ΛΙΤΕ
ΤΟ....ΥΝΗ

Dans la quatrième ligne, le mot τὸ προσκύνημα est certain, ce qui fait connaître le sujet. Les lettres ZHNⲰNC peuvent être ZHNⲰNO aussi bien que ZHNⲰNOC, on peut croire que ce premier nom était au nominatif (Ζήνων ὁ καὶ...) ou au génitif (Ζήνωνος); par conséquent, ou ce proscynème avait été fait par Zénon lui-même, ou par un autre en son nom. Le trait principal de l'inscription existe dans les lettres ΛΥ..ΛΙΤΕ, qui nous ont conservé le nom du nome ΛΥ-[ΚΟΠΟ]ΛΙΤΟΥ, qui devait être précédé de σ]ρατηγός. On lira donc ainsi ce fragment :

Ζήνωνο[ς .... τοῦ συγγενοῦς]
καὶ σ]ρατηγ[οῦ τοῦ]
Λυ[κοπο]λί το[υ νομοῦ]
τὸ [προσκ]ύνη[μα].....
[πεποίηκε.. tel ou tel.

Un tel a fait le proscynème de Zénon, fils de....le parent et stratége du Lycopolite, etc.

C'est la première fois que paraît sur une inscription le nome *Lycopolite*, qui se trouve dans Pline, Ptolémée et les médailles.

C. (W.)

Ce fragment a été copié par sir Gardner Wilkinson, « près de la tablette de granit des tours intérieures, » selon son expression, qui indique une position sur la partie septentrionale du pylône. Le texte porte :

C. CI. PHILES. LAGIDES, RÈGNE D'AULÈTE.

```
ΠΤΟΛΕΜ        Πτολεμ-
ΑΙΟΣΠΑΝ       αῖος Παν-
ΑΤΟΣΟΣΥΛ      ᾶτος ὁ συγ-
ΓΕΝΗΣΚΑΙΣΤ    γενὴς καὶ σ7-
ΡΑΤΗΓΟΣΗΚ     ρατηγὸς ἡκ-
ΩΚΑΙΠΕΠΡΟ     ω καὶ τὸ προ-
              [σκύνημα]....
```

Le nom de Πανᾶς, père de Ptolémée, doit être un abrégé de Πανόδωρος, comme Μηνᾶς de Μηνόδωρος, Ζηνᾶς de Ζηνόδωρος, etc. On le trouve dans les papyrus, comme nom d'un *Égyptien*[a]; ce qui jetterait du doute sur cette origine, si l'on ne savait que des noms grecs furent souvent donnés à des Égyptiens, dès l'époque ptolémaïque. Ptolémée était *parent* et *stratège*. Voilà encore le titre de *stratège*, mis d'une manière absolue, sans complément, indiquant, comme je l'ai dit[b], une fonction honorifique, supérieure.

Les lettres ΠΕ dans ΠΕΠΡΟ doivent être ΤΟ, et ΠΡΟ le commencement du mot προσκύνημα, qui a pu finir l'inscription (le verbe ποιεῖν manquant quelquefois), aussi bien qu'être suivi de plusieurs mots.

CI. (G. W.)

Sir Gardner Wilkinson donne à ce fragment la même position qu'au précédent.

```
ΑΕΙΛΛΗΗΣΤΟΣ       Ἀείμνησ7ος
ΑΠΟΛΛΩΝΙΟΣΥΙΟΣ    Ἀπολλώνιος, υἱὸς
ΑΠΟΛΛΩΝΙΟΥΕΙΣΙ    Ἀπολλωνίου.... εἰσι
ΓΙΥΣΕΛΥΕΝΕΠΑ      ....... ἐπα[νῆ]-
ΛΟΕοΝΙ            λθεν(?)......[ἀ]-
Α.ΛΦΣ             δελφοῦ........μν-
ΕΙΑΓ              είας
ΙΛΣΙΚ             χάριν·
Σ
```

Le premier nom paraît être Ἀείμνησ7ος, déjà connu par Hérodote[c]

---

[a] *Papyr. Taurin.* Part. I, p. 24, 32, 60, 172. — [b] Plus haut, p. 33, 41. — [c] IX, 64.

et Thucydide[a]. Le singulier υἱός annonce qu'Ἀπολλώνιος doit être un deuxième nom grec de la même personne[b]. Les lettres ὁ καὶ ont pu terminer la première ligne.

A partir de la troisième ligne, la restitution est on ne peut plus douteuse.

CII.—CIV. (L. W.)

Les douze lignes suivantes, gravées aussi sur la face nord du pylône, forment trois inscriptions distinctes, dont les deux dernières ont été coupées par la sculpture égyptienne, selon la remarque de sir Gardner Wilkinson; ce qui prouve que cette sculpture n'est point antérieure au règne de Ptolémée Aulète, si l'on en juge par la forme des lettres.

CII. ΔΙΔΥΜΟϹΚΑΙΔѠΗ   Δίδυμος καὶ Δωρί-
     ѠΝΟΥΙοϹΗΚΑΜΕΝ   ων ὁ υἱὸς ἥκαμεν
     ΤΟΠΡΟϹΚΥΝΗΜΑΑΚ   τὸ προσκύνημα [αὐτῶν, καὶ]
     ΤѠΝΠΑΡΑΥΤѠΝΠΑΝΤѠΝ   τῶν παρ' αὐτῶν πάντων
     ΠΟΗ   [πε]ποή[καμεν].
CIII. ΕΡѠϹΗΚѠ   Ἔρως ἥκω [καὶ]
     ΠΡΟϹΚΕΚΥ   προσκεκύ-
     ΝΗΚΑΤΗΝ   νηκα τὴν [μεγίσ]ην Ἶσιν.]
CIV. ΑΠΟΛΛΙΣ   Ἀπολλώ[νιος ou Ἀπολλῶνις]
     ΗΚѠΚΑΙΤΟ   ἥκω, καὶ τὸ
     ΠΡΟϹΚΥΝΗ   προσκύνη[μα]
     ΤѠΝΠΑΡΑ   τῶν παρὰ
     ΕΜΟΥ   ἐμοῦ[ἐπόησα].

Au troisième numéro, il doit y avoir Ἀπολλώνιος, Ἀπολλόδωρος, ou Ἀπολλῶνις, par le retranchement de l'ο[c]. Οἱ παρ' αὐτῶν, ou παρ' ἐμοῦ, signifie *ceux qui dépendent d'eux* ou *de moi*, selon le sens connu de ὁ παρά τινος[d].

---

[a] III, 52. — [b] Plus bas, p. 181. — [c] Plus haut, p. 100. — [d] Peyron, ad *Papyr. taurin.* Part. II, p. 33.

CV, CVI. PHILES. LAGIDES, RÈGNE D'AULÈTE.

CV. (G. L. W.)

La partie supérieure de celle-ci a été remplacée et absorbée par la main et l'avant-bras de la figure E. La copie de M. Gau est fort peu distincte; celles de M. Lenormant et de sir Gardner Wilkinson ne laissent rien à désirer que dans les deux premières lignes, qui ont presque entièrement disparu sur l'original.

Πτ[ολεμαῖος
Δημ[....]ου [ἥκω καὶ τῶν]
παρ' αὐτοῦ τὸ προσ-
κύνημα παρὰ τῇ
μεγίσ[η] θεᾷ Ἴσιδι
καὶ τοῖς ἐν τῷ
Ἀβάτῳ θεοῖς
[πεπόηκα]

Ptolémée, fils de Dém...., je suis venu, et j'ai fait le proscynème de mes subordonnés auprès de la très-grande déesse Isis et des dieux de l'Abaton.

On a déjà vu ce qu'il faut entendre par l'*Abaton*[a]. Les divinités de ce lieu, parmi lesquelles Isis tenait encore le premier rang, partageaient la vénération des voyageurs, car il y avait là un temple d'Isis aussi respecté que celui de Philes; aussi la déesse est-elle qualifiée d'*Isis de Philes et de l'Abaton* (Ἶσις Φιλῶν καὶ Ἀβάτου) dans plusieurs inscriptions.

Je donne à παρ' αὐτοῦ le sens que j'ai indiqué au numéro précédent, et je lis τῶν παρ' αὐτοῦ; ce Ptolémée annonce qu'il a fait le proscynème de ses subordonnés.

CVI. (W.)

Derrière la jambe droite de la même figure se trouve le fragment mutilé d'une inscription qui courait par-dessus la colonne d'hiéroglyphes, et que je ne connais que par une seule copie, celle de sir Gardner Wilkinson. J'y distingue les lettres suivantes :

μ]αχος Πτολεμα[ίου
..τὸ προσκύν[ημα...
ἐποίη[σε]ν ou ἐποίη[σα]....

[a] Plus haut, t. I, p. 340; plus bas, p. 169.

CVII. (G. L.)

A la droite du sceptre de la figure A se trouvent, l'une sous l'autre, les deux inscriptions suivantes, dont j'ai deux copies, celle de M. Gau et celle de M. Lenormant. Celle-ci donne distinctement le premier nom ΚΟΛΑΝΘΟC, écrit dans l'autre ΚΟΙ..ΝΘΟC, ce qui m'avait fait d'abord présumer qu'on devait lire Κόρινθος, nom assez ordinaire, dont Koen a cité beaucoup d'exemples[a]. Mais l'autre copie, fort distincte, ne permet pas de doute. Le personnage s'appelait donc Κόλανθος; ce nom peut être pour Κόλλανθος (comme χάλκανθος, *vert de gris*), nom composé de κολλάω et de ἄνθος, désignant une personne occupée de la *préparation des couleurs* (ἄνθη) au moyen du gluten (κόλλα), qui en unissait les ingrédients; je préfère l'identifier avec κολόβανθος (*fleur tronquée*), κολός étant synonyme de κολοβός. A la suite, M. Gau a distingué les lettres ΛΙΙC, qui, jointes aux lettres ΑΤΟC de la seconde ligne, donnent le nom ΑΝΟ[ΥΒ]ΑΤΟC, qu'on retrouve dans une autre inscription de Philes.

Κόλανθος Ἀνου[β-]	Colanthus, fils d'Anoub-
άτος ἥκω, καὶ	as, je suis venu et
προσκεκύνηκα	j'ai adoré
τὴν κυρίαν Ἶσιν,	la maîtresse Isis,
καὶ πεπόηκα	et j'ai fait
τὸ προσκύνημα	le proscynème
τῶν φιλούντω-	de ceux qui me
ν με.	chérissent.

Le nom Ἀνουβᾶς est un dérivé du nom du dieu égyptien Ἄνουβις. On le trouve encore sous les formes de Ἀνούβ, abbé cité dans l'histoire Lausiaque, et de Ἀνουβίων[b]. Ainsi d'Ἄμμων s'était formé le nom Ἀμμωνᾶς, qu'on trouve dans le papyrus Borgia; d'*Héraclius* ou d'*Héraclès*, le dérivé Ἡρακλᾶς, etc.

---

[a] *Præfatio ad* Greg. Corinth. pag. VI, 39. Cf. Keil, *Specim. onom. gr.* p. 95. — [b] Pallad. *Hist. Laus.* c. LV, LVIII.

ÉPOQUE DES EMPEREURS. AUGUSTE.

CVIII. (H. G. L. W.)

Voici une inscription qui n'est remarquable ni par le fond ni par la forme, puisqu'elle ne contient qu'un *proscynéme* ordinaire et de simples noms propres; cependant elle offre un certain intérêt dans plusieurs de ses détails, et la dernière ligne recèle un fait chronologique entièrement nouveau.

M. Hamilton, qui l'a donnée le premier, en avait séparé les sept premières lignes des six dernières, de manière qu'on ne pouvait soupçonner qu'elles forment toutes une même inscription. C'est à M. Lenormant et à sir Gardner Wilkinson que j'en dois la connaissance complète (elle avait totalement échappé à la diligence de M. Gau). La voici d'après les trois copies combinées.

ΓΑΙΟϹΙΟΥΛΙΟϹΠΑΠΕΙΟϹΕΠΑΡΧΟϹ....	Γάϊος Ἰούλιος Πάπειος ἔπαρχος
ΗΚШΙ[1]ΚΑΙΠΡΟϹΚΕΚΥΝΗΚΑΤΗΝΚΥΡΙ	ἥκω, καὶ προσκεκύνηκα τὴν κυρί-
ΑΝΙϹΙΝϹΥΝΙΟΥΛΙШΙΤШΙΥΙШΙΚΑΙΥ	αν Ἶσιν, σὺν Ἰουλίῳ τῷ υἱῷ, καὶ ὑ-
ΠΕΡΓΑΙШΝΟϹΤΟΥΝΕШΤΕΡΟΥΥΙΟΥΕ	πὲρ Γαίωνος τοῦ νεωτέρου υἱοῦ (ἔ-
ΤΙΔΕΚΑΙϹΥΝΤΟΙϹΦΙΛΟΙϹΚΑΙϹΥΝ	τι δὲ καὶ σὺν τοῖς φίλοις καὶ συν-
ΑΠΟΔΗΜΟΙϹϹΥΜΜΑΧШΙΕΥΜΕΝΕΙ	αποδήμοις Συμμάχῳ, Εὐμένει,
ΑΠΟΛΛШΝΙШΧΑΡΗΤΟϹΚΑΙΥΙШΙΑΠΕΛΛΑΙ	Ἀπολλωνίῳ Χάρητος, καὶ υἱῷ Ἀπελλᾷ
ΚΑΙΑΠΙШΝΙ......ΚΑΙΛΙϹΜ.......ΚΑΙ	καὶ Ἀπίωνι..... καὶ Λυσ[ι]μ[άχῳ] καὶ [τοῖς]
ΚΕΝΤΟΡΙШϹΑΡΟΥΦШΔΗΜΗΤΡΙШΙΝΙΓΡШΙ	κεντορίωσι Ῥούφῳ, Δημητρίῳ, Νίγρῳ,
ΟΥΑΛΕΡΙШΙΛΑΒΥШΝΙΤΕΡΕΝΤΙШΙ	Οὐαλερίῳ, Λαβύωνι, Τερεντίῳ,
ΝΙΚΑΝΟΡΙΒΑΡШΝΑΤΙΚΑΙΤШΝΠΑΙΔΑ	Νικάνορι, Βαρωνᾶτι) καὶ τῶν παιδα-
ΡΙШΝΜΟΥΠΑΝΤШΝ	ρίων μου πάντων·
L K̅ ΤΚΑΙΕΦΑΜ Λ̅	L. K̅ τοῦ καὶ E̅ φαμ[ενὼθ] Λ̅

Moi, Caïus Julius Papius, commandant (de légion) je suis venu et j'ai adoré la maîtresse Isis, avec Julius mon fils, et pour le salut de mon fils plus jeune Caïon (de plus avec mes amis et compagnons de voyage, Symmaque, Eumène, Apollonius fils de Charès et son fils Apellas, avec Apion fils de ..... et Lysimaque; et avec les centurions Rufus, Démétrius, Niger, Valérius, Labéon, Térentius, Nicanor, Baronas), et celui de tous mes enfants. L'an xx, qui est aussi l'an v, de phaménoth le 30.

[1] Sur cette orthographe, voy. plus haut, p. 31.

Ligne 1re. Des leçons ΠΑΠΕΙC (Ham. G. L.) et ΠΑΝCΙΟC (Wilk.) je tire ΠΑΠΕΙΟC, PAPIVS, nom romain bien connu. Ce n'est pas la seule fois que l'I bref des Latins a été représenté, en grec, par ΕΙ; ainsi ΠΕΙΟΣ, ΤΕΙΤΟΣ, pour PIVS, TITVS, etc.[a] Ce Caïus Julius Papius est très-probablement le fils de Caïus Papius, tribun du peuple, auteur de la loi *Papia*, qui ordonnait aux étrangers de sortir de Rome, et aux alliés du nom latin de retourner dans leurs villes[b]. Cette loi fut rendue en 689 de Rome, ou 65 avant notre ère; la date du proscynème de Caïus Julius Papius, étant, comme on le verra tout à l'heure, de l'an 728 de Rome, ou 25 avant notre ère, n'est séparée de celle de la loi que par un intervalle de quarante ans. L'auteur de ce proscynème peut donc avoir été le fils du tribun Caïus Papius.

Maintenant que faut-il entendre par le mot ἔπαρχος (*præfectus*), employé d'une manière absolue? Ce doit être ou *le préfet d'Égypte*, ou un chef militaire commandant la haute Égypte; on peut facilement se décider par cette considération, qu'en l'an 25 avant J. C. le préfet d'Égypte se nommait C. Pétronius. Cette raison est péremptoire. Le mot ἔπαρχος ne peut donc ici désigner qu'un chef de *légion* ou de *cohorte*, soit qu'il ait été suivi d'une désignation qui aura disparu, et, en effet, sur la copie de M. Hamilton sont des points qui indiquent une lacune; soit que le mot ait été employé d'une manière absolue, le sens devant résulter de la mention des centurions qui accompagnaient le chef. Nous verrons plus bas que ce ne peut pas être un chef de cohorte.

Lignes 3 et 4. Caïus Julius Papius avait avec lui son fils Julius (Papius); un autre de ses fils plus jeune, appelé Caïon ou Gaïon (Γαίων), absent, est compris dans l'acte religieux du père, qui le fait à son intention. Le nom de Γαίων est remarquable : c'est un dérivé de Γάϊος (Gaïus), comme Σαραπίων l'est de Σάραπις, Ἀπίων de Ἄπις, et autres noms en ων, dérivés de celui d'une divinité. Ainsi *Caïus*, prénom de César, est ici traité comme celui de *Cæsar* même, dont on avait fait Καισαρίων, nom porté par le fils de Cléopâtre et de César[c]. Je

[a] Franz, *Elem. epigr. græc.* p. 247. — [b] Dio Cass. XXXVII, 46, ibiq. Reimar. — [c] Plus haut, p. 90.

crois cet exemple du nom de Γαίων jusqu'à présent *unique*; on ne connaissait que Γαϊανός [a]; il a dû cependant être plusieurs fois employé, puisqu'on connaît, dans une inscription de Khardassy, l'exemple de Γαϊωνᾶς, qui n'en doit être qu'un dérivé sous la forme alexandrine, comme Θεωνᾶς, venant de de Θέων [b], Λεωνᾶς, de Λέων. Papius était accompagné, en outre (ἔτι δὲ καί), de six personnes qu'il qualifie d'amis et de *compagnons de voyage* (φίλοι καὶ συναπόδημοι). Ce dernier mot annonce qu'ils étaient venus avec lui en Égypte, profitant de l'occasion qui donnait à leur ami un commandement en Égypte. Ils le suivirent au lieu de sa destination dans la Thébaïde. Deux seuls de leurs noms sont suivis de celui du père, *Apollonius fils de Charès*, et *Apion fils de*....., car cette lacune doit être remplie par un patronymique. La copulative καί manque après les noms Συμμάχῳ, Εὐμένει, Ἀπολλωνίῳ, mais elle est employée après les trois autres.

On peut donner deux raisons de ce que Caïus Julius Papius n'a exprimé que le nom du père d'Apollonius et d'Apion : ou bien il ignorait comment s'appelait le père des trois autres, ou bien, ayant pour amis plusieurs Apollonius et plusieurs Apion, il a voulu distinguer ceux qui l'accompagnaient par le nom de leur père. Le fils d'Apollonius se nommait *Apellas*, Ἀπελλᾶς, au datif Ἀπελλᾷ (ΑΠΕΛΛΑΙ); il ne serait pas impossible qu'une lettre eût disparu à la fin, et que Papius eût écrit ΑΠΕΛΛΑΤΙ (Ἀπελλᾶτι), leçon peut-être plus conforme à l'usage alexandrin [c], dont on a vu plus haut plusieurs exemples ; mais je m'en tiens à la leçon des trois copies. Le nom d'*Apella*, en grec Ἀπελλᾶς, est fréquent, surtout pour désigner des affranchis; et, selon la remarque de Scaliger et de Bentley [d], adoptée des meilleurs critiques, dans le *credat judæus Apella* d'Horace [e], il faut voir, non un *circoncis*, comme le dit le scholiaste (*nomen fictum a defectu præputii*), mais un Juif du nom grec d'*Apellas* (Ἀπελλᾶς), auquel Horace a donné la désinence latine *Apella* [f].

---

[a] Suidas, voce Γαϊανός, t. I, p. 788, C. ed. Gaisford. — [b] Dindorf, dans le *Thesaur. ling. gr.* sur ce mot, t. IV, col. 349 B. — [c] Plus haut, p. 55 et 64. — [d] Bentley, *Epist. ad Millium*, p. 77-81. Ad calcem Malalæ. — [e] *Sat.* I, 5, 100. — [f] Plus haut, t. I. p. 206, n. 1.

Ligne 9. Le mot ΚΕΝΤΟΡΙѠCΑ, ou ΚΕΝΤΟΡΙѠC (Wilk.), ne peut être que Κεντορίωσι ou Κεντορίωσιν, et indiquer que les noms qui suivent désignent des *centurions*. L'absence de l'article devant Κεντορίωσιν annonce qu'il s'agit de *quelques* centurions, et non de *tous* les centurions qui étaient sous les ordres de Papius. Ces officiers sont au nombre de huit; et, comme il n'y avait que *six* centurions dans chaque cohorte, c'est une raison de croire que Papius était un chef de légion. On a déjà vu un exemple du mot latin *centurio* grécisé, à la place de ἑκατοντάρχης[a]; on en trouvera d'autres par la suite. Il me semble qu'il n'y avait que le chef lui-même qui pût ainsi désigner les officiers qui relevaient de lui, sans autre explication du corps auquel ils appartenaient; il pensait qu'on l'entendrait facilement. Papius était donc venu rendre hommage à la déesse, accompagné par plusieurs de ses officiers. Quant au nom de ces officiers, il en est cinq de romains, *Rufus, Valérius, Labéon, Térentius* et *Niger*, et trois de grecs, *Démétrius, Nicanor* et *Baronas,* ce dernier, grec au moins par la désinence. Le nom de *Labéon* est écrit Λαβύων, ce qui en rappelle l'étymologie, *à labiis*. En effet, Verrius Flaccus, cité par Charisius[b], donne *Labio* comme ayant été autrefois employé dans le sens de *Labiosus*. Ce nom propre doit avoir eu aussi la forme *Labio;* c'est cette forme que nous rend le Λαβίων (ou Λαβύων en vertu de l'iotacisme) de l'inscription. *Labio* ou *Labeo* (l'homme aux grosses lèvres) des Romains répond au Χείλων des Grecs.

J'ai dit que le nom de Βαρωνᾶς n'est grec que par sa terminaison; en effet, il ne peut être qu'un dérivé du mot latin *Baro* (*onis*), qui signifie *homme stupide* ou *imbécile*. C'est un de ces singuliers surnoms que les Romains adoptèrent sans difficulté, quoiqu'ils exprimassent des vices ou des difformités physiques, tels que *Naso, Fronto, Simus, Latro, Asina, Bibulus, Bestia, Scato*[c], etc. *Baro* est de ce genre, et les Grecs en ont fait Βαρωνᾶς (ᾶτος), comme de Γαίων, Γαϊωνᾶς[d]. Nous avons aussi *le Bègue, le Borgne, le Bossu* et autres de ce genre. On

---

[a] Plus haut, t. I, p. 418, n. 1. — [b] c. 1, Ap. Putsch. — [c] Plus haut, t. I, p. 421. — [d] Plus haut, p. 127.

CVIII. PHILES. EMPEREURS. AUGUSTE.

remarquera qu'aucun des noms romains n'a de prénom; Papius aura voulu économiser le temps et la place.

Il est étrange qu'après tous ces noms au datif, dépendants de σύν, se présente le génitif καὶ τῶν παιδαρίων μου πάντων. Je pense que Papius, après avoir énuméré tous ses compagnons, se sera ravisé; il n'avait, au commencement, fait de vœu que pour ses deux fils, dont l'un l'accompagnait; en finissant, il désire étendre son vœu à d'autres, qu'il appelle ses παιδάρια; il met ce mot au génitif, dépendant de ὑπέρ, sous-entendu, comme disent les grammairiens, ἀπὸ κοινοῦ, étant séparé du premier ὑπέρ par une grande parenthèse : ὑπὲρ Γαΐωνος... (ἔτι δὲ καὶ σὺν..... Βαρωνᾶτι) καὶ τῶν παιδαρ. Qu'entend-il par ses παιδάρια? Ce sont ses autres *enfants*, encore en bas âge, qui ne l'avaient pas suivi dans son voyage. Je ne puis croire qu'il désigne ici les *esclaves* de sa maison, et, à dessein, par un diminutif caressant.

Je viens maintenant à la date de l'inscription, exprimée dans la dernière ligne. J'ai dit que cette date était celle de l'an 26 avant notre ère. En voici la preuve :

Des diverses variantes IKT̄KAIEΦAMΛ̄ (Ham.); LRTKAIEΦΛΛΛ̄ (Ln.); LKT̄KAIEΦAM ᶜ Λ̄ (W.), je tire la leçon L K̄ T̄ KAI Ē ΦAME Λ̄, c'est-à-dire Lυκάβαντος εἰκοσ͞τοῦ τοῦ καὶ πέμπτου, Φαμενὼθ τριακοσ͞τῇ. « L'an xx, qui est aussi l'an v, de phaménoth le xxx[1]. » C'est là cette double expression d'une année de règne, que l'on trouve sous les règnes simultanés de Philométor et d'Évergète, de Cléopâtre et de Ptolémée Alexandre, de Cléopâtre et d'Antoine[a]. La lecture étant certaine, il reste à savoir ce que ce passage signifie.

Il est évident que le prince dont l'année de règne est exprimée ici ne peut être qu'un empereur romain. La répétition des noms ou prénoms, *Caïus*, *Julius* et *Caïon*, annonce une époque voisine de César ou d'Auguste.

La double expression *l'an* xx *qui est aussi l'an* v annonce un règne

---

[a] Plus haut, p. 90.

[1] On a déjà vu des exemples de noms de mois mis en abrégé. (Plus haut, p. 60 et 61.)

dont les années ont pu être comptées de deux points de départ différents, éloignés l'un de l'autre de quinze ans; or le règne d'Auguste est le seul qui puisse offrir cette condition[a].

C'est un fait reconnu, que les années de ce prince, en Égypte, se sont comptées à partir du 29 ou 30 août de l'an 30 avant J. C. et non du 1er août, qui est le jour de la prise d'Alexandrie[b]. Mais, comme les Égyptiens avaient l'usage de compter les années d'un souverain à partir de la mort de son prédécesseur, et en lui attribuant l'année entière dans laquelle celui-ci était mort, on conçoit que, quoique l'usage fût, en Égypte, de ne compter les années d'Auguste que de celle de la conquête du pays, des flatteurs aient reporté le commencement de son règne jusqu'à la mort de Jules César, événement qui pouvait être réellement compté comme le point de départ de ce règne. Toutefois, ce ne peut être là qu'une idée romaine. En effet, les Égyptiens ne pouvaient commencer le règne d'Auguste qu'à partir de la mort de leur reine Cléopâtre. Pour eux, les quinze années précédentes, de 44 à 30, appartiennent nécessairement à cette princesse; mais, pour un Romain, le règne d'Auguste datait de plus haut, et, en y appliquant le principe monarchique de la succession héréditaire, ils devaient dater l'avénement d'Auguste de la mort de son père, Jules César, qui l'avait précédé. Aussi n'est-ce pas un Égyptien que nous voyons adopter cette double date, c'est un Romain, chef de légion; et ce qui prouve qu'il y entre bien réellement la combinaison de la méthode égyptienne, c'est que, si, en partant des ides de mars de l'an 44 avant J. C., on compte la première année d'Auguste à dater du 29 août 45, jour de la mort de César, comme l'auraient fait les Égyptiens, on trouve que la XVIe année d'Auguste a justement commencé le 29 août de l'an 30, l'année de la prise d'Alexandrie, en sorte que la XX[e] année d'Auguste, *depuis la mort de César*, commence justement, jour pour jour, avec la V[e] *depuis la soumission de l'Égypte*. Il y a donc ici pleine évidence, et le mot de cette petite énigme chronologique n'est point douteux.

[a] Cf. Sync. *Chronic.* p. 312, 313. Paris, p. 591, Bonn. — [b] Plus haut, t. I, p. 85, 86.

De cette manière de compter les années d'Auguste, il n'existe d'exemple dans aucun monument contemporain, quoique nous possédions une douzaine d'inscriptions à la date d'Auguste, et jusqu'à huit dans la seule île de Philes, où la date partout est simple, comptée exclusivement à l'égyptienne. Cependant il est assez difficile de voir ici une pure fantaisie individuelle; on peut même dire qu'une pareille expression, sans *l'indication du nom du prince,* suppose un usage, sinon habituellement pratiqué, du moins assez connu pour ne laisser d'incertitude dans l'esprit de personne; et, si l'on est forcé de convenir que ce mode de dater, contraire à l'usage romain, et qu'on n'aurait pas permis en Italie, est resté en dehors des actes publics même en Égypte, il faut bien admettre qu'il fut suivi par quelques Romains demeurant en ce pays, au moins du vivant d'Auguste, comme étant conforme aux habitudes égyptiennes.

Il est vrai qu'on pourrait à présent objecter que, dans les inscriptions du règne d'Auguste qui ne portent qu'une seule date, cette date unique est peut-être exprimée à partir de la mort de César, ce qui jetterait une incertitude de quinze ans sur leur époque; mais, entre autres raisons qui montrent qu'il n'en est point ainsi, on peut en donner une décisive : c'est la date de l'an xiv, que portent les deux inscriptions suivantes; il faut bien qu'elles partent de l'an 30, année de la réduction de l'Égypte en province romaine, puisque, en l'an xiv à partir de la mort de César, l'Égypte n'était pas encore conquise. Toute date simple est donc rapportée à l'an 30; mais pourquoi n'y a-t-il qu'un seul exemple d'une date double?

L'explication de cette difficulté ressort naturellement de l'époque de la seule inscription où cette date se rencontre. On conçoit, en effet, que la double expression n'a pu être employée que dans les premières années du règne d'Auguste. Lorsque l'usage se fut bien établi de compter les années de ce prince en Égypte d'après la méthode alexandrine usitée dans ce pays, lorsque surtout l'introduction de l'année fixe, de même durée que l'année julienne, eut donné une concordance constante et commode pour les deux calendriers, la double date devint parfaitement inutile, et l'on se contenta d'une seule.

Or notre inscription est de l'an v d'Auguste, c'est-à-dire de la même année que l'établissement du calendrier fixe alexandrin. Toutes les autres inscriptions connues sont postérieures, la plus ancienne étant de l'an xiv, ou de neuf années plus récente que cette époque. L'usage était dès lors tombé en désuétude; voilà pourquoi l'on n'en trouve plus de trace. Il est vraisemblable qu'on en retrouverait l'emploi, si l'on découvrait quelque inscription antérieure à l'an v d'Auguste, appartenant à l'intervalle qui commence à l'an 30 et finit l'an 25 avant J. C.

La preuve que l'usage de cette double date n'a tenu aucune place dans le calcul effectif des années du règne d'Auguste, c'est que Censorin n'en parle pas. Cet auteur, si versé dans les calendriers anciens, fait, il est vrai, mention de deux manières de compter les années de cet empereur; mais le point initial de l'une et de l'autre ne différait que de deux ans, et non de quinze. Selon la première (et c'était la méthode égyptienne), on commençait à la réduction de l'Égypte en province romaine, ce qui avait eu lieu deux cent soixante-sept ans avant le consulat d'Ulpius et de Pontianus, époque où Censorin rédigea son livre *De die natali;* selon la seconde, on commençait deux ans plus tard, à l'année où Octave avait pris le titre d'*Auguste*[a]. Cette seconde méthode était donc essentiellement différente de celle dont il s'agit dans l'inscription, et dont le point initial s'écartait du commencement de l'autre de quinze ans.

Pour retrouver cette manière de compter les années d'Auguste à partir de la mort de César, il faut descendre jusqu'aux systèmes des chronologistes anciens, tels qu'Eusèbe de Césarée, qui l'avait, sans doute, tirée de Julius Africanus. Ces chronologistes ont commencé l'*empire* romain, non pas seulement à la *mort de César,* mais encore à sa première dictature, système suivi par Georges le Syncelle et par l'auteur du *Chronicum paschale,* compilation des chroniques anté-

[a] Censorin. *De die natali,* c. xxi, p. 114. Lugd. Batav. 1767.

CVIII. PHILES. EMPEREURS. AUGUSTE.

rieures. Dès ce moment, César devient pour eux un véritable *roi*, et l'hérédité royale commence à sa mort.

Ces chronologistes donnent à Jules César un *règne* de quatre ans et sept mois, jusqu'à sa mort[a], et ensuite ils commencent aux ides de mars celui d'Auguste. La durée qu'ils assignent *au règne* de César est remarquable en ce qu'elle confirme l'explication qu'Eckhel a donnée, par conjecture, de la difficulté qui résulte des nombres qui expriment, sur les médailles, les consulats et les dictatures de César; car on trouve souvent deux dictatures consécutives pour un même consulat, par exemple : DICTAT. I et II avec CONSVL II, ou bien DICTAT. II et III avec CONSVL II, ou DICTAT. III et IV avec CONSUL IV, et enfin DICTAT. IV avec CONSVL V, parce que, la quatrième dictature ayant été perpétuelle, le chiffre ne s'élève pas au-dessus de IV. Eckhel a parfaitement montré[b] que la difficulté cesse, si l'on commence les années consulaires avant les autres, par exemple en janvier, et les dictatoriales en juillet de la même année; or les quatre ans et sept mois, à partir des ides de mars de l'an 44, se retrouvent exactement en commençant la première dictature en juillet de l'an 49. C'est donc de ce mois que datent les dictatures de César, comme Eckhel l'avait présumé, sans se douter que sa conjecture avait une autorité historique. Le tableau placé à la page 134 explique très-bien cet arrangement; on y voit que les années consulaires chevauchent, pour ainsi dire, avec les années dictatoriales, et qu'une de ces années correspond, dans le premier semestre, à un consulat, et, dans le second semestre, au consulat suivant.

[a] Euseb. *Chronic.* t. I, p. 194 Venet.; *Chronicon Paschale*, p. 354, ed. Bonn. — [b] *Doctrina numorum*, t. VI, p. 15.

ANNÉES de Rome.	ANNÉES avant J. C.		CONSULATS.	DICTATURES.	ANNÉES de dictature révolues.
705.	49	Janvier........	I.	"	"
		Juillet........	....	I.	"
706.	48	Janvier........	II.	"	"
		Juillet........	....	II.	I.
707.	47	Janvier........	III.	"	"
		Juillet........	....	III.	II.
708.	46	Janvier........	IV.	"	"
		Juillet........	....	IV.	III.
709.	45	Janvier........	....	Perpétuelle.	"
		Juillet........	V.	....	IV.
710.	44	Janvier........	V. Consulat prolongé.	"	"
		Ides de mars..	De juillet à la mort de César.	....	8 mois.

Quant au règne d'Auguste, le Canon des rois en marque la durée à quarante-trois ans. En effet, à partir du 29 août de l'an 30 avant J. C., la quarante-quatrième année de ce prince devait commencer le 29 août de l'an 14 de notre ère; Auguste étant mort le 19 août de l'an 14, dix jours seulement avant que la quarante-quatrième année eût été révolue, elle fut tout entière attribuée à son successeur, selon l'usage égyptien[a]. Mais Eusèbe, le Syncelle et la Chronique pascale, qui partent des ides de mars de l'an 44, donnent au règne d'Auguste une durée de cinquante-six ans et six mois[1]. Le surcroît de six mois

[a] Plus haut, t. I, p. 238, tableau du règne de Tibère.

[1] Leo Grammaticus ne compte que cinquante-six ans en nombre rond. (*Chronographia*, p. 54. l. 20, ed. Bonn.)

est parfaitement exact, puisque c'est le temps écoulé entre les ides de mars, point de départ de ces années de règne, comptées à la romaine, et le 19 août, jour de la mort d'Auguste. Mais ces chronologistes se sont trompés sur le chiffre cinquante-six, c'est cinquante-sept qu'ils devaient dire, comme le prouve la concordance de ces diverses années pour tout le règne d'Auguste. On voit dans ce tableau que la cinquante-septième année fut révolue aux ides de mars de l'an 14; or Auguste vécut six mois en sus : c'est donc cinquante-sept ans et six mois que ces chronologistes auraient dû compter.

Quoi qu'il en soit, cette manière de commencer les années d'Auguste, sans avoir été usitée dans les actes publics, ne fut pas moins employée par les chronologistes, qui voulaient embrasser le règne entier de ce prince, et non pas seulement à partir de la mort de Cléopâtre. Ils considéraient Auguste comme le successeur immédiat de César, et notre inscription montre que la double méthode fut en usage, au moins de la part des Romains, dans les premières années qui suivirent la conquête de l'Égypte.

Je ne sais si le poëte sibyllin n'a pas fait allusion à cette longue durée du règne d'Auguste, prise de la mort de Jules César, lorsqu'il prédit « qu'après *un long temps Auguste* transmettra le pouvoir à un « autre, » ἐν μακρῷ χρόνῳ, ἑτέρῳ παραδώσεται ἀρχήν [a]. Dans un autre endroit, il dit du même prince, que « jamais aucun roi des Romains ne « régnera plus que lui, pas même d'une seule heure. » Οὐ γὰρ ὑπερθήσει ὀλίγον χρόνον οὐδέποτ' ἄλλος Σκηπτοῦχος βασιλεὺς τούτου πλέον, οὐ μίαν ὥραν, Ῥωμαίων [b].

Sans doute la *prédiction* serait conforme à la vérité, quand même on s'en tiendrait à la durée de quarante-trois ans, puisqu'en effet aucun empereur n'a régné aussi longtemps. Mais je crois que la sibylle, qui veut toujours prédire à coup sûr, et qui prend ses précautions pour n'être jamais démentie par l'événement, avait sous les yeux, quand elle prédisait ainsi, les cinquante-six ou cinquante-sept ans du règne d'Auguste, depuis la mort de César, nombre d'années qui sur-

Sibyllina Oracula, V, v. 20. — [b] *Ead*. XII, 25, sq.

passait de beaucoup la durée du règne de tous les princes passés qui avaient occupé le trône le plus longtemps parmi ceux que contient le Canon des rois.

Pour revenir à la date du 30 phaménoth de l'an v d'Auguste, elle répond au 26 mars de l'an 26 avant J. C. La question de savoir si elle est marquée selon le calendrier fixe ou d'après l'année vague est indifférente, puisque, à cette époque, le commencement des deux années était le même. C'est, en effet, de l'année suivante, en 25 avant Jésus-Christ, que part le calendrier fixe, qui ne diffère de l'autre qu'en ce que le 1er thoth, arrivé, par le roulement de l'année vague de trois cent soixante-cinq jours, à correspondre au 29 août, fut désormais fixé sur ce jour par l'intercalation quadriennale. Il n'existe aucun monument qui puisse certifier que ce calendrier fut dès lors en usage. Le premier indice qu'on en peut jusqu'ici trouver est de l'an xxxi d'Auguste[a]; mais rien n'empêche de croire que l'usage de ce calendrier fut admis dans les actes dès l'an 25 avant notre ère, vi^e d'Auguste.

On verra, dans le tableau suivant, la concordance des diverses manières de compter les années d'Auguste, depuis la mort de Jules César jusqu'à celle de cet empereur. J'y ai marqué à leur date les inscriptions que l'on possède, relatives à ce règne, et mis à leur place les préfets que les historiens et les monuments nous font connaître. Ce tableau, auquel fait suite celui de la page 238 du tome premier, donnant tout le règne de Tibère, fait suite lui-même à celui qu'on trouve aux pages 95 à 98 de ce second volume, et qui s'étend de la mort d'Alexandre II à celle de Cléopâtre; et celui-ci commence où finit celui de la page 79 du tome Ier, qui s'étend de la mort d'Épiphane à celle d'Alexandre II. Ces quatre tableaux, rapprochés les uns des autres dans l'ordre des temps, donneront la chronologie de l'Égypte, par les monuments, entre l'avénement d'Épiphane et la mort de Tibère.

[a] Plus haut, p. 85.

CVIII. PHILES. EMPEREURS. AUGUSTE.

TABLEAU DES ANNÉES DU RÈGNE D'AUGUSTE, À PARTIR, TANT DE LA MORT DE CÉSAR, QUE DE LA SOUMISSION DE L'ÉGYPTE.

ANNÉES DE RÈGNE				DATES	ANNÉES DE RÈGNE				DATES
à partir de la mort de César.	de la soumission de l'Égypte.	révolues au 1er janvier.	Rapportées à l'ère vulgaire.	DES PRÉFECTURES et des visites des voyageurs.	à partir de la mort de César.	de la soumission de l'Égypte.	révolues au 1er janvier.	Rapportées à l'ère vulgaire.	DES PRÉFECTURES et des visites des voyageurs.
1.	//	//	44.	Ides de mars. Mort de César.	34.	19.	32.	12.	
2.	//	//	44.	29 août; commencement de la deuxième année.	35.	20.	33.	11.	
3.	//	1.	43.		36.	21.	34.	10.	
4.	//	2.	42.		37.	22.	35.	9.	PRÉFECTURE de Turranius.
5.	//	3.	41.		38.	23.	36.	8.	
6.	//	4.	40.		//	//	37.	7.	Proscynème de Nicanor, 26 mars; — d'un parfumeur, 7 août.
7.	//	5.	39.						
8.	//	6.	38.		39.	24.	//	7.	
9.	//	7.	37.		40.	25.	38.	6.	
10.	//	8.	36.		41.	26.	39.	5.	
11.	//	9.	35.		42.	27.	40.	4.	
12.	//	10.	34.		43.	28.	41.	3.	
13.	//	11.	33.		44.	29.	42.	2.	Visite de C. Numonius Vala et de Trébonius Oricula, 31 mars.
14.	//	12.	32.						
15.	//	13.	31.		45.	30.	43.	1.	
16.	1.	14.	30.	Mort de Cléopâtre. Prise d'Alexandrie.	ÈRE VULGAIRE.				
17.	2.	15.	29.	PRÉFECTURE de Cornélius Gallus.	46.	31.	44.	1.	PRÉFECTURE d'Octavius.
18.	3.	16.	28.		47.	32.	45.	2.	Proscynème de Callimaque à Pselcis (sept.-octobre).
19.	4.	17.	27.		//	//	46.	3.	Proscynème d'Ammonius, 6 juin.
20.	5.	18.	26.	PRÉFECTURE de Pétronius.					
//	//	19.	25.	Proscynème de Papius, 26 mars.	48.	33.	//	3.	Proscynème de Cronius, 11 août.
21.	6.	//	25.		49.	34.	47.	4.	
22.	7.	20.	24.	PRÉFECTURE d'Ælius Gallus.	50.	35.	48.	5.	
23.	8.	21.	23.		51.	36.	49.	6.	
24.	9.	22.	22.		52.	37.	50.	7.	
25.	10.	23.	21.		53.	38.	51.	8.	Proscynème de quelques soldats, septembre.
26.	11.	24.	20.						
27.	12.	25.	19.		54.	39.	52.	9.	
28.	13.	26.	18.		55.	40.	53.	10.	
//	//	27.	17.	Proscynème de...alæpotéris, 13 avril.	56.	41.	54.	11.	
					57.	42.	55.	12.	
29.	14.	//	17.	Proscynème d'Héraclide.	58.	43.	56.	13.	
30.	15.	28.	16.		//	//	57.	14.	Proscynème de Publius Juventius Agathopus, aux mines de *Breccia Verde* (février-mars).
31.	16.	29.	15.						
32.	17.	30.	14.						
33.	18.	31.	13.		//	//	//	//	19 août, mort d'Auguste. Commenc.t du règne de Tibère.

TOM. II.

CIX. (L. W.)

Le commencement des lignes a été enlevé par les ornements sculptés, comme à la précédente, au-dessous de laquelle celle-ci est écrite, entre les jambes de la grande figure F; elle a donc été aussi tracée avant l'achèvement de la sculpture. On en peut restituer tout ce qui est essentiel.

CMYPEΨOCEΛ	. . . . ὁ] μυρεψὸς ἐλ-	. .Un tel, le
ΛΑϹΕΠΟΗϹΕ	[θὼν εἰς Φί]λας ἐπόησε	parfumeur, étant venu
ΚΥΝΗΜΑΤΩΝ	τὸ προσ]κύνημα τῶν	à Philes, a fait le
ΝΑΤΟΥΚΑΙ	τέκνω]ν αὐτοῦ καὶ	proscynème de ses
ΝΦΙΛΩΝΠΑΝ	τῶ]ν φίλων πάν-	enfants, de tous ses
ΝΚΑΙΤΩΝΦΙΛΟΥ	τω]ν καὶ τῶν φιλού-	amis, et de ceux qui
ΩΝΑΥΤΩΝ	ντ]ων αὐτόν.	l'aiment. L'an. . . III
ΓΚΑΙϹΑΡΟϹ	L.] Γ Καίσαρος	de César, de
ϹΟΡΗ ΙΔ.	με]σορὴ ΙΔ	mésori le 14.

Ce fragment n'a d'importance que par sa date, qui appartient au règne d'Auguste. Par malheur on ne sait si le chiffre Γ était précédé d'un autre, ce qui laisse une incertitude de trente ans sur la date; car le règne d'Auguste, en Égypte, a duré, selon le Canon des rois, quarante-trois ans. Ce prince mourut le 19 août de l'an 14 de notre ère, seulement dix jours avant l'expiration de la quarante-troisième année de règne et l'ouverture de la quarante-quatrième, au 29 août. Le 14 mésori du calendrier fixe répond au 7 août; ainsi le chiffre Γ pourrait encore avoir été précédé du chiffre M (40), et, comme il ne peut être question de l'an III, parce qu'alors la double date eût été exprimée, l'incertitude porte sur les chiffres XIII, XXIII, XXXIII et XLIII.

Cette incertitude est fâcheuse, puisqu'à l'époque quelconque où l'inscription a été gravée, la grande figure n'était pas encore sculptée. Elle l'a été après les proscynèmes relatifs à Nicanor Catilius (n[os] CXII-CXIV), et, sans doute, peu de temps après. Or ils sont, comme on le verra, de l'an XXIII (p. 143). Je crois donc que cette même année est celle de la visite de notre parfumeur anonyme. Son pros-

CIX, CX. PHILES. EMPEREURS. AUGUSTE.

cynème a été écrit au-dessous de la pièce n° CXII, la même année, mais environ six mois après, le 7 août.

Le nom manque au commencement; il ne reste plus que le mot indiquant la profession de l'auteur du proscynème. C'est μυρεψός, *celui qui prépare les parfums*, ὁ τὰ μύρα καὶ τὰ θυμιάματα σκευάζων, dit Hésychius. Il n'y a, sur la même ligne, de place que pour un seul nom, mais il peut manquer une ligne ou deux.

Ce parfumeur n'a, sans doute, pas voulu se répéter inutilement en disant *mes amis et ceux qui m'aiment*. Les premiers, ce sont mes *amis* connus, liés à moi par un sentiment réciproque; mais, attendez! je suis peut-être aimé, sans le savoir, d'autres personnes encore. Or, ceux-là même, je ne dois pas les oublier dans les vœux que j'adresse à la déesse. Telle paraît être la nuance qu'il a voulu exprimer.

CX. (G. L. W.)

Sur les baguettes ou moulures qui règnent au-dessous de la figure F est tracée l'inscription suivante, composée de deux longues lignes. Il n'y manque que quelques noms propres.

........αλαιπώτηρις Πετεαμῆντος ἦλθον, προσεκύνησα [τὴν κυρίαν Ἶσιν καὶ ἐποίησα τὸ προσκύνημα........καὶ....
........δνου τοῦ υἱοῦ, καὶ Ἱερωνύμου τοῦ ἀδελφοῦ, καὶ Σερᾶτος τῆς ἀδελφῆς, καὶ...οὖτος καὶ Ζωΐλου. L. ΙΔ Καίσαρος, Φαρμουθὶ, ΙΗ.

.... alæpotéris, fils de Pétéamen, je suis venu, j'ai adoré la maîtresse Isis, et j'ai fait le proscynème de........ et de.... onus mon fils, et d'Hiéronyme mon frère, et de Séras ma sœur, et de ...utos et de Zoïle. L'an xiv de César, le 18 de pharmuthi.

C'est le second exemple d'un Égyptien venant honorer la déesse et lui faire l'hommage d'un proscynème. Tous les autres proscynèmes sont l'ouvrage de Grecs.

Si le deuxième nom est au génitif, comme cela est probable, le nominatif sera Πετεαμῆν (le même nom que Πετεάμμων ou Πετεάμων), plutôt que Πετεαμέντης (c'est-à-dire *appartenant à l'Amentès*), qui ferait, au génitif, Πετεαμέντου [a]. Dans les noms de ce genre, composés du

[a] Plus haut, t. I, p. 396.

dissyllabe *Pete* ou *Petem* (signifiant *qui appartient à*) et d'un nom de divinité commençant par une voyelle, tantôt la seconde s'élide, comme dans *Pétaménophis, Pétisis, Pétosiris;* tantôt elle se conserve, avec l'insertion de l'article *p*, comme dans *Petempamentès*[a]; ou sans addition, comme dans notre Πετεαμῆν et dans Πετεάθυρις (qui appartient à Athyr ou Athor), nom d'un roi de la liste dite d'Ératosthène [b].

Il est vraisemblable que Πετυβάσ1ης, nom d'un autre roi de la vingt-troisième dynastie *Tanite*, dans Manéthon[c], doit se lire Πετεβυβάσ1ης (qui appartient à Bubastis), ou bien Πετεβάσ1ης; car la déesse que les Grecs ont appelée *Bubastis*, et qu'ils ont identifiée avec Latone, se nommait *Pascht* en égyptien.

On voit, par le nom de Σερᾶς (ᾶτος), que les noms de cette forme se donnaient aussi à des femmes. Nous en avons d'autres exemples dans Ἀρτεμιδωρᾶς et Κλιδημᾶς (n° LVI), dans Εἰρᾶς (probablement pour Εἰρήνη), une des suivantes de Cléopâtre [d]. On trouve le même nom appliqué à un homme dans une inscription de Sparte [e], où s'en rencontrent d'autres du même genre, Λεοντᾶς, Ἐπικτᾶς, Σωσᾶς. Au reste, ce nom de Σερᾶς n'est peut-être que l'abréviation du nom latin *Serena*, comme Λουκᾶς et Σιλᾶς le sont de Λουκανός et de Σιλουανός[f].

La finale οὖτος appartient à un nom égyptien, peut-être Πετεθοῦτος, qui se retrouvera plus bas; mais cette finale pouvant convenir à d'autres noms, je n'ai pas rempli la lacune.

Cette inscription montre qu'en l'an XIV de César les moulures inférieures de cette partie du pylône étaient déjà sculptées.

CXI. (H. G. L.)

Cette courte inscription est une des plus anciennement connues, ayant été publiée par M. Hamilton; depuis, MM. Gau et Lenormant en ont rapporté des copies conformes à la première.

[a] Plus haut, t. I, p. 396. — [b] Ap. Syncell. p. 123 F. — [c] *Ibid.* p. 74 A. — [d] Plutarch. *in Antonio*, § 60. — [e] Ap. Böckh, *Corp. inscript.* n° 1279. l. 14. — [f] Plus haut, p. 56.

CXI, CXII. PHILES. EMPEREURS. AUGUSTE.

ΠΤΟΛΕΜΑΙΟΟΗΡΑΚΛΕΙΔΟΥ	Πτολεμαῖος Ἡρακλείδου,
ΕΠΙΟΤΡΑΤΗΓΟΟΤΗΟΘΗΒΑΙΔΟΟ	ἐπισ]ράτηγος τῆς Θηβαίδος,
ΗΛΘΟΝΚΑΙΠΡΟΟΕΚ	ἦλθον καὶ προσεκ[ύνησα τὴν]
ΘΕΑΝΙΟΙΝΤΗΝΜΕΓΙΟΤΗΝ	θεὰν Ἶσιν τὴν μεγίσ]ην.
L ΙΔ ΚΑΙΟΑΡΟΟ ΑΥ.	L ΙΔ Καίσαρος αὐ[τοκράτορος].

Après Καίσαρος, on s'attendrait à trouver le nom du mois et le quantième, par exemple Α[Θ]Υ[Ρ], mais toutes les copies donnant les deux lettres ΑΥ, je n'ai pu y voir que le commencement de αὐτοκράτορος.

Il n'y a qu'un point à remarquer ici, mais il n'est pas sans importance; c'est que l'épistratége porte un nom *grec*, tandis que, sur tous les autres monuments de l'époque romaine, ce fonctionnaire porte un nom *romain*, d'où résulte la preuve que les hautes fonctions de l'épistratégie n'étaient confiées par les empereurs qu'à des officiers romains.

Cette exception unique à la règle s'explique facilement par l'époque, qui n'est que de quatorze ans postérieure à la conquête; et tout ce qu'il en faut conclure, c'est que, dans les premiers temps, Auguste conserva les épistratéges grecs qu'il trouva établis, ayant besoin d'hommes qui connaissaient bien la contrée.

CXII. (H. G. L. W.)

Cette inscription a été publiée d'abord par M. Hamilton[1]. La copie de ce voyageur offre plusieurs lacunes; j'avais déjà réussi à les remplir, excepté une seule, celle du quatrième vers, et à corriger les autres altérations de la copie, lorsque M. Gau me communiqua celle qu'il avait prise plus tard sur les lieux. Cette nouvelle copie, sans être plus correcte que celle de M. Hamilton, a du moins l'avantage de donner les principaux linéaments des lettres qui composent le

[1] *Ægyptiaca*, p. 52. J'en ai cité les quatre premiers vers dans le Journal des Savants de juin 1821, p. 305; les deux derniers dans celui de mai 1824.

quatrième vers, et, en outre, de faire connaître la date de l'inscription. Cette date est exprimée dans six lignes de prose, à la suite des vers; mais M. Hamilton les avait placées d'une manière tout à fait indépendante de ces vers, en sorte qu'il était difficile de deviner qu'elles en dépendissent. Avant de connaître le travail de Niebuhr[a] sur cette inscription, je l'avais rétablie, en 1825, dans le Bulletin de Férussac[b], et le texte que j'en ai donné a été reproduit par M. Welcker[c]. Depuis, deux copies nouvelles, plus complètes, prises par M. Lenormant et sir Gardner Wilkinson, ont confirmé ma restitution, que je reproduis avec un seul changement au commencement du cinquième vers. C'est, à coup sûr, une des pièces le mieux faites qui aient été trouvées en Égypte; elle décèle une main exercée, celle d'un poëte de profession. Si la tournure est d'une grande élégance, la phrase brille par une rare précision, et l'expression est toujours poétique. Sous le rapport de la facture, il est peu d'épigrammes de l'Anthologie qu'on puisse mettre au-dessus, et il n'en est peut-être aucune qui offre autant d'intérêt historique.

Je rapporte ici la copie de M. Lenormant, la plus complète de toutes, avec la restitution et une traduction où j'ai conservé à dessein la tournure de l'original, les douze vers qui composent cette pièce ne formant qu'une seule période.

ΚΑΙϹΑΡΙΠΟΝΤΟΜΕΔΟΝΤΙΚΑΙΑΠΕΙΡΩΝΚΡΑΤΕΟΝΤΙ
ΙΑΝΙΤΩΙΕΚΙΑΝΟϹΠΑΤΡΟϹΕΛΕΥΘΕΡΙΩΙ
ΔΕϹΠΟΤΑΙΕΥΡΩΠΑϹΤΕΚΑΙΑϹΙΔΟϹΑϹΤΡΩΙΑΠΑϹΑϹ
ΕΛΛΑΔΟϹ[d] ϹΩΤΗΡΤΕΥΑΙΙΘΕΙΑϹ..ΜΕΓΑϹ
ΙΑΙΑΕΝΝΕΠ...Κ..ΑΠΛΙΟϹΑΓΝΟΝΕΘΗΚΕ
ΠΑΜΜΑΠ......ΝΑ.....ΕΥΡΟΜΟΝΩΝΠΟΛΙΟϹ
ΚΑΙΜΕΓΑΝΕΙ..ΜΕΓΑ..ΤΟΥΡΡΑΝΙΟΝΑΝΔΡΑΔΙΚΑΙΟΝ
ΑΙΓΥΠΤΩΠΑϹΑϹΦΕΡΤΑΤΟΝΑΓΕΜΟΝΑ
ϹΤΑΛΑΙΕΝΕϹΤΑΛΩϹΕΝΙΝΟΙϹΤΟΔΕΝΑϹΩΕΔΕΟΛΟΝ·
ΠΑϹΟΜΟΛΩΝΥΜΝΗΙΤΟΝΧΘΟΝΟϹΟΛΒΟΔΟΤΑΝ

---

[a] Dans les *Antiq. de la Nubie*, de M. Gau, p. 23. — [b] Sect. VII, avril 1825. — [c] *Sylloge inscriptionum*, n° 169. — [d] ϹΟϹΩΤΗΡΙΕϹΧΑΝϹΤϹΑϹ.G. — [e] ΕΔΕΟΔΟΝ.G.

CXII. PHILES. EMPEREURS. AUGUSTE.

ΓΑΙΛΟΦΥΛΑΙΦΩΝΕΥΝΤΙΚΑΛΟΝΠΕΡΑϹΑΙΓΥΠΤΟΙΟ
ϹΜΜΙΚΑΙΑΙΘΙΟΠΩΝΓΑϹΟΡΙΟΝΝΕΑΤΑ [a]
   ΚΑΤΙΛΙΟΥΤΟΥΚΑΙ
   ΝΙΚΑΝΟΡΟϹ
   ΤΟΥΝΙΚΑΝΟ
   L.ΚΓΚΑΙϹΑΡΟϹ
   ΦΑΜΕΝΟΘΒ]
   ΕΠΙΝΕΙΑϹ.ϹΤΡΑΤΗΓΟΥ

Καίσαρι ποντομέδοντι καὶ ἀπείρων κρατέοντι,
 Ζανὶ, τῷ, ἐκ Ζανὸς πατρὸς, Ἐλευθερίῳ,
Δεσπότᾳ Εὐρώπας τε καὶ Ἀσίδος, ἄσ]ρῳ ἀπάσας
 Ἑλλάδος, ὃς σωτὴρ Ζεὺς ἀνέτειλε μέγας,
Γαίᾳ ἐν Αἰθιόπων Κατίλιος ἁγνὸν ἔθηκε
 Γράμμ', ἀπ' [Ἀλεξάνδρου δ]εῦρο μολὼν πόλιος,
Καὶ μέγαν [ἐκ] μεγά[λων] Τουρράνιον, ἄνδρα δίκαιον,
 Αἰγύπτῳ πάσας φέρτατον ἁγεμόνα,
Στάλᾳ ἐνεσ]άλωσεν, ἵν' εἰς τόδε νάσω ἐδεθλον
 Πᾶς ὁ μολὼν ὑμνῇ τὸν χθονὸς ὀλβοδόταν,
Τᾷδε Φίλαι φωνεῦντι· Κ[αλὸ]ν πέρας Αἰγύπτοιο
 Ἐμμὶ, καὶ Αἰθιόπων γᾶς ὅριον νεάτας.

A César, qui règne sur les mers et sur les continents, Jupiter, qui tient de Jupiter son père le titre de libérateur, maître de l'Europe et de l'Asie, astre de toute la Grèce, qui s'est levé avec l'éclat du grand Jupiter sauveur, Catilius, venu ici de la ville d'Alexandre, a consacré dans la terre des Éthiopiens une inscription religieuse; et il a érigé une stèle en l'honneur du grand Turranius, né d'une grande famille, homme juste, excellent gouverneur de toute l'Égypte; afin que quiconque portera ses pas dans ce sanctuaire de l'île bénisse le bienfaiteur du pays, au lieu même où Philes s'écrie : «Je suis la belle extrémité de l'Égypte et la limite de la terre reculée des Éthiopiens.»

Avant d'examiner les vers, il faut voir quel est le nom de l'auteur et en quel temps il vivait. C'est ce qu'on trouve dans les six lignes de la fin : Κατιλίου τοῦ καὶ Νικάνορος τοῦ Νικάνορος. L ΚΓ Καίσαρος, Φαμενὼθ ΙΒ, ἐπὶ Νείλου σ]ρατηγοῦ. « Ces vers sont de Catilius, dit Nicanor, fils de Nicanor, l'an XXIII de César, le 12 de phaménoth, Nilus étant stratége. » La date répond au 26 mars de l'an 7 avant notre ère.

L'auteur de l'inscription est donc un Grec d'origine, nommé Catilius, qui avait joint à son nom celui de son père Nicanor. Le nom de Nicanor a été si fréquent chez les Grecs, qu'il est peut-être téméraire de prétendre savoir de quel personnage il est ici question. Toutefois, en ayant égard à la concordance de l'époque, on peut conjecturer que Catilius était fils de Nicanor fils d'Arius, philosophe d'Alexandrie, dont Auguste reçut des leçons dans sa jeunesse [b], et pour lequel il avait

---

[a] ΝΕΙΛΟΥ. Ham. — [b] Dio. Cass. LI, 16; ibiq. Reimar.

une estime et une amitié attestées par Plutarque[a]. Ce philosophe, dit Suétone, eut deux fils, Dionysius et Nicanor, qui vécurent, comme leur père, dans l'intimité d'Auguste, et qui contribuèrent aussi à le former par leurs leçons [1]. L'hommage du fils de Nicanor à Auguste serait un acte de reconnaissance pour l'attachement de ce prince à toute la famille de l'auteur. Les époques conviennent fort bien à cette hypothèse. En supposant qu'Auguste eût de quinze à dix-huit ans lorsqu'il reçut les leçons d'Arius et de ses fils, et que Nicanor, l'un d'eux, eût alors seulement vingt-cinq ans, en l'an 7 avant notre ère, il pouvait avoir un fils d'une trentaine d'années. Le dialecte dorique employé dans l'inscription ne peut surprendre, puisque les poëtes des époques alexandrine et romaine ont souvent affecté de se servir de ce dialecte : il nous suffit de renvoyer aux épigrammes d'Antipater de Sidon, de Méléagre, et à plusieurs de celles du colosse de Memnon.

Vers 1er. — Le mot ποντομέδων est une épithète propre à Neptune, qu'emploient Euripide[b] et Pindare[c], et le vers entier exprime le titre de *terrarum dominus*[d], que Martial donne à Domitien, ainsi que l'auteur d'une épigramme latine à Titus et Vespasien[e] : ce qui répond au titre de δεσπότης γῆς καὶ θαλάσσης, que Septime-Sévère[f] et Caracalla[g] portent dans plusieurs inscriptions, comme Julien l'Apostat celui de *Dominus orbis terrarum*[h].

Vers 2. — On pourrait lire τῷ ἐκ Ζανὸς πατρός, dans le sens de *le fils de Jupiter*, et le mot πατρός ne serait pas de trop ; car, si Euripide a dit : ἐκ Πιτθέως Αἴθρα[i], il a dit aussi : πατρὸς ἐξέφυν Διός[k], et l'on trouve παῖδες πατρὸς ἐξ Ἀγασίππου dans une inscription publiée par Akerblad[l]; mais j'aime mieux rapporter l'article τῷ au titre de ἐλευθερίῳ, et traduire en conséquence.

[a] Plutarch. *in Anton.* § 81. — [b] *Hippolyt.* v. 744. — [c] VI *Olymp.* v. 176. — [d] *Epigr.* VII, 5, 5. — [e] *Anthol. Burm.* t. I, p. 237. — [f] Villoison, dans les *Mém. acad. inscrip.* XLVII, 318; *Corp. Inscr.* n° 2181. — [g] *Marmor. Oxoniens.* CLXXII; *Corp. Inscr.* n° 3485. — [h] Gruter, CCXII, 1. — [i] *Heraclid.* v. 208. — [k] *Fragm. Pirith.* X. — [l] *Soprà due laminette di piombo,* p. 22; *Corp. Inscr.* n° 2156.

[1] Sueton. *in August.* § 89. *Deinde eruditione, etiam varia, repletus est per Arei philosophi, filiorumque ejus, Dionysii et Nicanoris, contubernium.* Voir, sur ce personnage, les observations de M. Weichert. (*Imperatoris Cæsaris Augusti scripta,* fasc. 1, p. 52-57.)

CXII. PHILES. EMPEREURS. AUGUSTE. 145

Auguste porte le même titre de Libérateur dans l'inscription du propylon de Dendéra[a]. Ce Jupiter, dont Auguste est le fils, ne peut être que Jules César; de là résulte l'explication d'un passage de Dion Cassius, que l'on a voulu corriger. Cet historien rapporte[b] qu'on éleva à Jules César un temple, et qu'on lui donna le titre de *Jupiter Julius* (Δία τε αὐτὸν ἄντικρυς Ἰούλιον προσηγόρευσαν). Paulmier de Grentemesnil propose de changer Δία en Δῖον (*divum*); et Reimar est tout près d'adopter la correction, attendu qu'aucun monument n'atteste que Jules César fut appelé *Jupiter*. Notre inscription lève tous les doutes à cet égard.

Vers 3°. — *Maître de l'Europe et de l'Asie.* Catilius ne nomme que deux parties du monde, et cependant on peut être sûr qu'il n'a pas voulu exclure la Libye de la domination d'Auguste; notre poëte s'est donc ici conformé à l'ancienne opinion qui considérait la terre comme divisée en deux parties, l'*Asie* et l'*Europe*, laquelle comprenait la Libye jusqu'à l'Égypte exclusivement. Agathemère[c] et l'auteur anonyme du Commentaire sur le Tetrabiblos de Ptolémée[d] attribuent, en effet, cette division aux anciens. Aussi la trouve-t-on indiquée dans Platon et Isocrate, et dans la plupart des anciens poëtes, Eschyle, Sophocle et plusieurs poëtes alexandrins cités par Schäfer[e], auxquels on peut joindre Callimaque[f], Lucain[g], Tibulle[h], Silius Italicus[i]. C'était une notion en quelque sorte consacrée dans le langage poétique de l'époque où écrivait Catilius[1].

Astre de toute la Grèce. Cette expression d'*astre*, appliquée à un homme distingué par son rang, ses talents ou ses vertus, se trouve communément chez les poëtes grecs[k]. Pourquoi Catilius, dans le cours de ses flatteries, s'est-il contenté de dire *astre de toute la Grèce*,

---

[a] Plus haut, t. I, p. 81. — [b] Dio Cass. XLIV, 6. — [c] II, 2, *fin. cf.* Berkel. *ad.* Steph. Byz. p. 383; Ukert, *Geograph. der Griechen und Römer.* t. I, part. 2, p. 280. — [d] P. 58, *Ed. Bas.* 1558. — [e] *Meletem. critica.* p. 35, 36. — [f] *In Del.* v. 168. — [g] *Pharsal.* IX, 419. — [h] *Eleg.* IV, 1, v. 176 *ibique*, Brouckh. — [i] I, v. 195. — [k] *Cf.* Jacobs ad *Antholog.* XII, 205, 206.

[1] Paul Orose (*Hist.* 1, 2) et Ethicus y font allusion, ainsi que Jean Lydus (*de Ostentis*, p. 192 C. ed. Hase), et Olympiodore (in *Aristot. Meteor.* p. 23, Venet. 1551).

au lieu de *astre de l'univers?* Est-ce uniquement, comme le pense M. Welcker[a], parce que c'est un Grec qui parle? ou bien y a-t-il à cette restriction un motif qui se rapporte à quelque disposition bienveillante d'Auguste envers la Grèce? Tiendrait-elle, par exemple, à cette circonstance racontée par Dion Cassius, qu'Auguste, en 723 de Rome, vingt-quatre ans auparavant, avait réglé les affaires de la Grèce, et s'était fait initier aux mystères d'Éleusis[b]? On pourrait présumer aussi que ἅπασα Ἑλλάς est pour ἅπαντες Ἕλληνες, que cette expression s'entend, non-seulement de tout le pays de la Grèce, mais de tous les Grecs établis dans les diverses parties de l'empire, et qu'elle signifie *astre protecteur de tous les Grecs, de tout ce qui porte le nom grec dans les diverses parties de l'empire,* qualification très-bien placée dans la bouche d'un Grec tel que Nicanor, qui exprimait ainsi, outre ses sentiments particuliers, la reconnaissance que toute la nation grecque portait à son bienfaiteur.

Cette idée d'*astre*, appliquée soit à un *homme très-distingué* qui honorait sa patrie, soit au *bienfaiteur d'un pays,* s'est présentée souvent aux poëtes ; ainsi Marcellus, dans l'inscription de sa statue élevée à Lindus, est appelé Πατρίδος ἀστήρ[c]; un gouverneur, par une excessive flatterie, est appelé ἥλιος δεύτερος ἀστήρ[d]; on peut voir à ce sujet Palairet, sur l'Apocalypse[e], et Jacobs, sur l'Anthologie[f]. Scymnus de Chio appelle Rome l'astre de la terre, ἄστρον τι κοινὸν τῆς ὅλης οἰκουμένης[g]. En prose même, on rencontre la même image. Dans l'inscription de la stèle de Turin, il est dit que Callimaque le *parent, brille comme un astre éclatant:* ..ὥσπερ λαμπρὸς ἀστήρ... ἐπέλαμψεν; et, dans l'édit de Tibère Alexandre, à propos de l'empereur Galba, ..ἐπιλάμψαντος ἡμῖν ἐπὶ σωτηρίᾳ τοῦ παντὸς ἀνθρώπων γένους εὐεργέτου Σεβαστοῦ.

Les termes qui suivent ne sont pas moins magnifiques, *toi qui t'es levé, semblable au grand Jupiter sauveur,* ὃς σωτὴρ Ζεὺς ἀνέτειλε μέγας; car on ne peut lire autrement ce passage, fort maltraité dans les copies.

[a] *Sylloge epigr. græc.* p. 219. — [b] Dio Cass. LI, 4; Sueton. *Aug.* § 93. — [c] Ap. Plutarch. in *Marcell.* § 30. — [d] Jacobs *Anthol.*; Adespot. 612; *Anth. Palat. Append.* 151. — [e] *Obs. philol. crit.* p. 251. — [f] T. XII, p. 205, 206. — [g] V. 232.

CXII. PHILES. EMPEREURS. AUGUSTE.

Quant au sens, il peut y avoir incertitude. S'agit-il du dieu Jupiter ou bien de la planète de ce nom? Je me décide pour ce dernier sens, d'abord parce qu'il est appelé par la comparaison d'*astre*, et ensuite parce que l'expression ἀνέτειλε, tout astronomique, l'appelle également. Ἀνέτειλε Ζεύς est pour ἀνέτειλε ὅκως Ζεύς, comme dans ces deux vers d'une inscription funéraire :

Ἥτις ἐνὶ ζωοῖσιν ὅκως ἀνέτελλεν Ἑῷος,
Νῦν δύνει δ' ὑπὸ γῆν Ἕσπερος ἐν φθιμένοις [a].

Δύνει Ἕσπερος est pour δ. ὅπως Ἕσπερος; et de même, dans l'épigramme de Platon[b], dont celle-là est imitée :

Ἀστὴρ πρὶν μὲν ἔλαμπες ἐνὶ ζωοῖσιν Ἑῷος,
Νῦν δὲ θανὼν λάμπεις Ἕσπερος ἐν φθιμένοις.

Le mot *Jupiter* désigne donc ici la planète; mais le poëte semble avoir, à dessein, confondu les deux idées, car le nom de Jupiter-planète s'y trouve accompagné des épithètes de Jupiter-dieu, savoir, μέγας et σωτήρ, l'une et l'autre prises toutefois dans un sens particulier : en effet, μέγας se rapporte à l'éclat et à la grandeur de la planète, et σωτήρ à son influence heureuse sur les destinées humaines; car, dans la doctrine astrologique des anciens, Jupiter était censé le dépositaire des influences bienfaisantes[c] : c'est lui qui rendait bon, modeste et sage[d]. Remarquons, en passant, que l'image ne serait que poétique, si l'épithète μέγας était seule. Ce qui donne proprement à la pensée le caractère astrologique, c'est l'épithète σωτήρ, relative à l'influence de l'astre; d'où nous voyons qu'il n'y a rien d'astrologique dans l'épigramme de Platon, rapportée plus haut. Il n'y a qu'une comparaison poétique, fondée sur l'éclat et la beauté de l'astre de Vénus; ce genre de comparaison se trouve depuis Homère[e], Job[f] et Pindare[g], jusqu'à Plotin[h], ou, pour mieux dire, à toutes les époques de la littérature ancienne. Ce n'est pas la seule distinction à établir

---

[a] Jacobs *Antholog.: Adespot.* 733; *Palat. App.* 329. — [b] *Id.* I, p. 106; *Palat.* VII, 670. — [c] Sext. Empir. *adv. mathem.* V, § 29, p. 343. Fabr. et 733, 10, Bekk. — [d] Jul. Firmic. Matern. *Mathes.* I, 1. — [e] *Iliad.* X, 318; *Cf.* Jacobs ad *Anthol.* VI, 353. — [f] XI, 17. — [g] IV, *Isthm.* 39. — [h] *De pulchritud.* p. 26. D. *ibique* Creuzer.

dans cette matière délicate, où l'on est souvent exposé, faute d'une étude approfondie, à confondre beaucoup de choses qui n'ont point de rapport les unes avec les autres.

Les grammairiens prétendent que ἀνατέλλειν se dit de la lune et du soleil, et ἐπιτέλλειν des autres astres. En dépit de leurs règles, les meilleurs écrivains emploient ces deux verbes comme synonymes[a].

Vers 5ᵉ et 6ᵉ. — Les quatre premiers vers contiennent le complément indirect d'une proposition que nous trouvons énoncée dans les deux suivants. Dans les copies de M. Hamilton et de M. Gau, la moitié du cinquième vers manque presque entièrement. Je l'avais suppléée en lisant Ἴσιδος ἐν νάσῳ, qui convient au sens et à la mesure. Dans la copie de M. Lenormant, les lettres ΙΑΙΑΙΕΝΝΕΠ.... conduisent à la vraie leçon, qui est γαίᾳ ἐν Αἰθιόπων, que Niebuhr avait déjà devinée, d'où il résulte que Nicanor considérait Philes comme appartenant, non à l'*Égypte*, mais à l'*Éthiopie*, notion dont l'importance sera signalée plus bas. L'adjectif ἁγνόν appelle un substantif; je le trouve dans ΓΡΑΜΜΑΠ; γράμμ' ἀπ'. A la fin du vers, δεῦρο μολὼν πόλιος ne laisse aucun doute; c'est une expression homérique : δεῦρο μολοῦσαι[b]; la lacune du milieu a nécessairement été occupée par un mot qui se rapportait à πόλιος et qui dépendait de ἀπό. D'après ma conjecture sur l'auteur de l'inscription, un mot est appelé naturellement ici, c'est Ἀλεξάνδρου, qui est précisément celui que la mesure exige. Ἀλεξάνδρου πόλις pour Ἀλεξάνδρεια se trouve même dans la prose[c], comme Ἀντιόχου πόλις[d] pour Ἀντιόχεια. Catilius dit donc *qu'il est venu d'Alexandrie en ce lieu*. Sa pièce de vers n'a nul rapport avec le culte d'Isis; ce n'est point un *proscynème*; l'hommage qu'elle contient ne se rapporte qu'à Auguste et au gouverneur de l'Égypte, que Catilius accompagnait, sans doute, dans une de ces tournées que les préfets exécutaient en Égypte, principalement à leur entrée en fonction. Catilius, voulant donner un échantillon de son habileté en poésie, s'est mis à chanter les louanges de l'empereur et de son représentant.

---

[a] Schäfer, *in schol. Apollon. Rhod.* IV, v. 269. — [b] *Iliad.* O. 720; *Odyss.* Γ, 44, Ω, 334. — [c] S. Epiphan. *de mensur.* II, 166, B. — [d] Philostorg. *Hist. eccles.* III, 15.

CXII. PHILES. EMPEREURS. AUGUSTE.

Le mot γράμμα, qui signifie fréquemment un *livre*, un *ouvrage*[a], a aussi le sens d'*inscription* en vers ou en prose[b], et, en général, de *pièce de vers*[c]; c'est ce dernier que je lui donne ici, et τιθέναι γράμμα τινί me paraît signifier *composer une pièce de vers en l'honneur de quelqu'un, lui consacrer une pièce de vers*. L'adjectif ἁγνόν, joint à γράμμα, ne peut avoir que le sens de *saint, sacré, religieux*. Il se rapporte sans doute au caractère tout religieux que lui donne la dédicace à *César, Jupiter libérateur*; car on a déjà vu qu'Isis et son culte n'y sont pour rien.

En effet, Catilius ajoute : *et j'ai inscrit sur une stèle le nom de Turranius, etc.* Τουρράνιον στάλᾳ ἐνεστάλωσεν. C'est le premier exemple connu du verbe ἐνστηλόω, et M. Osann s'en est heureusement servi pour retrouver ce verbe dans un passage de la version alexandrine de Samuel[d]. L'expression ἐνστηλόω στήλῃ τινά est rare, mais la signification n'en est pas douteuse; à cause de la préposition ἐν, elle renferme la double idée d'inscrire le nom de quelqu'un sur une stèle qu'on lui a érigée; ce qui se dirait : ἱστάναι εἰκόνι, στήλῃ τινὰ pour εἰκόνα, στήλην τινί; ainsi : ἀρχὸν ἐμὲ Θεόδωρον Ἀχαιῶν εἰκόνι τῇδε στῆσε[e]; εἰκόνι μαρμαρέῃ στήσαμεν ἀνθύπατον[f]; et Πλούταρχον εἰκόνι λαϊνέῃ στῆσαν...[g]; ailleurs μιν κατ' ἄστυ Θεμισ]οκλέης ἀνέθηκεν εἰκόνι λαϊνέῃ[h]. Ces exemples suffisent pour éclaircir l'expression dont se sert Catilius. Comme notre inscription est gravée sur le pylône de Philes, il est clair que la *stèle* dont il est ici question a été tout à fait indépendante. Il semble donc que ces vers n'ont pour objet que de mentionner ce que Catilius Nicanor a fait dans le temple de Philes pour honorer l'empereur et le gouverneur de l'Égypte; c'est ce qui me fait penser que l'inscription désignée plus haut par les mots ἁγνὸν γράμμα est autre que ces vers de Catilius, qui, dans le fait, concernent autant le préfet d'Égypte qu'Auguste, en sorte qu'ils ne répondent pas parfaitement aux mots Καίσαρι... ἁγνὸν γράμμα ἔθηκε. Il existe, parmi les autres inscriptions de Philes, un fragment très-mutilé, mais

---
[a] Valcken. *ad Ammon.* p. 56; Boisson. *ad Callimach.* p. 184. — [b] Antipat. Sidon. *Epigr.* XCIII, 2. — [c] Leonidas Alex. *ep.* XVII; Marcus Argent. *ep.* XXXII. — [d] Ap. *Thesaur. ling. græc.* ed. Didot, t. III, p. 1147, D. — [e] *Anthol. Palat. Append.* 128. — [f] *Epigr. Adespot.* 358; *Anthol. Planud.* 42. — [g] *Anthol. Palat. Append.* 163. — [h] *Anthol. Palat. App.* 128.

qui est certainement de Catilius. C'est là, si je ne me trompe, le γράμμα ἁγνὸν que Catilius rappelle dans notre inscription.

Vers 7ᵉ. — La restitution des courtes lacunes de ce vers ne me laisse point de doute : μέγαν [ἐκ] μεγά[λων], ce qui veut dire ἐκ μεγάλων πατέρων; de même Sophocle : ...καὶ δείξεις τάχα εἴτ' εὐγενὴς πέφυκας, εἴτ' ἐσθλῶν κακή[a], c'est-à-dire ἐξ ἐσθλῶν γονέων. La construction pleine se lisait dans l'inscription de Marcellus à Rhode : Μάρκελλος κλεινῶν Κλαύδιος ἐκ πατέρων [b]; si la mesure l'eût permis, j'aurais pu lire aussi bien ἀπὸ μεγάλων, comme dans Eschyle : σέβουσαι ἀξίαν σ' ἀπ' ἀξίων [c], où nous trouvons aussi le rapprochement du même adjectif, figure que les Grecs et les Latins aimaient beaucoup [d].

Maintenant, quel est ce grand *Turranius, né d'une grande famille, cet excellent gouverneur de l'Égypte*? L'époque de son administration tombe précisément dans une lacune qui existe dans la série des préfets d'Égypte sous Auguste, et qui ne peut être remplie que par le secours des monuments; déjà l'inscription du propylon de Dendéra fournit le nom d'un de ces préfets, savoir, Publius Octavius[e]; celle-ci nous en fait connaître un autre, qui administra l'Égypte quelques années auparavant.

Ce préfet me paraît être le même personnage que le Caïus Turranius qui, selon Tacite, était préfet de l'Annone, à la mort d'Auguste, l'an 14 de notre ère, vingt et un ans après[1]. Cette fonction, une des plus importantes de l'État, conduisait souvent à la préfecture de l'Égypte, ou était conférée à des hommes qui avaient été investis de cette haute magistrature. L'ordre des temps permet aussi de

---

[a] *Antigon.* v. 38; *Ibiq.* Schol et Musgrav. — [b] *Ap.* Plut. *in Marcello*, § 30. — [c] *Eumenid.* v. 439. — [d] Heindorf, *ad* Platon. *Phædr.* p. 546 B. — [e] Plus haut, t. I, p. 86.

[1] Tacit. *Ann.* I, 7. — Tacite (*Ann.* X, 31) parle d'un Turranius, également préfet de l'Annone sous le règne de Claude, trente-quatre ans après. Les commentateurs ont pensé que c'était le même personnage, hypothèse peu vraisemblable. Le Turranius dont parle Sénèque (*De brevitate vitæ*, XX, 2), qui exerça la fonction de *procurateur* sous le règne de Caïus Caligula, et mourut peu après, était différent de l'un et de l'autre; c'est à tort que Ruhkopf les a confondus (*ad* Senec. *Opp.* I, 535); mais ils étaient très-probablement de la même famille.

CXII. PHILES. EMPEREURS. AUGUSTE.

croire que Turranius était le fils de Turranius Niger, l'ami de Varron, qui lui dédia son traité d'agriculture[a], et agriculteur lui-même, puisqu'il avait donné son nom à une espèce de poire[b]; d'ailleurs, versé, comme son ami, dans beaucoup de connaissances, au point que Cicéron le qualifie de χρηστομαθής[c], et qu'Ovide vante ses talents pour la tragédie[d]. On ne sait si c'est le même que le Manius Turranius, dont Cicéron, dans la troisième philippique, loue l'intégrité et la vertu[e]. Quoi qu'il en soit, on voit que la famille de Turranius comptait assez de personnages distingués pour justifier les paroles de Catilius : μέγαν ἐκ μεγάλων.

Vers 9ᵉ et 10ᵉ. — L'inscription de la stèle élevée par Catilius contenait sans doute un éloge pompeux du gouverneur; on en juge par ce qu'il dit ici : « afin que ceux qui porteront leurs pas dans ce *sanc-*« *tuaire* de l'île bénissent le bienfaiteur du pays. » Ce *sanctuaire*, c'est ou le *temple* d'Isis, dans l'enceinte duquel la stèle fut sans doute élevée, ou l'île même, désignée par une périphrase, comme le pense M. Welcker. Le mot ἔδεθλον, très-clairement écrit dans la copie de M. Lenormant, est employé par Callimaque[f], par Lycophron[g], dans le sens ordinaire de *siége, demeure*, ainsi que par Denys le Périégète : ἀφνειὸν ἔδεθλον[h], appliqué à Rome, et par Antimaque[i] pour désigner un temple[1]. Τὸν χθονὸς ὀλβοδόταν me paraît se rapporter au *gouverneur* de l'Égypte, et non pas à l'empereur; χθονός a le sens particulier que nous donnerions à l'expression *du pays*, pour dire *de ce pays*. De même Eschyle, en parlant de Canope en Égypte, dit : ἔστιν πόλις Κάνωβος ἐσχάτη χθονὸς[k].... « il y a une ville de Canope, la dernière *du pays*. » Je trouve le même sens dans un autre vers de ce poëte, où il dit des Athéniens : ἀργύρου πηγή τις αὐτοῖς, θησαυρὸς χθονός[l], ce qui signifie

---

[a] Varr. *De re rust.* II, proœm. 6; II, 2, 12; III, 1, 9. — [b] Columell. V, 10, 18; Plin. XV, 15, p. 741, 19. — [c] I, *Epist. ad Att.* 6.— [d] IV, *Pont.* 16, 29. — [e] *Philipp.* 111, 10. — [f] *In Apoll.* v. 72. [g] *Cassandr.* v. 987.— [h] *Perieges.* v. 356. — [i] Ap. Pausan. VIII, 25, 4; — [k] *Promath.* v. 845. — [l] *Pers.* v. 238.

[1] Ces exemples peuvent être ajoutés à ceux qui sont rapportés dans le *Thesaurus linguæ græcæ*, t. III, p. 156 D, ed. Didot.

peut-être *trésor du pays* (de l'Attique), et non pas, en général, *trésor de la terre*, comme on l'a traduit.

Vers 11ᵉ et 12ᵉ. — Là où Philes s'écrie, φωνεῦντι (φωνεῦσι); cette prosopopée me semble fort poétique. C'est par l'aspect de ses monuments, et par leur direction au midi, que Philes semble dire : « Je suis la *belle extrémité* de l'Égypte, et la *limite* de l'Éthiopie *reculée*, » γῆ νεάτη, la terre reculée, ἐσχάτη, ὑστάτη, la dernière de toutes; comme Théocrite a dit: πύματοι Αἰθίοπες[a]. Ces expressions rendent bien la position de Philes, placée sur la *limite* des deux pays, mais plus *éthiopienne* qu'*égyptienne*, comme le poëte l'a dit au cinquième vers.

CXIII. (G. L. W.)

Ce numéro se compose de douze vers iambiques en dialecte dorique. Le commencement des vers a disparu, et sir Gardner Wilkinson dit expressément que la sculpture a été faite *par-dessus les lettres*; l'inscription est donc dans le même cas que la précédente. Ici, la date manque; mais le nom Κατίλιος, qui se lit distinctement à la fin du troisième vers, en fixe l'époque au même temps que l'inscription de Catilius Nicanor. La régularité de ces vers, leur expression poétique, autant qu'on en peut juger par ce qui en reste, le choix du dialecte, tout annonce qu'elle est due également à Catilius lui-même; ce qui résulte, d'ailleurs, du sens probable des vers quatre à huit. Or, comme Catilius a visité Philes l'an XXIII de César (Auguste), c'est une raison de croire que l'exécution de la figure est postérieure à cette époque; dans ce cas, il devient probable que cette figure est celle d'Auguste châtiant ses ennemis. Ainsi, sur le pylône d'Edfou, la grande figure du roi est celle d'un Ptolémée, représenté dans la même attitude.

[a] *Idyll.* VII, 113.

CXIII. PHILES. EMPEREURS. AUGUSTE.

```
        ΑΝΑϹΚΑΙΦΙΛΑΙ                    Συ]άνᾳ καὶ Φίλαις
ΕΧoΝΙͿΙΛΙVΙΙ\ΓΑΨΧΑΝΧΑΡΙΝ            . . εχον . . . μέ]γα ψυχὰν χάριν
ΑΠΕΧΘωΝΑΜΒΟΛΑϹΚΑΤΙΛΙoϹ              . . ἀπέχθων ἀμβολὰς Κατίλιος
ΟΝΓΡΑΦΕΙΟΝΕΙϹΜΝΑΜΑΝΤΟΔΕ             . . . ον γραφεῖον εἰς μνάμαν τόδε
     ΑΓΝΟΝΕΝΕΚΟΛΑΨΕΝΙΑΡω              γράμμ'. .]ἀγνὸν ἐνεκόλαψεν ἱαρῷ
    ΙΤoΙϹΤΑϹΚΑΛΑϹΔΡΑΚωΝΦΙΛΑϹ         . . . . ιτοις τὰς καλὰς δρακὼν Φίλας
     ͞ωΜΗϹΥΝΕΞΕΥΚΤΑΙΞΕΝΕ              . . . . . ω μὴ συνέζευκται, ξένε,
     ΑϹΤωΥωΤΑΠΡΟϹΘΕΟΙϹ                σεϐ]αστῷ. . . . ὑῷ τὰ πρὸς Θεοῖς
     ΙΟΥΔΕΚΑΡΦΟϹΕΒΛΑΒΗ                . . . . . . οὐδὲ κάρφος ἐϐλάϐη
     ΑΓΝωϹΙϹΕΙΔΕΧΟΙΤΥΧΑΙ              . . ἀγνῶς . . . . . . χοι τύχᾳ
     ϹΚΑΙΘΕΟΙϹϮͲωΜΕΝΟϹ                . . . . . s καὶ Θεοῖς [τιμ]ώμενος
    Ι ΚΑΙΚΑΙΚΑ. ϹωΖΟΙΚΥΠΡΙϹ.          . . . . . . καὶ κα[λὴ] σώζοι Κύπρις.
```

Dans cette inscription mutilée, je ne puis presque rien deviner au delà de ce qu'en donne la copie; ce qui est d'autant plus regrettable, que tout annonce qu'elle devait être une des plus intéressantes de toutes celles de Philes. Aucune de mes conjectures ne me contente assez pour que j'en fasse part au lecteur.

Vers 1er. Ici ont dû se trouver les noms de Syène et de Philes. Le premier mot paraît être la fin de Συάνας; mais ce génitif appelant Φιλῶν, qu'on ne peut retrouver dans les lettres ΦΙΛΑΙ, je pense qu'il y avait ΣΥΑΝΑΙΚΑΙ ΦΙΛΑΙϹ (Συάνᾳ καὶ Φίλαις).

Le sens des vers 3 à 6 se devine; Catilius, n'aimant point les délais (ἀπέχθων ἀμβολάς), a fait servir ce *stylet* (γραφεῖον τόδε) à conserver la mémoire (εἰς μνάμαν) de son voyage; il a gravé (ἐνεκόλαψεν) sur les murs vénérés du temple (ἱαρῷ [τοίχοισι σεπ]τοῖς ou toute autre chose) un pieux écrit (γράμμ' ἀγνόν), en visitant la belle Philes (τὰς καλὰς δρακὼν Φίλας).

On remarquera l'actif ἀπέχθων au lieu du moyen ἀπεχθανόμενος, seul usité; ἀπεχθάνεσθαι, il est vrai, se construit ordinairement avec le datif; mais ἔχθω est fréquent avec l'accusatif, dans le sens que je donne à ἀπέχθων. Ἰαρῷ pour ἱερῷ est un dorisme qui se trouve souvent dans les inscriptions béotiennes[a]; on le trouve encore dans une inscription de la Cyrénaïque, où ΤΑΡΕΥΣ est pour ἰαρεύς[b], ainsi que dans les tables d'Héraclée, dans l'inscription du casque découvert à Olym-

[a] *Corp. Inscript.* t. I, p. 807. — [b] Pacho, *Voyage en Cyrénaïque*, p. 397.

pie, où le roi Hiéron est appelé Ἱάρων[a], et dans le contrat d'alliance des Éléens et des Héréens[b], où τὸ ἐπίαρον est pour τὸ ἐφίερον[c]. L'absence de l'Ι adscrit donne lieu de croire que [σεϐ] ασῖῶ et ὑῶ sont aussi des génitifs.

Vers 9. Le sens de οὐδὲ κάρφος ἐϐλάϐη paraît être *n'a été endommagé en rien*, κάρφος (κατά) *d'un fétu*; οὐδὲ κάρφος doit être synonyme de οὐδὲ γρῦ. C'est une locution qui se conclut de l'analogie seule; car, à ma connaissance, il n'y en a pas d'exemple.

Vers. 10. Peut-être y avait-il ἁγνῶς τις εὐλεχεῖ τύχᾳ, ou bien ἁγνῶς κεὐλεχεῖ τύχᾳ, « il vit chastement et heureusement en mariage; » ce qui peut se lier avec μὴ συνέζευκται du vers 7.

Vers 11 et 12. Θεοῖς τιμώμενος (pour ὑπὸ θεῶν τιμ.) paraît certain; τετιμένε πᾶσι θεοῖσι est dans un hymne orphique[d]. Καὶ καλὴ σώζοι Κύπρις (*et que la belle Cypris te* (ou *le*) *sauve*) peut avoir fait partie d'un vœu en faveur d'Auguste.

CXIV. (Ham. G. L. W.)

Il existe quatre copies de cette curieuse et obscure inscription, toutes sans lacune et conformes entre elles, sauf quelques variantes de peu d'importance. A l'exception d'un seul mot, celui qui commence le dernier vers, il n'y a pas une leçon douteuse; il faut donc traiter ce texte avec la plus grande réserve. C'est aussi ce qu'a fait M. Welcker, qui a donné de fort bonnes remarques sur quelques expressions; mais, comme il n'a point essayé de traduction, on ne sait quel est le sens général qu'il attribue à la pièce dans son ensemble. Je crois que ce sens dépend, en grande partie, de celui de la leçon ΦΗCΙΞΕΝΕ, au cinquième vers, leçon qu'on a corrigée de diverses manières, mais qu'on est obligé de maintenir, puisqu'elle est dans toutes les copies.

[a] Böckh, *Corp. Inscr.* n° 16. — [b] Id. n° 11. — [c] Böckh, *ad h. tit.* p. 31; G. Franz, *Elementa epigr.* p. 67. — [d] *Hymn.* XLV, v. 5. Hermann.

CXIV. PHILES. EMPEREURS. AUGUSTE.

Le sens dépend, en outre, des syllabes qui commencent les dix vers de l'inscription, à savoir :

$$\overset{1}{\text{KA}} \mid \overset{2}{\text{TI}} \mid \overset{3}{\Lambda\text{I}} \mid \overset{4}{\text{OY}} \mid \overset{5}{\text{TOY}} \mid \overset{6}{\text{KAI}} \mid \overset{7}{\text{NI}} \mid \overset{8}{\text{KA}} \mid \overset{9}{\text{NO}} \mid \overset{10}{\text{POC}}$$

Κατιλίου τοῦ καὶ Νικάνορος; ce qui forme précisément la suscription de l'inscription n° CXII. L'auteur était donc aussi Catilius Nicanor.

Nous avons donc là un *acrostiche* d'une nature toute particulière : à savoir, un *acrostiche syllabique*, au lieu de l'*acrostiche littéral*, le seul, à ce qu'il me semble, que l'on connaisse jusqu'à présent.

Il en résulte une sorte d'*énigme* ou de *griphe*, dont l'auteur a voulu, autant que possible, cacher le mot, et que je ne me flatte pas d'avoir complétement deviné. C'est un de ces badinages, résultat de quelque pari entre voyageurs gens d'esprit. Catilius aura dit : « Je parie d'écrire « mon nom en toutes lettres, sans qu'on puisse le deviner. » Donc, après avoir tracé, κιονηδόν, les *dix* syllabes de son nom, il aura rempli chaque ligne de manière que la première syllabe fût perdue dans le reste.

Voici le texte, où je n'ai changé qu'une seule lettre au commencement du premier vers :

KAMOTON·ͣ EYTEXNOYΦⲰTOCCTIXONⲰΦIΛEBHMA
TIMIONAMΠAYCACEΓMAΘEKAIXAPICAIͩ
ΛITAICͨ ICTOPIAICΛITONΠONONOIAΠEΠAIΓMAI
OYKENAMHNYⲰNOYΠEPEΦYNΓENETOY
TOYΔEKAΛOYΠΛⲰCACΦHCIΞENEXEYMATANEIΛOY
KAIPONEXⲰΦⲰNEINXAIPETEΠOΛΛAΦIΛAI
NIKⲰMAIΠETPAICTEKAIOYPECINⲰKATAPAKTAI
KAΓⲰEXⲰTEYXEINICTOPIKHNCEΛIΔA
NOCTHCACKAIIΔⲰNNIKANOPAKAIΓENOCAΛΛO
POCKATAΛOIΠONEXⲰTOYTOΓAPECTITEΛOC

Κἀμὲ τὸν εὐτέχνου φωτὸς στίχον, ὦ φίλε, βῆμα
Τίμιον ἀμπαύσας, ἔγμαθε καὶ χάρισαι
Λιταῖς ἰστορίαις λιτὸν πόνον, οἷα πέπαιγμαι,
ΟΥ κενὰ μηνύων οὕπερ ἔφυν γενέτου.
« ΤΟΥ̃δε καλοῦ πλώσας, φησί, ξένε, χεύματα Νείλου,
« ΚΑΙρὸν ἔχω φωνεῖν · χαίρετε πολλὰ, Φίλαι.
« ΝΙκῶμαι πέτραις τε καὶ οὔρεσιν, ὦ Καταράκται.
« ΚΑγὼ ἔχω τεύχειν ἰστορικὴν σελίδα.
« ΝΟστήσας καὶ ἰδὼν Νικάνορα καὶ γένος · ἄλλο
« ΡΟΣ κατάλοιπον ἔχω, τοῦτο γάρ ἐστι τέλος. »

Arrêtant ici tes pas respectueux, ami, étudie-moi bien, moi qui suis la pièce de vers d'un habile mortel, et permets à un futile voyageur un futile travail, jeu d'esprit dont je ne t'annonce pas l'auteur; chose superflue! « Ayant navigué, ô étranger! dit (ce « poëte), sur les flots du Nil superbe, il est temps que je m'écrie : Adieu, vingt fois « adieu, Philes; je cède aux rochers, aux montagnes, ô cataractes! Et moi aussi, je dois « composer une *pièce* sur mon voyage, étant venu en ces lieux et ayant vu Nicanor et « sa famille. Il ne me reste qu'un ROS à placer; car c'est la fin. »

ͣ Ham. ΚΑΛΛΟΤΟΝ. — ͩ Ham. ΧΑΙΡΙϹΑΙ; Gau, ΧΑΙϹΑΙ. — ͨ Ham. ΑΥΤΑΙϹ.

Vers 1 à 4. Tout, dans ces quatre vers, est sur le ton de la plaisanterie. L'auteur se moque un peu de son lecteur et de lui-même. M. Welcker a lu AMOTON sans le K, n'ayant pas remarqué l'acrostiche, qui rend la lettre indispensable. Il lisait ἄμοτον, dans le sens adverbial de *per quam, quam maxime*, rapporté soit à l'adjectif εὐτέχνου, soit au verbe ἔγμαθε. C'est la pièce de vers (στίχος pour στίχοι) elle-même qui prend d'abord la parole, et forme le sujet des verbes, à la première personne, πέπαιγμαι et ἔφυν. Cette observation délie le nœud de la difficulté, en montrant qu'il faut lire Κἀμὲ τὸν ...στίχον.

La plaisanterie se montre dans le compliment que s'adresse l'auteur, s'appelant sans façon εὔτεχνος φώς, afin de rendre plus difficile la solution du griphe, et de détourner son lecteur de l'idée que le nom de l'auteur se trouvait en tête des vers. Cette intention est rendue plus évidente par le troisième et le quatrième vers : Χαρίσαι λιταῖς ἰστορίαις λιτὸν πόνον. Le mot πόνος désigne la pièce elle-même, le travail de la pièce de vers ; οἷα πέπαιγμαι, il est l'effet d'un *jeu d'esprit*; λιτός, il ne vaut pas grand'chose, mais il est bien en rapport avec un voyage qui ne mérite guère d'attention. Λιταὶ ἰστορίαι doit désigner le voyage à Philes de l'auteur, pur voyage de *touriste*, dont l'auteur n'entend tirer ni honneur ni profit.

Le poëte achève de dépister son lecteur dans le quatrième vers. OYKENA est dans toutes les copies. Οὕπερ ἔφυν γενέτου, comme κἀφ' ὅτου πατρὸς γεγώς de Sophocle[a], locution élégante; Euripide dit de même : οὐκ οἶδε Φοῖβον, οὐδὲ μητέρ' ἧς ἔφυ[b]; Sophocle : πατρὸς οὗ σὺ παῖς ἔφυς[c]. Je lis, ainsi que M. Welcker, οὐ κενά, comme θυμῷ ματαίῳ μὴ χαρίζεσθαι κενά[d], et cet adjectif pluriel neutre doit être pris adverbialement, selon l'usage, pour κενῶς. En même temps que le nom est écrit en toutes lettres en tête des vers, l'auteur annonce qu'il ne donnera pas son *nom*, οὐ κενὰ μηνύων; chose inutile, vaine, qui ne mérite pas qu'on s'en occupe.

Vers 5 à 10. C'est la pièce de vers qui a parlé jusqu'ici ; voici maintenant le poëte lui-même qui prend la parole dans les vers sui-

[a] Œdip. Col. v. 577. — [b] Ion, v. 50, Hermann. — [c] Electr. v. 333. — [d] Soph. Electr. v. 323.

CXIV. PHILES. EMPEREURS. AUGUSTE. 157

vants : ce qu'indique la leçon ΦΗCΙΞΕΝΕ, qui a paru des plus embarrassantes. M. Welcker propose de lire γηθίξενα; M. Boissonade pense à φυσίξενα, dans le sens de ξενοφυής, c'est-à-dire *fluenta quæ piscium pariunt et reptilium prodigia* [a]. Cette correction est assurément fort spirituelle; mais les quatre copies donnant distinctement ΦΗCΙΞΕΝΕ, on ne peut douter que la leçon ne soit sur la pierre. Dès lors, il n'y a pas moyen de lire autrement que φησὶ, ξένε; le premier mot ne peut se rapporter qu'au mortel habile, εὔτεχνος φώς, que l'auteur indique au premier vers; c'est ce personnage qui parle dans les six derniers vers, à partir de τοῦδε καλοῦ.... ὦ Καταράκται. Je les ai donc mis entre guillemets comme tranchant sur ce qui précède : c'est l'adieu du poëte à l'Égypte.

Vers 6. Il semblerait que l'auteur en eût assez de son voyage; χαίρετε πολλά rappelle le χαίρετε πολλάκις Μοῖσαι [b], et le Μῶσαι μάλα χαίρετε [c] de Théocrite : c'est une prosopopée analogue à αἰσχύνεσθ' οὔρεα καὶ πελάγη de Parménion [d]. Quoique καιρὸν ἔχω φωνεῖν puisse ne signifier que *je puis, je suis en état de dire*, cette expression me paraît avoir le sens de *le temps est venu, il est bien temps de dire, l'occasion est bonne pour dire*; νικῶμαι πέτραις joue sur l'expression connue νικῶμαι ἡδονῇ, ἔρωτι, κακοῖς, *je succombe* au plaisir, à l'amour, aux malheurs, c'est-à-dire *j'en éprouve plus que je n'en peux supporter*; et ici, *j'ai bien* assez de pierres et de montagnes.

Les deux vers 8 et 9 m'embarrassent. Le poëte cité semble dire que, quand il sera de retour dans son pays (νοστήσας), et après avoir vu (ἰδών) Nicanor, il aura à composer aussi, comme tant d'autres (κἀγὼ ἔχω τεύχειν), un récit de son voyage, ἱστορικὴν σελίδα; car σελίς peut désigner un ouvrage entier : c'est ainsi que l'*Iliade* est appelée par Acératus σελὶς Ἰλιάδος [e]; et les poëmes d'Homère sont appelés Ὁμηρείη σελίς dans une épigramme anonyme [f]; ce qui donne lieu de croire que l'auteur, Catilius Nicanor, avait écrit un livre sur son voyage, livre à présent perdu.

[a] *Anecdota græca*, t. I, p. 369. — [b] Theocr. *Idyll.* I, v. 144. — [c] Id. *Idyll.* II, v. 28. — [d] *Antholog. palat.* IX, 304, v. 4. — [e] *Ead.* VII, 117. — [f] *Ead. in Append.* 109.

Mais il est très-possible que νοσ7ήσας se prenne ici, comme souvent[a], dans le sens de *voyager*, non de *retourner;* en ce cas, la pensée est différente. Le poëte voudra dire que *lui aussi*, comme d'autres voyageurs, doit faire sa pièce de vers, ce qu'il appelle ἱσ7ορικὴ σελίς; et il la fera *ayant vu Nicanor et sa famille.* Ce Nicanor n'est peut-être que lui-même, dont il met ici le nom pour dépayser son lecteur. Le nom de Catilius Nicanor se trouve exprimé dans les deux pièces précédentes. Eh bien, l'auteur soi-disant *anonyme*, qui le connaît et visite Philes en même temps, suivra son exemple. Ce deuxième sens me paraît le meilleur. Néanmoins tout cela est assez obscur, mais il est évident que l'auteur ne voulait pas être clair.

Les trois lettres POC, qui commencent le dernier vers, devaient paraître une énigme indéchiffrable pour ceux qui n'avaient pas reconnu l'*acrostiche;* on avait donc proposé de les changer diversement[b].

Mais ces conjectures sont à présent inutiles. Il ne restait plus que POC pour compléter les noms (Κατιλίου τοῦ καὶ ΝικάνοPOC); or, comme il n'y a pas de nom grec qui commence par POC, l'auteur, dans son embarras, se contente de rappeler la syllabe, et de dire qu'elle complète tout et que sa pièce est finie.

CXV. (C. E. G. W.)

Voici la seule inscription latine qu'on ait recueillie à Philes; elle est au bas de la figure D; tracée par-dessus les moulures qui règnent au-dessous, elle est évidemment postérieure à toutes ces sculptures.

La première copie de cet acte de visite a été publiée dans la Description de l'Égypte[c]; mais la première ligne y est séparée des suivantes, que l'on croirait former une inscription distincte. M. Hamilton l'a publiée beaucoup plus exactement[d]; puis M. Gau, qui a, de plus, indiqué la place qu'elle occupe. La copie que j'ai reçue ensuite de sir Gardner Wilkinson est aussi fort correcte.

---

[a] Hermann, *Ad Sophocl. Philoct.* v. 43. — [b] Welcker, *Sylloge*, p. 395. — [c] *Antiq.* Pl. t. V, pl. 55, n⁰ˢ 9 et 10. — [d] *Ægyptiaca*, p. 52, n° 6.

CXV. PHILES. EMPEREURS. AUGUSTE.

```
        L·TREBONIVS
      ORICVLA·HIC·FVI
      C·NVMONIVS·VALA
           HIC·FVI
      IMP·CAESARE·XIII·COS
      A·D·VIII·K·APRILES·KIII.
```

Ce sont deux personnages romains qui attestent avoir visité le temple de Philes. Comme il n'y a qu'une date, on doit croire qu'ils sont venus ensemble.

L'un de ces noms est historique, celui de C·NVMONIVS·VALA. Niebuhr a déjà remarqué que ce doit être le *C. Numonius Vala* auquel Horace adresse la quinzième épître du premier livre. Le prénom *Caïus* manque dans quelques manuscrits ; mais il en existe d'autres qui donnent *ad C. Numonium Valam*. Dans la copie de M. Gau, on lit Є. NVMONIVS·VALA, et Niebuhr avait bien vu que cet Є devait être un C. La correction est vérifiée par la copie de la Commission d'Égypte et par celle de sir G. Wilkinson, où le C se lit distinctement.

Déjà Fulvio Orsini avait reconnu que le *C. Numonius Vala* d'Horace (et par conséquent le nôtre) doit être le même que le *Numonius Vala*, lieutenant de Varus, qui, après avoir lâché pied lors de la bataille contre les Germains, fut tué dans sa fuite [a]. Ce n'est, il est vrai, qu'une conjecture [b] ; mais elle est rendue maintenant bien probable par le prénom de Caïus, que Vala tenait sans doute d'un de ses ancêtres, à savoir de C·NVMONIVS·VAALA, personnage inconnu d'ailleurs, dont il reste une médaille, avec la légende C. NVMONIVS VAALA, où l'on voit, au revers, un retranchement attaqué par un homme seul ; ce sujet se rapporte au motif qui lui avait valu son surnom de *Vaala*, A long dans *Vala* (pour *Valla*, de *Vallum*) étant exprimé par la double voyelle ; ce qui indique, selon la remarque de Visconti, que la médaille a été frappée antérieurement au VII[e] siècle de Rome [c].

Notre inscription ajoute un trait nouveau à la vie de l'ami

---

[a] Vell. Patercul. II, 119. — [b] Eckhel. *Doctr. num.* t. V, p. 163. — [c] *Iconogr. Rom.* t. I, p. 41.

d'Horace. L'époque de sa visite au temple d'Isis est fixée par les mots IMP·CAESARE·XIII·COS·A·D·K·APRILES[1] : c'est le 31 mars de l'an 752 (2 avant J. C.). La défaite de Varus eut lieu en 762 (10 après J. C.); cette visite est donc antérieure de onze ans à la mort de Vala. Il est vraisemblable qu'il était alors officier d'une des légions cantonnées en Égypte, et qu'il en fut ensuite tiré avec grade supérieur, pour faire partie de l'armée de Germanie, où il avait obtenu le haut grade de lieutenant (*legatus*). On doit regretter que Numonius Vala n'ait pas été moins modeste ou moins indifférent pour ses titres, et n'ait pas joint à son nom le titre de son grade; nous saurions le chemin qu'il avait fait pendant les onze années qui s'écoulèrent entre sa visite à Philes et la bataille contre les Germains.

Si l'épître d'Horace a été écrite, comme on le pense[a], vers l'an 731 ou 732 de Rome, C. Numonius Vala, qui était alors dans sa terre de Lucanie, devait être fort jeune. En supposant qu'il eût cinquante-cinq ans à sa mort, il devait avoir de vingt-deux à vingt-trois ans lorsque Horace le consultait sur le climat de Vélia et de Salerne.

Quant à *Trebonius Oricula*, qui l'accompagnait, c'était, sans doute, un officier du même corps. Serait-ce le Trébonius dont parle Horace, qui fut surpris en adultère : *Deprensi non bella est fama Treboni*[b]? Le surnom *Oricula* (pour *Auricula*), la *petite oreille*, exprime, sans doute, un trait particulier de sa figure. Cet officier était peut-être un de ces petits-maîtres qui faisaient à Rome le désespoir des maris, et donnaient de la besogne au censeur ou à ses délégués. S'il en est ainsi, nous aurions, dans cette inscription, des *autographes* de deux amis d'Horace.

J'ai remarqué que c'est la seule inscription latine qui ait été trouvée à Philes. Nous en avons vu déjà, et nous en verrons encore, qui ont été tracées par des Romains; mais elles sont toutes en grec,

---

[a] Walckenaer, *Vie d'Horace*, t. II, p. 17 et 626. — [b] I. Sat. 4, 115.

[1] Dans la copie de M. Gau, après APRILES on voit les chiffres XIII, qui n'ont aucun sens. Ils manquent dans les autres copies. Ce sera une répétition fautive du chiffre qui suit COS.

CXV, CXVI. PHILES. EMPEREURS. AUGUSTE. 161

et cependant toutes sont datées en années de règne, d'après le calendrier égyptien[a]. Celle-ci est la seule où l'époque du règne d'Anguste soit marquée par l'indication du consulat, et d'après le calendrier romain.

CXVI. (CAILL. L. W.)

C'est à M. Cailliaud[b] que l'on doit la première copie de cette inscription, gravée sur le mur de la colonnade de l'ouest (pl. II, n° 2, m), dont les sculptures sont du temps d'Auguste, de Tibère et de Claude[c] : aussi ne porte-t-elle aucune inscription antérieure à celle-ci (n°s CXXII, CXXVII). Les deux autres copies, prises ensuite par M. Lenormant et sir Gardner Wilkinson, n'ont fait que confirmer les leçons de la première.

ΑΜΜΩΝΙΟCΔΙΟΝΥ	Ἀμμώνιος Διονυ-
CΙΟΥΕΥΧΗΝΕΠΟΗCΕ	σίου εὐχὴν ἐπόησε
ΙCΙΔΙΚΑΙCΑΡΑΠΙΔΙΚΑΙ	Ἴσιδι καὶ Σαράπιδι καὶ
ΤΟΙCCΥΝΝΑΟΙCΘΕΟΙC	τοῖς συννάοις Θεοῖς
ΤΟΠΡΟCΚΥΝΗΜΑΠΡΩΤ	τὸ προσκύνημα Πρωτ-
ΑΤΟCΤΟΥΑΔΕΛΦΟΥΚΑ	ᾶτος τοῦ ἀδελφοῦ, κα-
ΙΤΩΝΑΥΤΟΥΤΕΚΝΩΝΚΑΙ	ὶ τῶν αὐτοῦ τέκνων, καὶ
ΝΙΓΡΟΥΤΟΥΑΔΕΛΦΟΥΚΑΙ	Νίγρου τοῦ ἀδελφοῦ, καὶ
ΤΗCΓΥΝΑΙΚΟCΚΑΙΔΗΜ	τῆς γυναικὸς Κλιδημ-
ΑΤΟCΚΑΙΤΩΝΤΕΚΝΩΝΑΥ	άτος, καὶ τῶν τέκνων αὐ-
ΤΗCΚΑΙΔΙΟΝΥΤΟCΚΑΙΑΝC	τῆς, καὶ Διονῦτος, καὶ Ἀνου-
ΥΒΑΤΟC L ΛΑΚΑΙCΑΡΟCΠΑ	6άτος. L. ΛΑ Καίσαρος Πα-
ΥΝΙ ΙΒ	ϋνὶ ΙΒ.

Ammonius, fils de Denys, en accomplissement d'un vœu, a fait à Isis, à Sarapis, et aux dieux adorés dans le même temple, l'hommage religieux de Prôtas son frère et de ses enfants; de Niger son frère; de sa femme Clidémas et des enfants d'elle; de Dionys et d'Anubas : l'an xxxi° de César, de païni le 12.

Τὸ προσκύνημα pourrait être une apposition de εὐχήν; mais il est plus vraisemblable que εὐχήν est pour κατ' εὐχήν (ἐπόησε... τὸ προσκύνημα)[d].

[a] *Statue vocale de Memnon*, p. 124. — [b] *Voyage à l'oasis de Thèbes*, pl. XIII, n° 6. — [c] Champollion, *Lettres sur l'Égypte*, p. 165. — [d] Osann, *Sylloge Inscr.* p. 224, 225, 501, 575.

La forme Πρωτᾶς est connue par le papyrus Borgia[a], où le nom se trouve plusieurs fois ; mais le génitif de ce nom y est Πρωτᾶ.

Ce dérivé de Πρῶτος se trouve encore sous une autre forme, celle de Πρωτῦς, génitif Πρωτῦτος, dans cette inscription gravée sur la plinthe d'un groupe de *quatre figures adossées*, appartenant au musée de Turin[b]; on y lit : ΠΡѠΤΥΤΟC ΤΕΧΝΗ ΕΡΓΑCΤΗΡΙΑΡΧΟΥ (Πρωτῦτος τέχνη ἐργαστηριάρχου, *ouvrage de Protys, chef d'atelier*).

Les mots καὶ τῶν τέκνων αὐτῆς font présumer que Clidémas était mariée en secondes noces avec Ammonius, et qu'elle avait des enfants du premier lit. Διονῦτος est le génitif de Διονῦς, abrégé de Διονύσιος, ou de Διονύσις, par le retranchement de l'*o* final[c]. On connaît aussi les formes Διονυτᾶς et Διονυσᾶς[d], qui sont peut-être l'abrégé de Διονυσόδωρος. Quant à Διονῦς, les grammairiens font le génitif en ύ, à savoir Διονύ[e]. Notre inscription prouve l'emploi du génitif en ῦτος, qui devait être surtout usité en Égypte[f].

Clidémas (car je lis ΚΛΙΔΗΜΑC au lieu de ΚΑΙΔΗΜΑC), rappelle le nom de *Clidémus*, un des historiens de l'Attique : c'est un nom de femme, comme Σερᾶς (n° CX). Le nom d'Ἀνουβᾶς s'est déjà rencontré au n° CVII. La date est de l'an xxxi de César (Auguste), le 12 païni ; ce qui répond au 6 juin de l'an 2 de Jésus-Christ. J'ai déjà remarqué un exemple de cet intervalle laissé entre ΠΑΥΝΙ et ΙΒ, qui exprime le quantième du mois[g].

CXVII. (L. W.)

Les deux inscriptions suivantes sont gravées sur la paroi nord (c'est-à-dire sur celle qui est tournée du côté du temple) du propylon de Nectanébo ; elles y sont placées au-dessus l'une de l'autre, toutes deux datées du même jour.

[a] Schow, *Papyr. Borg.* p. 50. — [b] Raoul-Rochette, *Monuments inédits*, p. 326, n° 1. — [c] Plus haut, p. 100. — [d] *Corp. Inscr.* n° 533 ; Mionnet, *Méd. gr. III*, p. 259. — [e] Theodos. *Canon.* ap. Bekker. *Anecd. gr.* p. 1195. — [f] Plus haut, p. 55, 64. — [g] Plus haut, t. I, p. 29.

CXVII. PHILES. EMPEREURS. AUGUSTE.

ΚΡΟΝΙΟϹΑΡΠΟΧΡ'	Κρόνιος Ἁρποκρα-	Cronius, fils d'Harpocra-
ΤΙⲰΝΟϹΚΑΙΑΡΧΗ	τίωνος καὶ Ἀρχη-	tion, et Arché-
ΜΙϹΠΕΤΕΜΕΙΝΕ	μις Πετεμεινό-	mis, fils de Pétémeno-
ϹΑΧΛΘΟΜΕΝ	φιος (?) ἤλθομεν	phis, nous sommes venus
ΚΑΙΠΡΟϹΕΚΥΝΗ	καὶ προσεκυνή-	et avons ado-
ϹΑΜΕΝΤΗΝΚΥΡΙ	σαμεν τὴν κυρί-	ré la maî-
ΑΝΙϹΙΝΟΥΝΤΟΙϹ	αν Ἶσιν, σὺν τοῖς	tresse Isis, avec les
ΦΙΛΟΙϹΚΡΟΝΙⲰΙ	φίλοις Κρονίῳ	amis Cronius
ΚΑΙΔΙΔΥΜⲰΙΑΜ	καὶ Διδύμῳ, ἀμ-	et Didyme, tous deux
ΦΟΤΕΡⲰΝΤΡΥΦⲰ	φοτέρων Τρύφω-	fils de Tryphon,
ΝΟϹΚΑΙΑΡΠΟΧΡΑ	νος, καὶ Ἁρποκρα-	et Harpocra-
ΤΙⲰΝΙϹΑΡΑΠΙⲰΝΟϹ	τίωνι Σαραπίωνος	tion, fils de Sarapion,
ΚΑΙΕΠΟΙΗϹΑΜΕΘΑ	καὶ ἐποιησάμεθα	et nous avons fait
ΤΟΠΠΡΟϹΚΥΝΗΜΑΑΡ	τὸ προσκύνημα Ἁρ-	le proscynème d'Har-
ΠΟΚΡΑΤΙⲰΝΟϹΤΟΥ	ποκρατίωνος τοῦ	pocration, fils
ΕΠⲰΝΙΧΟΥΚΑΙΤⲰΝ	Ἐπωνίχου (?) καὶ τῶν	d'Éponichus? et de
ΑΥΤΟΥΠΑΝΤⲰΝ	αὐτοῦ πάντων	tous les siens,
ⳞΑΛΑΚΑΙ	Ⳟ. ΛΑ Καί-	L'an xxxi de César,
ϹΑΡΟϹ	σαρος,	de mésori le 17.
ΜΕϹΟΡΗ ΙΖ.	μεσορὴ ΙΖ.	(11 août de l'an 2 de J.C.)

Le *proscynème* est fait en commun par un Grec et un Égyptien : l'un, Cronius, fils d'Harpocration; l'autre est appelé *Archémis*, ce qui est peut-être le même nom que Ἄρπχημις dans un papyrus de Turin[a]. Le nom qui vient ensuite doit être au génitif, et indiquer celui du père d'Archémis. Je ne vois pas ce qu'on peut faire de ΠΕΤΕΜΕΙΝΕϹΑϹ, à moins de lire ΠΕΤΕΜΕΙΝΟΦΙΟϹ (c'est-à-dire *qui appartient* à Amon ou Ammon), nom connu par plusieurs monuments, entre autres par le personnage dont la momie a été rapportée par M. Cailliaud[1], et qui est maintenant au cabinet des Antiques, avec la caisse qui la renfermait.

Ces deux personnages sont venus là en compagnie de trois amis, dont deux fils de Tryphon; ἀμφοτέρων est une négligence pour ἀμφοτέ-

---

[a] *Papyrus Taur.* I, col. 5, l. 16.

[1] Voy. mes *Observations sur les représentations zodiacales.* Un examen plus attentif m'a fait lire depuis ΠΕΤΕΜΕΝⲰΦΙϹ, au lieu de ΠΕΤΕΜΕΝⲰΝ, dans l'inscription grecque de la caisse de cette momie. (V. Reuvens, *Lettres à M. Letronne;* 11ᵉ lettre, p. 34, note b.)

164   PROSCYNÈMES ET ACTES DE VISITE.

ροις, qui annonce peut-être que l'inscription a été écrite par l'Égyptien plutôt que par le Grec.

Après avoir adoré la déesse, ils ont fait le proscynème d'un troisième personnage nommé *Harpocration*, qui, selon toute apparence, était le père de Cronios, un des deux auteurs de l'inscription. ΕΠΩΝΙΧΟΥ est un nom fort douteux; serait-ce Ἱππονίκου ou Ἐπωνύμου? Les lettres ΙΧ et ΥΜ peuvent facilement se confondre à l'œil, quand elles sont un peu effacées.

La date semble être plutôt LΜ que LΛΑ; mais souvent les deux ΛΑ sont si rapprochés l'un de l'autre, qu'ils se confondent avec le Μ, et de même ΛΑ, quand le trait transversal est effacé. La date de l'inscription suivante montre comment celle-ci doit être lue.

CXVIII. (L.)

ΑΥΛΟCΝΟΟΥ	Αὖλος Αὔλου	Aulus Faustus, fils d'Aulus
ΦΑΥCΤΟCΗ[ΚΩ]	Φαῦσ7ος ἤ[κω]	(Faustus), je suis venu avec
CΥΝΤΟΙCΠΡΟΤΟ	σὺν τοῖς προγε-	les amis dont les noms sont
ΓΡΑΜΜΕΝΟΙC	γραμμένοις	écrits ci-dessus, et j'ai adoré
ΦΙΛΟΙCΚΑΙΠΡΟ	φίλοις καὶ προ[σ]	la maîtresse Isis,
CΚΥΝΗCΑΤΗΝ	εκύνησα τὴ)ν	
ΚΥΡΙΑΝΙCΙΝ	κυρίαν Ἶσιν	
		L'an xxxi de César,
L ΛΑ ΚΑΙCΑΡΟC	L. ΛΑ Καίσαρος,	de mésori le 17.
ΜΕCΟΡΗ ΙΖ.	μεσορὴ ΙΖ.	

Cet Aulus Faustus était un Romain qui accompagnait les précédents, et qui fit son acte d'adoration le même jour, le 17 mésori de l'an xxxi de César. C'est la même année que celle de la dédicace du propylon de Tentyra (n° IX), à savoir le 4 août de l'an 1er de notre ère, en comptant d'après le calendrier fixe, qui servait déjà dans le comput alexandrin de cette époque, comme le prouve la date ce propylon [a].

Le nom du père de ce Romain est écrit ΝΟΟΥ, ce qui n'est un

---

[a] Plus haut, t. I, p. 85.

nom ni grec ni latin. Le mot ΝΟΟΣ ou ΝΟΥΣ n'est pris pour nom propre qu'en composition, Ἀντίνοος, Ἀλκίνοος, Ἀρσίνοος, etc. J'ai donc présumé que l'initiale N de la copie nous cache AY, confusion très-facile ; ce qui nous mène à ΑΥΛΟΥ. Le père s'appelait comme le fils.

CXIX. (G. L. W.)

La restitution de ce proscynème, gravé sur la face sud du grand pylône, dépend de celle du mot σ]ρατιῶται, qui me semble certaine ; le reste ne consiste qu'en noms propres.

ΗΓ/ϝΛΙΙ.ССΚΑΙΙΟΥ	Ἡρακλῆς ὁ καὶ Ἴουσ]ος καὶ
ΠΑΡΦ.ΛС.ΖιѠΠΟСΙΔΗΙСΙ	Παρθένιος Ποσιδηίου καὶ
ΔΙ∈ΝVС...Δ..СΔΙΟΝΥСΙΔΙ	Διονυσ[ιά]δ[η]ς Διονυσιάδ[ου καὶ]
Λ..СΚС../ΙΙΔΗС∈ΥΤΥΧ	Δ[ιο]σκο[υρ]ίδης Εὐτυχ[οῦς]
5 Κ...СΡΝΙ..СΟΡΤΗСΙССΥ	κ[αὶ Κ]ορνήλιος Ὁρτησίου [καὶ]
Ρ...ΙϝΟСΤ.ΗΝΟΘ∈ΜΙΛС	Ῥ[ιαν]ὸς [Ζ]ηνοθέμιδο[ς, σ]ρ]-
Λ....ΤΛΙ.С\ΘΟΝΤ.∈СΠΡС	α[τιῶ]ται, ἐλθόντες πρὸς
Τ...∈Μ¹...ΗΝΙСΙΝΜΝΗ∈С	τὴν με[γίσ]ην Ἴσιν [ἐ]μνήσ[θησαν τῶν]
ΙΚ...ѠΝ L.ΛΗΚΑΙСΑΡΟСΦΑѠ	οἰκ[εί]ων. L. ΛΗ Καίσαρος, Φαω[φὶ...

Héraclès dit Justus ; Parthénius, fils de Posidéius ; Dionysiade, fils de Dionysiade ; Dioscuride, fils d'Eutychès ; Cornélius Hortensius, et Rhianus, fils de Zénothémis, soldats, étant venus vers la très-grande Isis, se sont souvenus de leurs proches, l'an XXXVIII de César, de phaophi le . . . . .

Cette date répond au mois d'octobre de l'an 8 de notre ère.

Ligne 1ʳᵉ. La leçon Ἡρακλῆς ὁ καὶ Ἰου[στος], comme Αὐρηλίου Σωτῆρος τοῦ καὶ Ἰούστου, dans une inscription de Khardassy, me paraît certaine. Le nom d'Ἡρακλῆς s'est déjà présenté[a].

Ligne 2ᵉ. On peut lire ΠΑΡΘένιος ou ΠΑΡΡΑCιος, suivi de Ποσιδηίου ou Ποσίδειος.

Ligne 6ᵉ. Aux lettres Ρ...ΙΙΟС convient le nom ΡΙΑΝΟС, qui se trouve ailleurs : c'est celui d'un auteur, grammairien, historien et poëte, dont il nous reste encore quelques fragments[2]. Ce Rhianos

---

[a] Plus haut, p. 119.

[1] Je pense qu'il y a Μ∈ au lieu de ∈Μ.

[2] Un léger changement paraît nécessaire dans l'article de Suidas relatif à ce poëte : Ῥιανὸς ὁ καὶ Κρὴς ὤν, Βηναῖος ; je lis, avec

était fils de *Zénothémis*, Ζηνοθέμιδος, nom fort connu dans l'antiquité.

Les auteurs de ce proscynème étaient des *soldats* qui faisaient sans doute, partie du corps de troupes chargé de la garde des frontières, à la fin du règne d'Auguste. De ces six noms, il y en a quatre de grecs. Sur huit centurions, nous avons trouvé plus haut six noms romains (n° CVIII). On peut présumer, d'après cela, qu'il entrait à peu près autant de Grecs que de Romains dans les légions de cette époque. J'ai déjà parlé de la formule ἐμνήσθησαν τῶν οἰκείων [a].

CXX, CXXI. (G. L. W.)

Les deux inscriptions suivantes sont placées l'une au-dessus de l'autre, et séparées par le mot ἄλλο (sous-entendu γράμμα ou ἐπίγραμμα); ce qui indiquerait qu'elles sont de la même main.

CXX. Je commence par l'inscription supérieure, dont M. Gau a copié seulement les quatre premiers vers, et encore d'une manière si confuse, que Niebuhr n'a pu en déchiffrer que la première ligne, où il manque un mot, et que M. Welcker a renoncé à en lire davantage. Il n'en est pas ainsi, par bonheur, des deux copies de MM. Lenormant et Wilkinson, où j'ai pu lire toute l'inscription, qui se compose de sept vers.

ΗΛΘΟΜΕΝΑΙΓΥΠΤΟΙΟΠΕΡΑΣΠΕΡΙΚΑΛΛΕΑΝΗΣΟΝ
ΙΣΙΔΟΣΙΝΑΧΙΗΣΓΑΙΑΝΕΠΟΨΟΜΕΝΟΙ
ΚΑΙΝΕΙΛΟΥΒΑΘΥΚΕΥΜΑΟΣΑΙΓΥΠΤΟΝΠΟΛΙΟΛ
ΑΙΕΝΕΤΟΣΣΩΖ [b] ΚΑΙΣΑΡΟΣΕΥΤΥΧΙΑΙΣ
ΧΑΙΡΕΑΝΑΣΣΑΦΙΛ..ΧΑΙΡΟΙΣΘΑΜΑΚΑΙΦΥ [c] ΣΑΡΑΠΙ
ΣΑΙΑΝΗ [d] ΝΑΝΤΙΠ.ΡΑΝΑΙΩΝΑΡΑΤΟΝΓΩΝΙΣΕΜ.ΟΝ [e]
ΚΑΙΠΕΜΨΑΙΣΗΜΑ.ΣΩΣΥΣΕΣΚΡΟΝΟΥΕΜΠΟΡΓΟΝ.

[a] Plus haut, p. 29. — [b] ΣΩΖΕΙ. W. — [c] ΣΥ. W. — [d] ΣΔΙΑΝΕΝΑΝΠΠΑΡΑΠΑΙΩΠ. W. — [e] ΠΟΛΥΣΕΜΝΟΝ. W.

un simple déplacement de virgule, Ῥιανὸς, ὁ καὶ Κρὴς, ὢν Βηναῖος. « Rhianos, dit le « *Crétois*, parce qu'il était de Bène. » *Bène* était une ville de Crète.

CXX, PHILES. EMPEREURS. AUGUSTE. 167

Ἤλθομεν Αἰγύπτοιο πέρας, περικαλλέα νῆσον,
Ἴσιδος Ἰναχίης γαῖαν, ἐποψόμενοι,
Καὶ Νείλου βαθὺ χεῦμα, ὃς Αἴγυπτον πολύολ[6ον]
Αἰὲν ἔτος σώζει· Καίσαρος εὐτυχίαις
Χαῖρε ἄνασσα Φιλ[ῶν], χαίροις θ'ἅμα καὶ σὺ, Σάραπι,
Γαῖαν ἐναντιπέρα ναίων Ἄβατον πολύσεμνον,
Καὶ πέμψαις ἡμᾶς σώους ἐς Κρόνου ἐμπόριον.

Nous sommes venus à la limite de l'Égypte, pour voir l'île très-belle, la terre de l'inachéenne Isis, ainsi que le profond courant du Nil, qui, chaque année, conserve la féconde Égypte. Pour le bonheur de César. Salut, reine de Philes; salut aussi à toi, Sérapis, qui habites le vénérable Abaton, de l'autre côté du Nil, et puisses-tu nous envoyer, après avoir été exempts de maladie, dans le port de Saturne!

Vers 1er. La tournure est embarrassée; mais on ne peut, je crois, hésiter sur la construction. Je fais dépendre Αἰγύπτοιο πέρας de ἤλθομεν, et περικαλλέα νῆσον, etc. de ἐποψόμενοι. L'auteur a cru pouvoir se passer de ἐς, qu'il n'y a pas moyen d'introduire dans ce vers.

Vers 2e. La beauté de Philes, la richesse de ses divers aspects, frappent tous les voyageurs modernes; les anciens devaient en être plus frappés encore, ornée qu'elle était de tant d'édifices dont il ne subsiste plus que les restes: aussi l'épithète de περικαλλής devait se présenter naturellement sous leur plume.

Isis porte, comme ici, dans Callimaque (Ἰναχίης ἔστησεν ἐν Ἴσιδος[a]), l'épithète d'Ἰναχία, qui accompagne, dans les anciens poëtes, le nom d'Io, fille d'Inachus. Ainsi Eschyle l'appelle κόρη ἡ Ἰναχεία et Ἰνάχειον σπέρμα[b]. Cette épithète passa ensuite à Isis, lorsque cette déesse eut été identifiée à la nymphe Io, par une de ces assimilations factices qui tenaient à quelques circonstances fortuites[c]. Ici la cause vint naturellement de ce que les figures grecques d'Io étaient surmontées de cornes, comme celles d'Isis chez les Égyptiens; remarque déjà faite par Hérodote[d], quoique cet historien n'eût encore aucune idée de l'identification de l'argienne Io avec la grande déesse des Égyptiens, ce qui eut lieu plus tard. Aussi ne trouverait-on, dans aucun ancien poëte, l'épithète *Inachienne* appliquée à Isis. Il faut, pour cela, descendre au moins jusqu'à l'époque alexandrine.

[a] *Epigr.* 61. — [b] *Prometh.* v. 590, 705. — [c] Plus haut, t. I, p. 269. — [d] II, 41.

Vers 3ᵉ. Ce n'était pas la peine de venir à Philes pour voir le βαθὺ χεῦμα du Nil (à moins qu'on n'aime mieux lire ῥεῦμα, leçon qui formerait un bon sens, mais le K se confondrait difficilement avec le P, tandis que le K et le X se confondent bien souvent); on pouvait le voir aussi bien de Memphis ou de Thèbes. Je présume donc que, par cette expression, l'auteur désigne *le lit profondément encaissé* du fleuve, entre les rochers granitiques qui le bordent aux environs de Syène et de Philes. L'épithète de πολύολ (ϐος) convient bien à la fécondité qu'apportent les eaux du Nil.

Vers 4ᵉ. Il n'y a pas moyen de lire le commencement du quatrième vers autrement que αἰὲν ἔτος; mais quel sens cela peut-il avoir, sinon αἰὲν κατ' ἔτος? ellipse qui ne paraîtra pas forcée, puisqu'elle existe chez les bons auteurs avec des noms de temps, τὴν ὥραν, τὴν ἡμέραν, τὸν μῆνα? Le sens doit être *chaque année, sans interruption*, le débordement du Nil ne manquant jamais d'arriver à la même époque; c'est la circonstance sur laquelle on insiste au moyen de l'adverbe αἰέν, qui indique surtout la succession; on aurait dit en prose καθ' ἕκασ]ον ἔτος.

Il me semble que Καίσαρος (ἐπ') εὐτυχίαις se traduirait bien, en prose, par ἀγαθῇ τύχῃ, ou ἐπ' ἀγαθῷ Καίσαρος; *quod felix faustumque sit Cæsari;* car on sait que la formule si commune ἀγαθῇ τύχῃ, le plus souvent prise d'une manière absolue, est quelquefois suivie d'un complément au génitif, comme ἀγαθῇ τύχῃ τῶν Σεβασ]ῶν...[a], τύχῃ Αὐτοκράτορος..., et Τιϐερίου Κλαυδίου ἀγαθῇ τύχῃ; ainsi Nerva, adoptant Trajan, s'écria au Capitole : ἀγαθῇ τύχῃ τῆς τε βουλῆς καὶ τοῦ δήμου τῶν Ῥωμαίων, καὶ ἐμοῦ ἐμαυτοῦ, Μάρκον Οὔλπιον Νερούαν Τραϊανὸν ποιοῦμαι[b]. Il en est de même de ἐπ' ἀγαθῷ[c]. Le pluriel εὐτυχίαι pour εὐτυχία est souvent employé, surtout en vers[d].

Ce membre de phrase, [ἐπὶ] Καίσαρος εὐτυχίαις ne s'entend guère avec σώζει τὴν Αἴγυπτον, et, au contraire, le sens est fort naturel avec χαῖρε Ἄνασσα; car ce χαῖρε est une expression de l'hommage, προσκύνησις, rendu à la déesse, hommage fait à l'intention de l'empereur,

— [a] Ap. Corsini, *Fast. Attic.* t. IV, prolegom. p. xxx. — Böckh, *Corp. Inscr.* n° 191. — [b] Dio Cass. LXVIII, c. 3. — [c] Plus haut, p. 29. — [d] *Thes. ling. gr.* h. v. t. III, col. 2487. D. ed. Didot.

CXX. PHILES. EMPEREURS. AUGUSTE. 169

ὑπὲρ Καίσαρος, ou ἀγαθῇ τύχῃ Καίσαρος (τὸ προσκύνημα ποιοῦμεν). J'ai donc suspendu le sens après σώζει.

Vers 5ᵉ. Ἄνασσα Φιλῶν revient à Ἶσις Φιλῶν ou ἐν Φίλαις, qu'on rencontre si souvent dans ces inscriptions : ἄναξ, ἄνασσα, sont les mots propres pour désigner la divinité principale d'un lieu. *Sérapis* était un des σύνναοι θεοί adorés dans l'île.

Vers 6ᵉ. Le vers suivant paraît être clairement : Γαῖαν ἐναντιπέρα ναίων Ἄβατον πολύσεμνον, et se rapporter à ce qu'Osiris, remplacé ensuite par *Sérapis*[a], avait son tombeau, et devait avoir un sanctuaire dans l'*Abaton*, situé dans l'île de Bégeh ou de *Snem*[b], par conséquent de l'*autre côté* et *vis-à-vis* du temple d'Isis, à Philes[c]. La double idée est rendue par l'adverbe ἐναντιπέρα, synonyme de ἀντιπέρα, comme, dans Homère, ἄντιος l'est de ἐνάντιος et ἐναντίβιος de ἀντίβιος, le choix de l'un des deux composés n'étant déterminé que par le besoin du vers.

Vers 7ᵉ. Ce vers, dont la leçon est certaine, a six pieds, quoique la chute soit celle du pentamètre. Le poëte malhabile a certainement voulu faire un vers de ce genre; mais il n'a pu rendre son idée sans y fourrer un pied de trop; retranchez-en ἡμᾶς ou σώους, et le pentamètre sera exact, mais le sens clochera; sans ἡμᾶς, on ne saurait à quoi se rapporte σώους; sans ce dernier mot, le sens serait incomplet : les deux mots sont donc nécessaires. Les vers *hypermètres*, par suite de l'inhabileté des poétastres, ne sont pas rares dans les inscriptions d'époque récente. Je crois qu'ici σώους signifie *ereptus omnibus periculis et calamitatibus hujus vitæ*, et πέμπειν ἡμᾶς σώους ἐς est une expression analogue à celle de S. Paul, καὶ σώσει εἰς τὴν βασιλείαν αὐτοῦ τὴν ἐπουράνιον[d]. Cette signification de σώζειν n'est pas étrangère aux auteurs païens d'une date assez récente, tels que celui du tableau de Cébès[e].

Si je ne me trompe, ἐς Κρόνου ἐμπόριον est une expression synonyme de ἐς ἠλύσιον, ou ἐς μακάρων νήσους. Cronos, dès le temps d'Hésiode, était censé avoir été relégué vers l'occident de la terre, dans les

---
[a] Plus haut, t. I, p. 268, 269. — [b] Champollion, *Lettres sur l'Égypte*, p. 166, 167. — Wilkinson, *Topogr. of Thebes*, p. 470. — [c] T. I, p. 340. — [d] II, Tim. 4, 18. — [e] C. 4, 15.

TOM. II. 22

îles des bienheureux, habitées par les mortels vertueux, ἐν μακάρων νήσοις[a], où la célèbre chanson de Callistrate place Harmodius[b], νήσοις δ' ἐν μακάρων σέ φασιν εἶναι. Pindare admet la même tradition : ἔτειλαν Διὸς ὁδὸν παρὰ Κρόνου τύρσιν, ἔνθα μακάρων νᾶσος, κ. τ. λ.[c]. Aussi trouve-t-on, dans une des inscriptions triopéennes, à propos des îles des bienheureux, ἵνα Κρόνος ἐμβασιλεύει[d]. Ces exemples suffisent pour expliquer le Κρόνου ἐμπόριον de notre inscription; il semble qu'il y ait là un souvenir de Pindare; car ἐμπόριον répond au τύρσις du lyrique, comme πέμψαις à ἔτειλαν, que le scholiaste interprète par προέπεμψαν[e]. Mais le choix de ἐμπόριον, *port de commerce*, paraît assez impropre, et, dans tous les cas, fort peu poétique : il a sans doute été amené par le besoin du mètre.

La pensée exprimée dans ce vers repose, à ce qu'il me semble, sur ce que *Sérapis* était, aux yeux des Grecs, identifié avec *Esculape*, le dieu de la médecine.... *Multi Æsculapium, quod medeatur ægris corporibus, conjectant...*[f]. On l'invoque ici pour qu'il préserve de maladie jusqu'au moment de la mort. Sérapis était, en même temps, assimilé au dieu des enfers, *Pluton*, ou *Osiris*, dieu de l'Amenti[g]. Or on sait que Pluton était aussi considéré comme *psychopompe*, conducteur des âmes. Aussi Eschyle l'appelle Ἀιδωνεὺς ἀναπομπός[h]; il le met au nombre des φθιμένων πομποί[i]; et peut-être l'épithète ἀγεσίλαος, qu'Eschyle donna le premier à ce dieu[k], adoptée ensuite par d'autres poëtes (avec la forme aussi d'ἀγήσανδρος), se rapporte-t-elle à cette notion de dieu psychopompe, plutôt qu'à celle de roi des morts[l], comme le disent les anciens grammairiens[m]. Quoi qu'il en soit, dans les mots πέμψαις... σώους, Sérapis se présente sous la double forme de Pluton psychopompe (πέμψαις), d'Esculape (σώους).

---

[a] Hesiod. *Op. et dies.* v. 167. — [b] Ap. Athen. XV, p. 695 B. — [c] Pind. *Olymp.* II, v. 77 (122); cf. Böckh, *Explic.* t. III, p. 131. — [d] *Inscr. Triop.* II, v. 9; ibiq. Fiorillo et Visconti. — Cf. Buttmann, *Mythologus*, t. II, S. 38. — [e] *Schol. Pind.* ad *Olymp.* II, v. 104. — [f] Tacit. *Histor.* IV, 84. — Cf. Bernardino Peyron, *Papiri greci del museo britannico*, etc. p. 7, 8. — [g] Plus haut, t. I, p. 396. — Cf. Guigniaut, *sur Sérapis*, dans le Tacite de Burnouf, t. V, p. 543 et suiv. — [h] Æschyl. *Pers.* v. 651. — [i] *Id. ib.* v. 618. — [k] Ap. Athen. III, p. 99 B. — [l] Callimach. *in Pallad.* v. 130, *ibique* Spanheim. — Nicandr. ap. Athen. XV, p. 684 E. — [m] Hesych. vv. Ἀγεσίλ. et Ἀγήσανδρος.

CXXI. PHILES. EMPEREURS. AUGUSTE.

CXXI. Si les vers précédents annoncent de l'inexpérience, il ne faut pas s'attendre à trouver ceux-ci beaucoup meilleurs, puisqu'ils sortent très-probablement de la même fabrique.

Cette seconde inscription, écrite après l'autre, semble l'avoir été lorsque les auteurs eurent été témoins de la circonstance exprimée dans les troisième et quatrième vers. Cette circonstance les ayant beaucoup frappés, ils sont revenus, avant leur départ, consigner l'expression de leur surprise dans une seconde inscription.

Restituée par Niebuhr, d'après la copie imparfaite de M. Gau, elle a été lue plus complétement par M. Welcker, à qui j'avais communiqué mes corrections du quatrième et du sixième vers. Les copies beaucoup plus distinctes de MM. Lenormant et Wilkinson ne permettent plus d'hésiter sur aucune leçon.

```
                        ΑΛΛΟ
ΝΗϹΟΝΕΝΑΙΓΥΠΤѠΙΟΠΕΡΑϹΠΕΡΙΚΑΛΛΕΑϹΕΜΝΗΝ
ΙϹΙΔΟϹΑΙΘΙΟΠѠΝΠΡΟϹΘΕΝΑΦΙΞΑΜΕΝΟΙ
ΕΙΔΟΜΕΝΕΝΝΕΙΛѠΙΠΟΤΑΜѠΙΝΕΑϹѠΚΥΠΟΡΟΥϹΑϹ
ΑΞΙΘΕΟΥϹΑΙΝΑΟΥϹΗ.ΑΓΟΝΑΙΘΙΟΠѠΝ
ΓΑΙΑΝΕΕΗΜΕΤΕΡΗΝΠΥΙΗΦΟΡΟΝΑΞΙΟϹѠΡΟΝ
...ΠΑΝΤΕϹΒΡΟΤΟΙΑϹΔΡϹϹΕΠΙΧΘΟΝΙϹΕΜΝΥΚΟΥϹΙΝ
```

ἄλλο.

Νῆσον ἐς, Αἰγύπτοιο πέρας, περικαλλέα, σεμνὴν,
  Ἴσιδος, Αἰθιόπων πρόσθεν, ἀφιξάμενοι,
Εἴδομεν, ἐν Νείλῳ ποταμῷ, νέας ὠκυποροῦσας,
  Ἀξιθέους αἳ ναοὺς ἤγαγον Αἰθιόπων ἐξ,
Γαῖαν ἐς ἡμετέρην, πυρηφόρον, ἀξιθέωρον,
  [Ἣν] πάντες βροτοὶ ἄνδρες ἐπὶ χθονὶ σεμνύνουσιν.

Autre (épigramme).

Étant arrivés, à la limite de l'Égypte, dans la charmante et vénérable île d'Isis, située en avant de l'Éthiopie, nous voyons, sur le Nil, des vaisseaux rapides qui, de la terre des Éthiopiens, apportent des temples dans notre pays, fertile en grains, digne d'être visité, et que tous les hommes vénèrent.

Le premier vers devient correct, sinon excellent, par le changement d'une seule lettre, N en C (ΕϹ pour ΕΝ); mais toutes les copies donnent ϵΝ; cependant il était si facile à l'auteur d'écrire ϵC, qu'on ne peut voir là qu'un *lapsus* sans conséquence. M. Welcker lit ΠϵΡΑCΙΝ, qui donne au vers une syllabe de trop, laquelle n'est dans aucune copie.

Le titre d'*île d'Isis*, attribué à Philes, la désigne suffisamment; Αἰθιόπων πρόσθεν convient parfaitement à cette île. Homère a dit, dans le même sens, Αἰγύπτου προπάροιθεν en parlant de Pharos [a], et Denys le Périégète, προπάροιθε κολώνης Κωλιάδος [b], à propos de la Taprobane.

Au quatrième vers Ἀξίθεος et ἀξιθέωρον (pour ἀξιόθ.) se trouvent dans toutes les copies. La syncope est contraire à l'usage, qui veut que l'ο des composés de ἄξιος ne disparaisse que devant une voyelle. L'ο final se prononçait à peine dans les noms de la troisième déclinaison; aussi se dispensait-on quelquefois de l'écrire [c]. C'est peut-être pour cette raison que notre poëte a mieux aimé dire ἀξίθεος que ἀξιόθεος, quoique, à la rigueur, il eût pu admettre cette leçon par la synérèse. Le vers ἀξιθέους αἲ ναοὺς ἤγαγον Αἰθιόπων ne peut être un pentamètre; ce qui devrait cependant avoir lieu, puisque les trois premiers ont été alternativement hexamètres et pentamètres. Il ne faut plus qu'une syllabe pour en faire un hexamètre; et cette syllabe doit être la préposition d'où dépend le mot Αἰθιόπων, qui ne peut se rapporter ni à νέας par la construction, ni à ναούς par le sens. Je lis Αἰθιόπων ἔξ, ce qui se lie avec le commencement du vers suivant: αἲ ναοὺς ἤγαγον Αἰθιόπων ἔξ γαῖαν ἐς ἡμετέραν. Les mots Αἰθιόπων ἔξ forment une chute de vers dont il y a des exemples dans Homère, οὐδὲ κακῶν ἔξ, ou θεῶν ἔξ [d]; et dans Théocrite, ἀμφοτέρων ἔξ [e].

Ce quatrième vers est donc un hexamètre. Il en est de même du sixième, irrégularité qui existe dans l'inscription précédente et ailleurs [f]. Ce dernier vers se complète avec l'addition de ἥν au commencement: ἥν πάντες βροτοὶ ἄνδρες ἐπὶ χθονὶ σεμνύνουσι; ainsi il n'y a qu'un pentamètre sur les six vers.

[a] *Odyss.* Δ. v. 354. — [b] *Dionys. Perieg.* v. 592. — [c] Plus haut, p. 99, 100. — [d] *Iliad.* Ξ. v. 472. — *Odyss.* P. v. 518. — [e] *Idyll.* XXII, v. 30. — [f] Jacobs, *Anth. Palat. Append.* n° 163, 257.

CXXI. PHILES. EMPEREURS. AUGUSTE.

Vers 5ᵉ. Les mots γαῖαν ἐς ἡμετέρην, qui sont le complément du verbe ἤγαγον dans le vers précédent, indiquent que les auteurs étaient des Grecs établis en Égypte, non des étrangers voyageant dans le pays. Les mots qui suivent sont deux épithètes qui se rapportent à l'Égypte : la première est πυρηφόρος, *fertile en grains*, qui convient parfaitement au grenier de la Grèce et de l'Italie; aussi cette épithète s'est-elle présentée souvent sous la plume des poëtes. Les légendes hiéroglyphiques donnent aussi à l'Égypte l'épithète de *terre nourricière*[a]. La seconde épithète, ἀξιθέωρον, est un adjectif dont il n'y a pas d'exemples ailleurs; il est pris évidemment dans le sens de *qui mérite d'être visitée;* mais θεωρός n'ayant qu'un sens actif, ἀξιοθέωρος paraît être un mot formé contre l'analogie, du moins quand on l'applique à l'objet, et non à la personne. L'auteur devait dire ἀξιοθέητος ou ἀξιθέητος (selon l'orthographe qu'il affectionne), mot qui entrait aussi bien dans son vers qu'ἀξιθέωρος.

Le dernier mot du sixième vers ne peut se lire que σεμνύνουσιν ; ce qui donne un vers hexamètre spondaïque (l'υ étant long). Σεμνύνω, pris dans le sens de σέβομαι, n'est pas ordinaire; ce mot ne signifie, dans les bons auteurs, que *rendre vénérable, respectable*, et non pas, comme ici, *vénérer, respecter*.

Quant au fait qui paraît avoir surtout attiré l'attention des auteurs de l'inscription, à savoir, l'arrivée de temples portatifs, il est en effet très-curieux. L'auteur anonyme nous dit qu'il a vu *des vaisseaux amenant des temples éthiopiens en Égypte*. Il s'agit ici de ces *édicules portatifs* ou *châsses*, contenant la figure du dieu, et qu'on appelait proprement παστοί ou θάλαμοι. On les plaçait dans des bateaux, pour les processions religieuses qui se faisaient dans le temps de l'inondation ; aussi les monuments égyptiens sont couverts de ces sortes de représentations. Diodore désigne un de ces édicules par le mot νεώς, lorsqu'il raconte que la châsse de Jupiter, à certaines époques de l'année, était mise sur un bateau, portée en Libye, où elle séjournait quelques jours, et était ensuite rapportée dans le

---

[a] Champollion, *Lettres écrites d'Égypte*, p. 212.

temple[a]. Je serais disposé à croire que ce voyage de la châsse de Jupiter en Libye avait pour but le temple d'El-Khargeh, dans la grande oasis, qui paraît avoir été consacré à l'Ammon thébain[b]. Il était assez naturel que la colonie conservât des liens religieux avec la métropole. Eustathe, probablement d'après quelque auteur ancien, explique le fait avec plus de détails. « Quelques-uns rapportent qu'il « existe à Diospolis un très-grand temple de Jupiter, d'où les Éthio- « piens, à un certain temps fixé, emportent la statue du dieu et des « autres divinités adorées avec lui; ils parcourent la Libye, et y « célèbrent des panégyries pendant douze jours[c]. » Ce que ce témoignage ajoute à celui de Diodore est la mention des *Éthiopiens*, qui viennent prendre les *édicules* ou *châsses* des dieux de la haute Égypte, pour les promener en Libye (περινοσ7οῦσι τὰ κατὰ τὴν Λιβύην); ce sont les habitants de la vallée inférieure de la Nubie; et le fait que rapporte Eustathe est certainement du genre de celui dont l'auteur de notre inscription a été témoin sous le règne d'Auguste; mais l'usage était tellement enraciné, qu'il a survécu même à l'édit de Théodose, en 391, et qu'il subsistait encore dans toute sa force au milieu du v[e] siècle de notre ère[d].

Le poëte anonyme a donc visité l'île au moment où les Éthiopiens y ramenaient la statue d'Isis; c'est ce qu'il a exprimé en disant : « *Les* « *vaisseaux rapides* rapportent *des temples* du pays des Éthiopiens en « Égypte. » En suivant son récit à la lettre, on dirait qu'il a vu *plusieurs* bateaux et *plusieurs* édicules. Il est probable, en effet, que ces *édicules portatifs* étaient égaux en nombre aux temples de la Nubie consacrés à Isis, et qu'on en portait un dans chacun d'eux; tels étaient, comme on le verra, ceux de Parembolé, de Khardassy, d'Hiérosycaminos; et il est à remarquer que ces temples, ainsi que tous les autres, jusqu'à la deuxième cataracte, se trouvent sur la rive gauche ou *libyque* du Nil, à l'exception de celui de Derry : ce qui justifie l'expression d'Eustathe, τὰ κατὰ τὴν Λιβύην.

[a] Diod. Sic. I, 97. — [b] Hoskins, *Visit to the great Oasis*, p. 105. — [c] Eustath. *ad Iliad.* A. v. 423, p. 128, l. 10, ed. Rom. — [d] Plus bas, p. 207 et suiv.

CXXII. (G. L.)

Ce proscynème, gravé entre les jambes de la figure F, a été répété sur la colonnade de l'ouest (n° CXVI), et disposé de même, à l'exception des deux dernières lignes, qui ont été omises. Tous deux commencent de même par πρὸς τὴν κυρίαν Ἶσιν, qui auraient dû être précédés du nom de l'auteur. Cette double omission me paraît tenir à la modestie du personnage, qui, en rendant hommage à la déesse, n'aura pas voulu livrer son nom à la publicité.

ΠΡΟCΤΗΝΚΥΡΙΑ	πρὸς τὴν κυρία[ν]
ΕΙCΙΝΕΠΟΗCΑ	Εἴσιν, ἐπόησα [τὸ]
ΠΡοCΚΥΝΗΜΑΔΙΔΥΜΗC	προσκύνημα Διδύμης,
ΤΗCΜΗΤΡΟCΤΩΝΠΑΙΔΙΩ	τῆς μητρὸς τῶν παιδίω[ν]
ΜΥΚΑΙΤΩΝΑΜΦΟΤΕΡΩΝ	μου, καὶ τῶν ἀμφοτέρων
ΤΕΚΝΩΝ	τέκνων.
LΘΤΙΒΕΡΙΟΥΚΑΙCΑΡΟC	L.Θ Τιβερίου Καίσαρος
ΕΥCΕΒΕCΤΑΤΟΥΕΠΙΦΙ.	εὐσεβεστάτου, ἐπιφὶ.....

[Moi, un tel, étant venu] vers la dame Isis, j'ai fait un proscynème pour Didyma, la mère de mes petits enfants, et pour mes deux enfants, l'an XIX de Tibère César, très-pieux, d'épiphi le...

L'expression est singulière. Il paraît que cette Didyme n'était qu'une concubine dont l'auteur avait eu des enfants, encore en bas âge (παιδία); c'est pourquoi il ne lui donne pas le nom de sa femme (γυναικός) : il la désigne seulement comme *mère de ses enfants*. Mais il avait eu, d'une première femme, deux enfants, qu'il désigne par les mots τῶν ἀμφοτέρων τέκνων, génitif qui dépend de προσκύνημα, non de μητρός. Voilà, du moins, comme j'entends cette singulière expression, et l'opposition de παιδία et de τέκνα.

C'est la seule fois que Tibère est appelé εὐσεβέστατος; mais ce titre ne surprendra pas, après les observations qui ont été faites plus haut [a]. Dans une inscription latine, on lui donne les qualités de *optimus ac justissimus princeps* [b].

La date est du mois de juin-juillet de l'an 21 de notre ère.

[a] T. I, p. 93. — [b] Ap. Orelli, *Inscr. lat. select.* n° 25.

176   PROSCYNÈMES ET ACTES DE VISITE.

CXXIII. (L.)

Voici une des plus courtes inscriptions connues, car elle ne consiste qu'en un seul mot; mais ce mot a de l'importance, d'après les circonstances qui l'accompagnent.

A l'ouest du pylône du grand temple, entre cet édifice et le Nil, on voit les restes d'une petite chapelle décrite par Lancret, sous le titre de *Ruines de l'Ouest*[a]. Cet observateur judicieux avait remarqué qu'il devait être un des plus récents édifices de l'île : « Il « n'en reste qu'une salle, dit-il; elle présente le double aspect de la « jeunesse et de la vétusté : un des murs est abattu; cependant les « pierres en sont blanches, les peintures fraîches et bien conservées. » Tout annonce, en effet, qu'il ne peut appartenir qu'au temps des empereurs, et même qu'il n'a pas précédé de beaucoup le temps d'Adrien. Cela résulte, au moins, de toutes les inscriptions, tant grecques qu'égyptiennes, qui subsistent encore sur ses parois.

En effet, sur neuf inscriptions grecques qu'on y a découvertes, cinq ne sont point datées (n[os] CXXIII à CXXVI, CXXVIII), mais leur contexture et la forme des caractères annoncent qu'elles ne sont pas antérieures à l'époque dont je parle. Trois autres (n[os] CXXXIII, CXXXIX, CLII) sont des règnes simultanés de Marc-Aurèle et de Lucius Vérus; la dernière, qui est de l'an VIII de Septime-Sévère et de Caracalla (n° CXXVIII), a cela d'important, que l'Égyptien qui l'a gravée l'a reproduite, au-dessus, en caractères démotiques.

Tout près est une autre inscription dans les mêmes caractères, où Champollion a reconnu les noms de Marc-Aurèle et de Lucius Vérus, avec les titres d'*Armeniacus*, de *Parthicus* et de *Medicus*.

Cette observation s'applique encore aux cartouches hiéroglyphiques qu'on rencontre sur les mêmes parois, et que Champollion a recueillis avec soin. Les plus anciens sont deux cartouches accouplés répétés deux fois, portant *Autocrator, Adrianos, toujours vivant, aimé*

---

[a] *Descrip. de l'Égypte. Antiq. Philes*, I.

CXXIII. PHILES. EMPEREURS. MARC-AURÈLE ET VÉRUS. 177

d'*Isis*, et *Autocrator, Cæsar, Trajanos Adrianos*. Tous les autres sont de Marc-Aurèle, sous le règne de qui l'édifice, commencé peut-être sous Adrien, a dû être continué, sinon fini.

La frise intérieure est décorée, entre autres ornements, de huit cartouches hiéroglyphiques disposés horizontalement sur une même ligne, et contigus les uns aux autres. Feu Henry Salt est le premier qui les ait remarqués; mais la copie qu'il en a donnée est inexacte et incomplète. 1° Il n'en a copié que *six*, au lieu de *huit*; 2° Il ne les a point disposés dans leur véritable ordre; ce qui l'a empêché d'en saisir le sens. Il les attribue tous les *six* au seul *Lucius Vérus*.

C'est pendant le voyage de Champollion que les huit cartouches ont été relevés avec exactitude. Rosellini les a donnés dans leur ordre véritable, mais je ne sais pourquoi il a oublié le huitième, et il les divise en deux groupes, l'un de *quatre*, qu'il attribue avec raison à Marc-Aurèle, l'autre de *trois*, qu'il donne à Lucius Vérus, mais sans indiquer qu'ils se suivent tous les sept, et s'ils forment un seul groupe.

Dès 1829, M. Lenormant, à son retour d'Égypte, m'avait remis la copie de tous les huit cartouches, placés comme il les avait vus sur le monument. Depuis, je les ai retrouvés dans les papiers de Champollion. Les deux copies, quoique prises séparément, sont identiques, et il n'y a nul doute à former sur leur exactitude.

La copie seule de M. Lenormant présente un trait bien important, que les autres voyageurs ont négligé, le croyant sans intérêt : c'est le mot isolé αὐτοκρατόρων; et il a indiqué sur sa copie, avec la forme des lettres, la place tout exceptionnelle que ce mot occupe au-dessus des huit cartouches, disposé au milieu, de cette manière :

AYTOKPATOPωN

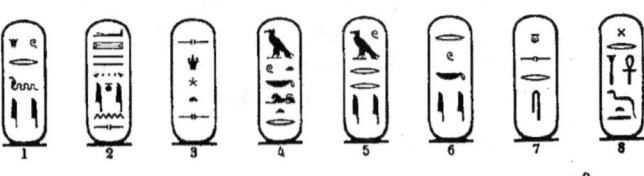

La véritable lecture des sept premiers a été donnée par Rosellini. 1° ΑΟΡΛΙ (Αὐρήλιος); 2° ΑΝΤΟΝΙΝΣ (Ἀντωνῖνος); 3° ΣΒΣΤΣ (Σεβαστός); 4° ΑΟΤΚΤΡ (Αὐτοκράτωρ); 5° ΚΣΡΣ (Καίσαρος); 6° ΛΟΚΙ (Λούκιος); 7° ΟΥΡΡΙ (Οὐῆρος).

Le huitième se compose de sept signes, dont les trois premiers signifient *puissant*[a]; les quatre autres forment le groupe connu pour signifier αἰωνόβιος (toujours vivant). Ces cartouches ont été évidemment tracés pour y insérer les noms de deux empereurs régnant ensemble; car il fallait qu'il y eût deux empereurs au moins, pour que leurs noms et leurs titres exigeassent huit cartouches. On ne peut donc supposer ici que ces cartouches avaient été sculptés longtemps auparavant, laissés vides, et remplis après coup. La décoration de la frise est donc bien de l'époque même qu'annonce celle des cartouches, c'est-à-dire du temps de Marc-Aurèle et de Lucius Vérus.

Maintenant il est clair que le mot ΑΥΤΟΚΡΑΤΟΡѠΝ, placé au-dessus des huit noms, en forme, pour ainsi dire, le titre. Ce génitif pluriel ne peut s'expliquer que par la présence de ces mêmes cartouches, qui ne sont rien autre chose que les noms des empereurs, αὐτοκρατόρων ὀνόματα. C'est, en effet, l'idée de nom, ὄνομα, qui régit le génitif; et le mot grec n'a pu être tracé que par une personne qui, connaissant la signification de ces caractères égyptiens, a écrit au-dessus ΑΥΤΟΚΡΑΤΟΡѠΝ (*ce sont des noms d'empereurs*).

Assurément, pour tout homme sensé, la lecture des noms hiéroglyphiques impériaux ne peut laisser le moindre doute; mais à toutes les preuves d'induction sur lesquelles elle repose, se joint maintenant une preuve directe, à savoir, une explication générale de ces noms par le mot αὐτοκρατόρων, qu'a tracé un voyageur ancien. Considéré de cette manière, ce mot grec, bien qu'isolé de tout autre, constitue une sorte d'inscription *bilingue*[1].

---

[a] Champollion, *Gramm. égypt.* p. 292. Cf. *Dictionn. hiéroglyph.* p. 329.

[1] On trouvera, dans le Journal des Savants, août 1843, cette même explication plus développée.

CXXIV.—CXXVI. (L. W.)

Les trois proscynèmes suivants sont les uns au-dessus de l'autre, sur un mur de ce même édifice. Ils ont dû être tracés le même jour, qui est le 29 phaophi de l'an xxxi, sans autre désignation. Cette année semble ne convenir qu'à Auguste, le seul empereur dont le règne atteigne ce chiffre. Mais ils portent tous trois, dans l'incorrection du style, des preuves d'une date fort postérieure à ce prince; d'ailleurs, le nom de Πομπηϊανός ne se rencontre qu'à l'époque des Antonins[a]; les mots ἀνικήτοις ἀνάκτορσιν indiquent deux empereurs, qui doivent être soit Antonin et Marc-Aurèle, soit Marc-Aurèle et Vérus ou Commode. D'après ces observations, les trois proscynèmes doivent avoir été gravés après la mort de Vérus, en 169.

La difficulté s'explique, si nous remarquons que Marc-Aurèle reçut la puissance tribunitienne dès l'an 147 de notre ère, quatorze ans avant la mort d'Antonin : aussi ses médailles offrent l'indication de cette puissance dès cette année; en sorte que celles qui ont été frappées la dernière année de son règne, en 184, portent le chiffre xxxiv, quoique ce règne n'ait été que de vingt ans[b]. Je pense que les auteurs de ces proscynèmes, par un motif que j'ignore, auront voulu s'en référer à cette manière de compter, et rapporter les années de règne au nombre de la puissance tribunitienne. Cela est sans exemple dans les inscriptions, j'en conviens; mais, du moment que l'époque d'Auguste est écartée, je ne vois que cette hypothèse pour expliquer l'an xxxi, deux fois exprimé. La date alors sera du 26 mars de l'an 177 ou 178, ou de neuf à dix ans plus récente que la mort de Vérus et que l'exécution des sculptures du temple.

CXXIV. Ἶσιν τὴν ἐν Φίλαις προσκυνήσας, τόδ' ἐπόη[σα],
οὐχ ὅτι μόνον πλουτεῖ, πολυζώει δ'ἅμα. Ἀπο-
γραφεὺς δ'ἐγὼ πὰρ Φαρίᾳ Ἴσιδι ἐνθάδε ἱκόμην·
Εἰμὶ δ'ἐγὼ Σερηνὸς Βόηθος ἀγακλυτοῦ Πτολεμαίου,

[a] Dio Cass. LXXI, 3; LXXII, 4, 20; LXXIII, 3; Herodian. VII, 28; X, 28; XI, 3. —
[b] Eckhel, *Doctr. num.* t. VII, p. 67.

ὁμοῦ σὺν Φήλικι καὶ Ἀπολλωνίῳ Ζωτ[ικ]ῷ, [ἔτι δὲ καὶ]
Χρηνίδου Ἀπολλώνιος, ἀνικήτοις ἀνά[κ]το[ρ]σ[ιν]
σπονδῶν καὶ θυσιῶν νεμ[ο]μέ[νων, ἐμείναμεν]
δεόμενοι καὶ τούτων μετασχεῖν· πρέπον γὰρ [, καὶ]
οὐδένα μῶμον εὑρήσεις.

Ligne 1re. L'auteur, dont le style, à demi poétique, est détestable, paraît vouloir dire qu'il a adoré Isis de Philes et a fait le proscynème, parce que non-seulement il est riche, mais encore qu'il vit longtemps; ou bien, en général, parce que la déesse donne la richesse et de longs jours. Ce dernier sens est plus naturel, l'autre plus conforme à la signification neutre des verbes; mais un si mauvais écrivain a pu en faire des verbes actifs. En tous cas, Πολυζώειν (ioniquement, comme διαζώειν[a]) est un composé jusqu'ici inconnu, et la construction semble revenir à celle-ci : οὐχ ὅτι μόνον πλουτεῖ, ἀλλ' ὅτι πολυζώει ἄμα. L'auteur s'interrompt pour dire sa qualité, ἀπογραφεύς, *commis aux écritures;* παρ poétiquement, pour παρά, à moins que ce ne soit une faute, comme dans l'inscription de Rosette, πὰρ τοῦ πατρός[b] et ailleurs[c]. Sérénus Boëthus était donc *commis*, ou tenait *les registres* d'un temple d'*Isis pharienne.* Il ne dit pas où était situé ce temple; mais, par cela même, ce devait être celui de l'île de Pharos. C'est de là qu'il est venu à Philes ἐνθάδε ἱκόμην. Après avoir exposé sa qualité, il nous dit son nom : « Je suis Sérénus Boëthus, fils de « l'illustre Ptolémée (ἀγακλυτοῦ); » encore un terme poétique. Je crois qu'il veut dire qu'*il est venu avec Félix, etc.* mais, en présence d'un si mauvais style, on n'est sûr de rien. Le double nom grec Apollonius Zoticus ne peut surprendre; on rencontre également les formes Ζώτικος[d] et Ζώτιχον[e]. Apollonius, fils de Chrénide (ou plutôt *Crénide*, Κρηνίδου), est un autre compagnon de voyage. Au moment de leur passage, on célébrait des libations et sacrifices, σπονδῶν καὶ θυσιῶν νεμομένων, en l'honneur des *princes invincibles* (sans doute Marc-Aurèle et Commode, qui fut associé à l'empire l'année précédente[f]); ils ont

---

[a] Herodot. III, 25. — [b] *Inscr. Rosett.* l. 47. — [c] Cf. Ross, *Inscript. græc. ined.* n°s 166 et 175. — [d] Mionnet, *Méd. gr. suppl.* t. IV, p. 194; VI, p. 526. — [e] *Corp. Inscr.* t. II, p. 568. A. — [f] Eckhel, *Doctr. num.* VII, p. 103. — VIII, p. 417, 418.

CXXV, CXXVI. PHILES. EMP. MARC-AURÈLE ET COMMODE. 181

attendu, demandant d'y prendre part (ἐμείναμεν (?) δεόμενοι καὶ τούτων μετασχεῖν). « Car cela était bienséant ou convenable (πρέπον γάρ); et « vous ne trouverez là rien à blâmer (καὶ οὐδένα μῶμον εὑρήσεις). » Dans tout cela il reste bien encore quelque obscurité ; mais, quant à présent, je ne puis faire davantage.

CXXV. [Τὸ] προσκύνημα Φήλικος Λικιννίου καὶ Σαραπίωνος,
[μητρὸς] Λιποῦτος, καὶ τοῦ οἴκου αὐτῶν, καὶ Πομπηϊανοῦ
φίλου ἐπὶ τὸν ἀεὶ χρόνον. L. ΛΑ, Φαμενὼθ ΚΘ.
ἐπ' ἀγαθῷ.

On ne sait si le *Félix* dont il est ici question est le même qui accompagnait Sérénus, ou qui était son collègue.

Λιποῦτος est le génitif de Λιποῦς, nom qui paraît égyptien, et peut-être de Λιποῦτ ; dans ce cas, comme cette terminaison est particulièrement celle des noms propres du féminin, à cause du τ final, qui est la caractéristique de ce genre en égyptien, tels que *Tphout, Sarapout, etc.* il devient probable que c'était un nom de femme ; et que le mot qui précédait devait être μητρός, selon l'usage égyptien d'indiquer le nom de la mère. (Plus bas , n° CXXXVI.) Cependant, on pourrait lire simplement καὶ Λιποῦτος.

Ce Pompéïanus, *cet ami à toujours*, que les auteurs comprennent dans leur proscynème, serait-il celui qui a joué un rôle précisément sous les règnes de Marc-Aurèle et de Commode?

Le troisième proscynème est de même date, et ainsi conçu :

CXXVI. ΤΟΠΡΟϹΚΥΝΗΜΑΑΡΚΙΝΝΙΝΤΟΝ   Τὸ προσκύνημα Λικίννιν τὸν
   ΚΑΙΑΠΟΛΛΩΝΙΟΝΚΑΙΤΗϹϹΥΜΒΙΟΥ   καὶ Ἀπολλώνιον καὶ τῆς συμβίου
   ΑΥΤΟΥΚΑΙΤΩΝΤΕΚΝΩΝΚΑΙΑΥΤΟΥ   αὐτοῦ καὶ τῶν τέκνων καὶ τοῦ
   ΟΙΚΟΥΟΛΟΥΠΑΡΑΤΗϹΜΥΡΙΟΝΡΜΟΥ   οἴκου ὅλου παρὰ τῆς μυριωνύμου
   ΙϹΙΔΟϹϹΗΜΕΡΟΝΕΠΑΓΑΘΩΙΛΑ   Ἴσιδος, σήμερον· ἐπ' ἀγαθῷ. L. ΛΑ.
   ΦΑΜΕΝΩΘ ΚΘ·   Φαμενὼθ ΚΘ.

APKINNIN me paraît être Λικίννιν pour Λικίννιον, par le retranchement connu de l'ο micron final [a]. C'est le génitif, non l'accusatif,

---
[a] Plus haut, p. 100.

que la syntaxe grecque demandait : il paraît que ce Romain n'y était pas plus fort que l'auteur du proscynème précédent; et ce qu'il y a de plus singulier dans cette première faute, c'est que le génitif revient ensuite, καὶ τῆς, etc. L'auteur aurait dû dire τοῦ ὅλου οἴκου, et ne pas employer le génitif pour le datif, παρὰ τῆς μυριωνύμου, au lieu de παρὰ τῇ μυριωνύμῳ : c'est une faute que nous trouverons ailleurs.

CXXVII. (L. W.)

C'est sur la colonnade de l'ouest (n^{os} CXVI, CXXII) que se trouve cette inscription. A la dernière ligne, après la lettre L, qui était suivie de l'énoncé de la date, on ne distingue rien; mais sir G. Wilkinson a écrit en cet endroit : *Le reste a été effacé à dessein;* circonstance qui révèle, comme on va le voir, l'époque de Commode.

ΘΕΟΜΝΗϹΤΟϹΠΤΟΛΕΜΑΙΟΥϹΤΡΑΤΗΓΟϹΦΙΛΩΝΗΛΘΟΝ
ΚΑΙΠΡΟϹΕΚΥΝΗϹΑΤΗΝΜΥΡΙΩΝΥΜΟΝΙϹΙΝΚΑΙΤΟΥϹ
ΕΝΤΩΙΑΒΑΤΩΘΕΟΥϹΚΑΙΤΟΠΡΟϹΚΥΝΗΜΑΕΠΟΙΗϹΑ
ΑΠΟΛΛΩΝΙΟΥΚΑΙΔΙΟΝΥϹΙΟΥΕΠΙΦΑΝΕΙΩΝΤΩΝΕΜΩΝ
ΕΠΙϹΤΑΤΩΝΚΑΙΤΩΝΤΟΥΤΩΝ ΕΚΝΩΝΚΑΙΓΥΝΑΙΚΩΝ
ΚΑΙΤΩΝΗΜΕΤΕΡΩΝΠΑΝΤΩΝL

Θεόμνησ7ος Πτολεμαίου, σ7ρατηγὸς Φιλῶν, ἦλθον,
καὶ προσεκύνησα τὴν μυριώνυμον Ἶσιν καὶ τοὺς
ἐν τῷ Ἀβάτῳ Θεοὺς, καὶ τὸ προσκύνημα ἐποίησα
Ἀπολλωνίου καὶ Διονυσίου Ἐπιφανίων, τῶν ἐμῶν
ἐπισ7ατῶν, καὶ τῶν τούτων τέκνων καὶ γυναικῶν
καὶ τῶν ἡμετέρων πάντων, L. [Μάρκου Αὐρηλίου Κομμόδου Καίσαρος].

Théomnestus, fils de Ptolémée, stratége de Philes, je suis venu,
et j'ai adoré Isis aux dix mille noms, et les
dieux dans l'Abaton, et j'ai fait le proscynème
d'Apollonius et de Dionysius Épiphanes, mes
épistates, et de leurs enfants, et de leurs femmes,
et de tous les miens. L'an [... de M. Aurèle Commode César].

C'est la première fois que l'on rencontre un *stratége de Philes;* dans les autres inscriptions, cette île est toujours placée sous le même stratége qu'Éléphantine, et souvent qu'Ombos. On s'attendrait donc à trouver le nom de ces lieux après le titre de stratége; mais il paraît qu'à certaines époques l'île à elle seule forma une stratégie.

Théomnestus, Grec, fils de Grec, comme la plupart des stratéges sous les Romains, a été chargé de faire un proscynème par Apollonius et Dionysius, qu'il appelle *mes épistates*. Les papyrus de l'époque ptolémaïque font souvent mention de l'*épistate du nome de Péri-Thèbes,* distingué du stratége de ce même nome. M. Peyron a montré que cet officier, établi dans chaque nome, était principalement chargé de rendre la justice, et quelquefois aussi d'administrer les revenus du nome (ἐπὶ τῶν προσόδων τοῦ νομοῦ)[a]. En admettant que cet état de choses se fût conservé sous les Romains, le nome de Philes devait avoir *deux épistates* ou juges supérieurs, lesquels, dans un moment de satisfaction, le stratége honore en les associant, eux, leurs femmes et leurs enfants, à l'hommage qu'il rend à la déesse.

Le mot ΕΠΙΦΑΝΕΙѠΝ, qui suit les noms des deux épistates, peut laisser de l'incertitude. La première idée qui se présente, c'est qu'il faut lire ΕΠΙΦΑΝΕѠΝ, et que cette épithète de ἐπιφανεῖς annonce peut-être le grand cas que faisait le stratége de ces deux fonctionnaires. Mais, outre que cette épithète, qui rend le *nobilissimus* des Latins[b], n'était appliquée, à ce qu'il semble, qu'aux souverains, la place de ce mot rend cette interprétation difficilement admissible : il faudrait τῶν ἐμῶν ἐπιφανέων ἐπιστατῶν. Je crois donc que ΕΠΙΦΑΝΕΙѠΝ est pour ΕΠΙΦΑΝΙѠΝ, comme, plus haut, Πάπειος pour Πάπιος (page 126), et se rapporte aux noms des épistates, peut-être deux frères, qui s'appelaient également Ἐπιφάνιος (l'un Ἀπολλώνιος Ἐπιφάνιος, l'autre Διονύσιος Ἐπιφάνιος). Il y a d'autres exemples de ces doubles noms grecs[c], ainsi que du pluriel quand le même nom appartient à deux personnages : il suffit de citer Λύκιος καὶ Γάιος Πέδιοι [d].

Les deux copies ne donnent aucune trace d'une septième ligne. L'inscription ne dépassait donc pas la sixième, c'est-à-dire que l'ex-

---

[a] *Papyr. Taurin.* I[e] part. p. 51, 72. — [b] Tom. I, p. 318. — [c] Plus haut, p. 180. — [d] Chishull, *Antiq. asiat.* p. 89; *Corpus Inscript.* n° 2285.

pression de la date ne devait pas occuper plus de quinze à vingt lettres, nécessaires pour compléter cette ligne. Cette date, après la lettre L, a été, dit sir G. Wilkinson, *effacée à dessein*. Nous avons déjà vu qu'une telle circonstance peut concerner plusieurs empereurs, tels que Caligula, Néron, Domitien, Commode, Géta, Héliogabale, les Philippes, Galère Maximien, Julien l'Apostat; mais, en Égypte, elle ne se rencontre qu'avec les noms de Commode, de Géta et des deux Philippes. Les derniers sont trop récents pour la forme des caractères, qui annoncent tout au plus le temps des Antonins. Géta est exclu par la raison, déjà indiquée[a], que le nom de Géta devrait être précédé de celui de son frère, Caracalla. Reste donc seulement le nom de Commode, qui convient à tous égards. Ainsi, je crois que la vraie restitution est L... ΜΑΥΡΚΟΜΜΟΔΟΥΚΑΙϹΑΡΟϹ, ou ΤΟΥΚΥΡΙΟΥ, ce qui donne les vingt lettres dont on a besoin.

CXXVIII. (L.)

M. Lenormant est le seul qui ait copié cette courte inscription sur le petit édifice de l'ouest :

ΑΡΠΑΗϹΝΑΜΜΩΝΙΟΥΑΠΟΦΑΡΕΜΩΕΠΟΙΗϹΕΕΚΙΑϹΧΑΡΙΝΕΠ
ΗϹΕΟΥΗΡΟΥΚΑΙΑΝΤΩΝΙΟΥΚΑΙϹΑΡΩΝΤΩΝΚΥΡΙΟΥΠΑLΙ–ΙΙ·Ι

Ἁρπάησιν Ἀμμωνίου ἀπὸ Φαρεμὼ ἐποίησε, εὐχαρισ]ίας χάριν ἐπ' [ἀγαθῷ. L.]
Ἡ Σεουήρου καὶ Ἀντωνί[ν]ου Καισάρων τῶν κυρίων, παϋνὶ Ῑ.

Le mot ΑΡΠΑΗΣΝ paraît être Ἁρπάησιν pour Ἁρπαήσιον[b], nom égyptien avec une terminaison grecque. *Pharemo* indique un lieu dont on ignore la position. Les lettres ΕΚΙΑϹ doivent, par l'effet de quelque oubli, représenter ΕΥΧΑΡΙϹΤΙΑϹ; car, sur une autre partie de l'édifice, se trouve encore la ligne suivante, qui nous présente la même inscription incomplète :

ΑΡΠΑΗLLΑΜΜΩΝΙΟΥΑ...ΑΡΕΜΩΕΠΟΙΗϹΕΝΥΧΑΡΙϹΤΙΑϹΦΑΡΙΝΕΠΑΓΑΘΩΙ.

[a] Tome I, p. 440. — [b] Plus haut, p. 104.

CXXVIII, CXXIX. PHILES. EMPEREURS. INCERTAINS.

Celle-ci nous donne, fort clairement, εὐχαρισίας et ἐπ' ἀγαθῷ. Je crois que εὐχαρισίας χάριν est exactement ce que les Latins exprimaient par *ex voto*, dans le même sens que εὐχῆς χάριν [a]; car εὐχαρισία est souvent, comme εὐχή, le *vœu* qu'on forme, ou l'objet que l'on consacre en accomplissement d'un vœu. Ainsi, διὰ τὴν Ἰσαγόρας τῆς Σωσιγένους θυγατρὸς εὐχαρισίαν, dans une inscription récemment découverte, a été bien rendu par M. Ross en ces termes : *Ex voto quo Isagora Sosigenis filia gratum animum testaretur* [b].

L'auteur de l'inscription, *Arpaësis*, est un Égyptien fils d'un Grec, Ammonius, et probablement d'une Égyptienne; de là le nom qu'il porte; en pareil cas, c'était souvent de la mère, dans ces familles mixtes, qu'un individu tirait son nom [c]. Cet Égyptien savait peu le grec, comme l'indique la faute τῶν κυρίου. Ce qui donne à ce proscynème un grand intérêt, c'est qu'il est placé sous une inscription démotique qui exprime le même sens, puisque Champollion y a discerné les noms d'*Arpaësis*, d'*Ammonius*, de *Sévère* et d'*Antonin*.

Le 10 de payni de l'an VIII de Septime-Sévère et d'Antonin répond au 4 juin de l'an 199 de notre ère. Cette date de règne ne pouvait comprendre le nom de Géta, qui, bien que nommé César en 198 [d], ne fut associé à l'empire que dix ans après, en 209 [e].

CXXIX. (H. G. L. W.)

A la face intérieure du second pylône (pl. II, fig. 3, A), on lit cette inscription, à laquelle j'ai fait allusion plus haut [f]. La date se place dans l'époque romaine, parce que le titre de stratége n'est pas précédé de celui de *parent*. Un autre indice est dans la mention du nome d'Hermonthis [g]; mais au règne de quel empereur appartient-elle? Personne ne peut le dire.

---

[a] Franz, *Elem. Epigr. gr.* p. 335. — [b] *Inscript. gr. ineditæ*, n° 193, part. II, p. 78. — [c] Plus bas, p. 200. — [d] Eckhel, *Doct. num.* t. VII, p. 227. — [e] *Id. ib.* p. 230. — [f] Plus haut, p. 33, 47, 92, 116, 120. — [g] Plus haut, p. 110, 112.

ΑΠΟΛΛΩΝΙΔΗΣΑΠΟΛΛΩΝΙ   Ἀπολλωνίδης Ἀπολλωνί-
ΔΟΥΟΣΤΡΑΤΗΓΟΣΤΟΥΟΡ   δου, ὁ σ]ρατηγὸς τοῦ Ἑρ-
ΜΩΝΘΕΙΤΟΥΚΑΙΛΑΤΟΠΟ   μωνθείτου καὶ Λατοπο-
ΛΕΙΤΟΥΗΚΩ[ΚΑΙΠΡΟCΕΚΥΝΗCΑ] λείτου ἥκω, [καὶ προσεκύνησα]
ΤΗΝΚΥΡΙΑΝΘΕΑΝ   τὴν κυρίαν θεὰν [Ἶσιν].

La copie de M. Hamilton et celle de M. Gau laissaient une lacune après ΕΡΜΩΝΘΕΙΤΟΥ....ΠΟΛΕΙΤΟΥ. Niebuhr avait mis [ΠΑΝΟ]ΠΟΛΙΤΟΥ; mais, le nome de Panopolis n'étant point limitrophe de celui d'Hermonthis, j'avais proposé antérieurement de lire [καὶ Λατο]πολείτου[a], leçon qui a été confirmée depuis par les deux copies de M. Lenormant et de sir Gardner Wilkinson, où se trouve remplie la lacune par les lettres ΚΑΙΛΑΤΟ. Un même stratége réunissait souvent l'administration de deux nomes contigus[b]. Il a pu y avoir simplement ἥκω πρὸς τὴν κυρίαν Ἶσιν.

CXXX. (G.)

ΑΠΟΛΛΩΝΙΦΙΑΝΗCΙC   Ἀπολλωνιφάνης [ε]ἰς [Φίλας]
ΗΚΩΚΑΙΠΡΟCΚΥΝΗCΑCΤΗΝ   ἥκω, καὶ, προσκυνήσας τὴν
...ΑΝΙCΙΝΤΟΠΡΟCΚΥΝΗΜΙΓ [κυρ[αν Ἶσιν, τὸ προσκύνημα [ἐποίησα...].

Je ne crois pas qu'on puisse hésiter sur le premier nom, malgré l'Ι avant et après le Φ; le deuxième n'est peut-être pas sur l'original, mais le premier peut y être, l'Ι étant fréquemment substitué à l'Ο[c], comme Διονυσικλῆς[d], Διονυσιφάνης[e], et même Ἀπολλίδωρος[f]; de même on a pu dire aussi Ἀπολλωνιφάνης pour Ἀπολλωνοφάνης ou Ἀπολλωφάνης.

CXXXI. (L.)

ΤΟΠΡΟCΚΥΝ   τὸ προσκύν-
ΗΜΑ   ημα
ΚΑΛΑCΙΡΙC   Κάλασιρις [τῶν]
ΠΑΡΕΝΟΥ.   παρ' ἐμοῦ....

[a] *Recherches pour servir à l'histoire de l'Égypte*, p. 269. — [b] Plus haut, p. 106. — [c] Lobeck, *Patholog. serm. gr.* p. 205, 518. — [d] Pausan. VI, 17, 1. — [e] *Vit. Pythag.* § 15. — [f] Mionnet, *Méd. grecques*, Suppl. V, p. 99.

CXXXI, CXXXII, CXXXIII. PHILES. EMP. INCERTAINS. 187

La leçon παρ' ἐμοῦ est certaine, ainsi que la restitution τῶν, d'après les exemples précédents[a]. Calasiris veut dire que ce proscynème (gravé sur le petit temple de l'ouest) a été fait au nom de ses subordonnés. Le nom égyptien de *Calasiris*, qui se retrouvera dans d'autres inscriptions, est déjà connu comme étant celui d'un personnage égyptien du roman d'Héliodore; d'où il suit que cet auteur n'avait point forgé le nom à plaisir. Il reste donc incertain si le drame du poëte comique Alexis, intitulé Καλάσιρις[b], tirait son titre du vêtement de ce nom[c], plutôt que du personnage principal de la pièce.

CXXXII. (G.)

ΑΜΑΡΙШΝΜΙΜΟΣ. Le nom de ce *mime* ou comédien[d], *Amarion*, est aussi peu connu que celui d'*Allarion* (car on peut lire de deux manières, les deux ΛΛ se confondant facilement avec Μ); étrangers tous deux à la langue grecque, ils pourraient bien avoir une racine égyptienne; à moins qu'on ne lise Α.ΜΑΡΙШΝ (dérivé de ΜΑΡΙΟΣ), ou bien qu'un Κ n'ait précédé ce nom; en effet, ΚΑΛΛΑΡΙШΝ serait un dérivé tout naturel de Κάλλαρος, nom d'un esclave dans Démosthène[e].

Ce personnage, *Callarion*, *Amarion* ou *Allarion*, n'a pas indiqué le nom de son père, peut-être par la même raison que les *cinœdes* Struthion et Tryphon, parce qu'il était de condition servile[f].

CXXXIII. (P. L. W.)

Cette curieuse inscription, gravée sur le petit temple de l'ouest, a été publiée d'abord par M. Parthey[g]. Depuis, M. Lenormant et sir Gardner Wilkinson en ont rapporté des copies qui ont donné la vraie leçon du dernier mot du troisième vers, ἐπόλισσεν, que j'avais rétabli[h], au lieu de ἐποίησεν qu'on avait cru pouvoir lire.

[a] Plus haut, p. 122 et 123. — [b] Ap. Polluc. *Onom.* X, 18. — [c] Meineke, *Fragm. comic. græc.* t. I, p. 400. — [d] Cf. Ziegler, *De mimis Romanor.* Götting. 1788. — [e] *Orat.* LV, § 31, p. 1280, l. 20. — [f] Plus haut, p. 104. — [g] *De Philis insula*, pag. 53. — [h] *Journal des Savants*, année 1831, p. 402.

Ἴσιδι καρποτόκῳ Κέλσος τόδε γράμμ' ἀνέθηκα,
μνησθεὶς ἧς ἀλόχου καὶ τεκέων φιλίων,
καὶ πάτρης γλυκερῆς Πτολεμαΐδος, ἣν ἐπόλισσεν
Σωτήρ, Ἑλλήνων νιλογενὲς τέμενος.

A Isis, mère des fruits, Celsus a dédié cet écrit, se souvenant de son épouse, de ses enfants chéris et de sa douce patrie Ptolémaïs, qu'a bâtie Sôter, lieu sacré des Grecs nés sur les bords du Nil.

L'épithète de καρποτόκος est aussi donnée à Cérès[a], comme celle de καρποφόρος à Agrippine[b], et à Julie, fille d'Auguste, toutes deux identifiées avec cette même déesse[c], que, dès le temps d'Hérodote, les Grecs prenaient pour Isis[d].

On présumait déjà que Ptolémaïs, ville de la haute Égypte, avait été fondée par Ptolémée Sôter[e]; mais on n'en avait aucune preuve directe. Le témoignage de Celsus, qui était né dans cette ville, ne laisse plus aucun doute sur ce point historique.

Le titre de τέμενος des Grecs se rapporte à ce que Ptolémaïs était toute grecque[f], possédant une administration (σύσ7ημα πολιτικόν) établie sur le pied grec (ἐν τῷ ἑλληνικῷ τρόπῳ); et, sans nul doute, la religion hellénique s'y célébrait dans des temples construits selon les principes de l'architecture grecque. S'il s'était conservé quelques vestiges des monuments de cette ville, on n'y trouverait presque rien d'égyptien, pas plus que dans les ruines d'Antinoé[g]. Cette ville était donc pour les Grecs un sanctuaire de leur religion, *établi sur une terre étrangère*, Ἑλλήνων νιλογενὲς τέμενος.

CXXXIV. (H. G. L. W.)

Gravé sur la face sud ou intérieure du grand pylône.

ΗΛΙΟΔΩΡΟΣΖΗΝΩΝ
ΟΣΚΑΙΣΑΡΕΙΑΣΠΑΝΙΑ
ΔΟΣΗΛΘΟΝΚΑΙΤΟΠΡΟΣΚΥ
ΝΗΜΑΕΠΟΙΗΣΑΤΩΝΑΔΕ
ΛΦΩΝΖΗΝΩΝΟΣΚΑΙΑΙΑΝΟΥ

Ἡλιόδωρος Ζήνων-
ος Καισαρείας Πανιά-
δος ἦλθον καὶ τὸ προσκύ-
νημα ἐποίησα τῶν ἀδε-
λφῶν Ζήνωνος καὶ Ἀϊανοῦ.

Héliodore, fils de Zénon, de Césarée Paniade, est venu et a fait le proscynème de ses frères Zénon et Aïanus.

Je donnerai des détails sur cette inscription en parlant de celle que le même Héliodore a gravée sur la jambe gauche de Memnon.

[a] *Anthol. Palat.* XII, 225. — [b] *Corp. Inscript.* n° 2183. — [c] Eckhel, *Doctr. num.* t. VI, p. 155, 168. — [d] Hérod. II, 59. — [e] Böckh, *Erklärung einer ägyptischen Urkunde*, S. 16. — [f] Strab. XVII, p. 815. — [g] Plus haut, tom. I, p. 171.

CXXXV. (Ln.)

Cette inscription, en huit vers élégiaques, placée sur le pylône, au-dessous du n° CXIII, est fort mutilée. Il ne reste qu'une partie des quatre derniers vers, dont le commencement a disparu; mais on peut rétablir complétement les quatre premiers. Voici tout ce que j'ai pu lire de cette pièce, pour laquelle je n'ai eu qu'une seule copie, celle de M. Lenormant :

YNIOCENΘACABINOCEXωNITIΓAIIΛΛ.OPΠAN   [Ἰο]ύνιος ἔνθα Σαβῖνος, ἔχων ἱππαΐδα [π]όρπαν,
IKTOC\ IINAIACECMONAΓωNCTPATIAC   Ἴκτο συνηναίας ἑσμὸν ἄγων σ]ρατιᾶς·
AΠΛNOEPTEYOYCANEOICEΓM·ωCENIA<XOIC   [Χ]άπαν ἑορτεύουσαν ἑοῖς ἐγ[άν]ωσεν ἰά[χ]οις
EICINI   ωZ   KOCMONEΠICTAMEI \N   Εἴσιν, [καὶ σ]ώζ[ειν]κόσμον ἐπισ]αμέναν·
YΛAMAMHNOTAPω   YAIΔAIC   ....
\CHKENEXωNAΓE .AC   .... ἃς ἧκεν ἔχων ἀγέ[λ]ας,
IωΛONEIEICTOTEKAI APOCANHP   ...... κατὰ μ]ῶλον ἔεις τότε καὶ [π]άρος ἀνήρ,
AICTEΦOCAPMOCATO.   .... καὶ σ]έφος ἁρμόσατο.

Au vers 1, Ἰούνιος est trissyllabe par synérèse. Le mot πόρπαν (agrafe), qui est certain, appelle auparavant une épithète relative à l'ordre équestre; car la *trabea*, que portaient aussi, comme vêtement d'apparat, les *chevaliers*[a], s'attachait sur l'épaule avec une agrafe (ἐμπεπορπημένον)[b]; en effet, la leçon ITIΓAIIΛΛ donne, lettre pour lettre, IΠΠAIIΔA, soit ἱππαΐδα, soit ἱππαιΐδα, si l'on veut conserver les deux I : mais je préfère la première leçon, qui sera une forme dorique pour ἱππηΐδα; et, quoiqu'on ne connaisse que les adjectifs ἵππειος, ἱππαλέος, ἱππάς, comme la forme ἱππηΐς dérive de ἱππεύς aussi naturellement que βασιλητίς ou Ἀχιλλητίς, etc. de βασιλεύς ou Ἀχιλλεύς, l'auteur l'aura choisie, parce que ni ἱππαλέην ni ἱππάδα n'entrait dans son vers, et que ἱππείαν aurait donné trois spondées de suite.

Au vers 2, Ἴκτο est une forme déjà employée par Hésiode[c] : ἔνθα μὲν Ἴκτο. Ἑσμός (essaim) paraît être pris, d'une manière insolite, pour synonyme de εἴλη, troupe, et peut-être désigne-t-il une *cohorte* de la légion chargée de garder Syène et la limite de l'Égypte. La phrase revient à ἑσμός ou εἴλη σ]ρατιωτῶν ἐκ συνηναίας σ]ρ. Sabinus était donc

---

[a] Dionys. Halicarn. *Antiq. rom.* VI, 13. — [b] *Id.* II, 70. — [c] *Theogon.* v. 481.

un *chevalier* chef de cohorte, qui, en venant rendre hommage à la déesse, s'était revêtu de son habit de *cérémonie* : ainsi Tacite, énumérant les diverses classes de personnes qui assistèrent aux funérailles de Germanicus, compte les *trabeati equites*[a], c'est-à-dire les chevaliers qui, pour la circonstance, avaient revêtu l'habit distinctif de leur ordre. Seulement Sabinus a pris la partie pour le tout, l'*agrafe* pour l'*habit*, comme Sophocle la *roue* pour le char, ἄντυξ pour ἅρμα [b].

Le vers 3 est fort difficile à lire; mais [χ]άπαν ἑορτεύουσαν...(Εἶσιν) résulte exactement de la copie, sans autre changement que ΟΕ en ΕΟ. Le verbe ἑορτεύω serait donc employé ici activement, pour dire qu'Isis *met tout en fête,* allusion aux fêtes multipliées qui se célébraient en tous lieux en l'honneur de la déesse aux *dix mille noms* (μυριώνυμος). On peut objecter que la forme ἑορτεύω est inconnue; qu'elle est employée contre l'analogie, la terminaison en εύω étant ordinairement celle des verbes neutres; enfin que l'expression ἑορτεύειν τι, pour ἑορτάσιμον (ou ἑορτῆς πλῆρες) ποιεῖν τι, est d'autant plus singulière, qu'on pouvait rendre la même idée par λαμπρύνουσαν, φαιδρύνουσαν, etc. Quoi qu'il en soit, paléographiquement la leçon paraît certaine; j'ai dû la hasarder. Sabinus semble avoir voulu établir une sorte de parallélisme entre ἐγάνωσεν et ἑορτεύουσαν. Au vers 4, après ΕΙϹΙΝ, on pourrait lire ἀεὶ σώζειν; mais la copulative καί est nécessaire au sens.

Le vers 5 m'échappe entièrement, ce qui m'empêche d'essayer de rétablir les autres. On devine pourtant que Sabinus, à l'aide de la troupe qui l'a accompagné à Philes (ἃς ἧκεν ἔχων ἀγέλας), s'est distingué dans la guerre (κατὰ μῶλον) jadis (τότε καὶ πάρος, pléonasme comme πάλιν αὖθις, εἶτεν μέτα, μετ' αὐτὴν εἶτα)[c]. Quant à la couronne qu'il a mise sur son front (καὶ στέφος ἁρμόσατο), on ne sait s'il veut parler des victoires qu'il a remportées, ou rappeler que le *chevalier*, en revêtant la *trabea* dans les cérémonies, prenait la couronne d'olivier [d].

---

[a] *Annal.* III, 2, *ibique* Lips.; Ferrari, *De re vest.* p. II, lib. I, c. 6. — [b] Sophocl. *Electr.* v. 730. — [c] Letronne, *Fragm. de Scymnus de Chio, et du faux Dicéarque*, p. 73. — [d] Dionys. Halic. VI, 13.

CXXXVI. (G.)

On doit à M. Gau cette autre inscription tracée le long d'un sceptre tenu par une figure dont il n'a point indiqué la position :

Σεραπίων [τὸ] προσκύνημα...... Οὐαλεντίν[ου] ἀνέθηκ[ε]ν εὐχαριστίας χάριν, ἐπ'ἀγαθῷ......

Il est évident, d'après les quatre dernières lignes, que leur arrangement a été subordonné à la direction du sceptre, conséquemment que l'inscription est postérieure à la sculpture. D'ailleurs, elle doit être d'une date assez récente, à en juger par le dérivé Οὐαλεντῖνος, peut-être même Οὐαλεντινιανός, et par l'orthographe Σεραπίων, au lieu de Σαραπίων.

CXXXVII. (G.)

Je crois apercevoir le nom de Cléopâtre dans ce fragment peu distinct, que M. Gau seul a copié. Je le lis ainsi :

[τὸ προ]σκύνημα Πετεθοῦτος, μητρὸς Κλεοπάτρας ἀπ' Ὄμβου, σ[ύν]....

Le nom Πετεθοῦς signifie *qui appartient à Thoth*[a]. Dans une inscription de Khardassy, on lit Πετεοῦτος, qui est peut-être Πετεθοῦτος. La leçon μητρὸς Κλεοπάτρας me paraît bien probable. Cet Égyptien était désigné, selon l'usage du pays, par le nom de sa mère *Cléopâtre*, femme grecque alliée à une famille égyptienne[b]. La mère de Peteménophis, dont la momie a été rapportée par Cailliaud, s'appelait aussi Cléopâtre, μητρὸς Κλεοπάτρας[c].

Quoi qu'on en ait pu dire, l'usage de ne désigner un individu que par le nom de sa mère est resté étranger à la Grèce. Les exemples qu'on a cru trouver du contraire, dans des inscriptions grecques[d], se rapportent à un usage différent[e].

Le sigma, après Ὄμβου, commençait sans doute un autre mot, par exemple, σύν, suivi d'autres noms.

---

[a] Plus haut, p. 140. — [b] Plus haut, n° CXVII. — [c] V. mes *Observations sur les représentations zodiacales*, etc. p. 30. — [d] *Corp. Inscr.* n° 1967, ibique Böckh; Lebas, *Inscr. de Morée*, p. 5. — [e] Keil, *Specimen onomatol.* p. 91.

CXXXVIII. (G.)

On connaît déjà la désignation Ἶσις ἡ ἐν Φίλαις καὶ ἐν τῷ Ἀβάτῳ[a]. Ici nous trouvons celle de Ἶσις Φιλῶν καὶ Ἀβάτου, qui reviendra plusieurs fois encore. Cette inscription, que M. Gau a copiée, seul entre tous les autres voyageurs, sans nous dire où il l'a trouvée, a cela d'intéressant, qu'elle est la seule qui nous ait conservé une expression que l'on rencontre dans certains reçus, inscrits sur des tessons ou fragments de poterie trouvés à Syène ou dans les environs.

ΟΠΡΟCΚΥΝΙ....ΜΕΥ......	[τ]ὸ προσκύ[νημ]α Εὐ....	[Εὐ-]	Ceci est le proscynème
ΤΥΧΟΥΔΕΥΠΕΡΟΥΜΙω.....	τύχου, δευτέρου μισ[θωτοῦ ἱε]-		d'Eu...., fils d'Euty-
ΙΑCΠΥΛΗCCΟΗΝΑCΚΑΙΕΥΤ	ρᾶς πύλης Σοήνης, καὶ Εὐτ[υχ]-		chus, sous-fermier de la sainte porte de Syène,
ΙΑΝΟΥΤΟΥΚΑΙΘΕΟΔΟΤΟΥ..	ιανοῦ τοῦ καὶ Θεοδότου [τοῦ]		et d'Eutychianus, dit
ΙΟΥΚΑΙΤωΝΟΙΚΕΥωΝΑΥΤΟΥ	[υ]ἱοῦ καὶ τῶν οἰκείων αὐτοῦ [ἐν Ἐλεφ]-		aussi Théodote, et de ses proches, à Éléphantine,
ΑΝΤΙΝΗΠΑΡΑΤΗΚΥΚΙΑ ΙCΙΔΙ	αντίνῃ, παρὰ τῇ κυρίᾳ Ἴσιδι		auprès de la maîtresse
ΦΡΑωΝΚΑΙ	Φιλῶν καὶ		Isis de Philes et de l'A-
ΑΒΑΙοΥΚΑΙ	Ἀβάτου, καὶ		baton, ainsi que de tous
ΤΟΙCLΥΝΑΑΟΙC	τοῖς συννάοις		les dieux adorés dans le
ΗΟC‹ΑΝ‹	[θεοῖς πᾶσιν].		même temple.

Cette inscription n'est point datée; mais tout annonce qu'elle ne peut être antérieure au IIIe siècle de notre ère.

Si Δευτέρου (ligne 2) est un nom propre, il correspond au *Secundus* des Latins. Mais je pense que c'est un mot qui se lie au suivant, car les lettres ΜΙω...ΙΑC ΠΥΛΗC COΗΝΑC représentent, sans nul doute, μισ[θωτοῦ ἱε]ρᾶς πύλης Σοήνης, que l'on rencontre plusieurs fois dans les inscriptions des poteries dont je viens de parler; par exemple : Οὔλπιος Μερκούρ[ιος], μισθωτὴς ἱερᾶς πύλης Σουήνης, et Στατίλιος Ἄκκιος μισθ. ἱερ. π. Σ. Cette *porte sacrée de Syène* était peut-être semblable à celle qu'on trouve dans l'île de Philes; elle servait d'entrée à la grande muraille qui fermait l'Égypte de ce côté[b]. On conçoit qu'à cette porte pouvait être établi un bureau de péage, où les marchandises venant de l'Éthiopie payaient un droit dont le produit était affermé; de là, le titre de μισθωτής, *fermier*, que prend notre

---

[a] Plus haut, tom. I, p. 338. — [b] Plus bas, p. 211.

Eutychus. On pourrait encore conjecturer que ἱερὰ πύλη désigne la ville de Syène elle-même, qui, placée à l'entrée de l'Égypte, en était, pour ainsi dire, la *porte*. Quoi qu'il en soit, le fermier ou entrepreneur pouvait avoir des *sous-traitants* qui s'appelaient, soit ὑπομισθωταί, soit δεύτεροι μισθωταί, ou, en un seul mot, δευτερομισθωταί (comme δευτερολόγος et δευτεροελάτης [a]); dans ce cas, l'expression reviendrait à ὑπομισθωτοῦ, dans un sens analogue à celui qu'on donna, sous les Ptolémées, au fonctionnaire qu'on appelait ὁ δευτερεύων (celui qui exerçait en *second*), sans complément[b], à peu près comme nous disons *Monsieur le Premier,* pour désigner le *premier président* d'une cour royale; ce que tout le monde comprend, mais ce qu'on pourra ne plus comprendre dans deux mille ans. Ce sont des expressions analogues à celles de πεντέπρωτος, δεκάπρωτος, εἰκοσίπρωτος, ou des verbes πρωτεύω, δεκαπρωτεύω, εἰκοσιπρωτεύω, par lesquels on désignait certaines fonctions municipales. Tels sont encore les mots δευτεράριος et ὁ δευτερεύων, par lesquels on désignait, dans les monastères, le *second* après l'abbé et le *diacre*.

Mais les opérations de ce *fermier* devaient être surveillées, pour qu'il n'abusât pas de sa position, en modifiant à son gré les tarifs. Il y avait donc auprès de lui des *surveillants* ou *inspecteurs*, ἐπιτηρηταί, dont il est fait aussi mention sur les poteries; ainsi on trouve sur une d'elles : Τιθοητίων καὶ Στέφανος, ἐπιτηρηταὶ ἱερᾶς πύλης Σουήνης; titre qui existe dans l'inscription suivante.

Quant à l'orthographe Σοήνη, Σουήνη, Σουΐνη, Σωήνη, on ne la rencontre que dans les monuments postérieurs au II[e] siècle. Les inscriptions des poteries, qui sont des règnes d'Antonin et de Marc-Aurèle, donnent Σουήνη et Σοήνη; c'est cette dernière orthographe dont se servent Eusèbe[c], saint Athanase[d], Olympiodore[e], etc. L'auteur de la Chronique paschale écrit Σωήνη, qu'il ne fallait pas changer en Συήνη, comme l'a fait le dernier éditeur, contre l'autorité des manuscrits[f].

---

[a] *Thesaurus ling. græc.* ed. Didot, t. II, col. 1020. c. — [b] V. ma *Lettre à M. Passalacqua,* dans son *Catalogue d'antiquités*, p. 270. — [c] *Comment. in Hes.* C. 43. *In Collect. nov. Patrum*, t. II, p. 523, D. — [d] *Hist. Arianism.* p. 387, B. — [e] Ap. Phot. p. 62, col. 10, ed. Bekker. — [f] *Chron. pasch.* p. 62, 11, ed. Bonn.

Enfin, dans un rescrit de Dioclétien, copié à Syène par Pococke, on lit : διὰ τοῦ πραιποσίτου ἐν Σοήνῃ διατρίβοντος. Cette orthographe *récente* est celle qui rend le mieux la forme égyptienne *Soan*[a], qui a produit l'*Osouan* des Arabes.

Les mots [ἐν Ἐλεφ]αντίνῃ, qui laissent peu de doute, indiquent que ce *fermier* de la porte de Syène avait sa famille établie à Éléphantine. A la ligne dernière, il a pu y avoir ἐπ' ἀγαθῷ, au lieu de πᾶσιν.

CXXXIX. (L.)

Ce proscynème, gravé sur le petit temple de l'ouest, ne présente quelque intérêt qu'à cause du mot ἐπιτηρητής, dont il a été parlé ci-dessus, et qu'on ne peut méconnaître à la seconde ligne.

ΤΟΠΡΟϹΚΥΝΗΜΑ	Τὸ προσκύνημα	Ceci est le proscynème
... ΕΠΙΤΗΓΗΤΟΥ	...... ἐπιτηρητοῦ	de...... le *surveillant*,
ΚΑΙΤΗΕϹΥΜΒΙΟΥΚΑΙ..	καὶ τῆς συμβίου καὶ τῶν	et de sa femme et de
ΤΕΚΝΩΝΑΥΤΟΥ.	τέκνων αὐτοῦ.	ses enfants.

On vient de voir ce que c'est que cet ἐπιτηρητής. Si, après ἐπιτηρητοῦ, on n'a pas ajouté les mots ἱερᾶς πύλης Συήνης, c'est que ce complément était facilement suppléé.

CXL. (L.)

Cette inscription, gravée sur le même temple, est aussi d'une date récente.

ΤΟΠΡΟϹΚΥΝΗΜΑ	τὸ προσκύνημα
ΚΕΙΜΔΥΝΠΕΤΕΗϹΙΟ	.... Πετεήσιος
ΚΡΑΔΟΤΙΟΦΙΛΩΝ	..... φίλων
ΠΑΡΑΤΗΚΕΡΙΩΜ.Ν	παρὰ τῇ μυριωνύμῳ
ΙϹΙΤΩϹΦΙΛΩΝ	Ἴσι τῇ Φιλῶν
ΚΑΙΑΒΑΤΟΥΚΑΙΤΩΤ.ϹΚΙΝΙΩΝ	καὶ Ἀβάτου καὶ τῶν τέκνων (?)....

Je ne sais que faire des lettres qui commencent la deuxième et la troisième lignes. ΚΕΙΡΙΩΜ.Ν nous cache μειριωνύμῳ (épithète connue

---

[a] Champollion, *Lettres écrites d'Égypte*, p. 170.

CXLI, CXLII. PHILES. EMPEREURS. INCERTAINS.

d'Isis), iotacisme pour μυριωνύμῳ, à moins que ce ne soit τῇ κειρίᾳ (pour κυρίᾳ) μεγίστῃ Ἴσι. ΙCΙΤΩCΦΙΛΩΝ doit être, soit Ἴσι τῇ Φιλῶν ou τῶν Φιλῶν, soit Ἴσιτως pour Ἴσιδος, comme nous avons vu ailleurs Ἴσιτι pour Ἴσιδι[a]; le génitif au lieu du datif ne surprendra pas dans une inscription d'aussi basse époque[b].

CXLI. (W.)

ΑΜΩΝΙΜΖΕΠΗCΙΟΥ,,ΠΟΙΑ
ΙΙΜΩCΠΟΗCΕΝΕΥΤΥΧΙΑΙ.ΧΣ
ΕΠΑΓΑΘΩ

On distingue peu de chose dans ce fragment. Il me semble qu'il a dû y avoir : Ἀμώνιος (pour Ἀμμώνιος) Πετησίου (ou Ἀρπησίου) παρὰ [Ἴσι τῇ μυριωνύ]μῳ ἐπόησεν, εὐτυχίᾳ καὶ ἐπ' ἀγαθῷ. On a déjà vu l'expression εὐτυχίᾳ[c] dans un sens analogue à ἐπὶ εὐτυχίᾳ.

CXLII. (W.)

Ce fragment, fort peu distinct, a été trouvé, par sir Gardner Wilkinson, sur la porte du temple, dans l'île de Begeh[d], nommée anciennement *Snem*, but de fréquents pèlerinages.

ΠΑΧΩΝΙΕ	L.... παχὼν ΙΕ.
ΤΟΠΡΟCΚΥΝΗΜΑ	τὸ προσκύνημα [Δη-]
ΜΗΤΥΙΟCΠΑΕΙ	μήτριος Παει[νί-]
ΟΥΙΕΚΙΤΑΤΡοC	ου ἐκ πατρὸς
ΕΝΤΑΦΙCΦΑ	ἐνταφι.....
ΛΕΝΤΙΕΙCΙ	........Εἰσι[δι].
ΟΙΛΩΝΜΗΤΡΟΣ	Φιλῶν, μητρὸς
ΕΝCΙVΗΤΨΔΤ()	....
ΙΟΤC\⋅ΛΩ Ι\ΟΙΚV	.... παρὰ τῇ.κυ[ρίᾳ]
ΙCΙΔΙΚΑΙΤΟΙCCVΝΝ	Ἴσιδι καὶ τοῖς συνν-
ΑΙCΝCΙΕΟΙCΕΠ'	άοις θεοῖς ἐπ'
Λ Δι..	ἀγαθῷ...

La ligne 1 est peut-être la fin d'une autre inscription. A la ligne 2, il y a Δημήτριος pour Δημητρίου, faute assez ordinaire à cette époque.

---

[a] T. I, p. 445. — [b] Plus haut, p. 181. — [c] Plus haut, p. 168. — [d] T. I, p. 396.

Ligne 3, je crois apercevoir le nom Παεινίου ou Παινίου, qui s'est déjà rencontré[a]. Les mots ἐκ πατρός semblent annoncer une profession exercée de père en fils, exprimée par les lettres ΕΝΤΑΦΙϹΦΑ, qui semblent convenir au mot ἐνταφιασ7ὴς, Ἴσιδι Φιλῶν, ou ἐνταφιασ7εύων, *ensevelisseur*, auprès du temple d'Isis, à Philes, à moins qu'on ne préfère ἐν Τάφι σφραγισ7ὴς εἶτα Ἴσιδι Φιλῶν, *sphragiste à Taphis, puis auprès d'Isis de Philes*. Taphis (Téfah) était à vingt-trois milles au sud[b]. Les *sphragistes* marquaient les animaux purs, καθαροί, destinés aux sacrifices[c]. C'était une classe de prêtres (σφραγισ7αὶ τῶν ἱερέων, dit Plutarque[d]) qui prenaient le nom de μοσχοσφραγισ7αί[e] quand ils marquaient les bœufs et les veaux. Les livres qui traitaient des rites usités à cet égard s'appelaient μοσχοσφραγισ7ικὰ βιβλία[f]. A la ligne 7, se trouvait le nom de la mère; et, à la ligne 11, les lettres ΕΠ annoncent ou ἐπ' ἀγαθῷ, ou ἐποίησε.

CXLIII. (W.)

Sur le mur extérieur du petit temple d'Esculape[g], sir Gardner Wilkinson a vu ce fragment, qui doit être d'une date assez récente :

ΝΙΚΙΑϹ	Νικίας	Moi, Nicias,
ΗΚΩΠ	ἥκω π-	je suis venu v-
ΡΟϹΤΗΝ	ρὸς τὴν	ers la
ΚΥΡΙΑΝ	κυρίαν	maîtresse
ΙΝϹΤΟ	Ἴσιν, τὸ	Isis, (j'ai fait) le
ΠΡΟϹΚΥ	προσκύ-	proscy-
ΝΗΜΑ	νημα	nème de
ΠΑΜΦΙΛ	Παμφίλ-	Pamphil-
ΗϹ·ΚΑΙϹΤ	ης καὶ Σωσ7-	e et de Sost-
ΡΑΤΟΥΤΟ	ράτου τῶ-	rate, mes
ΤΑΚΤΚ	ν τέκνων?	enfants

A la fin, après le verbe, se trouvait la date, comme à l'ordinaire. Il semble qu'il y ait Στράτου, sans doute pour Σωσ7ράτου.

[a] Tom. I, p. 125. — [b] *Itiner. vetera*, p. 164. — [c] Porphyr. *de Abstin.* II, 55; *ibique* Rhoer. — [d] *De Iside et Osir.* p. 363, c. 31. — [e] Porphyr. *de Abstin.* IV, 7; *ibique* Rhoer. — [f] Clem. Alexandr. *Stromat.* VI, 35, p. 758 Pott. — [g] Tom. I, p. 7 et suiv.

CXLIV–CXLVIII.

Les numéros suivants sont des fragments presque informes dont il n'y a rien à faire. Je ne les reproduis que pour ne négliger aucun des vestiges d'inscriptions que le temps n'a pas entièrement effacés.

CXLIV. (Lɴ.)   CA.AT....ΗΝΝ.ΚΡΙCΠΟCΗ
                      ....ΥΗΝΗCΙΕΑΕΦΑ

On ne tire de là que Σα[ρ]α[πίων καὶ] Κρίσπος.......... Σ]υήνης καὶ Ἐλεφα[ντίνης].
Il s'agit de deux fonctionnaires exerçant à Syène et à Éléphantine.

CXLV. (W.) Sur la base en grès d'un obélisque brisé en granit :

     Λ   ΡΟ   Vᒪ ΜΛΟ·ΙΙѠΝΦΙΛΛΜΠѠΝΥC

où l'on ne distingue rien que le nom de Φιλάμμωνος, à la fin.

CXLVI. (G.) Il n'y a non plus rien à tirer des lettres

         ΑΡΟCΑ.....ѠΝΦCΥΦΙΛΑ

CXLVII. (G.) Et fort peu de celles-ci ni des suivantes :

        ΑΛΕΞ   Ἀλέξ[ανδρος, ou Ἀλεξᾶς]
        ΓΑΙΟΥ   Γαίου....[ἥκω πρὸς]
        ΤΗΝΚ   τὴν κ[υρίαν Ἶσιν]
        ΚΛ   καὶ [τὸ προσκύνημα]
        ..C.   [ἐπόησα..].....

CXLVIII. (G.) ΗΡΙ...ΕΜΝΥΝΗCΙ   Ἡρ[ακλῆς] Διονυσί[ου]
             Η⊿Ι   ΑΡΑΤΜΚΥΡΙΑ   ἥκ[ω, π]αρὰ τῇ κυρίᾳ
                  ΈΝΦΙΛΛΙCΤΟΝ   [Ἴσιδι τῇ] ἐν Φίλαις, τὸ π-
                                                  [ροσκύνημα πεπόηκα].

CXLIX–CLI. (L.)

Les trois inscriptions suivantes étaient restées inconnues à tous les voyageurs. M. Lenormant est le seul qui les ait aperçues, gravées, l'une sur le jambage gauche de la porte d'une chambre supérieure dans le grand temple d'Isis; les deux autres, sur le plan même de la terrasse de ce même temple. Quoique ce soient de simples proscynèmes, la date très-récente à laquelle elles appartiennent leur donne beaucoup d'intérêt historique; et il ressort de leur comparaison un ensemble de faits qui tiennent une place importante dans l'histoire de l'empire romain au ve siècle.

CXLIX. La première, qui est la plus longue, est ainsi conçue :

ΤΟΠΡΟCΚΥΝΗΜΑ	τὸ προσκύνημα
CΜΗΤΧΗΜѠΠΡѠΤΟ	Σμητχήμ ὁ πρωτο-
CΤΟΛΙCΤΗCΕΚΠΑΤΡΟC	σ]ολισ]ὴς, ἐκ πατρὸς
ΠΑΧΟΥΜΙΟΥΠΡΟΦΗ	Παχουμίου προφή-
ΤΟΥΜΗΤΡΟCΤCΕΝ	του, μητρὸς Τσεν-
CΜΗΤΕΓΕΝΑΜΗΝ	σμήτ· ἐγενάμην
ΠΡѠΤΟCΠΟΛΙCΓΗC	πρωτοσ]ολισ]ὴς
ΙΠΙ|Ρ̄Ξ̄Ε̄ΔΙΟΚΛΗΤΙ	ἔτει Ρ̄Ξ̄Ε̄ Διοκλητι[ανοῦ]·
ΠΛΘΑΕΝΤΑΥΘΑ	ἦλθα ἐνταῦθα,
ΚΑΙΕΠΟΙΗCΑΤΟ	καὶ ἐποίησα τὸ
ΕΡΓΟΝΜΟΥΑΜΑ	ἔργον μου ἅμα
ΚΑΙΟΥΑΔΕΛΦΟΥ	καὶ τοῦ ἀδελφοῦ
ΜΟΥCΜΗΤΟΔΙΑΤΟ	μου Σμὴτ, ὁ διάτο-
ΧΟCΤΟΥΠΡΟΦΗΤΟΥ	χος τοῦ προφήτου
CΜΗΤΧΙΟCΠΑΧΟΥΜΙΟΥ	Σμήτχιος Παχουμίου
ΠΡΟΦΗΤΟΥΕ...ΑΡΙC	προφήτου· ἐ[μοὶ χ]αρίσ-
....	[αιντο ἡ δέσποινα]
ΗΜѠΝΙCΙ....ΟΔΕC	ἡμῶν Ἶσι[ς καὶ] ὁ δεσ-
ΠΟΤΗΗΜ.....ΙΡΙC	πότης ἡμ[ῶν Ὄσ]ιρις
ΕΠΑΓΑΘѠ.....ΡΟΝ	ἐπ' ἀγαθῷ· [σήμε]ρον,
ΧΟΙΑΚ ΚΓ.........	χοὶακ ΚΓ [ἔτει (ou ἔτους) Ρ̄Ξ̄Ε̄]
ΔΙΟΚΛΗ....ΝΟΥ	Διοκλη[τια]νοῦ.

Ceci est le proscynème de Smetchem le protostoliste : mon père est Pachumios, prophète; ma mère, Tsensmet. J'ai été protostoliste la cent soixante-cinquième année de

Dioclétien. Je suis venu ici, et j'ai rempli ma fonction en même temps que mon frère Smet, successeur du prophète Smetchis, fils de Pachumios, prophète.

Puissent m'être favorables notre maîtresse Isis et notre maître Osiris !

Pour un bien, [écrit] cejourd'hui 23 choïak de l'an 165 de Dioclétien.

Au premier coup d'œil, on remarque dans ces inscriptions, comme dans celles de Khardassy en Nubie et d'autres[a], des fautes graves quant à l'emploi des cas, à la formation des temps des verbes, au régime des prépositions; ces fautes nous présentent de nouvelles preuves de la dégénération du grec parlé en Égypte[b].

Cette inscription est complète jusqu'à la seizième ligne. La dix-septième manque absolument, et quatre ou cinq lettres ont été enlevées dans les cinq dernières lignes; mais les traits conservés permettent de restituer avec certitude et la ligne perdue et les lacunes.

Selon l'usage de ces sortes d'inscriptions, les noms qui suivent le mot προσκύνημα en sont le complément, et doivent être au génitif. Il s'ensuit que πρωτοσ7ολισ7ής est une faute pour πρωτοσ7ολισ7οῦ. Le personnage qui est l'auteur du προσκύνημα se nomme Σμητχήμ, comme on le voit par l'autre inscription, et non Σμητχημώ : il est clair que l'ω est ici, par erreur, pour l'article ὁ devant le qualificatif πρωτοσ7ολισ7ής, pour τοῦ πρωτοσ7ολισ7οῦ; c'est ainsi que, plus bas, ligne 13, on trouve ὁ διάδοχος pour τοῦ διαδόχου.

Une autre phrase commence avec ἐγενάμην (ligne 6) pour ἐγενόμην ou ἐγενήθην; ainsi, dans une inscription de Khardassy, γενάμενος, et, dans une autre de Pambouk-Kalessi, παραγεναμένοις[c]. Cependant γενάμενος se lit plusieurs fois dans Archimède[d].

A la ligne 8, on ne sait s'il faut lire ἐπί ou bien ἔτι pour ἔτει, orthographe qui se rencontre déjà dans des papyrus du temps des Ptolémées. Je préfère la deuxième leçon. Du reste, la chose a peu d'importance : ce qui en a davantage, c'est l'énoncé de la date, marquée en années de Dioclétien. J'y reviendrai plus bas.

La troisième phrase commence (ligne 9) par le mot ἦλθα, qui est

---

[a] Plus haut, p. 179, 180. — [b] Dans Gau, *Antiq. de la Nubie*, p. 25 et suiv. — [c] Francke, *Griech. und latein. Inschriften*, S. 419. — [d] Buttmann, *Ausführl. griech. Gramm.* II, p. 96.

pour ἦλθον. Cette forme paraît appartenir au dialecte macédonien; on trouve dans les Septante ἦλθαν, εἰσήλθατε, ἐξῆλθαν [a].

Ligne 11, ἅμα καὶ τοῦ ἀδελφοῦ est pour ἅμα καὶ τῷ ἀδελφῷ, ou pour μετὰ τοῦ ἀδελφοῦ. La confusion des prépositions et l'oubli de leur véritable régime sont le caractère du mauvais grec des inscriptions de bas temps. Le nominatif ὁ διάδοχος, au lieu du génitif, a été remarqué déjà. Le τ pour δ, dans διάτοχος, se rencontre sur d'autres monuments grecs de l'Égypte, notamment dans un papyrus du règne d'Héraclius [b].

Nous avons ici les noms de plusieurs Égyptiens exerçant diverses fonctions religieuses dans le temple d'Isis. Ce sont :

Pachumios, prophète; sa femme Tsensmet; leurs deux fils Smetchem, protostoliste, et Smet, qui avait succédé, en qualité de prophète, à Smetchis, fils d'un autre prophète appelé aussi *Pachumios*, qui n'était point de la même famille.

Tous ces noms sont égyptiens. Celui de la mère, *Tsensmet*, signifie *fille de Smet*, d'où l'on voit que le nom de l'un des deux fils est encore ici tiré de celui de son aïeul maternel. Le nom *Smetchem* doit signifier, en copte, *Smet le noir*.

Les fonctions exercées par le père et l'un de ses enfants sont celles de *prophète*; par le deuxième, celles de *protostoliste* [c].

On ne sait pas au juste ce qu'était le prophète dans le sacerdoce égyptien. Dans l'inscription de Rosette, les prophètes viennent après les *archiprêtres* (ἀρχιερεῖς) [d]; et, dans celle d'Ératon (n° LXII), ce dernier titre précède celui d'*archiprophète* [e]: ils tiennent aussi un rang d'honneur dans la procession décrite par Clément d'Alexandrie [f]. Olympiodore [g], en parlant des Blémyes, donne à leurs prêtres le nom de *prophètes*, qu'il paraît prendre pour synonyme de celui de prêtres, ἱερεῖς, de même que Diogène Laërce, à propos du voyage de Platon en Égypte [h]. En est-il de même ici? Je ne le pense pas.

---

[a] Sturz, *de Dial. macedon.* p. 32, 34; et ad Maitt. *Dialect.* p. 292. — [b] *Recherches*, etc. p. 474. — [c] Villoison, 2ᵉ Lettre sur l'inscript. de Rosette, p. 21. — [d] Drumann, *Untersuch. über Ægypten* u. s. w. S. 97, ff. — [e] Clem. Alex. *Strom.* I, § 69, p. 356 Potter. — [f] *Id.* VI, § 36, p. 757. — [g] Ap. Phot. p. 112, ed. Hœsch.; p. 62, col. I, l. 11, ed. Bekk. — [h] Diog. Laert. III, 6.

CXLIX. PHILES. EMPEREURS. MARCIEN.

Quoi qu'il en soit, le titre de *prophète* était sans doute supérieur à celui de *protostoliste*, ce qui explique pourquoi le fils n'avait que ce dernier titre, tandis que le père était *prophète*. Cependant son autre fils *Smet*, peut-être l'aîné, avait succédé, en qualité de prophète, à un autre personnage appelé *Smetchis*.

Quant au *protostoliste*, ce nom, jusqu'ici, ne s'est pas encore rencontré; mais on a celui de *stoliste*, dont se servent Plutarque[a] et Clément d'Alexandrie; et un Athénien, de Mélite, dans une dédicace, est désigné ainsi: στολίζοντος Αἰμιλίου, « Æmilius étant stoliste[b]. » Στολιστής revient à ἱεροστόλος du même Plutarque[c], à ἱεροστολιστής de Porphyre[d], mots dont on avait formé celui de ἱεροστολικά[e], qui désignait un des ouvrages attribués à Orphée. En place de ces mots, le rédacteur de l'inscription de Rosette se sert de la périphrase[f] « ceux qui entrent « dans l'*adyton* pour l'habillement des dieux. » Les *stolistes* étaient donc chargés d'*habiller les dieux*, c'est-à-dire de les revêtir de leurs ornements caractéristiques dans les jours de fête. C'est la classe de prêtres que Julius Firmicus Maternus[g] appelle *vestitores simulacrorum divinorum*, ou *deorum vestitores*. Le *protostoliste* était le chef des stolistes dans le temple d'Isis. Ce mot doit avoir le même sens que ἀρχιστολιστής. Au temple de Philes, cette fonction devait être importante. Champollion et M. Lenormant m'ont dit avoir observé, auprès de toutes les figures d'Isis, des *trous*, qui, d'après leur place, n'ont guère pu servir qu'à attacher les vêtements postiches dont on couvrait ces figures dans certaines solennités : c'est cette opération que l'on confiait sans doute aux *stolistes* et à leur chef le *protostoliste*.

Les sept dernières lignes de l'inscription, après le mot προφήτου, sont extrêmement maltraitées; néanmoins, la restitution que j'en ai faite me paraît certaine : j'ai lu χαρίσαιντο, parce que l'optatif est surtout de mise en de telles phrases; ainsi χαρίσαιο δ' ἄν μοί τι, Διονύσιε[h]. On a vu plus haut [Καίσαρα (?)].. σώζοι Κύπρις[i] et χαίροις δ'ἅμα καὶ σὺ

---

[a] *De Iside et Osir.* p. 366. — [b] Böckh, *Corp. Inscr.* n° 481. — [c] *De Iside et Osir.* p. 352. — [d] *De abstin.* IV, 8, p. 321, Rhoer. — [e] Cf. Lobeck, *Aglaopham.* I, p. 371. — [f] Plus haut, t. I, p. 267. — [g] III, c.II, n. 9. — [h] Tim. ap. Athen. VI, p. 250, c. — [i] Plus haut, p. 154.

Σάραπι[a]. Cependant il a pu y avoir χαρίσωνται, au subjonctif, ce qui est indifférent. Le nom d'Isis précède celui d'Osiris, comme dans toutes les inscriptions de Philes, où le dieu Osiris n'était qu'en seconde ligne, au point que souvent même on n'en faisait pas mention. C'est, je crois, la première fois que ces deux divinités reçoivent les noms de δεσπότης, δέσποινα ἡμῶν (car δέσποινα me paraît un supplément certain, appelé par le δεσπότης qui suit) : dans toutes les autres inscriptions, on ne trouve que κύριος et κυρία, qui ont un sens analogue, mais moins fort.

L'exagération toujours croissante des formes d'adulation ou des titres de chancellerie avait introduit, à partir du règne de Dioclétien[1], le titre de δεσπότης ἡμῶν, qui remplaça le κύριος, dont les empereurs s'étaient contentés jusqu'alors. Les chrétiens eux-mêmes ne balancèrent pas à les désigner ainsi, c'est-à-dire à leur donner le même titre qu'à Jésus-Christ, dont le nom, dans les monuments chrétiens des premiers siècles, est accompagné des mots δεσπότης ἡμῶν. Les païens ne purent rester au-dessous de ces formes adulatrices; du moment qu'ils saluaient les empereurs du titre de δεσπότης ἡμῶν, ils devaient traiter Isis et Osiris au moins avec autant de révérence.

Il ne reste plus que trois lignes; leur restitution laisse peu de doute. L'emploi si fréquent du mot σήμερον dans les inscriptions de l'époque romaine, avant l'énoncé de la date, ne permet pas d'hésiter sur le mot dont les lettres PON sont la fin. Le quantième du mois est conservé; mais l'année manque, on ne peut la suppléer; elle doit être moyenne entre l'an 165 exprimé, dans le corps de l'inscription, comme étant celle où Smetchem est devenu protostoliste, et l'an 169, époque de son *second* proscynème (n° CLI), qui fut écrit

[a] Plus haut, p. 167.

[1] Villoison (*IIe Lettre sur l'inscription de Rosette*, p. 13) place l'introduction de ces titres au règne de l'empereur Constance; mais plusieurs faits cités par Spanheim (*De præstant. et usu numism.* t. II, p. 486, 487) annoncent qu'il faut en reporter l'usage au moins jusqu'à Dioclétien.

CXLIX, CL. PHILES. EMPEREURS. MARCIEN.

le 15 choïak, tandis que le précédent, qui a été écrit quatre ans auparavant, est du 23 choïak.

A cette époque, le calendrier fixe était établi dans toute l'Égypte; à la vérité, on se servait encore quelquefois, dans les IIe et IIIe siècles, du calendrier vague; mais alors on ajoutait κατ' Αἰγυπ1ίους ou κατ' ἀρ-χαίους[a]. L'absence de cette addition ne permet pas de voir ici autre chose que l'usage du calendrier fixe. Le 23 choïak tombe au 19 décembre, le jour même du solstice d'hiver. J'ai déjà remarqué, dans mon Mémoire sur la *table horaire* de Taphis[b], qui est un monument chrétien, que le semestre qu'elle contient s'étend de phaophi à phaménoth, c'est-à-dire de l'équinoxe d'automne à celui du printemps : la table correspondante, qui est maintenant détruite, devait s'étendre de pharmuthi à thoth, ce qui donne une division de l'année par les équinoxes. Sur cette division pouvaient être réglés, non-seulement les travaux agricoles, mais encore le commencement et la fin de certains emplois civils et religieux. Cependant il s'agit probablement ici de tout autre chose, comme on va le voir.

CL. La seconde inscription a été tracée par le même membre de la famille qui l'a inscrite environ quatre ans après la première.

Au-dessous de deux pieds gravés à côté l'un de l'autre et vus par la plante, on lit les mots suivants :

ΠΟΔΑϹϹΜΗΤΧΗΜΕΚΠΑΤΡΟϹ Πόδας Σμητχὴμ ἐκ πατρὸς
ΠΑΧΟΥΜΠΡ.ΦΗΤ.ϹΙΟΥΔΟϹ Παχοὺμ πρ[ο]φήτ[η]ς Ἰσιδος
ΦΙΛѠΝ Φιλῶν.

Pieds de Smetchem, fils de Pachoum, prophète d'Isis, à Philes.

L'accusatif πόδας est peut-être simplement une faute pour πόδες, à moins que ce ne soit le régime de ἐχάραξε sous-entendu. Les lettres ϹΙΟΥΟΔϹ me paraissent ne pouvoir être que le ϲ final de προφήτης et le mot Ἰσιδος suivi de Φιλῶν; la locution Ἰσις Φιλῶν nous est déjà connue[c]. On ne peut guère penser à εἰς οὖδος (pour οὖδας) Φιλῶν,

---

[a] Ideler, *Handbuch der Chronol.* I. S. 142, 150. — [b] *Nouv. Ann. des voyages*, t. XVII. — [c] Plus haut, p. 81.

ce qui serait bien recherché pour un tel homme. Προφήτης au lieu de προφήτου ne peut nous surprendre, après ce que nous avons vu dans la première inscription. Παχούμ n'est peut-être pas abrégé de Παχούμιος; ce n'est que l'égyptien Παχούμ ou Παχώμ, sans la finale grecque.

C'est donc, selon toute apparence, un second proscynème de Smetchem fait quatre ans après le premier.

CLI. Un troisième proscynème du même personnage est tracé immédiatement au-dessous du précédent.

```
CMHT..... ΟΠΡѠΤΟCΤΟΛΙCΤΗC       Σμητχήμ ὁ πρωτοσ7ολισ7ὴς
ΥΙΟCΠ... ΙΟΥΠΡΟΦΗΤΟΥ             υἱὸς Π[αχουμ]ίου προφήτου
ΧΟΙΑΚΙΕ                           χοίακ ΙΕ, [ἔτους]
ΡΞΘΔΙΟΚ                           ΡΞΘ Διοκ[λητιανοῦ].
```

Smetchem, le protostoliste, fils de Pachumius, prophète. Le 15 de choïak, l'an 169 de Dioclétien.

Après avoir tracé l'empreinte de ses pieds et indiqué cette opération dans les trois lignes du numéro précédent, Smetchem a écrit son proscynème, en n'oubliant d'indiquer ni son titre, ni la date précise du jour où il arrivait à Philes.

Cette date de l'an 169 appartient donc également aux deux inscriptions (n°⁸ CL et CLI); elle est postérieure de quatre ans à celle qui est exprimée dans le n° CXLIX.

Les pieds qui accompagnent chacune des deux inscriptions me paraissent être un symbole équivalent à ce qui se lit dans la première, ἦλθα ἐνταῦθα, *je suis venu ici*. On trouve souvent, en Égypte, de ces pieds gravés sur des portions d'édifice, au-dessus ou à côté d'inscriptions égyptiennes, grecques ou coptes; leur objet semble avoir été de marquer la venue du personnage qui a écrit son nom. On a pensé que cette image pourrait être une sorte d'*ex voto* en mémoire de la guérison d'un mal au pied opérée par la puissance du dieu; mais le grand nombre de représentations du même genre me semble exclure cette hypothèse.

On ne doit pas négliger de remarquer que la date est celle du mois de choïak, comme dans la première inscription. Il est vraisemblable que ce mois était celui où se célébraient annuellement certaines cérémonies religieuses, et où se réunissaient à Philes les divers membres du grand collége, pour les processions et autres cérémonies, par exemple l'habillement (σ7ολισμοί) d'Isis et d'Osiris.

L'une des inscriptions est du 15 choïak, ou 11 décembre, l'autre, du 23 choïak, ou 19 décembre. Cet intervalle de huit jours peut nous indiquer la durée des cérémonies, qui finissaient ainsi le jour même du solstice. Or on sait par plusieurs textes anciens, notamment par Achillès Tatius [a], par Géminus [b], qui avait tiré le fait d'Eudoxe, et par l'auteur du Traité d'Isis et d'Osiris [c], que les fêtes d'Isis se célébraient *au solstice d'hiver*. Ces fêtes, dont l'objet était rattaché à la mort d'Osiris, avaient un caractère lugubre et funèbre; et probablement les statues d'Isis étaient alors habillées de noir, comme le bœuf qu'on promenait dans ces cérémonies [d].

Je viens maintenant à la circonstance historique qui nous est révélée par ces inscriptions.

I.

DU PAGANISME APRÈS L'ÉDIT DE THÉODOSE.

Si elles étaient du temps d'Adrien ou des Antonins, elles nous intéresseraient encore par les détails qu'elles nous font connaître; mais leurs dates récentes leur donnent une grande importance.

Le mois de choïak de l'an 169 de Dioclétien donne le mois de décembre de l'an 453 de notre ère pour la date de ces monuments. C'est donc au milieu du v[e] siècle (environ soixante ans après l'édit de Théodose) qu'ils se rapportent.

Or nous voyons que le culte d'Isis et d'Osiris s'exerçait librement à Philes; qu'il y était encore confié à des familles égyptiennes. Bien

---

[a] Cap. VI, p. 85, in *Uranol.* — [b] Cap. XXIII. — [c] Pag. 366, et t. VII, p. 446, ed. Reiske. — [d] Καὶ βοῦν διάχρυσον ἱματίῳ μέλανι βυσσίνῳ περιβάλλοντες. (Plutarch. *de Iside et Osiride*, l. l.)

loin de s'en cacher, elles s'en faisaient gloire. Les desservants du culte d'Isis ne craignaient pas d'inscrire leurs noms et ceux des membres de leur famille sur une partie visible du temple, en marquant avec soin le degré qu'ils occupaient dans la hiérarchie sacerdotale. Rien n'annonce mieux un culte célébré ouvertement, sans crainte d'aucune persécution; et cela se passait soixante ans après l'édit de Théodose. C'est précisément à cette époque qu'appartient un passage important de Priscus, que ni le traducteur latin, ni Tillemont, ni Lebeau, n'ont parfaitement compris.

Cet historien rapporte que les Blémyes et les Nubiens, vaincus par les Romains sous la conduite de Maximin, général de l'empereur Marcien, envoyèrent à ce général des députés de l'une et l'autre nation pour traiter de la paix. Ce témoignage a d'autant plus de poids, que Priscus était à cette époque en Égypte, et que, ami de Maximin, il a dû connaître parfaitement tous les détails de cette guerre. Il rapporte donc que les barbares offrirent d'abord une paix qui devait durer autant que Maximin resterait en Thébaïde; ce qui fut refusé; puis, tant qu'il vivrait, condition dont on ne voulut pas davantage. Il exigea *une paix de cent ans*, qu'ils acceptèrent, en s'engageant à rendre, sans rançon, les prisonniers qu'ils avaient faits dans cette incursion et dans la précédente, ainsi que les bestiaux enlevés et le prix de ceux qu'on avait consommés; mais ils demandèrent en retour qu'on leur permît, selon l'ancienne loi, κατὰ τὸν παλαιὸν νόμον, de se rendre, sans nul obstacle, au temple d'Isis, et de transporter chez eux, à une époque déterminée, les images de la déesse, pour en tirer des oracles, s'engageant à les ramener ensuite intactes dans le temple de Philes. Comme garantie, il était stipulé que le bateau portant les images révérées serait sous la conduite d'Égyptiens. Maximin consentit à ces conditions; et, jugeant que la vénération des barbares pour Isis devait les mieux disposer à exécuter ces conditions, il voulut qu'elles fussent *ratifiées* dans le temple même[1]. Leurs députés vinrent en effet dans l'île, signer avec em-

---

[1] Ἐμπεδωθῆναι τοίνυν ἐν τῷ ἱερῷ τὰς συνθήκας τῷ Μαξιμίνῳ ἐπιτήδειον ὄν. Un

pressement le traité; et ils en furent tellement satisfaits, qu'ils donnèrent pour otages des hommes qui avaient été leurs chefs [1], et des enfants de chefs : ce qu'ils n'avaient point encore fait en de pareilles guerres avec les Romains, auxquels ils n'avaient jamais donné de leurs enfants en otage.

Il faut s'arrêter un moment sur ce passage. Tillemont [a] s'étonne qu'il y eût encore des idoles d'Isis en Égypte; il s'étonne surtout de ce que le grand chambellan Maximin confirme, par un article exprès, l'acte religieux des Blémyes. Lebeau [b] fait à ce général une sorte de reproche d'avoir été plus politique que délicat en matière de religion. Ni l'un ni l'autre ne paraît avoir entrevu le motif d'une condescendance qu'on peut, à bon droit, regarder comme forcée.

Priscus rapporte à une *ancienne loi* le voyage que les statues d'Isis faisaient chez les peuples de la vallée supérieure du Nil. L'antiquité classique ne nous fournit aucun moyen de savoir jusqu'à quel point cet historien était bien instruit à cet égard; mais une inscription métrique déjà expliquée (n° CXXII), qui paraît être du temps d'Auguste, nous garantit l'existence de l'usage à cette époque, et nous donne, de plus, un curieux commentaire du passage de l'historien. C'est un

---

[a] *Hist. des Emp.* t. VI, p. 297. — [b] *Hist. du B. E.* t. VI, p. 328, éd. de Saint-Martin.

des traducteurs latins, ne comprenant point le mot ἐμπεδωθῆναι, l'a rendu ridiculement par *conventiones cannis exaratas clavis ferreis revinctas, Maximino visum est.* Un autre a traduit, *hanc pactionem Philis affigi Maximino visum est*, version conservée par M. Classen dans l'édition de Niebuhr (p. 154). Ces versions ont trompé Tillemont (VI, 297) et Lebeau (t. VI, p. 328). Ce dernier prétend que Maximin « fit attacher *l'original* du traité aux « murailles mêmes du temple. » Mais ἐμπεδοῦν σπονδάς, ὅρκους, εἰρήνην, ὑποσχέσεις, συνθήκας, sont des expressions connues, dès le temps de Xénophon, pour signifier βεβαιοῦν, ἀσφαλίζεσθαι, etc. L'auteur veut dire simplement que Maximin crut utile de choisir le temple même de Philes pour la ratification du traité.

[1] Ἦσαν δὲ τῶν τυραννησάντων καὶ ὑπὸ (l. ἀπὸ) τυράννων γεγονότων, ὅπερ οὐδὲ πώποτε ἐν τῷδε τῷ πολέμῳ ἐγένετο· οὔ ποτε γὰρ Νουβάδων καὶ Βλεμμύων παρὰ Ῥωμαίοις ὡμήρευσαν παῖδες. Selon Lebeau, ce fut la première fois que les Romains *reçurent des otages des Blémyes.* La phrase grecque dit que c'était la première fois que les barbares *donnaient non pas des otages*, mais *de leurs enfants en otage;* ce qui est fort différent.

témoin oculaire qui parle [a] : « Étant arrivés à la belle et vénérable
« île d'Isis, située à l'extrémité de l'Égypte, en avant de l'Éthiopie,
« nous avons vu dans le Nil des vaisseaux rapides qui rapportaient
« des *temples sacrés* de la terre des Éthiopiens dans notre terre fer-
« tile en blés, digne d'être vue, et que tous les hommes vénèrent [1]. »
Ces temples portés sur des vaisseaux, ce sont les édicules, παστοί ou
παστοφορεῖα [b], le plus souvent dorés, ναοὶ χρυσοῖ, comme les appelle
Diodore de Sicile [2], dans lesquels étaient renfermées les images de
la déesse. On voit que l'auteur, Grec d'Égypte, se trouvait à Philes
au moment où les barques ramenaient d'Éthiopie les images d'Isis;
et, comme, au temps d'Auguste, les rites religieux avaient subi
peu de changements, nous ne pouvons douter qu'il ne s'agisse
réellement, comme le dit Priscus, d'un usage qui rémonte jusque
dans l'antiquité. Il faut en conclure que les Blémyes et les Nubiens,
en venant s'établir dans la vallée inférieure du Nil, avaient adopté
le culte de la population qu'ils y avaient trouvée.

Cela nous explique pourquoi ces barbares se montrèrent tellement attachés à cet usage, qu'ils en firent la condition unique du
traité. Cet usage, en effet, intimement lié à la religion, était la
garantie du lien qui continuait d'unir leur culte à celui de l'antique

---

[a] Gau, *Antiq. de la Nubie*, pl. XII, n° 41. — [b] Schleusner, *Nov. Thesaur. Vet. Testam.* h. v. —
Gesenius, *Comment. über den Jesaia*, I, 60.

[1] Voyez plus haut, p. 173, les observations dont cette inscription métrique a été l'objet.

[2] C'était sans doute un *temple portatif*, une châsse de ce genre, que le *temple d'or* [ὁ χρυσοῦς ναός] qui existait dans l'*abaton* ou sanctuaire éthiopien dont parlent Diodore de Sicile (III, 6) et Strabon (XVII, p. 1178). M. de Heeren (*Ideen über die Politik*, u. s. w. IV, 417) veut lire ναῦς, au lieu de ναός, et voit là un de ces vaisseaux ou bateaux sur lesquels on plaçait les divinités, sculptés dans les bas-reliefs égyptiens. Cette correction, qu'il faudrait faire en même temps au texte des deux auteurs, n'est pas du tout nécessaire. L'usage de ces temples portatifs, souvent *copies en petit* [ἀφιδρύματα] du grand temple, existait en Grèce comme en Égypte. (Voy. *Interpret. ad Act. Apost.* XIX, 24. — Wessel. *ad Diod. Sic.* XX, 14, etc.) Les prêtres de Memphis, dans l'inscription de Rosette (l. 41), ordonnent que, dans chaque temple, on placera une statue et un *naos d'or* [ναὸν χρυσοῦν] du roi Ptolémée Épiphane. (Plus haut, t. I, p. 306.)

Égypte. On ne s'étonne donc pas de ce que, pour s'assurer la jouissance de ce précieux privilége, ils aient consenti à des sacrifices auxquels ils ne s'étaient jamais soumis auparavant.

Il me semble que de ce seul fait ressort clairement la cause qui empêcha l'édit de Théodose de s'étendre jusqu'au temple d'Isis.

On sait que, pendant toute la durée de la domination romaine jusqu'au temps de Dioclétien, la basse Nubie, un peu au-dessous de la seconde cataracte, fut une annexe de l'Égypte, un de ces points extrêmes qu'on appelait *collimitium*, ou συνορία, formant la transition entre les possessions romaines et les pays barbares [a]. Ce canton était gardé par des troupes dont le centre d'action était à *Pselcis* (Dekké), si l'on en juge d'après les inscriptions latines et grecques qu'on trouve en cet endroit, et jusqu'à Méharraga (*Hiéra-Sycaminos*). Ces troupes servaient à défendre la limite méridionale de l'Égypte contre les incursions des Nubiens. Le fond de la population était égyptien, adorant Hermès à Pselcis, le Soleil à Talmis, sous les noms particuliers de *Paotnuphis* et *Mandulis*, Isis et Sérapis à *Hiéra-Sycaminos*, etc. Procope nous apprend que Dioclétien fit retirer à Éléphantine les troupes romaines qui s'étendaient sept journées plus loin, livrant ainsi le reste aux barbares, et s'engageant même à leur payer un tribut annuel en or, pour qu'ils ne fissent point d'incursion en Égypte, tribut qu'on leur payait encore de son temps : ce qui n'empêchait pas qu'ils ne ravageassent quelquefois les pays limitrophes [b].

Je montrerai ailleurs [c] que cette mesure fut probablement nécessitée par l'invasion d'un peuple guerrier, les Blémyes, que tous les textes anciens postérieurs à cette époque nous représentent comme établis dans la vallée inférieure de la Nubie, près de Syène et des cataractes; ils repoussèrent avec perte les garnisons romaines, et occupèrent le pays. Dioclétien, ne voulant pas perdre contre ces barbares des forces considérables, aima mieux transiger avec eux et acheter la

---

[a] Plus haut, t. I, p. 207. — [b] Procop. *Bell. Pers.* I, 19 p. 59, Paris; t. I, p. 102, Bonn. — [c] En parlant de l'inscription du roi Silco.

paix, plutôt que de défendre sans cesse un canton pauvre, dont la possession n'avait d'importance qu'en ce qu'elle éloignait les barbares de l'Égypte.

L'ignorance absolue où nous sommes et du nombre des Blémyes et de l'étendue de leurs ressources, nous empêche de savoir jusqu'à quel point il faut accuser Dioclétien de faiblesse en cette occasion. Quoi qu'il en soit, l'état de cette frontière de l'Égypte éprouva, par la retraite des Romains, un notable changement. Jusque-là, Éléphantine et Philes avaient joui de la tranquillité et de la paix, protégées par les garnisons qui s'étendaient trente ou quarante lieues plus au sud; mais alors cette extrémité de l'Égypte eut de dangereux voisins, toujours disposés à rompre le pacte qu'ils avaient fait et à recommencer leurs incursions. Dioclétien, qui connaissait leurs dispositions hostiles, prit toutes les mesures possibles pour paralyser leurs attaques.

D'abord il leur opposa de puissants moyens de défense. « Les Blé-
« myes et les Nubiens, dit Procope, sont peu esclaves de leurs ser-
« ments; la crainte seule des soldats peut les contraindre à y rester
« fidèles : aussi Dioclétien fit fortifier l'île et y laissa garnison [1]. » Il faut savoir maintenant qu'autour de Philes on trouve encore les restes d'une muraille de circonvallation, qui, jadis, en a défendu tous les points accessibles. Ces vestiges sont principalement considérables sur les côtés sud, est-nord, nord-ouest; le côté sud-ouest se trouve protégé par un mur de quai antique qui sert de base à la longue colonnade[a]. M. Lenormant, qui a examiné cette muraille, l'a trouvée construite avec d'anciens matériaux, parmi lesquels on distingue des pierres chargées d'hiéroglyphes, quelques-unes même de cartouches d'em-

[a] Planche II, n° 2.

[1] Procop. l. l. p. 103, l. 16. Φρούριον ταύτῃ δειμάμενος ἐχυρώτατον. Il ne faut pas entendre ce φρούριον d'une forteresse construite dans l'île; c'est l'île même qui devint ce φρούριον, grâce aux fortifications dont on l'entoura. Ce qui le prouve, c'est que, plus bas, Procope dit que Dioclétien, afin de cimenter l'alliance, mit dans ce φρούριον des prêtres des deux nations, pour y célébrer les rites religieux.

pereurs romains, preuve manifeste de l'époque récente de la construction de la muraille. De plus, il existe encore un édifice romain [a] sur le bord nord-est de l'île, regardant le chemin qui vient de Syène. Cette construction, de petite dimension, se compose de deux massifs percés d'une porte au milieu, flanquée de deux plus petites : on l'a appelée *un arc de triomphe* ; mais sa comparaison avec d'autres constructions analogues montre que ce n'est rien qu'une porte de ville. Elle est dans l'alignement du mur qui borde cette partie de l'île, et l'on ne saurait douter qu'il ne vînt s'appuyer sur cette construction, qui était la porte principale par laquelle on entrait à Philes en venant d'Égypte. Le style lourd et maussade de cette porte frappe les voyageurs ; et Lancret [b], quoiqu'il ne songeât nullement aux rapprochements qui nous occupent, n'a pu s'empêcher d'y reconnaître le caractère d'une construction du temps de la décadence.

Il résulte de cette observation que la porte doit être, en effet, de la même époque que l'enceinte, c'est-à-dire du temps de Dioclétien. On commença par le plus important, l'enceinte de défense, qu'on acheva. Quant à la porte d'entrée, construction de luxe, les troubles de l'empire ne permirent pas de l'achever ; elle resta à moitié faite ; mais ce qui en fut bâti suffisait très-bien pour y placer un corps de garde et loger des soldats dans l'épaisseur des massifs.

On trouve encore les ruines considérables d'une forte muraille en briques crues, de quatre mètres d'épaisseur, qui, depuis Syène jusqu'à Philes, longe la route à l'est. D'après sa direction, marquée avec soin sur le plan de MM. Jomard et Le Gentil, on voit qu'elle venait se terminer au fleuve, précisément en face de Philes [c], au point du rivage directement opposé à la porte principale. La liaison de cette muraille avec la fortification de Dioclétien, qui la complète, est évidente. Il ne suffisait pas au plan de cet empereur de fortifier l'île pour la mettre à l'abri d'un coup de main de la part des Blémyes, il fallait encore les empêcher de couper les communications avec Syène et l'Égypte. La grande muraille se coordonnait sans doute

[a] Planche n° II. — [b] *Descript. de Philes*, p. 55. — [c] Voy. notre planche n° I.

avec des tranchées transversales qui, au dehors, coupaient la portion du chemin laissée libre. Elle avait donc le double but d'assurer les communications de Philes avec la haute Égypte et d'intercepter la route la plus praticable pour y pénétrer. La porte qui, s'ouvrant dans cette muraille, donnait entrée en Égypte, était sans doute cette *porte de Syène* ($πύλη$ $Συήνης$ ou $Σοήνης$) dont il est question souvent[a]. Cette porte avait, très-probablement, une construction analogue à celle de Philes.

Tel a dû être aussi le but d'une grande muraille, en briques crues, dont sir G. Wilkinson a reconnu les vestiges sur divers points de la montagne libyque, dans l'Égypte moyenne[b], et de celle que Sésostris avait élevée de Péluse à Héliopolis, pour défendre l'Égypte contre les incursions des Syriens et des Arabes[c]. Voltaire dit, à ce sujet : « S'il construisit ce mur pour n'être pas volé, c'est une grande « présomption qu'il n'alla pas lui-même voler les autres nations[d]. » M. Wilkinson trouve, avec raison, ce mot plus spirituel que juste. « Les Arabes, dit-il, peuvent voler le laboureur, sans qu'il lui soit « possible de prévenir leur approche; et tous ceux qui connaissent « les habitudes de ces hordes vagabondes savent qu'il est inutile de « les poursuivre dans ces déserts arides. En outre, une précaution « de cette espèce obligeait les Arabes à recourir aux villes pour ache- « ter du blé ; ainsi la construction de ce mur avait le double avan- « tage d'empêcher les paysans d'être pillés, et de mettre les Arabes « dans la dépendance de l'Égypte pour les objets de première néces- « sité ; et le gouvernement était dispensé de payer leurs chefs, comme « aujourd'hui, pour se garantir de toute hostilité. »

Lancret s'étonne de ce que Strabon, qui a décrit, avec un soin particulier et presque minutieux, la route de Syène à Philes, n'ait point parlé d'une construction si remarquable. Son silence, en effet, s'il l'avait vue, aurait de quoi surprendre; mais comment en aurait-il pu parler, s'il est vrai qu'elle n'existât pas encore? Son silence con-

---

[a] Plus haut, p. 191, 192. — [b] *Topogr. of Thebes*, p. 367, 368. — [c] Diod. Sic. I, 57. — [d] *Philosophie de l'histoire*.

firme le fait de l'époque relativement peu ancienne de la construction de cette muraille. Un autre indice le démontre : une comparaison attentive des briques employées dans les constructions égyptiennes de diverses époques permet à présent de distinguer celles qui appartiennent à l'époque romaine de celles qui sont d'une date plus ancienne; or déjà M. Lenormant, dans un intéressant morceau sur la Nubie[a], a avancé, indépendamment de toute application aux faits dont je parle, que cette muraille de briques est d'une date fort récente.

A présent, son époque réelle doit laisser peu de doute : cette construction tient à la même cause qui a fait construire les fortifications de Philes, c'est-à-dire à l'abandon que Dioclétien fit de la vallée inférieure de la Nubie; d'où il résultait que Philes et son voisinage devenaient le boulevard de l'Égypte.

Il me semble que ces rapprochements, où les textes de Procope et de Priscus sont coordonnés avec l'état et le caractère de toutes ces ruines, présentent un ensemble historique clair et suivi, et que cette partie de l'archéologie de Philes peut être considérée comme expliquée maintenant d'une manière satisfaisante.

Voici un autre exemple de la prudence de Dioclétien, forcé de mettre ainsi à découvert cette partie de l'empire.

En même temps qu'il effrayait les barbares par ces moyens de défense, il crut devoir les intéresser, par la religion, au maintien de la paix. On a vu leur grande dévotion au culte d'Isis; Dioclétien en profita. Il reçut leurs prêtres dans le temple de Philes, dont ils célébraient les rites de concert avec les Égyptiens[1]. Il pensa que cette communion serait un autre frein qui les tiendrait en repos; et l'on doit présumer, quoique Procope n'en parle pas, que le voyage périodique des images d'Isis ne fut pas oublié dans les conventions. Pourtant, si nous en croyons cet historien, ils recommençaient de

---

[a] *Revue française*, n° 12 (novembre 1829), pag. 175.

[1] Procop. l. l. Κοινοὺς ἐνταῦθα νεώς τε καὶ βωμοὺς Ῥωμαίοις τε καὶ τούτοις δὴ κατεσθήσατο τοῖς βαρβάροις. Ici *Romains* signifie *sujets de l'empire*, par opposition aux barbares, et s'entend des Égyptiens.

temps en temps leurs incursions; mais il est probable qu'elles étaient causées par les retards qu'éprouvait le payement des tributs, retards qui pouvaient tenir à l'impossibilité où, dans les vicissitudes nombreuses de l'empire, les gouverneurs de la Thébaïde se trouvaient de payer la somme avec laquelle on avait acheté le repos des barbares. Peut-être aussi, quand le christianisme devint dominant, essaya-t-on quelquefois de porter atteinte au culte d'Isis et d'Osiris; mais le voisinage des idolâtres rendait bien difficile sa suppression, et il fallut toujours renoncer à des tentatives sérieuses contre ces temples révérés. La condition expresse qu'ils mirent à la paix, lors du traité de Maximin, en 452, montre assez combien ils tenaient encore au culte d'Isis. On peut croire que la crainte des excès où se serait porté leur fanatisme fut le motif qui détermina des empereurs chrétiens, dont le zèle religieux ne saurait être mis en doute, à suspendre, au moins pour les temples de Philes, l'arrêt de mort lancé, en 391, contre les dieux de l'Égypte. Ainsi, quand Maximin consentit à cet *acte d'impiété*, dont Tillemont s'étonne et s'indigne, il est vraisemblable que le général romain, malgré la meilleure volonté du monde, ne pouvait pas faire autrement. D'ailleurs, Maximin n'agissait peut-être qu'avec l'assentiment de l'empereur. On sait que la cour de Constantinople ne répugnait pas aux concessions en ce genre, quand elles étaient commandées par son intérêt. Elle ne se faisait pas même scrupule d'employer des mesures que Machiavel n'aurait pas désavouées. On peut citer en preuve la lettre remarquable [1] qu'Arcadius écrivit à Porphyre, évêque de Gaza en Pales-

---

[1] La Vie de l'évêque Porphyre de Gaza, écrite par son disciple Marcus, et de laquelle cette lettre est tirée, n'est, jusqu'à présent, connue que par une version latine fort mauvaise, publiée dans les *Acta Sanctorum* (*26 februar.*), et dans la *Bibliotheca Patrum* de Galland, t. IX. L'original existe à la bibliothèque impériale de Vienne. Voici le texte grec tiré de l'ouvrage de M. Neander (*Allgem. Gesch. der christl. Religion*, II, S. 116), qui lui-même le tient du docteur Clausen :

Οἶδα ὅτι ἡ πόλις ἐκείνη κατείδωλός ἐσ]ιν, ἀλλ' εὐγνώμων ἐσ]ὶ περὶ τὴν εἰσφορὰν τῶν δημοσίων, πολλὰ συντελοῦσα. Ἐὰν οὖν ἄφνω διασοβῶμεν αὐτοὺς, τῷ φόβῳ τῇ φυγῇ χρήσονται, καὶ ἀπολοῦμεν τοσοῦτον κανόνα· ἀλλ', εἰ δοκεῖ, κατὰ μέρος θλίβωμεν αὐτοὺς,

tine (en 401), relativement à la destruction des temples de cette ville, habitée, en grande partie, par des païens fanatiques : « Je sais, « dit-il, que cette ville est remplie d'idoles; mais elle est bien dis- « posée à payer les contributions, quoiqu'elle soit fort imposée. Si « donc nous allions mettre tout à coup le trouble parmi ses habitants, « la crainte les obligerait à fuir, et nous perdrions les revenus si « considérables que nous en tirons; mais, s'il vous plaît, ne les op- « primons qu'en détail[1], en privant peu à peu les adorateurs des idoles « des dignités et des autres fonctions publiques; ordonnons, en outre, « que leurs temples soient fermés et qu'on n'y rende plus d'oracles. « Lorsqu'ils seront opprimés, une fois pressés de toutes parts, ils re- « connaîtront la vérité : au contraire, toute mesure excessive, quand « elle est subite, est pénible aux sujets. » Voilà comme on amenait des conversions *volontaires!*

Cet événement se passait en 451, deux ans avant l'arrivée de Smetchem le protostoliste. Priscus nous apprend qu'après la ratification du traité, Maximin étant mort, les barbares profitèrent du trouble où cet événement jeta les troupes romaines, pour rompre le pacte et reprendre violemment les otages qu'ils avaient livrés[a]. Florus, commandant des forces militaires de l'Égypte, et en même temps duc et augustal ou préfet du pays, accourut contre les barbares et les contraignit à la paix. Ici l'histoire se tait. On ne sait quelles furent les conditions de cette paix nouvelle, ni quelle en fut la durée; mais on doit penser que Florus vainqueur n'exigea pas une durée moindre que celle qu'avait imposée Maximin l'année précédente, c'est-à-dire *cent ans,* et que, de leur côté, les barbares ne renoncèrent pas à la possession périodique des statues d'Isis. Le motif

[a] H. Vales. ad Evag. *Histor. eccles.* II, V, p. 293, n° 2.

περιαιροῦντες τὰς ἀξίας τῶν εἰδωλομανῶν, καὶ τὰ ἄλλα πολιτικὰ ὀφφίκια· καὶ κελεύωμεν τὰ ἱερὰ αὐτῶν κλεισθῆναι καὶ μηκέτι χρηματίζειν. Ἐπὰν γὰρ θλιβῶσιν, εἰς πάντα στενούμενοι ἐπιγινώσκουσι (il faudrait ἐπιγνώσονται) τὴν ἀλήθειαν· τὸ γὰρ ὑπερβολὴν ἔχον αἰφνίδιον, βαρὺ τοῖς ὑπηκόοις.

[1] Ceci rappelle le passage de l'Exode où Pharaon invite ses sujets à ruser à l'égard des Hébreux, à les traiter d'abord doucement pour les endormir : δεῦτε οὖν, κατασοφισώμεθα αὐτούς. (*Exod.* 1, 10.)

qui, jusque-là, avait protégé le culte d'Isis et les temples de Philes continua donc de les protéger encore contre les terribles effets de l'édit de Théodose.

Les deux inscriptions de l'an 453, postérieures d'un an à la paix signée par Florus, sont d'ailleurs une preuve irrécusable que ce général n'osa rien entreprendre contre ce culte vénéré, et qu'il laissa tout dans l'état où Maximin l'avait trouvé, et où l'avait laissé son traité avec les barbares. On voit donc que Marinus était bien informé lorsque, dans la Vie de Proclus, écrite après l'an 486, *trente ans plus tard*, il parlait d'*Isis* encore *adorée à Philes*, Ἰσιν τὴν κατὰ τὰς Φίλας ἘΤΙ τιμωμένην[a]. Dans la bouche d'un païen zélé, comme l'était Marinus, ce petit mot ἔτι est très-significatif. Il y a là comme un retour sur cette proscription générale dont la religion païenne était l'objet en Égypte depuis près d'un siècle. Marinus semble dire : « En dépit « d'une persécution si longue et si cruelle, cette grande déesse de « notre religion opprimée conserve *encore*, dans le sanctuaire même « de son culte, son temple, ses autels et ses adorateurs. »

Ce précieux texte de Marinus forme la transition entre celui de Priscus et celui de Procope. Ce dernier nous apprend que les Nubiens et les Blémyes, restés païens jusqu'à son temps, avaient conservé l'usage des temples de Philes, mais que Justinien voulut mettre fin à ce scandale. Par son ordre, Narsès le Persarménien, général des troupes impériales en Égypte, abolit le culte que l'on y célébrait, mit les prêtres en prison, et fit passer à Constantinople les images de leurs dieux. L'historien ne parle de ce fait qu'incidemment; il n'en donne ni la cause, ni même l'époque; mais on verra plus bas qu'il n'a pas pu précéder de beaucoup l'an 560, et cette époque suffit pour nous faire entrevoir ce qui a dû l'amener. C'est en 452 qu'avait eu lieu la paix signée par Florus, paix qui devait durer au moins *cent ans*. Entre cette époque et celle de l'événement raconté par Procope nous trouvons en effet l'intervalle d'un siècle : il est donc à croire qu'il se rattache précisément à l'expira-

---

[a] Pag. 47, ed. Fabric. — 16, éd. Boissonade.

tion de cette paix centenaire. Les barbares, satisfaits d'avoir obtenu la jouissance du temple d'Isis, restèrent fidèles au traité qui la leur garantissait. D'un autre côté, les empereurs respectèrent ce droit, pour ne leur donner aucun prétexte de rompre le pacte qui assurait la tranquillité de la haute Égypte. Le siècle de paix écoulé, soit que les barbares voulussent obtenir d'autres avantages, soit que Justinien se crût en état de retrancher quelque chose à ceux dont ils jouissaient, la guerre recommença; les armes romaines triomphèrent, et la piété de Justinien saisit l'occasion de renoncer pour jamais à une concession honteuse, et d'arracher les dernières racines du paganisme. Le culte d'Isis aboli, toutes ses images, celles surtout que les barbares transportaient périodiquement dans leur pays, furent soustraites à leur superstition et envoyées à Constantinople, pour que ce scandale ne pût jamais renaître.

II.

ORIGINE ET CARACTÈRE DE L'ÈRE DE DIOCLÉTIEN.

L'ère de Dioclétien, dont se sont servis les prêtres d'Isis pour fixer l'époque de leurs fonctions, est, comme on sait, l'ère qu'emploient les Coptes et les Abyssins, et à laquelle ils donnent le nom d'*ère des martyrs*.

Il n'y a nulle difficulté sur le point initial de cette ère, et par conséquent sur sa concordance avec l'ère chrétienne. Elle commence avec la première année du règne de Dioclétien, comptée à l'égyptienne, c'est-à-dire le 29 août de l'an 284 de Jésus-Christ.

Mais, si son caractère chronologique est parfaitement déterminé, son emploi donne lieu à quelques difficultés historiques qu'on n'a pas encore complétement résolues.

M. Ideler, dans son excellent Manuel de chronologie, se demande « pourquoi les chrétiens avaient fait choix d'une ère qui datait de « l'avénement au trône de leur plus cruel persécuteur, d'une ère qui « était, d'ailleurs, *contraire à l'usage dominant en Égypte?* » Cet habile

chronologiste répond : « Cela tient probablement à ce que l'ère de
« Dioclétien s'est trouvée dans une condition pareille à celle où était
« l'ère chrétienne, qui dut être adaptée généralement à la table pas-
« cale que Denys le Petit y avait rattachée. Du moins, nous savons
« avec certitude que Cyrille avait rapporté sa table à l'ère de Dioclé-
« tien. Ce n'est pas par hasard que le commencement d'un de nos
« cycles lunaires de dix-neuf ans tombe sur l'année 285, la première
« du règne de Dioclétien, tellement qu'une simple division des an-
« nées comptées à partir de ce point donne le nombre d'or. Par là,
« il devient vraisemblable que le calcul pascal des Alexandrins s'établit
« sous le règne de ce prince. Nous avons déjà vu que l'usage de ce
« calcul a été confirmé, mais non introduit, par le concile de
« Nicée[a]. »

Ces observations judicieuses résument très-clairement ce qu'on sait sur l'usage de cette ère, et font entrevoir ce qu'on n'en sait pas encore.

Que les chrétiens l'aient rattachée au cycle pascal, cela est certain, et par le fait qu'a cité M. Ideler, et par la lettre encyclique de saint Ambroise aux évêques de la province Émilie[b], où la citation de l'an 89 de Dioclétien est rapportée au calcul de la Pâque. Mais cette ère était-elle réellement *contraire à l'usage constant en Égypte*, ou bien fut-elle admise d'abord par les païens, et adoptée ensuite par les chrétiens? Ceux-ci en bornèrent-ils l'usage au calcul pascal, ou bien fut-elle pour eux une ère usuelle, comme elle l'est encore pour les Coptes et les Abyssins? Voilà les questions auxquelles les chronologistes ne fournissent pas, jusqu'ici, de réponse certaine, et sur lesquelles la comparaison des monuments récemment découverts répand beaucoup de jour.

On ne peut douter que l'ère de Dioclétien n'ait été employée par les païens : le fait est prouvé par les deux éclipses de l'an 364, que Théon[c] rapporte tout à la fois à l'ère de Nabonassar, d'après l'année

---

[a] *Handbuch der techn. Chronol.* II, S. 231, 232. — [b] S. Ambr. *Opp.* tom. II, p. 888, ed. Bened. — [c] *Comment. in Ptolem. magn. Constr.* VI, p. 284, 285.

CLI. PHILES. EMPEREURS. MARCIEN.

vague, et à celle de Dioclétien, d'après l'année fixe; en outre, par son calcul pour le lever de Sirius, la 100ᵉ année de Dioclétien[a]. On peut y joindre encore l'observation d'Héliodore dans les années 498 et 502, et celle de Thius, dans les années 475 à 510, également rapportées à cette ère[b]. Ainsi il est certain que, chez les astronomes au moins, elle remplaça l'ère d'Auguste, qui n'avait jamais servi dans l'usage civil[c]. Si l'on abandonna cette ère pour la remplacer par celle de Dioclétien, il faut, je pense, en chercher la cause dans un intérêt religieux. Cet empereur, après sa victoire sur Achillée, s'occupa sérieusement de l'Égypte : *Ea tamen occasione*, dit Eutrope[d], *ordinavit provide multa, et disposuit quæ ad nostram ætatem manent.* Dans un de ses édits rapportés par Jules, auteur du Martyre de saint Épime, il ordonne à Arménius, gouverneur d'Alexandrie et de l'Égypte, de détruire les églises chrétiennes et de réparer les temples, depuis Rhacotis (Alexandrie) jusqu'à Syène[e]. La reconnaissance des Égyptiens pour ces améliorations, de plus, le zèle de l'empereur envers le paganisme, et sa haine contre la religion nouvelle, durent naturellement leur suggérer l'idée de prendre son avénement à la couronne comme point de départ d'une ère nouvelle. Leurs chronologistes et leurs astronomes, abandonnant celle d'Auguste, prirent la nouvelle ère, et s'en servirent concurremment avec celle de Nabonassar; ils continuèrent d'appliquer à celle-ci le calendrier vague, auquel étaient rapportés tous les calculs antérieurs; et ils attachèrent le calendrier fixe à l'ère de Dioclétien, dont le point initial était le 29 août, c'est-à-dire le commencement même de l'année fixe alexandrine.

Mais ce ne fut pas une ère purement *fictive*, comme celle de Nabonassar et d'Auguste; ce fut une ère *réelle* ou *civile*, qui remplaça, dans l'usage ordinaire, l'emploi des années de règne. C'est ce que prouvent nos trois inscriptions païennes de Philes, où les années

---

[a] *Cod. reg.* 290, fol. 154. — Cf. Biot, *Recherches sur quelques points de l'astronomie égyptienne*, p. 303, 304. — [b] Ap. Bulliald. *Astronom. Philol.* VIII, p. 326. — [c] Ideler, ouvrage cité, t. I, p. 156. — [d] *Brev.* IX, 23. — [e] Dans Champollion le jeune, *Égypte sous les Pharaons*, I, p. 164.

sont comptées uniquement d'après l'ère de Dioclétien, tout comme dans les calculs astronomiques de Théon. On peut même présumer que l'emploi de cette ère, depuis que le trône impérial fut occupé par des princes chrétiens, dut plaire d'autant plus aux païens, qu'elle les dispensait de rappeler le nom de l'empereur régnant.

Jusqu'ici tout s'explique facilement; mais, dira-t-on, les mêmes raisons qui portèrent les païens à prendre comme ère le commencement du règne de leur protecteur devaient éloigner les chrétiens de s'en servir. Pour lever la difficulté, il faut tâcher de savoir quel est l'usage que ceux-ci en ont fait d'abord.

Qu'elle leur ait servi pour le calcul astronomique et chronologique, c'est ce dont personne ne pourra s'étonner. Toutes les observations des astronomes alexandrins, celles du moins qui étaient rapportées au calendrier fixe, furent, depuis Dioclétien, rattachées à la première année de son règne. Les astronomes ou chronologistes chrétiens de cette époque devaient s'appuyer sur les travaux des savants païens, et prendre, pour leurs propres calculs, les mêmes points de départ, conséquemment établir leur cycle pascal sur le commencement de l'ère nouvelle.

C'est ici que la comparaison de nos inscriptions avec les autres monuments de la même époque acquiert un intérêt historique.

Les monuments datés, soit inscriptions, soit papyrus, qu'on a trouvés en Égypte, et qui se rapportent au christianisme, sont au nombre de *dix;* du moins je n'en connais pas davantage.

Sur ces dix monuments, il en est quatre dont les dates sont exprimées d'après le cycle des indictions et en années impériales.

Ce sont :

1° Un papyrus[a] du règne de Constance, du 12 janvier de l'an 355, antérieur d'un an à l'édit de cet empereur; jusqu'ici, il contenait la plus ancienne mention connue de ce cycle[b];

2° Une inscription de Philes de l'an 577, qui sera expliquée par la suite;

---

[a] Publié par le D. Young, dans les *Hieroglyphica*, n° 46. — [b] Ideler, *Handb.* II, S. 352.

3° Un papyrus du Musée royal, daté du 14 juillet 599, sous l'empereur Maurice;

4° Un autre papyrus du même musée, daté du 13 juin de l'an 616, du règne d'Héraclius : celui-ci est d'autant plus remarquable, qu'il n'est antérieur que de vingt-quatre ans à l'invasion des Arabes.

Trois autres, savoir, une inscription trouvée à Assuan par Burckhardt[a], une seconde trouvée en Nubie par Vidua[b], une troisième qui est dans le Musée royal, ne portent que l'indiction[c]; ainsi il est impossible d'en savoir la date précise.

Mais les quatre documents datés, qui embrassent l'intervalle des règnes de Constance et d'Héraclius, prouvent que, depuis Constantin jusqu'à l'invasion des Arabes, c'est-à-dire jusqu'à l'époque où l'Égypte fut enlevée aux empereurs d'Orient, les indictions, employées seules ou concurremment avec l'année impériale, servirent aux chrétiens, dans l'usage civil, pour marquer les dates des actes officiels et publics ou des transactions particulières. L'ère de Dioclétien ne s'y montre pas [1].

Quel fut donc le rôle de cette ère pendant tout cet intervalle? Le voici : chez les chrétiens, elle ne servait évidemment qu'au calcul astronomique et pascal; mais, chez les païens, son rôle continua d'être ce qu'il était avant que le christianisme fût devenu la religion de l'État, c'est-à-dire qu'elle fut employée par eux dans l'usage civil et particulier, comme le prouvent les inscriptions païennes de Philes; car ici point d'indictions, point d'années impériales, mais uniquement l'ère de Dioclétien. Cette affectation des prêtres d'Isis, d'indiquer trois fois cette ère, montre avec quel soin les païens en conservaient l'usage, sans doute comme un précieux souvenir du prince qui les avait protégés.

[a] *Travels in Nubia*, p. 122. — [b] *Inscript. antiquæ*, pl. 19, n° 2. — [c] N° 858 dans Clarac, *Mus. de sculpture*, Inscr. pl. LIX.

[1] Il se peut que, dans les actes publics, les empereurs chrétiens exigeassent des païens l'expression d'une autre date; mais il se peut aussi qu'on leur permît, sans restriction, l'emploi de leur ère favorite. Cette question, indifférente en elle-même, ne saurait être résolue que par la découverte de quelque autre monument.

Il est facile, à présent, de concevoir comment les chrétiens en vinrent à adopter cette ère païenne. Son usage civil, qui ne s'était maintenu que chez les païens, dut disparaître nécessairement avec les derniers vestiges du paganisme effacés à Philes par Justinien. Les indictions la remplacèrent tant que l'Égypte chrétienne resta soumise aux empereurs. Lorsque le pays eut passé sous la domination des califes, tout lien politique avec Constantinople étant rompu, l'usage de nommer les empereurs dans les actes ne pouvait plus subsister; d'une autre part, le cycle des indictions ne pouvait être employé seul, parce que cette période de quinze années doit nécessairement être accompagnée d'une autre indication qui donne un point fixe et déterminé. Que l'on conservât les indictions, cela se conçoit; c'était un souvenir de la domination chrétienne, et d'ailleurs ce cycle était employé dans les livres qu'on révérait; mais il fallait le rattacher à une ère quelconque pour pouvoir se reconnaître.

L'ère de Dioclétien, qui depuis longtemps servait dans le calcul pascal, se présenta naturellement; elle offrait aux chrétiens un moyen simple de continuer la série des temps. Je pense donc que ce fut alors que, pour effacer tout souvenir de son origine païenne, on en changea le nom, en l'appelant l'*ère des martyrs*, qui ne lui convenait nullement. En effet, la persécution de Dioclétien et le martyre que subirent tant de pieux confesseurs de la foi n'eurent pas lieu avant les dix-neuvième et vingtième années du règne de Dioclétien, selon le témoignage formel d'Eusèbe [a] et d'Orose [b]. C'est donc évidemment à l'an 19, c'est-à-dire au 29 août de l'an 302, que devrait commencer l'*ère des martyrs*, pour mériter son nom; mais, dans le fait, elle commençait dix-neuf ans plus tôt, la première année de Dioclétien, pendant laquelle il n'y eut ni persécution ni martyre.

Cette contradiction si grave n'a point encore été expliquée; elle s'explique d'elle-même, à présent qu'il doit être bien reconnu que l'ère de Dioclétien a été longtemps d'un usage civil chez les païens, et que le nom d'*ère des martyrs* lui a été donné après coup, pour la

---

[a] *Hist. eccles.* VIII, 2. — [b] VII, 25.

sanctifier en quelque sorte par le souvenir du courage héroïque des martyrs que l'empereur avait fait massacrer. Cette nouvelle dénomination ne devait pas effacer l'ancienne. Qu'on appelât cette ère du nom de *Dioclétien* ou de celui des *martyrs*, c'était toujours au temps de la persécution qu'on en rapportait l'origine. Ainsi l'on peut être sûr que, de très-bonne heure, les chrétiens d'Égypte ont confondu quelquefois les deux époques, c'est-à-dire qu'ils ont cru, tantôt que l'année de la persécution était la première de Dioclétien, et tantôt que le point initial de l'ère était la dix-neuvième de ce prince. Il est à remarquer, en effet, que la première erreur a été commise par Abou'lfaradge[a], et la seconde par Ignace, patriarche d'Antioche, dans sa lettre à Scaliger[b].

Cette origine de l'ère de Dioclétien et son emploi civil chez les chrétiens d'Égypte, après l'invasion des Arabes, ne reposent, jusqu'ici, que sur des inductions qui se tirent des quatre monuments cités plus haut, dont le dernier descend jusqu'à l'an 616 : tous sont datés d'après le cycle des indictions.

Pour donner à ce résultat le caractère de la certitude, il faudrait maintenant que les monuments chrétiens portant la date de l'ère de Dioclétien ou des martyrs fussent tous postérieurs à la conquête de l'Égypte par les Arabes, qui eut lieu en 640 de notre ère. Or les trois seuls que j'aie pu découvrir présentent en effet ce caractère.

Le premier est une inscription funéraire trouvée, par le comte Vidua[c], entre la deuxième cataracte et Ipsamboul; elle est datée du 4 pharmuthi de l'an 409 des martyrs ($\dot{\alpha}\pi\grave{o}$ $\tau\tilde{\omega}\nu$ $\mu\alpha\rho\tau\acute{\upsilon}\rho\omega\nu$) : cette date répond à l'an 694 de notre ère.

Le deuxième est une autre inscription funéraire du Musée royal, portant la date du *30 païni de l'indiction vi, et de l'an 423 de Dioclétien* : ce qui répond au 24 juin de l'an 708 de notre ère.

Le troisième est une inscription du même genre, trouvée à Essaboua par M. Gau[d], datée de l'an 470; ce qui revient à l'an 754 ou 755.

[a] *Dynast.* p. 133. Cf. Ideler, *Handbuch.* u. s. w. I. S. 262. — [b] In *Emendatione temporum*, p. 496. — [c] *Inscript. antiq.* tab. XX, n° 1. — [d] *Antiquit. de la Nubie*, pl. XLIV, D.

Ainsi les seuls monuments chrétiens que l'on connaisse jusqu'à présent, où l'ère de Dioclétien soit indiquée, sont postérieurs à l'invasion des Arabes, l'un de cinquante-quatre, l'autre de soixante-huit, et le troisième de cent quatorze ans. Qu'il s'en trouve plus tard qui contrarient ces résultats, cela est possible, mais je le crois peu probable. En attendant, d'après la comparaison des seuls faits connus, on doit admettre que l'ère dite *des martyrs* ne devint d'un usage civil parmi les chrétiens d'Égypte et de Nubie, que quand la conquête des Arabes eut rompu les liens qui joignaient ces contrées à Constantinople.

Cette ère remplaça, pour les chrétiens, l'année des empereurs, dont l'usage ne pouvait plus subsister après leur domination, lorsqu'elle fut remplacée par celle des Arabes; elle fut alors employée toute seule, ou bien en concurrence avec le cycle des indictions.

Ce résultat achève de lever, ce me semble, les difficultés historiques que présentait aux chronologistes le choix que des chrétiens firent d'une ère païenne. A l'aide de la fiction pieuse relative à son point initial, cette ère, bien que rattachée au nom de leur persécuteur, leur rappelait sans cesse le courage des martyrs qui avaient confessé la foi au milieu des tourments.

CLII. (W.)

Ce proscynème, gravé sur le temple de l'ouest, contient une indication qui lui donne quelque importance. Sir Gardner Wilkinson est le seul qui l'ait copié. Voici ce que j'en ai pu lire avec toute assurance :

TOΠPOCKYNHMABCΛICA..
ΨENTHCBACIΛEWCAIΘI..
ΠΟΙWΠΑΡΑΤΗΙΙΥΡΙWΝΥΜW
ΦΙΛWΝΚΑΙΑΒΑΤΟΥΚΑΙΤΟΗCΥΝ
ΝΑΟΙCΘΕΟΙCΚΑΙΟΛΟΥΟΙΚΟΥ
Η... ΤΥΡΙΙ.

τὸ προσκύνημα Βελισα....
Ψέντης βασιλέως Αἴθι [ὅπων]
ποιῶ παρὰ τῇ μυριωνύμῳ [Ἴσιδι]
Φιλῶν καὶ Ἀβάτου καὶ τοῖς συν-
νάοις Θεοῖς καὶ ὅλου οἴκου [αὐτοῦ]
L..[μ]η[νὸς] τυϐὶ I.

CLII. PHILES. EMPEREURS. 225

Moi Bélisa... J'ai fait le proscynème de....... Psentès, roi des Éthiopiens, auprès d'Isis myrionyme de Philes et de l'Abaton, et auprès des dieux adorés dans le même temple, ainsi que celui de toute sa maison. [L'an....] le x du mois de tybi.

Le trait important de cette inscription consiste dans les mots ΒΑCΙΛΕѠCΑΙΘΙ, qui ne peuvent être que βασιλέως Αἰθιόπων. Voilà, pour la première fois, un *roi des Éthiopiens* qui paraît dans un des proscynèmes en l'honneur d'Isis; mais de quelle façon y intervient-il? Est-ce en personne ou par un intermédiaire? Est-il venu lui-même, ou quelqu'un rend-il cet hommage à la déesse en son nom? Le fait n'a d'importance qu'à raison de l'idiome dans lequel ce proscynème est écrit; mais je ne pense pas qu'on puisse conserver de doute à cet égard. Le nom ΨΕΝΤΗC, qui précède βασιλέως, a la forme du nominatif; c'est le génitif qu'il faudrait; mais cette faute s'est déjà rencontrée, plus d'une fois, dans des inscriptions probablement plus anciennes que celle-ci [a]; elle ne peut donc nous étonner. Les mots βασιλέως Αἰθι[όπων] ont dû être précédés du nom du roi éthiopien, et ce nom est compris dans les lettres ΨΕΝΤΗC. Mais ce dernier nom était précédé d'un autre, dont il ne reste que les lettres ΒCΛΙCΛ du commencement. Si l'on pouvait être sûr que ce personnage fût un Grec au service du roi éthiopien, ces lettres ne pourraient convenir, dans toute la grécité, qu'au nom ΒΕΛΙCΑ(ριος) : mais c'est là ce qu'il est impossible de savoir; et, dès lors, le nom si rare de Bélisaire, dont on ne connaît peut-être aucun exemple avant le général de Justinien, reste incertain; car il a pu exister un nom éthiopien commençant par ΒΕΛΙCΑ, ΒΟΛΙCΑ, ΒΟΔΙCΑ ou ΒΕΔΙCΑ. Ce qui, du moins, paraît sûr, c'est que ce nom, quel qu'il soit, est celui de la personne que le roi éthiopien *Psentès* a chargée de présenter son hommage et celui de *toute sa maison*, καὶ ὅλου οἴκου (αὐτοῦ), ou qui s'en est chargée elle-même. Nous avons donc là un proscynème absolument semblable à ceux des Ptolémées Sôter II, Alexandre Ier et Aulète, présentés à la déesse, en leur nom, par divers fonctionnaires publics [b].

[a] Plus haut, p. 181. — [b] N°s LVIII-LX, LXII, LXXXI, LXXXIX.

Les relations religieuses des Éthiopiens avec le temple d'Isis, qui ont été signalées plus haut [a], expliquent suffisamment cet acte de piété. Les rois éthiopiens, quand ils furent les maîtres de la vallée inférieure du Nil, y construisirent des temples, ou embellirent ceux qui y existaient déjà, au moyen de bas-reliefs exécutés dans le style égyptien, et ils y firent graver des inscriptions dans le même système graphique et le même langage dont les Égyptiens se servaient [b]. On ne peut douter, à présent, que la civilisation égyptienne, au moins depuis une certaine époque, dans ce qu'elle avait d'essentiel, n'ait été le partage des peuples qui habitaient au midi de l'Égypte.

Hérodote a dit que les *Ammoniens*, colonie des Égyptiens et des Éthiopiens, parlaient un langage qui tenait le milieu entre celui des deux peuples [c]. De ce passage il résulte clairement que l'idiome parlé dans cette vaste région du nord-est de l'Afrique était essentiellement le même, divisé seulement en plusieurs dialectes différents, comme la grande famille des langues dites *sémitiques*.

Tous les monuments s'accordent pour confirmer ce témoignage du père de l'histoire. Le nom du roi éthiopien *Atharramon* ou *Athorramon*, qui a bâti le temple de Parembolé sur la frontière de l'Égypte [d], comprend les noms d'*Athor* et d'*Ammon*, par une composition analogue à celui de *Sarapammon*, *Phœbammon*, *Horapollon*, etc. Celui d'un autre roi éthiopien, *Erkamen*, fondateur du temple d'Hermès à Pselcis [e], se termine aussi par le nom d'Ammon, ▭. Celui de *Psentès* a également une physionomie égyptienne. Rien n'est plus commun, en effet, que les noms égyptiens commençant par *Psen*, ou *Sen*, ou *Sem*; tels sont *Psenthaésis*, *Psenoéris*, *Psemmonthès*, *Sempetosiris*, *Psenosiris* [f], etc. On peut y joindre *Sympétisis*, qui, dans Polybe [g], désigne l'Égyptien que Ptolémée Évergète II avait mis à la tête de Cyrène, et qui prit part à la révolte des Cyrénéens... κεκοινωκέναι δὲ περὶ τῆς ἀποστάσεως καὶ Πτολεμαῖον τὸν Συμπέτησιν, ὃς ἦν τὸ γένος Αἰγύπτιος. Ce nom est composé de

---

[a] P. 207, 208. — [b] Plus haut, t. I, p. 12 et 39. — [c] Herod. II, 42. — [d] T. I, p. 12. — [e] Ibid. p. 38, 39. — [f] S. Athan. Apol. de fuga, § 7, tom. I, p. 324 A. — [g] XXXI, 26, 6.

CLII. PHILES. EMPEREURS.

Πέτησις[a] et du préfixe Σεμ ou Σεν, qui, selon Champollion, est le *sche, se* ou *si* copte, signifiant *fils*, avec le N qui est la préposition *de*; tel est le nom copte ϣενϩαρων *Schenaaron*, fils d'*Aaron*[b]. Ainsi Σεμπετόσιρις signifie *fils de Pétosiris*; et Σεμπέτησις, *fils de Pétisis*. Ce personnage, sans doute pour faire sa cour au roi, avait joint à son nom égyptien le nom grec de Ptolémée. L'expression de Polybe, Πτολεμαῖον τὸν Συμπέτησιν, revient à Πτολεμαῖον τὸν καὶ Συμπέτησιν.

Il paraît donc clair que le nom *Psentès* est purement égyptien, analogue à celui de *Psenthaésis*, dans une inscription de Khardassy, et presque identique avec celui de *Psintaès* (Ψιντάης), qui, dans deux papyrus ptolémaïques, désigne un Égyptien qualifié de ἐπιστάτης τῶν ἱερῶν[c]. Ce nom vient donc à l'appui de tous les autres renseignements, pour montrer qu'il n'y avait rien de changé dans les rapports qui, aux époques anciennes, existaient entre l'Égypte et l'Éthiopie.

Il est fâcheux qu'on ne puisse pas déterminer l'époque de cette inscription. La place qu'elle occupe, sur une des parois du petit temple de l'ouest, indique déjà qu'elle est plus récente que le règne d'Adrien; la forme des caractères permet de la faire descendre beaucoup plus bas; et elle peut fort bien n'être pas antérieure à Dioclétien.

Le député du roi d'Éthiopie se servait non-seulement de la langue grecque, mais encore du calendrier gréco-égyptien. La dernière ligne, à n'en pas douter, contenait la date. Cette date, quand elle serait conservée en entier, nous apprendrait peu de chose sur l'époque de l'inscription; à coup sûr elle énonçait l'année de règne de ce roi inconnu. Car que faire de cette ligne, sinon [L]H (ou IH) [μηνὸς] τυβὶ I? Le seul fait instructif, pour nous, qu'on puisse tirer de cette ligne, c'est que la visite a eu lieu le *x de tybi*; date qui correspond, dans le calendrier fixe alexandrin, au 5 janvier, ou environ dix-sept jours *après* le solstice d'hiver. Cette date n'est point à négliger. On a vu que la grande fête d'Isis se terminait vers ce

---

[a] Plus haut, t. I, p. 405. — [b] Peyron, *Lexicon linguæ copticæ*, p. 282, col. 2. — [c] *Description of the papyri in the British Museum*, XIII, 23; XV, 54.

moment de l'année [a]. C'est alors que les députations venaient chercher les images de la déesse pour les transporter dans la basse Nubie, et les rapporter ensuite [b]. Ainsi il est assez vraisemblable que le proscynème fait au nom du roi d'Éthiopie eut lieu de la part du délégué qu'il avait chargé de reporter à Philes les images d'Isis.

Ce personnage a donc, selon toute apparence, employé le calendrier fixe alexandrin; ce qui ne surprendra pas, si c'était un Grec établi auprès du prince éthiopien. Ces rois, étant en rapport continuel avec les autorités romaines de l'Égypte, devaient avoir auprès d'eux des personnes capables de tenir la correspondance et de traiter les affaires communes aux deux peuples.

§ II. SENSKIS ou SENSKEIT.

CLIII.

Dans le tome Ier [1], j'ai expliqué les deux inscriptions gravées au-dessus de deux des portes de l'ἱερὸν σπέος, ou *grotte sacrée*, creusée en ce lieu sous le règne de l'empereur Gallien. Sir Gardner Wilkinson a relevé, en outre, sur une des parois de ce *spéos*, cette inscription tracée en lettres rouges,

ΠΑΚΥΒΗ	que je lis :	Πακύϐης ou Πάκυϐις	Pacybis... d'épiphi xxix.
ΠΕΤΟCIPIC ⟨⟩ CΠΙΦΙ ⟨⟩		Πετόσιρις... ἐπιφὶ	Pétosiris,
ΠΡΟΗΤΗC ΚΘ		προφήτης ΚΘ	prophète
ΤΗC⁀ΙCΙ ▷Ι		τῆς Ἰσιδ[ος καὶ Σαράπι-]	d'Isis et de Sara-
ΤΟCΛΙΑ		τος ΛΙΑ	pis, la xi[e] année,
⌐ ΠΑΝΤΚΘ		μ. παϋνὶ ΚΘ	de payni le xxix.

[a] Plus haut, p. 204. — [b] Plus haut, p. 208.

[1] N°s LI, LII, p. 460 et suiv. J'ai lu, à la seconde ligne du n° LI (p. 461), Ἴσιδι τῇ Σενσκείτῃ, adjectif qui suppose que le lieu se nommait Σένσκις. M. Franz propose de lire Σενσκειτηνῇ, forme analogue à celle de Λευκοφρυηνή, Βορειτηνή (*Corp. Inscript.* n° 3477). Dans ce cas, le lieu se serait appelé non Σένσκις, mais Σενσκείτη, c'est-à-dire Σενσκείτ, avec la désinence grecque. Le même savant, après ΠΟ. ΟΥΠΑΝΙΟC (p. 459), lit ὁ καὶ Τουτ[ώριος], ou Τοῦτος, et il unit ces deux lignes avec la

CLIII. TEMPLE DE SENSKIS.

Je crois que le proscynème est double, ayant pour auteurs deux Égyptiens qui ont exprimé la date de leur visite. Le premier nom est Πάκυ6ις ou Πακύ6ης, qui doit être identique avec Πάκημις[a], d'après l'iotacisme et le changement du B et du M, connu par beaucoup d'exemples, et, entre autres, par la double orthographe du nom de la ville de Χνοῦ6ις ou Χνοῦμις [b].

Le second, *Pétosiris*, est aussi très-bien connu; la qualité de *prophète d'Isis* l'est également[c]. Quant aux lettres TOC, qui commencent la cinquième ligne, je ne vois pas ce qu'elles peuvent être, sinon la fin de Σαράπιδος. La leçon Ἴσιτι pour Ἴσιδι s'est déjà rencontrée[d]. Les inscriptions LI et LII ont montré que le *spéos* était dédié, en même temps, aux deux divinités *Sérapis* et *Isis Senskite* ou *Senskitène*.

La première date était précédée, sans doute, de l'indication de l'année. Le nom du mois paraît avoir été ΕΠΙΦΙ, à moins que ce ne soit παωφί. Le mois de la seconde date doit être ΠΑΥΝΙ. Comme le nom de l'empereur n'est pas exprimé, on ne peut savoir à quelle époque se rapporte la date de l'an XI. Selon toute apparence, il ne s'agit pas d'une époque antérieure à Gallien, puisque c'est sous le règne de ce prince que le *spéos* a été exécuté. Ce prince ayant régné quinze ans, selon le Canon des rois, l'an XI pourrait très-bien lui appartenir, et correspondrait à l'an 263 de notre ère; ce qui placerait la construction du spéos dans les premières années de ce prince. Cependant, la date pourrait appartenir également aux règnes de Dioclétien, de Constantin et de Constance, pour m'arrêter à ces empereurs, parmi ceux qui ont régné plus de onze ans; car il est difficile que l'inscription soit plus récente. Je la crois plutôt du règne de Gallien.

[a] *Brit. Mus. papyri*, I, l. 34. — [b] Plus haut, t. I, p. 447. — [c] Plus haut, p. 201, 202. — [d] Plus haut, t. I, p. 445.

suivante, en suppléant [μετὰ Σεμπ. ou Πετ]ρωνίου. (*Jahrbücher für wissensch. Kritik*, mai 1843. S. 756, 757.) Ces deux leçons me semblent fort probables.

230 PROSCYNÈMES ET ACTES DE VISITE.

§ III. GROTTES DE SILSILIS.

CLIV.–CLXVIII.

J'ai restitué, dans le premier volume[a], une inscription très-mutilée, copiée par M. Gau, dans la grotte de Silsilis, qui paraît avoir été consacrée à une triade composée de Rha, de Phthah et de Nilus[b]. Le même voyageur en a recueilli quatorze autres, par malheur, en très-mauvais état, dont je vais tâcher de tirer tout ce qu'il me sera possible. Elles sont toutes de l'époque romaine, et la plupart assez récentes. Je reproduis sur la planche XXII les copies, telles que M. Gau les a données[c].

CLIV. Τὸ προσκύνημα Πετεακόης Πετεήσιος [ἑαυτῷ] καὶ τοῖς τέκνοις αὐτοῦ. Le nom Πετεακόης est au nominatif, comme en d'autres exemples, sous-entendu ἐποίησα. On retrouve encore ce nom au n° CLXVI, ce qui ne permet pas de doute sur la lecture de ce nom égyptien, qui ne s'est pas encore rencontré. Ce personnage a visité la grotte avec ses enfants. Ἑαυτῷ terminait la deuxième ligne.

CLV. Autre proscynème qui ne donne que les deux noms propres égyptiens Ὀρσένουφις [καὶ] Ὅρσης. Le premier est déjà connu[d]. Au-dessus sont des caractères démotiques qui expriment peut-être l'un des deux noms. Le vase qui le surmonte est là, sans doute, pour indiquer qu'on a fait des libations. La même circonstance se retrouve dans la suivante, et c'est ce qui lui donne de l'importance.

CLVI. Elle ne contient d'ailleurs que des noms propres, difficiles à discerner. Les deux premières lignes paraissent commencer par ΠΡ; on pourrait croire que c'est le commencement de deux proscynèmes : Πρ[οσκύνημα] Ἔμχου... Πρ[οσκύνημα] Σεμποήρους ou Σεμποήριος, forme déjà connue; mais, comme l'article ΤΟ se trouve presque toujours avant προσκ, ce sont plutôt les initiales de deux noms commençant par ΠΡΕΜ et ΠΡΕΝ. La troisième ligne contient les lettres

---

[a] T. I, p. 430-432. — [b] Wilk. *Manners and Cust.* t. V, p. 58. — [c] *Ant. de la Nubie*, pl. X. — [d] Reuvens, *Lettres à M. Letronne*, 3ᵉ lettre, p. 52. — Leem. *Papyr. græc. Lugd. Bat.* R. l. 3, p. 85.

CLVI. GROTTES DE SILSILIS. 231

ΠΛΟΡΑΥΤΟΣΑΡΧΙΤ, et à l'autre ligne ωΝ, puis des lettres indistinctes terminées par ΘΕΟΥ. Je pense qu'on peut lire d'abord πλοι[α-ρίων]αὐτὸς ἀρχιτέκτων; ce qui indique que le deuxième personnage était, comme le premier, constructeur de bateaux, ou plutôt *entrepreneur de construction*; car le mot ἀρχιτέκτων désigne souvent le *directeur de travaux*, non le *fabricant* ou *constructeur*. Il serait possible que, dans une inscription précédemment expliquée[a], Apollonius, au lieu d'être l'*architecte* chargé du transport des pierres pour le temple d'Isis, eût été simplement l'entrepreneur des bateaux destinés à transporter les pierres, et que Hercule en fût le propriétaire ou le loueur; en sorte qu'on pourrait lire l'inscription : Ἀπολλώνιος Πο.... ἀρχιτεκτονή-σ[ας τὰ πλοιάρια]πρὸς τὴν παρακομ[ιδὴν τῶν λίθων, τὸ προσκύνημα] Ἡρακλέους, πλοια[ρίων τούτων μισθωτοῦ ἐποίησα]; c'est-à-dire, « Apollonius, fils de « Po...., après avoir fait construire les bateaux pour le transport des « pierres, a fait le proscynème d'Hercule, [loueur ou propriétaire de « ces] bateaux. » Cette leçon a sur la première l'avantage d'expliquer, d'une manière plus naturelle, la relation du participe ἀρχιτεκτονήσας avec les mots πρὸς τὴν παρακομιδήν. Je la mets donc sous les yeux du lecteur instruit, pour qu'il choisisse entre les deux, ou qu'il en cherche une meilleure.

Pour en revenir à l'inscription de Silsilis, la dernière ligne, d'après le mot ΘΕΟΥ qui la termine, a pu contenir le nom du dieu auquel la grotte était consacrée. Je regrette d'autant plus de n'avoir pu lire le reste, que le nom de ce dieu ne se retrouve dans aucun des autres fragments.

A la droite de l'inscription, sont trois signes qui accompagnent le proscynème; ce sont : 1° une *croix ansée* parfaitement reconnaissable; 2° un vase surmonté d'une *flamme*, semblable à l'encensoir que, dans une foule de bas-reliefs égyptiens, tiennent les rois ou les prêtres en présence des divinités, et sur lesquels ils jettent de l'encens ou autres parfums, tels que résine, myrrhe ou kuphi[b]; 3° un vase qui, sans doute, est destiné, comme dans l'inscription précédente, à représen-

---

[a] Plus haut, p. 119. — [b] Wilkinson, *Manners and Customs*, t. V, p. 338-340.

ter celui qui contenait le vin des libations[a]. Ces trois symboles sont évidemment une expression figurée à la fois et du proscynème et des cérémonies dont on l'avait accompagné. La *croix ansée*, ce symbole *de la vie*, qui est l'attribut de presque toutes les divinités égyptiennes, exprime le caractère pieux du proscynème. Le vase à encens et le vase à libations représentent les sacrifices et les *libations* (θυσίαι καὶ σπονδαί[b]) dont les dévots accompagnaient cet acte religieux, comme on l'a vu dans une inscription de Philes[c]. Or cette espèce de traduction *figurée* de ces deux mots a l'avantage de nous apprendre que θυσίαι est ici une sorte de synonyme de θυμίαμα. Il est difficile de croire, en effet, que θυσίαι signifie un *sacrifice sanglant* dans tous les cas, par exemple dans ce passage d'un papyrus où un particulier du nom d'Apollonius, κάτοχος dans le *Sérapéum* de Memphis, se plaint de n'avoir pas reçu les mesures de grains et la solde de cent cinquante drachmes, qui lui auraient permis de faire les θυσίαι pour le roi et ses enfants (ὅπως... δύνωμαι ἐπιτελεῖν τὰς θυσίας ὑπέρ τε ὑμῶν καὶ τέκνων[d]). Pétisis, fils de Chénouphis, parle aussi, dans un papyrus de Leyde, des εὐχαὶ καὶ θυσίαι qu'il accomplit pour le salut du roi[e], et il est fait mention ailleurs de θυμιάματα qui ont coûté soixante, septante ou cent quarante drachmes[f].

On voit maintenant que l'idée de θυσία étant exprimée par un *vase à encens*, le *sacrifice* devait ne consister souvent qu'en une simple *fumigation*, θυμίαμα, selon une acception fort ancienne; car les scholiastes observent qu'Homère emploie θῦσαι dans le sens de θυμιάσαι[g]; et peut-être n'est-il pas inutile de remarquer que le *vase à encens* précédant le *vase à libations*, ils sont placés dans l'ordre que suivent ordinairement les mots θυσίαι καὶ σπονδαί[h].

CLVII. Quant à la *croix ansée* qui accompagne un proscynème, nous en avons encore un exemple dans cette courte inscription : ☥ TO ΠΡΑΝΝΟΥΦΕΙΝC, τὸ πρ[οσκύνημα] Ἀννουφείνου, nom qui doit être

---

[a] Wilkinson, ouvrage cité, t. V, p. 338. — [b] Plus haut, t. I, p. 328. — [c] Plus haut, p. 180. — [d] *Papyr. græci of the Brit. Mus.* II, 24. — [e] *Papyr. græci Mus. Lugd. Bat.* G. 1. 13. — [f] *Idem*, T. col. 1, l. 14; col. 2, l. 12. — [g] Phrynich. ap. Bekker. *Anecd.* p. 42, 14. — [h] *Inscr. Ros.* l. 48, 50.

CLVIII—CLXIV. GROTTES DE SILSILIS.

un dérivé latin de l'égyptien Ἀννουφις (pour Ἀνουφις), le même que Ἀνουϐις (par le changement de Β en Φ). La forme cursive de la *croix ansée*, qui se remarque ici, se retrouve dans une inscription chrétienne de Philes[a], présentant la même forme; et l'on sait, par plusieurs exemples qui seront examinés en leur lieu, que les chrétiens d'Égypte ont souvent accompagné leurs inscriptions de ce symbole du paganisme, au lieu du symbole ordinaire de la croix.

CLVIII. Non loin de cette inscription se trouve une figure de croix ansée de forme récente, dans l'anneau de laquelle est une inscription démotique, qui, sans doute, contient un nom propre. On la trouvera sur notre planche, d'après M. Gau.

CLIX. Un autre de ces proscynèmes est précédé de la figure d'une petite barque du Nil, la voile étendue et mue par neuf rames. C'est peut-être un symbole de la venue du personnage, analogue aux figures de pieds, vus par la plante, qu'on trouve quelquefois[b].

Du reste, l'inscription elle-même ne se compose que de deux noms, dont le premier est incertain, et le second paraît être Μνησίου ou Γενησίου.

CLX—CLXIII. Ces quatre proscynèmes ne diffèrent que par les noms. Le premier est τὸ π[ροσ]κύν[ημα] Ἥρωνος Πτολεμαίου; le deuxième, τὸ πρ[οσκύνημα] Ἕρμων Ἀπολλωνίου; le troisième, τὸ π[ροσκύνημα] Μένωνος Πετεπουήριος (l'Égyptien *Pétépouéris* avait donné le nom grec de *Ménon* à son fils); le quatrième, τὸ προσκύνημα Ἀπελλᾶς Λόγ[γ]ου.

CLXIV. Un autre se compose de deux noms au génitif, Πετεχνούϐιος Ψενύριος, sous-entendu τὸ προσκύνημα. Des deux noms égyptiens, *Pétéchnubis, fils de Psényris*, le premier est formé de la particule *pété*[c] et du nom du dieu *Chnubis*; le second, analogue, dans sa composition, à d'autres que j'ai cités, se trouve peut-être déjà sur la stèle de l'île de Dionysos, sous la forme de *Psénoéris*[d].

---

[a] Voy. mon Mémoire dans ceux de l'Académie, t. X, p. 199, et dans mes Matériaux pour servir à l'histoire du christianisme, etc. p. 92. — [b] Plus haut, p. 204. — [c] Plus haut, p. 227. — [d] Plus haut, t. I, p. 405.

CLXV. Dans celui-ci, il semble qu'après προσκύνημα il y ait un mot qui indique un second motif de la visite : τὸ προσκύνημα καὶ.... Ἀθηναίου Λονγείνου.

CLXVI. Dans ce proscynème, le premier nom se lit difficilement le deuxième se trouve dans une inscription précédente (n° CLIV), L. Γ Πετεαρενο.... Πετεακόητος.

CLXVII. Je distingue également peu de chose dans celui-ci, où j'essaye de lire Ἄεινις Παχούμ [καὶ] Παχο[ὺμ Π]ετάμω[νος.

CLXVIII. De plus, M. Cailliaud m'a communiqué ce proscynème, qu'il a relevé, soit dans une autre partie de la même grotte, soit dans quelque grotte différente ; car il en a exprimé le gisement d'une manière assez vague, en ces termes : *aux carrières de la pierre de la chaîne*. Quoi qu'il en soit de la place qu'il occupe, le voici :

ΤΟΠΡΟϹΚΥΝΗΜΑΚΑΛΑ   Τὸ προσκύνημα Καλά-
ϹΙΡΙϹΙϹΙΔΩΡΟΥΜΕΤΑΤΩΡ   σιρις Ἰσιδώρου, μετάτωρ.

On a déjà vu souvent le mot προσκύνημα suivi du nom au nominatif, soit par erreur de construction, soit que le verbe ποιῶ ou ἐποίησα ait été effacé ou sous-entendu.

Le nom égyptien Καλάσιρις s'est déjà rencontré[a], et se trouvera encore ailleurs. Le père de *Calasiris* se nommait *Isidore*, qui est peut-être la traduction grecque du nom égyptien *Pétisis*.

Ce *Calasiris*, tout Égyptien qu'il était, faisait partie du corps d'armée cantonné en ce lieu. Les Romains ne pouvaient manquer d'admettre des Égyptiens aussi bien que des Grecs[b] dans leurs légions. Celui-ci avait tracé son proscynème, lorsque, en qualité de *metator*, il était venu faire les dispositions nécessaires pour le cantonnement des troupes. Le mot latin *metator*, grécisé, se trouve déjà dans l'un des deux décrets de l'Oasis : τοὺς... σ]ρατιώτας καὶ ἱππεῖς καὶ μετάτορας, κ. τ. λ.

[a] Plus haut, n° CXXXI, p. 187. — [b] Plus haut, p. 128, 166.

CLXIX, CLXX. DÉSERT A L'EST D'ÉLITHYIA.

§ IV. TEMPLE DANS LE DÉSERT A L'EST D'ÉLITHYIA.

CLXIX, CLXX. (L'H.)

Nestor L'Hôte est le premier voyageur qui ait visité avec soin et relevé le dessin de deux petits temples égyptiens situés à environ trois kilomètres du fleuve, près d'Élithyia, à l'entrée d'une vallée transversale. Il en a donné la description sommaire dans ses Lettres écrites d'Égypte [a].

Le plus grand des deux, bâti en grès, a été consacré, sous Évergète II, à la déesse Athor, dont le nom alterne avec les cartouches de ce prince. Dans une des inscriptions gravées sur la paroi de droite, on lit le nom de Cléopâtre, femme d'Évergète II, qui, après la mort de son mari, fit reprendre, avec son fils Alexandre Ier, entre les années 107 et 102 avant notre ère [b], la décoration intérieure du monument. On n'y trouve aucune inscription grecque, excepté celle-ci, en cinq lignes, qui, d'après la forme des caractères, est certainement de l'époque romaine [1].

CLXIX. Πλάτων Ἕρμωνος ἥκω παρὰ τὴν μεγίστην θεὰν Σμίθιν.

Platon, fils d'Hermon, je suis venu près de la déesse *Smithis*.

Rien de plus légitime que l'emploi de παρά avec l'accusatif, au lieu du datif, qui est ordinaire en pareil cas. Cette construction n'existe, jusqu'ici, dans aucun proscynème du temps des Lagides.

Le nom de la déesse *Smithis* est inconnu. Sir Gardner Wilkinson conjecture que CMIΘIN doit peut-être se lire EIΛIΘIN, et rappeler le nom grec de EΛEIΘYIA. La conjecture est ingénieuse; mais sa copie, comme celle de L'Hôte, porte distinctement CMIΘIN, et la

---

[a] P. 12-14. — [b] Plus haut, t. I, p. 79.

[1] La forme carrée que N. L'Hôte a donnée aux caractères de cette inscription, dans ses Lettres écrites d'Égypte (pag. 14), ferait présumer que l'inscription est plus ancienne qu'elle ne l'est réellement. C'est ce qui m'a engagé à reproduire le *fac-simile* que j'ai retrouvé plus tard dans les papiers du voyageur.

première lettre y est surtout très-bien formée. Ce nom nous cache donc une désignation d'*Athor-Soven*, qui est la divinité du temple. Ce nom de *Soven*, écrit aussi *Sebn* ou *Seneb*[a][*], aura-t-il été représenté par *Smith* (is) en grec? C'est un point que je ne déciderai pas.

CLXX. Au-dessus des cinq lignes précédentes on lit ces deux lignes, qui ont pu être précédées et suivies de plusieurs autres :

                        [τὸ προσκύνημα]
    ΟΥΙΚΤΟΡ   Οὐίκτωρ [ος Σαρ-]
    ΑΠΙC   απίω[νος....

Elles ont été tracées par un voyageur, à ce qu'il semble, avant le passage de Platon, fils d'Hermon. Le second nom peut être au nominatif, et compléter le premier. Οὐίκτωρ Σαραπίων.

§ V. PETIT TEMPLE DE LATOPOLIS.

CLXXI—CLXXIV.

L'inscription[1] (n° XVIII), gravée sur une colonne de ce petit temple, par deux personnages, montre que les sculptures du *pronaos* n'ont pas été terminées avant le règne d'Antonin le Pieux[b]. Ce fait n'est pas, comme on l'a pensé, en contradiction avec la découverte d'une pierre dans les ruines de ce petit édifice, sur laquelle on lit les cartouches d'Évergète Ier et de Bérénice[c].

---

[a] Wilkinson, *Manners and Customs*, etc. t. V, p. 42, pl. 52, n° 3. — [b] T. Ier, p. 202-205. — [c] *Monum. dell' Egitto ; Monum. storici*, t. IV, p. 290.

[1] Dans cette inscription, le premier nom m'avait paru peu distinct. Depuis, M. Franz a cru pouvoir lire Νεώτερος Ὠτίνος Πετρωνίου (*Jahrb. für wissenschaftl. Kritik*, mai, 1843, n° 95, col. 756), leçon que je crois très-vraisemblable, Νεώτερος étant un nom connu par une médaille de Carie (Mionnet, *Méd. grecq. Suppl.* tom. VI, pag. 517). Je préfère pourtant, au lieu de l'insolite ΩΤΙΩΝΟC, de lire ΩΡΙΩΝΟC, d'autant plus que, dans la copie de M. Cailliaud, la seconde lettre est figurée Γ, d'où il est plus facile de tirer un P qu'un T. Il s'ensuit toujours que, des deux auteurs des sculptures de la colonne, l'un était Grec, l'autre Égyptien.

CLXXI—CLXXIV. PETIT TEMPLE DE LATOPOLIS. 237

Que ce temple, commencé sous Évergète Ier, ait été continué sous son prédécesseur, c'est ce que Champollion a déjà reconnu [a]; mais il a reconnu également que, resté imparfait sous leurs successeurs et sous les premiers Césars, il a reçu d'Adrien, Marc-Aurèle et Vérus de nouveaux ornements. L'inscription grecque montre qu'une colonne du pronaos, la dixième année d'Antonin, était restée sans être peinte ni sculptée, après les travaux entrepris par ces derniers empereurs; rien n'empêche d'admettre que toutes les sculptures du pronaos fussent de peu de temps antérieures, comme l'indiquent l'identité du style, ainsi que le même éclat des couleurs.

Les autres inscriptions, recueillies d'abord par M. Bankes [b], et depuis par M. Gau, ne peuvent être antérieures à la première. C'est le seul fait important qui en résulte; car, du reste, elles sont tellement mutilées, qu'on n'en peut presque rien tirer.

CLXXI. Ce numéro peut se lire ainsi : Τὸ προσκύνημα........ ώρου μετὰ Ἀμμωνίου υἱοῦ καὶ Προ.... ᾶτος παρὰ τῷ κυρίῳ Ἄμμωνι...[L.] ΚΕ[Ἀ]ντω [νίνου τοῦ κυρίου.] La date serait d'environ quinze ans postérieure à celle de la sculpture d'une colonne du pronaos.

CLXXII. On n'y distingue que....ου υἱοῦ Ἀλε......τὸ προσκύνημα.

CLXXIII. Τὸ π[ροσκύνημα], puis des noms propres où l'on ne distingue que Πετεή[σιος] καὶ τοῦ υἱ[οῦ].

CLXXIV. La première ligne paraît être Ἀπολλώνιος Πανδοκοδώρου [τοῦ καὶ] Ἀγλωφάνου (ou Ἀγλωφάνους); le deuxième nom, jusqu'ici inconnu, est peut-être formé d'une épithète de divinité, πάνδοκος, soit de Jupiter, par allusion à Olympie, qui recevait toute la Grèce, Διὸς πανδόκῳ ἄλσει, comme dit Pindare [c]; soit de Pluton, appelé Πολυδέκτης et Πολυδέγμων dans l'hymne homérique à Cérès [d], parce que son royaume reçoit indistinctement tous les humains, comme dit Lycophron :

---

[a] *Lettres écrites d'Égypte,* p. 204, 205. — [b] Bankes, dans le *Classical Journal,* 1821, t. XXIV, p. 252. — [c] *Olymp.* III, 30. — [d] *Hymn. in Cerer.* v. 9, 17, 31; ibique, H. Voss.

πρόπαντας Ἅδης πανδοχεὺς ἀγρεύσεται ª. Eschyle emploie de même l'épithète πάνδοκος ᵇ, idée que, par une nuance différente, Callimaque rend par l'adjectif ἁρπακτήρ ᶜ, et Horace, d'après lui, par *rapax orcus* ᵈ. C'est donc un nom formé avec une *épithète* de divinité, au lieu du nom même de la divinité, comme *Olympiodore, Pythodore, etc.*

On peut ramener à cette origine plusieurs autres noms assez rares; par exemple : 1° Ὑπατόδωρος ᵉ, nom porté par un Tanagréen, un Thébain et un artiste, est formé de l'épithète ὕπατος, une de celles que recevait Jupiter ᶠ, et qui revient à celle de ὕψιστος ᵍ, employée même quelquefois sans le nom Ζεύς ʰ. C'est donc un synonyme de *Diodore* ou de *Zénodore*. 2° Ἠπιόδωρος, navigateur qui avait donné son nom à une île du golfe arabique ⁱ, dérivé de ἤπιος, surnom d'Esculape ᵏ, appelé aussi ἰατρός ˡ, d'où le nom Ἰατρόδωρος ᵐ. 3° Ἀκεστόδωρος, historien cité par Plutarque ⁿ, et personnage d'Aristénète º, doit provenir de ἀκέστωρ, épithète d'Esculape ou d'Apollon (*medicus*), ὦ Φοῖβ' ἀκέστωρ ᵖ. Quant à Ἀκεσόδωρος, nom d'un autre historien, il faut lire, soit Ἀκεστόδωρος, soit Ἀκεσιόδωρος ou Ἀκεσίδωρος, l'adjectif ἀκέσιος étant aussi une épithète de Télesphore ᑫ et d'Apollon ʳ. 4° Πτοιόδωρος, nom déjà connu par Pindare ˢ et Thucydide ᵗ, et qu'on retrouve dans Démosthène ᵘ et Lucien ᵛ, contient l'adjectif πτοῖος épithète d'un dieu (je ne sais lequel), analogue à celle de δειμάτιος (*pavorius*), que les Romains avaient donnée à Jupiter ˣ. Quant au nom d'Ἀγλοφάνης, Ἀγλωφάνης, pour Ἀγλαοφάνης, il se trouve dans d'autres inscriptions ʸ.

Ensuite viennent d'autres noms propres (l. 3), parmi lesquels on distingue Ἀθηνίωνος. Aux l. 5-8, je lis [ἐ]πό[ησ]αν τὸ προσκύ[νημ]α π[αρὰ θεῷ] Ἄμ[μωνι]..ὑπ[ὲρ τῆς] διαμονῆς καὶ τῆς ὑγι[είας....

ª Lycophr. *Alexandr.* v. 655. — ᵇ *Sept. C. Theb.* v. 860. — ᶜ *Epigr.* II, v. 6. — ᵈ *Od.* II, 18, 30. — ᵉ Xenoph. *Hellen.* v. 4, 49; *Corp. Inscr.* n° 25; Paus. VIII, 26, 7. — ᶠ *Id.* I, 26, 5; III, 17, 6; VIII, 14, 7; IX, 19, 3. — ᵍ *Id.* II, 2, 28; V, 15, 5; IX, 3, 5. — ʰ *Corp. inscr.* nᵒˢ 498-505. — ⁱ *Peripl. mar. Erythr.* p. 175. — ᵏ Tzetzes ad *Lycophr.* v. 1054. — ˡ Pausan. II, 26, 9. — ᵐ Mionnet, *Med. gr.* III, p. 195, 201. *Suppl.* VI, 370. — ⁿ In Themist. c. 13, cf. Vossius, *Hist. gr.* p. 500; et 376, ed. Westerm. — º Aristæn. *Epist.* I, 13. — ᵖ Euripide, *Andromach.* v. 882. — ᑫ Paus. II, 11, 7. — ʳ Böckh, *Corp. inscr.* t. I, p. 477. — ˢ *Olymp.* XIII, 40. — ᵗ IV, 76. — ᵘ *De Corona*, p. 324, 12. — ᵛ *Dial. mort.* VIII, 1. — ˣ Dionys. Halicarn. *Antiquit. roman.* VI, 90. — ʸ Ross, *Inscript. græcæ ineditæ*, nᵒˢ 221 et 223.

CLXXV—CCI. HYDREUMA DU PANIUM.

§ VI. TEMPLE DE L'HYDREUMA DU PANIUM.

CLXXV—CCI.

En face d'*Apollonopolis magna* (Edfou), de l'autre côté du Nil, s'ouvre une vallée transversale qui, en courant au sud-est, va aboutir aux mines d'émeraudes; elle s'ouvre à l'endroit que les anciens géographes appelaient *contra Apollonos*. Sur cette route, dont aucun auteur ancien n'a parlé, on trouve les restes de trois antiques stations placées à la distance de 28, 52 et 80 kilomètres du Nil. La première ne présente plus rien d'intéressant que le nom hiéroglyphique d'un pharaon, frère d'Aménophis III, et une inscription grecque mutilée (n° CLXV). Mais, tout près de la seconde station, s'élève un petit temple de l'époque pharaonique, dont l'architecture et les sculptures sont de bon style; dans la cour du pronaos, une tablette intéressante porte la date de la 9ᵉ année du prince qui l'a fait construire, à savoir, Ousirei ou Ménéphthah Iᵉʳ, dont les cartouches hiéroglyphiques sont exprimés dans les bas-reliefs du temple, ainsi qu'on les représente ci-contre :

L'édifice, en grande partie souterrain, est précédé d'un portique soutenu par quatre colonnes; une cour, avec quatre piliers, est au milieu; au fond sont trois petites chambres, ou plutôt niches, dont chacune contient trois statues assises. Un assez grand nombre d'anciens voyageurs ont écrit des inscriptions grecques sur les murs.

M. Cailliaud, qui a le premier visité ces lieux et révélé l'existence du temple, en a donné le plan et la vue, et il a copié cinq des inscriptions qu'on y trouve [a]. Sir Gardner Wilkinson en a parlé avec quelque détail [b], sans toutefois publier les inscriptions qu'il y avait recueillies, et qu'il m'a depuis communiquées, au nombre de vingt-quatre, qui ne comprend que deux de celles de M. Cailliaud.

---

[a] Cailliaud, *Voyage aux oasis*, p. 42, 43, pl. II et III. — [b] Wilkinson, *Topography of Thebes*, p. 421.

Cette communication m'a été d'autant plus précieuse, que Nestor L'Hôte, qui, visitant les lieux en 1840, a dessiné avec beaucoup de soin les sculptures hiéroglyphiques du temple, n'a rapporté que quatre inscriptions grecques; ce qui indique, à en juger par l'exactitude bien connue de ce voyageur, que, depuis le passage de sir Gardner Wilkinson, la plupart doivent être devenues presque méconnaissables. Une de ces inscriptions, par malheur très-mutilée, contient, d'après la première moitié, la seule que j'aie pu en rétablir, la copie d'une lettre à l'officier chargé de l'administration de la station. Mon plan m'oblige à la réserver pour la partie de cet ouvrage qui concerne les actes de l'autorité publique. C'est dans ce document que nous trouvons le nom du lieu, à savoir, τὸ Ὕδρευμα τοῦ Πανείου ou ἐπὶ τοῦ Πανείου. On a vu déjà que ces stations sur les routes du désert portaient ordinairement le nom de Ὕδρευμα (aiguade), auquel se joignait une épithète distinctive, telle que καινόν, παλαιόν, Τραϊανόν, etc.[a]. Quant à cette station, elle prenait son nom du temple qui s'y trouve, τὸ Πάνειον. Tous les bas-reliefs montrent, en effet, qu'il était dédié à *Ammon Khem* ou *Ammon générateur*, le dieu de *Chemmis* ou *Panopolis*, que les Grecs ont de bonne heure identifié avec leur *Pan*, tant à cause de son attitude *ithyphallique* que parce que ce *Khem* présidait à la végétation [b]. Aussi, dans les inscriptions grecques trouvées, tant en ce lieu que dans la vallée de l'Hamamat, sur la route de Cosseir, ce dieu porte-t-il le nom de Πάν, auquel se joint ici celui d'Εὔοδος, c'est-à-dire *qui rend le voyage prospère, qui favorise les voyageurs*. Cette épithète, que Pan ne reçoit nulle part ailleurs, se rapporte sans doute à ce que cette divinité, dont le temple était placé sur une route commerciale qui conduisait aux mines d'émeraudes, à Bérénice et aux divers points de la mer Rouge où se trouvaient des comptoirs, était ordinairement invoquée des voyageurs, en allant, pour obtenir un heureux voyage; au retour, pour le remercier de l'avoir obtenu; d'où le nom de

---

[a] Plus haut, t. I, p. 422. — [b] Wilkinson, *Manners and Customs*, t. II, p. 185, 186; t. IV, p. 266.

CLXXV, CLXXVI. HYDREUMA DU PANIUM.

Πάνειον donné au temple, et celui de τὸ Ὕδρευμα τοῦ Πανείου, que portait la station, dans le lieu appelé maintenant, selon Nestor L'Hôte, *Ouadi-Genissé* ou *Guenissé*.

Dans aucune de ces inscriptions, on ne trouve de nom romain. Elles paraissent donc être toutes de l'époque ptolémaïque, et quelques-unes, des derniers temps, d'après la forme ronde des lettres [a]. Mais aucune d'elles ne présente de caractère chronologique certain, excepté celle qui contient un hommage à Arsinoé Philadelphe.

Cette absence de nom romain, parmi ceux des voyageurs, nous explique le silence que Strabon, Pline et les itinéraires, gardent sur cette route. Sans doute, les Romains, qui tenaient garnison sur les routes de Coptos à Myos-Hormos, à Leucos-Portus et à Bérénice, pour économiser leurs forces, cessèrent de garder la voie de *Contra Apollonos*; livrée alors aux tribus errantes, elle cessa d'être sûre, et fut abandonnée des voyageurs, qui suivirent désormais celle de Coptos, pour se rendre soit à Bérénice, soit aux mines d'émeraudes.

CLXXV. (W.) Sur un bloc de pierre, qui subsiste dans une chambre de la station [b], sir Wilkinson a lu cette dédicace :

ΑΡΣΙΝΟΗ ΘΕΑΙ   Ἀρσινόῃ, Θεᾷ
ΦΙΛΑΔΕΛΦΗ   Φιλαδέλφῃ,
ΣΑΤΥΡΟΣ   Σάτυρος.

Arsinoé, la femme de Philadelphe, est appelée tantôt θεὰ ἀδελφή [c] et tantôt φιλαδέλφη, comme dans les protocoles des contrats, dans l'inscription de Rosette (l. 5), et dans cette autre du musée du Louvre [d], qui peut-être provient originairement d'Égypte :

CLXXVI.   ΑΡΣΙΝΟΗΣ ΘΕΑΣ   Ἀρσινόης, Θεᾶς
       ΦΙΛΑΔΕΛΦΟΥ   Φιλαδέλφου.

qui a dû occuper le socle d'une statue de cette princesse [e]. Le nom

---

[a] Plus haut, p. 11, 12. — [b] *Topography of Thebes*, p. 421. — [c] Plus haut, t. I, p. 2 et 3. — [d] N° 250; dans Clarac, *Musée de sculpture*, Pl. LVIII, n° 431 A. — [e] Clarac, *Musée de sculpture*, t. II, p. 847.

qui suit, Σάτυρος, était suivi d'une ou de deux autres lignes contenant soit le nom du père de Satyrus, soit sa qualité, soit enfin les deux à la fois. La perte de la dernière est regrettable, car on y aurait trouvé peut-être la preuve de ce que je puis présenter seulement comme une conjecture probable, à savoir, que ce *Satyrus* est le personnage du même nom qui, d'après Artémidore, fonda la ville de *Philotera*, ainsi nommée d'une sœur de Philadelphe [a], lorsqu'il fut envoyé par ce prince à l'effet d'explorer les côtes de la Troglodytique, pour y établir les stations propres à la chasse des éléphants [1]. Il est vraisemblable que cet officier, de retour à Bérénice, rejoignit le fleuve par terre, traversant à dos de chameau la route transversale de Bérénice au Nil, et, à son passage, érigea cet autel à sa souveraine.

CLXXVII. (C. W. L'H.) Voici l'une des plus curieuses de toutes par le fait qu'elle nous a transmis; elle est gravée sur une des colonnes du pronaos. Les trois copies de M. Cailliaud, de sir Gardner Wilkinson et de Nestor L'Hôte, présentent peu de lettres douteuses; ainsi la leçon n'offre aucune incertitude, quand on les compare entre elles. Dans la première, les lignes 6 et 7 ont été passées.

ΞΑΝΔΙΚΟΥΕΦΡΟΥΡΗΣΑΝ
ΤΩΝΝΕΟΠΤΟΛΕΜΟΥΣΡΡΑΤΙΩΤΑΙΠΑΡΑ
ΠΑΝΙΕΥΟΔΩΙ ΩΝΤΑΟΝΟΜΑΤΑ
ΚΙΛΛΗΣΜΙΔΟΥ ΦΙΛΗΜΩΝΑΙΣΧΥΛΟΣ
ΔΗΜΗΤΡΙΟΣΑΠΟΛΛΩΝΙΟΣ ΔΗΜΗΤΡΙΟΣΑ
ΣΙΜΟΣΠΟΛΕΜΑΡΧΟΣΙΩΠΥΙΟΣΦΙΛΙΝΟΣ
ΔΗΜΗΤ..ΣΛΕΥΚΩΝΑΡΞΙΟΣΑΠΟΛΑΟΔΩΡΟΣ
ΒΟΤΡΤΗCΝΙΚΙΟΡ

Ξανδικοῦ, ἐφρούρησαν τῶν Νεοπτολέμου σ⎯ρατιῶται, παρὰ Πανὶ Εὐόδῳ · ὧν τὰ ὀνόματα · Κίλλης Μίδου, Φιλήμων, Αἰσχύλος, Δημήτριος, Ἀπολλώνιος, Δημήτριος, Α[ἴ-] σιμος, Πολέμαρχος, Ζώπυρος, Φίλινος, Δημήτριος, Λεύκων, Ἄρξιος, Ἀπολλόδωρος, Βοτρύης Νικίου.

Au mois de Xandique, ont tenu garnison, près de Pan Évhodus, ceux des soldats de Néoptolème dont les noms suivent : Killès, fils de Midas, Philémon, Eschyle, Démétrios, Apollonios, Démétrios, Æsimos, Polémarchos, Zopyros, Philinos, Démétrios, Leucon, Arxios, Apollodoros. Botryes, fils de Nicias.

[a] Plus haut, t. I, p. 180 et suiv.

[1] .... Πόλιν εἶναι Φιλωτέραν.... Σατύρου κτίσμα τοῦ πεμφθέντος εἰς τὴν διερεύνησιν τῆς τῶν ἐλεφάντων θήρας καὶ τῆς Τρωγλοδυτικῆς. Artemidor. ap. Strab. XVII, p. 769.

CLXXVII. HYDREUMA DU PANIUM.

Néoptolème était sans doute le chef du corps dont faisait partie l'escouade de quatorze hommes chargée de garder la station. Ce nom de *Néoptolème* a été porté par deux personnages distingués de l'armée d'Alexandre, dont l'un était frère d'Amyntas [a]; l'autre est expressément donné comme étant de la race des Éacides [b], ainsi qu'Olympias, mère d'Alexandre et fille de Néoptolème, qui faisait remonter son extraction jusqu'à Achille [c]. Ce nom, chez les Macédoniens, paraît avoir été principalement celui de personnes qui prétendaient descendre d'Achille. Dans ce nombre se plaçait probablement notre Néoptolème, officier de haut rang, peut-être le commandant en chef des forces cantonnées dans la Thébaïde.

Il est singulier qu'un seul des soldats ait joint à son nom celui de son père; car je ne pense pas qu'on puisse lire les deux premiers noms autrement que Κίλλης Μίδου, *Cillès, fils de Midas*; Κίλλης est, en effet, le nom d'un général de Ptolémée Philadelphe [d]. Sans doute, Cillès était le chef de l'escouade, et c'est à ce titre qu'il aura écrit le nom de son père. Pour économiser la place, il se sera dispensé d'en faire autant pour ses soldats.

Le nom qui commence la sixième ligne pourrait être ΣΙΜΟΣ; mais, comme il faut rendre compte d'un Α qui suit ΔΗΜΗΤΡΙΟΣ dans la copie de sir Gardner, le nom doit être ΑΙΣΙΜΟΣ (Αἴσιμος), qui est celui d'un personnage d'Aristophane [e] et d'un magistrat de Pergame [f]. Ce nom, comme son patronymique ΑΙΣΙΜΙΔΗΣ ou ses dérivés ΑΙΣΙΩΝ et ΑΙΣΙΟΣ, doit tirer son origine de αἶσα (le *sort*, la *destinée*). Ἄρξιος, venant sans doute de ἀρχή, est jusqu'ici inconnu.

La dernière ligne ne peut tenir aux précédentes, car les caractères sont plus grands et moins bien formés, et le sigma rond C annonce une époque différente de celle de l'inscription qui précède. Cette ligne aura été tracée plus tard par un voyageur qui se sera contenté, comme beaucoup d'autres, d'inscrire son nom et celui de son père. Je lis Βοτρύης Νικίου, en changeant le Τ en Υ; la confusion

---

[a] Arrian, *Anab.* I, 20, 15. — [b] *Id.* II, 27, 9. — [c] Pausan. I, 11, 1. — [d] Plut. *in Demetrio*, c. 6. — [e] *Eccles.* v. 208. — [f] Mionnet, *Med. gr.* t. II, p. 599; suppl. t. V, p. 457.

des deux lettres est des plus ordinaires; et Héphæstion cite un mythographe qu'il appelle Βοτρύας ὁ Μύνδιος (Botryas de Myndus) [a].

Le fait que l'inscription nous retrace est intéressant. On voit que, sous les Ptolémées, comme, plus tard, sous les Romains, ces stations du désert étaient chacune un φρούριον, *præsidium*[b], que gardait (ἐφρούρησε) un détachement qu'on y envoyait de la station égyptienne la plus voisine. Ce détachement était assez faible, puisque *quatorze* hommes seulement composaient celui de l'Hydreuma. Il fallait que les troupes grecques fussent bien redoutées pour qu'on exposât ainsi un poste si faible à une telle distance du Nil et de toute autre station.

Nous apprenons encore que ces postes étaient ordinairement relevés de mois en mois, puisque l'escouade n'a été cantonnée là que pendant le mois de *xandique* ou *xanthique* [c]. Ces cantonnements dans le désert devaient être environnés d'assez de privations pour qu'il fût nécessaire d'en limiter beaucoup la durée.

CLXXVIII. (W.) Les deux lignes suivantes n'ont d'intérêt que parce qu'elles sont la seule inscription trouvée à la première station de la route dont je viens de parler. Le lieu de cette station s'appelle à présent *Bir-abad*.

ΑΠΟΛΛΩΝΙC   [τῶν] Ἀπολλωνί[ου στ-]
Ι.Ι.ΤΑΙΙΙΙΑ   ρατ[ιῶ]ται....

Ce doit être le reste d'une inscription pareille à la précédente, si le mot στρατιῶται s'y trouve réellement. Cette première station a dû être, ainsi que l'autre, gardée par un poste de soldats.

Les inscriptions suivantes sont des dédicaces à Pan, faites par des voyageurs.

CLXXIX. (W.)   ΠΑΝΙ ΕΥΟΔΩΙ   Πανὶ Εὐόδῳ
               ΚΑΙ ΕΠΗΚΟΩΙ   καὶ Ἐπηκόῳ,
               CΟΦΩΝΙΝΑΟC   Σοφρώνιμος,
               ΥΠΕΡΑΥΤΟΥ   ὑπὲρ αὐτοῦ.

---

[a] Ap. Phot. *Biblioth.* p. 147, col. 1, c. 21, Bekker. — Cf. Hephæst. *Excerpta,* ed. Roulez, p. 13. — [b] Plin. VI, c. 23. — [c] Tom. I, p. 262.

CLXXX—CLXXXIV. HYDREUMA DU PANIUM.

CLXXX. (W.) ΠΑΝΙ..... Πανὶ
    ΕΥΟΔΩΙΚΑΙ Εὐόδῳ καὶ
    ΕΠΗΚΟΩΙ Ἐπηκόῳ,
    ΚΑΛΛΙΜΑΧΟC ΥΠΕΡ Καλλίμαχος ὑπὲρ
    ΑΥΤΟΥΚΑΙΤΗCΓΥ αὐτοῦ καὶ τῆς γυ-
    ΝΑΙΚΟC ναικός.

Outre son titre ordinaire d'Εὔοδος, le dieu reçoit celui de ἐπήκοος, qui annonce qu'il a accompli un vœu formé pour la santé de quelqu'un[a]. C'est sans doute au même titre qu'il reçoit le titre de Σωτήρ, dans les inscriptions suivantes :

CLXXXI. (W.) ΠΑΝΙ CC.. HPI et CLXXXII. (W.) ΠΑΝΝΙ (sic) Πανὶ
    ΔΙΔΥΜΑΡΧΟ...   COΩΕΡΙ Σωτῆρι,
    ΜΗΛΟΥ   ΔΙΔΥΜΑΡΧΟC Διδύμαρχος
    ΕΡΓΑΙΟC   ΕΥΜΗΛΟΥ Εὐμήλου,
      ΠΕΡΓΑΙΟC περγαῖος,
      ΗΧΟΝ ἧκον.

Cette répétition du même proscynème est assez fréquente[b]. L'imparfait ἧκον est plus rare encore que le parfait ἧκα dans ces proscynèmes; c'est le présent ἥκω qu'on trouve le plus souvent avec le sens de *veni*, joint avec l'aoriste προσεκύνησα[c].

CLXXXIII. (W.) COCOC Σῶσος,
    ΠΑΝΙΕΥΔΙCΙ Πανὶ Εὐόδ[ῳ].

Les lettres conservées amènent à l'épithète Εὐδίῳ, *qui donne le beau temps*. J'aime pourtant mieux supposer, de la part du copiste, l'omission de l'Ο (ΕΥΔΩΙ au lieu de ΕΥΟΔΩΙ). Il ne faut pas penser à Εὐάκοος doriquement pour εὐήκοος, sorte de synonyme de ἐπήκοος[d].

CLXXXIV. (W.) ΠΑΝΙ ΕΥ..CΛ.. Πανὶ Εὐ[ό]δ[ῳ],
    Π... ΕΠ.. Π[ανὶ] Ἐπ[ηκόῳ],
    ΑΡΑCC Ἄρατ[ος ὑπὲρ τῆς]
    ΥΛ.Κ [γ]υν[αι]κ[ός].

La leçon, quoique probable, peut paraître incertaine. La répétition de Πανὶ serait singulière, et peut-être faut-il lire simplement

---

[a] Tom. I, p. 380, 417. — [b] Plus haut, p. 175. — [c] Plus haut, p. 125 et ailleurs. — [d] *Corp. inscr.* n°ˢ 2172, 2173, 2174, 2556, 5.

καὶ ἐπηκόῳ; cependant le Π est très-bien formé. Le dieu est encore invoqué ici comme *salutaire*, ce qui justifie la restitution des troisième et quatrième lignes.

Les quatre inscriptions suivantes ne contiennent que des noms.

CLXXXV. (W.) ΕΡΜΙΑΣ ΞΕΝΟΤΙΜΟΥ Ἑρμίας Ξενοτίμου.

C'est la seule où Σ ait la forme C, qui annonce une époque postérieure à Ptolémée Alexandre [a].

CLXXXVI. (W.) ꓒΟΜΙ ꓒΗ· ꓒν ....
               ΧΡΗCΙΜΟC Χρήσιμος.

CLXXXVII. (W.) ΘΕΟΦΙΛΟΣ ΙΠΟΠΟ Θεόφιλος ἱπποπώ[λης]
               C.. ΤΡΑΤΟΥ ΜΑ Σ[ωσ]τράτου μα-
               ΚΕΔΩΝ κεδών.

Je ne vois pas ce qu'on pourrait faire de ΙΠΟΠΟ, sinon ἱπποπώλης (marchand de chevaux); ces voyageurs indiquent souvent leur profession.

CLXXXVIII. (C.) ΘΕΟΦΙ Θεόφι-
               ΛΟΣΠΑ λος Πα-
               ΗΜΕ μμέ[νους.

Trouvée sous le portique, par M. Cailliaud. Le second nom sera, soit Παμμένης, soit Πάμμων, deux noms déjà connus.

CLXXXIX. (W.) ΚΑΒΑΝΝΟC Καβάλλιος (?)
              ΡΑΝΙΟC [Οὐ]ράνιος ou Οὐρανίου.

Le premier nom paraît être Καβάλλιος, dérivé de καβάλλης (cheval de peine). Si le second est Οὐράνιος, c'est le plus ancien exemple de ce nom, qui ne se montre que fort tard.

CXC. (W.) ΕΥΙΛΙΔΑΣ Εὐιλίδας (?)
        ΣΩΘΕΙΣΕΚΤΡΩΓΣΔΥΤΩΝ σωθεὶς ἐκ Τρωγοδυτῶν.

Le premier nom est probable. On peut le dériver de εὔιλεος pour εὔιλατος, *favorable, propice*, ou bien le composer de ἴλη ou εἴλη

---

[a] Plus haut, p. 22.

CXCI—CXCIII. HYDREUMA DU PANIUM.

(troupe), d'où dérive Ἱλαῖος, mois des Béotiens[a]. Cet *Évelidas*, revenu à *grand'peine* (σωθείς) du pays des Troglodytes, avait, à son retour, rendu hommage au dieu Pan Evhodus. Les voyageurs échappés aux dangers d'une excursion lointaine employaient souvent cette expression : σωθεὶς ἐκ [b], qui se retrouvera plusieurs fois dans ces inscriptions. S'il y a Τρωγοδυτῶν au lieu de Τρωγλοδυτῶν, comme la copie l'indique clairement, ce sera la première fois que cette orthographe se rencontre en grec; mais elle est autorisée par les manuscrits de Pline, de Solin, de Méla, d'Isidore et de Dicuil[c]; elle est, d'ailleurs, conforme à l'analogie, le nom pouvant être dérivé indifféremment de τρώγλη et de τρώξ (τρωγός).

CXCI. (W.) ΑΠΟΛΛΩΝΙΟϹΩΡΟΥΕΓΡΑΨΕΝ   Ἀπολλώνιος Ὥρου ἔγραψεν
         ΑΠΟΛΛΩΝΟΠΟΛΙΤΟΥ   Ἀπολλωνοπολίτου.

C'est ordinairement leur patrie qu'indiquent les voyageurs, et non celle de leur père; il faut donc Ἀπολλωνοπολίτης, à moins qu'Apollonius n'ait écrit : ἔγραψεν [ἐκ τοῦ] Ἀπολλωνοπολίτου [νομοῦ].

CXCII. (W.) ΔΗΜΗΤΡΙΟϹ   Δημήτριος....   Démétrius, fils de.....
         ΕΓΡΑΨΕΝ   ἔγραψεν....   a écrit....
         ΠΑΡΑΓΕΝΟϹ   παραγενόμενος.....   étant venu....
         ΕΝΘΑΔΕ   ἐνθάδε.   .... en ce lieu.

Nous n'avons là, je crois, que des commencements de ligne; παραγενος est une abréviation, de même qu'ailleurs στρατος pour στρατηγός; et, comme *étant venu ici* serait par trop niais, il est probable que le participe était suivi du complément *avec tel ou tel;* ainsi, Διονύσιος Πρωτάρχου παραγενόμενος ὧδε μετὰ τῶν συνστρατιωτῶν [d].

CXCIII. (C. et L'H.) C'est l'une des deux qui ont échappé à sir Gardner Wilkinson. Les deux copies de M. Cailliaud et de Nestor L'Hôte présentent presque les mêmes lacunes.

---

[a] Böckh, *Corp. inscr.* t. I, p. 814, col. 6. — [b] Osann, *Sylloge epigr.* p. 425. Cf. Böckh, *Corp. inscr.* n° 2716; Ἐφημερὶς ἀρχαιολογική, 1838, p. 49, n° 22. — [c] Voy. mes *Recherches géographiques sur Dicuil*, p. 77. — [d] Böckh, *Corpus inscr.* n° 1825.

248   PROSCYNÈMES ET ACTES DE VISITE.

L'Hôte.	Cailliaud.
ΕΥΟΔΕΠΑΝΣΟΙΤΟΝΔΕ ΠΑΙΣ	ΕΥΟΔΕΠΑΙΙΣΟΙΤΟΝΔΔΠΑΙΣ
ΓΛΑΥ ΚΟΥΠΣΟΓΜΟΝ	ΓΛΑΥ..ΚΟΥΠΣΟΓ...ΙΟΝ
ΣΗΝΟΔΟΤΟΣΣΘΕΙΣ	ΣΗΝΟΔΟΓΟΣΣ..ΘΕΥΣ
ΓΗΣΑΠΟΤΗΣΑΒΑΙ..Ω	ΓΗΣΑΠΟΤΗΣΑΒΑΙ..ΩΝ

Εὐοδε Πὰν, σοὶ τόνδε πάϊς Γλαύκου πό[ρε κόσ]μον
Ζηνόδοτος, σ[ω]θεὶς γῆς ἀπὸ τῆς Σαβαίων.

O Pan Évhodus, le fils de Glaucus, Zénodote, t'a donné cet ornement, étant échappé aux périls d'un voyage chez les Sabéens.

Il est impossible de savoir ce que Zénodote entendait par cet *ornement*, κόσμον, leçon qui paraît sûre, ainsi que Γλαύκου. Le démonstratif τόνδε annonce que l'inscription était placée dessous. La lacune, comme en d'autres cas, indique qu'un défaut seul de la pierre a empêché le graveur de faire suivre les lettres; la même chose a lieu pour le dernier mot du second vers. La notion importante est cachée dans ce mot. La première idée qui se présente est de lire ΑΡΑΒѠ..Ν. Mais, dans les deux copies, la seconde lettre est un Β et la quatrième un Ι. D'ailleurs, tout le désert à l'est du Nil appartenant à l'Arabie, c'était laisser une grande incertitude sur le pays d'où Zénodote était revenu; si donc il avait voulu parler de l'Arabie proprement dite, il aurait employé le nom de celui des peuples de cette péninsule qu'il avait visité, et non la dénomination générique d'*Arabes*, qui n'aurait rien appris à ses lecteurs.

Il me paraît certain que le graveur a omis le second Σ, qui se perdait dans la prononciation après le premier, ce qui a lieu souvent[a], et qu'il faut lire τῆς Σαβαίων. C'est ainsi que, dans une inscription des syringes de Thèbes (nº CCXXXV), on trouve ΘΗΒΑΙΑΣΥΡΙΓΓΑC pour Θηβαίας σύριγγας, exemple tout à fait semblable. La syllabe αι est faite brève, comme cela a lieu si souvent devant une voyelle[b], même pour d'autres mots que des noms propres.

Les *Sabéens* étaient une des quatre grandes nations de l'Arabie méridionale[c], le long de la mer Rouge, au nord de l'Yémen actuel,

---

[a] Cf. Welcker, *Sylloge epigramm.* p. 133, 174. — [b] Fr. Jacobs, *ad Anthol. Palat.* p. 263, 361, 957. — [c] Strab. xvi, p. 768.

CXCIV. HYDREUMA DU PANIUM.

en face d'Adulis et de l'île actuelle de Dahlak, et dont la capitale, *Sabe* ou *Saba*, est mise par Ptolémée à 16° 50′ de latitude[a]. Mais il y avait en même temps, sur la côte éthiopienne, aux environs d'Adulis, une autre contrée appelée *Sabée* par Agatharchide, avec une ville du même nom[b]; et le golfe d'Adulis, à présent de Massaouah, se nommait golfe *Sabaïtique* (Σαϐαϊτικὸν στόμα). Cet adjectif donne lieu de penser que le peuple de ce côté s'appelait Σαϐαῖται ou Σαϐαεῖται; et, en effet, l'inscription d'Axum[c] lui donne ce nom (...καὶ Αἰθιόπων καὶ Σαϐαειτῶν). D'un autre côté, le Périple appelle aussi Σαϐαεῖται le peuple d'Arabie que les autres auteurs nomment Σαϐαῖοι[d]. On pourrait croire, d'après cela, que les lettres ΣΑΒΑΙ.ΩΝ, dans notre inscription, doivent se lire ΣΑΒΑΕΙΤΩΝ ou ΣΑΒΑΙΤΩΝ; et cette leçon pourrait être admise, si on lisait [Γα]ίης ἀπὸ τῆς Σαϐασιτῶν, ce qui ferait un hexamètre du second vers; mais les deux copies ne donnent aucune lettre avant ΓΗΣ : ainsi la leçon Σαϐαίων est sûre. Dans tous les cas, il reste douteux si Zénodote avait voyagé seulement sur la côte de la Troglodytique, plutôt que dans l'Arabie proprement dite, de l'autre côté de la mer Rouge, où l'avait conduit, soit une curiosité scientifique, soit l'intérêt du commerce, qui devait consister principalement en aromates.

CXCIV. (C. W. L'H.) La première copie, celle de M. Cailliaud, est tellement embrouillée à la fin, que la restitution n'en pouvait être que conjecturale. Celle de sir Gardner Wilkinson est plus nette en cet endroit, et ces deux vers ïambiques peuvent, à présent, être rétablis avec toute certitude.

ΗΛΘΟΝΔΕΚΑΙΕΓΩΠΡΟΣ ΣΕΠΑΝ ΘΗΒΩΝΑ
ΑΘΗΝΙΩΝΟΣΕΚΓΟΝΟΣΠΟΣΕΙΔΗ...

Ἦλθον δὲ κἀγὼ πρὸς σὲ, Πάν, Θηϐῶν ἁ[γὸς]
Ἀθηνίωνος ἔκγονος Ποσείδιος.

Moi aussi, Posidius, fils d'Athénion, chef de Thèbes, je suis venu vers toi, ô Pan!

---

[a] Cf. Gossellin, *Géogr. systém.* t. II, p. 102, 104, 111 et suiv. — [b] Strab. XVI, p. 770, 771. — [c] Dans Valentia's *Voyages and Travels to India, Ceylan, Red sea*, etc. Cf. Niebuhr dans le *Museum der Alterthumswiss.* t. II, p. 573. — [d] *Periplus maris Erythr.* p. 154.

On sait que les graveurs des inscriptions oublient souvent les élisions : ainsi, καὶ ἀσαφῆ pour κἀσαφῆ, et καὶ ἐξακούειν pour κἀξακούειν, dans deux inscriptions de Memnon; ἦλθον δὲ κἀγώ, leçon de M. Welcker[a], est certain. Quant au mot ἀγός, de la fin, il est aussi indubitable, puisque c'est le seul qui satisfasse aux conditions qu'exigent le sens et la mesure. La leçon a quelque importance, parce qu'elle fait évanouir l'idée, proposée par sir Gardner Wilkinson, que le Pan adoré dans ce temple était nommé *Pan de Thèbes*[b]. Θηβῶν est le régime de ἀγός, non de Πάν. Par Θηβῶν ἀγός, il faut entendre, je crois, le chef militaire de la Thébaïde, celui qu'une inscription memnonienne (en vers) appelle : Θηβαΐδος ὁ ταγός. Ce chef avait sans doute déposé son hommage, lors d'une visite d'inspection qu'il était venu faire aux diverses stations de la route jusqu'à Bérénice.

Le nom de ce chef, d'après la copie de sir Gardner, paraît devoir être ΠΟΣΕΙΔΩ[ΝΙΟΣ], d'après celle de M. Cailliaud, ΠΟΣΕΙΔΗ Ποσειδήϊος. Mais l'une et l'autre leçon sont contraires à la mesure. La seule qu'elle permette est Ποσείδεος ou Ποσείδιος.

CXCV. (W.) C'est aussi le mètre ïambique qu'a choisi l'auteur de cet autre proscynème, dont il ne reste que deux vers et quelques lettres d'un troisième.

```
ΤΑ..ҺΣΣΙΟΝΣΙΣΙΚϜΤΗ..ΑΔΕΞΕΝΟΣΕΧΩΝ
Τ·ΝΑΕΑΡΙΣ..ΩΝΤΩΝ ΞΕΝΩΝΛΑΥΠΑΚΤΙΟΣ
Λ ι - υΣ Λ............
```

[Τὸ νεό]σσιον εἰσίκετ......... δὲ ξένος ἔχων
[Ἐκ] τῶνδ' Ἀρίστων τῶν ξένων Ναυπάκτιος.

Je ne vois que τὸ νεόσσιον qui puisse représenter le commencement, dans le sens de *jeune enfant*, que νεόσσιον a souvent en poésie. Ariston était venu là avec son jeune enfant, et, d'entre les étrangers qui l'accompagnaient, il était le seul qui fût de Naupacte. Voilà le sens que j'aperçois dans ces deux vers; mais le peu que je lis du premier vers me semble douteux, par la raison qu'il s'y trouverait de suite trois pieds trissyllabes; deux, peut-être trois, anapestes, et un

[a] *Syllog. epigramm. gr.* p. 249. — [b] *Manners and customs*, t. V, p. 247, 263.

CXCVI. HYDREUMA DU PANIUM.

dactyle; or, dans les vers ïambiques de ce temps, on employait presque exclusivement des pieds dissyllabes.

CXCVI. (W.) ΞΕΙΝΟΝΤΙΜΗCΑΝΤΕCΟΛΟΙΠΟΙ'ΟΙΗΡΩΑΤΟΝΔΕ
ΕΥΟΔΟΝΕΙΤΑΥΤΟΙCΤΕΙΥΕΤΕCΩΙΙΟΜΕΝΟΙ
ΦΕΙΔΩΝΑΜΒΡΥΩΝΟCΟΚΡΗCΑΝΕΘΗΚΕΤΟΓΡΑΜΜΑ
ΚΑΙΤΙΜΑCΗΡΩCΩΙΔΙΔΟΥΕΥΤΥΧΙΑΝ

Ξεῖνον τιμήσαντες, ὁδοιπόροι, ἥρωα τόνδε
Εὔοδον, ἐνταυθοῖ στείχετε σωζόμενοι·
Φείδων Ἀμβρύωνος, ὁ Κρὴς, ἀνέθηκε τὸ γράμμα,
Καὶ τιμὰς, ἥρως, ᾧ δίδου εὐτυχίαν.

Ô voyageurs, après avoir honoré ce héros étranger, vous portez ici vos pas, revenus sains et saufs. Phidon, fils d'Ambryon, Crétois, à qui tu donnes un heureux retour, ô héros! t'a consacré ces vers et les honneurs [qui te sont dus].

Les deux premiers vers constatent l'usage des voyageurs de venir remercier le dieu lorsqu'ils reviennent sains et saufs de leurs excursions lointaines. On voit que Phidon a fait de ἥρωα un dactyle, comme ἥρωος dans Homère [a], et ἥρωα τόνδε σέβειν d'une inscription de Priène [b]. Le participe τιμήσαντες se rapporte aux hommages que les voyageurs rendaient au dieu en partant pour leur excursion. Il paraît y avoir un Ι muet dans ΣΩΙΙΟΜΕΝΟΙ (σωζόμενοι), comme si le verbe était σώζειν. Ce n'est pas la première fois que se montre l'insertion intempestive de l'iota [c]. Je crois que εὐτυχία est relatif au voyage, et signifie non le bonheur en général, mais un heureux retour. Le nom d'*Ambryon* ne s'est pas encore présenté.

Le nom de *héros*, que Phidon attribue à Pan, montre qu'il considère ce dieu du point de vue grec, non égyptien. Le grand dieu *Ammon Khem*, pour lui, n'est rien de plus que le *Pan* hellénique, le plus nouveau des dieux grecs, selon Hérodote [d], le fils d'Hermès et de Pénélope, qui était, dans l'origine, plutôt un demi-dieu, ἡμίθεος, qu'un dieu, comme Hercule, que Pindare appelle ἥρως θεός [e], ainsi qu'Esculape (Ἀσκληπιὸν, ἥρωα νούσων ἀλκτῆρα) [f]. C'est assez tard que les rêveurs alexandrins, dont Macrobe est l'écho [g], abusant

---
[a] *Od.* I, 302. — [b] Jacobs, *Anth. Pal.* n° 376; Böckh, *Corp. inscr.* n° 2907. — [c] Plus haut, p. 51, 125. — [d] Herod. II, 46, 145, sq. — [e] *Nem.* III, 21. Böckh. — [f] *Pyth.* III, 7. — [g] *Saturn.* I, 22.

d'une fausse étymologie du nom de Πάν, firent de ce dieu le *grand tout*, l'*âme universelle*, et, comme d'Hercule, une divinité *solaire* et *cosmique*, dont les anciens Grecs n'entendirent jamais parler[a], bien que ces notions tardives leur soient attribuées par plusieurs savants, qui portent dans ces études une érudition confuse et une imagination mal réglée. Du reste, Phidon, qui vivait au plus tard sous Ptolémée Aulète, restait fidèle aux anciennes idées grecques, ainsi que Théocrite[b] et les autres poëtes de l'époque alexandrine; il n'avait encore aucune notion des idées nouvelles, ou n'y attachait aucune valeur, en supposant qu'elles eussent déjà commencé leur cours.

CXCVII, CXCVIII. (W.) Je termine par deux proscynèmes auxquels un seul mot donne une importance toute particulière.

ΕΥΛΟΓΕΙΤΟΝ ΘΕΟΝ
ΠΤΟΛΕΜΑΙΟC
ΔΙΟΙΝΥCΙΟΥ
ΙΟΥΔΑΙΟC

ΘΕΟΥΕΥΛΟΓΙΑ
ΘΕΥΟΔΟΤΟC ΔΩΡΙΩΝΟC
ΙΟΥΔΑΙΟC CΩΘΕΙCΕΚΠΕ
ΛΟΥCΙΙΙΟ....

| Loue le dieu Ptolémée, fils de Dionysius, juif. | Εὐλογεῖ τὸν Θεὸν Πτολεμαῖος Διονυσίου, Ἰουδαῖος. | Θεοῦ εὐλογία Θευόδοτος Δωρίωνος, Ἰουδαῖος, σωθεὶς ἐκ... .... | A la louange de Dieu, Theuodotus fils de Dorion, juif, qui s'est sauvé de.. .... |

L'orthographe Θευόδοτος pour Θεόδοτος ou Θεύδοτος est tout à fait insolite et contre l'analogie, si ce n'est pas une erreur de copie. Je ne sais que faire du nom de la fin, ΠΕΛΟΥCΙ. Rien de plus facile que de lire Πηλουσίου; mais, outre que la copie porte un Ε, non un Η, le participe σωθείς n'irait guère avec la mention de *Péluse*, ville d'Égypte; car, quand on admettrait que le voyageur aurait fui de Péluse à la suite d'une persécution, il serait bien singulier de le retrouver sur la route de Bérénice à *Apollonopolis magna*. Ces lettres nous cachent donc le nom de quelque pays lointain, soit d'Arabie, soit de la Troglodytique. Et, comme les lettres ΠΕ peuvent être ΤΡΩ, peut-être avons-nous le reste de ἐκ [Τρωγ]λο[δ]υ[τῶν]. Εὐλογία, où l'ι muet est oublié, est pour ἐπ' εὐλογίᾳ, comme εὐτυχία pour ἐπ' εὐτυχίᾳ.

Ces deux personnages prennent la qualité de *juifs*, Ἰουδαῖοι; faut-il

---

[a] Voss, *Mytholog. Briefe*. Br. XIII, t. I, p. 82-84, Zw. Aug. — [b] *Idyll*. VII, 106.

CXCVII, CXCVIII. HYDREUMA DU PANIUM. 253

entendre par là des Grecs natifs de Judée, ou des individus appartenant à la nation et à la religion juives? Le fait n'est pas indifférent. Mais les auteurs, tant grecs que latins, ont toujours employé Ἰουδαῖος et *Judæus* dans le sens religieux, et non dans le sens ethnique; si donc les auteurs de ces proscynèmes avaient voulu dire qu'ils étaient des Grecs nés en Judée, ils auraient, sans nul doute, évité l'équivoque, en disant Σύρος ἀπὸ Παλαιστίνης, ἀπὸ Ἰουδαίας, ou bien en indiquant leur ville, Σύρος ἀπὸ Γάζων, Φιλαδελφίας, Ἀσκαλῶνος, etc., de même qu'un *juif* prenait cette qualité, en ajoutant sa patrie, comme Σίμων Ἰουδαῖος, Κύπριος τὸ γένος [a]. Il est donc certain que Ptolémée et Théodote étaient des *juifs*.

Mais, dans ce cas, une difficulté se présente, non pas celle qui résulterait des noms *grecs* que portent ces deux personnages, ainsi que leur père; car rien de plus commun, parmi les juifs, d'assez bonne heure, que l'emploi de ces noms étrangers; ainsi, parmi les 70 interprètes de l'Écriture sainte, la lettre du faux Aristéas compte Théophile, Théodote, Théodore, Jason et Dosithée[b]; parmi les juifs envoyés à Rome par Hyrcan, se trouvaient Apollonius, fils d'Alexandre, et Diodore, fils de Jason [c], dont les noms, comme celui de notre Dionysius, sont tirés de celui d'une divinité païenne. La difficulté dont je parle consiste en ce que des *juifs* viendraient honorer, dans son temple, un dieu égyptien, eux, dont l'attachement à loi de Moïse égala toujours leur aversion pour tout culte étranger [d].

Or, ici, la formule qu'ils emploient est tout à fait particulière, et ne se trouve point dans les autres inscriptions. Ils se servent des mots εὐλογεῖν τὸν Θεόν et Θεοῦ εὐλογία, qui est justement l'expression biblique pour dire *louer Dieu*, à la *louange de Dieu*. Le verbe εὐλογεῖν, avec le sens de εὐφημεῖν, se trouve déjà dans Eschyle, Sophocle, Isocrate, etc.; mais l'usage de joindre avec ce verbe l'idée de Dieu est propre aux juifs ou aux chrétiens, et l'on en chercherait vainement des exemples

---

[a] Joseph. *Antiq. jud.* XX, 7, 2. — [b] Plus haut, p. 56. — [c] Joseph. *Antiq. jud.* XIII, 9, 2. — [d] Gesenius, *Script. ling. Phœn. monum.* p. 332; Tschirner, *der Fall des Heidenthums*, S. 171, 172; Gibbon, *Hist. de la décad. et de la chute de l'empire romain*, t. III, p. 9, éd. de Guizot.

dans le sens de *louer Dieu*, εὐλογεῖν τὸν Κύριον [a], hors des livres de l'Ancien et du Nouveau Testament, ou de ceux qui furent rédigés sous l'influence des idées juives ou chrétiennes.

Ce qui ne me semble pas moins frappant, c'est le soin que Ptolémée et Théodote ont pris d'éviter de prononcer le nom de *Pan*. Tous les autres voyageurs nomment ce dieu; ils s'adressent à Pan *Évhodus, sauveur, efficace*. Ici, ni le nom du dieu ni ses épithètes ne se rencontrent. Ils *louent le Dieu*, mais ils n'ajoutent rien de plus.

N'est-il pas naturel de penser que les deux juifs, tout en étant sans doute forcés de rendre hommage à un dieu du paganisme, ont tourné cet hommage de manière qu'il pût s'adresser au dieu unique et suprême, *Jéhovah*, sans blesser ou irriter les Grecs qu'ils accompagnaient. Pour ceux-ci le *dieu*, c'était Pan; pour les deux juifs, c'était Jéhovah. Leurs compagnons devaient se montrer peu difficiles sur ce point, et se contenter de cette manifestation, grâce à l'habitude constante des Grecs d'identifier les dieux étrangers aux leurs, en suivant des analogies souvent très-éloignées. Selon Tacite, il y avait des gens qui s'imaginaient que le dieu des Juifs était *Bacchus*, en voyant « que leurs prêtres chantaient au son de la flûte et des tambours, « qu'ils se couronnaient de lierre, et qu'une vigne d'or fut trouvée « dans le temple de Jérusalem [b]. » D'autres croyaient que c'était *Jupiter*, Ζεὺς ὕψισ7ος [c], ou le *ciel* même [d]; *Nil præter nubes et cœli numen adorant*, dit Juvénal [e]. De là le nom de *Cœlicolæ*, qu'on leur donnait encore au v[e] siècle [f].

Cette sorte de restriction mentale annonce qu'ils cédaient à la crainte ou à l'oppression; car, pour rendre grâces à Jéhovah d'un heureux retour, ils n'auraient certes pas choisi de leur plein gré un temple païen pour y inscrire leur hommage au vrai Dieu. Par cet innocent artifice, ils satisfaisaient les Grecs, tout en restant fidèles à leur propre croyance, et en évitant une apostasie réelle.

---

[a] Wahl, *Clavis Novi Testam.* t. I, p. 651. Schleusner, *Nov. Thes.* t. II, p. 559. — [b] Tacit. *Hist.* V, 5. Cf. Plut. *Symp.* IV, 5. — [c] Celsus, *ap.* Origen. *C. Celsum*, V, 43, p. 259, Spencer. — [d] *Id.* V, 6, p. 234. — [e] Juven. *Sat.* XIV, 97. — [f] *Cod. Theodos.* lib. XVI, tit. VIII, l. 19 (ad ann. 409).

CXCIX—CCI. HYDREUMA DU PANIUM.

Nos deux juifs revenaient de quelque voyage lointain entrepris sans doute dans les intérêts de leur commerce. Il est à présumer qu'alors, comme dans les temps modernes, les juifs, au milieu de peuples qui ne partageaient pas, qui détestaient même leur religion, se livraient habituellement au commerce, cherchant à se dédommager par l'aisance ou la richesse de leur infériorité sociale [a].

CXCIX.
ΕΥΔΑΙΤΙΧΟΣ ΑΘΗ
Α..ΙΥΥΠΑΙΑΡΙΟΣ
ΡΙΑΣ ΙΜΟ : ΩΙ·ΨΙ·ΟΣ
Α Ι·ΛΙΟΓΙ·ΕΛΛΡΟΣ

où l'on peut distinguer Εὐλαίτιχος (?) Ἀθηναῖος [καὶ Μ]α[κ]άριος [καὶ] Θιάσιμος (?) Ῥόδιος (?). Le nom de Μακάριος, qu'on rencontre principalement, comme Ἱλάριος, Νεκτάριος, aux époques reculées, peut pourtant se trouver au temps des Ptolémées, puisqu'il est déjà dans Thucydide [b].

CC.
I·U|·|·IV·.I·ΦΑΝΛV·ΝΙΟΗϹΙϹΙ··|·|
Χ ΤΙ ΙΙ οΙοΙΙΟΙΛΤΟΥΙΙ Ι···ϹΥϵΙΤ
Ι ϻ : ϵΙΙΙΧΙΜϹΝϋωΠϹΙϵ.
·/.Τ - - Ϲ.
ΙϹ ·· ΛΝ·.

fragment encore moins distinct, où je ne discerne presque rien. L..ΙΘ....φαν...[Πετ]ενσίου.....εὐχόμενος.....

---

§ VII. SYRINGES OU TOMBEAUX DES ROIS A THÈBES.

CCI—CCCXXIII.

Les cent vingt-trois inscriptions réunies dans ce § ont toutes été tirées des tombeaux des rois, dans la vallée de *Biban-el-Molouk*, à l'ouest de la plaine de Thèbes.

La description détaillée de ces grottes ayant été donnée par plu-

---

[a] Joseph. *contra Apion.* II, 11. — [b] I, 100, 109.

sieurs voyageurs, tels que MM. Jomard[a], Belzoni, le général Minutoli, Champollion[b], Wilkinson[c], et Nestor L'Hôte[d], je me contenterai, en renvoyant à ces descriptions, de rappeler que ces tombeaux sont tous taillés dans le roc, de chaque côté de la vallée, offrant la disposition que retrace exactement notre planche XI, b, réduite de celle de la Description de l'Égypte. A l'époque de l'expédition française, on n'en connaissait que onze, outre celui qui fut découvert dans la vallée plus reculée vers l'ouest, par MM. Jollois et Devilliers[e], et qu'on sait maintenant avoir appartenu à Aménophis III, le huitième roi de la dix-huitième dynastie. En voici le plan (n° 1) et la coupe (n° 2) d'après L'Hôte :

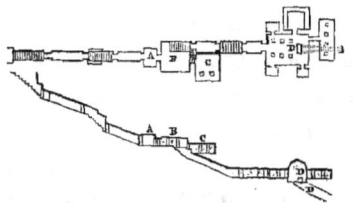

A, B, C, sont les premières salles, au bas du grand escalier; D un second escalier qui s'ouvre derrière le sarcophage, et qu'on croit descendre par-dessous la vallée de l'Assassif, formant une autre issue de ce côté. Depuis, on a découvert plusieurs autres tombes, notamment celle d'Ousirei, ou Ménephtah Ier, une des plus belles et des plus complètes de toutes, trouvée par Belzoni, en 1818. Champollion, en 1829, en comptait déjà *seize*, dont une fut ouverte par lui-même, celle du fils de Sésostris[f]. Sir Gardner Wilkinson, sur son plan gravé en 1835, en a marqué vingt et une, outre quatre dans la vallée de l'ouest, en tout vingt-cinq; mais il y a lieu de croire que des recherches persévérantes procureront successivement la connaissance de plusieurs autres qui restent encore inconnues.

Il suffirait, pour légitimer cet espoir, de se souvenir du passage où Strabon dit : « Au-dessus du *Memnonium* sont des tombes de « rois taillées dans le roc, en forme de grottes, au nombre d'environ

---

[a] *Description de l'Égypte* antiq. t. I, p. 305-413. — [b] Champollion, *Lettres écrites d'Égypte*, p. 221-259. — [c] Wilkinson, *Topogr. of Thebes*, p. 100-123. — [d] L'Hôte, *Lettres écrites d'Égypte*, p. 163-172. — [e] *Descr. de l'Égypte* ant. t. I, p. 399. — [f] Champollion, ouvrage cité, p. 253. — L'Hôte, ouvrage cité, p. 163, 164.

CCI—CCCXXIII. SYRINGES DES ROIS A THÈBES.

« *quarante*, admirablement travaillées et dignes d'être vues¹. » Il resterait donc encore une quinzaine ou peut-être une vingtaine de tombes à découvrir, pour avoir toutes celles qui existaient au temps de cet auteur; car il n'a voulu parler que de celles qui étaient *dignes d'être vues*. Or, parmi les vingt et une que l'on connaît à présent, il y en a plusieurs qui, étant tout à fait insignifiantes et sans ornement, ne devaient pas être comprises dans le nombre de quarante. Ainsi l'on peut admettre que nous ne connaissons pas encore tout à fait la moitié de celles que le voyageur grec avait en vue; ce qui doit encourager les recherches et les fouilles, tant dans la vallée de Biban-el-Molouk, que dans la vallée de l'ouest, où jusqu'ici on n'en a pas découvert plus de quatre.

Et, pour que cette espérance de nouvelles découvertes ne soit pas affaiblie, je reviendrai sur un passage de Diodore de Sicile qui, interprété comme un excellent observateur l'a fait encore tout récemment ᵃ, pourrait aller jusqu'à la détruire.

Cet historien s'exprime ainsi : « Les prêtres disaient, d'après les « livres sacrés, qu'il se trouvait [autrefois] à Thèbes *quarante-sept* « *tombes* royales ; et qu'au temps de Ptolémée, fils de Lagus, il n'en « restait que *dix-sept,* qui étaient en grande partie ruinées à l'époque « où nous visitions ces lieux ². Cela est raconté non-seulement par les « prêtres d'après les livres sacrés, mais encore par beaucoup d'entre « les Grecs, qui, ayant voyagé à Thèbes sous Ptolémée, fils de Lagus, « et rédigé des histoires d'Égypte (du nombre desquels est Hécatée), « s'accordent avec ce que nous venons de dire. »

Comme je l'ai dit ailleurs ᵇ, il résulte de ce passage que les *dix-*

ᵃ Wilkinson, *Topography of Thebes*, p. 117, 121. — ᵇ *Mémoire sur le monument d'Osymandyas*, p. 37, 38.

¹ Ὑπὲρ δὲ τοῦ Μεμνονείου, ϑῆκαι βασιλέων ἐν σπηλαίοις λατομηταὶ περὶ τεσσαράκοντα, ϑαυμασ]ῶς κατεσκευάσμέναι καὶ ϑέας ἀξίαι. XVII, p. 816.

² Οἱ μὲν οὖν ἱερεῖς ἐκ τῶν ἀναγραφῶν ἔφασαν εὑρίσκειν ἐπ]ὰ πρὸς τοῖς τετταράκοντα τάφους βασιλικοὺς, εἰς δὲ Πτολεμαῖον τὸν Λάγου διαμεῖναί φασιν ἐπ]ακαίδεκα μόνον, ὧν τὰ πολλὰ κατέφθαρτο καθ' οὓς χρόνους παρεβάλομεν ἡμεῖς εἰς ἐκείνους τὰς τόπους.... I, 46.

sept tombeaux qu'on avait montrés à Diodore, en grande partie détruits de son temps, ne peuvent avoir rien de commun avec les *quarante syringes,* admirablement travaillées, dont parle Strabon. Comment, en effet, ne serait-il resté que *dix-sept* de ces tombes, au temps de Ptolémée Lagus, lorsque Strabon, *environ trois siècles plus tard,* en connaissait encore *quarante;* et que, plus de deux mille ans après, nous en connaissons encore plus de vingt? Il est évident que les deux auteurs ne parlent pas de la même chose; et, en effet, Diodore nous donne, d'après Hécatée d'Abdère et d'autres historiens contemporains de Ptolémée Lagus, la description d'un des trente tombeaux détruits dès cette époque; et cette description, bien loin de convenir à une syringe, est celle d'un monument tellement semblable aux grands édifices construits par Ramessès le Grand et Ramessès Meïamoun (à Médinet-Abou), que la plupart des voyageurs et des érudits ont cru qu'il s'appliquait à l'un des deux. Il est clair que les trente autres, détruits comme celui-là, lors de l'établissement des Grecs, étaient du même genre, et n'avaient non plus rien de commun avec des souterrains creusés dans le roc. Il faut donc chercher les *dix-sept* tombeaux, dont Diodore avait encore vu les ruines, dans la plaine et sur la lisière de la montagne libyque. De ce nombre devaient être les deux *Ramesseum,* le *Meneptheium* de Kournah, et l'*Amenophium,* dont il ne reste que des débris informes (outre les deux colosses de la plaine), par la raison qu'il était bâti en pierres calcaires, ce qui a causé sa destruction totale [a]. Le reste devait occuper les enceintes qui subsistent encore sur la lisière de la plaine cultivable. Tous ces monuments, entièrement différents des *syringes,* étaient ces édifices *memnoniens* ou *funéraires* dont parlent Agatharchide [b] et Strabon [c]. Ce n'étaient pas, il est vrai, des *tombeaux proprement dits;* mais, comme leur destination était liée à celle des tombes royales, et qu'elles contenaient le *cénotaphe* du prince dont le corps était réellement déposé dans une des

[a] Champollion, *Lettres écrites d'Égypte,* p. 303, 304. — [b] *De mari Rubro,* Ap. Phot. p. 729. Hœsch. — p. 449, c. 1. Bekker. — [c] Strab. XVII, p. 813. V. ma *Statue voc. de Memnon,* p. 59, 60.

grottes de la montagne, les anciens historiens grecs ont pu, avec raison, les appeler des *tombeaux*.

Strabon est donc réellement le seul des auteurs anciens qui caractérise clairement les grottes sépulcrales de la vallée des rois. Les autres, tels que Pausanias [a], Élien [b], Héliodore [c], Ammien Marcellin [d], se contentent de les désigner, en général, par la dénomination de *syringes* (σύριγγες), qu'elles portent dans un grand nombre d'inscriptions, et qui désigne en effet un souterrain formé de conduits étroits, comme ceux qui mènent aux chambres sépulcrales dans la plupart de ces tombes.

Les *vingt* autres *syringes* qui restent à découvrir devaient être très-probablement situées, en grande partie, hors de la vallée de Biban-el-Molouk. Jusqu'ici, les tombeaux de cette vallée qu'on a ouverts n'appartiennent qu'aux rois de la seconde moitié de la XVIIIe dynastie [e], à partir de Rhamsès Ier (le deuxième roi), à ceux de la XIX[e] et de la XX[e]. Ainsi les rois antérieurs à Rhamsès Ier ont dû être enterrés en d'autres parties de la montagne; ce qui l'indique d'ailleurs, c'est que, dans la vallée de l'ouest, on en a déjà trouvé quatre tombeaux, deux fort insignifiants [f], et deux très-remarquables; celui d'Aménophis III (le huitième roi de la XVIII[e] dynastie) et celui de ce très-ancien roi, portant, à ce qu'on croit, le nom de *Skhai*, dont le cartouche ne se trouve plus que sur les parois de ce tombeau et sur des blocs qui sont entrés dans la construction du pylône d'Hôrus, à Carnak [g]. C'est en cherchant dans cette vallée qu'on doit trouver les tombeaux des dix premiers rois de la XVIIIe dynastie et ceux des rois de la XVIIe. Il est même assez remarquable (et ce rapprochement n'est peut-être pas à négliger) que le nombre d'environ *quarante* tombeaux, qui existaient encore au temps de Strabon, est presque le même que celui des rois de ces quatre dynasties, selon Manéthon; car ce chronologiste comptait *six* rois dans la XVII[e], *dix-sept* dans la XVIII[e], *six* dans la XIX[e], et *douze* dans la XX[e]; en tout *quarante et un*.

[a] I, 42, 3. — [b] *Hist. anim.* VI, 43; XV, 15, 16. — [c] *Æthiopic.* I, 6; II, 27. — [d] XXII, 15, 30. — [e] Champollion, *Lettres*, etc. p. 223. — [f] Wilk. *Topogr.* p. 122. — [g] L'Hôte, *Lettres*, etc. p. 8 et 9.

260   PROSCYNÈMES ET ACTES DE VISITE.

On a vu que les termes de Strabon donnent lieu de penser que les *quarante* syringes étaient accessibles et visitées de son temps. En effet, plusieurs anciens voyageurs affirment qu'ils les ont visitées *toutes* (n°s CLXXXVII et CLXXXVIII). Cependant, ils n'ont laissé de traces de leur passage que dans quatorze de ces tombes[a], qui sont les n°s 1, 2, 3, 4, 6, 7, 8, 9, 10, 11, 12, 13, 14, 15, 18, du plan de Thèbes de sir Gardner Wilkinson. C'est qu'ils devaient rarement les visiter toutes; quand la plupart d'entre eux avaient vu les plus belles, ou ils en avaient assez, ou le temps ne leur permettait pas d'entrer dans les autres. Il est à remarquer que le plus grand nombre des inscriptions ont été recueillies dans les plus remarquables des syringes.

On se demande naturellement : A partir de quelle époque ces grottes sépulcrales ont-elles été accessibles aux voyageurs grecs? Ont-ils eu la permission de les visiter dès l'époque où les relations entre les deux peuples se sont établies d'une manière constante, c'est-à-dire dès le VII° ou le VI° siècle avant J. C. ? ou bien ces tombes sont-elles restées fermées et inaccessibles, tant que la religion égyptienne a conservé son empire, et que les anciens usages ont continué d'être respectés?

On peut répondre d'abord avec assurance que, parmi ces inscriptions, il n'en est aucune qu'on puisse reporter au delà de la conquête d'Alexandre; il n'y a nulle trace du passage, dans les tombes royales, de voyageurs grecs avant cette époque; et, comme il n'est pas probable que, s'ils y étaient entrés, ils n'eussent point laissé, comme leurs successeurs, des souvenirs de leur présence, on peut presque assurer qu'elles leur étaient alors fermées. Il est également peu probable qu'on leur en permît l'entrée sous les premiers Lagides. Parmi les inscriptions grecques qu'on y a déjà recueillies, il n'en est point où se trouvent les lettres de forme carrée Σ E Ω, qui existent dans toutes celles que nous connaissons[b] pour être antérieures au règne d'Alexandre Ier. On n'y rencontre que

[a] Wilkinson, *Topography of Thebes*, p. 121, 122. — [b] Plus haut, p. 11 et 12.

CCI—CCCXXIII. SYRINGES DES ROIS A THÈBES. 261

les formes rondes C Є ω ; ou, si, dans une ou deux, on remarque des Σ, des E et des Ω, ces lettres sont mêlées aux lettres rondes ; ce qui indique l'époque où celles-ci sont devenues en usage, à savoir le temps de Ptolémée Aulète[a], ou, au plus tôt, d'Alexandre Ier. On remarquera que, bien que la plupart de ces inscriptions aient été peintes ou écrites à l'encre et non gravées, aucune, à une ou deux exceptions près, de l'époque romaine, n'a le caractère cursif, qui expliquerait l'emploi anticipé des formes rondes ; elles sont toutes en lettres onciales bien formées et séparées, comme sont les lettres lapidaires employées à l'époque à laquelle toutes les autres circonstances obligent de rapporter chacune de ces inscriptions. Il est vrai que Champollion nous parle d'inscriptions de beaucoup de *Grecs et de Romains de très-ancienne date, à en juger par la forme des caractères*.[b] Mais, comme nous possédons toutes celles qu'il avait en vue, copiées de sa main, avec l'intention évidente de reproduire les formes des lettres, nous pouvons juger son assertion. Il est inutile de prouver que les plus anciennes inscriptions latines, dont il veut parler, et qui ne sont autre chose que le nom de *M. Voturius,* plusieurs fois répété en lettres tantôt grecques, tantôt latines, ne peuvent être que des derniers temps des Lagides ; et, quant aux inscriptions grecques, il n'en est point, comme on le verra, qui soient écrites dans ces *vieux caractères,* auxquels on peut reconnaître des inscriptions d'ancienne date.

Ces observations paléographiques, en montrant que toutes les syringes, ou du moins que la plupart d'entre elles, n'étaient pas ouvertes aux voyageurs anciens, dans les premiers temps des Lagides, s'accordent avec ce que l'histoire nous apprend sur la sage politique des rois grecs à l'égard de la religion nationale et des usages du pays. Cette sagesse, qui leur faisait respecter à Thèbes même le *culte commémoratif* du vieux roi Aménophis[c], mort depuis tant de siècles, devait bien aller jusqu'à protéger son tombeau, comme ceux des

---

[a] Plus haut, p. 12. — [b] *Lettres écrites d'Égypte*, p. 257. — [c] Peyron, *ad papyr. Taurin.* p. 40 sq. Ma *Statue vocale de Memnon*, p. 64, 81.

autres rois, et à les défendre contre toutes les violations dont ils auraient pu être l'objet de la part d'indiscrets visiteurs. Ce n'est donc que plus tard, et après l'affaiblissement progressif des croyances, que l'entrée de ces tombes ayant été ouverte par les gens du pays, ils y amenèrent les étrangers, sans doute moyennant rétribution. Comme la majeure partie des inscriptions sont des *temps romains*, on voit que c'est surtout à cette époque que les syringes ont été fréquemment visitées, et même très-tard, ce qu'attestent plusieurs inscriptions des IIIe et IVe siècles de notre ère. Deux ou trois, une païenne et deux chrétiennes, qui sont funéraires, indiquent même qu'à des époques récentes elles ont quelquefois servi de sépulture, aux païens d'abord, aux chrétiens ensuite; ce qui paraît avoir été le cas des catacombes de Rome [a].

Quant au recueil de ces inscriptions, ce n'est que dans ces dernières années qu'il s'est considérablement accru ; les premiers voyageurs les avaient tellement négligées, qu'on devait être bien loin de soupçonner qu'elles fussent aussi nombreuses. Pocoke n'a donné que deux lignes insignifiantes; la commission d'Égypte, dont plusieurs membres ont exploré les syringes avec soin, n'y avait pourtant recueilli que *sept* inscriptions; M. Hamilton en a trouvé *huit*; M. Salt, à lui seul, *cinquante-trois*, dont fort peu se trouvaient dans les copies de ses devanciers. Champollion, peu après, en a rapporté *soixante-deux*, dont *quarante-cinq* au moins sont nouvelles; et sir G. Wilkinson m'en a tout récemment communiqué *dix-sept*, dont *cinq* n'ont été vues que par lui. Ces deux derniers voyageurs (et ce sont les seuls) ont eu, d'ailleurs, le soin d'indiquer dans quelle syringe ont été trouvées celles qu'ils ont recueillies. Champollion surtout a désigné fort exactement la place des *soixante-deux* qu'il a copiées: on voit par là qu'il les a toutes tirées de *quatre syringes* seulement, celles qu'il a principalement explorées et dessinées; d'où il suit qu'il a négligé, au moins sous ce rapport, toutes les autres. Aussi plus de *quarante* des inscriptions copiées par Salt

---

[a] Münter, *Sinnbilder und Kunstvorstellungen der alten Christen*. Erstes Heft. S. 12, 13.

CCI—CCCXXIII. SYRINGES DES ROIS A THÈBES.

ne se trouvent point dans sa collection. La grande fidélité de ses copies me donne le regret que le temps ne lui ait pas permis de faire la même attention aux inscriptions dispersées dans les autres tombes; mais ce n'était là pour lui qu'un accessoire; tous ses soins se portaient de préférence sur les sculptures égyptiennes, ainsi que sur les hiéroglyphes, qu'il a relevés avec un soin si scrupuleux et à l'aide d'un travail immense.

En retranchant les doubles ou triples emplois, on réduit le nombre total des inscriptions recueillies à *cent vingt-trois*, au lieu des sept ou huit que contiennent et la grande Description de l'Égypte et les *Ægyptiaca* de M. Hamilton; mais il est indubitable que, si l'on cherchait bien, on en trouverait encore davantage. Dans ces grottes si obscures, qu'on ne peut éclairer que faiblement avec des flambeaux, il n'est possible de distinguer ce qui est écrit sur les parois que lorsqu'on en approche beaucoup la lumière; des caractères très-légèrement et négligemment creusés, souvent même tracés à l'encre, par des voyageurs qui ne pouvaient s'arrêter longtemps, devaient échapper facilement aux regards. C'est par cela qu'on explique comment tel voyageur n'a point aperçu ce que son successeur a vu plus tard, et comment ce dernier n'aperçoit pas ce que d'autres ont vu avant lui. La première des syringes, dite de *Memnon,* en donne un exemple bien frappant. Sur les vingt-trois inscriptions qui y ont été trouvées, il en est une que M. Wilkinson seul a copiée, deux ont été copiées par Salt *seul;* sept par Champollion *seul;* une par la commission d'Égypte *seule;* deux par la commission d'Égypte et M. Cooke; cinq par Salt et Wilkinson; enfin, trois par Salt, Champollion et Wilkinson. Il suit de là que, sur les *vingt-trois*, la commission d'Égypte et M. Cooke n'en ont copié qu'*une*, Salt *douze*, Champollion *dix*, sir Gardner Wilkinson *dix*. Ce qui a lieu pour une seule syringe se rencontre dans les autres, comme on le verra par la suite; or, puisque Salt, par exemple, n'en a vu que *douze* là où il y en a plus de *vingt*, on ne peut douter qu'il n'ait laissé autant à faire dans les autres syringes, où il a pourtant recueilli une *quarantaine* d'inscriptions qu'aucun voyageur n'a vues, ni avant ni après lui. Le commentaire que je vais donner de toutes celles qui ont été recueillies, en montrant l'intérêt qui peut s'attacher à ces débris de l'antiquité, encouragera peut-être les voyageurs à rechercher toutes celles qui ont pu échapper à leurs devanciers. Pour favoriser ces recherches, j'ai d'abord distribué les soixante-deux inscriptions que Champollion a copiées, dans l'ordre où il les a données, syringe par syringe, en y joignant celles qui, d'après divers indices, m'ont paru avoir été tirées des mêmes tombes.

CCI — CCXXI. *Syringe de Rhamsès V,* dite de *Memnon.*

Cette syringe, qui est la quatrième à main gauche en entrant dans la vallée, et dont voici le plan,

n'a rien de commun réellement avec le roi Aménophis III, que les Grecs ont cru devoir identifier avec leur *Memnon,* d'après des raisons que j'ai exposées ailleurs[a]; car la tombe de ce roi se trouve, comme je l'ai déjà dit[b], beaucoup plus loin, dans une autre vallée, celle de l'ouest; et elle offre la disposition marquée sur le plan ci-

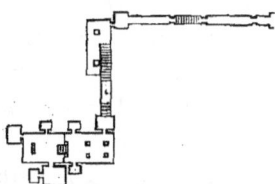

contre. Les anciens n'ont donc eu d'autre motif, pour une telle assimilation, que la beauté extraordinaire de cette syringe. Par suite de l'enthousiasme que le colosse de Memnon leur inspirait, ils étaient naturellement portés à lui attribuer la plus belle et la plus magnifique des tombes royales. Tous les cartouches hiéroglyphiques sculptés sur les murs montrent, au contraire, qu'elle a servi de sépulture à Rhamsès V, deuxième roi de la XIX[e] dynastie.

[a] *Statue vocale de Memnon,* pag. 58, 59. — [b] La même, pag. 245. — Wilkinson, *Topography of Thebes,* pag. 114.

CCI, CCII. SYRINGES DES ROIS A THÈBES.

CCI. (Cooke, W.) Celle-ci, oubliée par Salt et Champollion, a été copiée par M. Cooke, et publiée par M. Leake[a]. Je la trouve plus complétement transcrite par sir G. Wilkinson.

Ἑρμογένης Ἀμασ[εὺ]s,...
[τὰs] μὲν ἄλλας
σύριγγας
ἰδὼν ἐθαύ-
μασα· τὴν δὲ
τοῦ Μέμνονος
ταύτην ἔ[τι] ἰσ7ο-
ρήσας ὑπερεθαύμασα.

Hermogène d'Amasée...
ayant vu les syringes, les
a admirées ; mais celle-ci,
de Memnon, après l'avoir,
en outre, bien examinée, il
l'a admirée encore plus que
les autres.

Si le deuxième mot, AMAO...C, est le nom du père d'Hermogène, ce pourrait être soit Ἀμαιόκριτος, nom d'un Béotien dans Polybe[b], soit Ἀμαιώτης ou Ἀμαιεύτης, formé de l'adjectif ἀμαίευτος ; mais ces lettres conduisent plus directement à Ἀμασεύς, l'ethnique d'Amasée, patrie de Strabon.

Dans toutes ces inscriptions, les expressions ἰδὼν ἐθαύμασα et ἱστορήσας ἐθαύμασα reviennent à chaque instant, et sont probablement synonymes, à moins qu'on ne veuille donner un sens un peu plus fort à ἱστορήσας, *ayant vu et examiné, ayant vu avec attention,* un des sens que le verbe ἱστορέω a dans plusieurs passages[c], et qu'il doit avoir ici. Avant ἱστορήσας, il y avait trois lettres, dont il reste ЄΙ. Ce ne peut être que ἔτι, dans le sens ordinaire de *præterea, amplius.* Hermogène a *vu* toutes les syringes ; mais, ayant, *en outre, examiné* avec soin celle de Memnon, il l'a admirée plus que les autres, ὑπερεθαύμασα. C'est la seule inscription où se trouve l'orthographe σύρινγα. Dans toutes les autres, on trouve σύριγγα et σύριγγας.

L'inscription d'Hermogène annonce, d'une part, que l'on visitait alors *toutes* les syringes, et que celle-ci passait, comme je l'ai dit, pour être la tombe de Memnon.

CCII. (W.) Le premier fait se trouve exprimé en vers, dans la suivante :

---

[a] *Transactions of the royal Society of litterature,* vol. I, part. 1, p. 227. — [b] Polyb. XX, 4, 2. — [c] *Thes. ling. gr.* t. IV, col. 667 B. ed. Didot.

266   PROSCYNÈMES ET ACTES DE VISITE.

Πάσας μὲν σύριγγας ἐθαύμασεν Ἡράκλειος·
Ἀλλὰ λέγει πάντων Μέμνονα Θειότατον.

Héraclius a admiré toutes les syringes; mais il affirme que Memnon est ce qu'il y a de plus divin dans tout [ce qui se voit ici].

Le nom qui termine le premier vers peut être Ἡρακλείδης aussi bien que Ἡράκλειος. Cependant cette leçon est appelée plus naturellement par la copie.

Il paraîtra peut-être incertain si Μέμνων, par figure poétique, ne désigne pas ici la *syringe de Memnon*, ἡ τοῦ Μέμνονος, et si la phrase ne revient pas à ἀλλὰ λέγει τὴν τοῦ Μέμνονος σύριγγα τῶν πασῶν θειοτάτην εἶναι. Je crois plutôt qu'Héraclius veut parler du *colosse de Memnon*, et dire que ce *colosse*, à la voix merveilleuse, est ce qu'il a vu de plus *divin* à Thèbes. Memnon l'avait plus frappé que toutes les syringes ensemble. D'autres voyageurs mêlent, ainsi que lui, le souvenir du colosse à leur visite dans les syringes. Peut-être s'en trouve-t-il déjà un exemple dans la suivante.

CCIII. (W.) L'auteur était, à ce qu'il semble, un esprit morose, qui prisait fort peu ce que tous les autres admiraient si fort. Sa boutade est ainsi conçue : Ἐπιφάνιος ἱστόρησα· οὐδὲν δὲ ἐθαύμασα εἰ (ἢι par iotacisme) μὴ τὸν λίθον. « Moi, Epiphanius, j'ai examiné; « mais je n'ai rien trouvé à admirer, si ce n'est la *pierre*. » Selon sir Gardner Wilkinson, le seul qui ait copié cette inscription, elle est gravée tout près du sarcophage, et il pense que ce qu'Épiphane appelle *la pierre* est le sarcophage même [a]. On pourrait croire aussi qu'il veut parler du colosse de Memnon, qui, dans les inscriptions memnoniennes, est souvent appelé *la pierre* par excellence; ainsi Θηβαϊκὸς λίθος, la pierre thébaïque; ἀείμνηστος λίθος, la pierre immortelle. Ce sera donc le *colosse* seul qui aura été assez heureux pour mériter l'admiration de cet homme si difficile à contenter.

[a] *Topography of Thebes*, p. 114.

CCIV. SYRINGES DES ROIS A THÈBES.

CCIV. (S. et W.) La copie de Salt ne contient que les six dernières lignes; les trois premières ne se trouvent que dans la copie de sir Gardner, et celles-ci, malheureusement fort mutilées, sont illisibles, excepté la première; tout ce qu'on y reconnaît, ce sont deux noms propres, dont l'un se retrouve dans les autres lignes, qui forment deux vers très-mauvais, surtout le deuxième, trop court d'une syllabe; les voici:

Θαύματα συρίγγων ὁρόων μέγ' ἐθαύμασα Βῆσ[σο]ς·
Τήνδε μάλισΊ' ὁρόων [μέγ'] ἐθαύμασα Μέμνονος ἐσθλήν.

En voyant les merveilles des syringes, moi, Bessus, je les ai admirées; mais, en voyant surtout celle-ci, la belle syringe de Memnon, je l'ai fort admirée.

Si l'on n'introduit pas, au deuxième vers, μέγ' avant ἐθαύμασα, comme dans le premier, il clochera misérablement; cette légère addition le met sur ses pieds; mais elle ne rend pas ces répétitions moins niaises ni moins insipides. Quoique ἐσθλός se prenne pour les choses comme pour les personnes, cet adjectif ne rend pas bien la pensée de l'auteur.

Une circonstance donne quelque intérêt au nom que portait l'auteur de ces mauvais vers. Ce nom est écrit BHC..C, et, d'après la place qu'il occupe à la fin du vers, on est sûr que ce nom n'avait que deux syllabes, et devait être BHCAC, BHCOC ou BHCCOC. Le premier est un nom égyptien fort connu, celui d'un personnage dont parle le poëte Antiochus[a]: Βῆσας, εἰ φρένας εἶχεν, ἀπήγχετο, et celui d'une divinité égyptienne, d'où la ville qu'Antinoé remplaça tirait le sien[b]. On le retrouve dans le nom copte de *Bésammon* (formé comme *Héraclammon, Nilammon, Sarapammon, Phœbammon*), et dans le dérivé Βησαρίων, celui d'un stratége de Talmis, et du fameux littérateur grec, nommé cardinal en 1489 [1]. BHCOC ou BHCCOC, nom connu

---

[a] *Analect.* II, p. 305. *Anthol. palat.* XI, 422. — [b] Champollion, *Égypte sous les pharaons*, I, p. 286, 287.

[1] Sans parler d'un savant moine grec, dont Démétrius Procope fait l'éloge (ap. Fabric. *Bibl. gr.* t. XI, p. 530). Il est clair que le nom de Βησαρίων est d'origine égyptienne. Quoique Βησσαρίων soit l'orthographe suivie à Byzance, le nom doit s'écrire Βησαρίων, la divinité s'appelant Βῆσας, non Βῆσσας.

pour avoir été porté par le meurtrier de Darius. Quoiqu'on voie assez fréquemment, dans les monuments d'Égypte[a], figurer des personnages qui prennent la qualité de persan, le nom de BHCCOC paraîtra beaucoup moins naturel que l'égyptien BHCAC, et cependant il est à peu près sûr, car la première des trois lignes qui précèdent les vers contient les lettres assez distinctes BHCCO ΛΧΕΜΘΝΟΥ [C], qui sont, à n'en pas douter, le nom du personnage ; or les cinq premières donnent évidemment BHCCOC, non BHCAC, et, comme l'O est perpétuellement confondu avec Є, les lettres ΑΧΕΜΘΝΟΥ reviennent à ΑΧΕΜΕΝΟΥ ou ΑΧΕΜΕΝΟΥC, ce qui donne un autre nom persan, celui d'Ἀχαιμένης (ε pour αι), si connu pour être celui dont la famille royale des *Achéménides* tirait son nom. La relation des deux noms Βῆσσος et Ἀχαιμένους est assez remarquable pour qu'on y voie une confirmation de l'un et de l'autre. Ainsi ce personnage était un descendant de quelque individu de l'ancienne famille persane, établi de père en fils dans le pays; ou bien c'était un persan que la curiosité ou l'intérêt amenait en Égypte.

On sait, par le récit d'Arrien, que Bessus, le satrape de la Bactriane, le meurtrier de Darius, avait usurpé la couronne après la mort de ce prince [b]. Aurait-il songé à cette usurpation, et espéré de s'y maintenir, s'il n'avait pas été au moins de la race royale, de celle des Achéménides? Cette considération est maintenant appuyée par l'inscription. Si notre *Bessus* est le fils d'un *Achéménès*, c'est que les deux noms pouvaient appartenir à des individus de la même famille, où ils s'étaient perpétués à travers les siècles. Il est donc à présumer que le satrape de ce nom était aussi un Achéménide ; certainement il appartenait aux principaux personnages de la Perse, puisqu'un autre satrape, celui de Syrie, à la même époque, portait aussi le nom de *Bessus*[c].

CCV. (S.) Le nom de Ἡρακλίδης, qui suit l'inscription, dans la copie de Salt, ne peut être qu'un nom qui en commençait une autre.

---

[a] Leemans, *ad Papyr. græc. musæi antiquarii Lugd. Batav.* p. 73. — [b] Arrian. *Anab.* III, 21, 6. — [c] *Id.* IV, 7, 4.

CCVI, CCVII. SYRINGES DES ROIS A THÈBES.

CCVI. (S.) Ce fragment, fort difficile à lire, doit être : Τὸ προσκύνημα Μέμνων [ἐποίησα] παρὰ Ἀμενώθη · ὁ θεὸς τῶν θεῶν [πρ]ώτων καὶ οἱ λοιποὶ ἐνθάδε θεοὶ [ἐμὲ σώζοιεν ou διαφυλάττοιεν]. « Moi, Memnon, j'ai « fait le proscynème auprès d'Aménothès; puisse le dieu, d'entre les « premiers, et les autres dieux qui sont ici, me protéger *ou* conser- « ver mes jours. » L'auteur de l'inscription lui a donné le caractère d'un acte religieux, ce qui n'est pas ordinaire; il s'appelait *Memnon*, comme un autre visiteur. Le nom Ἀμενώθης, qu'il emploie pour désigner le héros de la syringe, revient à ceux d'Ἀμενώθ et de Φαμενώθ, par lesquels des inscriptions du colosse et Pausanias[a] désignent Memnon lui-même.

La restitution ὁ θεὸς τῶν θεῶν πρώτων (incorrection pour τῶν πρώτων θεῶν ou θεῶν τῶν πρώτων), est bien probable, quand on pense au passage de l'inscription de Rosette : καὶ στῆσαι ἐν ἑκάστῳ τῶν τε πρώτων.... θεῶν ἱερῷ (l. 54). Ce dieu du premier ordre doit être la divinité principale (Amonrasonther), celle qui joue le premier rôle dans les cérémonies que représente la syringe; car ordinairement, dans les tableaux de ces tombes royales, une divinité domine sur les autres, qui sont les σύνναοι θεοί de la première, celles qu'on appelle ici οἱ λοιποὶ ἐνθάδε θεοί.

CCVII. (C. E. S. W.) [Ἐ]μνήσθη Ἀσκληπιάδης ἰατρὸς Λεγεῶνος B. Τραϊανῆς Ἰσχυρᾶς. ⌐⌐ Ἀντωνίνου μεχὲρ (sic) A. « A laissé un souvenir [ici] « Asclépiade, médecin de la légion deuxième Trajane Forte, l'an x « d'Antonin, le 1er de méchir. »

Voilà encore un médecin portant ce nom d'*Asclépiade*, qui convient, en effet, si bien aux disciples d'Esculape[b]. La deuxième légion *Trajane Forte* sera encore citée plus bas, sous le règne de Commode. Dion Cassius dit que Trajan fit cantonner cette légion en Égypte[c]; et la Notice de l'Empire la cite comme étant placée à Parembolé[d], sur la limite de ce pays[e]. Nos deux inscriptions,

---

[a] Pausan. I, 42, 3. Voy. ma *Statue de Memnon*, p. 21, 22. — [b] Fabric. *Bibl. gr.* t. XIII, p. 89, 90. — [c] LV, 24. — [d] *Part. orient.* ch. xxv, p. 68 et 296, ed. Böcking. — [e] Plus haut, t. I, p. 10.

qui tiennent le milieu entre ces époques extrêmes, confirment ces témoignages, et montrent que cette seconde légion fut maintenue en Égypte pendant près de trois siècles.

Ordinairement, on l'a vu [a], ἐμνήσθη est suivi d'un complément, τῶν φίλων, τῶν τέκνων, etc. Cependant, on le trouve souvent tout seul, comme ici, et sans que le verbe se rapporte à aucun nom [b]. Par exemple, au mont Sinaï, dans le Ouadi-el-Mokatteb [c] : ἐμνήσθησαν ἄνδρες δύο ἀδελφοὶ Ἄμβρος καὶ Ἄλιτος (f. Ἄλυπος, nom connu par Polybe [d], Pausanias [e], et par des inscriptions [f], dont Ἀλύπιος et Ἀλύπητος sont des dérivés), υἱοὶ Ἡρώδου; et ἐμνήσθη Αὐρήλιος Βόραιος Χάλβου, ou bien ἐμνή-σθ[ησαν] Μοϋσῆς [καὶ] Σαμουήλ. Le voyageur sous-entendait probablement, en général, tous les objets de son affection (τῶν ἐμῶν πάντων), comme il y a au n° CCX.

CCVIII. (S.W.) M[ARCVS.]VLPIVS. ANTIOCHIANVS
PVLCHER. DOMO. HEMES[ANVS]
TRIBVNVS.MIL[ITVM].LEG[IONVM].VII.GEM[INAE].FEL[ICIS]
ET.III.AV[GVSTAE].INSPEXIT APRONIA
NO. ET. PAVLLO. II. CONS[VLIBVS]. PR[IDIE]. IDVS
NOVEMBRIS // FELICITER
CVM. EPICTETO. ACTORI.

Moi, Marcus Ulpius Antiochianus Pulcher, d'Émésa, tribun militaire des légions VIIIe Gémina Félix et IIIe Auguste, j'ai visité heureusement [ces grottes], sous le consulat d'Apronianus et de Paullus, pour la seconde fois, la veille des ides de novembre, accompagné d'Épictète, percepteur.

Le nom d'*Antiochianus*, dérivé latin du grec *Antiochus*, non d'*Antiochia*, est celui d'un historien dont Lucien [g] raille la ridicule concision.

Après le mot LEG, il y a une lettre peu distincte, qui n'existe pas dans la copie de sir Gardner Wilkinson; et, en effet, il ne doit rien y avoir, à moins que ce ne soit un second G. Le numéro de l'autre légion est III, comme porte la copie de W., et non VII, que donne

---

[a] Plus haut, p. 29. — [b] *Corp. inscr.* n° 1826. — [c] *Trans. of the royal Society of litterat.* tom. II, pl. XIII, n°[s] 3, 4, 5, 6. — Laborde, *Voyage en Arabie pétrée*. — [d] XX, 8, 11. — [e] VI, 1, 3; 8, 5; X, 9, 10. — [f] *Corpus Inscr.* n° 270, l. 17. — [g] Lucian. *De hist. conscrib.* § 30.

CCVIII, CCIX. SYRINGES DES ROIS A THÈBES.

celle de Salt; car la $\overline{\text{vii}}^e$ légion n'a jamais porté le titre d'Augusta : c'est à la $\overline{\text{iii}}^e$ qu'il appartient.

Le latin INSPEXI, dont Spartien se sert en pareil cas, répond au grec ἐθεώρησα, qu'on trouve au numéro suivant et dans une autre inscription copiée par Champollion.

La $\overline{\text{vii}}^e$ légion n'ayant jamais été cantonnée en Égypte, il paraît qu'Antiochianus Pulcher voyageait en congé, ou pour quelque mission particulière; peut-être avait-il quitté le service, après avoir été successivement *tribun militaire* dans deux légions.

Le consulat de L. Vénuléius Apronianus et de L. Sergius Paullus II eut lieu l'an 168 de J. C., c'est-à-dire la huitième année de Marc-Aurèle, selon les fastes de Théon.

Le mot *actor* est bien vague : un des sens qu'on lui donnait était *exigendis pecuniis præpositus,* répondant au πράκτωρ des Grecs, ce que nous appelons un *percepteur*. Le nom de cet *actor* est grec (Épictète), parce que les Romains n'employaient que des gens du pays dans les charges d'administration intérieure. C'est une remarque que j'ai déjà faite.

CCIX. (S. W.) Au-dessous de cette inscription se trouve celle-ci :

Πούπλιος Αἴλιος Φιλόδαμος ἐθεώρησα, καὶ . . . .
τὸ προσκύνημα, καὶ [τῶν] ἀδελφῶν [ἐμῶν ἐμνήσθην].

Moi, Publius Ælius Philodamus, j'ai fait la visite, et j'ai écrit le proscynème, et je me suis souvenu de mes frères.

Elle est peut-être de la même époque que celle qui précède. Le commencement de la troisième ligne devrait être καὶ ἐποίησα ou ἔγραψα; mais il est impossible de trouver ni l'un ni l'autre de ces mots dans les trois ou quatre lettres qui restent après καί. C'est la seule fois qu'on emploie, dans ces inscriptions, ἐθεώρησα (au lieu de ἱστόρησα). Le régime est sous-entendu, comme il l'est quelquefois avec ἱστόρησα. Le verbe θεωρεῖν, avec un sens neutre, signifierait *assister à des jeux, à des fêtes, à un spectacle*.

Le supplément ἐμνήσθην est justifié par l'inscription suivante :

CCX. (S. W.) Πανόλβιος ἡλιουπολίτης ἰδὼν ἐθαύμασα,
καὶ ἐμνήσθην τῶν ἐμῶν πάντων.

Moi, Panolbius d'Héliopolis, j'ai admiré après avoir vu, et je me suis souvenu de tous les miens.

Le nom de Πανόλβιος est celui d'un poëte épique cité par Suidas[a], qui florissait au temps de l'empereur Zénon[b]; je l'avais déjà tiré de la leçon Πανόλκιος, donnée par la copie de Salt; celle de sir Gardner Wilkinson a justifié la conjecture. L'orthographe ἡλιουπολίτης pour ἡλιοπολίτης est tout à fait contre l'usage[c], le signe du génitif devant disparaître dans les dérivés de noms composés de deux mots[1].

CCXI. (Ch.) Ἀμμώνιος Σύρος ἰσ]ορησάμην LKA, φαμενώθ... Cette inscription pourrait être du temps des Ptolémées; et, dans ce cas, elle appartiendrait au règne d'Aulète. Le nom ΟΥΡΟC doit probablement se lire CΥΡΟC, ce qui sera soit l'éthnique, le *Syrien*, soit le nom propre *Syrus*[d]; les doubles noms sont assez ordinaires chez les Grecs. Cependant, comme ἰσ]ορησάμην est le seul exemple de l'emploi du moyen, il est possible que la vraie leçon soit ἰσ]ορήσαμεν; dans ce cas, il s'agira de deux particuliers, *Ammonius* et *Syrus*. L'absence de καί ne fait pas difficulté, puisqu'on l'omet quelquefois en pareil cas[e].

CCXII. (Ch.) Λεωκράτης Φίλωνος, Ἀθηναῖος: celle-ci me paraît être aussi du temps des Lagides, d'après la forme des caractères. Le mélange de Ω et de ω annonce, comme je l'ai dit, une époque de transition[f].

CCXIII. (Ch.) Φείδιμος, Θάρσων; encore deux noms sans copulative. Θάρσων est une autre forme du nom de Θράσων, comme Θαρσύνων et Θρασύνων, Θαρσέας et Θρασέας, Θαρσαγόρας et Θρασαγόρας, etc.

[a] Suidas, h. v. t. II, p. 2834, ed. Gaisf. — [b] *Id.* V. Ἐρύθριος. t. I, p. 1453. — [c] Plus haut, p. 48 et suiv. — [d] Plus haut, p. 28. — [e] L. Ross, dans les *Annali dell' Instituto*, etc. t. XII, p. 85, 86. Keil, *Analecta epigr. et onomatol.* p. 113. — [f] Plus haut, p. 261.

[1] On trouve Ἡλιοπολῖται dans un seul passage d'Hérodote (II, 3); mais ce doit être une faute des copistes; c'est ainsi qu'ils ont aussi écrit Ἡλιούπολις, Ἡλιουπόλιος en un mot (II, 3, 7), au lieu de Ἡλίου πόλις, qui est la vraie orthographe. Il semble que Ἡλιούπολις ou Ἡλιουπόλιος sont des leçons presque aussi vicieuses que le serait Νεηςπόλιος. (*Id.* VII, 123.)

CCXIV—CCXVI. SYRINGES DES ROIS A THÈBES.

CCXIV. (S.) Αἰδέσιος (et non Ἀδέσιος, que donne la copie) ἐθαύμασα τὴ[ν] σύριγα (sic) τοῦ Μέμνονος. « Moi, Ædésius, j'ai admiré la syringe « de Memnon. » C'est une des inscriptions que Salt a données, sans indiquer où il l'a trouvée; mais cela résultait de l'inscription même. Il paraît que cet Ædésius, ou s'était contenté de visiter la syringe de Memnon, ou ne trouvait que celle-là digne de son admiration. On ne connaît, jusqu'ici, d'autre *Ædésius* que le rhéteur philosophe, disciple et ami de Jamblique, dont Eunapius a donné la biographie [a]. Est-ce lui qui a visité la syringe? Les deux fautes d'orthographe τὴ σύριγα pour τὴν σύριγγα rendent la chose peu probable.

CCXV. (Ch.) Ἀντίγονος δαμασκηνὸς ἰδὼν ὑπερεθαύμασα. Cet Antigone de Damas, *grand* admirateur de la syringe, emploie aussi le superlatif ὑπερθαυμάζειν [b].

CCXVI. (S. W.) Σπουδάσιος Παλατῖνος, υἱὸς Ἰά[σ]ωνος [δι]κολόγου Αἰγύπτου. « Spudasius Palatinus, fils de Jason, dicologue d'Égypte. » Le nom de *Spudasius* est inconnu jusqu'ici; mais c'est un dérivé naturel de σπουδάζειν par l'intermédiaire de σπουδασις, comme Αἰδέσιος de αἰδεῖσθαι, par αἴδεσις, aussi bien que de σπουδή on avait fait Σπουδίας, nom d'un adversaire de Démosthène [c], et de deux autres personnages cités dans des inscriptions athéniennes [d]. La restitution du mot δικολόγου ne laisse point de doute; et l'addition de Αἰγύπτου montre qu'il s'agit d'un magistrat dont la juridiction s'étendait à toute l'Égypte. Ce doit être celui qu'Ulpien, dans le Digeste, désigne par les mots de *juridicus qui Alexandriæ agit* [e], et qui est appelé, dans une inscription de Gruter, *juridicus Ægypti* [f] : c'est le *juridicus provincialis* d'Apulée : *Tutores juridici provincialis decreto dati* [g]. Est-ce le même magistrat que Strabon, ainsi qu'une inscription memnonienne du temps d'Adrien, appellent ἀρχιδικαστής, ou *grand juge?* Ce titre de δικολόγος, qui n'est pas connu, à ce qu'il semble, avant

---

[a] P. 19 sq. ed. Boisson. — [b] Plus haut, p. 265. — [c] *Orat.* 41. — [d] *Corp. Inscr.* n°s 147, 171. — [e] Ulpian. in *Pandect.* I, 20, 2. — [f] P. 372, n° 4. — [g] Apul. *Metam.* I, p. 29, ed. Oudend.

le temps de Plutarque, et encore dans le sens d'*avocat,* ou d'orateur judiciaire, me paraît une imitation grecque du *juridicus* des Latins. Comme titre de magistrature, il ne doit pas s'être introduit avant le temps des Antonins, peut-être pas même avant Septime Sévère.

CCXVII. (Ch.) Παλλάδιος, δικολόγος, Ἑρμοπολείτης, εἰδὼν, ἐθαύμασα. Le sens est incertain. Doit-on entendre *Palladius*, né à *Hermopolis*, *dicologue*, ou bien *Palladius*, *dicologue* (du nome) *d'Hermopolis*. Dans le premier sens, *dicologue*, pris d'une manière absolue, pourrait signifier le *dicologue de l'Égypte*. Toutefois, l'absence de Αἰγύπτου serait insolite et fort peu naturelle. Il paraîtrait plus simple de faire dépendre ἑρμοπολείτης de δικολόγος, dans le sens de δικολόγος ἑρμοπολειτικός, ou de τοῦ Ἑρμοπολείτου νομοῦ; d'où résulterait cette notion nouvelle, mais tout à fait probable, que chaque nome avait son *juridicus* particulier, comme il avait son *stratége*, son *scribe*, etc.

CCXVIII. (W.) Βουρίχιος σχολαστικὸς.... ἐθαύμασα [ἐ]ἱστορήσας, τὸ προσκύνημα τοῦ κυρίου μου Σαπρικίου τοῦ σχολαστικοῦ [καὶ] τοῦ ἀδελφοῦ μου. οὐ..... του τοῦ ἐν ἑκα [στ....]. Un personnage de même nom et de même qualité (σχολαστικός) a inscrit sa visite dans une autre syringe; là, il se dit Ἀσκαλωνίτης, d'*Ascalon*, ethnique qu'il est impossible de trouver ici dans les lettres ΔΙΔ.ΛΑΤѠΝ, qui suivent CΧΟΛΑCΤΙ-ΚΟC, et dont je ne puis faire autre chose, sinon [ὁ καὶ Π]λάτων; ce qui, je l'avoue, est incertain. Si c'est le même personnage, il a indiqué dans l'une son surnom, dans l'autre sa patrie. Son nom, Βουρίχιος, doit être un dérivé de Βούριχος, celui d'un des lieutenants et flatteurs de Démétrius Poliorcète[a], nom auquel une inscription de Cyzique[b] donne la forme Βύριχος, dérivée de Βοῦρις ou Βούριος, nom d'un Lacédémonien[c]; et ce nom n'était peut-être originairement que Βούριος (le *Burien*), ethnique de *Bura*, ville d'Achaïe. Le mot σχολαστικός, en latin *scholasticus*, dans les monuments de l'époque impériale,

---

[a] Demochares ap. Athen. VI, p. 253; Diod. Sic. XX, 52. — [b] Dans Caylus, *Recueil d'Antiq.* t. II, pl. LV, l. 11. — [c] Plut. *Apophth. lacon.* § 60, p. 291, l. 22, éd. Didot.

CCXVIII. SYRINGES DES ROIS A THÈBES.

signifie, le plus souvent, un *professeur*, principalement d'*éloquence* (*rhetor, sophista, declamator*), ou un *instituteur*[a] ; plus tard, comme dans le code théodosien[b], un *avocat*.

Ce Burichius a fait le proscynème de *son maître Sapricius* (τοῦ κυρίου μου Σαπρικίου). J'hésite sur le sens qu'il donne à κύριός μου. S'il n'y avait que κύριος, le mot ne ferait nulle difficulté; ce serait une de ces épithètes honorifiques qui étaient ajoutées, non-seulement aux noms des divinités ou des empereurs, mais encore à ceux de simples particuliers, par des personnes d'un rang inférieur ou qui les chérissaient : ainsi, dans l'inscription funéraire d'un mari à sa femme, on lit : τῇ κυρίᾳ καὶ ἀειμνήστῳ συμβίῳ Μαρίᾳ[c]. La difficulté consiste dans le pronom personnel μου (de *mon* maître). Que veut dire *Burichius*? Qu'il était l'esclave, ou tout au moins l'affranchi de Sapricius? L'identité des titres, σχολαστικός, rend cela peu probable. L'ordre naturel des idées appelle ici la relation de *maître* (διδάσκαλος) à disciple (μαθητής); mais on peut objecter que nulle part κύριος n'a le sens de *magister* ou de *magister disciplinæ* des Latins. On ne pourrait donc l'attribuer à ce mot qu'en admettant une dérogation à l'usage, qu'on expliquerait par une association d'idées qui n'aurait rien que de naturel. Enfin on sait que le mot κύριος, même dans les auteurs du bon temps, a été pris pour *tuteur* ou *curateur* des pupilles, comme on le voit par des passages de Démosthène et d'Isée[d]. Il se pourrait donc que Sapricius eût été le *tuteur* de Burichius, et que celui-ci, peut-être sortant alors de tutelle, et devenu majeur, eût conservé, à celui qui lui avait donné ses soins, et peut-être lui avait fait embrasser la même profession, le *nom* de *maître*, indiquant les titres que Sapricius s'était acquis à son respect et à sa reconnaissance.

Pour ne pas trop m'écarter du sens naturel des mots, je préfère de m'arrêter à ce dernier sens.

Quant au nom de Σαπρίκιος, dont je ne sais s'il existe un autre exemple, c'est, je crois, un nom grec avec une finale latine; il doit

---

[a] Vales. *ad* Socrat. *Hist. eccles*, p. 77. — Annot. Petron. ad c. 6, p. 38, Burm. — [b] *Cod. Theod.* VIII, 10, 2. — [c] Ap. Fabrett. p. 582. — [d] *Thes. ling. gr.* t. IV, col. 2147, A. B.

dériver de σαπρός, *sale*, *grossier* ou *laid*. J'ai remarqué que les Latins avaient souvent des noms tirés de difformités physiques [a]. La même chose eut lieu chez les Grecs : ainsi de αἰσχρός, *laid*, *vilain* de figure, s'étaient formés les noms si souvent répétés de Αἰσχρέας, Αἰσχραῖος, Αἴσχρων, Αἴσχριος, Αἰσχρίων, Αἰσχριόνας, avec les dérivés Αἰσχίνης, Αἰσχινάδης ; et, ce qui était peu galant, le nom de femme Αἴσχρη (la laide) [b]. De même, de σαπρός on a dû former Σάπριος, et de là Σαπρίκιος, comme de *turpis* les Latins avaient fait *Turpio* (Ambivius), nom d'un fameux acteur, dont parlent Cicéron [c], Symmaque [d] et l'auteur du dialogue *de oratoribus*, attribué à Tacite [e], et qui jouait surtout dans les comédies de Térence, comme on le voit par les didascalies en tête de plusieurs de ces pièces.

Le καί, devant ἀδελφοῦ, est nécessaire, parce qu'il s'agit évidemment d'une seconde personne dont le nom suit, et qui était comprise dans ce proscynème.

CCXIX. (S. Ch. W.) Νεκτάριος Νεικομηδεὺς ὁ λαμπρότατος καθολικὸς Αἰγύπτου εἰδὼν ἐθαύμασα. « Moi, Nectaire de Nicomédie, le très-illustre « katholicos d'Égypte, ayant vu, j'ai admiré. » Tout ici porte l'indice d'une date fort récente. D'abord le nom de Νεκτάριος, dont, jusqu'à présent, on n'a pas trouvé d'exemples, à ce qu'il semble, avant Nectaire, l'évêque de Constantinople, en 381 [f]. Ce nom devint plus tard assez fréquent. A cet indice d'une date récente se joint le titre de λαμπρότατος, qui n'est pas une simple épithète *laudative*, puisque Nectaire se la donne lui-même, mais qui est un titre réel équivalent au *clarissimus* des Latins, titre qui fut donné aux sénateurs dès le temps d'Alexandre Sévère [g]. Mais ce fut plus tard que le même titre de noblesse passa aux gouverneurs de province et aux administrateurs de finances [h], tel qu'était notre Nectaire de Nicomédie ; ce que prouve le titre de καθολικός, que les anciennes gloses interprètent

---

[a] Plus haut, t. I, p. 421. — [b] *Anthol. palat.* V, 181 ; VII, 458. — [c] *De senect.* c. XIV. — [d] *Epist.* I, 25 ; X, 2. — [e] C. 20. — [f] Fabr. *Bibl. Græc.* t. IX, p. 309. — [g] Lamprid. in *Alexandr.* 104. — [h] *Not. Dignit. Cod. Theodos.* cf. Gothofr. ad *Cod. Theod.* VI, t. 4, l. 15.

CCXIX, CCXX. SYRINGES DES ROIS A THÈBES. 277

par *rationalis, procurator fisci*[a]. Entre les exemples cités, le plus ancien est celui de Constantin, qui l'appelle ὁ τῆς διοικήσεως καθολικός[b], puis ceux d'Eusèbe[c] et de saint Athanase[d]. Il paraît que ce titre a remplacé celui de l'ἐπίτροπος Καίσαρος, ou τοῦ κυρίου, qui, plus anciennement, était donné à l'administrateur du fisc en Égypte; et cet officier le recevait, sans doute, parce qu'il avait sous sa juridiction *toutes* les finances de l'Égypte, τὰ καθόλου. Je ne pense donc pas que l'inscription soit antérieure à Constantin; c'est-à-dire qu'elle doit être à peu près du même temps que la suivante, une des plus curieuses qui aient été découvertes en Égypte, entre celles que les anciens voyageurs y ont laissées.

CCXX. (S. Ch. W.) Cette inscription, déjà connue par la copie de Salt, a été complétée, sur plusieurs points, par celle de Champollion et de sir Gardner Wilkinson. Le premier fait la remarque qu'elle est écrite à l'encre rouge, et non *gravée* sur la paroi; ce qui nous explique le caractère cursif des lettres qui la composent. Les trois copies que j'en possède ne présentent que des différences insignifiantes, et la lecture n'offre aucune incertitude:

Ὁ δᾳδοῦχος τῶν ἁγιωτά-
των Ἐλευσῖνι μυσ7ηρίων [Νικαγόρας]
Μινουκιανοῦ, Ἀθηναῖος, ἱσ7ορήσας
τὰς σύσιγγας, πολλοῖς ὑσ7ερον
χρόνοις μετὰ τὸν Θεῖον Πλάτωνα,
ἀπὸ τῶν Ἀθηνῶν, ἐθαύμασα καὶ χάριν
ἔσχον τοῖς Θεοῖς καὶ τῷ εὐσεβεσ7άτῳ
βασιλεῖ Κωνσ7αντίνῳ, τῷ τοῦτό μοι
παρασχόντι.

Moi, le dadouque des très-saints mystères d'Éleusis, Nicagoras, Athénien, fils de Minucianus, étant venu visiter les syringes, bien longtemps après le divin Platon d'Athènes, je les ai admirées, et j'ai rendu grâces aux dieux, ainsi qu'au très-pieux empereur Constantin, qui m'a procuré cette faveur.

Le nom de Nicagoras manque à la fin de la deuxième ligne; mais, quoique aucune des trois copies n'en offre de trace, il est impossible que le voyageur ait oublié son nom; je l'ai suppléé, à l'aide d'une seconde inscription que le même voyageur a déposée dans

---

[a] Cang. *Lexicon inf. Græc.* h. v. — [b] *Epist.* ap. Socrat. *Hist. eccles.* I, 9, p. 36, B. — [c] *Vit. Constant.* IV, 36. — [d] *Apolog.* II *de fuga sua.* p. 803. *Ad Solitar.* p. 847-849.

une autre syringe; cette fois son nom s'est conservé; et fort heureusement, puisqu'il contribue à l'intérêt historique que ces lignes présentent. Ἐλευσῖνι (pour ἐν Ἐλευσῖνι ou Ἐλευσίνισι) est une locution trop connue pour être remarquée.

Les deux noms propres que nous trouvons ici, Nicagoras et son père Minucianus, désignent, si je ne me trompe, deux personnages qui tiennent un rang distingué dans l'histoire littéraire d'Athènes, au IIIe et au IVe siècle de notre ère.

Suidas parle du sophiste athénien « *Minucianus*, fils de *Nicagoras*, « qui florissait sous le règne de l'empereur Gallien, et était auteur de « plusieurs écrits, tels que un Art rhétorique (Τέχνη ῥητορική), des Exer-« cices oratoires (Προγυμνάσματα), et de divers traités[a]. » Un de ses écrits, fort connu sous le nom de Περὶ ἐπιχειρημάτων, existe dans la collection aldine des rhéteurs grecs[b]. Que ce *Minucianus* soit le père de notre *Nicagoras*, *dadouque d'Éleusis*, on en peut d'autant moins douter, que ce dernier était lui-même fils de Nicagoras; d'où l'on voit que, selon l'usage grec, on avait donné au petit-fils le nom de son aïeul. Cet aïeul est lui-même connu, au témoignage de Suidas : « Il « était fils du rhéteur Mnésæus, était né à Athènes, et il florissait « sous l'empereur Philippe, à qui il adressa un écrit sur une mission « dont il avait été chargé (Πρεσβευτικὸν πρὸς Φίλιππον τὸν Ῥωμαίων βα-« σιλέα)[c], » et dont la date se renferme par conséquent entre 244 et 249, puisqu'on ne sait duquel des deux Philippe il s'agit dans ce passage. Cette date concorde bien avec la première époque, celle de Gallien, que Suidas assigne à Minucianus, le fils de Nicagoras; elle concorde également avec celle qui est assignée à ce dernier par un beau passage de Porphyre, que rapporte Eusèbe de Césarée[1], où le

---

[a] Suidas, voce Μινουκ. — [b] P. 731-734, et dans l'édition de Walz, t. IX, à la fin. — [c] Suidas, v. Νικαγόρας.

[1] Porphyr. ap. Euseb. *Præpar. Evang.* X, 3, 1, p. 64, ed. Heinichen : Τὰ Πλατώνεια ἑστιῶν, ἡμᾶς Λογγῖνος Ἀθήνησι κέκληκεν ἄλλους τε πολλοὺς, καὶ Νικαγόραν τὸν σο- φιστὴν, καὶ Μαίωρα, Ἀπολλώνιόν τε τὸν γραμματικὸν, Δημήτριον τὸν γεωμέτρην, Προσήνην τε τὸν περιπατητικὸν, καὶ τὸν στωϊκὸν Καλλιέτην.

philosophe décrit un banquet auquel Longin, pour célébrer la fête de Platon, l'avait invité à Athènes, ainsi que beaucoup d'autres personnages, entre autres Nicagoras le sophiste, Major, Apollonius le grammairien, Démétrius le géomètre, Prosénès le péripatéticien, et Kalliétès le stoïcien. Philostrate cite Nicagoras deux fois dans ses Vies des sophistes, la première, pour rapporter de lui ce mot : *que la tragédie est la mère des sophistes*[a] ; la seconde, il le met au nombre de ses amis, et le désigne ainsi : « Nicagoras *l'athénien*, qui est maintenant (et puisse-t-il continuer à l'être) *hiérocéryx* d'Éleusis [1]. » Cette dernière circonstance est fort à remarquer. L'*hiérocéryx*, qu'on appelait aussi ὁ τῶν μυστῶν [b] ou τῶν μυστικῶν [c] κῆρυξ, occupait le troisième rang dans le sacerdoce d'Éleusis, le premier étant l'*hiérophante*, le deuxième, le *dadouque*, et le quatrième, l'*épibomios* (ὁ ἐπὶ βωμῷ). L'exemple de Callias, qui fut *hiérocéryx* avant d'être *dadouque*[d], vers l'an 400 avant J. C., montre que l'une des deux fonctions pouvait conduire à l'autre ; ce qui indique clairement que chacune d'elles n'était pas dès lors nécessairement dévolue à une famille particulière, par exemple, la *dadouquie* à celle des *Eumolpides*, et l'*hiérocérycie* à celle des *Céryces*. Clavier a déjà remarqué que la distinction entre ces deux familles s'effaçait bien souvent[e] ; du moins, Androtion, le disciple d'Isocrate, semble n'en faire qu'une seule[f], ce qui n'a point échappé à Sainte-Croix[g]. Le texte de Philostrate, grâce à notre inscription, prend un intérêt historique. Le rapprochement des deux témoignages montre qu'il en était ainsi dans le III[e] et le IV[e] siècle de notre ère, près de sept siècles après Andocide, puisque nous voyons

---

[a] *Vit Soph.* II, 27, p. 620. — [b] Demosth. *C. Neœram.* p. 1371, 16. — [c] Xenoph. *Hellen.* II, 4, 20. — [d] Andocid. *De Myster.* p. 57, 58. Reisk. — [e] *Mém. de l'Institut, classe d'hist. et de littér. anc.* t. III, p. 160. — [f] Ap. Schol. Sophocl. *OEdip. Col.* v. 1051. — [g] *Mystères du pagan.* t. II, p. 217, éd. de S. de Sacy.

[1] *Vit. Soph.* II, 33, p. 628. Περὶ Νικαγόρου, τοῦ Ἀθηναίου, ὃς καὶ τοῦ ἐλευσινίου ἱεροῦ κῆρυξ ἐστί τε καὶ εἴη. Je suis la correction excellente de M. Kayser (p. 392 de son édition) ; l'addition καὶ εἴη se rapporte à ce que l'*hiérocéryx*, non plus que le *dadouque*, n'était pas à vie.

Nicagoras *hiérocéryx* d'Éleusis, et son petit-fils, du même nom, être élevé à la dignité de *dadouque*.

On peut se demander si Nicagoras était encore *dadouque* lorsqu'il visitait les syringes; il semble qu'on ne puisse former de doute à ce sujet, puisque, dans le cas contraire, il aurait mis, non pas ὁ δᾳδοῦχος, mais ὁ δᾳδουχήσας. On sait, par un passage de Lucien, que, de son temps, l'*hiérophante* et le *dadouque* devaient taire leur nom, et ne se désigner que par leur qualité[a]. Plusieurs inscriptions de l'époque de Marc-Aurèle[b] montrent que, entre les quatre dignitaires sacrés, le dernier seul, l'*épibomios*, était désigné par son nom; les trois autres ne reçoivent que le prénom *Julius, Flavius, Claudius, Pompeius*, qu'ils devaient à la famille romaine à laquelle ils étaient affiliés. A la fin du IV[e] siècle, Eunapius nous dit encore qu'il ne lui est pas permis de dire le nom de celui qui était alors hiérophante[c]. Mais il paraît que, depuis l'époque de Lucien, on s'était relâché de cette rigueur à l'égard du dadouque. Une autre inscription athénienne, qui, d'après l'état des lettres (*litteris pessimis*), doit avoir été d'une époque fort récente, porte: Πόλις Αἰράριον Σωσίπατρον Δᾳδοῦχον, Δαμοτέλους καὶ Θισβιανοῦ τῶν δᾳδουχησάντων ἔγγονον[d]. On ne s'étonnera donc pas de ce que Nicagoras, tout dadouque qu'il était, n'ait pas craint de nous apprendre son nom, et ne se soit pas contenté de dire, comme, plus anciennement, il se serait cru obligé de le faire, *le dadouque des très-saints mystères;* ce qui aurait enlevé à cet acte de visite la plus grande partie de son intérêt historique.

Que le sacerdoce d'Éleusis fût compatible avec d'autres fonctions, même à vie, tant civiles que religieuses, c'est ce que nous apprennent plusieurs inscriptions. Ainsi un *dadouque* fut en même temps revêtu du sacerdoce héréditaire de l'Érechthéum; un autre fut trésorier d'Éleusis; un troisième fut archonte[e]. Une inscription athénienne fait mention du rhéteur Julius Théodotus, déjà connu par

---

[a] *Lexiphan.* c. 10. — [b] Böckh, *Corp. Inscr.* p. 325, col. 2. M. H. E. Meier, *De Gentil. Attica*, p. 42. — [c] Τοῦ δὲ ἱεροφάντου, κατ᾽ ἐκεῖνον τὸν χρόνον ὅστις ἦν, τοὔνομα οὔ μοι θέμις λέγειν. Eunap. in Maximo, p. 52, ed. Boiss. — [d] *Corpus Inscr.* n° 404. — [e] Sainte-Croix, *Mystères*, etc. t. I, p. 228.

CCXX. SYRINGES DES ROIS A THÈBES.

Philostrate[a], qui avait été chef des Céryces (ἄρξαντα τῶν Κηρύκων), c'est-à-dire *hiérocéryx*, sous le règne de Marc-Aurèle[b].

On voit, dans le même auteur, que le sophiste Apollonius fut *hiérophante* sous Septime Sévère[c]. Il devient donc fort probable que Nicagoras, bien que dadouque, était en même temps *homme de lettres*, comme l'avaient été son père, son aïeul et son trisaïeul *Mnésœus*. Ainsi je ne doute pas que ce ne soit le Nicagoras qu'Himérius a cité pour louer la *dignité* (σεμνότης) de son talent[d]. Une autre fois, il le cite encore comme étant de sa famille, ainsi que Minucianus[e]; Wernsdorf, remarquant qu'Himérius place ce Nicagoras après Minucianus, en conclut avec raison que ce doit être, non le père de ce Minucianus, mais bien son fils, qu'il considère comme le beau-père d'Himérius; il est vrai qu'aucun auteur ne nous apprend qu'il ait eu un fils de ce nom[f]; mais ce que l'histoire ne disait pas, notre inscription le dit, à présent, puisqu'elle nous apprend que Minucianus eut réellement un fils du nom de Nicagoras, qui vivait sous Constantin, au commencement du iv[e] siècle.

Mais cette famille de rhéteurs commençant à Mnésœus, sous Marc-Aurèle, remontait sans doute encore plus haut. Les scholies sur Hermogène parlent d'un sophiste portant le nom de Minucianus, et elles disent expressément qu'il était cité et critiqué par Hermogène. Or ce rhéteur, qui florissait sous Marc-Aurèle, n'a pu citer Minucianus, qui vivait sous Gallien, quatre-vingts ans plus tard. Fabricius en conclut, de deux choses l'une, ou que les auteurs des scholies se sont trompés, en attribuant ces citations à Hermogène, ou qu'il a dû y avoir un autre Minucianus plus ancien, ce qu'il ne croit point, quant à lui[g]. Mais comment ces scholiastes auraient-ils pu se tromper, au point de voir dans Hermogène ce qui n'y était pas, et de s'imaginer que ce rhéteur citait et combattait Minucianus, dans

---

[a] *Vit. Sophist.* II, 2. — [b] *Corp. Inscr.* n° 397. — [c] *Vit. Soph.* II, 20. — [d] *Orat.* XXIII, 21.... δεινότερον ἤλπισα Μινουκιανοῦ φθέγξασθαι, σεμνότερον δὲ Νικαγόρου. — [e] *Eclog.* VII, 4. — [f] *Interim quum Nicagoras ab Himerio postponatur Minuciano, patri, fere suspicor hic intelligi Himerii socerum filium Minuciani... qui proinde ineunte seculo quarto vixerit; licet ejus nullam uspiam reperiam memoriam.* p. 167. — [g] Fabric. *Bibl. græca*, t. VI, p. 107, 108.

vingt passages qu'ils rapportent[a]; cette erreur est impossible; et, dans ce cas, il faut admettre, de toute nécessité, l'existence d'un Minucianus plus ancien, qui, père de Mnésæus et aïeul du rhéteur Nicagoras Ier, contemporain de Gallien, devait fleurir sous Adrien ou Antonin, au plus tard. On a maintenant une suite de cinq générations de rhéteurs, de père en fils.

Un passage de Philostrate indique qu'on n'arrivait à la fonction d'hiérophante que dans un âge voisin de la vieillesse[b]. Rien ne dit qu'il en fût de même pour le *dadouque;* cependant il est vraisemblable qu'on ne parvenait à cette haute fonction sacerdotale que dans un âge avancé; et, en conséquence, que Nicagoras, lors de son voyage, ne devait pas avoir moins d'une cinquantaine d'années.

Quelle était au juste l'époque de ce voyage? Il ne le dit pas; mais on peut la présumer approximativement d'après l'épithète de *très-pieux* qu'il donne à l'empereur. Il est douteux qu'un *dadouque* des *très-saints* mystères d'Éleusis eût donné ce titre à Constantin, après que ce prince eût fait profession du christianisme; et, bien qu'il ait continué, jusqu'en 320, de mettre sur ses monnaies le titre de *Pontifex maximus*[c], il est certain que, à partir de l'an 312, il abandonna publiquement le paganisme. Il y a donc grande apparence que le voyage de Nicagoras eut lieu dans les six premières années du règne de ce prince, entre 306 et 312[d].

D'après l'âge qu'il avait alors, il devient nécessaire de remonter de quelques années la date de la naissance d'Himérius, si l'on veut la faire bien cadrer avec l'hypothèse de Wernsdorf, que ce dernier fut son gendre. Or rien ne s'y oppose. Cet habile critique, en plaçant la naissance du rhéteur à l'an 315, et sa mort à l'an 385, convient que ces dates n'ont aucune autorité précise[e]. Tout ce qu'on peut apprendre de ses écrits, c'est qu'il vivait sous les règnes de Constantin et de Julien; et l'on ne tire d'Eunapius d'autre indice, sinon qu'il

---

[a] Cf Fabric. t. VI, p. 115; et la table de Walz, dans les *Rhetores græci,* t. IX. — [b] *Vit. Soph.* II, 20. — [c] Eckhel, *Doct. num.* VIII, p. 75. — [d] La Bastie, dans *Acad. Inscr.* XV, p. 90 et suiv. — [e] Wernsd. *Vita Himerii,* § 5, p. 43.

CCXX. SYRINGES DES ROIS A THÈBES.

était contemporain de Prohærésius, qui fut très-aimé de Julien[a], qui le fit venir à Antioche, en 362, et peut-être même l'emmena dans son expédition contre les Perses[b]. A cette époque, il n'aurait encore eu qu'une soixantaine d'années, ce qui est très-vraisemblable. On le perd de vue après 369, époque à laquelle il rouvrit une école à Athènes; et l'on ne sait jusqu'où il poussa sa carrière. Né en 300, il a pu se marier, en 320, avec la fille de Nicagoras, lequel n'aurait eu alors que 65 à 70 ans.

Des observations qui précèdent, il résulte le tableau suivant de ces cinq générations de rhéteurs de père en fils :

Minucianus Ier florissait sous Adrien, vers.......... 120 à 140.
C'est le rhéteur cité par Hermogène.

Mnésæus, sous Marc-Aurèle..................... 160 à 180.

Nicagoras Ier, l'*hiérocéryx*, sous les Philippe......... 247 à 249.
C'est le contemporain et l'ami de Philostrate, de Longin et de Porphyre.

Minucianus II, sous Gallien.................... 260 à 268.
C'est l'auteur des Ἐπιχειρήματα.

Nicagoras II *le dadouque*, sous Constantin.......... 306 à 330.
C'est l'auteur de l'inscription, beau-père d'Himérius.

Le *dadouque* était-il à vie, comme le croyaient Meursius, Vandale, Bougainville et d'autres érudits? Sainte-Croix pense le contraire[c], et M. Böckh confirme son opinion par une inscription attique, où il est dit, d'un personnage vivant encore, qu'il *avait été dadouque* (δᾳδουχήσαντα εὐσεϐῶς)[d]. On s'est demandé encore s'il y avait à la fois *deux* dadouques; Sainte-Croix pense qu'il n'y en avait qu'un seul, d'après la considération que les anciens auteurs parlent toujours de ce personnage au singulier. J'ajoute que le titre est toujours précédé, comme dans notre inscription, par l'article ὁ (δᾳδοῦχος) *le dadouque*[e]; ce qui indique

---

[a] Him. *Orat.* V, 1. — [b] Wernsd. l. § 12, p. LI, LII. — [c] *Mystères*, etc. t. I, p. 224. — [d] *Corp. Inscr.* n° 394. — [e] Ainsi : Θεσμοκλῆς.. ὁ δᾳδοῦχος. Pseudo-Plut. *Vit. decem orat. in Lycurg.* p. 843. — P. 1027, l. 36, ed. Didot.

qu'il n'y en avait qu'*un seul à la fois*, c'est-à-dire que le *dadouque*, bien que temporaire, était *unique*. Corsini pensait que celui qui avait cessé de l'être pouvait le devenir une seconde fois[a]; mais il se fondait sur une inscription qu'il n'a pas bien comprise, et dont M. Böckh a donné le vrai sens [b].

A tous égards, on le voit, notre inscription se trouve en harmonie tant avec l'histoire littéraire qu'avec les notions admises, par les meilleurs critiques, sur le sacerdoce d'Éleusis.

L'inscription de Nicagoras concourt donc, avec d'autres faits, à montrer que le sacerdoce d'Éleusis s'était conservé à peu près intact au moins jusqu'à l'époque où le christianisme s'assit sur le trône. Sainte-Croix remarque qu'il est encore fait mention d'un *dadouque* qui avait été κόμης, charge établie après Constantin [c]. Lors du tremblement de terre qui eut lieu sous Valentinien, en 372, Zosime parle de Nestorius qui exerçait les fonctions d'hiérophante [d]; il est encore question de l'hiérophante et de la célébration des mystères en 396, lors de l'invasion d'Athènes par Alaric [e]; mais on peut croire, comme le remarque Corsini [f], que, après l'édit de Théodose, ils n'étaient plus célébrés que clandestinement.

A l'époque où vivait Nicagoras, ils faisaient encore partie du culte autorisé et soutenu par l'État, car ce personnage a bien le soin de nous avertir, en rendant grâces à l'empereur, que c'est à lui qu'il doit la faveur de visiter l'Égypte; d'où l'on doit conclure que le *dadouque*, pendant l'exercice de ses fonctions, ne pouvait s'absenter, sans un ordre formel du souverain; ce qui annonce que les lois relatives à ce sacerdoce étaient encore en pleine vigueur.

Il me reste à signaler un dernier trait : Nicagoras, en visitant les syringes, et en inscrivant sa visite, se souvient du *divin Platon* d'Athènes, qui, *tant de siècles auparavant, les avait aussi visitées*. C'est là un fait qu'il ne faut pas trop prendre à la lettre. Il est à peu près

---

[a] *Fast. Attic.* t. II, p. 149. — [b] *Corp. Inscr.* n° 388. — [c] *Mystères*, etc. t. I, p. 229. — [d] Zosim. IV, 18, 3. Νεσίόριος, ἐν ἐκείνοις τοῖς χρόνοις ἱεροφαντεῖν τεταγμένος. — [e] Eunap. in *Maxim.*, p. 52, ed. Boisson. — [f] *Fast. Attic.* t. IV, p. 197.

sûr que, lors du voyage de Platon en Égypte, les syringes n'étaient pas ouvertes aux voyageurs; mais, comme Platon avait voyagé et séjourné en Égypte, Nicagoras a voulu introduire là le souvenir de son *divin* compatriote. A cette époque, la plupart des littérateurs, particulièrement ceux d'Athènes, sortaient des écoles du platonisme. L'exemple de Longin montre même qu'ils professaient à la fois la rhétorique et la philosophie du maître. En ce temps, dit Gibbon [a], *sophiste* et *philosophe* étaient des mots synonymes [b]. Platon était considéré comme un dieu, dont on célébrait la fête (τὰ πλατώνεια) par des banquets solennels, où se réunissaient les littérateurs aussi bien que les philosophes [c]. L'épithète de θεῖος pourrait n'exprimer ici autre chose que l'admiration pour le talent du philosophe; c'est ainsi que Longin (ou l'auteur quelconque du traité du sublime) lui donne le même titre [d], tout en prenant la liberté de trouver plus d'un défaut dans son style [e]; Cicéron l'appelle *deus ille noster* [f]; il dit ailleurs: *audiamus Platonem, quasi quemdam deum philosophorum* [g], ce qui rappelle le mot d'Eunapius sur Apollonius de Tyane: ἦν τι θεῶν καὶ ἀνθρώπων μέσον. « C'était un être qui tenait le milieu entre les dieux et les hommes [h]. »

L'inscription suivante indique que θεῖος, dans la pensée de Nicagoras, était un peu plus qu'une hyperbole admirative, et qu'elle emportait l'idée d'une sorte de divinité réelle, bien qu'elle ait été loin d'être reconnue comme celle d'Apollonius de Tyane, à qui des villes de Grèce et d'Asie élevèrent des temples [i], Caracalla un héroüm [k], Aurélien des autels [l]; dont Alexandre Sévère plaçait le portrait dans son *lararium* [m]; dont les miracles éclatants non-seulement furent attestés par les païens [n], mais furent avoués des chrétiens eux-mêmes, qui les attribuaient à l'assistance du diable [o]. Eunapius, à la fin du IV[e] siècle, le traite encore de *dieu incarné*; car sa vie,

---

[a] T. IV, p. 39, n° 1, éd. de Guizot. — [b] H. Vales. ad Euseb. *Hist. eccles.* p. 108, 109. — [c] Plus haut, p. 278. — [d] *De Sublim.* IV, 6. — [e] *Idem*, XXIX; XXXII, 5. — [f] *Cic. ad Attic.* IV, 6. — [g] *Divin.* II, 12. Cf. S. August. *Contra Julian. Pelag.* IV, 76. — [h] Eunap. *in Proœm.* p. 3, ed. Boisson. — [i] Philostr. *Vit. Ap. Tyan.* I, 5. — [k] Dio Cass. LXXVII, 18. — [l] Vopisc. *In Aurel.* S 24. — [m] Lamprid. *In Alexandr.* c. 28. — [n] Vopisc. l. l... *Ille mortuis reddidit vitam; ille multa ultra homines et fecit et dixit, etc.* — [o] *Quæst. et Respons. ad orthod. inter* S. Just. opp. p. 405, A. D.

c'est le voyage d'un dieu sur la terre[a]. Les titres *divins* de Platon n'ont jamais été, il s'en faut, aussi généralement reconnus ; du moins on ne cite de lui aucun miracle ; mais on l'invoquait comme un dieu, on implorait sa divine puissance : c'est ce que paraît indiquer l'inscription suivante, écrite au-dessous ou à côté de celle que je viens d'expliquer.

CCXXI. (S. Ch. W.) Elle est tracée, comme l'autre, à l'encre rouge, de la même main ; et certainement elle émane du même personnage. Elle est ainsi conçue : Ἴλεως ἡμῖν Πλάτων καὶ ἐνταῦθα. « Que « Platon nous soit propice, même ici. » C'est précisément l'invocation qu'on trouve ailleurs adressée à Sérapis : Ἴλεως σοι ἀλυπί[b]. Il semble donc que Nicagoras prenait au sérieux le titre de θεῖος, *divin*, qu'il a donné à Platon. Dans son invocation, il le traite comme un dieu ; καὶ ἐνταῦθα, *même ici*, est à remarquer, il semble dire : « Que « la protection de Platon, qui ne nous a jamais manqué, nous ac-« compagne encore en ces lieux, si éloignés de notre patrie. »

CCXXII. (Ch.) Celui qui écrit son nom, M. VOTVRIOS, a soin de dire qu'il était de Rome, *Romanus*. Je prends ce dernier mot dans le sens ethnique, *Roma oriundus*, ou *domo Romanus*. Quoique se servant des lettres latines, il a pris la désinence grecque en *os*, parce que l'*u* final des Latins se prononçait *o*; de là l'orthographe *rivom, tuom, servos, vivos, etc.*, dans les inscriptions. Il a écrit *Voturius*, au lieu de *Veturius*; car il n'est pas douteux que ce ne soit un membre de la famille *Veturia* (d'origine étrusque), et un descendant de *Marcus Veturius*, qui fut consul en 354 de Rome. Il y a là le même changement que dans le nom de *Volumnius*, qui s'écrivait aussi *Velumnius*[c].

CCXXIII. (Ch.) Le même personnage a répété son nom en grec,

---

[a] Δέον ἐπιδημίαν ἐς ἀνθρώπους θεοῦ καλεῖν. Eunap. Proœm. p. 3, ed. Boisson. cf. p. 138, 559. — [b] Reines. I, n° 290. — Osann, *Sylloge inscript.* p. 425. — [c] Raoul-Rochette, *Journal des Savants*, année 1843, p. 676.

CCXXIII, CCXXIV. SYRINGES DES ROIS A THÈBES.

Μάρκος Οὐοτύριος Ῥωμαῖος; on le retrouvera encore dans la syringe suivante (n^os CCXXVII, CCXLIX).

Ce sont là les seules inscriptions auxquelles Champollion a pu se référer, quand il a parlé de « vieux Romains de la république, qui « se décorent avec orgueil du titre de *Romanos*[a]. » Ces *vieux* Romains peuvent n'avoir pas vécu avant le règne d'Aulète.

CCXXIV—CCLIII. *Syringe de Rhamsès IX.* Champollion décrit cette syringe en ces termes :

« Le 23 (mars 1829), nous avons tous pris la route de la vallée « de *Biban-el-Molouck*, où sont les tombeaux des rois de la dix-hui- « tième et de la dix-neuvième dynastie..... Notre caravane s'y est « établie le même jour, et nous y occupons le meilleur logement et « le plus magnifique qu'il soit possible de trouver en Égypte. C'est « le roi Rhamsès (le quatrième de la dix-neuvième dynastie) qui « nous donne l'hospitalité; car nous habitons tous son magnifique « tombeau, qui est le second que l'on rencontre en entrant dans la « vallée. Cet hypogée, d'une admirable conservation, reçoit assez « d'air et de lumière pour que nous y soyons logés à merveille [b].... »

Champollion demeura dans ce tombeau pendant les trois mois qu'il employa à l'exploration de la vallée. Il y releva vingt-neuf inscriptions, dont un petit nombre avaient été relevées avant lui. Je vais les transcrire dans l'ordre qu'elles occupent, en y joignant les indications qu'il donne :

CCXXIV. (Ch.) (1er corridor, paroi de gauche.) Cette première inscription, traversée au milieu par une plume sculptée, est assez peu distincte. On peut y reconnaître πᾶσιν οἳ μειδῶν(τες) τὰς ταφὰς οὐδέποτε....καρ... ιει..νοι θεωροῦντες... τὰς..., dont le sens n'est pas facile à déterminer. Au lieu de μειδῶντες (ceux qui sourient ou se rient en voyant ces syringes), on peut lire μ' εἶδον[τες], ce qui changerait entièrement la pensée.

---

[a] *Lettres écrites d'Égypte*, p. 258. — [b] *Idem*, p. 178, 179.

CCXXV. (Ch.) (Porte du 2ᵉ corridor.) Il y a là plusieurs noms propres, placés les uns au-dessous des autres, sur deux colonnes séparées par une moulure. Ce sont :

Καλλι....	Νικάδας
	.....έων
	Φασηλίτης
Μνασίμαχος	Νουμήνιος
Φασηλίτας	ήκαμεν
	....
	Δαίμαχος
	Πυνταγό-
	ρας

Ligne 2, έων nous cache un nom tel que Κρέων, Λέων, Πανταλέων, Νικοκρέων, ou tout autre de ce genre : c'est à ce personnage que se rapporte la qualité de *Phasélite* ; la même se trouve jointe aussi avec Μνασίμαχος de la première colonne, dont la forme dorienne se retrouve dans l'ethnique Φασηλίτας. Le nom de Πυνταγόρας (contracté de Πυνταγ.) se retrouve ailleurs : c'est celui d'un roi de Chypre dans Arrien[a], d'un autre Cypriote, de Salamine[b], et d'un personnage de l'Anthologie[c].

CCXXVI. (Ch.) (2ᵉ corridor, paroi de gauche.) Σωκράτης Ἀριστόνικος ἦλθε. Exemple d'un double nom[d], prouvé par le singulier ἦλθε, à moins qu'on ne lise Ἀριστονίκου.

CCXXVII. Μ[άρκος] Οὐοτύριος Ῥωμαῖος. C'est le même *Marcus Voturius Romanus* qui a déposé sa carte dans la syringe de Memnon[e]. L'emploi de Ω et de C annonce l'époque de transition dont j'ai parlé, et que je place sous Ptolémée Alexandre.

CCXXVIII. Φίλιππος, Ζεῦξις. Le deuxième nom, Ζεῦξις, écrit ΤΕΥΤΙC, me semble assez probable, les deux lettres Ι et Ξ pouvant très-bien se confondre avec Τ.

---

[a] *Anab.* II, 20, 6; 22, 2. — [b] *Indic.* XVIII, 8. — [c] *Anth. palat.* VII, n° 376. — [d] Plus haut, p. 272. — [e] Plus haut, p. 286.

CCXXIX—CCXXXVII. SYRINGES DES ROIS, ETC.

CCXXIX. Ἐγὼ Ῥοιμητάλκας εἶδον. Ce nom est assez remarquable, étant celui de deux rois de Thrace et d'un roi du Bosphore, connus par les médailles [a], qui donnent constamment le génitif du dialecte commun POIMHTAΛKOY, de Ῥοιμητάλκης. La forme dorique est aussi dans une inscription du musée du Louvre : Φιλότειμος βασιλέως Ῥοιμητάλκα δοῦλος [b] (Philotimus, esclave du roi Rhœmétalcas). C'est là, sans doute, la forme populaire du nom, qui n'a pas dû être uniquement porté par des personnages royaux ; à moins que notre Rhœmétalcas ne soit un des princes de ce nom, voyageant en Égypte avant de monter sur le trône : ce qui n'est ni impossible ni invraisemblable. Nous verrons bientôt paraître d'autres noms royaux : un Seuthès, fils de *Cotys;* un Perse ou Arménien, du nom de *Chosroès.*

CCXXX. Δημήτριος Ἀσκαλωνίτης εἰδὼν ἐθαύμασα.

CCXXXI. Ψεμώνθου ἥκω. Il manque le premier nom au nominatif, avant le génitif Ψεμώνθου. Ce dernier est un nom égyptien connu [c], qui se retrouvera plus bas.

CCXXXII. Μοντανὸς [ἑ]ώρακα. Ce nom romain est assez rare.

CCXXXIII. (Ch.) Ἀρτεμίδωρος Ἡρακλείου Ῥόδιος.

CCXXXIV. (Ch.) Νικήτης Ῥόδιος. On remarquera, dans les deux, la forme cursive des H, du P et du Δ.

CCXXXV. (Ch.) Ἀφροδίσιος ἥκω : il semble qu'il y ait ensuite σὺν Πλινίῳ ou Παινίᾳ, nom connu en Égypte [d].

CCXXXVI. (Ch.) Σερηνὸς περιπατητικὸς ἥκω L. B. μεσορί (?). Ce Serenus manque dans la liste des péripatéticiens [e].

CCXXXVII. (Ch.) Θηράσιος Καππαδόκης Καισαρεὺς ἐ[ιστό]ρησα, ou ἐθεώ-

---

[a] Eckhel, II, p. 58, 59, 378. — [b] Clarac, pl. LV, n° 797. Böckh, *Corp. Inscr.* n° 2009. — [c] *Pap. Lugd. Bat.* F. 1. 13 et alibi. — [d] Plus haut, t. I, p. 128. — [e] Fabric. *Bibl. gr.* t. III, p. 504.

ρησα. Les deux ethniques de suite ne sont pas communs : on disait plus ordinairement Καππαδόκης ἀπὸ Καισαρείας, ou Καισαρεὺς ἀπὸ Καππαδοκίας [a], *natif de Césarée en Cappadoce*. Καππαδόκης (féminin Καππαδόκισσα) est un des trois ethniques usités; on le trouve encore plus bas (n° CCCIX). Les deux autres sont Καππάδοξ et Καππάδοκος [b]. Le nom Θηράσιος est rare; on ne le connaît que comme ethnique de Θηρασία, une des Sporades, entre la Crète et Cynurie [c].

CCXXXVIII. (Ch.) M. Τυλλία Πρόκιλλα ἱστόρησεν. Le prénom n'est peut-être pas bien sûr. Cette femme était-elle venue toute seule visiter les syringes, ou accompagnait-elle quelqu'une des personnes qui ont écrit leur nom en même temps ? Je l'ignore.

CCXXXIX. Il en sera de même des trois noms de femme que voici : Θέρμουθις, Εὐφροσύνη, Ἱλάριον. Le premier est un nom connu pour être celui d'une déesse égyptienne citée par S. Épiphane [d]. Selon Josèphe, c'était le nom de la princesse qui sauva Moïse exposé sur les eaux [e]. On le retrouve dans un papyrus latin provenant d'Égypte, sous la forme dérivée *Thermutias* (pour *Thermuthias*), nom d'une affranchie (*Thermutiam quam libertate donaverat*) [f].

La leçon Ἱλάριον peut paraître douteuse; elle ressort pourtant naturellement des lettres de la copie. C'est la forme neutre, propre aux noms de femme, tirée de Ἱλαρός, comme le masculin Ἱλαρίων.

CCXL. (Ch.) Autres noms de femmes : Φιλωτέρα, Θεοφανία. Je ne sais que faire du nom de la seconde ligne. Pour le deuxième nom, le texte porte distinctement ΘΕΟΦΑΙΑ; mais l'insertion du Ν me semble nécessaire pour en faire un nom grec.

CCXLI. (Ch.) Encore deux noms de femme : Θεοδώριον, Δημονίκη. Peut-être cette *Théodorion* était-elle la fille du *Théodoros* dont le nom se trouve dans l'inscription suivante, écrite au-dessus.

---

[a] Plus haut, p. 67. — [b] Steph. Byz. v. Καππαδ. — [c] *Id.* v. Θηρασία. — [d] Ap. Jablonski, *Panth. Ægypt.* t. I, p. 116, 117. — [e] *Antiq. jud.* II, 9, 10. — [f] V. Natalis de Wailly, dans le t. XV des *Mém. de l'Acad. des inscr.* p. 408, 413.

CCXLII—CCXLIV. SYRINGES DES ROIS, ETC.

CCXLII. (Ch.) Δόκιμος Θέωνος, Ἱππίας, Ἀγγαῖος, Θεόδωρος Δοκίμου. Je ne sais si Ἀγγαῖος[a], dont Suidas dit seulement que c'est un nom propre, ὄνομα κύριον, désigne un troisième personnage, ou est un second nom d'Hippias. On pourrait croire cependant qu'il y a quatre personnes ici : *Docimos*, fils de *Théon*; *Hippias, Angœos* et *Théodore*, (tous trois) fils de *Docimos*; d'où il résulterait que Docimos était venu là accompagné de ses trois fils.

CCXLIII. (Ch.) Θέων, Ἀντίπατρος. Probablement encore deux personnages différents.

CCXLIV. (Ch.) Ἰναρὼς Ἑρμε[ία], ou Ἰναρὼς Ἑρμε[ίας]. Le premier nom est à remarquer; c'est le même que celui d'*Inaros* (fils de Psammitichus), de ce roi libyen, βασιλεὺς Λιβύων τῶν πρὸς Αἰγύπτῳ, comme l'appelle Thucydide[b], ou πρὸς Φάρῳ, comme dit Aristide[c], qui se révolta contre la domination persane, en 460, sous Artaxerce, et suscita une guerre qui dura six ans, jusqu'en 455, où il subit le supplice de la croix, ἀνεσταυρώθη[d].

Ce fait remarquable montre qu'il y avait sur la limite de l'Égypte, à l'ouest du nome maréotique, un royaume dont on ignore l'étendue et la puissance, mais qui a dû comprendre, en premier lieu, la côte immédiatement contiguë à l'Égypte, ayant pour sujets les *Adyrmachides*, les *Giligammes* et les *Asbystes*, qui entouraient, au midi, la Cyrénaïque, dont les Grecs alors ne possédaient que les côtes; et, comme ils tâchaient de pousser leurs établissements à l'intérieur, il en naissait des guerres, dont nous parle Hérodote[e], pour lesquelles ces Libyens avaient quelquefois recours aux rois d'Égypte. Il me paraît très-vraisemblable que ce royaume comprenait aussi l'Oasis d'Ammon. Dans ce cas, le roi des Ammoniens, *Étéarque*[f], que cite Hérodote, serait le prédécesseur de Psammitichus, père d'Inaros. Hérodote, en effet, qui voyageait en Égypte vers 460, c'est-à-dire à l'époque même

---

[a] Suid. v. Ἀγγαῖος, p. 43 A. Gaif. — [b] Thucyd. I, 104. — [c] *Panathen.* p. 152, et t. I, p. 247 ed. Dindorf. — [d] Thucyd. I, 104, 110. Diod. Sic. XI, 71-74. Cf. Clinton, *Fasti Hellen.* p. 44 ed. Krüger; plus haut, t. I, p. 410, 411. — [e] Herod. V, 159. — Cf. Thrige, *Res Cyrenensium*, § 31-33. — [f] Herod. II, 32.

de la révolte d'Inaros, dit tenir de quelques Cyrénéens, que, ayant été consulter l'oracle d'Ammon, ils avaient eu un entretien avec *Étéarque*, roi du pays, au sujet des sources du Nil. Cet entretien peut bien être de vingt ou trente ans antérieur à son voyage en Égypte, ce qui laisse place pour le règne du roi libyen Psammitichus et de son fils Inaros, crucifié en 455. Ce *Psammitichus* descendait, sans doute, de l'un des deux rois de ce nom qui avaient régné en Égypte, le premier, de 671 à 617, le second, de 601 à 590. L'identité de nom indique que ces rois libyens étaient de la famille royale égyptienne. Philochorus, cité par le scholiaste d'Aristophane, parle aussi d'un roi libyen *Psammitichus*, qui envoya aux Athéniens une grande quantité de blé, sous l'archontat de Lysimachide [a]. Comme cet archontat tombe à la quatrième année de la LXXXIII[e] olympiade, ou en 443 avant J. C., Paulmier de Grentemesnil pense, avec raison, que ce roi ne peut être que le fils d'Inaros [b], mort en 455; d'où il suit qu'après le supplice de ce prince, les Perses permirent à son fils de lui succéder, très-probablement à la condition de les reconnaître et de leur payer tribut. Il n'est pas invraisemblable que ce royaume des Libyens ait subsisté pendant le reste de la domination persane, jusqu'à l'époque d'Alexandre, où il dut être englobé dans l'empire égyptien : aussi la Libye se trouve-t-elle au nombre des possessions de l'Égypte, sous Ptolémée Philadelphe et son fils Évergète [c].

Quant au nom d'*Étéarque*, il est complétement grec [1]; c'est celui d'un roi de Crète, grand-père de Battus [d], d'un Athénien [e] et d'un Spartiate [f]. On connaît aussi Ἐτεαρχίς, comme nom de femme [g]. Mais les Ammoniens, au dire d'Hérodote lui-même, parlaient une langue qui tenait le milieu entre celle des Égyptiens et celle des Éthiopiens, étant issus des deux peuples [h]; d'où il faut conclure que ces trois

[a] Philochor. ap. *Schol. Aristoph. ad Vespas.* v. 716. — [b] *Exercitat.* p. 738. — [c] Plus haut, t. I, p. 310, 311. — [d] Herod. IV, 155. — [e] *Corp. Inscr.* n° 160. — [f] *Id.* n° 1420. — [g] *Id.* n° 1412. — [h] II, 42; plus haut, p. 226.

[1] Ἐτέαρχος, ainsi que Ἐτεάνωρ ou Ἐτεάνδρος, sont, par contraction, à cause de la voyelle, pour Ἐτεόαρχος, Ἐτεοάνωρ, Ἐτεόανδρος, comme le prouvent les mots Ἐτεοβουτάδαι, Ἐτεόκρητες, etc., les *vrais* Butades, les *vrais* Crétois.

CCXLIV. SYRINGES DES ROIS, ETC.

idiomes appartenaient à une langue commune, dont chacun était un dialecte particulier. Il régnait donc, d'après cet important témoignage, dans le nord-est de l'Afrique, une famille de langues, dont faisaient partie l'ammonien, l'égyptien et l'éthiopien; comme, dans la région de l'Asie, à l'occident de l'Euphrate, régnait la famille des idiomes sémitiques, dont faisaient partie le phénicien, l'hébreu, le syriaque, le chaldaïque et l'arabe. Il paraît difficile, en conséquence, qu'un roi des *Ammoniens* ait porté le nom tout grec d'*Étéarque*. Ce nom a peut-être été altéré par Hérodote, ou par les Cyrénéens, auxquels il devait le récit; ils auront mal entendu le nom égyptien, et l'auront rapproché de la forme grecque : dans *Été*, on peut même apercevoir la corruption de l'initiale égyptienne *Pété*, si commune; et la finale sera le nom corrompu de quelque dieu égyptien.

Quoi qu'il en soit de ce nom, l'altération est bien probable. Le roi des Ammoniens devait avoir un nom égyptien, aussi bien que les rois libyens *Psammitichus*, *Inaros* et cet *Adicran*, qui, selon Hérodote, régnait sur la Libye au temps d'Apriès[a]. Ce royaume, qui reconnaissait sans doute la suzeraineté de l'Égypte, fut soumis par les Perses; il se révolta sous Inaros, et, après la mort de celui-ci, retomba sous la domination persane. On pourrait donc déterminer à peu près ainsi la succession des rois libyens que l'histoire nous fait connaître :

Adicran, au temps d'Apriès, vers..............	596-570
Étéarque (?), au temps de Cambyse, vers.......	520
Psammitichus, au temps de Darius, vers........	480
Inaros, au temps d'Artaxerce, en..............	460
Psammitichus, en........................	445

Il est assez singulier que le nom d'Inaros ne paraisse plus dans aucune inscription égyptienne ou grecque, depuis le roi de Libye, et que notre inscription des syringes en fournisse le premier, et, jusqu'ici, le seul exemple. Elle montre que ce nom a été correctement écrit par Hérodote[b], Thucydide, Diodore, le scholiaste d'Aristophane[c].

[a] Herod. IV, 159. — [b] Id. III, 12, 25; VII, 7. — [c] Ad Plut. v. 178.

J'écris Ἰναρώς, génitif Ἰναρώ, quoique les éditions de ces auteurs portent Ἰνάρως. Chœroboscus[a] veut qu'on accentue Ἰναρῶς comme Σαβακῶς. Je préfère Ἰναρώς et Σαβακώς ou Σαβακώ, d'après cette considération, que les noms égyptiens qui ne sont pas grécisés sont ordinairement oxytons. Quant aux leçons Ἴναρος, Ἰνάρου, Ἴναρον, dans les extraits de Ctésias donnés par Photius[b] et dans quelques manuscrits de Strabon[c], on voit qu'elles sont fautives. Le génitif doit être Ἰναρώ et l'accusatif Ἰναρών. Notre inscription fixe décidément l'orthographe de ce nom propre égyptien.

Le deuxième nom paraît être celui d'*Hermias*; est-il au génitif Ἑρμεία? ce qui est fort possible, puisqu'on a déjà vu un Égyptien fils de Grec, et un Grec fils d'Égyptien. Est-il au nominatif, Ἑρμείας, indiquant un second personnage? c'est ce que l'état de la copie ne me permet pas de décider. Les deux noms ont été coupés par un fragment de la sculpture hiéroglyphique représentant une plume ❘; circonstance qui s'est plusieurs fois rencontrée.

CCXLV. (Ch.) La seconde ligne de celle-ci est aussi coupée par un détail hiéroglyphique. Elle paraît être; Ἐγὼ Ἰάσ[ω]ν ἰδὼν δὲ (?) καὶ πάνυ ἐθαύμασα. « Moi Jason, ayant vu aussi [les syringes], je les ai fort « admirées. »

CCXLVI. (Ham. W. Ch.) (Chambre au fond du tombeau.) *Ianuarius primipilaris vidi et miravi locu[m] cum filia mea Ianuarina. Valete omnes.*

Ce Januarius était sans doute marié et établi dans le pays. Sa fille *Januarina*, dont le nom est dérivé, selon l'usage, de celui de son père, l'accompagna dans sa visite. La forme active *miravi*, pour *miratus sum*, étonnerait dans un Romain, s'il fallait y voir réellement un barbarisme. Mais on ne peut douter que les verbes déponents ont tous eu primitivement la forme active; plusieurs même la

---

[a] Ap. Bekker. *Anecd. gr.* p. 1197. — *Thesaur. ling. gr.* t. IV, col. 605, B. ed. Didot. — [b] P. 40 ed. Bekk. — Bähr, ad Ctes. *Fragm.* p. 170. — [c] XVII, p. 801.

CCXLVII, CCXLVIII. SYRINGES DES ROIS, ETC.

conservent dans les anciens auteurs, tels que Plaute, qui emploie *morigerare, mendicare, ludificare, contemplare, interminare, fabulare*, etc.[a] *Imitare* est encore dans Varron, *æmulare* dans Apulée, *apricare* dans Palladius, *argutare* dans Properce et Pétrone[b], et *mirare, mirabis* ou *miras*, dans Nonius. Partout, le langage populaire garde longtemps les anciennes formes. Januarius, qui a mis une autre inscription ailleurs (n° CCCXVI), y est encore cette fois resté fidèle à son *miravi*, dont il ne s'est fait aucun scrupule de se servir.

Locu, au lieu de *locum*; le *m* a été omis par inadvertance; peut-être que le *cum* qui suit a absorbé une partie du *cum* qui précède.

CCXLVII. (Ch.) Καλλιόπιος Ἀντιοχεὺς, ἐλθὼν καὶ εἰδὼν τὰς σύριγγας, ἐθαύμασα. L'original semble porter Καλλιόπη; mais ce nom ne peut convenir à un homme; la finale doit donc prendre la forme du masculin Καλλιόπιος, dont cet exemple est le seul connu.

CCXLVIII. (Ch.) Celle-ci est écrite à l'encre rouge, sur la paroi de gauche du troisième corridor; ce sont deux vers, dont le second est à moitié détruit; ils paraissent avoir été suivis de plusieurs autres dont il ne reste rien. On peut lire ainsi les deux qui restent :

Θηβαία[ς] σύριγγας ἐγὼ καὶ Μέμνονα σεμνὸν
Θ[α]υμα[σ]ῆς τέχνης, Οὐράνιος κυνικός...

« Moi, Uranius, philosophe cynique, admirateur de l'art, [j'ai visité] les syringes
« thébaines, et le vénérable Memnon, d'un art admirable... »

Ce philosophe cynique est inconnu; du moins il ne se trouve pas dans la liste nombreuse de Fabricius[c]. Il a déjà été remarqué que le nom *Uranius* ne se montre qu'assez tard[d]; c'est une raison de croire que l'inscription n'est guère antérieure à la fin du II[e] siècle, et elle peut être postérieure à cette époque.

Le premier vers n'est pas mauvais; après Θηβαίας, le *sigma* a été

---

[a] Perizonius, *Ad Sanctii Minervam*, p. 398. — [b] C. Peter, dans le *Rhein. Museum*, 1843, S. 109. ff. — [c] *Bibl. gr.* t. III, p. 511. — [d] Plus haut, p. 246.

négligé, comme dans un exemple déjà cité[a]; on pourrait lire Θαυμασ1ὴς τέχνης, *admirateur de l'art*, locution peu correcte. Je préfère Θαυμασ1ῆς τέχνης. Comme la copie de sir Gardner Wilkinson donne les lettres ΘIIΥΜΑCΑΝCΤΕΧΝΗCΟΥΡΑΝΕΟC... dans ce cas, en supposant que l'augment syllabique ait été négligé, par imitation épique, on essaierait de lire le second vers :

Θαύμασα, τῆς τέχνης Οὐράνιος κυνικὸς
[Μνημόσυνον....]

Je m'en tiens à l'autre leçon.

CCXLIX. (Ch.) *Paroi de gauche. M. Volturios*. Malgré la différence d'orthographe, il est bien probable que c'est le même *Marcos Voturios*, ou Οὐοτύριος, qui a mis son nom plusieurs fois ailleurs[b]. Peut-être a-t-il écrit VOITVRIOC, non VOLTVRIOS.

CCL. (Ch.) Νικάδας Δημητρίου, Μακεδών.

CCLI. (Ch.) Ἑρμίας Θεσσαλὸς ἀφίκετο.

CCLII. Ξενοφῶν, Εὐφίλητος, Ἀθηναῖοι. Ce sont là, en effet, deux noms très-communs chez les Athéniens. Dans ces trois numéros, on trouve le mélange des formes Ε, C, Ω et Є.

CCLIII. (Ch.) Τὸ *προσκύνημα* Πέκυσις, Ἄρμηνις. Ces deux noms égyptiens désignent probablement le même individu. Le second n'était pas encore connu, non plus que le premier. Les papyrus ne donnent que Πεχύτης, ou Πέχυτις[c].

CCLIV — CCLXVI. (*Tombeau de Rhamsès III*, qui est le premier de la vallée à gauche.)

CCLIV. (S. Ch.) (*Sur la paroi de gauche, premier corridor.*) Ἰάσιος καὶ Συνέσιος ἕκτην ταύτην σύριγγα ἰδόντες ἐθαυμάσαμεν. « Iasius et Synésius

---

[a] Plus haut, p. 248. — [b] Plus haut, p. 286 et p. 288. — [c] *Pap. Taurin.* I, l. 25; *Mus. Lugd. Bat.* F. I, l. 8, M. l. 14.

« ayant vu cette sixième syringe, l'ont admirée. » Il semble que ces deux voyageurs ont voulu dire que cette syringe était la *sixième* qu'ils eussent vue; ce qui paraît indiquer que leur intention n'était pas d'en voir davantage. Cela, sans doute, est arrivé à plus d'un voyageur; lorsqu'ils avaient vu les plus belles, ils s'en contentaient, et n'allaient pas plus loin; tandis que d'autres, plus curieux, ou jouissant de plus de loisir, n'étaient pas satisfaits s'ils ne visitaient *toutes* les syringes où il était alors possible de pénétrer.

Le nom de Συνέσιος est surtout fréquent à une époque récente. Tout annonce que l'inscription n'est pas même du temps des premiers empereurs.

CCLV. (Ch.) Ἀσκληπιάδης, ἰατρὸς, Πα.... C'est le second médecin du nom d'Asclépiade que ces inscriptions nous font connaître (n° CCVII).

CCLVI. (Ch.) Voici un troisième Asclépiade; mais celui-ci n'est pas médecin. Le mot qui suit son nom paraît être ἐριου[ργός], *ouvrier,* ou *manufacturier en laine;* et, si les lettres ΘΡΑΙ ne sont pas le commencement d'un autre nom, composé de ΘΡΑΣΥ, ce sera l'ethnique ΘΡΑΙΞ, et l'inscription se lira : Ἀσκληπιάδης, ἐριουργὸς, Θρᾴξ.

CCLVII. (Ch.) Ἱπποκράτης Φαιδίμου Ἀμαξωνίου Ἀρκάς. Le nom Ἀμαξώνιος doit être un dérivé de Ἀμαξώνης (*vendeur de chars*), comme Ἱππώνης (*vendeur de chevaux*) se montre dans le dérivé Ἱππωνίου, nom d'un philosophe cité par Photius, où le génitif Ἱππώνου me paraît devoir se lire Ἱππωνίου[a]. On trouve dans une inscription d'Athènes, copiée par Fourmont, le nom de Ἀμαξάνιος, qui a peut-être été mal lu par ce voyageur, au lieu de Ἀμαξώνιος[b].

CCLVIII. (Ch.) Πόηρις Μικύθου, ἁλιέως · Πίσωσις Ἀμα[ξ]ων[ίου]...χοιρ[οπώλης]. Le premier et le troisième noms sont égyptiens; le deuxième

---

[a] *Cod.* 167, p. 114, l. 3 ed. Bekker. — [b] *Corp. Inscr. græc.* n° 912.

est grec, et des plus connus. Nous avons déjà vu un Grec dont le fils porte un nom égyptien. Il paraît en être de même du second personnage, dont le nom doit être égyptien, Πίσωσις. Celui de son père pourrait bien être Ἀμαξωνίου, comme au numéro précédent. Le mot qui suit est douteux; si le C qui commence la dernière ligne dépend de la précédente, on devra lire χοιρ[οπώλης] ou χοιρ[οϐοσκός], peut-être au génitif χοιροπώλου, ou χοιροϐοσκοῦ, *marchand* ou *nourrisseur de porcs*; si le C est joint au mot, ce sera σχοιν[οπώλης] ou σχοιν[οποιός], *cordier*.

CCLIX. (Ham. Ch.) Εὐφράνωρ Φίλωνος Ῥόδιος, ἐπὶ Πτολεμαίου τοῦ Πτολεμαίου, L Ι, μηνὸς παν[έμ]ου. Cette inscription, copiée d'abord par M. Hamilton, ne l'a plus été que par Champollion; elle a donc échappé à Salt et à sir Gardner. Elle nous présente une difficulté assez grave : la forme des caractères annonce une époque peu ancienne, qui semble ne pouvoir s'élever au-dessus du règne de Ptolémée Aulète. Cependant l'expression singulière, ἐπὶ Πτολεμαίου τοῦ Πτολεμαίου (*sous* Ptolémée, fils de Ptolémée), semble devoir se rapporter à un roi; et, dans ce cas, on serait disposé à croire qu'une telle expression ne peut désigner que le second des Lagides; car c'est avec toute raison que, dans une inscription trouvée à Delphes, les mots βασιλεύοντος Πτολεμαίου τοῦ Πτολεμαίου βασιλέως ont été rapportés à Ptolémée Philadelphe[a], ainsi que la même expression, dans un proscynème démotique expliqué par M. de Saulcy[b], et dont j'ai donné ailleurs un commentaire historique[c]. Mais, ici, une raison décisive s'y oppose : c'est l'omission du titre de βασιλέως avec l'un et l'autre. Jamais le mot Πτολέμαιος tout seul, dans une formule pareille, ne pourra désigner un des rois lagides. Il y a deux moyens de sortir de la difficulté : le premier, c'est de supposer qu'Euphranor a donné à ἐπί, suivi du génitif, le même sens qu'avec le datif, ce qui me paraît peu probable; le second, d'admettre que Ptolémée, fils de

---

[a] Curtius, *Anecdota Delphica*, n° 56, p. 8 et 81. — [b] *Revue archéologique*, t. I, p. 734 et suiv. — [c] *La même*, p. 748 et suiv.

CCLX—CCLXIII. SYRINGES DES ROIS, ETC.

Ptolémée, était un des magistrats locaux, un chef de la Thébaïde, par exemple, ami d'Euphranor, et dont celui-ci se sera dispensé d'exprimer la qualité, pensant que tout le monde, à l'époque où il écrivait, saurait parfaitement de qui il s'agit. L'an VII, si on le rapporte au règne de Ptolémée Aulète, d'après la forme des lettres, répond à l'an 75 avant J. C.

CCLX. (Ch.) *Deuxième corridor, paroi de droite.* Ἀπιανὸς Γαληνὸς εἶδον. Ce verbe pouvant signifier aussi bien *j'ai vu* que *ils ont vu*, je ne sais si le deuxième nom appartient au même personnage, ou s'il en désigne un second. Quant au deuxième nom, la troisième lettre paraît être un B, et, dans ce cas, ce serait Γαβήνιος (pour Γαβίνιος); mais, comme il n'y a pas de place pour l'*iota*, je préfère de voir un Λ dans la lettre mal formée, et de lire Γαληνός : c'est le nom du fameux médecin; mais, comme son prénom était *Claude*, ce n'est pas notre visiteur.

CCLXI. (Ch.) Ἐπιχάρης, nom propre bien connu.

CCLXII. (Ch.) *Paroi de gauche.* Νίκων Συρακόσ[ιος]. La sculpture a empêché de finir l'ethnique, qui n'est pas dans le dialecte commun, Συρακούσιος. Notre Syracusain a conservé, comme c'était naturel, l'orthographe du pays.

CCLXIII. (Ch.) *Troisième corridor, paroi de gauche.* Βιτάλιος καὶ Πιττά[λ]α[κος] εἰσ1ορήσαμεν. Le premier nom est le latin *Vitalis*. Les Grecs exprimaient le plus souvent par ιος la finale ις des noms latins; ainsi, Ἀπολλινάριος, pour rendre l'*Apollinaris* des Latins. Le deuxième nom, dont les trois dernières lettres sont douteuses, me paraît être ΠΙΤΤΑ[Λ]Α[ΚΟΣ], le seul qui convienne aux lettres visibles. De l'Y je fais un T, comme plus haut un Y du T. Le nom Πιττάλακος est celui d'un Athénien dans Démosthène, et d'un esclave public dans Eschine; on le retrouve aussi dans une épigramme d'Agathias[a].

[a] Agath. ep. 2; *Anth. palat.* V, 278; cf. Pape, *Wörterb. der griech. Eigennamen*, p. 319.

CCLXIV. (Ch.) *Pièce du fond, paroi de gauche*. Plusieurs mots donnent de l'intérêt à cette inscription :

> Τιμόθεος Ψερκιοκωμήτης
> ἐμνήσθη, ἐπ'ἀγαθῷ, Φιλοπάππου [οἰκονόμου]
> τοῦ βασιλέως, καὶ Μαξιμίου
> Στατιλίου, ἰδίου λόγου, τῶν
> λογιωτάτων καὶ φιλτάτων,
> καὶ Ἰουλίας Παγκάλας,
> τῆς Τίτου Πολυήτορος, [καὶ]
> τῆς Ἀχαρίσ7ου [γυναικός]. . . . .

Timothée, du bourg de *Pserkis* (?), s'est souvenu (pour un bon motif) de Philopappus, économe de l'empereur, et de Maximius Statilius, vérificateur du fisc, les très-savants et très-chéris, ainsi que de Julia Pancale, fille de Titus Polyétor, et femme d'Acharistos, de . . . . . .

Le bourg de *Pserkis* est inconnu. Il est peut-être inutile de lire Ψελκιοκωμήτης, du bourg de *Pselcis* en Nubie.

Les lettres ΒΑΕΙΑΒѠϹ, au commencement de la troisième ligne, donnent, sans addition ni retranchement, le mot ΒΑϹΙΛΕѠϹ; il semble donc qu'après Φιλοπάππου, il y avait, au bout de la ligne, le nom d'une fonction publique, dont τοῦ βασιλέως était le complément. Cette conjecture est d'autant plus naturelle, que le nom du second personnage est suivi de l'indication d'une magistrature (ἰδίου λόγου); il devait en être ainsi du premier. Je lis, presque sans hésiter, [οἰκονόμου] τοῦ βασιλέως, autre officier des finances. Strabon dit, en effet, que le fisc particulier de l'empereur était administré par des ἐπίτροποι Καίσαρος et des οἰκονόμοι [a].

La leçon ἰδίου λόγου, qui est fort claire et indubitable, confirme ce que dit Strabon, que le vérificateur des biens (*bona caduca*) qui devaient appartenir à l'empereur (ὃς τῶν ἀδεσπότων καὶ τῶν εἰς Καίσαρα πίπτειν ὀφειλόντων ἐξεταστής ἐστι), s'appelait ἴδιος λόγος. Coray, qui trouvait singulière cette dénomination, l'a changée, de son autorité privée, en ἰδιόλογος (ὁ προσαγορευόμενος ἰδιόλογος); d'après lui, Schneider,

[a] XVII, p. 797.

a reçu le mot dans son lexique, et il a passé définitivement dans la nouvelle édition du *Thesaurus linguæ græcæ*[1]; mais c'est un mot à retrancher, puisque la correction de Coray, contraire aux manuscrits de Strabon, est détruite par notre inscription. Ἴδιος λόγος est l'expression de la chose transportée à l'homme qui la gère, comme en latin, *optio* (aide, adjoint), *operæ* (ouvriers), *etc.*, qui s'appliquent à des particuliers, comme, en grec, ἔργα pour ἐργάται, dans Xénophon[a]. On connaît l'expression de Thucydide, τὰ τέλη, pour οἱ ἐν τέλει[b]; et, dans les écrivains récents, αἱ ἐξουσίαι se dit pour οἱ ἐν ἐξουσίᾳ ὄντες[c]. Il est à remarquer que ἴδιος λόγος désignait en même temps le domaine particulier de l'empereur; ainsi, dans le décret de Tibère Alexandre, trouvé dans la grande Oasis, on lit : γνώμων τοῦ ἰδίου λόγου (l. 44) et ὁ πρὸς τῷ ἰδίῳ λόγῳ τεταγμένος (l. 39).

Les deux noms de *Pankale* (Παγκάλη ou Παγκάλα) et de *Polyétor* (Πολυήτωρ) me semblent sortir clairement des lettres conservées. Quoiqu'on ne connaisse, jusqu'ici, d'exemples ni de l'un ni de l'autre, ils sont tous deux parfaitement conformes à l'analogie. Le premier (toute belle) est formé comme Παναρίστα (toute très-bonne), nom de femme[d], qui suppose Πανάριστος (dont on connaît le patronymique Παναρισίδης[e]), Πανθάλης, Πανήγορος, Πανόλβιος, etc.

CCLXV. (Ch.) *Paroi de droite.* Ces deux lignes, en caractères cursifs, se lisent certainement : Ἀμσοῦφις Ἀθᾶ[τος] ἐθαύμασα, deux noms égyptiens qui se retrouvent distinctement n° CCLXVII.

CCLXVI. (W.) C'est cette courte inscription dont Pococke a donné deux lignes, les seules qu'il ait rapportées des syringes; encore sont-elles à peu près inintelligibles, ΑΝΑϹΕΛΕΙѠ▨▨ ΤΟΠΟΤΗΡΗΤΗ[f].

---

[a] *De vectigal.* IV, 44, ibique Weiske. — [b] I, 58, ibique annot. — [c] H. Vales. ad Euseb. *Hist. eccles.* p. 199, n. 4. — [d] *Corp. Inscr.* n° 1172. V. mon *Explication d'une inscription grecque trouvée dans une statue de bronze*, p. 9. — [e] Suidas, h. v. — [f] *Descript. of the East*, t. I. p. 99.

[1] T. IV, col. 510. Au moins aurait-on dû écrire ἰδιόλογος, et non ἰδιόλογος.

Tout ce qu'on peut y découvrir, c'est qu'elles font partie de la même inscription que sir Gardner Wilkinson a copiée ainsi :

ΕΥШCΑΝΑCΤΑCΙШ......... que je lis : Ἔρως Ἀνασ]ασίῳ....
ΤШΤΟΠΟΤΗΡΤΟΥΕΝΔΟΞΟΤ. τῷ τοποτηρητῇ τοῦ ἐνδοξο[τάτου]
ШΡΙШΝΟCΤΟΥΔΟΥΚ.. Ὠρίωνος τοῦ δουκ[ὸς Θηβαΐδος.]

Ici, contre l'usage, le nom de celui en l'honneur duquel on fait un proscynème est mis au datif, comme dédicace. Cet Anastase était *lieutenant du duc*. La leçon τοποτηρητής me paraît certaine. On appelait ainsi les *lieutenants*, envoyés, par les gouverneurs des provinces, dans les subdivisions appelées τοποτηρησίαι[a].

Le *dux Thebaïdis*, qui avait remplacé l'ἐπισ]ράτηγος, ne se montre guère avant Constantin. Au reste, l'inscription est sans doute plus récente encore. Quoiqu'elle ne soit pas précédée de la croix +, je pense qu'elle est chrétienne, d'après le nom Ἀνασ]άσιος, formé d'ἀνάσ]ασις, qui indique la résurrection du Christ, et celle des hommes à la consommation des siècles[b]. C'est donc une idée éminemment chrétienne qui est comprise dans ce mot : aussi ne trouve-t-on pas, je crois, le nom Ἀναστάσιος, qui en est formé, avant l'époque du christianisme. J'aurais peut-être dû, sur cet unique caractère, rejeter cette inscription dans la dernière partie de mon ouvrage.

CCLXVII — CCLXXVI. *Syringe de Rhamsès Ier*. Cette syringe, qui est celle de Rhamsès Ier, le grand-père de Rhamsès II, est la plus ancienne de celles qui ont été découvertes dans la vallée de Biban-el-Molouk; Champollion y a recueilli ces dix inscriptions :

CCLXVII. (Ch.) Ἄμσουφις Ἀθᾶτος τὸ προσκύνημα. C'est celle qui nous a servi pour rétablir un autre *proscynème* du même personnage (n° CCLXVI). Ἀθᾶς génitif Ἀθᾶτος est peut-être un nom égyptien; cependant il ne serait par improbable qu'Ἀθᾶς fût un abrégé pour

---

[a] Cang. *Lex. inf. græc.* h. v. — [b] Suicer, *Thes. eccles.* t. I, p. 310 sq.

CCLXVIII—CCLXXII. SYRINGES DES ROIS, ETC. 303

Ἀθηνόδωρος, comme Μηνᾶς, Ζηνᾶς, Ἀρτεμᾶς et autres, pour Μηνόδωρος, Ζηνόδωρος, Ἀρτεμίδωρος, etc. On a déjà vu que les génitifs de ces noms sont en ᾶτος aussi bien qu'en ᾶ.

CCLXVIII. (Ch.) Ἀλύπιος ἱστόρησα μετὰ Κτίστου. Cet Alypius était venu en compagnie d'un autre personnage appelé Κτίστος ou Κτίστης.

CCLXIX. (Ch.) Τὸ προσκύνημα Ἀλεξάνδρου γραμματέως καὶ Κρίσ[που... Je ne suis nullement sûr de ce qui suit γραμματέως.

CCLXX. (Ch.) Νεβρό[τρο]φος ἱστόρησα. Le premier mot est sans doute bien lu. Est-ce un nom propre? Je le pense. Νεβροτρόφος ne pourrait guère être l'indice d'une profession. On peut être ἐλαφοτρόφος, ἱπποτρόφος, βουτρόφος, κυνοτρόφος, *nourrisseur de cerfs, de chevaux, de bœufs, de chiens*, etc., mais on n'est guère un *nourrisseur de faons*, νεβροτρόφος. Les lettres ont la forme cursive; et Champollion, par un *sic*, avertit que la faute d'orthographe ἱστόρησσαι est sur l'original.

CCLXXI. (Ch.) Περτίναξ, Ἱέραξ; un Romain et un Grec, à moins que Περτίναξ ne serve de prénom.

CCLXXII. (Ch.) Μητρόδωρος Μαρωνείτης ἱστορήσας Μεμνον[είας] πάσας [ἐθαύμασα]. « Moi, Métrodore de Maronée, ayant visité toutes les « memnoniennes, je les ai admirées. » Ce Métrodore était de Maronée, ville de Macédoine. C'est le seul voyageur qui donne aux syringes le nom de *memnoniennes*, comme unique désignation; car le πάσας, qui suit, ne permet pas de lire autrement que Μεμνονείας. Il est évident que ce voyageur a employé le mot générique des Μεμνόνεια, c'est-à-dire *lieu de sépulture*, et que, par Μεμνόνεια (sous-entendu peut-être σύριγγες), il désigne les *syringes sépulcrales*. Ce Macédonien-là paraît avoir été plus savant que les autres voyageurs, et avoir bien su que l'adjectif Μεμνόνεια n'était pas un dérivé du Μέμνων des Grecs, mais se rapportait à un mot égyptien qui désignait les tombeaux[a].

[a] Peyron, *Ad papyr. taurin.* II, p. 39.

304   PROSCYNÈMES ET ACTES DE VISITE.

CCLXXIII. (Ch.) Μονήσ[ιμος] Ἑρμείου. Le complément ιμος est nécessaire pour faire de Μόνης un nom propre. Μονήσιμος est, en effet, un nom de magistrat sur une médaille de Magnésie[a].

CCLXXIV. (Ch.) Ἀμμώνιος ἱστώρησα (sic). Ce voyageur n'était pas plus fort sur l'orthographe que Nebrotrophos.

CCLXXV. (Ch.) Cette inscription, à moitié effacée et peu distincte, doit pourtant se lire, sans hésitation, Φιλόξενος ῥήτωρ εἶδον. Ce nom ne convient à aucun des *rhéteurs* ou *sophistes* connus.

CCLXXVI. (Ch.).... *Lætus hic fuit*. On compte parmi les préfets d'Égypte un *Lætus*, qui, au dire d'Eusèbe, administrait le pays l'an x de Septime Sévère, ou 203 de Jésus-Christ[b]. L'absence du prénom, dont il ne reste que l'indice de la finale VS, ne permet pas de décider si le préfet *Lætus* est notre voyageur.

§ VIII. INSCRIPTIONS RECUEILLIES PAR DIVERS VOYAGEURS, SANS DÉSIGNATION DES SYRINGES OU ELLES SE TROUVENT.

CCLXXVII— CCCXXIV.

CCLXXVII. (S.) C'est la seconde inscription que le dadouque d'Éleusis a déposée dans une autre syringe (v. le n° CCXX); elle est plus courte que la première, mais elle a l'avantage de nous avoir conservé le nom de ce prêtre des saints mystères éleusiniens : ὁ δαδοῦχος τῶν Ἐλευσινίων, Νικαγόρας Μινουκιανοῦ, Ἀθηναῖος, ἱστορήσας τὰς θείας σύριγγας, ἐθαύμασα. Ici le dadouque désigne moins fastueusement les mystères d'Éleusis; ce ne sont plus les *très-saints mystères d'Éleusis*, τὰ ἁγιώτατα Ἐλευσῖνι μυστήρια; ce sont tout simplement τὰ Ἐλευσίνια.

CCLXXVIII. (S.) Παρδάλας [ὁ] Σαρδιανὸς ἦλθον [καὶ] ἐμνημόνευσ[α] τοῦ

[a] Cf. Mionnet, *Médailles grecques*, t. III, p. 150. — [b] Labus, *Di una epigrafe latina*, p. 27, 137.

CCLXXIX—CCLXXXI. SYRINGES DES ROIS, ETC.

υἱοῦ Κέλσου καὶ τῶν ἀδελφῶν. Ce Pardalas de Sardes est le même qui a inscrit deux vers choliambiques sur le colosse, dont le premier porte ὁ Σαρδιηνὸς Παρδάλας δὶς ἤκουσα. Ce nom est celui de trois autres personnages asiatiques, dont deux de Pergame, l'un écrit distinctement ΠΑΡΔΑΛΑΣ; l'autre que Mionnet a lu ΔΑΙΔΑΛΑΣ[a], tout en soupçonnant qu'on ferait mieux de lire ΠΑΡΔΑΛΑΣ, ce qui n'est pas douteux; le troisième est cité dans une inscription de Philadelphie[b]. L'actif μνημονεύω devrait être suivi de l'accusatif. L'auteur a mis le complément au génitif, entraîné par l'idée de ἐμνήσθη ou de μνείαν ἐποιήσατο, qui était dans son esprit. C'est par un abus du même genre que l'on dit quelquefois *je me rappelle de*, parce qu'on dit *je me souviens de*.

CCLXXIX et CCLXXX. (S.) Ces deux numéros contiennent la *carte de visite* laissée par Potamon, probablement dans deux tombes différentes; à moins que, comme Voturius (n[os] CCXXII et CCXXVII), il ne les ait tracés tous deux dans la même tombe. Ποτάμων ἱσ7όρησα σὺν Ποτάμωνι πατρί· L. ϛ. Τραϊανοῦ Καίσαρος τοῦ κυρίου, μεσορὶ ΚΘ, καὶ τὸ προσκύνημα πάντων τῶν ἀδελφῶν, καὶ τῆς κυρίας μητρὸς, καὶ τῆς ἀδελφῆς.... [ἔγραψα?]

Ces deux inscriptions sont identiques, excepté que, dans la seconde, on lit ἱσ7όρησας; on y trouve les mêmes fautes, Ποτάμων pour Ποτάμωνι, μασορά et μεσορά pour μεσορί (peut-être dû à une prononciation locale), et μετρός pour μητρός. Ce Potamon était quelque homme du commun. La date répond au 22 août de l'an 103 de notre ère.

CCLXXXI. (S.) Celle-ci est fort peu distincte. Cependant la copie suivante en présente une restitution presque complète et certaine, dans ce qu'il y a de plus important :

....[τὸ προσκύνημα]....
[τῶν οἰκ]είων ἁπάντων, παρὰ τῷ κυρίῳ [Ἑρμῇ Θεῷ, τῷ]
[Τρισμεγίσ7ῳ], ὄντι σοφῷ, καὶ προσοφ[έλλοντι]
τοῖς ἀσκοῦσι παιδείαν, ἡμέρῳ δὲ τοῖς
νοσηλεύουσι, Δύλιος (?), ὁ ἱκετεύων τὸν Θεὸν

---

[a] *Médailles grecques*. Suppl. VI, p. 439. — [b] *Corp. Inscr.* n° 3417.

306   PROSCYNÈMES ET ACTES DE VISITE.

εἶναι ἵλεον καὶ εὐμενῆ, ἔγραψα Εὐτυχ[οῦς Εὐδαί-(?)]
μονος, μετ᾽ Ἀφθον[ίου καὶ Ἀπολ]λωνίου [καὶ Ρού- (?)]
φου κ᾽ Αἰλίου Κόρητος τῶν ἀδελφῶν,
καὶ Παηνίου Κεφαλᾶτος τοῦ υἱοῦ.
L. Γ̄. Μ. Αὐρηλίου [καὶ Λ. Οὐήρου τῶν]
κυρίων σεβαστῶν,
ἐπ᾽ ἀγαθῷ.

« Le proscynème de..... et de mes parents, en l'honneur du maître Hermès Trismégiste, le dieu savant qui vient en aide aux amis de la science, et secourt les médecins, moi, Dulius, qui supplie le dieu d'être propice et bienveillant, je l'ai écrit pour Eutychès, fils d'Eudæmon, avec Aphthonius et Apollonius et Rufus et Ælius Corès, mes frères, et Pænias Céphalas, mon fils (ou Pænias, fils de Céphalas).

« L'an III de Marc-Aurèle et Vérus, les seigneurs augustes.

» Pour un bon motif. »

L'auteur paraît avoir cru que la syringe était dédiée à Hermès Trismégiste, ou bien il aura écrit son hommage au-dessous d'une de ces grandes figures de Thoth qui se trouvent souvent dans les bas-reliefs funéraires. Que pourrait-ce être que ce dieu *savant* (σοφός) qui aide les gens livrés à l'étude (οἱ ἀσκοῦντες παιδείαν), et secourt ceux qui exercent l'art de guérir (οἱ νοσηλεύοντες)[a], sinon Hermès Trismégiste, le père des sciences et des arts[b], et l'auteur de tant de livres de *médecine astrologique*, que Galien appelle déjà λῆροι καὶ πλάσματα[c].

L'époque tardive de l'inscription autorise à mettre ici le titre de *Trismégiste*, qui ne se montre qu'assez tard[d].

La copie est si confuse, que ma restitution paraîtra fort conjecturale. Je la crois pourtant certaine sur les principaux points. Après τοῖς νοσηλεύουσιν sont les lettres ΥΙΟC, qui, dans un tel lieu, ne pourraient se rapporter qu'à la paternité *scientifique* d'Hermès. L'auteur, étant médecin, se désignerait comme fils d'Hermès, selon l'usage connu de dire ῥητόρων, ζωγράφων, ἰατρῶν παῖδες, ou υἱοί et υἱέες[e], pour désigner les *rhéteurs*, les *peintres*, les *médecins*. Mais, comme, dans ce cas, un nom manquerait, ce qui est peu naturel, je crois qu'il est caché

---

[a] Plut. *De sanit. tuenda*, p. 123, E. T. I, p. 147, l. 42. — [b] Diod. Sic. 1, 43. — [c] *De Simpl. med.* VI, Opp. II, p. 260. — [d] Plus haut, t. I, p. 284. — [e] Schæfer, ad Dionys. Halicarn. *De compos. verb.* p. 313.

CCLXXXII, CCLXXXIII. SYRINGES DES ROIS, ETC.

dans ces lettres, et j'ai essayé de lire νοσηλεύουσι Δύλιος pour Δυΐλιος ; ainsi, Ἀκύλιος dans Josèphe[a] est pour Ἀκυΐλιος, Κυρῖνος pour Κυϊρῖνος, Κυρίνᾳ pour Κυϊρίνᾳ, etc. Entre les noms, Ἀφθόνιος me paraît certain ; comme Κόρητος, génitif de Κόρης, connu par Suidas[b]. Au lieu de Πανvίου, on pourrait lire Πλινίου. La même incertitude s'est déjà rencontrée[c]. La finale ΦΟΥ paraît bien appartenir à un nom romain.

La troisième année de Marc-Aurèle et de Lucius Vérus est comprise entre le 29 août 163 et le 29 août 164 de notre ère.

CCLXXXII. (S.) Πτολεμαῖος βουκειρείτης, ἱστορήσας σὺν γυναικὶ Κυπρίᾳ καὶ τέκνῳ Πτολεμαίῳ [ἐθαύμασα] καὶ ἐμνήσθην Μεν[ουθ]ιάδος καὶ Πάφου τέκνων.

Ptolémée de Bukiris (ou Busiris, si l'on veut lire ΒΟΥϹΕΙΡΕΙΤΗϹ, au lieu de ΒΟΥΚ, lieu inconnu), était venu visiter les syringes avec sa femme Cypria et son fils Ptolémée. Il *se souvient* de ses deux filles, *Ménuthias* et *Paphos*, qui ne l'avaient pas accompagné. Ces deux noms sont à remarquer : le premier dérivé de celui de la bourgade *Ménuthis*, à deux milles de Canope[d], où l'on adorait Isis, surnommée ἡ Μενουθιάς ou ἡ ἐν Μενούθι[e]. Ce nom de *Ménuthias* n'est donc que l'épithète même d'Isis, comme plus haut *Thermuthias*[f], dans la mer Érythrée (Madagascar, selon les uns ; *Magadasho*, selon Gossellin[g]), n'avait pas, je crois, d'autre origine : il lui aura été imposé par quelque navigateur alexandrin.

Il est clair que le nom de *Paphos*, que porte l'autre enfant, a une relation avec celui de sa mère *Cypria*. Cette femme avait donné à sa seconde fille le nom d'une ville de l'île de Cypre, d'où elle-même tirait son nom, et peut-être sa naissance. Il y a plus d'un exemple de noms d'hommes ou de femmes qui ont une telle origine[h].

CCLXXXIII. Τατιανὸς ἡγεμὼν Θηβαΐδος ὁ ἱστορήσας ἐθαύμασα ἐν-
[τα]ῦθα [τὸ μνημό]συνον τῶν σοφῶν Αἰγυπτίων.

---

[a] *Antiq. Jud.* XIV, 10, 10. — [b] Voce Κόρης. — [c] Plus haut, t. I, p. 128. — [d] Steph. Byz. h. v. — S. Epiph. in Ancorat. § 108, p. 109. — [e] Grut. LXXXV, 1. — [f] Plus haut, p. 290. — [g] Recherches sur la géographie systématique, I, 190. — [h] Keil, *Specimen onomatol. græc* p. 94.

Cette inscription, en lettres cursives, est peu distincte. On pourrait lire ἡγεμὼν Θηϐῶν, comme ἔπαρχος ὁ Θηϐῶν du n° CCXCIX; je préfère Θηϐαίδος εἴσ1ορ. Titianus était, sans doute, un *épistratége* de la Thébaïde. Quant au mot de la troisième ligne, qui commence par un M et finit par ЄYNON, je ne vois pas bien ce que ce peut être : τὸ μεγαλόσυνον pour τὴν μεγαλοσύνην ne serait pas invraisemblable. Cependant, comme le X se confond souvent avec Y (n° XIV, v. 8, XXIII, v. 4), on pourrait lire aussi ЄXNON, pour avoir le mot μεγαλότεχνον, qui convient si bien à la circonstance; mais le mot serait un peu recherché pour une inscription pareille.

CCLXXXIV. (S.) Φιλάσ1ριος φιλόσοφος τὸ B̄ θεασάμενος. Le nom de *Philastrius* est des plus rares; il appartient à l'époque où l'astrologie dominait. En aucun autre temps, on n'aurait probablement imaginé de donner à un homme un nom signifiant *qui aime les astres*.

CCLXXXV. (S.) Μαξιμιανὸς ἐθαύμασα.

CCLXXXVI. (S.) Θεοχάρης σχολασ1ικὸς Ἠπειρώτης ἐθαύμασα. « Théo- « charès, scholastique (c'est-à-dire *avocat* ou *professeur*), Épirote, etc. »

CCLXXXVII. (S.) Διονύσιος.

CCLXXXVIII. (S.) Πετρώνιος (ou Ἰούλιος Πετρώδης, ou Πετρώλης) Ἀνδρομάχου ἐθαύμασα L̄. ϛ Ἀδριανοῦ, τυϐὶ Δ. La date répond au 30 décembre de l'an 122.

CCLXXXIX. (H. et S.) Πορφύριος ἰδὼν ἐθαύμασα.

CCXC. (S.) Παπίριος Δομίτιος [Ὀπ ou Ἀπ]πιανὸς σ1ρατηγὸς Ὀμϐείτου ἰσ1όρησα, καὶ τὸ προσκύνημα ἐποίησα τῆς συμϐίου καὶ τῶν τέκνων. L. ΙΕ̄. θωθ ῙΘ̄.

Le nom sera ΑΠΠΙΑΝΟC, ΟΠΠΙΑΝΟC, ou tout autre de ce genre. Celui de l'empereur manque après la date. On remarquera Ὀμϐείτου sans l'article τοῦ, qui serait nécessaire pour la correction.

CCXCI—CCXCVI. SYRINGES DES ROIS, ETC. 309

CCXCI. (S.) Φίρμος.

CCXCII. (S.) Ἀντωνία Ἀγριππινὴ ὑπατικὴ ἱστόρησα. Le mari de cette Antonia Agrippine avait été consul.

CCXCIII. (S.) Ἁρποκρατίων ἱστόρησας. Harpocration, mettant ἱστορήσας au participe, se proposait, sans doute, d'ajouter un autre verbe, tel que ἐθαύμασα, qui est resté au bout du pinceau.

CCXCIV. (S.) Ἀντώνιος Τιτιανός.

CCXCV. (S.) Κλαύδιος Κομμοδιανὸς χειλιαρχικὸς B̄ [λεγεῶνος Τραϊανῆς Ἰσ]χυρᾶς τὰς ἁπάσ[ας σύριγγα]ς ἰδὼν ἐθαύμασα. L. ΙΑ Μάρκου Αὐρηλίου Κομμόδου τοῦ κυρίου, ἀθὺρ ις.

Commodianus avait été *chiliarque* ou tribun militaire; car χιλιαρχικός paraît certain. La restitution Τραϊανῆς Ἰσχυρᾶς est fondée sur une inscription déjà expliquée (n° CCVII)[a].

Commode n'ayant régné que treize ans, le chiffre ne peut être un K, comme on pourrait le croire au premier abord. Le trait qui suit l'Ι est la panse d'un *alpha* cursif. Je n'ai donc pas hésité à lire ΙΑ. La date répond au 12 novembre de l'an 189 de notre ère.

L'inscription est une de celles où le nom de Commode ne fut pas effacé. L'obscurité du lieu où elle se trouve l'aura protégée contre l'exécution du décret du sénat[b].

CCXCVI. (S.) Κλήμης Ἐρήμου (ou Σερηνοῦ) ἱστόρησας. L. Ε, φαμ[ενώθ]. Clément n'a pas jugé à propos de dire le nom de l'empereur, dont il énonce la cinquième année. Nous avons déjà vu dans les syringes un exemple de cette omission, qui a souvent lieu, notamment dans les inscriptions de Philes[c] et dans celles de la Cyrénaïque. Ces gens-là ne pensaient qu'au moment où ils vivaient et qu'au prince qui régnait de leur temps; ils n'avaient nul souci de l'embarras qu'ils pouvaient causer à la postérité.

[a] Plus haut, p. 269. — [b] V. t. I, p. 442. — [c] Plus haut, p. 16.

CCXCVII. Ἕλενος Ῥούφιος, ou Ῥουφῖνος. Le nom romain est précédé du nom grec, ce qui a lieu bien souvent (n° CCCXX).

CCXCVIII. (S.) Ἰουλιανὸς $\overline{\Gamma}$. Cette dernière lettre signifie peut-être que Julien a visité la syringe trois fois.

CCXCIX. (S.) Ἀλέξανδρος ἔπαρχος ὁ Θηβῶν ἴδον καὶ ἐθαύμασα. Cet éparque de Thèbes était sans doute le *chef politique de la ville de Thèbes*, celui qui est appelé ailleurs Θηβῶν ἀγός (n° CXCIV) ou ἄρχων Θηβῶν [a].

CCC. (S.) Les trois lignes qui suivent sont fort peu distinctes. On pourrait lire : Κόσμας ὁ τούτου νόμαρχος (pour νομάρχης)... κ' Ἀλέξανδρος ἰατρὸς [τὸ] θειότατον' ἔργον [ἐθαυμάσαμεν]. D'après cette leçon conjecturale, Cosmas aurait été nomarque ou chef de *ce nome* (τούτου), c'est-à-dire de celui où sont situées les syringes, et qu'il désigne par l'expression τὸ θειότατον ἔργον.

CCCI, CCCII. (S.) Ces deux inscriptions ne portent que les noms de :

Αὐρήλιος Ἀντωνεῖνος....

et de :

Λ[ούκ]ιος Αὐρήλιος....

Ces noms, au nominatif, annoncent que les deux personnages étaient présents, lors de la visite; ils semblent bien se rapporter aux deux empereurs *Marc-Aurèle Antonin* et *Lucius Vérus*, dont les désignations particulières devaient se trouver dans la partie effacée. Ces inscriptions ont pu être tracées dans une visite que l'un et l'autre empereur auront faite aux syringes, à deux époques différentes, Lucius Vérus, pendant son séjour en Orient, vers 162; Marc-Aurèle, lors du voyage en Orient qu'il exécuta en 176, après la rébellion de Cassius en Syrie. On sait qu'il vint en Égypte[b]; il est fort naturel de croire qu'avant de quitter Alexandrie pour se rendre à Antioche, ayant voulu visiter les lieux célèbres et sacrés[c], il n'ait

---

[a] Plus haut, p. 249. — [b] Dio Cassius, LXXI, c. xxviii. Capitolin. *in M. Anton. Philos.* c. xxvi. — [c] *Apud Ægyptios civem se egit et philosophum in omnibus stadiis, templis, locis.* Capitol. l. l.

pas oublié Thèbes; et, dans ce cas, il n'aura certainement négligé ni Memnon ni les syringes. Ces deux inscriptions auront probablement été tracées sous les yeux et peut-être par les mains des deux empereurs.

CCCIII. (S.) Χοσρόης Ἀρμένιος. « *Chosroès*, arménien. » Il est à regretter que ce personnage n'ait pas été moins laconique, et n'ait pas indiqué le nom de son père et sa qualité. L'ethnique Ἀρμένιος éveille l'attention. On sait que le successeur de Vologèse, roi d'Arménie en 198, fut *Chosroès I*[er], dit le Grand, de la race des Arsacides. Notre voyageur a dû être quelque personnage de cette royale famille arménienne, si ce n'est *Chosroès I*[er] lui-même, qui, avant de monter sur le trône, aura fait un voyage en Égypte, sous le règne de Septime Sévère. Mais ce n'est là et ce ne peut être qu'une conjecture.

CCCIV. (S.) Ἐλπίδιος Ε[ὐτυ]χοῦς σχολαστικὸς ῥητορικὸς Ἀλεξανδρεὺς ἱστορήσας ἐθαύμασα.

On pourrait lire σχολαστικὸς καὶ ῥήτωρ ἐξ Ἀλεξανδρείας; mais la première leçon est plus voisine du texte. Je crois qu'ici σχολαστικός a le sens du *scholasticus* des Latins, qu'il signifie *declamator, sophista*, et que σχολαστικὸς ῥητορικός répond à notre *professeur de belles-lettres*. Elpidius a cru devoir ajouter ῥητορικός, parce que l'on aurait pu prendre σχολαστικός tout seul dans le sens d'*avocat*.

CCCV. (S.) Ἰούλιος Δημήτριος χειλίαρχος ἱστορήσας, ἐμνήσθην τῆς [συμβίου, ou θυγατέρος, ou ἀδελφῆς].

CCCVI. (S.) Θεοδώρα Ἀγκυρανὴ (pour Ἀγκυρηνή), γυνὴ Γεμίνου (?), ἴδον καὶ [ἐθαύμασα L.] ΙΖ. χοϊ[ὰκ] Α. « Moi, Théodora d'Ancyre, femme de « Géminus, j'ai vu et admiré, l'an XVII, le 1 de choïac. »

CCCVII. (S.) Εὐρίων (ou [Ἀπ]ουρίων)... χου, θεραπεύων πάσας τὰς σύριγγας τεθαύμακα.

Le mot θεραπεύων peut être pris ici dans le sens de qui *honore*, qui *vénère.* Ainsi Philostrate a dit, en parlant de Memnon, ᾗ τοὺς θεραπεύοντας ἀσπάζεται [a]. Le sens sera donc, selon toute apparence : « Eu-« rion ou Ælurion, fils de...., a respectueusement admiré toutes « les syringes. »

CCCVIII. (S.) Εὐτυχὴς ἱσθορήσας L. ΙΘ Τραϊανοῦ Καίσαρος τοῦ κυρίου.....

CCCIX. (S.) Ἀρμένιος Ἀρμενίου Καππαδόκης, Ὀρεσθιάδης τὸ γένος, ἡγεμὼν τῆς ἐπαρχίας, [τὰς] σύριγγας [πάσας] καὶ εἶδον καὶ ἐθαύμασα. « Arménius, « fils d'Arménius, Cappadocien, Orestiade de race (ou de race ores-« tiade), chef de l'éparchie (c'est-à-dire *préfet d'Égypte*), j'ai visité « et admiré toutes les syringes. »

On remarquera l'expression Ὀρεσθιάδης τὸ γένος, après Καππαδόκης; elle doit indiquer que le Cappadocien Arménius était de *Comana;* car elle se rapporte à l'opinion reçue, que le culte de Bellone y avait été apporté par Oreste et sa sœur Iphigénie, et que le nom de *Comana* venait de la chevelure de deuil (πένθιμος κόμη) déposée par Oreste dans le temple de cette déesse [b]. Au dire de Dion Cassius, une famille, qui se prétendait issue d'Agamemnon, subsistait à Comana depuis cette époque [c]; elle en avait pris le nom d'*Orestiade*, dont le nom se retrouve encore dans un passage de la Vie d'Isidore de Gaza par Damascius [d], où il est question d'une femme vivant sous le règne de l'empereur Léon, et qui tirait son origine des *Orestiades*, établis près de Comana, en Cappadoce; ils se prétendaient descendants de Pélops par Oreste et Agamemnon. Strabon nous apprend que les prêtres étaient pris le plus souvent dans la *même famille* que les rois : ὡς δὲ ἐπὶ τὸ πολὺ τοῦ αὐτοῦ γένους ἦσαν οἱ ἱερεῖς τοῖς βασιλεῦσι [e]. Serait-ce pousser trop loin la liberté de faire des suppositions dans une matière obscure, que de conjecturer que cette famille était celle des *Orestiades*, dont l'origine se rattachait à la fondation du culte? L'expression ἡγεμὼν τῆς ἐπαρχίας atteste que cet Arménius était gouverneur de l'Égypte.

[a] *Heroïc.* p. 115. — [b] Strab. XI, p. 535. E. — [c] Dio Cassius, XXXV, c. xi. — [d] Apud Phot. *Biblioth.* p. 340, col. 2 Bekker. — [e] Strab. l. l.

CCCX — CCCXIII. SYR. DES ROIS A THÈBES. 313

Notre inscription confirme donc le témoignage de Dion Cassius, en montrant que cette famille a en effet subsisté fort tard; car cet Arménius vivait au temps de Dioclétien; c'est ce qu'on peut certainement conclure du titre qu'il se donne, ἡγεμὼν τῆς ἐπαρχίας, *chef de l'éparchie* ou *province*, c'est-à-dire *préfet de l'Égypte.*

En effet, Jules, auteur copte d'une histoire du martyre de saint Épime, dans un passage cité par le P. Georgi et Champollion[a], rapporte un édit de Dioclétien, où il est prescrit à *Arménius*, gouverneur d'Alexandrie, de faire détruire les églises, et de reconstruire les temples depuis Rhacoti jusqu'à Assouan. C'est, à n'en pas douter, cet *Arménius* qui a tracé l'inscription, dans une des tournées qu'il a faites en Égypte; peut-être même dans celle qu'il entreprenait pour exécuter l'édit rigoureux de l'empereur. On ne pouvait en remettre l'exécution aux mains d'un personnage plus zélé que devait être un membre de la famille à laquelle appartenait le sacerdoce de Comane.

CCCX. (S.) Τὸ προσκύνημα Ἀμβροσίας τῆς Χίας Εὐ[σε]βίου.... « Proscynème d'Ambrosia de Chio, fille d'Eusèbe.... » Εὐσέβιος est un nom qui ne se trouve qu'à une époque récente, de même qu'Ἀμβρόσιος et Ἀμβροσία.

CCCXI. (S.) ...ἐμνήσθη Θεόκριτος ὁ σφαιράρχης. Ce dernier mot se lit distinctement; le sens naturel est, *qui préside aux jeux de balle;* mais je n'entends pas trop ce que cela veut dire; à moins que ce nom n'indique une fonction analogue à celle du γυμνασιάρχης, comme qui dirait ὁ ἐπὶ τῇ σφαιρομαχίᾳ ἐπιστάτης. Σφαιρομαχία répond exactement au mot anglais *boxing*.

CCCXII. (H. et S.) Τὸ προσκύνημα τῶν τέκνων Ἀρτεμιδώρου καὶ...

CCCXIII. (S.) Βουρίχιος σχολαστικὸς Ἀσκαλωνίτης ἱστορήσας, κατέγνων

---

[a] *L'Egypte sous les pharaons*, t. I, p. 164.

ἐμαυτοῦ διὰ τὸ μὴ ἐγνωκέναι τὸν λόγον. . . . τού[του] κ' ἀπεδεξάμην. . . . Je ne puis lire que ces mots; mais je ne sais pas au juste ce qu'a voulu dire ce *Bourichius* (ou Burrichius, car son nom est écrit plus bas avec deux ρ : [ὁ παιδο]τρίβης (?) Βουῤῥίχιος (peut-être son frère). Est-ce le même que l'auteur du n° CCXVIII? Celui-ci était un *avocat né à Ascalon*; on dirait qu'il *se reproche de n'avoir pas connu, d'avoir ignoré la raison (peut-être de ces grands travaux)*, etc.

CCCXIV. (S.) Αἴλιος Διονύσιος καὶ Λάμπων φιλόσοφος εἴδομεν. (S.) Il est dommage qu'*Ælius Dionysius* n'ait pas donné sa qualité, comme son compagnon de voyage, ou du moins sa patrie. Nous saurions si c'est le littérateur Ælius Dionysius d'Halicarnasse, qui florissait sous Trajan, et qui était qualifié de *sophiste* et de *musicien* (σοφισλὴς καὶ μουσικὸς κληθείς), parce qu'il avait écrit des ouvrages sur la rhétorique et la musique [a], en même temps que sur la grammaire [b], entre autres un Dictionnaire des *locutions attiques* (ἀτλικαὶ λέξεις κατὰ σλοιχεῖον). L'identité des nom et prénom rend probable celle des deux personnages. Quant au *philosophe* Lampon, il m'est inconnu.

CCCXV. (S.) Φλάβιος σοφισλής. Ce rhéteur (car σοφισλής n'avait pas d'autre sens à l'époque romaine [1]) ne se trouve pas parmi ceux dont le nom s'est conservé. Le prénom *Flavius*, employé comme nom propre, sans être accompagné d'un autre nom grec ou romain, annonce une assez basse époque.

CCCXVI. (S. I.) *Ianuarius primipilaris vidi et* MIRAVI *locum*. Seconde inscription du Januarius dont il a été parlé plus haut (n° CCXLVI).

CCCXVII. (S.) Παμώνθης Παμώνθου, probablement le même personnage qui a laissé sa carte dans une autre syringe.

---

[a] Suid. voce Διονύσιος, p. 1015 D, ed. Gaisf. — [b] Phot. Biblioth. p. 99, col. 2, ed. Bekk.

[1] Dans l'inscription de Geronthræ, découverte par M. Lebas, et qui donne le texte grec de l'édit de Dioclétien, on lit PHTOPI HTOI COΦICTHI; et dans le texte latin, ORATORI SIVE SVFISTAE. (*Revue archéolog.* t. II, p. 131.)

CCCXVIII—CCCXXIII. SYR. DES ROIS A THÈBES. 315

CCCXVIII. Λάμπων ἦκα μετὰ Στατίου Πηλίου, copiée par M. Jomard. Est-ce le philosophe Lampon (n° CCCXIV) qui serait revenu avec un autre compagnon? La copie porte HKAI; si elle est exacte, il faudra reconnaître ici l'intrusion d'un I, comme après ἥκωι [a]. La forme ἦκα, que Lampon a employée, se retrouve dans l'inscription suivante. ΠΗΜΟΥ pourrait bien venir de l'ethnique ΠΗΛΟΥ[σιώτου], ou Πηλουσιώτης, « de Péluse. »

CCCXIX. (J.) Σωτήριχος καὶ Ἡρακλείδης ἥκαμεν ὧδε $\overline{\Delta}$ L Κλαυδίου Φαμενὼθ $\overline{Z}$ (3 mars de l'an 44 de J. C.). Celle-ci est du très-petit nombre de celles qui ont des dates. Les formes ἦκα et ἥκαμεν, qui ne deviennent communes que dans les bas temps, sont peut-être moins des parfaits qu'une variété de l'aoriste ἦκον, analogue à celles de ἦλθα, ἤλθαμεν (usitées dans le grec moderne), pour ἦλθον, ἤλθομεν.

CCCXX. (J.) Διοκλῆς Ὀρτήσ[ιος] ou Ὀρτησίου. Si le nom était au nominatif, on y verrait un nouvel exemple du nom romain placé après le nom grec, comme plus haut (n° CCXCVII).

CCCXXI. (J.) Εὐσ7άθιος Ἀπολλωνίου. Le nom Εὐσ7άθιος est d'un usage récent. Le plus anciennement connu est celui d'Eustathe, évêque d'Antioche au IV[e] siècle. Tous les autres sont postérieurs [b].

CCCXXII. (H.) Δημήτριος Ἀσκληπίας Εὔφρονος Ἀρισ7ομάχου, Ἀργεῖος, « Démétrius Asclépias, fils d'Euphron Aristomaque, Argien. » Le singulier Ἀργεῖος montre que le personnage portait les deux noms Démétrius Asclépias, comme son père ceux d'Euphron Aristomaque. Ἀσκληπίας est un nom d'homme, connu sur une médaille de Rhodes [c].

CCCXXIII. (H.) ΓΑΙΟC ΙΟΥΛΙΟC ΠΑΙC CΠΑΡΤΙΟC ΗΧω. Les lettres ΠΑΙC ne peuvent pas être un nom grec; le copiste aura oublié une lettre. Je lirais ΑΠΑΙC (Ἄπαις), nom qui se trouve dans une inscription latine, sous la forme APPAES [d], que M. Raoul-

---

[a] *Descr. de l'Égypte ant.* t. V, pl. 56, E. — [b] Fabric. *Bibl. gr.* t. IX, p. 131, 149. — [c] Mionnet, *Suppl.* t. VI, p. 594. — [d] Orelli, *Inscr. select.* n° 580.

Rochette a rapprochée de EVPAES pour Εὔπαις^a. L'ethnique Σπάρτιος pour Σπαρτιάτης est inconnu; mais il devait être alors usité, puisque c'est un Spartiate qui l'emploie. Je lis donc : Γάϊος Ἰούλιος Ἄπαις Σπάρτιος ἥκω.

CCCXXIV. (J.) Κλεοπάτρ[α] ou Κλεόπατρος.

§ VIII. INSCRIPTIONS DU COLOSSE DE MEMNON.

CCCXXV. — CDX.

OBSERVATIONS GÉNÉRALES.

Les deux colosses isolés, placés jadis à l'entrée du palais d'Aménophis III, maintenant détruit, forment un des traits les plus remarquables de la plaine de Thèbes. Ces colosses, qui représentent tous deux la figure du roi, fondateur de ce grand édifice, paraissent d'abord exactement semblables l'un à l'autre : ils ont même pose, même hauteur; ils sont formés de la même substance, qui est une brèche, à laquelle M. de Rozière donne le nom de *brèche agatifère*[b], et M. Cordier celui de *poudingue quartzeux*. Mais, quand on les examine d'un peu plus près, une différence essentielle se manifeste. Le colosse du sud est d'un seul bloc, des pieds à la tête. Celui du nord, au contraire, se compose de deux parties distinctes : la première, depuis les pieds jusqu'au-dessus des genoux, est d'un seul morceau de brèche; la seconde, comprenant toute la partie supérieure, se compose de treize blocs, formant cinq assises[c] : ces blocs ne sont pas de même substance que la partie monolithe; car ils sont de ce grès qui a servi à bâtir les palais et les temples de Thèbes. Or, indépendamment de toute autorité historique, on ne

---

[a] *Mém. de l'Académie des inscriptions*, t. XIII, p. 212. — [b] *Constit. de l'Égypte, Descript. de l'Égypte*, H. N. II, 644. — [c] V. la pl. XII, C.

COLOSSE DE MEMNON.

peut voir là qu'une restauration, d'une époque postérieure à l'érection du monument. Tout colosse égyptien, quelle qu'en fût la grandeur, était monolithe; et l'on ne saurait douter que le colosse du nord n'ait été primitivement, comme celui du sud, formé d'un seul morceau de brèche : la partie supérieure, par un accident quelconque, aura été séparée du tronc, et, plus tard, on l'aura rebâtie par assises avec les matériaux qu'on avait sur les lieux.

C'est celui dont les jambes et le socle portent encore les inscriptions qui attestent que d'anciens voyageurs grecs et latins ont entendu la voix merveilleuse qui en sortait, au lever du soleil. Il ne peut donc rester aucun doute sur l'identité de ce colosse avec la statue vocale.

Pendant les deux premiers siècles de la domination romaine en Égypte, la statue de Memnon fut le monument de Thèbes qui excita le plus vivement l'attention des voyageurs. Les pyramides et Memnon, voilà les objets qu'ils venaient surtout admirer sur la terre des antiques pharaons.

La cause de la voix de Memnon leur fut toujours inconnue ; ce singulier phénomène eut, à leurs yeux, tant qu'il subsista, le caractère d'un miracle, puisqu'ils ne cessèrent pas de le regarder comme le résultat de quelque pouvoir magique ou d'une volonté divine.

Dès la renaissance des lettres, ce prodige attira l'attention des érudits, dont il exerça la science et la sagacité. Avant qu'on sût que le colosse à la voix merveilleuse existait encore sur les bords du Nil, Scaliger[a], Marsham[b], Van Dale[c], Périzonius[d], et beaucoup d'autres, en parlèrent dans leurs écrits, mais seulement d'après les renseignements donnés par les anciens auteurs; et, bien qu'ils n'eussent rien expliqué du tout, on crut qu'ils n'avaient laissé rien à dire.

Pococke ramena l'attention sur cette question, qui semblait épuisée, en rapportant le dessin des deux colosses de Thèbes, et parti-

[a] In Euseb. *Chron.* p. 24. — [b] *Canon. chronic.* p. 424-426. — [c] *De oracul.* II, p. 280-287. — [d] *Orig. Ægypt.* p. 286 sqq.

culièrement de celui qui devait avoir été la fameuse statue vocale, à en juger par les nombreuses inscriptions qui se lisaient encore sur ses jambes. Il donna, de plus, toutes celles de ces inscriptions qu'il put lire, en ayant le soin de les figurer sur un dessin à grande échelle de la partie inférieure des jambes du colosse.

Ces inscriptions authentiques, contenant les témoignages irrécusables d'anciens voyageurs, prouvaient la réalité de la voix de Memnon, quelle qu'en fût d'ailleurs la cause.

Dans mon Mémoire sur la *statue vocale de Memnon*, j'ai exposé toutes les opinions qui avaient été émises sur ce curieux phénomène, et développé celle qui m'a paru ressortir des faits nouveaux que fournissent les inscriptions grecques et latines et les textes des auteurs anciens[a].

Les copies qu'en avait rapportées Richard Pococke, quoique nombreuses, sont restées presque inutiles dans les mains des plus habiles critiques, à la tête desquels il faut placer M. Fr. Jacobs[b], parce qu'elles étaient extrêmement inexactes, et si confuses, qu'elles défiaient, pour la plupart, la sagacité la plus perçante. Mais il est juste de rejeter en partie cette inexactitude sur le peu de temps que ce voyageur avait pu consacrer à ce travail difficile. Norden n'y a presque rien ajouté, non plus que la Commission d'Égypte, qui n'a fait connaître que quatre inscriptions nouvelles.

Il était donc bien nécessaire qu'on prît enfin la peine de les relever toutes encore une fois en totalité. Feu Salt, consul de sa Majesté Britannique en Égypte, se chargea de ce soin; et c'est un des derniers services que cet ami zélé de la science lui a rendus. Ces copies me furent envoyées par la Société royale de littérature de Londres, qui me pria de lui en transmettre l'explication. Mon mémoire sur ce sujet a été inséré au t. II, part. 1re des Transactions, de cette société, et plus complétement dans un travail plus étendu, qui forme la seconde partie de mon ouvrage intitulé : *Statue vocale de Memnon*.

[a] Dans les *Mém. de l'Académie*, t. X, p. 249-339. — [b] *Mém. de l'Académie de Munich* (Denkschriften u. s. w. 1810) et dans le tom. IV de ses *Vermischte Schriften*.

COLOSSE DE MEMNON.

D'après l'exactitude de ces copies [1], on pouvait présumer qu'aucune inscription lisible n'avait échappé à l'œil exercé du copiste, et qu'il les avait rendues aussi exactement que le permettait l'état des originaux. Cependant, comme nulle copie ne peut remplacer des empreintes, je profitai du voyage que mon ami Nestor L'Hôte exécuta en 1838, pour lui demander de prendre des empreintes en papier de tout ce qui pouvait rester d'écrit sur les jambes et le socle du colosse de Memnon.

Je me promettais deux avantages de cette collection : d'abord d'éclaircir les doutes que je conservais encore sur plusieurs leçons importantes; ensuite de connaître la place que chacune de ces inscriptions occupait sur le colosse; car la détermination de cette place relative n'est pas indifférente pour connaître l'époque de plusieurs d'entre elles. Pococke avait bien essayé d'indiquer cette place, dans le dessin en grand des deux jambes; mais tout m'annonçait que ce dessin, fait si précipitamment, n'était pas fort exact. Je recommandai donc à Nestor L'Hôte de disposer ses empreintes de manière qu'on pût les rattacher les unes aux autres, et avoir ainsi une espèce de portrait de toute la partie des jambes que recouvraient des inscriptions.

Ce travail fut exécuté avec tout le soin possible par ce jeune et zélé voyageur qu'une mort prématurée a ravi à la science. Mais les empreintes qu'il avait obtenues dans son premier voyage furent malheureusement presque toutes détruites par un accident de mer, ainsi que plus de cinq cents autres, prises sur les bas-reliefs égyptiens. Pour réparer cette perte immense, il sollicita et il obtint de M. Villemain, alors ministre de l'instruction publique, de retourner une seconde fois sur les bords du Nil. Il eut la persévérance de repasser sur toutes les traces de son premier voyage et de refaire tout ce qui avait été détruit, sans excepter les empreintes des inscriptions du

---

[1] On m'a dit qu'elles sont dues à M. Linant, habile dessinateur, et ingénieur plein de zèle et d'intelligence, à qui l'on doit un très-bon Mémoire sur l'emplacement du lac Mœris.

colosse, dont il prit de nouvelles épreuves, qu'il s'empressa de me confier, à son retour.

Les premières épreuves ne m'ont pas été inutiles; elles m'ont donné quelques repères, et fourni plusieurs inscriptions qui ne se sont pas retrouvées dans les secondes empreintes.

L'exactitude des copies de Salt a été confirmée par ces épreuves, qui nous reproduisent les originaux, avec toutes leurs circonstances et leurs détails les plus minutieux. J'aurais voulu pouvoir mettre sous les yeux du lecteur les fac-simile eux-mêmes; mais leur grande dimension ne permettait pas d'y penser. J'ai donc eu l'idée de les faire réduire au sixième avec le plus grand soin, et de disposer celles de chacune des jambes sur une seule feuille à part, en les mettant exactement à leur place relative indiquée par les repères. Cela m'a procuré l'avantage que Pococke avait voulu obtenir, mais à quoi il n'avait guère réussi, comme on pourra s'en convaincre en comparant son dessin avec le portrait fidèle que je mets sous les yeux du lecteur. La surface courbe de chaque jambe a été développée sur un plan, afin que les inscriptions ne fussent point altérées par la perspective, inconvénient que présentent les dessins de Pococke.

On aura donc là une collection qui présente une grande variété d'écritures, tracées entre les temps de Néron et de Septime Sévère, et formant un recueil paléographique presque unique en son genre [1]. Les lacunes assez considérables qui séparent les inscriptions ont dû être occupées par d'autres, dont je n'ai aperçu que les traces, et que les voyageurs pourront plus tard compléter en s'attachant à recueillir tous les vestiges de lettres qui peuvent exister dans les lacunes.

Quant au fond, on doit s'attendre à ce que ces empreintes, offrant une reproduction exacte des originaux, auront fourni des indications nouvelles pour la restitution. Cependant, telle était l'exactitude des copies de Salt, que le nombre des leçons qu'il m'a fallu changer est

[1] C'est M. Dubois, sous-conservateur du Musée des antiques, qui a exécuté cette réduction, avec ce soin scrupuleux et intelligent qu'il apporte à tout ce qu'il fait.

fort peu considérable. Très-souvent mes restitutions ont été confirmées, ainsi que mes conjectures, tant sur la position relative des inscriptions, que sur leur époque relative. C'est ce que j'ai indiqué en détail à propos de chaque point particulier.

En me renfermant ici dans les observations générales dont leur ensemble est susceptible, je ferai remarquer qu'il y en a seulement deux, outre quelques noms propres, qui ont été gravées sur le socle ; les autres l'ont été sur les deux jambes et les deux pieds. La plus élevée est à peu près à trois mètres au-dessus du plan du socle ; mais, comme le cou-de-pied a environ un mètre de haut, un homme debout, monté sur le pied, a pu facilement graver la plus haute ; il lui a fallu pour cela, tout au plus, un escabeau ou une petite échelle. Disposées en plusieurs colonnes sur chaque jambe, elles sont beaucoup plus nombreuses sur la jambe gauche que sur la droite.

Au premier abord, on pourrait croire que les plus hautes sont les plus anciennes ; mais un léger examen suffit pour faire évanouir cette idée. En effet, on trouve une inscription du temps de Vespasien au bas de la jambe gauche, tandis que deux autres, du règne d'Adrien, sont placées en haut et en bas, au-dessous de toutes celles que porte cette même jambe, et qu'on en voit une du règne de Domitien au bas de la jambe droite, et, encore plus bas, une autre du règne de Vespasien. Il n'est donc pas possible de tirer de là aucune induction chronologique. On voit que les premiers voyageurs qui en ont fait graver les ont mises où ils ont voulu ; les autres ont pris les places qui restaient, n'ayant égard, dans le choix, qu'à l'espace dont ils croyaient avoir besoin. Les deux inscriptions du socle sont au nombre des plus récentes.

La plupart d'entre elles se touchent, et même quelques-unes se pénètrent, au moins pour le commencement et la fin des lignes ; en certains endroits même on a gravé des lettres par-dessus une plus ancienne inscription. Les blancs qu'on aperçoit entre quelques-unes sont probablement remplis par des inscriptions que le papier de

Nestor L'Hôte n'a pas atteintes, ou qui ne sont pas venues. Ce qui me le ferait croire, c'est que la collection de Salt contient des copies d'inscriptions que je n'ai pas retrouvées dans les empreintes, et dont je n'ai pu marquer la place. Il en est de même de quelques empreintes où je n'ai pu découvrir de points de repère. Leur place se trouvait sans doute dans les blancs ou vides qui appellent l'attention des voyageurs; il leur sera facile de les remplir, avec mes planches sous les yeux.

Trente-cinq seulement ont des dates : la plus ancienne, du règne de Néron ; la plus récente, de celui de Septime Sévère. Quant à celles qui ne sont pas datées, à en juger par des caractères qui ne peuvent pas égarer beaucoup, elles se renferment dans le même intervalle. Sur les trente-cinq qui portent des dates, il y en a vingt-sept du seul règne d'Adrien.

L'inscription du règne de Néron fixe, à peu près, l'époque où les voyageurs ont commencé à écrire sur les jambes du colosse. Si l'usage en eût existé lors du voyage de Germanicus[1], ce prince, grand admirateur des antiquités de l'Égypte, y aurait fait graver, comme les autres, son nom en gros caractères dans une partie bien visible d'une des jambes, et nous le retrouverions maintenant à côté de ceux d'Adrien et de Sabine.

Le règne de Néron est donc, selon toute apparence, l'époque où l'on a commencé à placer des noms sur le colosse.

Même après cet empereur, on n'en écrivit qu'assez rarement jusqu'au règne d'Adrien. En effet, la plupart des inscriptions sont du

---

[1] M. de Forbin (*Voyage au Levant*, p. 90) assure avoir lu le nom de *Claude Germanicus* sur le colosse. On voit, en effet, ce nom écrit en gros caractères, sur son dessin, près du petit orteil du pied gauche. Il est étrange que personne, excepté ce voyageur, n'ait aperçu cette inscription si distincte, placée, d'après son dessin, dans l'endroit le plus en vue. Je n'hésite point à déclarer qu'elle n'existe pas. Il y a là une méprise que j'explique ainsi : sur le pied droit, près de l'orteil, se trouve l'inscription du centurion L. Licinius Pudens, de l'an IV de Domitien, laquelle se termine par les mots DOMITIANI . CAESARIS . AVGVSTI . GERMANICI . AVDI . MEMNONEM . C'est ce mot GERMANICI qu'on aura pris pour le nom de Germanicus, et que l'artiste chargé du *dessin pittoresque* aura transporté sur l'autre jambe, où l'on ne voit rien de semblable.

temps de ce prince. Parmi celles qui portent des dates, outre celle du règne de Néron, il y en a trois de celui de Vespasien, trois de celui de Domitien, et une seule de celui de Trajan : en tout, huit seulement antérieures à Adrien; et celles qui ont été écrites sous ce prince, mais avant son voyage à Thèbes, ne sont qu'au nombre de six.

A l'époque où cet empereur vint à Thèbes et entendit le colosse, il n'y en avait donc probablement encore qu'un petit nombre. Adrien et Sabine y firent graver leurs noms, qui s'y lisent distinctement. Plusieurs personnes de leur suite placèrent le leur à côté, en l'accompagnant de pièces de vers où elles exprimaient leur admiration et celle des augustes voyageurs pour la belle voix de Memnon. Depuis, on suivit cet exemple, jusqu'à ce que toute la place eût été prise. C'est à cette époque, je pense, qu'il faut rapporter la plupart des inscriptions sans date ; car toutes celles de ce genre dont il m'a été possible de découvrir l'époque, à l'aide de quelque caractère certain, sont du temps du voyage d'Adrien, ou postérieures ; et l'on peut supposer raisonnablement qu'il en est de même des autres.

Après le règne d'Adrien, il restait encore un peu de place ; car on trouve deux inscriptions du temps de Septime Sévère et de Caracalla ; mais elles sont fort courtes. Il n'y en avait plus assez pour qu'on en écrivît d'un peu longues, lorsqu'un certain Gémellus, préfet de l'Égypte ou de légion sous Antonin, voulut faire graver une inscription en quatorze ou quinze lignes ; il fut obligé de l'écrire sur le piédestal (CCCLXI) ; ce qu'on n'avait pas encore fait jusque-là, sans doute parce que les inscriptions s'y seraient trouvées trop exposées à être effacées par les désœuvrés ou les malveillants ; on n'y eut recours que quand la place manqua sur les jambes. Cette considération doit nous faire regarder comme postérieure à Adrien, et du temps des deux Antonins, ou même de Septime Sévère, l'inscription du poëte Asclépiodote (CCCLXXV), gravée sur la partie antérieure du piédestal ; comme elle n'a que huit lignes, elle ne tient pas beaucoup de place ; il en restait donc alors sur les jambes bien peu de disponible, puisque le poëte fut obligé de recourir au piédestal.

On doit reconnaître aussi qu'il n'y a jamais eu en cet endroit que ces deux inscriptions. Sans doute le piédestal est fort détérioré; mais la surface n'en est pas tellement érasée, qu'on ne puisse y apercevoir, le plus souvent au moins, les traces des lettres qui y auraient été gravées jadis. D'ailleurs il est enterré aux deux tiers : la surface de la partie enfouie, protégée ainsi depuis des siècles, est peu endommagée; elle ne porte qu'une seule inscription de quatorze lignes, qui se lit encore assez distinctement pour qu'on puisse la rétablir presque en son entier. S'il y en avait eu d'autres à côté, on en verrait au moins les traces. Cette circonstance remarquable nous montre que l'usage d'en graver de pareilles n'a pas dû se conserver longtemps au delà de l'époque à laquelle appartient la plus récente, qui est du règne de Septime Sévère et de Caracalla.

Presque tous les personnages qui les ont fait graver ont déduit leurs titres et qualités; d'autres se sont contentés d'écrire leurs noms. En mettant à part les inscriptions d'Adrien, de Sabine et de leur suite, il en reste encore bon nombre dont les auteurs ont donné leurs titres; ce sont tous des personnages d'un rang assez distingué. On trouve huit gouverneurs d'Égypte, deux femmes de gouverneur, trois épistratéges ou commandants de la Thébaïde, quatre stratéges ou chefs de nome, deux procurateurs de César, un greffier royal, deux archidicastes ou grands juges, un néocore du Sérapis d'Alexandrie, etc.; le moindre personnage est un poëte homérique du Musée. Parmi les militaires sont deux préfets de légion et un préfet de camp. Il y a bien aussi deux décurions, un centurion et un primipilaire; mais ces chefs de cohorte ou de centurie, campés probablement dans l'*Amenophium*[1], étaient de ces gens auxquels les prêtres n'avaient rien à refuser.

Les inscriptions latines ont toutes pour auteurs des Romains, à deux exceptions près. Entre les inscriptions grecques, beaucoup ont été écrites aussi par des Romains. On remarque que tous les mili-

---

[1] Ou *palais d'Aménophis*, maintenant détruit, à l'entrée duquel se trouvaient les deux colosses. Voyez le Mémoire à la fin du volume.

taires ont écrit en latin, ainsi que les huit préfets d'Égypte; seulement l'un deux a joint à son nom deux vers grecs, qui ne sont pas mauvais. Tous les épistratéges, quoique Romains, ont écrit en grec. Sabine a fait écrire son nom en grec, et elle a été imitée par toutes les personnes de sa suite et de celle de l'empereur; elles ont accompagné leur nom de vers élégiaques ou ïambiques, quelquefois assez bons, d'autres fois assez mauvais ou même détestables, soit qu'elles les aient composés elles-mêmes, soit qu'ils l'aient été par quelqu'un de ces Grecs plus ou moins lettrés que les riches Romains d'alors traînaient partout après eux.

Les noms propres qui se lisent dans ces inscriptions sont au nombre de plus d'une centaine. Parmi tous ces noms, il n'y en a pas un seul qui ne soit grec ou romain; et, parmi tant d'inscriptions, il n'en est pas d'hiéroglyphique[1]; et il n'y en a qu'une seule qui paraît être phénicienne. La conséquence de ce fait, c'est que les Égyptiens n'ont pris aucun intérêt à la voix de Memnon, et qu'elle a été exclusivement célébrée par les Grecs et les Romains. J'en ai dit la raison[a].

Telles sont les observations générales qui ressortent de ces inscriptions, considérées indépendamment du sens de chacune d'elles. On peut en tirer ces conséquences :

1° Le phénomène vocal n'attira l'attention que depuis la conquête des Romains, puisqu'on ne trouve sur la statue aucune inscription de l'époque des Lagides, ni d'une époque antérieure.

2° Ce phénomène a dû cesser de se produire vers le temps de Septime Sévère, puisque la plus récente des inscriptions gravées sur les jambes est de cette époque, et que le piédestal, qui offrait une place si commode pour en recevoir une multitude, n'en contient que deux, dont l'une est du règne d'Antonin.

3° Les Grecs seuls ont fait du phénomène un objet de dévotion,

[a] Voir le Mémoire à la fin du volume.

[1] On sent bien que je ne parle pas des hiéroglyphes gravés sur le siége, qui sont de l'époque même de l'érection de la statue; l'exécution en est parfaite.

puisque eux seuls ont adressé leur hommage religieux à l'être divin qui produisait le miracle.

De là se tire une autre conséquence : c'est que le prodige n'a point été le résultat d'une fraude pieuse.

En effet, on ne la concevrait pas de la part des prêtres égyptiens; car, dans ce cas, les nationaux en auraient été dupes plus encore que les étrangers, et l'on devrait trouver le tribut de leurs hommages à côté de celui des Grecs et des Romains.

On la concevrait encore moins de la part de ceux-ci. Le moyen de croire, en effet, que, dans un temple égyptien, ils auraient pu pratiquer impunément une telle supercherie, et tromper, pendant deux siècles, des empereurs, des gouverneurs, des généraux, des nomarques, en un mot, tout ce que l'Égypte renfermait de Grecs et de Romains influents?

Il faut donc admettre que le prodige avait quelque cause indépendante de la volonté des hommes.

D'un autre côté, il est certain, d'après les témoignages de Strabon, de Juvénal et de Pausanias, que, depuis le temps d'Auguste jusqu'à celui des Antonins, le colosse était brisé par le milieu du corps, et qu'il n'en restait que la partie inférieure [a].

Plusieurs inscriptions font clairement allusion à cet état de la statue. C'est postérieurement à cette époque que la partie supérieure, depuis les genoux, a été rebâtie par assises [b]. Cette restitution, ainsi que je l'ai montré, est très-probablement due à Septime Sévère, qui voulut honorer le héros et se le rendre favorable.

Cette restauration de la statue, à une époque si récente, est un fait dont j'ai montré toute la singularité et tâché d'expliquer la cause. Il est difficile de douter que ceux qui ont exécuté ce grand ouvrage n'aient voulu éviter la disparate que présentait la différence de couleur des matériaux dont se composa la statue ainsi restaurée, la partie inférieure étant formée d'un seul bloc de brèche agatifère, l'autre, composée d'assises en grès. On ne put éviter cet inconvénient qu'en

[a] V. la pl. XII, A, B. — [b] La même, C.

recouvrant la statue entière d'une teinte uniforme, qui la fît paraître monolithe. En effet, on remarque, à l'envers de plusieurs des premières empreintes de Nestor L'Hôte, des traces très-visibles de la couleur rouge dont la statue a dû être recouverte des pieds à la tête, lors de sa restauration [1].

Il est donc fort remarquable que les inscriptions ont été tracées pendant l'intervalle de deux siècles environ, qui sépare le brisement du colosse de son rétablissement.

J'aurais pu ranger ici les inscriptions selon la place qu'elles occupent sur le monument, mais cela n'était pas nécessaire, les planches étant là pour indiquer la disposition de chacune d'elles; j'ai mieux aimé les classer d'après leur époque réelle ou présumée. Pour chacune d'elles j'indique, par les lettres G et D, celle des deux jambes, gauche ou droite, où elle se trouve; puis, à côté du numéro courant en chiffres romains, je mets en chiffres arabes le numéro particulier qu'elle porte sur chaque jambe; on pourra donc en retrouver facilement le fac-simile, pour le comparer à la restitution; c'est ce qui m'a dispensé d'insérer, dans le texte, les copies en lettres majuscules, excepté pour celles qui ne sont pas dans les empreintes, ou que celles-ci ne donnent pas complétement. A la fin, une concordance permettra de retrouver dans le texte la page où chacune des inscriptions est expliquée.

Je les ai divisées en deux classes: celles qui portent des dates, et celles qui n'en ont pas.

Pour la première classe, j'ai suivi l'ordre chronologique, mêlant les vers et la prose, le grec et le latin; pour la seconde, au contraire, j'ai établi deux divisions, comprenant, l'une, les inscriptions grecques, l'autre, les inscriptions latines.

---

[1] Ces restes de couleur ont été enlevés par les *premières* empreintes; il n'en est plus resté de traces dans les *secondes*.

I. INSCRIPTIONS DATÉES.

CCCXXV. (D. n° 12.) Publiée pour la première fois dans la description de Thèbes, d'après la copie de M. Girard[a], puis par M. Hamilton[b], dont la copie est plus exacte en quelques points. La lecture que j'en ai proposée dans les Recherches sur l'Égypte[c], adoptée par MM. Orelli[d] et Jacobs[e], est confirmée par la copie de Salt et le fac-simile.

A. Instuleius Tenax primipilaris legionis $\overline{XII}$ Fulminatæ et Caius Valerius Priscus centurio Legionis $\overline{XXII}$, et Lucius Qaintius Viator decurio, audimus Memnonem, anno $\overline{XI}$ Neronis Imperatoris nostri, $\overline{XVII}$ kalendas apriles, hora......

Cette inscription offre un trait intéressant dans le titre de la douzième légion, écrit fort distinctement FVLMINATÆ, comme dans une inscription de Tarquinies[f]. Les autres exemples connus[g] auparavant ne présentent que les abréviations FVL. FVLM. FVLMIN. ou FVLMINAT., on avait pensé que cette abréviation ne pouvait être autre chose que FVLMINATRIX; mais c'est là une forme déduite par conjecture (car il n'y en a pas d'exemple) du masculin *fulminator*, d'après le titre de κεραυνοβόλος qu'Eusèbe et Xiphilin donnent à cette légion. Or le titre grec κεραυνοφόρος, que lui donne Dion Cassius, pour l'époque d'Auguste[h], signifie, non *qui lance la foudre*, mais *qui porte, qui tient la foudre;* et cela est relatif sans doute à la *figure tracée sur le bouclier des légionnaires*[i]. Le choix de ce symbole a pu tenir à quelque circonstance fortuite; par exemple, à la chute de la foudre sur la légion en marche, ou campée, chute qu'on a pu regarder comme un signe divin, d'où la légion aura pris le nom de *Fulminata* ou *Fulminea* (*Fulminée*), en grec, Κεραυνόβολος (*ful-*

---

[a] *Descript. de l'Égypt.* Pl. Ant. tom. V, pl. LV, n° 31. — [b] *Ægypt.* p. 172. — [c] P. 355. — [d] *Inscript. lat.* n° 517. — [e] *Abhandl.* S. 124. — [f] Borghesi, dans le *Bulletino dell'Instituto*, etc., 1829, p. 199. — [g] Gruter, 193, 3; 513, 2; 547, 6; 567, 10; 1090, 13; Reines. VIII, 52; Gud. 169 1; 171, 5; 172, 9; 184, 1, etc. — [h] LV, 23. — [i] Adr. Rupert. ad Flor. p. 343.

CCCXXV. COLOSSE DE MEMNON.

mine tacta, non κεραυνοϐόλος, *fulmen jactans*), et celui de *Fulminifera* (Κεραυνοφόρος), de l'insigne qui la distinguait. Ainsi, jusqu'à ce qu'une inscription de cette époque donne en entier le mot FVLMINATRIX, l'épithète FVLMINATA, écrite ici par un membre de cette légion, doit être considérée comme celle qu'elle portait réellement.

Notre inscription est la plus ancienne de toutes celles où ce titre de la douzième légion se rencontre; il s'est trouvé déjà dans une autre du temps de Trajan [a]; celle-ci achève de confirmer le témoignage de Dion sur l'existence d'une légion portant ce titre, dès le temps d'Auguste [b], contre la dénégation de Xiphilin, moine du XIe siècle, son abréviateur [c]. Mais Xiphilin suit l'opinion adoptée par Eusèbe [d], d'après la tradition (λόγος ἔχει); il prétend que la douzième légion avait reçu le titre de Κεραυνοϐόλος du miracle obtenu par les prières des soldats chrétiens de cette légion, en 174, dans la guerre contre les Quades sous Marc-Aurèle. Le fait de l'heureuse pluie qui vint sauver l'armée romaine est admis par les auteurs païens, tels que Dion Cassius [e], Julius Capitolinus, Thémistius, Claudien; ils attribuent le miracle à la protection de *Jupiter* (*pluvius*); opinion représentée sur un fameux bas-relief de la colonne Antonine. Aucun d'eux ne parle des chrétiens ni de leurs prières; on en trouve la première mention dans Tertullien [f] et dans un auteur chrétien du IIIe siècle, Claude Apollinaris, d'Hiérapolis, qu'Eusèbe cite plusieurs fois [1]. Tertullien s'appuie sur une prétendue lettre de Marc-Aurèle, citée aussi par saint Jérôme [g] et Paul Orose [h], et que l'on trouve à la fin de la deuxième apologie de saint Justin martyr [i], mais dont la fausseté est reconnue depuis Scaliger [k].

[a] Scaliger ad Euseb. *Chron.* p. 204. — [b] LV, 23. — [c] Ex libr. LXXI, 9. — [d] *Hist. eccles.* V, 1. — [e] Dio Cassius, LXXI, 8, *ibique* Reimarus. — [f] *Apologet.* c. v, p. 62, ed. Haverc. — *Ad Scapulam.* c. IV. — [g] *Chron.* ad ann. CLXXIV. — [h] *Chron. histor.* VII, 15. — [i] P. 141, ed. Grabe. — [k] Ad Euseb. p. 204, col. 2.

[1] Une tradition rapportait le miracle aux enchantements d'un sorcier égyptien appelé *Arnouphis*, qui accompagnait Marc-Aurèle. (Dio Cass. l. l.) Claudien y fait allusion (l. l.); mais elle est contraire à ce qu'on sait de l'éloignement de ce prince pour tous les thaumaturges. (Reimarus ad Dion. Cass. l. l. Gataker ad M. Anton. I, 6, p. 4.)

Les doutes élevés à l'égard de la tradition admise par les auteurs chrétiens, et que plusieurs critiques des derniers siècles ont fait ressortir, sont maintenant confirmés par notre inscription, qui démontre que Dion Cassius était bien informé quand il faisait remonter la dénomination de *Fulminée* ou de *Porte-foudre* bien avant le règne de Marc-Aurèle et avant le miracle auquel les auteurs chrétiens attribuèrent cette qualification.

On peut remarquer, d'ailleurs, que la douzième légion n'a jamais été cantonnée en Europe, et n'a pu combattre dans la guerre des Quades. Au temps de Néron, elle était en Égypte; depuis, elle fut transportée en Syrie, où elle se trouvait à l'époque du siége de Jérusalem[a]; ensuite elle fut cantonnée en Mélitène, province limitrophe de la Cappadoce et de l'Arménie, d'où elle tira le nom de *Mélitène*, qu'elle portait encore à la fin du IVe siècle; puisque la Notice de l'empire, à l'article du *dux Armeniæ*, fait mention de la *Præfectura legionis duodecimæ Fulminatæ Melitenæ*[1].

Ainsi, d'une part, les auteurs chrétiens se trompent en rapportant le nom de *Fulminata* au miracle survenu dans la guerre des Quades; et, de l'autre, la douzième légion n'a jamais été dans ce pays[b]. La tradition chrétienne paraît due à une combinaison du nom de *Fulminata* avec le fait que la douzième légion contenait déjà beaucoup de chrétiens, puisque Procope[c] cite quarante martyrs comme lui ayant appartenu.

Notre inscription introduit donc dans cette question controversée un élément propre à la résoudre définitivement.

Il serait naturel de croire que le mot AVDIMVS est au présent, d'autant plus que la première personne AVDIO se lit dans une de ces

---

[a] Tacit. *Hist.* IV, 81. — [b] Grotefend, dans le *Zeitschrift für die Alterthumsw.* 1834, n° 25, S. 206, 207. — [c] *De Ædif.* 1, 7, p. 195, ed. Bonn.

[1] *Not. Imper. Orient.* c. xxxv, 1, 4, p. 96, ed. Böcking. Ce savant éditeur, se conformant à l'opinion commune, a remplacé la leçon *Fulmineæ* des éditions et *Fulminæ* des manuscrits par *Fulminatricis*; mais, d'après ce qui vient d'être dit, c'est *Fulminatæ* ou *Fulmineæ* qu'il faut lire.

CCCXXVI, CCCXXVII. COLOSSE DE MEMNON.

inscriptions. Cependant, comme on trouve ailleurs AVDIT ET HONORAVIT; FECIT CVM AVDIT, et six fois la première personne AVDI pour AVDIVI, il me paraît bien probable que AVDIT et AVDIMVS sont pour AVDIIT, AVDIIMVS. Au reste, cette dernière forme ne se trouve nulle part dans nos inscriptions; ce qui montre qu'encore au IIe siècle on évitait, en ce cas, le double II, comme du temps de Cicéron.

La date répond au 15 mars de l'an 64 de J. C.

CCCXXVI. (D. n° 28.) Copiée par Pococke, mais fort inexactement; curieuse par la forme cursive des lettres.

> TI*berius* IVLIVS. LVPVS. PRA*efectus* AEG*ypti* AVDI. MEMN*onem*
> HORA. PR*ima* FE*liciter.*

C'est le Julius Lupus dont parlent Josèphe[a] et Pline[b]; il avait succédé à Tiberius Julius Alexandre en qualité de préfet vers l'an 71 de J. C. sous Vespasien[c]. Il mourut peu après, et eut pour successeur Paulinus[d]. Le voyage de ce préfet à Thèbes doit avoir eu lieu entre 71 et 72.

Les deux lettres FE pourraient être le commencement du mot FE[BRUARIAS], et à la fin de la ligne précédente il y avait peut-être les lettres KAL. ou ID. ou NON. Je crois cependant que *feliciter* est la vraie leçon. Au n° CCCLXII, nous avons de même AVDI. MEMNONEM. FELICITER.

De la copie de Pococke, M. Labus tire un T. MVSIVS. LVPVS, dont il place la préfecture sous Septime Sévère[e]. Ce préfet n'a jamais existé.

CCCXXVII. (G. n° 2.) *Suedius Clemens Præfectus castrorum audi Memnonem, $\overline{\text{III}}$ idus novembres, anno $\overline{\text{III}}$ imperatoris nostri.*

Il est question, dans Tacite, d'un *Suedius Clemens primipilaire*, qui, ayant la confiance d'Othon, fut chargé par lui, avec Novellus, autre primipilaire, et Æmilius Pacensis, tribun militaire, d'attaquer la

---

[a] *Bell. Judaïc.* VII, 10, 4. — [b] XIX, 1. — [c] *Recherches sur l'Égypte*, p. 232. — [d] Joseph. *Bell. Judaïc.* l. l. — [e] *Di un' epigr. lat.* p. 137 et 152.

Gaule Narbonnaise [a]. L'identité parfaite des noms rend bien probable que c'est le même que notre préfet de camp. L'an $\overline{\text{iii}}$ ne convient ni au règne d'Othon, ni à celui de Vitellius; mais il peut appartenir à celui de Vespasien. *Suedius Clemens,* après la mort d'Othon, aura pu prendre parti contre Vitellius. Il est tout naturel de lui trouver, sous Vespasien, un grade, *Præfectus castrorum,* auquel passaient parfois les centurions : *Rufus, diu manipularis, dein centurio, mox castris præfectus* [b]. Dans cette hypothèse, Suedius Clemens aurait entendu Memnon le 11 novembre de l'an 71 de notre ère, l'an iii de Vespasien [1] ayant commencé le 29 août de cette année julienne.

On peut faire sur la date une remarque qui s'applique à toutes les autres inscriptions datées.

Cette inscription *latine* porte l'année de l'empereur régnant, et non l'année consulaire ou le nombre de la puissance tribunitienne. Cela est contraire à l'usage suivi dans les inscriptions latines, et il n'en existe peut-être pas d'exemple hors de l'Égypte. On a évidemment suivi l'usage égyptien, de même que dans huit autres inscriptions. L'indication des consuls se trouve, au contraire, dans sept, dont les cinq premières appartiennent à des *préfets d'Égypte;* un seul de ces préfets s'est écarté de l'usage romain. Quant aux inscriptions grecques, il n'y en a pas une seule dans toute l'Égypte, même parmi celles qui ont été tracées par des Romains, où non-seulement l'année, mais encore le quantième, ne soient exprimés à l'égyptienne.

Il est donc clair que généralement les Romains, en Égypte, ont suivi, à cet égard, l'usage égyptien. La raison n'est pas difficile à trouver. D'une part, les changements consulaires ne leur étaient pas toujours connus à temps; de l'autre, ils étaient entourés de gens qui ne se servaient que des années de l'empereur, les seules qui fussent employées dans tous les actes publics. L'usage de ces années

[a] Tacit. *Hist.* I, 87; II, 12. — [b] Tacit. *Annal.* I, 20.

[1] L'an iii ne peut se rapporter au règne de Titus, parce que ce prince mourut le 12 septembre de l'an iii de son règne, environ deux mois avant l'époque ici marquée.

CCCXXVIII. COLOSSE DE MEMNON.

était facile et exempt de chances d'erreur, parce que leur commencement était rattaché invariablement au premier thoth de chaque année, quel que fût d'ailleurs le jour où l'empereur était monté sur le trône. Les personnes revêtues d'un haut caractère politique, comme les préfets d'Égypte, ayant sous les yeux les actes émanés de Rome, où les noms des consuls étaient indiqués, se conformaient naturellement à l'usage administratif romain. L'emploi des années impériales en Égypte étant conforme à l'usage égyptien, il est raisonnable d'admettre que ceux qui l'ont suivi ont compté les années du règne à l'égyptienne, et non selon la méthode des anciens chronologistes, d'Eusèbe entre autres, qui comptent les années impériales à partir du commencement effectif du règne. C'est pourquoi toutes les réductions que je donne des années impériales en années juliennes sont établies sur l'hypothèse que ces années partent du premier thoth (29 ou 30 août julien) de l'année fixe alexandrine.

Je dois encore signaler une particularité : *toutes* les inscriptions grecques datées le sont, sans exception, en années impériales et en *mois égyptiens*; *toutes* les inscriptions latines, même celles qui portent les années impériales, sont datées selon le *calendrier romain*. Cette règle est observée non-seulement dans les inscriptions memnoniennes, mais encore dans *toutes* les inscriptions découvertes en Égypte.

Il semble pourtant que la différence *seule* de la langue n'en devrait pas faire dans l'énoncé de la date. D'où vient que, lorsqu'un Romain écrivait en grec, il se servait du calendrier égyptien ; en latin, du calendrier romain, tout en adoptant la manière égyptienne de compter les années? Je ne vois pas encore bien nettement à quoi tient cette différence.

CCCXXVIII. (D. n° 22.) Celle-ci est de l'année suivante, ayant été tracée le 1er avril 73 de J. C. Les deux premières lignes manquent sur l'empreinte. Salt n'en a donné que le commencement; mais Pococke et Norden ont transcrit complétement la première ligne L. IVNIVS CALVINVS. Cela nous fait voir que le mot PRAEFECTVS, qui vient ensuite, ne peut désigner un préfet d'Égypte; car, en l'an IV de Vespasien, c'était un *Paulinus* qui gouvernait l'Égypte. Il s'agit donc d'un autre genre de préfecture.

Après les premières lettres de la seconde ligne, on lit, dans la copie de Pococke, ΛΛΟΝΤSΒSRΕΝΙϹ; dans celle de Norden, ΜΟΝΤΙSΒΕ-ΒΕΝΙ. Ce ne peut être que ΜΟΝΤΙS ΒΕRΕΝΙϹ. pour *Montis Berenicidis*. En effet, il est question, dans une inscription donnée par Muratori[a], d'un L. Pinarius Natta, tribun militaire de la troisième légion (probablement *Cyrénaïque*) et *præfectus Berenicidis*; dans une autre[b], d'un M. Artorius Priscus Vicasius Sabidianus, qui avait été successivement *præfectus Montis Berenicidis* et *epistrategus Thebaïdis*. La réunion de ces deux titres nous indique ce qu'il faut entendre par *Mons Berenicidis*. Il s'agit de la montagne des Émeraudes (*Mons Smaragdus* de Ptolémée), sur laquelle on peut voir ce qui a été dit au tome I de cet ouvrage[c].

Ces inscriptions attestent qu'en effet les Romains confiaient la garde du canton montagneux[1] où ces mines étaient situées à un chef militaire commandant un corps de troupes plus ou moins considérable. Ce chef militaire devait dépendre de l'épistratége de la Thébaïde, dont la juridiction s'étendait jusqu'à la mer Rouge, sans doute pour protéger les caravanes qui se rendaient de Coptos à Bérénice; de là le nom d'*Arabarque*, qu'on lui donnait aussi. (V. n° CCCLXXX.) D'après plusieurs inscriptions, *le rivage de la mer Rouge*, ἡ παραλία τῆς Ἐρυθρᾶς θαλάσσης[d], était placé sous sa juridiction. On conçoit alors très-bien que le commandement des troupes chargées de garder les mines devînt un titre pour être ensuite nommé *épistratége*, comme le fut M. Artorius Priscus.

L'expression *Præfectus Montis Berenicidis* fournit une dénomination géographique qui manque dans les auteurs. On voit en effet qu'in-

[a] P. 2033, 5. Lupuli, *Iter Venus.* p. 65; Orelli, n° 3880. — [b] Gruter, p. 130, 1 ; Orelli, n° 3881. — [c] Page 454. — [d] Plus haut, p. 42 de ce volume.

[1] Peut-être le *Castra lapidariorum* de la Notice de l'empire, et non les carrières granitiques de Syène, comme le pensait Buttmann. (*Museum der Alterth.* II, 93.)

CCCXXIX. COLOSSE DE MEMNON.

dépendamment du nom de *Smaragdi mons* (Σμάραγδος ὄρος, selon Ptolémée, probablement Σμαράγδου ὄρος), on donnait à cette montagne le nom de *mont de la Bérénicide* ou du *canton de Bérénice*; en grec, τὸ τῆς Βερενίκιδος ὄρος, et le *præfectus montis Berenicidis* devait s'appeler ἔπαρχος τοῦ τῆς Βερενίκιδος ὄρους.

Le fac-simile donne RVSTIL, plutôt RVSTICA VXORE que RVTILIA, quoique les lettres presque effacées laissent de l'incertitude. L'inscription est complète ainsi :

L. Iunius Calvinus | *Præfectus Montis Berenicidis* | *audivi Memnonem cum* | *Minicia Rustica uxore* | *Kalendas apriles, hora* II; *anno* IV *imperatoris nostri* | *Vespasiani Augusti.*

Il s'agit donc de L. Junius Calvinus, préfet du mont de la Bérénicide, qui entendit Memnon, avec *Minicia Rutilia*, ou *Rustica*, sa femme, à la deuxième heure, le jour des calendes (le 1er) d'avril de l'an IV. de Vespasien, 73 de J. C. On pourrait lire MINVCIA : mais *Minicius* se disait tout aussi bien que *Minucius*[a] : témoin, entre autres, Caius Minicius Italus, préfet d'Égypte sous Trajan[b].

CCCXXIX. (D. n° 3.) Je rapporte au même règne cette inscription, dont Pococke n'a donné que les premières lignes, mais bien inexactement.

L'absence du prénom devant HANICIVS choque dans une inscription de ce temps. Après VIENNA, il a pu y avoir ORIVNDVS; mais la ligne deviendrait beaucoup trop longue, parce qu'il manque ensuite un titre militaire, PR. ou P. P. devant LEGIO, qui terminait la ligne; car DIS III CIR de la ligne suivante ne peut être que NIS III CYR. Il y a donc eu très-probablement ellipse du participe après le nom de la ville, comme dans César : *Cn. Magius, Cremona*[c], et . . . *C. Felginas, Placentia; A. Granius, Puteolis; M. Sacrativir, Capua*[d].

Je lis :

M.ANICIVS.Titi Filius VOLtinia.VERVS.VIENNA.[...LEGIO]

[a] Morcelli, *Indicaz. antiq. per la villa Albani*, p. 16. — [b] Labus, *Di un' epigrafe latina*, p. 99. — [c] *Bell. civ.* I, 24. — [d] *Id.* III, 71.

NIS III CYRenaïcæ. AVDI. MEMNONem. VI. IDVS[1]
NOVEMBRes. ANNO. III. IMPeratoris. Nostri. ET. VII. Kalendas. IANVARias
ET. XVIII Kalendas FEBRuarias ET. IV Nonas ejusDEM. ET. VI
ID·.·ET. XIII Kalendas MARTias ET. VII Kalendas MARTias ET. XIII IDus MARtias
ET. VII. IDus IANuarias BIS. ANNO. IV. IMPeratoris AVGusti
ET. V. Kalendas MARTias. ET. VII. IDVS. AVDIMus ET.
VIII. IDVS. APRILES. ANNI EIVSDEM
ITEM. IV. NONas. IVNIAS. ANNI. EIVSDEM.

Le nom de l'empereur manque, comme dans la précédente; mais on peut le suppléer. Une inscription de Dekkeh nous montre que la troisième *légion Cyrénaïque* était cantonnée en tout ou en partie dans la haute Égypte, l'an XXIe de Tibère, 34 de J. C.[a], et l'on sait par Tacite que Titus l'en tira pour la guerre de Judée[b]. L'inscription est donc antérieure à cette époque; elle pourrait être du temps de Tibère, de Caligula ou de Néron; mais la formule IMP. N. me la fait rapporter à Vespasien comme la précédente; les époques sont comprises dans les années 71 et 73.

M. Anicius Verus, natif de Vienne, soldat ou officier de la troisième légion, a tenu note détaillée de toutes les fois qu'il a entendu Memnon, en passant et en repassant à Thèbes pour l'exercice de ses fonctions.

En l'an III, il a entendu sa voix le VI des ides de novembre; il l'avait entendue auparavant, le VII des calendes de janvier, le XVIII des calendes de février, le IV des nones et le VI des ides de ce mois (l. 5), le XIII et le VII des calendes de mars, le XIII des ides de mars.

L'année suivante (ANNO. IV. IMP. AVG.), le VII des ides de janvier, deux fois, le V des calendes et le VII des ides de mars, le VIII des ides d'avril, le IV des nones de juin de la même année.

Cet homme, si scrupuleux sur les dates, n'a pas marqué une seule fois l'heure; circonstance que les autres mentionnent avec tant de soin.

[a] Gau, *Antiquit. de la Nubie*, pl. XIV, 31. — [b] *Hist.* V, 1.

[1] Ou MEMNONEMIDVS.

CCCXXX, CCCXXXI. COLOSSE DE MEMNON.

CCCXXX. (G. n° 19.) Le commencement et la fin des lignes manquent.

On doit la lire ainsi :

Τι6ερι]ος Κλαύδιος Ἥρ-	Moi, Tibère Claude Héron, j'ai
[ων ἠκ]ουσα Μέμνον[ος....	entendu Memnon avec Achille
.σὺν] Ἀχιλλεῖ καὶ....	et.... la première heure, l'an
.... ὥρας A.L.H. αὐτο[κρ-	VIII de l'empereur César Vespa-
άτορο]ς Καίσαρος Οὐεσπασι[αν-	sien Auguste, le.... du mois
οῦ σεϐ]ασ7οῦ, μηνὶ ἀ[θὺρ...	d'athyr, m'étant souvenu de....
..με]μνημένος.....	..... et de Denys..... et de
....καὶ Διονυσ[ίου....	leurs......
....α]ὑτῶν....	

La date est de l'an 77.

Au lieu de Ἥρων, il a pu y avoir tout autre mot commençant par Ηρ, tels que Ἡράκλειος, Ἡρόδοτος, Ἡρόδωρος, etc.

Le mot ὥρας a pu être précédé de ἐντός, comme dans les inscriptions CCCXLVIII et CCCXLIX; mais la place est nécessaire pour le nom qui manque; et le génitif peut aussi bien aller que le datif. On en verra d'autres exemples.

Rien de plus commun, dans les *proscynemata* (*actes d'adoration ou hommages religieux*), que cette expression, *je me suis souvenu* de tel ou tel, de ma femme, de mes enfants, de mes frères ou de mes amis. En rendant hommage au dieu, le voyageur se souvenait des personnes qui lui étaient chères; ce souvenir, accompagné d'un vœu, appelait sur elles la faveur divine.

C'est là l'explication de ces mots, ἐμνήσθην, ἐμνήσθη, ou μεμνημένος, ou μνείαν ποιούμενος [a], suivis de noms au génitif, qu'on trouve si souvent dans nos inscriptions, et qui suffiraient pour leur donner le caractère de *proscynemata*.

CCCXXXI. (D. n° 2.) Cette inscription, mal copiée par Pococke, mieux par M. Girard, ne l'a été complétement que par Salt; aussi

[a] Plus haut, p. 28 de ce volume.

338   PROSCYNÈMES ET ACTES DE VISITE.

la première ligne a toujours été mal lue; Norden seul avait donné la vraie leçon :

```
FVNISVLANA.VETVLLA
C.LELII.AFRICANI.PRAEF. AE
VXOR.AVDI.MEMNONEM
PR.ID.FEBR.HORA I. S̄
ANNO.I.IMP.DOMITIANI.AVG.
  CVM.IAM.TERTIO.VENISSEM
```

Le préfet d'Égypte C. Lælius Africanus n'est connu que par cette inscription. Sa femme *Funisulana Vetulla* visita Memnon le 12 février de l'an 1 de Domitien ou 82 de J. C. une heure et demie après le lever du soleil, probablement sans son mari; autrement elle en aurait fait mention. Comme on ne peut admettre l'expression *pridie februarii* pour *pridie calendas februarias*, au lieu de PRID. j'ai dû lire PR. ID. PR*idie* ID*us*.

C'était la troisième fois que Vetulla venait pour entendre le colosse. Deux fois elle était venue sans succès.

CCCXXXII.   SEX.LICINIVS.PVDENS. Centurio LEGionis XXII
(D. n° 23.) XI K*alendas* IANVARIAS.ANNO.IIII.IMP*eratoris*
            DOMITIANI.CAESARIS.AVGVSTI
            GERMANICI.AVDI.MEMNONEM.

Sextus Licinius Pudens, centurion de la vingt-deuxième légion, atteste que, le 11 des calendes de janvier, l'an IV de Domitien (22 décembre 84 de J. C.), il a entendu Memnon. Il a oublié de nous dire à quelle heure.

C'est le titre GERMANICI, à la 4ᵉ ligne, qui a fait croire que *Germanicus* avait écrit son nom sur le colosse. (Plus haut, p. 322.)

CCCXXXIII. IMP.DOMITIANO
(D. n° 8.)   CAESARE.AVG.GERMANIKO. X̄V̄IĪ
            T PETRONIVS.SECVNDVS.PR.AEG.
            AVDIT.MEMNONEM.HORA Ī PR.IDVS.MART
            ET.HONORAVIT.EVM.VERSIBVS.GRAECIS
                   INFRA.SCRIPTIS

CCCXXXIII. COLOSSE DE MEMNON.

ΦΘΕΓΞΑΟΛΑΤΟΙΔΑϹΟΝΓΑΡΜΕΡΟϹΩΔΕΚΑΘΗΤΑΙ
ΜΕΜΝΩΝΑΚΤΕΙϹΙΝΒΑΛΛΟΜΕΝΟϹΠΥΡΙΝΑΙϹ
CVRANTET·ATΠOMVSA PRAEϚ COH II
THEBAEOR

Je transcris la copie de Salt, parce qu'elle est plus complète que celle qui résulte de l'empreinte, où la fin des lignes manque.

L'inscription se compose de trois parties. La première mentionne la visite du préfet Titus Petronius Secundus, dont cette inscription seule nous fait connaître le nom.

Le xviie consulat de Domitien répond à l'an 95 de notre ère; la date précise (PR*idie* IDVS MART*ias*) est du 14 mars de cette année. Le préfet annonce qu'il a honoré Memnon avec des vers grecs, *ci-dessous écrits*.

Ce sont ces vers qui forment la seconde partie de l'inscription. M. Hamilton les avait séparés de ce qui précède, de manière à laisser croire qu'ils formaient une inscription distincte. Ils se lisent sans difficulté :

Φθέγξαο Λατοΐδα (σὸν γὰρ μέρος ὧδε κάθηται,
Μέμνων), ἀκτεῖσιν βαλλόμενος πυρίναις.

Φθέγξαο est ioniquement pour ἐφθέγξω, tandis que Λατοΐδα est un dorisme pour Λητοΐδου.

Μέμνων, vocatif, au lieu de Μέμνον, ne peut surprendre[a] : on trouve ὦ Μέμνων dans Quintus de Smyrne [b]. Les mots σὸν γὰρ μέρος se rapportent à ce que le colosse était brisé alors. Le verbe κάθηται exprime la position de la *moitié* restante. Pausanias dit de même : Καὶ νῦν ὁπόσον ἐκ κεφαλῆς ἐς μέσον σῶμά ἐστιν ἀπερριμμένον, τὸ δὲ λοιπὸν κάθηται.[c] On aimerait peut-être mieux σοί ou σοῦ μέρος; mais σὸν est justifiable [d]; δέμας τὸ σόν dans Euripide [e]. Λατοΐδα ἀκτῖσιν βαλλόμενος est homérique : ἠέλιος φαέθων ἀκτῖσιν ἔβαλλε [f]. Euripide a dit dans le même sens : ἀκτὶς ἡλίου.... ἔβαλλε γαῖαν [g]. La pensée revient à celle qu'ont exprimée Tacite [h] et Pline [i]. La traduction est : « Tu viens

[a] Matth. *Ausführl. Grammat.* S 312. — [b] B 121. — [c] Pausan. I, 42, 3. — [d] Matth. S 466, 2. — [e] *Alcest.* v. 349. — [f] *Odyss.* E 479. — [g] *Suppl.* v. 650. — [h] *Annal.* II, 61. — [i] XXXVI, 7.

« de te faire entendre (car c'est, ô Memnon, une partie de toi-même
« qui est assise en ce lieu), frappé des rayons brûlants du fils de
« Latone. » La parenthèse est assez mal placée; mais les vers n'en
sont pas moins fort passables pour des vers de préfet romain.

D'après la troisième partie, *curante Tito Attio Musa præfecto cohortis II
Thebæorum*, il paraît que le préfet, n'ayant pas eu le temps d'attendre
que l'inscription fût gravée devant lui, chargea un chef de cohorte
de surveiller l'opération.

CCCXXXIV. ANNO.VII.IMP.CAESARIS
(D. n° 6.) NERVAE.TRAIANI.AVG.GER.DACICI
CVIBIVS.MAXIMVS.PRAEF.AEG
AVDIT MEMNONEM XIIII K.MAR
HORA.II S.SEMEL ET.III S.SEMel

Cette inscription atteste que Caius Vibius Maximus, préfet d'Égypte, a entendu Memnon l'an VII de l'empereur César Nerva Trajan, Auguste, Germanique, Dacique, le 14 des calendes de mars (16 février de l'an 104) deux fois, l'une à deux heures et demie, l'autre à trois heures et demie.

CCCXXXV. ANNO.V.HADRIANI
(D. n° 1.) IMP.N.T·HATERIVS
NEPOS.PRAEF·AEG
AVDIT.MEMNONEM
XII.K.MART—HORA·IS

Il résulte de cette inscription que l'an V d'Adrien (IMP*eratoris* NOS*tri*), le 12 des calendes de mars, à une heure et demie, Titus Haterius Nepos, préfet d'Égypte, a entendu la voix de Memnon.

La date répond au 19 février de l'an 122 de notre ère.

CCCXXXVI. (G. n° 13.) A la même année appartient une autre inscription latine, dont le fac-simile est fort peu distinct. Je n'ai pu y discerner que ces lettres :

[AN]NO.V. IMP*eratoris* N*ostri*
[HA]DRIANI·IV K*alendas* M*Artias*
[I]VNI*us*·[R]VFVS[PRAEF*ectus*·B]ERNIC*idis*.

CCCXXXVII. COLOSSE DE MEMNON.

Celle-ci n'est que de huit jours postérieure à la précédente. L'auteur est un Romain, *Junius Rufus*, préfet du *mont de la Bérénicide*[a].

L'orthographe BERNIC pour BERENIC n'a rien qui puisse surprendre. Dans la table de Peutinger[b], *Bérénice* est écrit *Pernicidæ Portus*, pour *Berenicidæ* (ou Berenicidis) *Portus*; de là s'était formé le dérivé Βερνικιανός, nom d'un des adversaires de S. Athanase[c].

CCCXXXVII. Celle-ci n'est pas donnée dans les empreintes; Salt seul l'a copiée. Je conjecture qu'elle se trouve sur la jambe gauche, dans le blanc qu'on remarque au-dessus de l'inscription métrique qui suit, dont celle-ci semble être le titre :

ΛΟΥΚΙΟϹΦΟΥΝΕΙϹΟΥΛΑΝΟϹ   Λούκιος Φουνεισουλανὸς
ΧΑΡΕΙϹΤΟϹ ϹΤΡΑΤΗΓΟϹΕΡΜΩΝ   Χαρείσιος, σ7ρατηγὸς Ἑρμων-
ΘΕΙ ΤΟΥ ΛΑΤΟΠΟΛΕΙΤΟϹ ΗΚΟΥ   θείτου, Λατοπολείτου, ἤκου-
ϹΑ ΜΕΜΝΟΝΟϹ ΔΙϹ ΠΡΙΝΠΡΩ-   σα Μέμνονος δὶς, πρὶν πρώ-
ΤΗϹ ΩΡΑϹ ΚΑΙ ΠΡΩΤΗ ϹΥΝ   της ὥρας, καὶ πρώτῃ, σὺν
ΤΗ ΓΥΝΑΙΚΙ ΜΟΥΦΟΥΛΒΙΑ   τῇ γυναικί μου Φουλβίᾳ,
ΘΩΘ Η̄ LZ̄ ΑΔΡΙΑΝΟΥ ΤΟΥ   Θὼθ H̄, LZ̄ Ἀδριανοῦ τοῦ [κυρίου].

Moi, Lucius Funisulanus Charisius, stratége des nomes Hermonthite et Latopolite, j'ai entendu Memnon deux fois avant la première heure et à la première, avec ma femme Fulvia, le 8 de thoth de l'an VII d'Adrien le Seigneur. (6 sept. 122 de J. C.)

D'autres inscriptions montrent que les deux nomes d'Hermonthis et de Latopolis étaient réunis sous le même stratége. L'omission de la copule καί, en pareil cas, n'est pas sans exemple.

Celle-ci et la suivante confirment l'observation, faite ailleurs[d], que les stratéges étaient des *Grecs* et non des *Romains*. Le nom de celui-ci est *Charisius*; car je n'hésite pas à lire ΧΑΡΕΙϹΙΟϹ pour ΧΑΡΕΙϹΤΟϹ. Les noms romains qui précèdent n'annoncent que l'affiliation à une famille romaine. Charisius avait épousé une Romaine du nom de Fulvia.

La voix s'était fait entendre à lui un peu avant la première heure et pendant cette première heure. Mais il n'est pas sûr que ce soit

---

[a] Plus haut, p. 334, 335. — [b] Segm. IX, D. — [c] Ap. Fabr. *Bibl. græc.* t. XI, p. 587. Harl. — [d] Voyez mes *Recherches*, etc. p. 272, 273.

dans le même jour. La date peut n'indiquer que le jour où Charisius a écrit l'inscription, après avoir été favorisé deux fois par Memnon. Ce qui porte à le croire, c'est l'inscription suivante, où il n'est question que d'une seule fois.

CCCXXXVIII. (G. n° 29.) La copie de Pococke n'est pas trop inexacte; en certains points même elle l'emporte sur celle de Salt. Sur l'empreinte, la fin des lignes manque.

Φουνεισουλανὸς ἐνθαδε[ὶ Χα]ρείσιος,
σ]ρατηγὸς Ἑρμώνθιός τε καὶ Λάτων πάτρης,
ἄγων δάμαρτα Φουλεία[ν ἀκή]κοεν
σοῦ, Μέμνον, ἠχήσαντος, ἡ[νίχ' ἡ] μήτηρ
ἡ σὴ χυθεῖσα σὸν δέμας ἀπ[αυγῇ σ]έ] Φει·
Θύσας δὲ καὶ σπείσας τε κάρτ[α προΦρόνως?],
τοῦτ' αὐτὸς ἤύτησεν εἰς σεῖ[ο κλέος]·
« Λάλον μὲν Ἀργὼ παῖς ἐὼ[ν ἐγὼ,' μάθον]·
« Λάλον δὲ Φηγὸν τὴν Διὸ[ς Πελασγικοῦ].
« Σὲ δ' αὐτὸν ὅσσοις μοῦνον ἐδρ[άκην ἐμοῖς],
« ὡς αὐτὸς ἠχεῖς, καὶ βοήν τιν' [ἐκΦέρεις]. »
Τοῦτον δέ σοι χάραξε τὸν σ]ίχο[ν εὐσεβής],
ὃς εἶπες αὐτῷ Φίλτατός τ' [ἠσπάξεο].

Funisulanus Charisius, stratége d'Hermonthis et de Latopolis, accompagné de son épouse Fulvia, t'a entendu, ô Memnon, rendre un son au moment où ta mère éperdue enveloppe ton corps de sa lumière. Charisius, t'ayant fait un sacrifice et de pieuses libations, a chanté ces vers à ta gloire:

«Dans mon enfance j'ai appris qu'Argo, que le chêne de Jupiter Pélasgique, avaient été doués de la parole; mais tu es le seul que j'ai pu voir de mes yeux résonner et faire entendre une certaine voix.»

Charisius a gravé pieusement ces vers pour toi, qui lui as parlé et t'as salué amicalement.

V. 1. Au lieu de ΕΝΘΑΔΕ, j'ai lu ἐνθαδεί pour ἐνθαδί, orthographe qu'on trouve encore dans l'inscription suivante. Le nom Φουνεισουλανός ne pourrait guère entrer dans de tels vers, à moins que le second OY n'ait été pris pour une brève, ce qui est ordinaire quand OY exprime l'U bref dans les noms propres (plus bas, p. 394). Mais pour ce nom toute licence était permise.

V. 2. Ἑρμώνθιος est ici trissyllabique. La leçon ΛΑΤШΝ ΠΑΤΡΗC ne laisse aucun doute: c'est une expression poétique synonyme de Λάτου (ou Λάτων) πόλεως. Le nom de cette ville, ordinairement abrégé en *Lato*, Λατώ, l'était aussi en *Laton* ou Λάτων, sous-entendu *oppidum* ou πόλις [a].

Charisius a pu faire brève la première de πάτρης, sans trop de licence. Il n'en est pas de même de μήτηρ à la fin du vers 4; il est

[a] Wesseling. ad *Itiner. veter.* p. 160, 732.

CCCXXXVIII. COLOSSE DE MEMNON. 343

évident que Charisius, comme Cæcilia Trébulla (plus bas, p. 387), a mêlé des choliambes ou scazons à ses vers ïambiques : ceci répand beaucoup d'incertitude sur la restitution de la fin des vers, que j'ai terminés uniformément par des ïambes. Mais on pense bien que je n'ai pas la prétention de retrouver les mots mêmes de l'auteur; il me suffit d'avoir restitué le sens, et je crois y être parvenu.

V. 3. Les lettres qui terminent le vers, après la lacune, sont ΑΙΘΕΝ dans Pococke, ΤΟΕΝ dans Salt; le Τ se confondant souvent avec Υ, on a ΛΥΘΕΝ. Ces lettres pourraient être la fin de ἤλυθεν; mais je préfère suivre la leçon de Salt, et je lis [ἀκή]κοεν, qui complète le vers et le sens. M. Grotefend propose ἐπάϊεν.

V. 4. Après ΗΧΗϹΑΝΤΟϹ, la copie de Pococke donne les deux lettres ΗΛ, qui peuvent être la conjonction ἡνίκα, se rattachant au verbe dont on n'aperçoit plus que les lettres φει à la fin du vers 5.

V. 5. La fin de ce vers, d'après les lettres conservées, m'avait paru pouvoir être ἀπ[οροῇ στέ]φει ou στέφῃ, car la confusion de ει et de η est fréquente, à cause de l'iotacisme. Le mot ἀποροή serait poétiquement pour ἀπορροή, comme dans Nicandre αἱμοροῒς pour αἱμορροΐς[a], et il s'entendrait des *gouttes de rosée* que l'Aurore verse sur son fils. Στέφειν a le sens d'orner, d'honorer ou d'embellir, comme dans ces exemples : θεὸς μορφὴν ἔπεσι στέφει[b]; χοαῖσι τρισπόνδοισι τὸν νέκυ στέφει[c]; et καί σε παγχρύσοις ἐγὼ στέψω λαφύροις[d]. Quant à l'idée, c'est celle qu'exprime Ovide, quand il représente la *rosée* comme étant les pleurs versés par l'Aurore sur la mort de son fils... *Piasque Nunc quoque dat lacrymas, et toto rorat in orbe*[e]. Servius dit aussi : *Cujus mortem mater Aurora hodieque rore matutino flere videtur*[f]. M. Grotefend a proposé ἀπαυγῇ, qui fait un très-bon sens avec στέφει, et que j'adopte de préférence.

Χυθεῖσα, expression de tendresse, paraît un souvenir homérique; ainsi Briséis entoure le corps de Patrocle de ses bras, ἀμφ' αὐτῷ χυ-

---

[a] *Ther.* 315, 318. — [b] Hom. *Odyss.* Θ, 170. — [c] Soph. *Antig.* 431. — [d] *Ajax*, 93. — [e] Ovid. *Metam.* XIII, 621. — [f] Serv. *ad Æn.* I, 493.

μένη ᵃ; ce qui a été imité par l'auteur anonyme d'une épigramme funéraire, τάφῳ περὶ τῷδε χυθεῖσα Παιδὸς... Καλλιόπα ᵇ; à moins que notre poétastre ne joue sur l'idée de la rosée et des larmes, et ne veuille dire que l'Aurore *fond en larmes,* pour en arroser le corps de son fils. Triphiodore a une expression analogue, πεσόντα αἵματι δακρύσας ἐχύθη ᶜ. Ici χυθεῖσα exprimerait une idée analogue à celle d'Ovide, quand il dit de l'Aurore, désolée de la perte de Memnon : *Luctibus est Aurora suis intenta.*

Charisius exprime donc ici poétiquement le ἤκουσα πρὶν πρώτης ὤρας du numéro précédent; mais il ne parle pas de la seconde fois.

V. 6. Θύσας καὶ σπείσας. Charisius a traité Memnon comme un dieu. On peut terminer le vers par l'adverbe προφρόνως ou tout autre d'un sens analogue que la mesure permet d'admettre.

V. 7. Je rapporte αὐτός à Charisius : ηὔτησεν a le sens de *dire, déclarer,* comme dans Eschyle, τοιαῦτ' ἀϋτεῖν ᵈ, et Euripide, σφαγὴν ἀϋτεῖς τήνδε ᵉ. De même τοῦτο en est le régime et désigne la pensée exprimée dans les quatre vers suivants, que j'ai guillemetés. M. Grotefend a proposé de terminer le vers par σε προσβλέπων.

V. 8. Cette ligne avait été passée entièrement par Pococke. La leçon παῖς ἐών est certaine, de même que le sens de ce qui suit; quant aux mots, ce sera ἐγὼ' μάθον, ἐγὼ' κλύον, ou εἶναι ἔμαθον, ou εἶναι ἐδάην, ou toute autre chose de ce genre. Λάλος est une épithète très-convenable au vaisseau Argo ᶠ. On connaît λάλος τρόπις, εὔλαλος et πολυήγορος Ἀργώ ᵍ.

V. 9. La même épithète ne convient pas moins bien au chêne de Dodone, que Sophocle appelle πολύγλωσσος δρῦς ʰ, ce qui se rapporte au grand nombre de feuilles dont le bruissement formait l'oracle. La correction παλαιγλώσσου, proposée par Valckenaer et adoptée par Clavier ⁱ, est inutile; Eschyle donne à ce chêne l'épithète de προσήγορος ᵏ, et Lucien celle de αὐτόφωνος; le faux Orphée l'appelle aussi

---

ᵃ *Iliad.* Τ'. 283. — ᵇ *Antholog. palat. App.* 251. — ᶜ V. 28. — ᵈ *Septem. C. T.* 380, 626. Blomf. — ᵉ *Electr.* 757. — ᶠ Lucian. *De Saltat.* c. 52. *Somn.* c. 2. — ᵍ Pseudo-Orph. *Argon.* 264, 487, 707. — ʰ *Trachin.* 1184. — ⁱ *Mém. sur les oracles,* p. 29, 30. — ᵏ *Prom. Vinct.* 856. Blomf.

CCCXXXIX. COLOSSE DE MEMNON.

φηγός[a], comme Apollonius de Rhodes[b], Apollodore[c] et Sophocle lui-même[d]. Lucien réunit de même le vaisseau Argo et le chêne ou frêne de Dodone (ἡ φηγὸς ἐν Δωδώνῃ αὐτόφωνος)[e].

A la fin du vers on peut lire Δωδωναίου, avec la pénultième brève, ce qui est permis; ou mieux Πελασγικοῦ, que propose M. Grotefend.

V. 10. Αὐτόν après σέ est pléonastique, ce qui arrive souvent dans ce cas[f]. Le mot ὅσσοις appelle ἰδεῖν, ὁρᾶν, ὁπωπεῖν, ou tout autre de ce genre. Les lettres ΕΔΙ peuvent nous mener à ἐδυνάμην ἰδεῖν, ou bien à ἐδράκην ἐμοῖς, ou bien enfin à ἐδάην ἐμοῖς; ce qui convient également à ces vers, où les syllabes sont *comptées* autant que *mesurées*.

V. 11. Βοήν τιν' [ἐκφέρεις], comme dans Euripide, φέρω βοάν[g], et ἐξήνεγκ' ὄπα[h].

V. 12. Στίχο[ν εὐσεβής]. Un de mes amis propose τὸν στίχων πόνον. J'ai pensé qu'il y avait là une épithète se rapportant à Charisius, εὔχαρις, εὐσεβής, ou toute autre : τὸν στίχον pour τοὺς στίχους est facile à justifier[i].

Le vers 13 me paraît fort difficile à rétablir. Je ne vois pas ce qu'on peut faire des lettres ΟΣΙΕΙΠΕΤ. J'avais lu ὃς εἶπες αὐτῷ, et fini le vers par ἠσπάζεο; j'y renonce, pour m'en tenir à αὐτῷ φίλτατος τ... L'usage n'étant pas de composer un nombre impair de vers, il est possible que Charisius en ait gravé un quatorzième, qui a disparu.

Je soupçonne qu'il a écrit ces vers la première fois qu'il a entendu le colosse, *au lever de l'aurore, πρὶν πρώτης ὥρας*, comme il a dit au numéro précédent. Ensuite, le lendemain ou tout autre jour, l'ayant entendu une seconde fois, il a consigné le souvenir de cette double faveur dans l'inscription en prose.

CCCXXXIX. (D. n° 10.) Pococke avait assez bien copié ces lignes incorrectes. Sa copie est, à quelques lettres près, la même que celle

---

[a] *Argon.* 264. — [b] *Argon.* IV, 581, cf. Jacobs ad *Delect. Epigram.* p. 286. — [c] *Bibl.* I, 9, 16, § 6. — [d] *Trach.* 174. — [e] *In Gall.* § 2, p. 492, ed. Didot. — [f] Schaefer ad Greg. Cor. p. 873. — Jacobs, ad Anth. palat. Addend. p. XLVI. — [g] *Orest.* 147, 148. — [h] *Danaë.* 10. — [i] *Anth. palat. App.* n° 109, v. 5.

de Salt, et toutes deux sont confirmées par l'empreinte de Nestor L'Hôte; ce qui me dispense de donner le texte en lettres lapidaires.

L'auteur de ces lignes de mauvais grec semble avoir voulu faire des trimètres; mais il ne regardait pas à une syllabe ni même à un pied de plus ou de moins, et ne craignait pas de commencer quelquefois de tels vers (si vers il y a) par des trochées :

Κέλερ σ]ρατηγὸς ἐνθαδεὶ παρῆν
Μέμνονος οὐχ ὅπως ἀκούσεται·
ἐν κόνει γὰρ αὐτῇ τῇ τῶν χωμάτων,
παρῆν θεωρὸς καὶ προσκυνήσων λίαν·
Μέμνων ἐπιγνούς οὐδὲν ἐξεφθέγξατο.
Κέλερ δὲ ἀπῄει· ἐφ᾽ ἃ πάλιν παρῆν
μέσας διαστήσας ἡμέρας δύο·
ἤκουσεν ἐλθὼν τοῦ θεοῦ τὸν ἦχον·
L. Z. Ἁδριανοῦ Καίσαρος τοῦ κυρίου,
ἐπὶφ Z ὥρᾳ...

Céler le stratége n'était pas venu ici pour entendre la voix de Memnon ; car, s'il s'est exposé à la poussière qui s'élève sur ces monticules, c'était en qualité de *théore,* et pour présenter au dieu son religieux hommage.

Memnon, comprenant cette intention, n'a point fait entendre sa voix. Céler s'en est allé; puis, revenant une seconde fois, après un intervalle de deux jours, il a entendu la voix du dieu, l'an vii d'Adrien César le seigneur, le 7 d'épiph, à la...heure (1er juillet 123 de J. C.).

V. 1. Le nom de Céler, que porte le stratége, annonce un Romain. Ce serait une exception à la règle indiquée plus haut[a], s'il n'était pas fort possible qu'ici le mot *stratége* désigne soit un chef de légion, soit l'*épistratége* ou chef de la Thébaïde, qui, jusqu'ici, se montre toujours comme Romain.

V. 2. On peut lire aussi : οὐκ ὅπ᾽ ὡς ἀκούσεται, ce qui reviendra au même. Céler était venu à Thèbes, non pour entendre Memnon; cela est-il bien sûr? Le stratége ne cherche-t-il pas à expliquer en sa faveur le silence gardé une première fois par le dieu? « Si Memnon « n'a pas parlé, ce n'est pas qu'il dédaignât mon hommage, c'est qu'il « savait que je ne venais pas pour l'entendre. Je lui rendais un pur « hommage religieux, plus honorable que celui de tant de *flâneurs,* « qui, se souciant peu de sa divinité, venaient uniquement pour en- « tendre sa voix. » Telle est sa pensée paraphrasée.

V. 3. Du milieu des χώματα de la plaine devaient s'élever des tourbillons de poussière, le 1er juillet, au moment où l'inondation du fleuve ne faisait que commencer.

[a] P. 341.

CCCXL. COLOSSE DE MEMNON.

V. 4. L'idée de θεωρός, qui désigne surtout un envoyé, un messager *religieux*, est complétée par le participe προσκυνήσων, et les mots τοῦ θεοῦ τὸν ἦχον.

V. 6. Céler s'en est allé ayant fait son hommage, se proposant bien de revenir une seconde fois pour l'entendre. ΕΦΑ doit être ἐφ' ἅ, *ob quæ*, c'est-à-dire *à cause de quoi*, comme διό qui est pour δι' ὅ.

V. 9. La date du 7 épiphi de l'an VII d'Adrien répond au 1er juillet de l'an 122 de notre ère; elle est d'un peu plus de deux mois antérieure à la précédente; et toutes deux, quoique de l'an VII, touchent à la même année julienne que le n° CCCXXXV (122 de J. C.), quoique celui-ci soit de l'an V; cette anomalie tient à ce qu'elles sont datées à la mode égyptienne, tandis que celle de l'an V est datée à la romaine [a].

Le trait transversal supérieur qui suit le nom du mois ne convient guère qu'à un $\overline{Z}$. On trouve souvent ΕΠΙΦ pour ΕΠΙΦΙ.

CCCXL. (D. n° 13.)

Σερούιος Σουάβις
ἔπαρχος σπίρης τῆς...
λεγεῶνος [..... καὶ
Κοΐντιος...........
νεωκόρος τοῦ με[γάλου]
Σαράπιδος τῶν [ἐν Μουσείῳ]
σειτουμένων ἀτελ[ῶν, ἠκούσαμεν]
Μέμνονος ὥρας [πρώτης ou δευτέρας]
L $\overline{Z}$ Ἀδριανοῦ [τοῦ κυρίου, ...]

Nous, Servius Suavis, chef de cohorte de la..... légion, et Quintius........ néocore du grand Sérapis, un de ceux qui, exempts de toute charge, sont entretenus dans le Musée, nous avons entendu Memnon à la.... heure, l'an VII d'Adrien [le seigneur, le.... de tel mois].

Inscription copiée par Pococke et M. Hamilton, mais incomplètement, surtout par le premier, qui avait passé une ligne. La fin seule a de l'intérêt; les neuf lignes qui la composent peuvent avoir formé deux inscriptions distinctes; cependant, d'après la disposition de ces lignes, qui se suivent sans interruption, je n'ai pas cru devoir les séparer; et j'y ai vu les noms de deux particuliers qui ont fait, en compagnie, visite au colosse.

[a] Plus haut, p. 333.

La première ligne doit être CEPOYIOC COYAΠIC pour COYA-BIC, *Servius Suavis*. Après σπείρης ou σπέρης (forme poétique au lieu de σπείρας) τῆς de la deuxième ligne, il y avait le chiffre de la légion, puis l'épithète distinctive de cette légion. Les lettres KOYNTIω annoncent le prénom KOINTIOC, suivi d'un nom probablement grec.

Le reste se lit maintenant d'une manière indubitable.

Les suppléments des lignes 5-7 sont autorisés par une inscription que donne Falconieri, où se lisent les mots..... νεωκόρος τοῦ μεγάλου Σαράπιδος, καὶ τῶν ἐν Μουσείῳ σιτουμένων ἀτελῶν φιλοσόφων [a]. D'après cet exemple, j'aurais pu mettre φιλοσόφων après ἀτελῶν; mais il n'y a de la place que pour ἠκούσαμεν, qui a nécessairement précédé Μέμνονος. On peut voir les notes de Falconieri sur les expressions τῶν ἐν Μ. ἀτελῶν σιτουμ. et les nôtres plus bas.

Quant aux néocores de Sérapis, il paraît qu'ils étaient en grand nombre, d'après ce passage de J. Firmicus Maternus: *Serapis in Ægypto colitur, hic adoratur, hujus simulacrum neocororum* TURBA *custodit* [b].

Il est évidemment question ici du grand Sérapis d'Alexandrie; c'est dire assez que les inductions qu'on avait tirées [c] du nom de ce dieu, pour l'appliquer à un temple de Thèbes, sont dénuées de tout fondement.

CCCXLI. (D. n° 4.)

Titus FLavius TITIANVS.PRAEFectus.AEGypti.AVDIT.MEMNONEM.
XIII Kalendas.APRILES.VERO III.ET.AMBIBVLO.Consulibus.

Il s'agit de Titus Flavius Titianus, préfet d'Égypte, qui a entendu Memnon le 13 des calendes d'avril, sous les consuls Vérus, pour la troisième fois, et Ambibulus, à la première heure.

Cette date tombe le 20 mars 126, dans la IX[e] année d'Adrien.

[a] *Inscr. athlet.* n° IV, p. 97. — [b] III, 7; IV, 7. — [c] *Description de Thèbes,* p. 96.

CCCXLII. COLOSSE DE MEMNON.

CCCXLII. (D. n° 5.) Publiée par Pococke et M. Hamilton, mais d'une manière incomplète. Dans l'une et l'autre copie, la fin de la deuxième ligne, le commencement de la troisième et de la quatrième, sont inintelligibles. Notre empreinte n'est pas complète. La copie de Salt, sans être entière, fournit le moyen de lire à peu près toute l'inscription :

```
CAIVS.MAENIVS.HANIOCHVS,
DOMO.CORINTHIVS(?) Centurio LEGionis XII Fulminatæ ITEM III.
GALLICæ LEGionis, AVDIVI.MEMNONEM.ANTE.SECVndam HORAM.
XIII Kalendas IVLias, GALLICANO.ET.TITIANO Consulibus EODEM.DIE
HORA.PRIMA.ET.DIMIDIA.
```

Le F. après LEG. XII. peut être *Fulminatæ*, titre de la XIIe légion, cantonnée en Égypte[a]. Les copies donnent CORINTHI. L'usage voudrait CORINTHO ou CORINTHIVS; mais la leçon est claire. HANIOCHVS (Ἀνίοχος) est bien le nom d'un homme né dans une ville dorienne. Le nom de GALLICANO manque dans les copies de Pococke et d'Hamilton : on voit, par celle de Salt, que la finale ANO est seule distincte. Salt a cru distinguer FELICIANO; mais la leçon est erronée, c'est GALLICANVS qui a été consul avec Cœlius Titianus, l'an 127 de notre ère. Il ne faut pas penser à l'an 245, où un Titianus aussi fut consul, parce que son collègue se nommait Julius Philippus. Cette date, que Jablonski[b] a assignée à l'inscription, ainsi que les auteurs de la description de Thèbes d'après lui, est donc fausse. L'inscription est du 19 juin de l'an 127, qui répond à la XIe année d'Adrien.

La fin est bien distinctement EODEM. DIE. HORA PRIMA ET DIMIDIA. Caius Mænius Haniochus dit qu'il a entendu Memnon *ante secundam horam*, c'est-à-dire *un peu avant que la deuxième heure ne commençât*. Il y a une expression analogue dans Lydus, à propos du thème généthliaque de Rome[c] : ὥρᾳ δευτέρᾳ πρὸ τρίτης, « à la deuxième heure, *avant la troi-* « *sième*, » c'est-à-dire « la deuxième étant près de finir, et la troisième « de commencer; » ce que Plutarque, en parlant du même fait, ex-

---
[a] Plus haut, page 328. — [b] *Syntagm. de Memn.* p. 87. — [c] *De mensibus*, I, 14, p. 14, ed. Roether.

prime par μεταξὺ δευτέρας ὥρας καὶ τρίτης[a]. Haniochus a entendu Memnon le même jour, une seconde fois, *à une heure et demie*. Ainsi, deux fois dans le même jour.

Les sept inscriptions suivantes sont relatives à la visite qu'Adrien et Sabine rendirent à Memnon dans le cours de novembre de l'an 130 de notre ère. Je commence par trois pièces de vers qui ont toutes pour auteur une femme nommée *Balbilla*, présente à la visite qu'Adrien et Sabine ont faite au colosse, ainsi qu'elle le déclare positivement.

Cette Balbilla descendait de Claude Balbillus, qui fut gouverneur de l'Égypte sous le règne de Néron. Il est donc probable que c'était une des personnes de distinction qui accompagnaient l'empereur et l'impératrice.

Les trois pièces qu'elle a composées et fait graver en trois endroits différents de la jambe gauche ne sont pas également bien tournées; cependant elles annoncent toutes un talent poétique assez remarquable, mais, en même temps, une affectation de *grammairien* poussée à l'extrême. L'auteur se sert exclusivement du dialecte *dorique* et *éolique*, à une époque où ce dialecte n'était parlé par personne, et ne subsistait plus que dans les restes des anciens poëtes et dans les livres des grammairiens et des scholiastes. Elle recherche les formes les plus insolites de ce dialecte suranné avec une affectation pédantesque qui donne une médiocre idée de son goût et de son jugement, mais qui fait honneur à son érudition.

Balbilla devait être un *bas bleu* du temps, fort entichée de sa noblesse, un poëte *suivant la cour*, dont les productions devaient être fort goûtées de l'empereur et de l'impératrice, si l'on en juge par la peine qui a été prise de graver sur la pierre si dure du colosse, et presque toujours en caractères grands et profondément creusés,

[a] *In Romulo*, § 11.

CCCXLIII. COLOSSE DE MEMNON.

les trois pièces échappées de sa veine abondante et facile, mais pédantesque et prétentieuse.

Cet emploi exclusif du dialecte dorique et cette recherche laborieuse des anciennes formes se retrouvent encore dans deux autres pièces qui sont du même temps, mais non de la même main. Ce sont là des preuves surabondantes de la manie d'archaïsme qui régnait à cette époque, manie dont les colonnes d'Hérode Atticus (sans parler d'autres monuments analogues) sont un exemple si frappant.

CCCXLIII. (G. n° 22.) Cette inscription, gravée au milieu de la jambe gauche, a beaucoup exercé la critique de d'Orville, ainsi que de M. Jacobs, qui l'a insérée dans ses deux éditions de l'Anthologie. Mais le texte véritable est tellement différent de celui que ces savants critiques en ont donné, qu'on peut presque la considérer comme nouvelle.

Il y a d'abord trois lignes de prose dont on avait fait une inscription à part; mais il est certain qu'elle n'est rien autre chose que l'annonce de ce qui suit. Cette annonce se lit :

Ἰουλίας Βαλβίλλης (gén. poétique pour Βαλβίλλας), ὅτε ἤκουσε τοῦ Μέμνονος (par abrév. Μέμνος) ὁ σεβασ]ὸς Ἀδριανός.

[Vers] de Julia Balbilla, lorsque l'Auguste Adrien entendit Memnon.

La date est donc fixée au moment où *Adrien entendit Memnon*. Cet empereur est certainement resté plusieurs jours à Thèbes. Curieux, comme il l'était, des monuments de l'antiquité, s'il était remonté jusqu'à cette ville, c'est qu'il voulait en examiner en détail les magnifiques ruines. Je ne serais pas surpris qu'il y fût resté un mois entier : cela nous expliquerait tout à la fois le grand nombre d'inscriptions memnoniennes qui se rapportent au temps de son séjour, et la consécration d'un *mois entier*, que lui firent les Thébains (voy. n° CCCLVII). Il dut entendre Memnon plusieurs fois, et à des jours différents; c'est probablement pour cette raison que notre poëtesse n'a point exprimé le quantième, comme elle l'a fait dans l'autre pièce sur Sabine. Nous verrons plus bas que le voyage d'Adrien à Thèbes eut lieu à la fin d'athyr de l'an 130 de J. C.

Les vers doivent se lire ainsi :

Μέμνονα πυνθανόμαν αἰγύπ]ιον, ἀλίω αὐγᾷ
αἰθόμενον, φωνῆν Θηβαϊκῶ' πὺ λίθω·
Ἀδριανὸν δ' ἐσιδὼν τὸν παμβασιλῆα πρὶν αὐγᾶς
ἀελίω, χαίρην εἶπέ F' οἱ, ὡς δυνοτόν.
Τιτὰν δ' ὅττ', ἐλάων λευκοῖσι δι' αἰθέρος ἵπποις,
ἐν] σκιᾷ ὡράων δεύτερον ἦχε μέτρον,
ὡς χαλκοῖο τυπέντο[ς,] ἴη Μέμνων πάλιν αὐδὰν
ὀξύτονον· χαίρω[ν κ]αὶ τρίτον ἆχον ἴη·
Κοίρανος Ἀδριανὸς [τοσά]κις δ' ἀσπάσσατο καὐτὸς
Μέμνονα· κα[ὶ Βαλβίλ]λα κάμεν οἷσι πόνοις
γρόππατα, σαμαίν[ον] τά τ' ὅσ' εὖ ἴδε, κὥσσ' ἐσάκυσε·
Δῆλον παῖσι δ' ἔγε[ν] τ' ὡς F ἐ φιλοῖσι Θεοί.

J'avais appris que l'Égyptien Memnon, échauffé par les rayons du soleil, faisait entendre une voix sortie de la pierre thébaine. Ayant aperçu Adrien, le roi du monde, avant le lever du soleil, il lui dit *bonjour*, autant qu'il pouvait le faire. Mais, lorsque le Titan, poussant à travers les airs ses blancs coursiers, occupait la seconde mesure des heures, marquée par l'ombre [du cadran], Memnon rendit de nouveau un son aigu, comme celui d'un instrument de cuivre frappé; et, plein de joie, il rendit pour la troisième fois un son. L'empereur Adrien salua Memnon autant de fois : et Balbilla a écrit ces vers composés par elle-même, qui montrent tout ce qu'elle a vu et distinctement entendu. Il a été évident pour tous que les dieux le chérissent.

V. 1 et 2. Il n'y a pas moyen de lire autrement que Θηβαϊκῶ' πύ et ἐγὼ 'πὺ λίθω à la 1ʳᵉ ligne du n° CCCXLVI, comme l'a justement remarqué M. Hefter[a]; car les Éoliens disaient ἀπύ pour ἀπό.

C'est un exemple de cette affectation d'éolisme dont j'ai parlé. Les autres ne seront pas moins frappants.

V. 2. Il est presque inutile de remarquer que ΦΩΝΗΝ, ΧΑΙΡΗΝ (v. 4), sont d'excellentes leçons; φωνῆν, χαίρην, formes doriques, pour φωνεῖν, χαίρειν [1]. L'expression αὐγὰ ἀλίω, qui se retrouve au vers 3, est homérique[b].

---

[a] *Commentatio de Anthol. græca*, p. 399. — [b] *Iliad.* II, 188; cf. P, 371; X, 134.

[1] Les leçons χαίρην (Théocr. XIV, 1), et ἔρπην (id. XV, 26), données par les manuscrits, sont défendues, par l'usage qu'en a fait Balbilla, contre les doutes de Valckenaer, qui préférait χαίρειν et ἔρπειν. Gaisford, Heindorf, Kiesling, Gail, etc. qui adoptent χαίρην, ont préféré ἔρπειν, on ne voit pas pourquoi. M. Boissonade est plus conséquent; il a mis χαίρην et ἔρπην. Pourquoi pas aussi ἔχην, avec Brunck, dans un autre passage (XXIX, 20), ou καθεύδην (XV, 28), leçon que préfère aussi M. Matthiæ (*Ausführl. gr. Gramm.* § 202, 1)?

CCCXLIII. COLOSSE DE MEMNON.

V. 4. Au lieu de εἰπέγ'οἱ, M. Hefter lit εἰπέ Ϝοἱ; et cet emploi du digamma éolique, qu'il retrouve encore au dernier vers, est tout à fait en harmonie avec l'affectation *éolienne* qui domine dans toute cette pièce. La restriction ὡς δυνατόν semble montrer qu'on n'était pas bien sûr d'avoir entendu quelque chose cette première fois. En effet, puisqu'un autre témoin (n° CCCXLVIII) ne parle que de *deux fois*, la première pourrait bien être une licence poétique.

V. 6. La copie donne ICKIAI : on doit lire évidemment ἐν σκιᾷ; ce qui veut dire ἐν πόλῳ, ἐν ὡρολογίῳ, ἐν σκιαθήρῳ; expression jusqu'ici inconnue dans la langue grecque. La leçon HXE pourrait être ἦχε, mais je préfère y voir encore une affectation de dorisme, ἦχε pour εἶχε, dont il n'y a pas, je crois, d'autre exemple; Balbilla s'en servira encore ailleurs (n° CCCXLVI, v. 4).

V. 7. ὡς χαλκοῖο τυπέντος est certain. Si la mesure du vers l'eût permis, Balbilla aurait dit peut-être χαλκείου; car je crois qu'elle songeait au χαλκεῖον de Dodone, qui avait passé en proverbe. La comparaison employée par Balbilla revient à l'idée exprimée dans cette autre inscription, à demi poétique, copiée par M. Riffaut à Coptos :

ΑΝΤΙΛΑΝΤΟϹ ΤΟΥ ΗΛΙΟΥ ΗΚΟΥϹΑΜΕΝ ΤΗΝ ΦΩΓΗΝ ΚΑΙ ΤΗΝ ϹΑΛΠΙΝΚΑ ΤΟΥ ΜΕѠΝΟϹ ΛΥȣ

Ἀντείλαντος τοῦ ἡλίου, ἠκούσαμεν τὴν φωνὴν καὶ τὴν σάλπινκα (sic) τοῦ Μέμνονος λίθου (?)... « Au soleil levant, nous avons entendu la voix et « la *salpinx* de la pierre de Memnon. »

La lecture du second hémistiche est également certaine : ὀξύτονον, comme épithète de αὐδάν, va bien avec la comparaison qui précède. C'était un son *aigu* et *retentissant*.

V. 8. Après le mot ὀξύτονον, la lacune de deux lettres est remplie par χαίρω[ν κ]αὶ, et les lettres AYON IH ne peuvent être que AXON IH [1]. Balbilla emploie la même expression ailleurs (CCCXLV, v. 4) : ἄχον ἴη termine la phrase. Simonide a dit ἰεῖσα φωνάν [a].

---

[a] Ap. Athen. XIII, p. 604. B.

[1] M. Hefter préfère de lire αὖ ὀνίη.

354 PROSCYNÈMES ET ACTES DE VISITE.

V. 9. Ce vers pourrait se lire ainsi : Κοίρανὸς Ἀδριανὸς [κλύε]· δὶς δ' ἀσπάσσατο καὐτός, la leçon ΔΙC paraissant plus favorisée par la copie. Mais il y aurait peut-être incohérence dans les idées : puisque Adrien a entendu trois fois le colosse, pourquoi ne l'aurait-il salué que *deux* ? M. Hefter propose Κοίρανὸς Ἀδριανὸς τοτ' ἅλις δ'ἀσπ.

V. 10. Après Μέμνονα, on ne distingue plus que quelques lettres. La restitution que j'en donne me paraît remplir assez bien les conditions : οἷσι πόνοις est probable; κάμεν est certain, malgré l'intervalle qui, sur la pierre, coupe ce mot en deux.

Après avoir parlé d'Adrien et de ce qu'il a fait, Balbilla pense à elle-même, pour nous annoncer qu'elle est l'auteur de ces vers :...
.....καὶ Βαλβίλλα κάμεν οἷσι πόνοις γράμματα. Elle a pris κάμεν dans le sens transitif, comme ce mot est souvent employé. Ainsi Théocrite[a], κάμον... βωμώς. Notre poétesse, qui ne manque pas d'ostentation, ne s'est pas contentée de dire κάμεν γράμματα; elle a ajouté οἷσι πόνοις, qui ajoute de la force à son idée. Elle veut qu'on sache bien que les vers sont de sa composition, et qu'elle ne les a pas écrits à l'aide d'un *teinturier*. M. Boissonade[b] et M. Hefter lisent : Μέμνονα κἂν σ1άλαις ἃ κάμεν ὀψιγόνοις, ce qui change un peu l'idée. Je préfère l'autre leçon.

V. 11. ΓΡΟΠΠΑΤΑ est une de ces formes insolites que notre poétesse affectionne. Les Éoliens, remplaçant le Μ par le Π, disaient ΟΠΠΑΤΑ pour ΟΜΜΑΤΑ[c], et ΠΕΤ' ΕΠΟΥ pour ΜΕΤ' ΕΜΟΥ; de plus, mettant l'Ο pour l'Α, ils disaient Θροσέως, βροχέως, σ1ρο1ός, ὄνω, ὀνία, pour Θρασέως, βραχέως, σ1αλός, ἄνω, ἀνία; les Doriens[d], τέτ1ορες, κοθαρός, γέγροφα[1], etc. pour τέτ1αρες, καθαρός, γέγραφα; γονή pour γυνή[e]; et Balbilla elle-même, δυνοτόν pour δυνατόν, et δεκότῳ pour δεκάτῳ (n° CCCXLVI, v. 5). C'est de la réunion de ces deux usages éolico-doriques que provient le mot γρόππα1α, dont Balbilla s'est encore servie

[a] *Idyll.* XXVI, 5. — [b] *Ad Theocr.* p. 264, ed. alter. — [c] *Gregor. Cor.* p. 580, ibique Koen. — [d] *Koen. ad Greg. Cor.* p. 445. *Matth. Ausf. Gr.* § 10, s. 47. — [e] *Etymol. magn.* v. γυνή.

[1] Ainsi γρόφων pour γράφων dans l'inscription Nani (*Corp. inscript.* n° 3) et Tabl. Heracl. (I, 36) ἀνεπίγροφος. Cf. Franz, *Elem. Epigr. gr.* p. 59; γροφεύσαντα pour γραμματεύσαντα. (*Corp. inscr.* n° 1123.)

CCCXLIII. COLOSSE DE MEMNON.

au n° suivant (v. ult.), soit qu'elle l'ait trouvé dans quelque poëte à nous inconnu, soit qu'il n'ait existé que dans les livres des grammairiens. Cette observation est applicable aux autres formes abstruses qu'elle affectionne dans les trois pièces que nous avons d'elle. Je n'affirmerais pas que d'autres poëtes s'en fussent servis, mais je ne crois pas non plus que Balbilla les ait forgées. L'arsenal des grammairiens était à sa disposition.

La suite est le complément du mot γράμματα, qui désigne les vers eux-mêmes gravés sur le colosse. Σαμαίνοντα, signifiant, exprimant, quoi? ce qu'Adrien a vu et entendu, θ' ὅσ' εὖ ἴδε χὦσσ' ἐσάκουσε. Au lieu de Θ, la copie porte T; à la même ligne, KωCC pour XωCC; à la dernière ligne, on trouve encore un T devant ὡς; plus bas, n° CCCXLV, v. 7, Kω pour Xω; et n° CCCXLIV, v. 10, TO pour θ' ὁ. Ce ne peut être une négligence du graveur; il y a là une intention de la part de Balbilla. Les Éoliens n'avaient point l'esprit rude. Dans Hippocrate et Hérodote on trouve encore ἀπικόμενος, ἐπ' ὦτε, οὐκ ὁμοίως, etc. Notre poëtesse aura encore ici recherché l'archaïsme.

V. 12. ΠΑΙϹΙ est dans les deux copies, et certainement sur l'original. C'est une forme éolienne pour πᾶσι[a].

Ἐγεντ' pour ἐγένετο n'est pas moins évident; c'est une forme employée par Théocrite[b] et Pindare[c]. On peut lire aussi, sans l'augment, δὲ γέντ', comme dans Homère[d].

ΦΙΛΙϹΙ, que donnent les deux copies, est certainement sur la pierre. C'est, avec l'iotacisme, la forme dorique ΦΙΛΟΙϹΙ; Homère: φιλεῖ δέ Fέ... Ζεύς[e]; et ἑ μάλιστα.... φιλέεσκε[f].

Mais le sens n'est pas aussi clair que la leçon est certaine. On peut rapporter ἑ à l'empereur Adrien, et θεοί désignera les dieux, au nombre desquels on plaçait Memnon. Dans ce cas, Balbilla voudrait dire que Memnon, en se faisant entendre *trois* fois, a montré que les dieux chérissaient Adrien.

On pourrait aussi rapporter ἑ à Memnon, et θεοί à l'empereur

---

[a] *Gregor. Corinth. et ibi Koen.* p. 210, 211, 599, 600. — [b] *Idyll.* I; 88. — [c] *Pyth.* III, 154. — [d] *Iliad.* Θ, 43. — [e] *Iliad.* B, 197. — [f] *Odyss.* A, 434.

Adrien et à Sabine; de même que, plus bas, Balbilla a dit θεοῖς τ' ἐχάρη, phrase où le mot θεοῖς ne peut s'entendre que de ces augustes personnages. Le sens serait alors qu'Adrien et Sabine, en venant visiter plusieurs fois Memnon pour l'entendre, et Adrien en le saluant chaque fois qu'il l'avait entendu, ont témoigné par là qu'ils l'aimaient.

Mais je préfère le premier sens, dont le poëte latin Maximus s'est approché dans un distique que nous trouverons plus bas.

CCCXLIV. (G. n° 23.) A droite de l'inscription précédente, une belle place restait encore. Balbilla profita de cette circonstance pour faire graver la pièce de quatorze vers que nous allons transcrire. Pocoke n'avait donné que les deux premiers vers, et, sur son dessin, il n'a pas même laissé de place pour y mettre les douze autres. Le dernier vers, qui commence par ΒΑΛΒΙΛΛΑΣΔΕΜΕΘΕΝ, ne nous permet pas le moindre doute sur le nom de l'auteur. D'ailleurs, l'affectation des formes doriques, qui ne l'abandonne pas, nous l'aurait suffisamment révélé.

Dans cette pièce, malheureusement bien mutilée, on discerne deux parties: l'une comprise dans les six premiers vers; la seconde dans les huit autres.

V. 1. On distingue d'abord les mots χαῖρε καὶ αὐδάσαις προφρών, Μέ[μνον...], « Salut, et puisses-tu résonner de bon cœur, ô Memnon! » Balbilla l'invite à parler; donc il n'avait rien dit lorsqu'elle écrivait ses vers. Je soupçonne qu'elle les a fait graver un jour où elle était venue en vain pour l'entendre. Notre poëtesse avait tellement la manie des vers, qu'elle en faisait à toute occasion.

V. 2. Il n'en reste que ΤΑΝ.

V. 3. On distingue γλῶσσαν μέν τοι ἀλεξ[ίκακον?] et, au vers 4, Καμ-6ύσαις[1] ἄθεος τὸν... D'après ces deux fragments, on peut conjecturer que Balbilla parlait de la langue que possédait Memnon avant que l'impie[2] Cambyse n'eût brisé son corps; car c'était une tradition qui

---

[1] Éoliquement pour Καμϐύσης, comme Αἰσίοδος, θναίσκω, etc. Etym. magn. p. 272, 15, 452, 35.

[2] Et non pas l'athée. Le mot ἄθεος, en grec, signifie souvent celui qui ne reconnaît pas la puissance de tel ou tel dieu, ou

CCCXLIV. COLOSSE DE MEMNON. 357

avait cours à cette époque, que le colosse, quand il était entier, possédait une voix plus claire, et proférait de véritables paroles (n° CCCLXVII).

V. 5. Mais l'impie a payé la peine de son crime : δῶκέν τοι ποινὰν τῶ σῶ ὑβρίσματος ou tout autre mot d'un sens analogue.

V. 7, 8. La leçon du commencement est douteuse; je crois pourtant qu'il y a ἀλλ' ἐγὼ οὐ δοκίμωμι σέθεν το..., et que Balbilla, après avoir épuisé ce qu'elle avait à dire de Cambyse, pense à ce qui la concerne: elle semble faire une opposition entre sa piété et l'impiété de Cambyse; elle attend la manifestation de l'âme immortelle (ψυχὰν δ' ἀθανάταν) renfermée dans la statue [1].

Jusqu'ici sa pensée peut à peine être devinée à travers le petit qui n'adore pas les dieux que vénère celui qui parle. C'est en ce sens qu'Anaxagore fut appelé ἄθεος; que Thucydide reçut la même qualification (*Marcell. vit.* § 22), et que les païens appelaient les chrétiens ἄθεοι (cf. C. G. Jacob, *ad Lucian. Alex.* p. 87; Tzschirner, *der Fall des Heidenth.* I, s. 229); les chrétiens eux-mêmes appliquaient ce nom à ceux qui n'adoraient pas le vrai Dieu. (Suicer, *Thes. eccles.* v. ἄθεος, n° 2, t. I, col. 109.) Cette remarque fait disparaître la contradiction que Gibbon trouvait entre le reproche d'*athéisme* et celui de *paganisme* qu'on faisait à Tribonien. (*Déc. de l'emp. rom.* t. VIII, p. 221, Guizot.) Balbilla appelle *athée* Cambyse, non-seulement parce qu'il a outragé celui qu'elle regarde comme un dieu, mais encore parce qu'il a mutilé les temples de l'Égypte.

[1] M. Franz m'a communiqué la restitution qu'il a essayée de ces huit premiers vers, où je me suis contenté de saisir la pensée de l'auteur, sans oser aller plus loin. L'empreinte s'oppose à la leçon qu'il donne du premier vers. Je vais transcrire cet essai du docte et judicieux critique :

Χαῖρε καὶ αὐδάσαις πρόφ[ρων, τηλαπείριε Μέμνον,
τὰν [πρόσθεν μορφὰν πόλλ' ἀποδυρόμενος·
γ[λ]ῶσσαν μέντοι ἀλεξ[ίκακον τηρῆν ἐπέοικεν·
Καμβύσαις ἄθεος τόν μο[ι ἔ]ωσ[ε λόγον,
δῶκέν τοι ποινὰν τῶ σῶ [ὑβρίσματος ἠδ' ὅν
τὸν [γά]ας (?) Ἄπιν καὶ τὸν [Ὄσειριν ἕδρα (?)
ἀ[λ]λ' ἔ[γ]ὼ οὐ δοκίμωμι σέθεν [τό γε καλὸν ὀλέσθαι·
ψυχὰν δ' ἀθανάταν [λ]οι[πὸν ἔσωσε δέμας.
Εὐσεβέ[ε]ς γὰρ ἐμοὶ γ[ε]νέται σέ [ποτ' ἠσπάζοντο
Βαλβίλλος τ' ὁ σοφὸς κἈντίοχος [προπάτωρ.
Βαλβίλλος γενέταις ματρὸς βασιληἴδος [Ἀ]κ[μᾶς (?)
τῶ πατέρος δὲ πατὴρ Ἀντίοχος βασιλεύς, etc.

nombre de vestiges qui en restent. Maintenant nous allons la comprendre plus clairement.

V. 9-14. Le γάρ qui suit le premier mot indique une liaison avec ce qui précède; Balbilla va dire les motifs qu'elle a d'espérer un meilleur accueil de Memnon; et elle profitera de l'occasion pour dérouler sa généalogie, qui est des plus illustres, comme on va en juger. Nous sommes heureux que Balbilla, joignant la vanité nobiliaire à sa manie poétique, ait cru devoir nous apprendre d'où provenait le *beau sang,* comme elle dit, qui coulait dans ses veines. Voici comme je lis les six vers qui restent :

Εὐσεβέες γάρ ἐμοὶ γενέται σέ [ποτ' ἠσπάζοντο] Βάλβιλλός τ' ὁ σοφὸς κ' Ἀντίοχος... ...
Βάλβιλλος γένετ' ἐκ ματρὸς βασιληΐδος [Ἀ]κμ[ᾶς]·
Τῶ πατέρος δὲ πατὴρ Ἀντίοχος βασιλεύς.
Κηνῶν ἐκ γενεᾶς κἀγὼ λόχον αἷμα τὸ καλ[όν]·
Βαλβίλλας δ' ἐμέθεν γρόππατα λεύσετε [δή].

Car mes pieux ancêtres, le savant Balbillus et Antiochus... te saluèrent jadis. Balbillus naquit d'une mère de sang royal, d'Acmé, et le père de son père était le roi Antiochus. C'est d'eux que je tiens le noble sang [qui coule dans mes veines. Passants], jetez les yeux sur ces lignes qui sont de moi, Balbilla.

V. 9, 10. γενέται, comme la suite des idées le prouve, est pris, ainsi que souvent γενέτορες et γονεῖς, ou *genitores* en latin, dans le sens d'ancêtres. T' O pour Θ' O n'est pas une faute de copiste. Voir ci-dessus, page 355.

Le nom de *Balbillus* est, selon toute apparence, historique. Ce doit être le *Claude Balbillus,* préfet d'Égypte sous Néron, l'an 57 de notre ère, dont il est question dans l'inscription des Busiritains[a], et dont parle Tacite[b]. L'épithète ὁ σοφός, *le savant,* cadre bien avec ce qu'en dit Sénèque : *Balbillus virorum optimus, in omni litterarum genere rarissimus*[c]; on voit, par la suite du passage, que le même préfet d'Égypte avait publié un ouvrage relatif à ce pays, et que Sénèque consultait : c'était un savant; ce qui peut-être ne l'a pas empêché d'être un bon préfet.

Quant à Antiochus, dont le nom vient après, on ne sait ce que ce peut être : l'épithète qui accompagnait son nom est effacée; mais la

---

[a] *Recherches pour servir à l'histoire de l'Égypte, etc.* p. 395. — [b] *Annal.* XIII, 22. — [c] *Quæst. nat.* IV, 2, 12.

CCCXILV. COLOSSE DE MEMNON. 359

généalogie contenue dans les vers suivants ne doit pas être étrangère à l'apparition de ce nom grec[1].

V. 11. Ce vers se terminait évidemment par un nom propre dissyllabique, dont la première lettre était une voyelle : ainsi le K, qui semble commencer ce mot dans la copie KAΛ[!], n'en est peut-être que la seconde lettre. Ces deux lettres ensemble faisaient une longue; d'où il suit que AΛ doit être un M. Toutes les conditions exigées sont remplies par le mot AKMAC ou AKMHC. Le nom d'*Acmé* (Ἀκμή ou plutôt Ἄκμη) est celui de la maîtresse de Septius dans Catulle[a], et d'une des femmes de l'impératrice Julie. Selon Josèphe, ce fut par l'entremise de cette femme qu'Antipater intriguait à la cour d'Auguste contre Salomé[b]. Que cette *Acmé* fût une compatriote d'Antipater, cela est déjà bien probable d'après les relations qui s'établirent entre eux; mais cela le devient plus encore, si l'on songe que ce nom peut être, non-seulement grec (signifiant *fleur de l'âge*), mais syriaque, puisque *hacma* signifie, en cette langue, *sage* ou *prudente*. Raison de plus pour que ce nom convienne à la mère de Balbillus, laquelle tenait, comme on va le voir, aux rois de Commagène. Au reste, les rois de Syrie, d'Égypte et de Judée, étant entourés de personnes portant comme eux des noms grecs, rien n'empêche que celui d'*Acmé* ne le soit également. La chose importe peu.

Le fait contenu dans les vers 11 et 12 est singulier; et l'histoire ne fournit aucun moyen d'expliquer comment un Romain du nom de *Balbillus* a pu avoir pour mère une *femme de sang royal*, et pour aïeul *un roi Antiochus*.

Cet Antiochus doit avoir été un des rois de la Commagène. D'après notre hypothèse, bien probable, que Balbillus est le même qui fut préfet sous Néron, on ne saurait penser à l'Antiochus dont parle Josèphe, qui était encore roi de Commagène sous Vespasien[c]. Notre Antiochus est, selon toute apparence, Antiochus III, qui

---

[a] Carm. XLV. — [b] Joseph. *Bell. Jud.* I, 32, 6 et 7. — Cf. *Noldius de Herod.* p. 145, 146. — [c] *Bell. Jud.* VIII, 27, 1.

[1] M. Franz propose de lire προπάτωρ, qui semble, en effet, appelé par le 12° vers.

mourut en 770 de Rome, ou 17 de J. C.[a] Mais on n'expliquerait guère le fait qu'en admettant une naissance illégitime. Je suppose donc que ce roi Antiochus eut un fils naturel, lequel épousa quelque fille également naturelle d'un frère de roi; ce sera la βασιλητ̀ς μήτηρ dont parle l'inscription. L'enfant né de ce mariage aura été adopté par un Romain du nom de Balbillus et de la famille *Claudia*.

On sait, par l'inscription des Busiritains, que Balbillus, peu de temps après son entrée en charge, visita l'intérieur du pays et vint admirer les pyramides[b]; il dut aller plus loin, visiter Thèbes, et rendre son hommage à Memnon, accompagné d'Antiochus, son père. C'est cette circonstance que rappelle Balbilla, pour se recommander à l'attention de Memnon.

Le vers 13 ne présente de difficulté que pour les mots ΚΑΤѠ-ΛΟΧΟΝ; ce ne peut être que κἀγὼ λάχον, excepté que Balbilla change encore ici l'α en ο, et qu'elle dit λόχον, comme δυνοτόν, δεκότῳ et γρόππαϊα[c]. Son affectation la suit partout. La fin du vers 14 est ce qui m'a donné le plus de peine; et d'abord j'ai fort mal rencontré. Le commencement se lit très-bien. Βαλβίλλας δ' ἐμέθεν, puis vient le mot ΓΡΟΙΤΤΛΤΑ, dans lequel il est impossible de méconnaître le bizarre γρόππαϊα pour γράμματα, dont Balbilla s'est déjà servie; elle invite les spectateurs à *jeter les yeux* sur ses vers, où elle a étalé sa généalogie. Ce pentamètre se terminera naturellement par la particule δή, qui se joint si souvent aux impératifs pour donner de la force à l'invitation[d], comme σκόπει δή, ἄκουε δή, etc. De même Balbilla, en disant λεύσετε δή, semble avertir le voyageur, dont l'œil distrait tombera sur la fin de la pièce, qu'il aura lieu de se féliciter s'il la lit tout entière. Balbilla serait désolée qu'on ne lût pas ses vers, et surtout qu'on ne connût pas son illustre généalogie.

V. 13. Sa préférence pour les formes éoliennes se montre encore dans κηνῶν (ἐκείνων), au lieu de τηνῶν, forme que Théocrite, par exemple, emploie exclusivement.

[a] Tacit. *Annal.* II, 42. — [b] Voy. mes *Recherches,* etc. p. 404. — [c] Ci-dessus, p. 354. — [d] Cf. Boiss. ad *Phil. heroïc.* p. 350; Lennep. ad *Phal.* p. 246; Matth. *Ausführ. gr. Gr.* S. 603, S. 1208.

CCCXLV. COLOSSE DE MEMNON.

CCCXLV. (G. n° 25.) Memnon, qui n'avait pas été fort courtois pour Balbilla, ne le fut pas d'abord davantage pour l'impératrice elle-même; mais, supplié par les assistants, il cessa de leur garder rigueur, céda aux prières instantes qui lui furent adressées, et fit résonner cette belle voix qu'on était si avide d'entendre.

Voilà ce qu'expriment les vers suivants, qui, bien que du même style que ceux de Balbilla, doivent être d'une autre main, puisque son nom ne s'y trouve nulle part. Or c'est une circonstance que sa vanité n'a négligée dans aucune de ses trois pièces de vers.

D'abord le titre, Ὅτε τῇ πρώτῃ ἡμέρᾳ οὐκ ἀκούσαμεν (pour ἠκούσαμεν) τοῦ Μέμνονος, annonce le sujet des vers qui suivent. Il s'agit de personnes qui n'ont point entendu Memnon le premier jour.

Ensuite les mots βασιληΐδος (vers 3) et βασιλεύς (vers 5) montrent qu'*Adrien* et *Sabine* sont pour quelque chose dans l'événement.

Le premier vers commence par Χθισδὸν μέν pour χθιζὸν μέν, le poëte se servant, et avec affectation, du dialecte dorique, comme Balbilla. Ces mots annoncent une phrase où l'on disait que la veille on n'avait pas entendu Memnon, et on témoignait la crainte qu'il ne fût encore une fois défavorable, ὡς πάλιν ἀλλότριος (ou ἀλλοτρίως) en cachant sa voix, βάξιν; car c'est, je crois, ce dernier mot, dont il reste les lettres ΑΞΙΝ, employé comme synonyme de γλῶσσα, φωνή, αὐδή. La raison devait s'en trouver dans le vers suivant, à en juger par le γάρ qui suit les lettres ΠΡΗΕΙ, γὰρ σ[εμν]ὰ μορφὰ βασιληΐδος. On pourrait lire aussi γὰρ σ'[ερατ]ά; mais, d'après tout ce qui suit, le pronom à la seconde personne serait déplacé. Au reste, l'expression σ. μορφ. βασ. rappelle d'autres périphrases poétiques, telles que θεῖον Ἰοκάστης κάρα de Sophocle[a], βίη Ἡρακλείη d'Hésiode[b]; et, en latin, *corpus Turni* de Virgile[c], *virtus Scipiadæ* d'Horace[d], etc.

A la fin du quatrième vers, les lettres ΙΛΥΟΝΙΗ doivent être, comme au n° CCCXLIII, vers 8, ἄχον ἰῇ, subjonctif qui dépend de la phrase contenue dans le vers 2. Les lettres ΕΧΘΟΙϹΑΙ ne peuvent être que ἐχθοίσᾳ, doriquement pour ἐχθούσῃ : ce datif dépend de ἰῇ;

[a] Œdip. tyr. v. 1224. — [b] Theog. v. 332. — [c] Æn. IX, 272. — [d] II, Sat. I, 65.

et les mots μὴ καί, qui commencent le vers 5, annoncent une proposition subordonnée. J'arrive donc à ce texte, qui n'offre qu'un petit nombre de leçons douteuses dans les six derniers vers :

Χθισδὸν μὲν . . . . Μέμνονος . . . .
  ὡς πάλιν ἀλλότριος βάξιν . . . .
(πρήθει γὰρ σε[μν]ὰ μορφὰ βασιληΐδος [ἄμ]μι[ν]),
  ἐχθοίσᾳ [τ' α]ὐτᾷ Θη[ίον] ἄχον ἰῆ,
μὴ καὶ τοῖ βασιλεὺς κοτέ[η, καὶ] δαρὸν [ὀ]νία
  τὰν σεμνὰν κατέχει κουριδί[αν ἄ]λοχον·
Κὼ Μέμνων, τρέσσαις μεγάλως μένος [αἰὲν ἀνάκτων (?)]
  ἐξαπίνας αὔδασ' ἁδύ, Θίοις τ' ἐχάρη [1].

Hier, [n'ayant pas entendu] Memnon, nous l'avons supplié de n'être pas une seconde fois défavorable (car les traits vénérables de l'impératrice s'étaient enflammés [de courroux]), et de faire entendre un son divin, de peur que le roi lui-même ne s'irritât, et qu'une longue tristesse ne s'emparât de sa vénérable épouse ; aussi Memnon, craignant le courroux de ces princes immortels, a fait entendre tout à coup une douce voix, et a témoigné qu'il se plaisait dans la compagnie des dieux.

V. 3. Πρήθει pour πρήθη, par iotacisme, à moins qu'on ne veuille voir ici une de ces recherches de dorisme dont nous avons déjà rencontré tant d'exemples [a].

A la fin de ce vers, après le mot βασιληΐδος, il y a une lacune de deux lettres, puis les lettres MII peu distinctes. Il faut ici un mot de deux syllabes, dont la première soit une voyelle. Ces conditions sont remplies par le mot [AM]MIN. Le dorisme ἄμμιν convient parfaitement au ton du morceau ; ce datif de relation, après βασιληΐδος,

[a] Koen. ad Gregor. Corinth. p. 261, seq.

[1] Je consigne ici la restitution que m'a proposée M. Franz. Elle ne diffère de la mienne qu'en quelques points :

Χ[θ]ισδὸν μὲν [τύχομες τῶ] Μέμν[ο]νος [ἐκπειρῶντες
  ὡς π[ά]λιν ἀ[λλ]οτρί[ω]ς [β]άξιν [ἀναινομένω·
π[ν]ήει γὰρ σε[μν]ὰ [μ]ορφὰ βασιλη΅δος—[αἴ] μ[ὴ]
  ἐχθοίσᾳ [γ' α]ὐτᾷ Θη[ίον ἄχ]ον ἰῆ,
μὴ καὶ τοῖ βασιλεὺς κοτ[έση, ὁ] νυ δ[α]ρὸν [ἀ]ν[ί]α
  τ[ὰ]ν σεμ[ν]ὰν κατέχ[ει] κουριδί[αν ἄ]λοχον.
Κὼ Μέμνων τρέσσαις μεγάλω[ν μομφὰν β]ασι[λήων
  ἐξα[π]ίνας αὔδασ' [ἁ]δ[ὺ φίλ]οις [τ' ἐ]χάρη.

Au vers 3, la leçon πνήει est écartée par les lettres ΠΡ du fac-simile ; et, au dernier vers, il n'y a d'espace que pour une lettre entre ἁδύ et ίοις, ce qui favorise ma leçon Θίοις pour θεοῖς.

CCCXLV. COLOSSE DE MEMNON.

au lieu du génitif ἡμῶν, est commun en vers comme en prose [a].

V. 4. L'ionisme Θήϊον serait déplacé au milieu de ces dorismes, si le mélange des dialectes n'était habituel dans les vers de ce temps. Θήϊος ἄχος rappelle le φωνὰ θεία du numéro suivant.

Μὴ καί; on fait craindre à Memnon que la colère ne gagne *aussi*[b] l'empereur. Je n'ai pas lu μὴ καί τοι, parce que la particule τοί ferait un *non-sens* dans cette phrase conjonctive; TOI est τοῖ doriquement pour τῷ, qui lui-même est pour αὐτῷ. Ainsi Homère a dit τῇ (sc. Ἀθηναίη) κοτέων [c]. J'ai lu κοτέῃ (ou κοτέσῃ) καί, pensant que les lettres NY peu distinctes, du moins la première, peuvent être les restes de KAI. Il est possible cependant que ce soit NY, ce qui changerait la construction; on lirait alors κοτέ[ων ῥά]νυ, qui peut être la vraie leçon. Le nominatif absolu est, en ce cas, une construction autorisée [d]. L'expression δαρὸν ἀνία (ou ὀνία) κατέχει rappelle le δηρὸν γὰρ νοῦσοί σε κατασχήσουσιν ἄελπτοι d'un ancien oracle [e].

V. 5. Δαρόν (adv.) est certain; ἀνία l'est presque. L'*o* qui précède l'*alpha* final peut être une illusion du copiste : l'extrême altération de la pierre ne lui a pas permis une grande exactitude. C'est ainsi qu'au vers 6, après κατέχῃ, il a marqué une lettre qui n'existe pas, et que les deux lettres finales de κουριδίαν ont été passées, de même que la dernière de ἀδύ (vers 8).

V. 7. TPECCAIC est, poétiquement et doriquement, pour τρέσας : μένος pour μένοις est probable, comme régime de τρέσας, qui est transitif, de même que dans δυσμενέων μόθον οὐ τρέσεν [f]. La fin αἰὲν ἀνάκτων est tout à fait conjecturale, quoique αἰέν paraisse caché dans les lettres AOIN. Toutefois ces lettres pourraient cacher AOIΔAN ou AEIΔΩN, ce qui changerait cette fin. Μεγάλως ou μεγάλων doit être la vraie leçon.

Quant au vers 8, ἐξαπίνας αὔδασ' ἀδύ me semble certain, de même que τ'ἐχάρη; le mot OTOIC ne le paraîtra pas moins, si l'on fait at-

---

[a] Boisson. ad *Inscript. Act. ad calc. epist. Holst.* p. 421 sq. — [b] Herman. ad Soph. *Philoct.* 13. — [c] *Iliad.* K, 517. — [d] Matth. *Ausführl. gr. Gramm.* S 562. — [e] Ap. Plut. in *Ages.* 3; *Lysand.* 22. — Pausan. III, 8, fin. — [f] *Anthol. pal. Append.* n° 246, v. 5.

tention à la recherche pédantesque des formes doriques qui domine dans ce morceau. On ne pourra voir ici que le mot CIOIC, forme laconienne, pour ΘΕΟΙC, ou ΘΙΟΙC, forme crétoise du même mot[a] : l'une de ces deux leçons est la véritable. L'I et le T sont également confondus dans le mot XAPEICTOC, mis deux fois pour Χαρείσιος (plus haut, p. 341). J'ai donc lu Θίοις (paroxyton[b]) τ' ἐχάρη; l'expression Θεοῖς χαίρειν se prendra dans le sens du φίλοις χαίρειν de Xénophon, se réjouir, se plaire avec ses amis; et par Θεοί, le poëte désigne l'empereur Adrien et l'impératrice Sabine, qui jouirent tous deux de l'accueil favorable du dieu.

Il résulte de cette inscription que le colosse ne se fit pas entendre le premier jour à Sabine, mais que le lendemain il montra plus d'égards. Le silence du colosse, en présence d'une impératrice, avait, à ce qu'il paraît, donné de l'humeur à cette princesse; c'est là ce que le poëte a voulu exprimer de son mieux. Memnon, comme on voit, n'était point à la dévotion des grands.

CCCXLVI. (G. 46.) Balbilla voulut aussi célébrer le succès des prières adressées au colosse; mais elle laissa à l'auteur des vers précédents la place disponible, au-dessous de l'inscription qu'elle avait fait graver elle-même, et elle alla chercher une place fort grande, disponible sur le cou-de-pied, où elle fit graver les vers suivants, en lettres de 3 centimètres de haut; en sorte que l'inscription n'a pas moins de 8 décimètres de long; c'est la plus grande de toutes celles qui ont été gravées sur le colosse. La vaniteuse Balbilla s'est amplement dédommagée de la concession faite à son rival ou à sa rivale en poésie.

Cette inscription, de la même main, est depuis longtemps connue par les remarques de d'Orville et les discussions qu'a fait naître la date qui la termine[c].

---

[a] Cf. Valcken. ad Adoniaz. p. 286, B. C. — [b] Böckh, Staatshaushalt. II, S. 396, 5. — [c] Voy. Champoll. Fig. Annales des Lagides, I, 413, sqq.

CCCXLVI. COLOSSE DE MEMNON.

Ἔκλυον αὐδήσαντος ἐγώ' πὺ λίθω Βαλϐίλλα,
φωνᾶς τᾶς θείας Μέμνονος ἢ Φαμενώθ.
Ἦλθον ὑμοῖ δ' ἐρατᾷ βασιληΐδι τυῖδε Σαϐίννᾳ·
ὥρας δὲ πρώτας ἅλιος ἦχε δρόμος,
κοιράνω Ἀδριανῶ πέμπτῳ δεκότῳ τ' ἐνιαυτῷ·
[φῶτ]α δ' ἔχεσκεν ἀθὺρ εἴκοσι καὶ πέσυρα.
Εἰκοστῷ πέμπτῳ δ' ἄματι μηνὸς ἀθύρ.

La pierre ayant rendu un son, moi, Balbilla, j'ai entendu la voix divine de Memnon ou Phaménoth. J'accompagnais cette aimable reine Sabine. Le soleil tenait le cours de la première heure, la quinzième année de l'empereur Adrien; athyr était à son vingt-quatrième jour.

Le vingt-cinquième jour du mois athyr.

Les phrases se suivent mal et sont mal liées. Tout sent ici la précipitation. Balbilla a mieux réussi dans l'inscription précédente.

Notre grammairienne, si recherchée sur l'article des dialectes, va nous donner ici de nouvelles preuves de son pédantisme.

Φαμενώθ est le nom égyptien de Memnon; au n° CCCXLVII, nous avons aussi Ἀμενώθ, qui est le même mot sans le préfixe.

V. 2. Les mots ΦΩΝΑ ΤΑΣ ΘΕΙΑΣ peuvent être au génitif singulier aussi bien qu'à l'accusatif pluriel; car on dit κλύειν φωνήν ou φωνῆς. Cependant le singulier me semble plus naturel. Le graveur a oublié le C. Dans Σαϐίννα, le N est doublé. Les fautes de ce genre sont communes; ainsi ΑΣΙΝΝΙΑΝ, ΛΗΓΙΩΝΝΟΣ [a].

V. 3. Les copies de Pococke, de M. Hamilton et de Salt, donnent bien clairement toutes trois ΥΜΟΙ et ΤΥΙΔΕ; il ne faut pas lire ὁμοῦ τῇδε, comme l'ont fait d'Orville et M. Jacobs. Balbilla montre ici sa recherche ordinaire. Les Éoliens mettaient souvent υ en place de ο, et ι au lieu de υ; ils disaient ὕμοιον pour ὅμοιον [b], et ἀνθρώποις pour ἀνθρώπους [c]. Balbilla a mis aussi ὑμοῖ pour ὁμοῦ. Quant à ΤΥΙΔΕ, pour ΤΗΙΔΕ ou ΤΑΙΔΕ, on le trouve dans Théocrite [d] et Sappho [e] : ἀλλὰ τυῖδ' ἔλθ' αἴ ποκα κἀτέρωτα, comme ἀλλυΐ, πηλυΐ, ἀτερυΐ, cités par Theognostus [f]. La place qu'occupe τῇδε m'empêche de le prendre comme adverbe de lieu, sens qu'il a quelquefois [g]. Balbilla veut dire : *avec cette aimable reine qui est à mes côtés.*

V. 4. Pococke et Salt donnent tous deux ΗΧΕΔΡΟΜΟΣ. D'Orville a lu ἔσχε δρόμον, M. Jacobs ἦρχε δρόμου; mais il faut lire, sans

---

[a] Welcker, *Sylloge,* p. xxxix. — [b] Gregor. Corinth. *de Dialect.* p. 585, Schæf. — [c] *Id.* p. 618, 619. — [d] *Idyll.* V, 30; XXVIII, 5. — [e] *In Vener.* v. 5. — [f] Ap. Bekker, *Anecd.* p. 1425. — Cf. *Rhein. mus.* III, p. 219. — [g] Jacobs, ad *Antholog. palat.* p. 86.

changement, ἦχε δρόμος, ces deux mots étant des dorismes pour εἶχε δρόμους [a]. L'expression est analogue à σελάνας τοὶ τριετεῖς μηνῶν ἀνιοχεῦντο δρόμοι [b].

V. 5. L'*iota* après ΚΟΙΡΑΝΩ est dans les trois copies. C'est encore une faute du graveur; comme le Δ, au lieu de Τ, dans ΔΕΚΟΤΩΔΕΝΙΑΥΤΩ, faute qui tient à la prononciation.

V. 6. Ce vers est acéphale : avant ΑΔΕΧΕϹΚΕ, il manque certainement Φῶτ, ainsi que l'ont vu d'Orville et M. Jacobs. Le graveur était fort distrait, à ce qu'il semble. Après ΕΧΕϹΚΕ, il y a encore un Δ qui est de trop; je l'ai remplacé par le Ν paragogique.

L'éolisme πέσυρα est tout aussi bon que πίσυρα, forme plus usitée; mais πίσυρες ou πίσσυρες, qui est le même mot que τέσαρες ou τέσσαρες, est encore moins voisin de cette forme que πέσυρες ou πέσσυρες. Hésychius connaît celle-ci : πέσσυρες, dit-il, τέσσαρες, Αἰολεῖς.

Le vers 7 contient une autre date que le vers 6. On n'avait su comment expliquer cette singularité. Zoëga [c] rejetait ce vers, manière commode de se débarrasser d'un fait qui gêne. Visconti croyait qu'il indiquait le jour où l'inscription avait été gravée [d]; d'autres ont conjecturé que Balbilla, s'étant aperçue qu'elle s'était trompée de quantième, avait mieux aimé faire un autre vers que d'effacer celui qu'elle avait écrit d'abord. Mais l'inscription suivante nous donne le mot de l'énigme; nous y voyons que Sabine a entendu Memnon *deux fois*, l'une le 24 athyr, et l'autre le lendemain. C'est après cette seconde fois que Balbilla aura écrit au-dessous le 7e vers :

Εἰκοστῷ πέμπτῳ δ' ἄματι μηνὸς ἀθύρ,

sous-entendu ἔκλυον : il est possible qu'encore ici δέ soit pour τε, qui conviendrait bien mieux. Si Balbilla n'a pas exprimé l'heure cette seconde fois, c'est que cette heure était la même que la première fois.

Sabine a donc entendu Memnon le 24 et le 25 d'athyr de l'an xv[e]

[a] Ci-dessus, p. 353 de ce vol. — [b] *Anthol. palat.* VII, 482. — [c] *Numi Ægypt.* p. 94. — [d] Jacobs, *ad Anthol. pal.* p. 964. — Cf. Champoll. Figeac, *Annales des Lagides,* I, p. 452; Boissonade, *ad Inscript. Actiac.* p. 449.

CCCXLVII. COLOSSE DE MEMNON.

du règne d'Adrien, ou le 20 et le 21 novembre de l'an 130 de notre ère.

Les circonstances de cette visite de Sabine sont très-différentes de celles qui ont été énoncées dans l'inscription n° CCCXLIII. Balbilla a visité le colosse plusieurs fois, tant avec Adrien qu'avec Sabine. Il paraît que cette impératrice n'a pas accompagné chaque fois son mari. Nous en verrons plus bas une autre preuve.

CCCXLVII. (G. n° 24.) Au-dessous de la première inscription de Balbilla se trouve la suivante, qui se compose, comme l'autre, de deux parties, l'une en prose, le reste formant quatre vers élégiaques, écrits avec cette affectation de dorisme que nous avons remarquée dans les quatre inscriptions précédentes. La première partie se lit ainsi : ὅτε σὺν τῇ σεβασ1ῇ Σαβίνῃ ἐγενόμην παρὰ τῷ Μέμνονι, c'est-à-dire : « [Écrit] lorsque j'étais auprès de Memnon avec l'auguste Sabine. » Ce qui fixe l'époque où l'inscription a été gravée sur le colosse. On a déjà vu que Sabine a visité Memnon un autre jour qu'Adrien. Ces mots en sont une nouvelle preuve. Si l'empereur eût accompagné sa femme ce jour-là, l'auteur de la pièce aurait dit : « avec Adrien et Sabine. » Le poëte, comme l'auteur du n° CCCXLV, a négligé de dire son nom.

Le fac-simile ne laisse de difficulté ni de doute sur aucun point. Je lis :

Αὐῶς καὶ γεραρῶ, Μέμνον, παῖ Τιθωνοῖο,
Θηβάας θάσσων ἄντα Διὸς πόλιος,
ἢ Ἀμενώθ, βασιλεῦ Αἰγύπ1ιε, τὼς ἐνέποισιν
ἰρῆες μύθων τῶν παλαιῶν ἴδριες.

Salut, ô Memnon, fils de l'Aurore et du vénérable Tithon (assis en face de la ville thébaine de Jupiter), ou bien Aménoth, roi égyptien, à ce que disent les prêtres instruits des anciens mythes.

V. 1. Αὐῶς pour Ἠοῦς offre deux éolismes, Αὐ pour Α, les Éoliens disant Αὔως pour Ἠώς[a] ou, doriquement, Ἀώς, et faisant de plus en ῶς les génitifs féminins οῦς, comme Σαπφώ, Σαπφῶς, Λητώ, Λητῶς, Ἀχώ, Ἀχῶς[b].

La construction, assez embarrassée, revient à [χαῖρε], Μέμνον, παῖ Αὐῶς καὶ γεραρῶ Τιθωνοῖο.

[a] Greg. Corinth. p. 612. — [b] Moschus, VI, 1.

C'est une simple invocation ou un salut, dans lequel manque le χαῖρε.

L'expression ἄντα Διὸς πόλιος indique bien la position du colosse, qui regarde *Diospolis*, ou la Thèbes des Grecs et des Romains, située sur l'autre rive.

Le troisième vers est le plus important. Pour les Grecs, la statue était Memnon, fils de Tithon et de l'Aurore; mais, pour les Égyptiens, c'était leur roi, βασιλεὺς Αἰγύπ⁷ιος, nommé *Aménoth* ou *Phaménoth*, ou *Aménophth*, ou bien *Aménothès*. L'accord des deux copies me force de conserver les dorismes τὼς ἐνέποισιν, pour ὡς ἐνέπουσιν.

Les formes Θηβάας et παλαῶν, pour Θηβαίας, παλαιῶν, sont propres aux Éoliens, qui disaient Ἀλκάος et ἀρχάος pour Ἀλκαῖος et ἀρχαῖος[a].

CCCXLVIII. (G. n° 45.) Celle-ci, qui se rapporte à la circonstance énoncée dans le n° CCCXLIII, confirme la leçon que nous en avons donnée :

Φλαουϊανὸς	Moi, Flavianus Philippus,
Φίλιππος	j'ai entendu Memnon le très-
ἔκλυον Μέ-	divin, l'empereur Adrien l'en-
μνονος τοῦ θειοτάτου,	tendant, à la deuxième heure,
αὐτοκράτορος Ἀδριαν[οῦ	deux fois.
ἀκούοντος, ἐντὸς	
ὥρας B δίς.	

Elle est à gauche et touche au n° CCCXLVI, qui a certainement été gravé ensuite, puisque les vers 4 à 7 sont écrits en retraite, pour donner place à la fin des lignes 4 et 5 de celle-ci. Flavien Philippe a pu étendre librement ces lignes, l'inscription de Balbilla n'existant pas encore.

Quant à la raison qui l'a obligé de faire si courtes les trois premières lignes, elle tient à l'existence antérieure d'une inscription gravée à cette place, mais qui est si effacée, que je n'ai pu rien tirer des vestiges qui subsistent.

[a] Gregor. Corinth. p. 596, 609.

CCCXLIX. COLOSSE DE MEMNON.

Il n'y a pas ici de date, par la raison qui a été indiquée. Il faut se garder de rapporter τοῦ θειοτάτου à l'empereur.

Flavius Philippus ne parle que de *deux fois*. Balbilla a fait mention d'un premier salut de Memnon[a], un peu avant le lever du soleil : ce n'est donc, comme on l'a déjà conclu de ses propres paroles, qu'une licence poétique.

La comparaison des deux inscriptions fixe le sens des mots ἐντὸς ὥρας B̄, qu'on pourrait être tenté de rendre par *ante horam secundam*, parce que Dion Cassius[b] rend par ἐντὸς ῥητῆς ἡμέρας, le *ante diem certam* de César[c]. Mais le sens est évidemment analogue à *intra quartam diem, intra kalendas*, pour *quarto die, kalendis*[d].

CCCXLIX. (G. n° 42.) Mais Sabine elle-même voulut faire graver sur le colosse un souvenir de son passage. Il est consigné dans l'inscription suivante, en très-beaux caractères, qui paraissent être de la même main que ceux de l'inscription de Balbilla (CCCXLVI).

[Σα]βεῖνα Σεβαστὴ	Sabine Auguste, femme de l'em-
[αὐτ]οκράτορος Καίσαρος	pereur César Auguste, a entendu
[Σεβαστ]οῦ, ἐντὸς ὥρας	deux fois Memnon, pendant la pre-
[Ā, Μέμνονο]ς δὶς ἤκουσε.	mière heure.

On remarquera qu'il n'y a pas de place pour le mot γυνή au commencement de la seconde ligne. Ce mot ne s'y trouvait certainement pas. La même ellipse a lieu sur les médailles des impératrices. Ainsi, SABINA. AVGVSTA. IMP. HADRIANI. AVG. pour ne citer que celles de Sabine. Une inscription relative à Julia Augusta donne *Cereri Iuliæ Augustæ divi Augusti, matri Ti. Cæsaris Augusti*[e].

Le supplément de la troisième ligne ne peut être que l'un des deux mots Ἀδριανοῦ ou Σεβαστοῦ, qui peuvent aller aussi bien l'un que l'autre. Je préfère pourtant ce dernier. Le nom de Sabine dispensait de mettre celui d'Adrien, tandis que le titre d'*Auguste* ne pouvait guère être omis. On trouve de même sur une médaille : MECCA-

---

[a] Ci-dessus, p. 352. — [b] XLI, 3, fin. — [c] *Bell. civ.* I. 2, ad fin. — [d] A. Gell. *Noct. att.* XII, 13. — [e] Muratori, n° 222, 3.

ΛΙΝΗ. ΚΑΙC. CЄΒ. c'est-à-dire, Μεσσαλίνη Καίσαρος (Κλαυδίου) Σεβασ7οῦ (γυνή).

Il y a une inscription de Carthæa qui paraît contraire à cette observation, puisque le titre d'*Auguste* manque après celui de César, du moins si l'on admet cette restitution, qu'a proposée M. Böckh[a] ;

[ΗΒΟΥΛΗΚΑΙ]ΟΔΗΜΟΣ
ΒΑΣΙΛΙΣΣΑΝ[ΣΑ]ΒΕΙΝΑΝΑΥΤΟΚΡΑΤΟΡΟΣ
[ΑΔΡΙΑΝΟΥ]ΚΑΙΣΑΡΟΣΓΥΝΑΙΚΑ.

mais la leçon de M. Bröndsted, qui l'a copiée sur les lieux[b],

ΟΔΗΜΟΣ
ΛΕΙΒΙΑΝΑΥΤΟΚΡΑΤΟΡΟΣ
ΚΑΙΣΑΡΟΣΓΥΝΑΙΚΑ

me semble préférable. Il est difficile qu'un œil, même peu exercé, et celui de M. Bröndsted l'était beaucoup, prenne ΒΕΙΝΑΝ pour ΛΕΙΒΙΑΝ. D'ailleurs la symétrie des lignes, à laquelle on avait toujours égard dans les inscriptions de ce genre, est parfaite dans la seconde leçon, et perdue dans la première, même quand on suppléerait ΒΑΣΙΛΙΣΣΑΝ au commencement de la deuxième ligne, comme l'a proposé M. Böckh en dernier lieu[c]. Je persiste donc à croire que la dédicace, à laquelle il ne manque pas une lettre, concerne Livie, femme d'Auguste, souvent désigné par le seul mot Καίσαρος, sans autre addition.

C'est d'après l'inscription précédente que j'ai lu *ἐντὸς ὥρας* A. Sabine avait entendu Memnon pendant la première heure, le 24 et le 25 d'athyr.

CCCL. (G. n° 27[c].)

Ἀρτεμίδωρος Πτολεμαίου, βασιλικὸς γραμματεὺς Ἑρμωνθείτου καὶ Λατοπολείτου, ἤκουσα Μέμνονος τοῦ Θειοτάτου, μετὰ καὶ τῆς συμβίου Ἀρσινόης καὶ τῶν τέκνων Αἰλουρίωνος τοῦ καὶ Κοδράτου, καὶ Πτολεμαίου. Ἔτει ΙΕ Ἀδριανοῦ Καίσαρος τοῦ κυρίου. Χοϊάκ.

Moi, Artémidore, fils de Ptolémée, greffier impérial des nomes Hermonthite et Latopolite, j'ai entendu Memnon le très-divin, avec ma femme Arsinoé, et mes enfants Ælurion, appelé aussi Quadratus, et Ptolémée, l'an xv d'Adrien César le seigneur, au mois de choïac.

[a] *Corpus inscr.* n° 2370. — [b] *Voyages et Recherches en Grèce*, t. I, p. 29. — [c] *Corp. inscr.* t. II. *Add. et corrig.* p. 1071.

CCCL. COLOSSE DE MEMNON.

A la ligne 3, les copies de Pococke, de M. Hamilton et de M. Delille, donnent OCIOTATOY[a], celle de Salt ΘΕΙΟΤΑΤΟΥ, qui est sur notre empreinte : ces différences viennent de la grande ressemblance des deux premières lettres ΘΕ et OC, lesquelles sont confondues sans cesse. Memnon est appelé, dans une autre inscription, θειότατος (n° CCCXLVIII). Le greffier, *royal* sous les Ptolémées, *impérial* plus tard, était celui dont les fonctions embrassaient tout un nome; au-dessous de lui étaient les κωμογραμματεῖς et les τοπογραμματεῖς [b]. Nous voyons encore ici les deux nomes Hermonthite et Latopolite réunis sous un seul greffier royal comme ils l'étaient sous un seul stratége; raison de plus pour croire que la juridiction de ces deux officiers avait la même étendue.

Ce greffier a un nom tout grec, sans prénom romain. Il est en effet naturel de penser que ces officiers, dont les fonctions exigeaient des connaissances locales, n'étaient le plus souvent que des Égyptiens ou des Grecs établis dans le pays; il en était ainsi des stratéges. Les deux fils d'Artémidore ont aussi des noms grecs; l'un d'eux pourtant a un surnom romain ΚΟΔΡΑΤΟΥ, probablement ΚΟΑΔΡΑΤΟΥ. Quant à Αἰλουρίων, nom dérivé du mot αἴλουρος, *un chat*, je ne crois pas qu'on le trouve ailleurs qu'en Égypte; il est un vestige de l'adoption par les Grecs du culte égyptien. Peut-être Σιλουρᾶς, dans un papyrus de Schow[c], doit-il se lire Αἰλουρᾶς, autre forme de Αἰλουρίων.

La date de l'an XV est celle du voyage d'Adrien. Quant au mois de choïac, il commençait le 27 ou le 28 de novembre (c'est-à-dire trois ou quatre jours après la visite d'Adrien et de Sabine); on voit donc qu'Artémidore a fait graver son inscription bien peu de temps après celles qui se rapportent à cet événement.

Le quantième du mois manque dans toutes les copies; peut-être a-t-il été effacé, peut-être aussi a-t-il été omis : ce qui le ferait croire, c'est l'inscription suivante, placée au-dessous de la précédente, ainsi qu'on le voit dans la copie de Pococke, et qui s'y rapporte évidemment.

---

[a] *Descr. de l'Égypt. Ant.* pl. XXXV, n° 37. — [b] *Rech. etc.* p. 398. — [c] *Charta papyr.* p. 20 et 108.

CCCLI. (G. n° 28.)

Κόϊντος Ἀπολνιανὸς Βόηθος
ὁμοίως ἤκουσα μετὰ τῶν προγε-
γραμμένων, τῷ αὐτῷ ἔτει, μηνὶ
τῷ αὐτῷ.

Moi, Quintus Apoleianus Boéthus, j'ai entendu également [Memnon] avec les personnes inscrites ci-dessus, la même année, le même mois.

Les Grecs ont souvent rendu l'*Apuleius* des latins par Ἀπολήϊος, aussi bien que par Ἀπουλήϊος, comme ils traduisaient indifféremment Publius par Πόβλιος, Πώβλιος et Πούβλιος. C'est, du reste, le premier exemple que je rencontre du dérivé Ἀπολνιανός.

Ce personnage était probablement de la compagnie du greffier royal Artémidore, car il se contente de même d'indiquer l'année et le mois. Si Artémidore avait indiqué le jour, Boéthus aurait ajouté καὶ τῇ αὐτῇ ἡμέρᾳ.

CCCLII. (G. n° 26.)

Celle-ci est placée entre les n[os] CCCXLV et CCCL. Comme les deux dernières lignes du premier numéro sont plus serrées que les autres, on a lieu de croire que le graveur a été gêné par celle-ci; ce qui indique qu'elle est un peu antérieure. La date en est donc incertaine, et j'aurais pu la placer dans le paragraphe suivant. Les caractères sont grands et tracés avec beaucoup de soin.

Γάϊος Ἰούλιος Διονύσιος
ἀρχιδικαστὴς, Θέωνος
ἀρχιδικαστοῦ υὸς καὶ
πατήρ, ἤκουσα Μέμνο-
νος ὥρας πρώτης.

Moi, Caïus Julius Dionysius, archidicaste, fils et père de Théon, archidicaste, j'ai entendu Memnon à la première heure.

L'expression Θέωνος ἀρχιδικαστοῦ υὸς (pour υἱὸς, ce qui est commun) καὶ πατήρ est remarquable; la traduction *fils de Théon et père*, qu'on en a donnée, n'a aucun sens [a]. Cela doit signifier que Dionysius l'archidicaste était le fils d'un Théon archidicaste, et le père d'un autre Théon revêtu des mêmes fonctions, le fils portant le nom de l'aïeul, selon l'usage grec. Nous avons donc ici l'indication de trois person-

[a] *Description de Thèbes*, p. 112.

nages, aïeul, père et fils, remplissant la place d'archidicaste ou de *grand juge*. Il est probable que ces fonctions se transmettaient de père en fils. On remarquera que c'est une famille grecque qui exerce cette charge. Il en était vraisemblablement de cette magistrature comme de toutes celles que les Romains avaient trouvées établies : ce furent des Égyptiens ou des Grecs qui continuèrent de les exercer.

CCCLIII. (D. n° 17.) Je transcris la copie de Salt, parce que l'empreinte ne donne pas la fin des lignes. En revanche, elle nous reproduit les noms des voyageurs *Cailliaud 1816* et *Letorzec 1820*, qui, bien que n'ayant pas été assez heureux pour entendre le colosse, muet depuis plus de seize siècles, ont voulu transmettre à la postérité le souvenir de leur visite.

Q MARCIVS HERMOGENES PR·AEFELISSIS AVGI\ EXAVDIT MEMNONEM
HORA IS NONIS MARTIIS SERVIANO III ETVAROCOS

Des lettres PRAEFEL. on serait tenté de faire *præfectus Ægypti*; mais il n'y a pas moyen ; le n° CCCLV nous prouvera que, *trois* jours après celui où ce Q. Marcius Hermogène a entendu Memnon, le préfet d'Égypte *Petronius Mamertinus* l'entendit à son tour. Ainsi, malgré le point que la copie nous montre après les deux premières lettres, les cinq lettres PRAEF ne peuvent être que PRAEF*ectus*. Quant aux lettres à demi effacées ELISSIS, elles nous cachent sans nul doute le mot CLASSIS ; et le tout ne peut se lire que PRAEF. CLASSIS AVG. IV. EXAVDIT. MEMNONEM, *Præfectus classis Augustæ quartæ*, etc. Cette désignation est toute nouvelle ; nous trouvons bien une *classis Alexandrina*, employée au transport des blés d'Égypte; une *classis Africana*, qui devait transporter ceux d'Afrique ; une *classis Misenensis*, et une *classis Ravennatium*, chargées par Auguste de protéger la Méditerranée et l'Adriatique. Mais ni les auteurs ni les monuments ne font mention d'une *classis Augusta*. C'est peut-être la seule fois qu'il en est question. Mais ce ne serait pas un motif suffisant pour rejeter cette dénomination ; car il n'est pas question plus souvent d'une *classis Germanica*[a], d'une *classis Syriaca*[b], d'une *classis Latina*[c]. On peut conjecturer que ces flottes, chargées, depuis Auguste, de croiser sur les côtes de la mer intérieure, outre le nom particulier du pays où elles croisaient, portaient encore le nom de *classes Augustæ* ou *Augustales,* comme nous dirions *flottes royales,* et qu'on les distinguait, de même que les légions, par un numéro d'ordre, *prima, secunda, tertia, quarta.* Nous savons déjà, par exemple, que la flotte de Ravenne s'est aussi nommée *Antoniniana*[d], et la flotte de Misène *Gordiana*[e]. Je ne vois que cette manière d'expliquer la leçon AVG. IV, qui me semble indubitable.

Q. Marcius Hermogène sera donc venu d'Alexandrie, où se trouvait sa flotte, pour visiter les merveilles de la Thébaïde, le 7 mars (NONIS MARTIIS) de l'an 134 de J. C., année du troisième consulat de Servianus et de celui de Varus.

L'identité du nom et du surnom me porte à regarder l'inscription suivante comme étant du même personnage, qui l'a gravée sur l'autre jambe.

CCCLIV. (G. n° 38.) La première ligne est un hexamètre qui se lit sans difficulté ; la deuxième est un vers du même genre, d'après le spondée qui le termine. Les lettres ANTCΛ ne pouvant être que le commencement d'une des formes du verbe ἀνατέλλω, poétiquement ἀντέλλω, ou du substantif ἀντολή, on pourrait essayer de lire :

Μάρκιος Ἑρμογένης ἔκλυον μέγα φωνήσαντος
Μέμνονος, ἀντέ[λλουσαν μητέρ' ἑὴν τι]μῶντος.

L'idée du second vers serait la même que celle qui est exprimée par Denys le Périégète : Μέμνων ἀντέλλουσαν ἑὴν ἀσπάζεται ἠώ[f]. La restitution peut être bonne pour le sens ; mais je crois qu'elle est peu satisfaisante pour les termes. ΤΙΜΩΝΤΟC s'éloigne beaucoup trop des lettres ΛΟΝΤΟC ou ΔΟΝΤΟC. Une autre leçon paléographiquement exacte des lettres ΔΑC...ΔΟΝΤΟC est λαομέδοντος, qui terminerait

---

[a] Orelli, *Inscr. lat.* n° 3600. — [b] *Idem*, n° 3604. — [c] *Idem*, n° 3599. — [d] *Idem*, n° 3598. — [e] *Idem* n° 3596. — [f] v. 250.

CCCLV. COLOSSE DE MEMNON.

bien l'hexamètre; dans ce cas, on restituerait ainsi le vers : Μέμνονος, ἀντε[λλούσης ἠοῦς] λαο[μέ]δοντος, c'est-à-dire « montrant, au lever de l'au-« rore, qu'il veille sur le peuple, » expression qui rentre dans l'idée de *divinité* attachée à Memnon par plusieurs ceux qui l'ont entendu. Ainsi Pétronianus (n° CCCLXXVII) le prie de lui *accorder de longs jours*. M. Franz propose ἀντείλασαν τὴν γενετειραν ἰδόντος, dont la fin est conforme au texte.

Au reste, quels que soient les mots, la pensée est claire. Il s'agit du moment du jour où Memnon faisait entendre sa voix.

CCCLV. (G. n° 3.)   PETRONIVS MΛΛΛRNS
PRAEF.AEG AVDI MEMNONI
V¹ IDVS MARTIA·S
SERVIANO ¹¹¹·ET VARO CoS
HORĀ DIES ANTE PRIMAM

Cette inscription, déjà publiée par Pococke, n'offre aucune difficulté, excepté relativement au nom du personnage; ce qui est d'autant plus fâcheux, qu'il s'agit d'un préfet d'Égypte. Les trois premières lettres sont évidemment MAM, les autres RNS, et leur réunion MAMRNS; je ne crois pas que ce puisse être autre chose qu'une abréviation, commandée par l'exiguïté de la place, du nom MAM[E]R-[TI]N[U]s. Ainsi, ailleurs, les copistes ont écrit MEMNOC pour MEM-NONOC, et AYTOKPATOC pour AYTOKPATOPOC. Il s'agit donc ici d'un préfet d'Égypte, nommé *Petronius Mamertinus*, qui entendit Memnon le VI des ides de mars (10 mars), dans l'année du troisième consulat de Servianus et de celui de Varus; sa visite est donc de trois jours seulement postérieure à celle de Q. Marcius Hermogène. Or une inscription métrique de Talmis en Nubie fait mention de *Mamertinus, préfet sous Adrien*, qui avait entendu le colosse de Memnon (*Ut spirent cautes ..... Sacra Mamertino sonuerunt præside signa*).

Ce personnage fut, plus tard, préfet du prétoire, l'an 140 de J. C., comme le prouve un marbre dans Fabretti[a]; et c'est à lui,

---
[a] Cap. III, n° 68. Cf. Labus, *Di an' epigr. lat.* p. 110.

selon toute apparence, que s'adresse la lettre de Fronton, *Petronio Mamertino*[a]. M. Mai croit qu'il s'agit du *Petronius Mamertinus*, gendre de Marc-Aurèle et consul en l'an 182, mis à mort sous Commode; mais les dates s'y opposent. Cette lettre, comme l'ont déjà observé Niebuhr et M. Labus, n'a pu s'adresser qu'au père du gendre de Marc-Aurèle, lequel doit être le même que notre Pétronius Mamertinus, préfet d'Égypte en 134 et préfet du prétoire en 140.

Dans cette année 140, le préfet d'Égypte était Avidius Héliodore[b]; mais j'ai montré que ce préfet devait avoir été placé dans cet emploi supérieur par Adrien lui-même (mort le 10 juillet 138). Il est donc difficile que Mamertinus soit resté dans sa préfecture d'Égypte plus tard que l'an 137.

Ce Pétronius Mamertinus, qui fut préfet du prétoire après avoir été gouverneur de l'Égypte, paraît être le même qui, dans un fragment d'inscription latine, est qualifié de *préfet de l'annone*[c]. Cela est d'autant plus vraisemblable, que cette charge conduisait souvent à celle de *préfet d'Égypte*[d], témoin le personnage (dont le nom manque) qui fut successivement *præfectus vigilum*, *præfectus annonæ*, *præfectus Ægypti*[e]; témoin encore Caïus Minicius, qui avait été préfet de l'annone avant d'être gouverneur de l'Égypte[f]. L'arrivage des blés d'Égypte était une partie si importante des fonctions du préfet de l'annone, qu'il n'est pas étonnant que cette charge conduisît au gouvernement d'un pays dont ce préfet avait été souvent obligé d'étudier les ressources.

L'indication de l'heure doit se lire HORA. DIEI. *semis*, ANTE. PRIMAM. Cela peut signifier une demi-heure *avant que la première heure commence*, ou bien *avant qu'elle finisse*; car ANTE HORAM peut très-bien avoir un sens analogue à celui de ANTE...... DIEM, qui, en latin, signifie, le plus souvent, la même chose que DIE *pendant que tel jour dure, avant qu'il finisse*.

[a] *Epist. ad amicos*, p. 199, ed. Niebuhr. — [b] *Recherches pour servir à l'histoire de l'Égypte*, etc. p. 249. — [c] Ap. Marini, *Atti Fr. Arv.* p. 728. — [d] Labus, p. 94. — [e] Le même, p. 101. — [f] Marini, *Atti F. A. I.* p. 5; Orelli, n° 3651.

CCCLVI, CCCLVII. COLOSSE DE MEMNON.

CCCLVI. (G. n° 16.) Voici l'inscription en entier :

HORAM CVM PRIMAM, CVMQVE HORAM SOLE SECVNDAM
PROLATA OCEANO LVMINAT ALMA DIES,
VOX AVDITA MIHI EST TER BENE MEMNONIA.
VIATICVS THER..OS FECIT.
CVM AVDIT MEMNONEM XI KAL. IVNIAS[1], SERVIANO TERTIVM CONSVLE
CVM ASIDONIA CALPA VXORE.

Les trois premières lignes sont des vers, le premier hexamètre, les deux autres pentamètres, et assez mauvais, comme on voit.

Luminat, pour *illuminat,* ne se trouve point avant Apulée[a] et Rufus Festus Aviénus[b] ; car la leçon de Velléius Paterculus[c] est douteuse. Quant à *dies quæ luminat horam* et *dies prolata Oceano,* cela ne se trouve probablement nulle part.

Ces vers sont si mal écrits, qu'on n'est pas bien sûr de ce que l'auteur a voulu dire dans le troisième : *Vox audita mihi est ter bene Memnonia.* Cela signifie-t-il qu'il a entendu *trois fois distinctement la voix memnonienne,* ou bien faut-il donner à *ter bene* le sens du superlatif, comme dans *ter felix, ter beatus?* J'adopte le premier sens. Ce personnage dit avoir entendu Memnon trois fois, tant à la première qu'à la seconde heure; rien n'annonce que ce soit le même jour : c'est à la dernière fois seulement qu'il a écrit ces mauvais vers.

Après VIATICVS, que Salt donne en entier, et qui était précédé d'un prénom, on distingue les lettres THERA..OS, qui sont peut-être le mot *Theræus,* indiquant la patrie de Viaticus. La date est de l'année 134, du 22 mai, s'il y a IVN., ou du 22 décembre, s'il y a IAN. Le nom de l'autre consul, Varus, a été omis, sans doute parce que la ligne était longue, et que la place n'a pas permis de l'exprimer.

CCCLVII. (D. n° 16.) Celle-ci n'avait été donnée que par M. Hamilton, mais d'une manière fort incomplète, puisqu'il n'avait copié que trois lignes sur les sept qui la composent. La fin des lignes manque; mais on supplée facilement ce qui peut intéresser le plus :

---

[a] *Metam.* XI, 807. Oudend. — [b] *In Arat.* 1450. — [c] II, 35.

[1] Ou IAN, c'est-à-dire *januarias.*

Χαιρήμων ὁ κα[ὶ.....]
σ]ρατηγὸς Ἑρ[μωνθείτου καὶ]
Λατοπολεί[του, Μέμνονος]
τοῦ Θειοτά[του ἤκουσα,]
σὺν τῇ ἀδελφ[ῇ.....]
L. ΙΘ Ἀδριανοῦ [τοῦ κυρίου]
μηνὸς Ἀδριαν[οῦ....]

Moi, Chærémon, appelé aussi ....., stratége des nomes Hermonthite et Latopolite, j'ai entendu Memnon le très-divin, avec ma sœur........, l'an XIX d'Adrien le seigneur, du mois d'Adrien le.....

La restitution de la deuxième ligne ne laisse aucun doute; quant à la troisième, on pourrait intervertir l'ordre et lire [ἤκουσα] τοῦ Θειοτά[του Μέμνονος]; mais je préfère l'autre construction.

La cinquième ligne se terminait par un nom propre, ou bien par ὥρᾳ Ā ou B̄. La sixième se complète facilement. La septième est la plus intéressante. Il y est question d'un mois Ἀδριανός, tout à fait inconnu jusqu'ici : heureusement on trouve dans deux papyrus[1] astrologiques un passage qui nous met sur la voie. La date du fait astrologique y est exprimée en ces termes : L. Ā Ἀντωνίνου Καίσαρος τοῦ κυρίου, μηνὸς Ἀδριανοῦ Η̄, κατὰ δὲ τοὺς ἀρχαίους τυβὶ ΙΗ̄, et dans l'autre, après μηνὸς Ἀδριανοῦ Η, on lit κατὰ τῶν Ἑλλήνων (pour κατὰ τοὺς Ἕλληνας). On sait par Vettius Valens que les astrologues conservaient dans leurs calculs l'usage du calendrier vague. L'expression κατὰ τοὺς ἀρχαίους montre d'ailleurs que c'est bien de ce calendrier qu'il est question : on sait que κατ' Ἀλεξανδρεῖς, ou κατὰ τοὺς Ἕλληνας[a], désigne le calendrier fixe Alexandrin, et κατ' Αἰγυπτίους ou κατ' ἀρχαίους, celui qui avait précédé, et qui, conservé par les chronologistes, les astronomes et les astrologues, pour la facilité du calcul, n'était pas sorti entièrement de l'usage civil, même sous les Antonins; on le voit par deux inscriptions de Khartassy en Nubie[b], qui sont du règne de Caracalla, où la date est marquée κατ' ἀρχαίους. Dans l'an IV d'Antonin (141-142 de notre ère), le 1er thoth vague tombait le 17 juillet, conséquemment le 1er tybi vague le 14 novembre; le 8 du mois

---

[a] Ideler, *Handbuch der Chronolog.* I, 150. — [b] Gau, *Ant. de la Nubie, Inscript.* planch. V, n° 2; pl. VI, n° 23.

[1] Publiés dans les *Hieroglyphics collected by the Egypt. Society*, pl. 52.

CCCLVII. COLOSSE DE MEMNON.

Adrien correspondant au 18 de ce tybi, le 1er correspondait au 10, qui tombait le 27 d'athyr fixe, ou le 23 novembre.

C'est là un résultat fort singulier; car le *mois Adrien*, introduit par la flatterie égyptienne, ne correspond point à un seul mois égyptien, soit de l'année vague, soit de l'année fixe, puisqu'il commence le 10 d'un mois de la première et le 27 d'un mois de la seconde. On concevrait qu'on eût substitué le nom de l'empereur à celui d'un autre mois, comme, chez les Romains, *Julius* et *Augustus* à *quintilis* et à *sextilis* : mais pourquoi commencer le nouveau mois le 27 du mois d'athyr, de manière qu'il comprenait les trois derniers jours de ce mois et les vingt-sept premiers du suivant, ou choïac? Le fait s'explique par l'inscription de Balbilla, qui nous a appris que, le 24 et le 25 d'athyr[a], Sabine a entendu le colosse de Memnon, probablement dans les premiers jours de son arrivée et de celle de son époux à Thèbes. Le séjour de ces princes a dû occasionner de grandes réjouissances, et, selon un usage dont d'autres monuments offrent des exemples, on a dû prendre le jour de la principale cérémonie pour point de départ d'un mois auquel on donna le nom d'Adrien; en d'autres termes, la flatterie décréta que les *trente jours* qui suivraient celui qu'on avait choisi seraient *éponymes*; c'est à peu près ainsi que, dans l'inscription de l'île de Bacchus, située au-dessus de Syène, il est dit que *trente-six jours* dans l'année seront *éponymes* d'un particulier[b].

On ne peut admettre que ce *mois Adrien* ait jamais remplacé aucun de ceux de l'année fixe; sa place irrégulière dans le calendrier s'y oppose absolument. Ce n'a pu être qu'une *éponymie honorifique*, rattachée à quelques sacrifices et autres actes religieux, que la flatterie conserva longtemps après l'événement, puisque le stratége Chærémon, quatre ans plus tard, la mentionne encore, et qu'on la retrouve, dix ans après la mort d'Adrien, dans le papyrus astrologique. C'est ainsi que le 1er thot conservait encore, sous le règne de Galba, le nom de *Julie Auguste*, dont il était éponyme[c].

[a] Plus haut, p. 366. — [b] Plus haut, t. I, p. 408. — [c] Plus haut, t. I, p. 82 et suiv.

L'époque à laquelle commençait cette éponymie se rattachant à un événement particulier à Thèbes, je crois que le *mois Adrien*, ou les *trente jours d'éponymie* qu'il comprend, ont dû être propres à cette ville. Dans cette hypothèse, le papyrus astrologique où la date se trouve mentionnée serait un *papyrus thébain;* il s'en trouvera plus tard quelque autre exemple.

En attendant, nous pouvons être sûrs que la date de notre inscription est comprise entre le 23 novembre et le 22 décembre de l'an 134 de notre ère.

CCCLVIII. Titus STATILIVS. MAXIMVS. S.....
(G. n° 1.) MEMNONEM. AVDIO. HORA. I.....
Ante. Diem. XII KALendas MARTias. ANNO. XX
HADRIANI. IMPeratoris Nostri.

La xxe année d'Adrien a commencé le 29 août 135 de notre ère; la date de l'inscription est donc du 18 février de l'an 136.

CCCLIX. Ce fragment, copié par Salt, ne s'est pas retrouvé dans les empreintes. Il appartient au règne d'Adrien, mais l'année manque:

L..ΑΔΡΙΑΝΟΥ
...ΚΥΡΙΟΥ
....ΠΙωΝ
....(ΝϬΑ
....ΚΟCΤΙ

L.. Ἀδριανοῦ [τοῦ] κυρίου [Σαρα]πίων [ὁ καὶ Ἥρω]ν βα[σιλι]κὸς Γρ[αμματεύς ἤκουσα Μέμνονος...... ὥρᾳ]..

A la troisième ligne se trouvait peut-être un second nom, ὁ καὶ Ἥρων : la restitution βασιλικὸς γραμματεύς est bien probable. On remarquera que le nom est encore grec, comme plus haut, n° CCCXLVIII.

CCCLX. (G. n° 20.) Il n'est pas non plus possible de connaître la date précise de cette inscription, dont il ne reste que deux lignes, gravées en gros caractères au milieu de la jambe. Un particulier y

CCCLXI. COLOSSE DE MEMNON.

annonçait, comme dans la précédente, qu'il avait entendu le colosse, sous le règne de l'empereur Trajan Adrien.

IMPeratore TRAIANo HadRIANO....

CCCLXI. Cette inscription, l'une des plus longues de celles du colosse, a été gravée sur le côté du piédestal; elle fut mise à découvert par les fouilles que l'on fit, lors de l'expédition française, pour arriver jusqu'au sol antique de ce piédestal.

Au-dessus de la première ligne, on aperçoit une sorte de monogramme ainsi figuré ☧; mais il n'est pas possible de chercher ici le monogramme chrétien de Χρισ7ός. C'est peut-être le reste d'une inscription où se trouvait le titre Χιλίαρχος, qui s'exprimait quelquefois par les deux lettres ☧, comme on le voit dans une inscription de Syrie[a]. Peut-être encore est-ce le reste d'un Εὐσεβείας ou μνείας χάριν, ce mot pouvant être représenté par le monogramme ☧, et même par un simple ✕, comme sur un marbre d'Oxford[b].

L'empreinte prise par Nestor L'Hôte donne quelques traits de moins que la copie de Salt. Voici le texte que je tire de l'une et de l'autre :

Θῆκέ σε φωνή[εν]τα θεὰ ῥοδοδάκ7υλος Ἡώς,
σὴ μήτειρ, κλυτὲ Μέμνον, ἐελδομένῳ μοι ἀκοῦσαι
σῆς φωνῆς. Λυκάβαντι ϖερικλυτοῦ Ἀντωνείνου
[δω]δεκάτῳ, καὶ μηνὶ ϖαχὼν τρισκαίδεκ' ἔχοντι
[ἥμα]τα, δὶς, Δαῖμον, τεῦ ἐσέκλυον αὐδήσαντος,
[ἠελίου λίμ]νης [ϖερι]καλλέα ῥεῖθρα λιπόντος.
[Τὸν ϖάλαι ἀντ]ολίης βασιλῆά σε θῆκε Κρονείων·
[οἰκουρὸν ϖέ]τρου, φωνὴν δ' ἀπὸ ϖέτρου ἔηκας.
[Τοῦτο δ' ἔγραψε Γ]έμελλος ἀμοιβαδὶς, ἐνθά[δ'ἀνελθὼν]
[σύν τε φίλ]ῃ ἀλόχῳ Ῥουφίλλῃ καὶ τεκέεσσι.
... εὐτυχῶ (ou εὐτυχῶς)...
Ῥου[φίλλη

Ta mère, la déesse Aurore aux doigts de rose, ô célèbre Memnon, t'a rendu vocal pour moi qui désirais t'entendre. La douzième année de l'illustre Antonin, le mois de pachôn comptant treize jours, deux fois, ô être divin, j'ai entendu ta voix, lorsque le soleil quittait les flots majestueux de l'Océan.

Jadis le fils de Saturne, Jupiter, te fit roi de l'Orient; maintenant gardien de pierre, c'est d'une pierre que sort ta voix.

Gémellus a écrit ces vers à son tour, étant venu ici avec sa chère épouse Rufilla et ses enfants.

Les quatre premiers vers, misérablement estropiés dans la Description de Thèbes[c], ont été restitués par M. Boissonade[d].

[a] Ap. Burckhardt, *Travels in Syria*, p. 74 et 118. — [b] *Marm. Oxoniensia*, n° XV. — [c] P. 106. — [d] *Comment. Epigr. ad calc. Epist. Holsten.* p. 446 sqq.

V. 1. Calqué sur celui d'Homère : αὐδήεντα δ' ἔθηκε θεὰ λευκώλενος Ἥρη [a]. La finale ῥοδοδάκτυλος ἠώς nous avertit que l'auteur imite avec soin les formes homériques. L'atticisme ΕΩΣ doit être une faute de la copie de Salt, comme la répétition dans ΡΟΔΟΔΟΔΑΚΤΥΛΟΣ.

V. 2. Μήτειρ pour μήτηρ, iotacisme ou affectation poétique. La finale du vers est encore homérique : ἐελδομένῳ δέ μοι ἦλθεν ὄψ [b].

V. 3. Je suspends le sens après φωνῆς, et je fais dépendre la date, exprimée dans λυκάβαντι κ. τ. λ. du verbe ἐσέκλυον, qui est au vers 5.

V. 4. Il est incertain s'il faut lire τῷ δεκάτῳ, ou, sans l'article, δωδεκάτῳ. Comme l'auteur, par esprit d'imitation, n'emploie nulle part l'article, non plus que son poëte favori, je me décide pour la deuxième leçon. Il est clair qu'au lieu de δωδεκάτῳ, on peut lire aussi bien ἐνδεκάτῳ, ce qui laisse une année d'incertitude sur la date.

V. 5. Il manque le mot ἤματα, au commencement, pour compléter le sens de τρισκαίδεκ' ἔχοντι. Les graveurs des inscriptions ne retranchaient pas toujours les lettres qui s'élident. Nous en avons déjà vu d'autres exemples. Le reste du vers est restitué d'après les lettres conservées dans les deux copies. La fin est encore homérique : Οὐδέπω Ἀτρείδεω ὀπὸς ἔκλυον αὐδήσαντος [c]. Les deux copies autorisent le dorisme τεῦ pour σεῦ.

V. 6. Dans ce vers doit se trouver l'indication de l'heure où le colosse s'est fait entendre. Le dernier hémistiche ne peut se lire que ΚΑΛΛΕΑ ΡΕΙΘΡΑ ΛΙΠΟΝΤΟΣ, [περι]καλλέα ῥεῖθρα λιπόντος. Cela fait souvenir qu'Homère exprime ainsi le lever du soleil : Ἠέλιος δ' ἀνόρουσε, λιπὼν περικαλλέα λίμνην [d]. Notre imitateur d'Homère n'aura pas manqué de faire entrer dans son vers le mot ΛΙΜΝΗ ; et, en effet, les lettres ΝΗΣ sont certainement la fin de ce mot. Il vient donc cette leçon, qui doit être celle que portait jadis la pierre :

[ἠελίου λίμ]νης [περι]καλλέα ῥεῖθρα λιπόντος.

Voss croit que λίμνη, dans ce passage d'Homère, désigne la mer Caspienne [e]; c'est plutôt l'Océan, comme le remarque M. Völcker [f].

[a] *Odyss.* M, 438. — [b] *Iliad.* T, 407. — [c] *Iliad.* II, 76. — [d] *Odyss.* Γ, 1. — [e] *Myth. Briefe*, II, 16, zw. Ausg. — [f] *Myth. Geogr.* S. 113.

CCCLXI. COLOSSE DE MEMNON.

V. 7, 8. Le commencement de ces vers a été restitué dans l'hypothèse, à peu près sûre, qu'ils expriment une comparaison entre l'ancien état et l'état présent du colosse. La conjecture de M. Franz, τὸν πάλαι, au lieu de Ζεὺς πάλαι, est aussi conforme à cette hypothèse. J'adopte sa restitution οἰκουρὸν πέτρου. A la fin de ce vers, il lit, comme moi, φωνὴν ἔηκας, locution homérique : ὄπα μεγάλην ἐκ στήθεος ἵει [a].

V. 9, 10. Dans ces deux vers si maltraités, les lettres ΕΜΕΛΛΟC sont évidemment les restes du nom propre Γέμελλος; c'est l'auteur de la pièce. Dans le vers suivant, on distingue ἀλόχῳ Ῥουφίλλῃ καὶ τεκέεσσι, et le vers se complète avec certitude en lisant [σύν τε φίλ]ῃ. L'expression φίλη ἄλοχος est fréquente dans Homère. L'homérique Gémellus aura probablement donné à φίλη le sens du pronom possessif que cette épithète a chez ce poëte. Au lieu de σύν τε φίλῃ, on peut lire aussi σὺν κεδνῇ, qui ne serait pas moins homérique. Le poëte réunit souvent aussi les deux idées de *femme* et d'*enfants* : ἡμέτεραι ἄλοχοι καὶ νήπια τέκνα [b]; ἀλόχους κεδνὰς καὶ νήπια τέκνα [c]; et Tyrtée : παισί τε σὺν μικροῖς, κουριδίῃ τ' ἀλόχῳ. Gémellus disait donc qu'il était venu *là* avec sa femme et ses enfants; et, en effet, après ἀμοιβαδίς, on aperçoit le reste du mot ἔνθα ou ἐνθάδε. Les lettres ΕΠΙ, qui commencent la ligne 9, peuvent très-bien avoir fait partie du mot ἔγραψε; d'où résulte la restitution du vers entier.

Le sens de ἀμοιβαδίς n'est pas bien clair; probablement ce mot ne veut rien dire autre chose que *à son tour,* soit qu'on le joigne avec ἔγραψε, soit qu'on le fasse dépendre de ἀνελθών [1]; Gémellus annonce qu'il *est venu* ou qu'il *a écrit* ces vers *à son tour,* après tant d'autres qui sont venus voir le colosse, et ont écrit sur ses jambes ou son piédestal. Le 13 pachôn de l'an xi ou xii d'Antonin répond au 8 mai 149 ou 150 de notre ère.

---

[a] *Iliad.* Γ, 221. — [b] *Iliad.* B, 136; Δ, 288; Z, 95; P, 223, etc. — [c] *Iliad.* Ω, 730; *Odyss.* A, 325, 432, etc.

[1] M. Lenormant (*Musée des antiq. égypt.* p. 51, col. 2) croit que cela signifie *en échange de cette faveur.* Ce sens me paraît moins conforme à la signification propre au mot ἀμοιβαδίς.

CCCLXII. (G. n° 4.) Voici la plus récente de toutes celles dont la date est connue sûrement. Je l'avais rétablie en entier dans mes Recherches (p. 264), et fait voir qu'il faut la lire ainsi :

> M. VLPIVS. PRIMIANVS
> PRAEF. AEG.
> VI. KAL. MARTIAS. D. N. SEV
> ERO. COS. ITERVM. HORA
> DIEI. SECVNDA. AVDI
> MEMNONEM
> BIS FELICITER.

Ce qui est confirmé par l'empreinte. La dernière ligne appartient peut-être à l'inscription gravée au-dessous.

Septime Sévère ayant été consul pour la seconde fois en l'an 194, c'est le 24 février de cette année que M. Ulpius Primianus entendit le colosse. J'avais conclu, de la date de l'inscription latine, que l'inscription grecque du nilomètre d'Éléphantine, tracée par M. Ulpius Primianus, devait être placée entre l'an 194 et l'an 202 de notre ère. Cette conjecture a été confirmée depuis par M. Cailliaud, qui a lu distinctement LΓ ΛOYKIOY[a], etc. La troisième année de Septime Sévère, comptée à l'égyptienne, a commencé le 29 août 194; et, comme l'inscription n'a été gravée qu'après la retraite des eaux (novembre, décembre), elle est de la fin de cette année. Celle du colosse est du commencement de l'année 194, antérieure d'environ huit ans au voyage de Septime Sévère.

CCCLXIII. (G. n° 7.) Au-dessous de la cinquième ligne, on distingue les restes d'une inscription antérieure, dont il ne subsiste que quelques mots; le reste a été effacé par celui qui a gravé l'inscription de Marcus Ulpius Primianus.

> .....cum Messalino.....
> [vocem Mem]nonis audi et egi gratias.

Moi, N. N. j'ai entendu la voix de Memnon avec Messalinus, et j'en ai rendu grâces.

[a] *Voyage à Méroé*, t. III, p. 387.

CCCLXIV. COLOSSE DE MEMNON.

CCCLXIV. (D. n° 13.) Je rapporte à la même époque une inscription latine déjà copiée par Pococke, sans faute, mais dont on n'avait expliqué ni la date ni le seul mot qui soit difficile et présente de l'intérêt :

V. Nonas Martias, Felix, Augustorum libertus, Procurator usiacus, hora prima semis, Memnonem audivit.

Le deuxième G du mot AVGG. (*Augustorum*) prouve que l'inscription ne peut être plus ancienne que Septime Sévère et Caracalla, puisque l'usage de désigner les deux Augustes par la sigle AVGG. [a] ne s'est introduit que sous leur règne[1]; elle serait donc postérieure à l'an 198 de notre ère, époque où Caracalla reçut le titre d'Auguste. Dans ce cas, elle pourrait appartenir également au règne des Gordien, des Philippe, de Trajan Dèce, Tribonien, Volusien, etc.; mais la circonstance qu'aucune des inscriptions du colosse ne descend au delà de Septime Sévère, et la place de celle-ci au milieu de la jambe droite, sont des motifs suffisants de croire qu'elle n'est point postérieure au règne de Septime Sévère et de Caracalla, et qu'elle doit avoir été écrite entre l'an 198 et l'an 208.

Il reste à expliquer la qualité de cet affranchi des Augustes, celle de *Procurator usiacus*. Ce mot VSIACUS, qui ne se trouve dans aucun lexique, me paraît ne pouvoir être que l'adjectif grec οὐσιακός latinisé, formé de οὐσία, qui signifiait proprement ce qui appartient à l'empereur. Cet adjectif οὐσιακός n'est pas non plus dans les lexiques, mais on le trouve dans la grande inscription de l'Oasis, où l'expression μισθώσεις οὐσιακαί comprend les fermes publiques des diverses *propriétés impériales*, tant *impôts* (τελωνεῖαι, *conductio vectigalium*) que *terres impériales* (*agri vectigales et publici*[b]). Comme on appelait οὐσία Καίσαρος ce qui était du *domaine de l'empereur*, l'adjectif οὐσιακός joint

---

[a] Eckhel, D. N. VIII, p. 358. — [b] *Digest.* XLIX, 1. XIV, § 3, 5.

[1] Ces princes sont très-probablement désignés dans une inscription rapportée par Passeri, et reproduite par M. Orelli. (*Inscript. lat. select. ampl. coll.* n° 79.)

au titre de *procurator*, ἐπίτροπος, peut avoir désigné le *locator agrorum vectigalium*. Ainsi le *procurator usiacus*, en grec οὐσιακὸς ἐπίτροπος ou τῆς οὐσίας[1], titre que prend Félix *l'affranchi des Augustes*, désignera un fonctionnaire chargé de l'administration de quelque partie des biens impériaux, sous l'autorité du *procurator rei privatæ*, qui embrassait cette administration tout entière, celui que Strabon et une inscription[a] appellent ἴδιος λόγος.

Outre le passage cité de la grande inscription de l'Oasis, l'adjectif οὐσιακός se trouve encore dans Harménopule[b].. αἱ δὲ, εἰς κλίσεις (lis. κλήσεις) τινὰς καὶ οὐσίας, καὶ καλοῦνται οὐσιακαί.

II. INSCRIPTIONS NON DATÉES.

GRECQUES.

Je commence par trois inscriptions métriques qui ont été écrites par deux femmes, la mère et la fille.

CCCLXV. (G. n° 21.)

Τρεβούλλης.

Τῆς ἱερᾶς ἀκούουσα φωνῆς Μέμνονος,
ἐπόθουν σε, μῆτερ, κἀξακούειν εὐχόμην.

[Vers] de Trébulla.
Entendant la voix sacrée de Memnon, je t'ai désirée, ma mère, et j'ai fait des vœux pour que tu pusses l'entendre aussi.

Le sentiment est louable, mais les vers ne le sont pas; car Trebulla paraît avoir réellement voulu écrire des vers. Le premier est hors de toute mesure; quant au second, on en fait un trimètre ïambique passable au moyen de la crase κἀξακούειν, pour καὶ ἐξακούειν, comme plus bas κἀσαφῆ pour καὶ ἀσαφῆ (p. 387). Les graveurs négligeaient aussi souvent les crases que les élisions.

---

[a] Strab. XVII, p. 797. — Plus haut, n° CCLXIV, p. 300. — [b] *Promptuar. jurid.* II, s. 1.

[1] Hésychius : Ἐπίτροπος· ὁ προστατῶν χωρίων, καὶ ὅλης τῆς οὐσίας.

CCCLXVI. COLOSSE DE MEMNON.

CCCLXVI. (G. n° 30.) Celle-ci est de la même personne, qui, ayant entendu Memnon une seconde fois, a voulu répéter son hommage.

Καικιλία Τρεβούλλα
δεύτερον ἀκούσασα
Μέμνονος.
Αὐδῆς τὸ πρόσθεν μοῦνον ἐξακούσαντας,
νῦν ὡς συνήθεις καὶ φίλους ἠσπάζετο
Μέμνων ὁ παῖς Ἠοῦς τε καὶ Τειθωνοῖο.
Αἴσθησιν ἄρα τῷ λίθῳ καὶ φθέγματα
ἡ φύσις ἔδωκε δημιουργὸς τῶν ὅλων;

Cæcilia Trébulla, ayant entendu une seconde fois Memnon, [a écrit ces vers.]
 Auparavant, Memnon, fils de l'Aurore et de Tithon, nous a seulement fait entendre sa voix; maintenant il nous a salués comme connaissances et amis. La nature, créatrice de toutes choses, a-t-elle donc donné à la pierre le sentiment et la voix ?

Cæcilia Trébulla a un peu mieux réussi cette fois : le premier et le troisième vers sont des choliambes, à moins que l'auteur n'ait fait brève la pénultième de Τειθωνοῖο. Vraisemblablement, la première fois, Memnon n'avait fait entendre qu'un son peu distinct; la seconde, sa voix, plus claire et plus sonore, fut regardée par Trébulla comme une marque de faveur et de bienveillance qu'elle recevait du héros; c'est là, je crois, le sens des deux premiers vers. D'après ἄρα, *num*, j'ai cru devoir donner à la phrase la tournure interrogative. L'orthographe ΦΘΕΓΓΜΑΤΑ est dans les deux copies; on la retrouve au numéro suivant, vers 5. Jablonski, en estropiant ce malheureux vers, qu'il lisait αἴσιον ἵνα κατανοῶ καὶ φθέγματα, avait prêté à Memnon *des paroles* que les auteurs de la Description de Thèbes lui ont conservées[a]; circonstance merveilleuse sur laquelle on a bâti plus d'une ingénieuse conjecture qui tombe d'elle-même.

L'idée du quatrième vers se retrouve dans le mauvais exercice de rhétorique qu'on appelle les *Images de Callistrate*, ἐκείνῳ δὲ τῷ Μέμνονος λίθῳ παρέδωκεν ἢ τὴν ἡδονὴν φύσις[b] : ce qui n'empêche pas que, deux lignes après, l'insipide rhéteur n'attribue l'effet à l'*art*. La correction proposée par M. Jacobs[c], pour faire disparaître la contradiction, est inutile, et il y a renoncé plus tard[d]. Ces sortes d'exercices, composés de lambeaux souvent poétiques, pris de côté et d'autre,

---
[a] *Description de Thèbes*, p. 113. — [b] P. 156, 30, ed. Jacobs. — [c] P. 713 de son édition. — [d] *Abhandlung*. S. 130, 131.

sont remplis de contradictions et d'absurdités; c'est peine perdue que d'y chercher de la suite et du bon sens.

La place qu'occupe cette inscription, au bas de la jambe gauche, tandis que la précédente est plus haut, montre que toutes les deux sont d'une époque postérieure à celles qui sont intermédiaires; autrement, Trébulla n'aurait pas laissé entre elles deux un intervalle aussi considérable. La première fois, Trébulla, n'ayant que deux lignes à écrire, les fit mettre au-dessus de toutes les inscriptions qui existaient déjà. La seconde fois, il n'y eut pas moyen d'en faire autant, parce qu'on ne pouvait atteindre plus haut; on fut donc obligé de prendre la place qui restait libre beaucoup plus bas.

Cette observation montre que les inscriptions de Trébulla sont postérieures au règne d'Adrien.

CCCLXVII. (G. n° 33.) Il paraît que Trébulla fut assez heureuse pour entendre une troisième fois le colosse. C'est à cette circonstance que nous devons cette troisième pièce inscrite plus bas que la précédente, toujours sur la jambe gauche.

Au premier coup d'œil, il est douteux si ΤΡЄΒΟΥΛΛΑC (l. 3) doit se joindre avec ΚΑΙΚΙΛΙΑ qui le précède, ou si ce nom tient à ЄΜΗCΔΑΜΑΡΤΟC qui vient ensuite. Je ne pense pas qu'il y ait à hésiter. Le prénom ΚΑΙΚΙΛΙΑ ne peut se passer du nom qui le suit, et, dans ce cas, Cæcilia étant une femme, les mots ἐμῆς δάμαρτος ne peuvent lui appartenir.

Il s'ensuit que le titre de la pièce de six vers qui vient après doit se lire : ΚΑΙΚΙΛΙΑ ΤΡЄΒΟΥΛΛΑC ЄΓΡΑΨΑ ΑΚΟΥCΑCΑ ΤΟΥΔЄ ΜЄΜΝΟΝΟC. Les trois copies de Pococke, de M. Hamilton et de Salt, s'accordent sur la leçon ΤΡЄΒΟΥΛΛΑC; ce génitif, placé après le nominatif Καικιλία, montre que l'auteur des vers n'est pas la Cæcilia Trébulla qui a écrit les deux numéros précédents. D'ailleurs, celle-ci a écrit d'abord deux vers (n° CCCLXV), puis cinq autres (n° CCCLXVI), après avoir entendu Memnon une seconde fois, δεύτερον ἀκούσασα. Cette pièce-ci aurait donc été tracée après que Tré-

CCCLXVII. COLOSSE DE MEMNON.

bulla aurait entendu Memnon une troisième fois; mais alors, pourquoi n'a-t-elle pas mis τρίτον ἀκούσασα? L'expression ἀκούσασα τοῦδε Μέμνονος annonce que l'auteur n'a entendu Memnon que cette seule fois-là. Je crois donc que ces vers sont de la fille de Cæcilia Trébulla, portant le même prénom que sa mère; et je traduis : « Moi, Cæcilia, « fille de [Cæcilia] Trébulla, j'ai écrit [ces vers], ayant entendu ce « Memnon. » Au reste, cette Cæcilia était plus exercée que sa mère dans la versification grecque. Ses vers sont des trimètres ïambiques très-passables.

La copie de Pococke est assez exacte. Cependant Leich n'en avait lu que quelques lignes; Jablonski s'était trompé, comme lui, sur le sens de l'inscription entière, dont Pott, Buttmann et M. Jacobs, ont rectifié presque tous les passsages; et j'ai peu de chose à changer à la leçon que ce dernier en a donnée dans l'Anthologie[a]. Les corrections proposées par M. Welcker[b], pour les deux derniers vers, n'ont point été justifiées.

Ἔθραυσε Καμβύσης με τόνδε τὸν λίθον
βασιλέος ἑώου εἰκόν᾽ ἐκμεμαγμένον.
Φωνὴ δ᾽ ὀδυρμός ἦν πάλαι μοι, Μέμνονος
τὰ πάθη γοῶσα· δὴν ἀφεῖλε Καμβύσης·
ἄναρθρα δὴ νῦν κἀσαφῆ τὰ φθέγματα
ὀλοφύρομαι, τῆς πρόσθε λείψανον τύχης.

Cambyse m'a brisée, moi cette pierre que voici, représentant l'image d'un roi de l'Orient. Jadis je possédais une voix plaintive qui déplorait les malheurs de Memnon, et que depuis longtemps Cambyse m'a enlevée. Maintenant mes plaintes ne sont plus que des sons inarticulés et dénués de sens, triste reste de ma fortune passée.

J'ai rétabli l'élision εἰκόν᾽ ἐκμ. et la crase κἀσαφῆ. Au vers 4, on avait lu γοῶσα, ἦν ἀφεῖλε; mais il y a au-dessus de l'A de ΓΟΩCA un Δ; M. Boissonade pense qu'il faut le joindre avec HN pour en faire l'adverbe ΔΗΝ, leçon que j'ai adoptée, en joignant toutefois δήν avec ἀφεῖλε plutôt qu'avec γοῶσα, parce que cet adverbe se met plus ordinairement avant le verbe dont il modifie le sens.

Le vers 5 reproduit, en d'autres termes, ce que dit Lucien à propos de la voix de Memnon, ἄσημός τις φωνή[c]. Le mot ἄσημα est opposé à νοερὰ καὶ διηρθρωμένα, dans Maxime de Tyr[d].

[a] *Anthol. palat. append.* n° 391, et depuis, dans les *Abhandlung. S.* 119, 120. — [b] *Sylloge epigr.* p. 352. — [c] *Philopseud.* § 33. — [d] *Dissert.* VII, 7, p. 117.

Cæcilia Trébulla a adopté l'opinion qui avait cours alors, que le colosse parlait bien mieux quand il avait sa tête. Dans le silence de la tradition, il était tout simple de présumer que, si Memnon rendait de tels sons, à présent qu'il était brisé, il devait articuler de véritables mots alors qu'il avait une tête et une bouche. C'est même dans cet espoir qu'on a rétabli plus tard la partie supérieure; mais cet espoir fut trompé, puisqu'il perdit entièrement la voix aussitôt qu'il fut rétabli.

CCCLXVIII. (G. n° 32.) Au-dessus et à droite de la précédente, ont été gravées les lignes suivantes, dont la troisième commence en retraite de la première, les noms de ΚΑΙΚΙΛΙΑΤΡΕΒΟΥΛΛΑϹ, déjà gravés, ne permettant pas de les commencer plus vers la gauche.

.... Ἀπώνιος ὥρᾳ A
ἤκουσα. Ἀφροδειταρίου τὸ προσκύνημα γέγραφα,
ἐμῆς δάμαρτος, ἣν ἔχοιμ' ὅτ[α]ν φθέγγῃ.

Moi, Aponius, j'ai entendu [Memnon], à la première heure. J'ai écrit le proscynème d'Aphroditarion mon épouse. Que ne l'ai-je auprès de moi quand tu résonnes!

L. 1re. ΑΠШΝΙϹ est probablement le nom ΑΠШΝΙΟϹ, qui se trouve assez souvent. Les noms en *ις* pour *ιος* sont connus.

L. 2. La première ligne finit avec ὥρᾳ A, parce qu'au delà la place était prise. Le sens reprend à la ligne suivante ἤκουσα.

Aponius a fait le proscynème de sa femme, qui s'appelait Ἀφροδειτάριον. Le reste de la ligne τὸ προσκύνημα γέγραφα a la marche d'un ïambique et la seconde ligne forme un choliambe. Ce mélange n'est pas rare dans ces vers improvisés, dont les auteurs n'étaient pas toujours maîtres d'écrire comme ils l'auraient voulu. Dans le second vers, Aponius exprime le désir qu'il aurait d'avoir là son épouse, pour témoin du prodige : c'est le sentiment exprimé par Trébulla (CCCLXV). A la place de ὅταν, M. Franz m'a proposé de lire οἷον, qui est plus voisin de la leçon de l'original. On pourrait lire aussi ὅσον, *tant que, autant de fois que.*

CCCLXIX, CCCLXX. COLOSSE DE MEMNON.

CCCLXIX. (G. n° 31.) Au-dessus du numéro précédent se trouve un fragment où l'on distingue ceci :

τὸ προσκύνημα Θ[εο]δώ[ρου]
κ[αὶ] Διδύμου Ἰλ[ιέων καὶ.]....
μου κ[αὶ].........

Nos empreintes, à la deuxième ligne, ne donnent que ΙΛ ; le nom Ἰλιέων est complété par la copie de Pococke. Ensuite il y avait, soit καὶ ἀδελφοῦ, soit συμβίου μου, avec le nom commençant par un Κ.

Entre cette inscription et Ἄπωνις ὥρᾳ Α, il y a un vide qui était vraisemblablement occupé par une autre qui n'a pas marqué sur les empreintes. Peut-être est-ce la suivante, composée de deux courtes lignes, et que sir Gardner Wilkinson m'a donnée comme ayant été copiée au-dessus de ΑΦΡΟΔΙΤΑΡΙΟΥ.

CCCLXX. Sir G. Wilkinson m'a fait connaître cette courte inscription, que je ne trouve indiquée par personne, et qui est placée au-dessus du proscynème d'Aponis :

ΑΠΙΩΝΠΛΕΙCΤΟΝ...
ΗΚΟΥCΑΤΡΙC

S'il y avait simplement ΠΛΕΙCΤ.. à la fin de la première ligne, on prendrait ces lettres pour le commencement de l'adverbe πλειστά-κις, et on lirait Ἀπίων πλεισ[άκις ἐλθών], ἤκουσα τρίς. « Apion étant venu « ici très-souvent, a entendu trois fois [le colosse]. » Mais il y a bien nettement ΠΛΕΙCΤΟΝ..., et l'on ne peut s'en écarter.

Je ne pouvais, dans ce cas, manquer d'être frappé de la parfaite convenance de ces lettres, après Ἀπίων, avec le nom du célèbre Apion, grammairien et historien, l'auteur, entre autres ouvrages, des Égyptiaques, livre réfuté par Josèphe[a] ; car il était surnommé Πλεισ7ον[ίκης], qui indiquait, par son double sens (pouvant venir de νίκη et de νεῖκος), le talent et les nombreux succès d'Apion dans la dispute. On lirait donc Ἀπίων Πλεισ7ον[ίκης]. Le proscynème serait d'autant plus remarquable, que cet Apion vivait sous Tibère, Caligula

[a] Cf. Voss. Hist. græc. p. 234, ed. West.

et Claude[a]; son proscynéme serait certainement la plus ancienne de toutes ces inscriptions, dont la première ne remonte pas au delà de Néron.

Mais, contre cette explication séduisante, je trouve une difficulté très-grave dans l'absence de l'article ὁ, qui serait nécessaire devant Πλειστονίκης, si ce mot était le surnom d'Apion; ὁ Πλειστονίκης ἐπικληθείς, dit Eusèbe[b]; *qui Plistonices est appellatus*, dit Aulu-Gelle[c]. Aussi Clément d'Alexandrie[d] et S. Clément[e] ne manquent-ils pas de mettre Ἀπίων ὁ Πλειστονίκης. Voilà ce qu'on devrait trouver ici, ou bien ὁ καὶ Πλειστονίκης.

Je suis donc convaincu que ΠΛΕΙϹΤΟΝ... est le commencement du nom du père d'Apion, et doit se lire Πλειστονίκου « fils de « Plistonicus, » nom connu, car c'est celui d'un médecin cité par Athénée[f]. Πλειστονίκη ou νείκη, est celui d'une femme dans une inscription de Sparte[g].

CCCLXXI. (G. n° 39.) De ces trois lignes, la première commence par ΥΔΗΕΝΤΑ, et la seconde par ΝΟϹΙΔΗΤΗϹ; c'est, pour chacune, trois lettres de plus que n'en donne la copie de Salt; j'y aperçois ce distique :

Α]ὐδήεντά σε, Μέμνον, ἐ[γὼ] Παν[ίω]ν ὁ Σιδήτης,
τὸ πρὶν ἐπυνθανόμην, νῦν δὲ παρὼν ἔμαθον.

Moi, Panion de Sidé, j'avais appris auparavant, mais je sais maintenant pour en avoir été le témoin, ô Memnon, que tu es doué d'une voix.

A a fin du nom propre ΠΑΝ, on distingue un Ν : les conditions sont remplies par le mot ΠΑΝ[ΙѠ]Ν, dérivé assez naturel du nom du dieu Pan, quoique ce dérivé ne soit connu par aucun autre exemple. J'ai remarqué ailleurs[h] que la plupart des noms propres dérivés de Πάν ne se trouvent qu'en Égypte.

[a] Cf. Voss. *Hist. græc.* p. 235, 236, ed. West. — [b] *Præp. evang.* X, c. 12. — [c] *Noct. att.* VI, 8. — [d] *Strom.* I, § 21. — [e] *Clem. Homil.* IV, 6, V, 2. — [f] II, p. 45, D. — [g] *Corp. inscr.* t. I, p. 696. — [h] *Observ. sur les noms propres grecs*, dans les *Annales de l'Institut archéolog.* t. XVII, p. 325.

CCCLXXII, CCCLXXIII. — COLOSSE DE MEMNON. 393

Du nom de ΠΑΝ, génitif ΠΑΝΟϹ, on a pu dériver ΠΑΝΙШΝ; comme du diminutif ΠΑΝΙϹΚΟϹ dérive le nom propre ΠΑΝΙϹΚΙШΝ, ou, des noms de divinités Isis, Sarapis, Apis, Plutus, Cronus, Hephæstus, etc., dérivent les noms propres Ision, Sarapion, Apion, Plution, Cronion, Héphæstion, etc. La première de Πανίων est longue comme elle doit l'être; les autres syllabes rentrent également bien dans la mesure. Ὁ Σιδήτης, *natif de Sidé*[a], ville de Pamphylie, est une leçon indubitable. Cet ethnique a servi de surnom à Antiochus VII, à Marcellus, poëte de l'Anthologie, et à Philippe, auteur ecclésiastique.

CCCLXXII. (G. n° 14.) Les deux premières lignes sont une inscription complète, composée de deux vers choliambes très-passables.

Ὁ Σαρδιηνὸς Παρδάλας δὶς ἤκουσα·   Moi, le Sardien Pardalas, j'ai entendu deux
μεμνήσομαι σεῦ καὶ ἐν ἐμῇσι βύβλοι[σι].   fois. Je ferai aussi mention de toi dans mes livres.

Ce même Pardalas de Sardes a laissé un souvenir dans les syringes de Thèbes (n° CCLXXVIII). Ce nom était assez fréquent en Asie mineure, à en juger par les médailles.

Le dialecte ionique, employé dans cette courte inscription, rend compte de l'orthographe βύβλοισι pour βιβλοισι. On la retrouve bien souvent dans les manuscrits des écrivains en prose. Mais ici elle est toute naturelle, d'après cette règle d'un grammairien : βιβλίον... ἀττικῶς· βύβλον... ἰακῶς [b].

Si l'on prend le mot *livres* à la lettre, on en conclura que Pardalas était quelque auteur qui se proposait d'écrire la relation de ses voyages. Mais peut-être que βύβλοι ne veut dire ici que les *tablettes*, le *carnet* du voyageur, comme le *libellus* des Latins. Dans ce cas, Pardalas promet à Memnon de ne le point oublier sur ses *tablettes*.

CCCLXXIII. (G. n° 15.) Ces six lignes forment trois vers, deux hexamètres et un pentamètre.

Dans le troisième vers (ἔκλυον ἧς Κάτουλος ταγὸς ὁ Θηβαΐδος), ἧς, pour

---

[a] Arrian. *Anab.* I, 26, 6 (Σιδίτης). — Steph. Byzant. Σίδη. Cf. Frölich. *Annal. Syr.* p. 70. —
[b] Grammat. ap. Pierson, *ad Mœrim.* p. 95.

αὐτῆς, est rapporté à ὀμφήν, du vers précédent. La pénultième de Κάτουλος est brève, comme dans le latin *Catulus;* ce qui a lieu très-souvent pour l'*u* des Latins, quand il est bref; Πόσ*1*ούμος, Πούδενς[a]; aussi les Grecs omettent-ils souvent cette syllabe, qui se faisait peu sentir dans la prononciation. Ils disent Κάτλος, Λέντλος pour Κάτουλος, Λέντουλος, et Πρόκλος pour Πρόκουλος; car on sait que le nom du fameux philosophe Proclus n'est autre que le latin *Proculus.*

Les trois vers réunis seront :

Εἰ καὶ λωϐητῆρες ἐλυμήναντ[ο κολο]σσὸν, ϑειοτάτου νύκ*1*ωρ ὀμφὴν ἔπι Μέμνονος ἦλθον· ἔκλυον ἧς Κάτουλος ταγὸς ὁ Θηϐαΐδος.	Quoique des mutilateurs aient brisé ce colosse, je suis venu de nuit[1] pour entendre la voix du très-divin Memnon. Je l'ai entendue, moi, Catulus, chef de la Thébaïde.

Catulus veut dire probablement : « Quoique le colosse ait éprouvé « des mutilations, il n'en a pas moins conservé une voix que je suis « venu entendre. » Τὸν δέ ou quelque chose de pareil aurait été nécessaire devant κολοσσόν, pour la correction grammaticale. Mais notre Romain n'était peut-être pas assez maître de la langue ni de la versification grecques, pour dire précisément ce qu'il voulait, ni comme il le voulait. Le choix du mot ὀμφή, proprement *voix divine,* qu'on pouvait remplacer par αὐδή ou φωνή, a été amené par l'épithète ϑειοτάτου. Le second vers présente la même idée que la prose de Lucien[b] : ἐπὶ τὸν Μέμνονα ἐλθών.

Le titre de ταγὸς Θηϐαΐδος doit désigner le chef militaire de la Thébaïde, qu'on appelait, dans le langage administratif, ἐπισ*1*ράτηγος, le même qui, dans une autre inscription métrique, est nommé Θηϐῶν 'αγός (plus haut, page 249). Le nom de Catulus doit se joindre aux exemples qui montrent que ces épistratéges étaient toujours des Romains.

CCCLXXIV. (G. n° 35.) La copie de Salt est un peu plus complète

---

[a] Cf Welcker, *Sylloge Epigr.* p. 85. — [b] *Philopseud.* § 33.

[1] Sans doute afin de ne pas manquer l'instant du lever du soleil.

CCCLXXIV. COLOSSE DE MEMNON.

que. celle qu'a donnée Pococke; mais elle est encore bien mutilée. On juge, par le dessin de Pococke, que la pierre est en cet endroit fort endommagée.

Il est évident que ce sont des vers hexamètres. Le commencement οὐκ ἀκάρηνος est certain. L'auteur disait que jadis Memnon n'était pas, comme maintenant, privé de sa tête; et probablement que, dans cet état d'intégrité, il ne rendait pas seulement des sons inarticulés. C'est l'idée déjà exprimée plusieurs fois (plus haut, page 389). Au second vers, la leçon ΗΜΕΡΙΗΔ donne ἡμερίη δέ, et appelle un substantif féminin, qui se trouve en effet après la lacune; car ΝΤΟΛΗ ne peut être que ἀν7ολῇ, et le mot qui suit, ΧΕΛΙΟΙΟ, que ἠελίοιο. Enfin, au troisième vers, on distingue parfaitement θεσπίζων et μέρος ὤν, puis un Ο qui ne peut être qu'une consonne, c'est-à-dire C ou Θ; il semble que ce soit μέρος ὢν θ' αὐτοῦ, étant une partie de lui-même, mots qui font allusion à l'état de mutilation du colosse, par opposition à ce qu'il était autrefois, ou bien, μερόπεσσιν, ὅθ' ἡμῖν. Ensuite, les trois lettres ΟΧΙ ou ΩΧΙ doivent être ΩΔΙ, et ΠΡΟ-CΑΥCΙ, προσαύσεν, ce qui finit le vers. Dès lors, il devient probable que l'on a voulu opposer la voix articulée, qu'il possédait étant intact, à celle qui lui restait après son malheur.

Le sens des trois derniers vers est encore plus difficile à saisir. On n'y distingue que quelques mots : il semble que l'auteur dise qu'on venait de toutes parts (ἐκ πάσης γῆς ou χώρας) pour voir Memnon; que les uns (οἱ μὲν..... καὶ θαυμάζοντες) viennent visiter le colosse avec l'intention de ne s'en retourner dans leur patrie (ἵν... οἴχωνται π[άλιν ἐς] πάτρα[ν], qu'après avoir entendu la voix divine [ἤχοιο τυ-χόντες?]), et que les autres n'étaient pas aussi favorisés; car, après le sixième vers, il doit y avoir une autre période commençant par οἱ δέ. L'inscription n'est pas finie. Je propose de rétablir ces vers ainsi :

Οὐκ ἀκάρηνος ἔ[ην ποτὲ, μηδ' ἐϐόησεν ἀσήμως]
Μέμνων· ἡμερίη δ[ὲ νῦν ἀ]ντολῇ ἠελίοιο
θεσπίζων μερόπεσσιν, ὅθ' ἡμῖν ὡδὶ προσαύσῃ
ἐκ πάσης.... [ἐ]λθεῖν...οντος

396   PROSCNNÈMES ET ACTES DE VISITE.

οἱ μὲν ἐπι[καλο]ύμενοι.... ν θαυμάζοντες
οἴχωνται π[άλιν ἐς] πάτρα [ν, ἤχοιο] τυχόντες

Mais je ne me dissimule pas tout ce que cette leçon a de conjectural. M. J. Franz m'en a communiqué une autre que je vais transcrire. Elle est, à certains égards, plus heureuse que la mienne. Cependant elle s'écarte quelquefois plus des traces indiquées par l'empreinte,

Οὐκ ἀκάρηνος [ἐὼν ποτ' ἄναξ οὐ τοῖον ἀύτει
Μέμνων· ἡμερί[η δὲ τότ' ἀ]ντολῇ [ἠ]ελ[ί]οιο
θεσπίζων μερό[π]ε[σσι]ν [ἐπερχομέν]ο[ις] προσαύσ[εν].
ἐκ πάσης π[όλεως, ἵνα] θεί[ην κληδόν' ἔχ]οντ[ε]ς
οἱ μὲν [ἐ]πι[σ]άμενοι σοφίην καὶ] θαυμ[ά]ζοντες
οἴχωνται [πάλιν ἐς]πάτρ[αν χρησμοῖο] τ[υ]χόντ[ε]ς
[οἱ]δὲ....

CCCLXXV. C'est l'inscription gravée sur la partie antérieure du piédestal, et dont Pococke a donné une assez bonne copie. Leich, d'Orville, Toup, Buttmann et M. Jacobs, s'en sont occupés successivement ; le texte que ce dernier en a donné dans ses deux éditions de l'Anthologie ne laisse rien à désirer ; je n'y fais qu'un seul changement :

Ἀσκληπιοδότου

Ζώειν, εἰναλίη Θέτι, Μέμνονα καὶ μέγα φωνεῖν
μάνθανε, μητρώῃ λαμπάδι θαλπόμενον,
Αἰγύπ7ου λιβυκῆσιν ὑπ' ὀφρύσιν, ὧν ἀποτάμνει
καλλίπυλον Θήβην Νεῖλος ἐλαυνόμενος.
Τὸν δὲ μάχης ἀκόρητον Ἀχιλλέα μήτ' ἐνὶ Τρώων
φθέγγεσθαι πεδίῳ, μήτ' ἐνὶ Θεσσαλίῃ.

ποιητοῦ τοῦ ἐπιτρόπου.

[Vers] d'Asclépiodote
Apprends, ô Thétis, toi qui résides dans la mer, que Memnon respire encore, et que, réchauffé par le flambeau maternel, il élève une voix sonore au pied des montagnes libyques de l'Égypte, desquelles le Nil, dans son cours, sépare Thèbes aux belles portes ; tandis que ton Achille, jadis insatiable de combats, reste à présent muet dans les champs des Troyens, comme en Thessalie.

poëte, procurateur [de César.]

Voilà enfin une pièce remarquable par la pensée et l'expression, qui annonce un homme pénétré de la lecture des bons modèles. On s'en étonne peu, lorsqu'on voit qu'elle a pour auteur un poëte de profession, Asclépiodote, qui a pris soin de se nommer en tête de l'inscription. A sa qualité de poëte, il joignait le titre ΕΠΙΤΡΟΠΟΥ,

CCCLXXVI. COLOSSE DE MEMNON.

qui, placé ainsi tout seul, doit s'entendre du *procurator Cæsaris*, ἐπίτροπος Καίσαρος.

Asclépiodote parle ici de la *Thèbes romaine*, Διόσπολις, qui, située sur la rive droite du Nil, était réellement séparée des *montagnes libyques* par le Nil. L'expression est ici d'une propriété remarquable. En sa qualité de poëte, Asclépiodote est entré dans l'idée poétique de l'Aurore saluée par son fils. D'ailleurs, il voulait opposer Thétis, qui n'avait pas le pouvoir d'animer les cendres d'Achille, à l'Aurore qui, chaque matin, réveillait la voix de Memnon : μητρώῃ λαμπάδι θαλπόμενον est une expression digne d'Homère.

CCCLXXVI. (D. n° 19.)

Ὦ πόποι, ἦ μέγα θαῦμα τόδ' ὀ[φθαλμοῖσιν ὁρῶμαι.]
Ἦ μάλα τις θεὸς ἔνδον, οἳ οὐρανὸν εὐρὺν ἔχουσιν,
ἤϋσεν φωνήν· κατὰ δ' ἔσχεθε λαὸν ἅπαντα·
οὐ γάρ πως ἂν θνητὸς ἀνὴρ τάδε μηχανόῳτο.

Grands dieux! quel prodige étonnant frappe mes regards! c'est quelque dieu, l'un de ceux qui habitent le vaste ciel, et qui, enfermé dans cette statue, vient de faire entendre sa voix, et retient tout le peuple [assemblé]. En effet, jamais mortel ne pourrait produire de tels prodiges.

Après ces vers, on lit, Ἀρείου ὁμηρικοῦ ποιητοῦ ἐκ Μουσείου ἀκούσαντος.

Nous traduirons le titre : « Arius, poëte homérique du Musée, [a « écrit ces vers,] ayant entendu [Memnon]. »

Les quatre vers qui viennent ensuite sont tirés textuellement des poëmes homériques.

Le premier se retrouve quatre fois dans l'Iliade[a], dans l'Odyssée[b], et dans l'hymne à Mercure[c]; le second, dans l'Odyssée[d]; le troisième, également dans l'Odyssée[e]; mais, au lieu de φωνήν, que donnent les deux copies de M. Hamilton et de Salt et l'empreinte, on lit, dans nos textes de l'Odyssée, φωνῇ, qui est la vraie leçon, puisque αὔω n'est point un verbe transitif. C'est une inadvertance ou un *lapsus memoriæ* de notre poëte homérique, dont la mémoire était d'ailleurs si bonne. Enfin le quatrième appartient encore à l'Odyssée[f]; Arius n'y a rien changé.

[a] N, 99; O, 286; Υ, 344; Φ, 54. — [b] Τ, 36. — [c] 219. — [d] Τ, 40. — [e] Ω, 530. — [f] Π, 194.

Cette inscription est donc une de ces parodies qu'on appelait centons d'Homère (ὁμηρόκεντρα, ὁμηροκέντρωνες), dont parlent plusieurs écrivains anciens[a], et dont le scholiaste de Denys de Thrace[b] semble lui-même reporter l'origine jusqu'aux rhapsodes. S. Épiphane, en décrivant ce genre de composition, parle d'un poëme sur la descente d'Hercule aux enfers, entièrement composé avec des vers d'Homère[c]. Les dix vers du fragment qu'il en cite se retrouvent textuellement en divers endroits de l'Iliade et de l'Odyssée, et l'on voit que l'auteur inconnu de cet ouvrage s'est imposé l'obligation de ne rien changer à la leçon d'Homère[1]. Il paraît, en conséquence, que cette fidélité scrupuleuse, qui était une difficulté de plus dans ce genre de composition, constituait aussi une partie du mérite qu'on y attachait. Le fragment est regardé comme le plus ancien centon d'Homère que l'on connaisse ; et, quoique notre inscription soit antérieure d'au moins deux siècles à S. Épiphane, rien n'empêche que le poëme dont il parle, sans en nommer l'auteur, ne soit plus ancien encore ; on peut même présumer qu'il est sorti de l'école du Musée, et voici ce qui semble favoriser cette conjecture.

Les quatre vers de notre inscription sont, comme on l'a vu, d'un poëte homérique. D'après l'expression ἐκ Μουσείου, on juge que l'auteur était un de ces littérateurs qui furent entretenus, aux frais du gouvernement, dans le Musée d'Alexandrie, dès le règne de Ptolémée Philadelphe, son fondateur. Strabon nous apprend[d] que les Romains avaient soigneusement respecté cette institution, fruit du zèle des Ptolémées pour le progrès des connaissances humaines ; peut-être même augmentèrent-ils les avantages qu'en avaient retirés jus-

---

[a] Fabr. *Biblioth. græc.* I, 551. Harl. — [b] In Bekker. *Anecdot.* p. 766. l. 29. — [c] *Hæres.* XXXI, 29, p. 200, C. — [d] XVII, 794, A.

[1] Deux épigrammes de l'Anthologie, l'une de douze vers, l'autre de onze, sont aussi composées entièrement de vers d'Homère, sauf un léger changement en deux ou trois endroits (*Anthol. palat.* IX, n° 381, 382). C'est cette fidélité qui distingue, je crois, les *centons* de la parodie homérique, dont on trouve un exemple dans l'épigramme sur Nicandre (*Anth. palat.* IX, n° 212 ; — cf. Jacobs, *ad Antholog.* t. XII, p. 182), et dans une pièce rapportée par Dion Chrysostome. (*Orat.* XXXI, 387.)

CCCLXXVI. COLOSSE DE MEMNON.

qu'alors les gens de lettres qui en étaient membres. L'empereur Claude, selon Suétone[a], ajouta à l'ancien Musée un autre établissement du même genre, qui porta le nom de *Claudium* (Κλαύδιον), et qui subsistait encore sous ce nom au temps d'Athénée[b].

Lors de son voyage en Égypte, Adrien, qui se piquait d'éloquence et de poésie, se garda bien de négliger le Musée; il eut de fréquents entretiens avec les savants qui le composaient[c], et accorda la pension gratuite à plusieurs poëtes, rhéteurs et philosophes, qui étaient, aux termes des inscriptions, ἐν Μουσείῳ σιτούμενοι[d].

Quant à l'épithète d'*homérique,* jointe au titre de *poëte,* il est facile de voir qu'elle est prise ici dans un sens tout particulier. Ordinairement elle s'entend de celui qui imite le style d'Homère, et c'est en ce sens qu'une épigramme de l'Anthologie la donne à Stésichore[e], ou bien de celui qui imite la manière de ce grand poëte dans la peinture des événements et des caractères, ou qui lui consacre tous ses travaux; comme Séleucus d'Alexandrie, qui dut le nom d'*homérique* à ses nombreux commentaires sur les ouvrages d'Homère[f]. Mais, si nous faisons attention que les quatre vers au bas desquels Arius, membre du Musée, a mis son nom, sont textuellement pris d'Homère, nous verrons que ce titre de *poëte homérique* ne peut désigner que « celui qui traite un sujet quelconque en employant des « vers d'Homère, » ὑπόθεσιν διὰ τῶν ὁμηρικῶν στίχων γράφων, comme parle S. Épiphane, en un mot, « un faiseur de centons homériques. »

Il s'ensuit que ce genre de parodie était encouragé dans la fameuse académie du Musée, et cultivé par plusieurs de ses membres; je dis *plusieurs,* car si, dans le Musée, il n'y eût eu qu'un seul membre spécialement occupé de ces *parodies homériques,* Arius aurait écrit probablement τοῦ ὁμηρικοῦ ποιητοῦ, ou ποιητοῦ τοῦ ὁμηρικοῦ; l'absence de l'article semblerait donc nous indiquer qu'il y avait *plusieurs* poëtes homériques dans cette académie. Le fait contribue à nous montrer ce qu'était devenu, sous les empereurs, le Musée alexan-

[a] *In Claud.* 42. — [b] Athen. VI, 240, B. — [c] Athen. XV, 678, E; Philost. I, 22, 3; 25, 3. — [d] Ci-dessus, p. 348. — [e] *Anth. palat.* IX, n° 184. — [f] Suidas, voc. Σέλευκος.

drin, d'où nous ne voyons plus sortir le nom d'un seul poëte qui se recommande par quelque ouvrage remarquable. Ce qui nous en reste porte plus ou moins le caractère de ces *nugæ difficiles* auxquelles les membres de cette académie paraissent s'être livrés avec prédilection, depuis que le génie qui avait inspiré les Callimaque et les Apollonius de Rhodes, insensiblement détérioré par le goût des études scientifiques ou philosophiques, et par l'abus des discussions minutieuses de la critique grammaticale, eut fait place au stérile talent des acrostiches, des anagrammes, des poëmes lipogrammates et des autres futilités de ce genre.

Du moins voyons-nous, dans cet encouragement donné aux poëtes dits *homériques*, une nouvelle preuve du culte que l'école d'Alexandrie avait voué à Homère: elle ne cessa pas, pendant plusieurs siècles, de s'occuper à commenter, à éclaircir ses ouvrages immortels; et, tandis qu'à l'époque présumée de l'inscription d'Arius, elle accueillait avec empressement toutes les recherches grammaticales des Séleucus d'Alexandrie, des Ptolémée-Héphestion, des Aristonicus, sur les poëmes d'Homère, elle croyait sans doute encourager encore l'étude de ce premier des poëtes, en attachant du prix à des compositions qui attestaient dans leurs auteurs une connaissance profonde de ses œuvres. Bien qu'un grand effort de mémoire fût le principal mérite de tous ces parodistes, on conçoit que cependant leurs ouvrages, à défaut d'invention, pouvaient se distinguer les uns des autres par des applications plus ou moins heureuses, par l'adresse plus ou moins grande avec laquelle les vers d'Homère étaient amenés, *sans changement*, dans le sujet qu'on avait choisi; et l'on sent que les admirateurs exclusifs du poëte par excellence pouvaient être sensibles au mérite de la difficulté vaincue en ce genre. Il est présumable, d'après cela, que l'auteur inconnu de l'ouvrage dont S. Épiphane a cité un fragment, était un de ces poëtes homériques et membres du Musée d'Alexandrie.

J'ajouterai, à cette occasion, que l'admiration qu'inspira Virgile aux Romains donna naissance, parmi eux, à ce même genre de parodie. Les *centons* de Virgile ne sont pas moins connus que ceux d'Homère, et ils datent au moins du règne de Claude [a] : les plus anciens qui nous aient été conservés, en entier ou par fragments, sont ceux de Nasidius Géta, de Falconia Proba et d'Ausone. Les écrivains qui se livrèrent à ce genre de composition durent prendre aussi le titre de *virgiliani poetæ*; l'analogie suffirait pour nous le faire présumer, quand le fait ne serait pas attesté par cette inscription latine, que celle du colosse de Memnon sert à éclaircir [b], en même temps qu'elle contribue à en établir l'authenticité contre l'opinion de Maffei, qui la jugeait suspecte [c].

SILVANO.CAELESTI
Q. GLITIVS.FELIX
VERGILIANVS.POETA
D.D.

Il est vraisemblable que ce Q. Glitius Félix, *poëte virgilien*, devait être, comme le *poëte homérique*, un faiseur de centons; et l'on pourrait ajouter cette acception de l'adjectif *virgilianus* au lexique de Forcellini.

Il paraît que les Latins ont fait aussi des centons avec d'autres vers que ceux de Virgile; ils en ont fait également avec ceux d'Ovide; et les auteurs de ces vers se nommaient *ovidiani poetæ*; du moins c'est un fait qui paraît assez clairement ressortir d'une autre inscription [d], également présumée fausse par Maffei [e], mais peut-être à tort [1]:

OVIDIANVS.POETA
HIC.QVIESCIT.

Le verbe *quiescit* annonce une inscription chrétienne. Scaliger et Scriverius prenaient le mot *ovidianus* pour un nom propre. Gruter, sans doute à cause de l'absence du prénom et du nom devant ce mot,

---

[a] Fabr. *Bibl. lat.* I, p. 267, ed. Patav. — [b] Gruter, 64, 5. — [c] *Ars crit. lapid.* in Donati Suppl. ad *Nov. thes. Murat.* t. I, col. 282. — [d] Gruter, 446, 8. — [e] *Ars crit. lapid.* 340, post initium.

[1] Fleetwood n'élève pas de doute sur son authenticité (*Inscript. antiq. Sylloge,* p. 176, 3). A la vérité, ce n'est pas beaucoup dire en sa faveur.

402   PROSCYNÈMES ET ACTES DE VISITE.

présumait, au contraire, que ce devait être une qualification. L'exemple cité plus haut donne beaucoup de poids à cette conjecture : l'analogie qui existe entre *virgilianus poeta* et *ovidianus poeta* est une preuve assez forte qu'il s'agit d'un auteur de *centons ovidiens*. Ainsi l'inscription est tronquée; il y manque probablement une première ligne, qui devait contenir le nom du poëte.

CCCLXXVII. (D. n° 20.) Inscription placée au-dessous de la précédente. Voici comme je lis cette pièce, qu'on peut mettre au nombre des meilleures que Memnon ait inspirées :

ΤΟΥΤΟΙΣΤΟΙΣΕΛΕΓΟΙΣΠΕΤΡΩΝΙΑΝΟΣΣΕΓΕΡΑΙΡΩ
ΑΥΔΗΕΝΤΙΘΕΩΙΜΟΥΣ'ΚΑΔΩΡΑΔΙΔΟΥΣ
ΠΑΤΡΟΘΕΝΟΥΝΕΜΕΧΩΝΛΣΤΗΝΟΣΙΤΑΛΟΣΑΝΗΡ
ΑΛΛΑΣΥΜΟΙΖΩΕΙΝΔΗΡΟΝΑΝΑΞΧΑΡΙΣΑΙ
ΠΟΛΛΟΙΑΜΑΤΕΙΧΟΥΣΙΔΑΝΜΕΝΑΙΗΡΕΤΙΜΕΜΝΩΝ
ΤΟΥΛΟΙΠΟΥΓΗΡΥΝΣΩΜΑΤΟΣΕΝΤΟΣΕΧΕΙ
ΑΥΤΑΡΟΓΕΣΤΕΙΝΩΝΚΕΦΑΛΗΣΤΕΑΤΕΡΗΜΕΝΟΣΑΥΔΑ
ΥΒΡΙΝΚΑΜΒΥΣΕΩΜΗΤΕΡΙΜΕΜΦΟΜΕΝΟΣ
ΑΥΤΑΝΔΗΕΛΙΟΣΦΛΕΕΩΝΑΧΤΕΙΝΑΣΑΝΙΣΧΗ
ΗΜΑΡΣΗΜΑΙΝΕΙΤΟΙΣΠΑΡΕΟΥΣΙΒΡΟΤΟΙΣ

  Τούτοις τοῖς ἐλέγοις Πετρωνιανὸς σὲ γεραίρω,
   αὐδήεντι θεῷ μουσικὰ δῶρα διδούς,
  πατρόθεν οὔνομ' ἔχων Δουίλλιος, Ἰταλὸς ἀνήρ.
  Ἀλλὰ σὺ μοι ζώειν δηρὸν, ἄναξ, χάρισαι.
  Πολλοὶ ἅμα σ7είχουσι δαήμεναι, ἦ ῥ' ἔτι Μέμνων
   τοῦ λοιποῦ γῆρυν σώματος ἐντὸς ἔχει.
  Αὐτὰρ ὅ γε σ7είνων, κεφαλῆς τ' ἄτερ ἥμενος, αὐδᾷ,
   ὕβριν Καμβύσεω μητέρι μεμφόμενος.
  Εὖτ' ἂν δ' ἠέλιος Φαέθων ἀκτεῖνας ἀνίσχῃ,
   ἧμαρ σημαίνει τοῖς παρεοῦσι βροτοῖς.

Moi, Pétronianus, qui tiens de mon père le nom de Duillius, Italien de naissance, je t'honore par ces vers élégiaques, en faisant au dieu, qui me parle, un présent poétique. Mais [en retour], ô roi, accorde-moi une longue vie.

Beaucoup viennent [en ce lieu] pour savoir si Memnon conserve une voix dans la partie du corps qui lui reste. Quant à lui, assis [dans son trône], privé de sa tête, il résonne, en soupirant, pour se plaindre à sa mère de l'outrage de Cambyse; et, lorsque le brillant soleil lance ses rayons, il annonce le jour aux mortels ici présents.

CCCLXXVII. COLOSSE DE MEMNON.

V. 1er. La pénultième de Πετρωνιανός est prise pour brève; licence qu'on se permettait souvent dans de tels noms[a], peut-être par l'effet d'une synérèse qui réunissait les deux voyelles en une seule syllabe, comme dans Ἀφροδισίας, Ἀπολλωνίας, Τελευτίας, où les deux dernières syllabes n'en forment qu'une seule.

V. 2. Memnon est appelé aussi θεός dans d'autres inscriptions. Les mots μουσικὰ δῶρα, analogues au Μουσάων δῶρα de Théognis[b] et au δῶρ' Ἑλικωνιάδων d'Antipater de Sidon[c], désignent cette pièce de vers elle-même. Un vers semblable se lit dans l'Anthologie :

Κτήσεως ἐξ ὁσίης ψυχικὰ δῶρα διδούς[d].

V. 3. Le commencement est un peu confus; cependant la leçon est certaine. On trouve aussi, dans une épigramme de l'Anthologie, πατρὸς τοὔνομ' ἔχων, qui revient au même[d]. La première de Ἰταλός est longue, comme ailleurs[e].

Le terme ΑΣΤΗΝΟΣ est embarrassant; M. Hecker[f] propose Ἀσ7ήλιος, qui n'est ni grec ni romain, ou Αὐρήλιος, qui s'éloigne trop de la leçon. D'après le sens, ce doit être un nom romain. Je propose ΔΟΥΗΛΙΟΣ pour Δουΐλιος ou Δουΐλλιος, composé des mêmes éléments, ΑΣΤΗΝΟΣ. Des deux noms que Pétronianus portait, le second était le seul qu'il tenait de son père.

V. 5. ΗΡΕΤΙ peut se lire ἦρ' ἔτι aussi bien que ἦ ρ' ἔτι; le sens reste le même. M. Hecker préfère εἰρ' ἔτι; mais ΗΡ se lit distinctement sur l'empreinte.

V. 6. Cela se rapporte à ce que la moitié supérieure du colosse était brisée. Il y a ici une allusion à l'opinion que le colosse possédait une plus belle voix quand il était entier (plus haut, p. 390). « Memnon conserve-t-il sa voix ? »

V. 7. Il y a κεφαλῆς τε ἄτερ, sans la crase, comme on a vu εἰκόνα ἐκμεμαγμένον, δέκα ἔχοντι, etc.

---

[a] Jacobs ad Anthol. pal. p. 396, 582. — Welcker, Præf. ad Syllog. Epigr. p. XXVI. — [b] V. 270-878, Welcker. — [c] Anthol. palat. VII, 14. — [d] Anthol. palat. App. 328. — [e] Jacobs, ad Anth. pal. p. 505 et Addend. p. LXIX. — [f] Hecker, Comment. crit. de Anthol. p. 10.

V. 8. Μέμφεσθαι ne doit signifier ici que *se plaindre;* ce verbe n'emporte pas toujours l'idée de reproche[a].

V. 9. ΑΥΤΑΝ est embarrassant. J'ai lu εὖτ' ἄν, qui me paraît impérieusement exigé par le sens. Je ne crois pas que notre poëte ait pu dire αὖτ' ἄν. Les lettres ΦΛΕΕѠΝ ne peuvent être que φαέθων. Quoique ἥλιος ἀνίσχει soit une expression consacrée pour dire que le soleil se lève (par exemple, ἄχρις ἂν ὁ ἥλιος ἀνίσχῃ[b]), je ne doute point qu'ici ἀνίσχῃ ne soit pris comme verbe actif, et n'ait pour régime ἀκτεῖνας; c'est l'idée exprimée par Euripide : ἡνίχ' ἥλιος ἀκτῖνας ἐξίησι[c]; ainsi ἡ γῆ βοτάνας ἀνίσχει[d], *la terre pousse en haut des plantes,* comme s'exprime un ancien oracle : γᾶ καρποὺς ἀνίει, διὸ κλῄζετε ματέρα γαῖαν[e]. Aussi Déméter était-elle qualifiée de ἀνησιδώρα, ainsi appelée, dit Hésychius, δια[τὸ] τοὺς καρποὺς ἀνιέναι[f]. On a voulu exprimer le moment où le soleil, s'élevant de dessous l'horizon, commence à montrer son disque et lance ses rayons dans les régions élevées du ciel.

CCCLXXVIII. (D. n° 15.)

Ἡλιόδωρος Ζήνωνος Καισαρείας Πανιάδος ἥκουσα Δ, καὶ ἐμνήσθην Ζήνωνος καὶ Αἰανοῦ ἀδελφῶν.	Moi, Héliodore, fils de Zénon, de Césarée Panias, j'ai entendu quatre fois, et je me suis souvenu de Zénon et d'Aïanus, mes frères.

Le dernier nom ΑΙΑΝΟΥ avait paru douteux[g]. La leçon Αἰανοῦ, qui est dans toutes les copies, est encore confirmée par l'inscription que le même Héliodore a fait inscrire à Philes[h]. Le nom Αἰανός a peut-être de l'analogie avec celui d'Αὐϊάνιος, qu'on trouve dans une inscription de Chypre[i]. Héliodore était de Césarée, ville de la *Trachonitis* de Syrie; elle prenait son surnom du mont *Panius,* d'où sortait la fontaine *Panias;* ce surnom est écrit en grec Πανεάς, Πανειάς

---

[a] Jacobs, *ad Anth.* X, p. 289. — [b] Theophr. *De Ventis,* § 61, Schneid. — [c] *Bacch.* v. 676. — [d] Ap. H. Stephan. *Thes. L. G.* col. 3936 C; ed. Londin. — [e] Ap. Pausan. X, 12, 10. — [f] H. voce : cf. Wagner ad Alciphr. 1, 3. — [g] D'Orville *ad Chariton.* p. 525; Boissonade, *ad Inscr. Eliac. in classic. Journal,* t. XX, p. 290. — [h] N° CXXXIV. — [i] *Corp. inscr.* n° 2641.

CCCLXXIX, CCCLXXX. COLOSSE DE MEMNON.

ou Πανιάs : cette dernière orthographe, qui est celle de Ptolémée, est confirmée par Héliodore, qui l'adopte dans ces deux inscriptions.

CCCLXXIX. (S.)

ΕΠΑΡΧΟC ΛΕΓΕΩΝΟC.

C'est un simple titre qui appartenait à un nom propre effacé : ....
ἔπαρχος λεγεῶνος.

CCCLXXX. (D. n° 9.)

Κλαύδιος Γέμινος
ἀραβάρχης καὶ ἐπιστράτη-
γος Θηβαΐδος ἤκουσα,
ἀναπλέων ὥρας Γ̄,
καταπλέων ὥρας B̄.

Moi, Claude Géminus, arabarque et épistratége de la Thébaïde, j'ai entendu, en remontant [le Nil], à la troisième heure; en [le] descendant, à la deuxième.

J'ai déjà dit plus haut (page 334) ce qu'était l'épistratége de la Thébaïde; on lui donnait aussi le nom d'arabarque, parce que sa juridiction s'étendait sur tout le pays situé entre la Thébaïde et la mer Rouge, qui, chez les anciens, était considéré comme faisant partie de l'Arabie.

Claude Géminus, parcourant la Thébaïde, passa à Thèbes; en allant, il entendit le colosse à trois heures; en revenant, il l'entendit à deux. L'expression ἀναπλέων montre qu'il faisait sa résidence plus bas que Thèbes, sans nul doute à Ptolémaïs, qui, sous les Grecs et les Romains, fut le chef-lieu de la Thébaïde et le centre de l'administration. Après ἤκουσα, ou pourrait croire que le mot Μέμνονος se trouvait, mais la longueur des autres lignes s'y oppose : ce complément manque quelquefois.

J'ai dit ailleurs[a], à propos de l'inscription d'Antinoë : « L'Hepta« nomide avait-elle aussi son épistratége, ou bien celui de la Thé« baïde étendait-il sa juridiction jusqu'à Memphis? » Le doute est levé par une inscription du règne de Trajan[b], où il est question de

---

[a] *Recherches pour servir à l'histoire d'Égypte, etc.* p. 275. — [b] Muratori, 686, 6; 1096, 3. — Orelli, 516.

C. Camurius Clemens, qui, entre autres fonctions, avait exercé celles de PROC. AVG. EPISTRATEGIAE. SEPTEM. NOMORUM. ET. ARSINOITAE (les *septem nomi* sont l'*Heptanomide*); et par une autre du temps de Marc-Aurèle et Vérus (plus bas, p. 466).

CCCLXXXI. (G. n° 34.)

Ἀχιλλεὺς προσκυνήσας ἱερώτατον Μέμνονα, καὶ [μετὰ]
Εὐμένους τοῦ ἀδελφοῦ ἐσακούσας θείου
φθέγματος, ἀπέρχομε, καταλιπὼν τῷ ἰδίῳ
υἱῷ Ἀμμωνίῳ τὸ ὑπὸ ἀειμνήσ7ῳ λίθῳ [τὴν]
πεπραγμένην φωνὴν [ἀναμνῆσαι ou ἀναγράψαι].

Moi, Achille, ayant honoré le très-saint Memnon, et ayant entendu la voix divine avec mon frère Eumène, je m'en suis allé, laissant à mon fils Ammonius le soin de mentionner, au-dessous de la pierre immortelle, la voix qu'elle a rendue.

Si on ne supplée pas μετά à la fin de la première ligne, il faudra reconnaître bien des fautes ici : Εὔμενος pour Εὐμένης; τοῦ ἀδελφοῦ pour ὁ ἀδελφός, et ἐσακούσας pour ἐσακούσαντος. Mais l'autre leçon me semble préférable.

L. 3. ἀπέρχομε pour ἀπέρχομαι, comme κέ pour καί.

L. 5. Le texte est peu distinct. Il n'est pas sûr que l'article τήν terminât la ligne; l'auteur l'a omis avant ἱερώτατον et ἀειμνήστῳ, où il était aussi nécessaire. Au reste, tout ce grec est bien mauvais.

CCCLXXXII. (D.)

Voici encore un témoignage de la présence d'un épistratége, gravé, selon une note de Nestor L'Hôte, *sur la jambe droite, entre la jambe et le siége.*

ΙΤΑΛΕΙΝΟC doit être Οὐϊταλεῖνος, précédé de Ἰούλιος. Dans tous les cas, c'est un nom romain, comme celui de tous les épistratéges. Le nom de sa femme est incertain; il n'en reste que . . Ⲱ . ΙΔΙ, qui sera Σωσίδι ou Φωκίδι, forme féminine de Φῶκος, dont le patronymique est Φωκίδης ou Φωκιάδης.

[Ἰού]λι[ος Οὐ]ϊταλεῖνος,
ἐπισ7ράτηγος Θηβαΐδος,
σὺν Πουβλίᾳ Σωσίδι τῇ συμβίῳ, ἤκουσα Μέμνονος
. . . . L] Γ. παχὼν, ὥ[ρᾳ].

Moi Julius Vitalinus, épistratége de la Thébaïde, avec ma femme Publia Sosis, j'ai entendu Memnon, l'an III, le... du mois de pachon, à..... heure.

Le quantième du mois est effacé. La lettre Ⲱ est l'initiale de Ὥρᾳ.

CCCLXXXIII—CCCLXXXVI. COLOSSE DE MEMNON.

CCCLXXXIII. (S.)

ΑΡΜΕΙΝΟC	
ΕΜΗCΚΑΜΒΥCΗC	ἐμῆς Καμβύσης...
ΓΑΡ...ΜΕΤΕΡΑ	γὰρ...μητέρα (ou με τέρας)
.....CΕΔΥΤΕΡ	....σε δ' ὑπὲρ (ou δ' ἄτερ),
......ΕΓΡΑΨΕΤΟ	...ἔγραψε τὸ...

Le premier mot, ΑΡΜΕΙΝΟC, paraît être un nom propre; dans ce cas, il y avait, soit Ἀρμένιος (n° CCCIX), soit Ἑρμεῖνος. Dans la suite, les mots tiennent certainement à une inscription métrique.

CCCLXXXIV. CATOPNINHC. (S.) Ce n'est qu'un nom propre de femme, Σατορνίνης, débris d'une inscription dont j'ignore la place.

CCCLXXXV. (S.) Je ne connais pas davantage celle de ce proscynème.

ΚΥΡΙΟΥΔΙΟΝΥCΙΑCΤΟ
ΠΡΟCΚΥΝΗΜΑΠΟΛΛΑ
ΚΙCΔΑΚΟΥCΕΤΑΙ

Fragment acéphale, dont il y a peu de chose à tirer dans l'état où il est. Peut-être : [ὑπὲρ σωτηρίας αὐτοκράτορος..... τοῦ] κυρίου Διονυσίας τὸ προσκύνημα [c'est-à-dire ἐγράφη·] πολλάκις δ' ἀκούσεται. On peut lire Διονυσιάς au nominatif; alors ce sera : Διονυσιὰς τὸ προσκύνημα [ἔγραψε ou ἔγραψα]. En tous cas, cette *Dionysia* ou ce *Dionysias* semble se promettre qu'elle ou qu'il entendra plusieurs fois le colosse; mais cela me paraît des plus singuliers : peut-être la leçon n'est-elle pas exacte. Il est possible qu'il y ait ΑΚΟΥCΕ (pour ἤκουσε, comme ἀκούσαμεν pour ἠκούσαμεν, p. 361) ΤΗΝ... πολλάκις δ' ἄκουσε τὴν [Μέμνονος φωνήν] « a entendu plusieurs fois la voix de Memnon. »

CCCLXXXVI. (D. n° 21.) Σαβεινιανὸς Ξέναρχος ἐθαύμασεν ἀρχιδικαστής. Le nom grec de cet *archidicaste*, ou grand juge, confirme l'observation déjà faite plus haut (p. 372, 373).

CCCXC, CCCXCI. COLOSSE DE MEMNON.

ces lettres de la première ligne ..NYCETOIA, qui ne peuvent se prononcer que νύ σέ τοι..., cela est du style homérique. Si ANTO est le nom de l'empereur Antonin, ce qui est rendu très-probable par le mot Καίσαρος qui commence l'autre ligne, nous aurons la date approximative. Εὐτυχῶς, *feliciter*, est certain, et se rattache probablement à un ἤκουσα à présent effacé. La dernière ligne nous donne le nom de l'auteur, Μάριος Γέμελλος ἑκατόντ[αρχος], et rappelle celui de l'inscription du socle (n° CCCLXI), qui affecte aussi le style homérique. Est-ce le même? Cela n'est pas improbable, d'après la date, puisque l'un et l'autre appartiennent au règne d'Antonin.

CCCXC. (G. n° 5.) Cinq lignes horriblement mutilées. Dans la première, on distingue...ὦ παῖ χαῖρε πρόφρων, qui fait partie d'un vers. L'auteur s'adresse à Memnon dans les mêmes termes qu'a employés Balbilla, χαῖρε καὶ αὐδάσαις πρόφρων (plus haut, p. 356, 357). Au troisième vers, on distingue...εἵνεκα ταῖς μέλομαι, qui annonce la chute d'un pentamètre. La finale CPOICA ne peut être qu'un participe présent féminin dorique, par exemple φέροισα pour φέρουσα, et qui montre en quel dialecte la pièce est écrite et quel est le sexe de l'auteur. Il se pourrait donc que nous eussions là le reste d'une autre inscription de Balbilla, écrite dans le dorisme affecté qui lui plaisait tant.

CCCXCI. (G. n° 6.) Je ne puis rien faire de ces douze lignes, composées chacune de quelques lettres sans suite, où l'on entrevoit difficilement un sens; elles forment au moins deux, peut-être trois inscriptions distinctes.

Dans les quatre premières lignes, on devine qu'un particulier (Καλλίμαχος, ou tout autre nom terminé en χος), Ionien (Ἰώνιος), ou d'une ville d'Ionie (....ἀπὸ Ἰωνίας), étant venu voir Memnon (Μέμνονα ἰδών), a entendu ou n'a pas entendu sa voix.

L'antépénultième ligne ΓΑΜΒΡΟΤ me paraît appartenir à une inscription en vers (γ' ἄμβροτον ou ἄμβροτος).

CCCLXXXVII. (G. n° 43.) Entre l'inscription de Sabine (G. n° 42, plus haut, p. 369) et celle de Flavianus Philippus (G. n° 45, p. 368), se trouvent trois lignes très-courtes qui ne sont pas finies. Il paraît que la fin a été effacée pour faire place à l'inscription latine gravée par C. Calpurnius.

Ces trois lignes sont le commencement de trois vers :

$$\text{Εἰ καὶ λωϐητῆρες.....}$$
$$\text{Ἀλλά σύ γ' αὐδήεις}$$
$$\text{Μέτριος......}$$

Le premier vers commençait comme l'inscription métrique de Catulus (page 394), et le sens paraît être à peu près le même : « Quoique des violateurs aient brisé ton colosse, tu n'en rends pas moins un son...., etc. »

CCCLXXXVIII. (D. n° 18.) Ce fragment mutilé n'avait été copié par personne, excepté par sir G. Wilkinson, qui m'en a transmis la copie, un peu plus complète que celle que donne l'empreinte. Voici cette copie, avec l'indication des mots que j'ai pu lire ; c'est une inscription métrique composée de six vers :

ΕΙΦΘΕΝΓΗΠΜ^ΗϹ	Εἰ φθένγῃ τι λαλήσας...
ΕΙΔΕΜΟΝΟΝΙΕΓΑΩϹ	εἰ δὲ μόνον γεγαὼς...
ΑΙΥΛΛοϹΛΩΝΕΠΑΚΟ	.....θέλων (?) ἐπακοῦσαι
ΜΗΜΟΙΤΗΝϹΕΙΓΗΝΕΝΕ	μή μοι τὴν σιγὴν ἐνε....
ΕΥΜΕΜΝΩΝΕΛΑΛΗϹΑϹ	εὖ, Μέμνων, ἐλάλησας...
ΠΑΝΤΟΤΕΚΑΙΤΑΙΛΩΝΗΕΛ	παντότε καὶ πασάων (?)
Π	

L'auteur semble dire que ses vœux étaient d'entendre la voix de Memnon. Il le supplie de ne point garder le silence, μή μοι τὴν σιγήν..., et il finit par dire que ses vœux ont été comblés : εὖ, Μέμνων, ἐλάλησας.

CCCLXXXIX. (G. n° 9.) Encore une inscription métrique dont le caractère nous est révélé par l'adverbe μαψιδίως, et peut-être aussi par

Enfin les deux dernières sont la fin d'une inscription dont le commencement était à gauche. Nous n'en avons plus que la date : [ἔτους ou L..].....τοῦ Καίσαρος...[.Φαρμ]ουθεὶ IA.

CCCXCII. (G. n° 37.) Fragment informe, où l'on ne discerne que [Προ]σκύνημα Θ[έω]νος..... ὥρας....

CCCXCIII. (G. n° 18.) ATTIKOC, en gros caractères. C'est un surnom devenu un nom assez fréquent, à l'époque romaine, pour qu'il soit défendu d'y chercher celui d'un des personnages historiques qui l'ont porté.

CCCXCIV. (D. n° 25.) Fragment grec où l'on ne distingue que le nom CE[Y]H[P]OC.

CCCXCV. (D. n° 26.) Autre fragment confus. On croit lire en tête M. Valerius. Le reste paraît grec : Αὔλου...[πα]ωνί IΓ. Rien de plus douteux.

INSCRIPTIONS LATINES.

CCCXCVI. (D. n° 14.)

.....MINI BRVTO
AVRIBVS IPSE MEIS CEPI
SVMSIQVI CANORVM
PRAEFECTVSQVEORVM
PRAEFECTV ITEM REI
CYSTILIVS QVINTI

Inscription en vers, suivie d'un nom propre avec des qualifications. La copie de Salt est un peu plus complète que le texte fourni par l'empreinte. MINI BRVTO (*Omini, Nemini bruto*) doit être la fin d'un hexamètre, malgré la licence un peu forte de l'*i* bref à la fin de *mini*; à moins qu'il n'y ait *omni*; puis vient un hexamètre entier :

Auribus ipse meis cepi, sumsique canorum.

La ligne d'ensuite peut être PRAEFECTVSQVE.OR..M. (*Præfectusque*

CCCXCVII. COLOSSE DE MEMNON.

oræ maritimæ), ou bien PRAEFECTVS CASTRORUM. Dans l'autre ligne, on distingue PRAEFECTVS. ITEM. REI. Je ne devine pas le reste. La troisième renferme des noms propres.... Cestilius Quinti[lius ou lianus] (?).

CCCXCVII. (G. n° 10.)

MEMNONEMVATISCANOEVMMAXIMV
AVDIT ET DONAT CIMKMVSAM C.RD. DEIS

Le commencement de ces deux lignes a été donné par Pococke. Leich les avait lues ainsi : *Memnoni vatis cantum audit et donat carmen;* mais la copie de Salt ne confirme pas cette leçon. Au premier coup d'œil, on voit que ce sont des vers trochaïques, très-probablement des tétramètres catalectiques, les plus usités dans le mètre trochaïque; mais leur restitution est d'autant moins facile, que le graveur négligent paraît avoir fait des fautes dans ce qu'on en peut lire. Entre beaucoup de conjectures qui me sont venues à l'esprit, je choisirai celle qui me semble le plus près de la vérité.

Au numéro suivant, qui, à en juger par tous les caractères de la copie, est du même auteur, on lit, au second vers, *vatem Maximum;* c'est une raison pour faire dépendre du mot *vatis* (au lieu de *vates*) le nom *Maximu[s]* qui est à la fin. Ce qui reste de ce premier vers doit être lu : *Memnonem vatis canorum Maximus,* portion de vers dont la marche est régulière; il n'y manque que le dernier pied de la troisième dipodie et la dernière dipodie catalectique. Le nominatif *vates Maximus* appelle un verbe dont *Memnonem* est le régime; ce pourrait être *audit* et *donat,* qui commencent le vers suivant; mais la seconde partie de ce vers exige que *Memnonem* soit le régime d'un autre verbe; ainsi je termine le premier vers par *quoque invocans,* qui le complète. Le mot *quoque,* que Maximus emploie au numéro suivant, se rapporte à ceux qui ont invoqué Memnon avant lui. Je crois la leçon de ce vers à peu près certaine. Le second est plus difficile; et d'abord nous devons admettre qu'il est de même nature que le premier; le commencement seul le prouverait, quand la chose ne serait pas extrêmement probable par elle-même. Les lettres CIMIK... doivent nous cacher le régime de *donat*, si la leçon est bonne; le mot doit être de trois syllabes, d'après ce qui suit : LVSANAECARM.. DEIS. Je hasarde *camenam*, qui réunit les trois conditions de servir de régime à *donat*, d'être de trois syllabes, et de convenir parfaitement au sens, puisque ce mot signifie tout à la fois une *muse* et des *vers*. Horace : *Gratus insigni referam camena*[a]. *Prima dicte mihi, summa dicende camena*[b]. De même en grec Μοῦσα; Pindare : Αἰακῷ σε φαμὶ γένει τε Μοῖσαν φέρειν[c]. Eschyle : Ἐπεὶ Μοῦσαν σ͡υγερὰν ἀποφαίνεσθαι δεδόκηκε[d]. Euripide : Τίνα Μοῦσαν ἐπέλθω[e]; τίς ἥδε Μοῦσα[f], et ailleurs. D'après ce qui suit, le poëte Maximus semble avoir voulu faire allusion au double sens du mot *camena*; car il ajoute : *musa nam c.rd. deis*. On pourrait lire la fin du vers, CARA'ST DEIS, pour *cara est*. La vraie leçon est *cordi deis*, qui a le même sens, mais est plus poétique. Les deux vers sont maintenant complets pour le mètre et le sens, et la leçon suivante ne doit pas s'éloigner beaucoup de celle qui a été gravée sur le colosse :

Memnonem vates canorum Maximu[s quoque invocans,]
Audit et donat camenam; musa nam c[o]rd[i] deis.

Tous les caractères du tétramètre trochaïque catalectique se trouvent ici; et la césure tombe, comme il le faut, après la deuxième dipodie. Les deux vers signifient : « Le poëte Maximus, invoquant à « son tour Memnon, l'entend et lui adresse des vers; car la poésie est « chère aux dieux. » Il paraît qu'en présence de Memnon, notre poëte, excité par la vue de la statue célèbre, composait une pièce en son honneur, lorsque sa voix se fit entendre et lui montra que le dieu était sensible à son hommage. C'est cette circonstance que Maximus paraît avoir voulu rappeler; ainsi que Charisius, Balbilla, etc., il traite Memnon comme un dieu. Le *deis* (pour *diis*), rapporté à Mem-

---

[a] II, *Od.* XII, 39. — [b] I, *Epist.* 1, 1. — [c] III, *Nem.* 47 (— 27, Bœckh). — [d] *Eumenid.* 303. — [e] *Helen.* 164. — [f] *Ion.* 757 (— 770 Herm.).

CCCXCVIII. COLOSSE DE MEMNON.

non, rappelle le vers de Balbilla : δῆλον πᾶσι δ' ἔγενθ' ὥς γ' ἐ Φιλοῖσι ΘΕΟΙ.

CCCXCVIII. (G. n° 11.)

MEASQVOQUEAVRESMEMNONISVOXIΓACIDIT
NOMENECTOQVOQVEVATEMMAXiMVM

Telle est la leçon de Salt. L'empreinte n'en donne pas autant.

Ce poëte ne s'est pas contenté d'écrire les deux vers précédents; il en a gravé deux autres, probablement au-dessous.

La première ligne, qui se termine certainement par le mot INCIDIT, est un trimètre ïambique.

On ne peut douter que la seconde ne soit un vers du même genre; mais il n'y a rien à faire, ni pour le sens, ni pour la mesure, des mots NOMEN ECTO; le *quoque* qui suit annonce une opposition avec le *quoque* de la première ligne. Les lettres ECTO me semblent ne pouvoir appartenir qu'au verbe *necto* ou *annecto*. Je lirais donc ...*et nomen annecto*. La pensée et les vers sont complets de cette manière :

> *Meas quoque aures Memnonis vox incidit;*
> *Et nomen [ann]ecto quoque vatem Maximum.*

La voix de Memnon a frappé *aussi* mes oreilles; et j'ai attaché *aussi* mon nom, Maximus, poëte.

Notre poëte fait évidemment allusion à ceux qui, *comme lui*, ont entendu la voix de Memnon, et qui, *comme lui*, ont inscrit leur nom sur la statue. La pensée est évidente.

L'usage exclusif que Maximus a fait des mètres trochaïques et ïambiques me donne lieu de présumer qu'il se livrait de préférence au genre dramatique. Il était, si je ne me trompe, tout à fait inconnu avant que son nom nous eût été révélé par ces deux curieux fragments.

CCCXCIX. (G. n° 12.)

MFF FRONTINVS MEMNONEM SoLVS AVDI

Que veut dire Marcus Frontin avec son *solus audi?* Qu'il était tout *seul* quand il a entendu Memnon, ou que, *seul* des assistants, il a entendu sa voix?

CD. (D. n° 7.)

M HERENNIVS
FAVSTVS ET IVLIVS
TADIVS FLACCVS CoSVI^r

Les lettres COSVII semblent être le mot CONSVLARIS ou CONSVLARES, selon qu'il s'appliquait au dernier de ces deux personnages, Julius Tadius Flaccus, ou à tous les deux. La deuxième hypothèse est plus probable, le premier nom n'étant suivi d'aucune qualification.

CDI. (G. n° 44.)

C CALPVRNIVS
SPEL ⊃ LEG XXII
MEMNONEM
AVDIV!

J'avais pensé que la seconde ligne devait se lire SP. ET 7 LEG. XXII; c'est-à-dire *Caius Calpurnius speculator et centurio legionis* XXII *Memnonem au*[*divi*]. Je m'en tiens à cette lecture, faute de mieux.

CDII. (S.)

C CALPVRNIVS
COH XXII
MEMNONEM
FELICITER

L'identité des nom et prénom me donne lieu de penser que l'inscription est de la même personne que la précédente. Les lettres COH (COHORTIS) sont distinctes; cependant cette leçon est inadmis-

CDIII—CDV. COLOSSE DE MEMNON.

sible, la *légion* n'ayant que *dix* cohortes, et non XXII[1]. Il s'ensuit que le chiffre $\overline{\text{XXII}}$ se rapporte à la *légion*, et que les lettres COH nous cachent l'abréviation GION, reste de LEGION. D'après l'inscription précédente, on lira celle-ci de cette manière :

> C. CALPVRNIVS
> [SP. ET ⅂ LE]GION $\overline{\text{XXII}}$
> [AVDIVI] MEMNONEM
> [ITERUM] FELICITER

C. Calpurnius aura inscrit ces lignes après avoir entendu Memnon une seconde fois; ce qui est arrivé au centurion Claudius Maximus, auteur des deux inscriptions suivantes.

CDIII. (D. n° 25.)

> CLAVDIVS MAXIMVS
> ⅂ LEG. XXII AVDI
> MEMNONEM HORA Ī

Ce Claudius Maximus était centurion de la $\overline{\text{XXII}}^e$ légion; et, d'après l'inscription suivante, la sigle 7 manque devant LEG.

CDIV. (D. n° 28.) Il s'agit encore ici d'un Claudius Maximus, peut-être le même que le précédent. On remarquera que LHG. pour LEG. n'a pu provenir que de la prononciation du H comme E. On trouve de même SHCVNDI[a] pour SECVNDI.

CDV. (G. n° 40.) La légion XXII est appelée, comme ici, *Dejotariana* dans deux autres inscriptions[b]. On peut voir les observations de M. Wiener[c], sur cette dénomination, dans sa dissertation *De legione romana XXII*[a]. Julius Mithridaticus, tribun de la XXII[e] légion *Déjotarienne*, avait entendu Memnon le XIII des calendes de juillet, à une heure. L'année manque.

---

[a] *Syll. d'Iscriz. Antiq. ined.* da G. Melchiori e P. Visconti, p. 54, Rom. 1823. — [b] Gruter, 373, n. 4. — Donat. 2, p. 288, 7. — Orelli, 3396. — [c] Page 73.

[1] Quand il s'agit de cohortes urbaines, le chiffre X est bien souvent dépassé; mais ce n'est pas ici le cas. (Murat. 454, 8, 9; 848, 4; 1015, 2; 1030, 7, etc.)

CDVI. (G. n° 41.) Écrite à côté de la précédente, obliquement, parce que la place gênait le graveur. Ce doit être *C. Cornelius Scriptianus coh.* VII *Itur. audi. hora.* Le nom SCRIPTIANVS, complet dans la copie de Salt, paraît certain, quoiqu'il soit inconnu jusqu'ici; comme SCRIBONIVS, il doit provenir de *scribere*, et directement de SCRIPTIO, d'où SCRIPTVS, et le dérivé SCRIPTIANVS. Il est question d'une *cohors* II *Ituræorum*, dans une inscription de Dekkeh[a]; et la Notice de l'Empire place cette *seconde* cohorte dans l'Égypte moyenne[b]. Il y aurait donc au moins sept cohortes de ce nom.

CDVII. (D. n° 27.) *Camilius, hora prima, audivi Memnonem.* Jablonski a lu le premier mot C. AEMILIVS; mais toutes les copies et l'empreinte portent CAMILIVS, nom qu'on trouve sur quelques inscriptions[c].

CDVIII. (S.)
T HELVIvS LVCANVS PRAEF
........CVMM.NATIA
PIAVXORE ETM....S LV....
AVDI MEMN..........II MAR

Copiée par Salt. La plus grande partie est effacée. La deuxième ligne commence par un mot qui exprimait l'espèce de préfecture dont T. Helvius Lucanus était chargé. Ce personnage, préfet d'Égypte ou de légion, a entendu la voix de Memnon, avec sa femme et d'autres personnes, peut-être ses enfants. Le nom de l'épouse paraît être MV[N]ATIA, ensuite PIA. Entre MEMN et II MAR, il n'y a que l'intervalle de huit ou dix lettres au plus; la fin ONEM en prend la moitié; reste la place de *quatre* ou *cinq* lettres, après lesquelles vient la date. Cet intervalle devrait être rempli par le nom de l'empereur; mais il n'y a point de place.

D'autre part, on ne voit rien entre le chiffre II et MAR. Or, si ces lettres appartenaient au nom du mois de mars, il y aurait eu, entre e chiffre et ce nom, les lettres KAL. ID. ou NON. Je crois donc qu'il

[a] Voy. mes *Recherches*, etc. p. 477. — [b] Page 204. — [c] Murat. 1526, 4; Gruter, 384, 6.

CDIX, CDX. COLOSSE DE MEMNON.

y a M̅A̅R, pour M.AVR. (*Marci Aurelii*), et non MAR, et qu'il faut lire ANNO II M̅A̅R[ELI]. L'inscription, autant qu'on peut la lire, sera donc :

```
T·HELVIVS·LVCANVS·PRAEF.....
........ CVM·M[VN]ATIA]
PIA·VXORE·ET·M[EI]S·L[IBERIS?]
AVDI·MEM[NONEM·ANNO·]II·M·A̅R[ELI]
ANTONINI·AVG·L·AVRELI·VERI·AVG·]
...............................
```

L'épouse se nommait MVNATIA PIA. Si ma conjecture est vraie, l'inscription serait de l'an 162 de J. C.

CDIX. (G. n° 36.) A la droite du n° 35 se voient des fragments d'au moins deux inscriptions : l'une latine (MEMNONEM), l'autre grecque et poétique (νύ τ' ἄδακρυs..., puis τὸ ἔπαρχος (?) λε[γίω]νος), dont il est impossible de rien tirer dans l'état où ils se trouvent. Le peu qu'on y discerne sert à montrer qu'ils appartiennent à des pièces qui ne seraient pas sans intérêt, si l'on pouvait en avoir une copie ou une empreinte moins imparfaite.

CDX. (G. n° 8.) En donnant ci-dessus l'inscription d'Ulpius Primianus (n° CCCLXII, G. n° 4), j'y ai rattaché la ligne BIS FELICITER. Cependant, d'après notre empreinte, le mot FELICITER (BIS n'est que dans la copie de Salt) est écrit en lettres *cursives* d'une autre forme que celles des lignes précédentes, et tout à fait semblables à celles des deux lignes qui suivent, qui tiennent à une seconde inscription. Il serait donc très-possible, et même très-probable, que BIS FELICITER se rapportât à celle-ci, qui est fort peu distincte; car je n'y reconnais que

```
INVS (. un nom .) FELIX
HORa I. S (prima semis)....
```

Je trouve encore dans les empreintes quelques fragments isolés auxquels je ne puis assigner de place, et dont je donne le *fac-simile* sur la pl. XXXVII, n°s 7, 8, 9, dans le seul intérêt de la paléographie.

CDXI. Ce fragment annonce que *Sabinus Fuscus*, préfet (de légion?) a entendu *deux fois* le colosse, la *troisième année* de...... le..... des calendes, ides ou nones, de *mars*.

CDXII. Un autre voyageur, dont le nom manque, sauf la finale vs, a entendu Memnon, *Memnonem* [*audivit*] *quatre fois* (*quater*).

CDXIII. Un troisième fragment ne donne que les mots HORA... ...HO[RA] (le voyageur aura entendu la voix à deux heures différentes), PRO et VOX.

Je termine ce chapitre par une table de concordance qui rendra facile la recherche des inscriptions sur les planches où elles sont gravées. Dans le texte, les numéros des inscriptions étant accompagnés de ceux qu'elles ont sur les planches, on aura toute facilité pour les retrouver. Mais le lecteur qui parcourra les planches aurait quelque peine à retrouver le numéro d'ordre que telle inscription porte dans le texte, s'il n'avait pas la table ci-contre pour le guider[1].

[1] Plus haut, sur le n° CCCXXVI, lisez D. n° 29.
CCCXXXII, lisez D. n° 24.
CCCLXIV, lisez D. n° 11.

COLOSSE DE MEMNON. 419

CONCORDANCE DES NUMÉROS DES PLANCHES XXXI À XXXII AVEC CEUX DU TEXTE.

JAMBE GAUCHE (G).	1	CCCLVIII.		39	CCCLXXI.
	2	CCCXXVII.		40	CDV.
	3	CCCLV.		41	CDVI.
	4	CCCLXII.		42	CCCXLIX.
	5	CCCXC.		43	CCCLXXXVII.
	6	CCCXCI.		44	CDI.
	7	CCCLXIII.		45	CCCXLVIII.
	8	CDX.		46	CCCXLVI.
	9	CCCLXXXIX.			
	10	CCCXCVII.	JAMBE DROITE (D). 1	CCCXXXV.
	11	CCCXCVIII.		2	CCCXXXI.
	12	CCCXCIX.		3	CCCXXIX.
	13	CCCXXXVI.		4	CCCXLI.
	14	CCCLXXII.		5	CCCXLII.
	15	CCCLXXIII.		6	CCCXXXIV.
	16 17 }	CCCLVI.		7	CD.
				8	CCCXXXIII.
	18	CCCXCIII.		9	CCCLXXX.
	19	CCCXXX.		10	CCCXXXIX.
	20	CCCLX.		11	CCCLXIV.
	21	CCCLXV.		12	CCCXXV.
	22	CCCXLIII.		13	CCCXL.
	23	CCCXLIV.		14	CCCXCVI.
	24	CCCXLVII.		15	CCCLXXVIII.
	25	CCCXLV.		16	CCCLVII.
	26	CCCLII.		17	CCCLIII.
	27	CCCL.		18	CCCLXXXVIII.
	28	CCCLI.		19	CCCLXXVI.
	29	CCCXXXVIII.		20	CCCLXXVII.
	30	CCCLXVI.		21	CCCLXXXVI.
	31	CCCLXIX.		22	CCCXXVIII.
	32	CCCLXVIII.		23	CDIII.
	33	CCCLXVII.		24	CCCXXXII.
	34	CCCLXXXI.		25	CCCXCIV.
	35	CCCLXXIV.		26	CCCXCV.
	36	CDIX.		27	CDVII.
	37	CCCXCII.		28	CDIV.
	38	CCCLIV.		29	CCCXXVI.

§ IX. INSCRIPTIONS DES CARRIÈRES DE BRÈCHE VERTE, SUR LA ROUTE DE COSSEIR.

CDXIV—CDXCVI.

La route de Koptos au port actuel de Kosseïr (jadis *Leukos portus* ou Port-Blanc)[a], était évaluée par les anciens à cinq ou six journées de marche[b].

On y trouve encore les restes de huit *stations*, ou *hydreumata*[c], où les caravanes s'arrêtaient pour se rafraîchir et renouveler leur provision d'eau.

C'est tout près de la grande vallée de l'Hamammat que se trouvent, dans les montagnes basaltiques, les anciennes carrières de *brèche verte*, riche matière dont les anciens Égyptiens, les Grecs et les Romains, ont fait des sarcophages, des statues, figurines et autres objets. La plus belle pièce connue en cette pierre dure (σκληρὸς λίθος) est le fameux sarcophage qui ornait la mosquée de Saint-Athanase d'Alexandrie, et qui fut enlevé par les Français pour être transporté en France. Après la bataille d'Aboukir, le monument fut transporté en Angleterre et déposé au *British Museum*.

On l'a cru pendant longtemps le *cercueil d'Alexandre*; c'était la tradition des Arabes; mais on sait à présent qu'il a été sculpté pour renfermer le corps d'*Amyrtée*, roi de la vingt-huitième dynastie, qui a occupé le trône d'Égypte pendant la domination des Perses[d], de 414 à 408 avant J. C. Ce monument, couvert d'hiéroglyphes et de sculptures égyptiennes du plus beau style, atteste que les arts n'avaient encore rien perdu en Égypte, à cette époque si voisine de la conquête d'Alexandre[d].

Ces carrières étaient surtout exploitées dans la vallée de *Foäkhir* ou des *Poteries*[d], ainsi nommée à cause des débris considérables d'antiques poteries, qui annoncent qu'une nombreuse population l'habi-

---

[a] Plus haut, t. I, p. 174. — [b] Strab. XVII, p. 815; *trad. franç.* t. V, p. 421. — [c] Wilkinson, *Modern Egypt and Thebes*, t. II, p. 387. — [d] Voyez mon *Mém. sur la civilisation égyptienne*, p. 65; et dans les *Mém. de l'Académie*, t. XVII, 1re partie.

CDXIV—CDXCVI. CARRIÈRES DE BRÈCHE VERTE.

tait jadis. En effet, sir G. Wilkinson y a vu les ruines de mille trois cent vingt huttes ayant appartenu aux anciens travailleurs qui exploitèrent ces mines[a]. Il y a trouvé aussi les ruines d'un petit temple construit sous Évergète Ier; mais les rochers portent des inscriptions et sculptures pharaoniques qui remontent aux plus anciens rois dont on retrouve les cartouches recueillis par sir G. Wilkinson[b].

La divinité principale adorée dans ces déserts est toujours *Ammon Khem* ou *Khemmis*, dieu représenté ithyphallique (Ammon générateur), que les Grecs avaient assimilé à leur *Pan* : c'est le même que nous avons vu adoré au *Panium*, sur la route d'*Apollonopolis magna* aux carrières d'émeraude et à Bérénice[c], regardé comme le protecteur des voyageurs qui traversaient ces déserts. Il portait le titre d'Εὔοδος, qui lui est donné très-souvent dans les inscriptions du *Panium*, et une fois seulement dans celles qui vont être expliquées.

Ce dieu est représenté tantôt seul, tantôt accompagné d'*Horus* et de sa mère *Isis*, qui sont ses *parèdres* ou σύνναοι θεοί, formant une triade.

Les inscriptions grecques, au nombre de quatre-vingt-huit, qui ont été recueillies dans ces vallées, sont des *proscynèmes* en l'honneur de ces divinités, écrits par des voyageurs qui ne faisaient que passer, et principalement par des personnes attachées aux travaux de ces carrières ou occupées à tailler, sculpter et orner les blocs qu'on en tirait. Ces individus sont grecs, égyptiens ou romains, qui tous ont écrit en grec. Il n'y a, en fait d'inscription latine, qu'un *nom propre*.

Un certain nombre de ces proscynèmes sont en caractères démotiques. Nestor L'Hôte a pris les empreintes dont M. de Saulcy a fait l'objet d'un travail important, publié dans la Revue archéologique[d], et suivi de quelques observations de moi sur les inductions historiques qu'on en peut tirer[e]. Ils sont des époques ptolémaïque et romaine.

Les proscynèmes grecs ont été recueillis les uns par Nestor L'Hôte, les autres par S. Gardner Wilkinson, quelques-uns par tous les deux.

---

[a] Wilkinson, *Manners and customs*, III, 228. — [b] Le même, *Modern Egypt and Thebes*, t. II, p. 388. — [c] Plus haut, p. 229. — [d] T. I, p. 735 et suiv. — [e] Même vol. p. 748 et suiv.

Il est à remarquer qu'on n'en voit aucun de l'époque grecque : ils sont tous de l'époque impériale. Le plus ancien de ceux qui portent des dates est de l'an 43 d'Auguste (14 après l'ère vulgaire), et tous les autres, qui ne sont pas datés, ne peuvent être plus anciens, à en juger par les noms qu'on y trouve et par la forme des caractères.

On ne comprend pas qu'il ne s'en trouve pas de plus anciens, et il paraît impossible qu'on n'en découvre pas quelque jour appartenant au temps des Ptolémées, puisque quelques-unes des inscriptions hiéroglyphiques contiennent non-seulement des noms d'anciens pharaons, mais des cartouches appartenant à Cambyse, Darius, Xercès, Artaxerce, Amyrtée, Nectanébo, Ptolémée Philadelphe, Évergète Ier, etc.

On doit espérer que l'abondante moisson faite par les deux voyageurs que je viens de citer sera suivie d'une plus grande encore, lorsqu'on pourra exploiter à loisir les rochers et les grottes creusées sur cette route, plus fréquentée encore dans l'antiquité que de nos jours; mais il n'est guère probable qu'on en découvre de plus anciennes que celles qui ont été recueillies par nos deux voyageurs. Ne peut-on pas induire de cette époque récente que le dieu Ammon générateur, adoré dans cette région, n'a été qu'assez tard un objet de vénération pour les Grecs et les Romains?

Ces proscynèmes ne donnent souvent que des noms propres, soit égyptiens, soit grecs; mais quelquefois ils se lient avec certaines circonstances qui présentent un intérêt historique que j'ai tâché de faire ressortir. Les noms propres eux-mêmes donnent lieu souvent à des observations qui ne sont pas sans utilité.

Selon mon usage, j'ai marqué, à chaque inscription, par les lettres W et L, auquel des deux voyageurs elle est due. On verra que la part du premier l'emporte de beaucoup sur celle de l'autre.

CDXIV, CDXV. CARRIÈRES DE BRÈCHE VERTE.

A. VALLÉE DE L'HAMAMMAT.

Je commence par celles qui portent des dates.

CDXIV. (W. L.) La plus ancienne n'est point antérieure à la fin du règne d'Auguste. Elle contient le proscynème d'un personnage dont le nom va reparaître dans la suivante.

Les deux copies de L'Hôte et de sir Gardner ne diffèrent pas l'une de l'autre et ne laissent aucun doute.

ΤΟΠΡΟϹΚΥΝΗΜΑ	τὸ προσκύνημα	Ceci est le proscynème
ΠΟΠΛΙΟΥΙΟΥΕΝΤΙΟΥ	Ποπλίου Ἰουεντίου	de Publius Juventius Aga-
ΑΓΑΘΟΠΟΔΟϹΠΑΡΑ	Ἀγαθόποδος, παρὰ	thopus, auprès du seigneur
ΤѠΚΥΡΙѠΙΠΑΝΙΚΑΙ	τῷ κυρίῳ Πανὶ καὶ	Pan, et celui de tous les
ΤѠΝΑΥΤΟΥΠΑΝΤѠΝ	τῶν αὐτοῦ πάντων	siens. L'an XLIII de César,
LΜΓ ΚΑΙϹΑΡΟϹ ΦΑΜΕΝѠ	L. ΜΓ. Καίσαρος, Φαμενώθ.	au mois de phaménoth.

La date de ce proscynème répond, comme je l'ai indiqué[a], à février-mars de l'an 14 de l'ère vulgaire, environ cinq mois avant la mort d'Auguste, qui eut lieu le 19 août de cette même année.

CDXV—CDXX.

Je dois à Nestor L'Hôte seul la connaissance des inscriptions suivantes, gravées sur l'encadrement de la porte d'une chapelle monolithe. Si je ne me trompe, elles sont au nombre de six; mais la construction en est si vicieuse, qu'on n'est pas bien sûr du point où elles finissent. De plus, selon la note de N. L'Hôte, « les lettres « sont très-difficiles à reconnaître, parce qu'elles se confondent avec « les coups d'ébauchoir, dont la pointe a sillonné toute la surface du « monolithe. Le bas est tout à fait endommagé et engagé sous les « blocs de roche. »

Je donne ici la copie de L'Hôte telle qu'il l'a figurée, et la transcription que j'en ai pu faire.

[a] Plus haut, p. 137.

ΕΠΙΤΕΙΒΕΡΙΟΥΚΑΙΣΑΡΟΣΣΕΒΑΣΤΟΥΠΟΠΛΙΟΥΣ
ΙΟΥΕΝΤΙΟΥΡΟΥΦΟΥΜΕΤΑΛΑΡΧΗΖΜΑΡΑΚΤΟΥ
ΚΑΙΒΑΣΙΟΥΚΑΙΜΑΡΚΑΡΙΤΟΥΚΑΙΛΑΤΟΜΩΝΠΑΝ
ΤΩΝΤΕΣΑΙΤΥΠΤΟΥΠΟΠΛΙΟΥΙΟΥΕΝΤΙΟΥ

ΑΓΑΘΟΠΟΥΣ	ΜΕΡΣΙΣΑΡΧΙΤ
ΑΠΕΛΕΥΘΕΝ	ΕΚΤΩΝ
ΑΥΤΟΥΚΑΙ	ΤΟΠΡΟΣΚΥ
ΠΑΝΤΩΝ	ΝΗΜΑΜΑ⁙
ΕΤΟΥΣΕ	ΜΟΤΑΙΣΒΑ
ΒΕΡΙΟΥΚΑΙ	ΓΑΙΟΥΣΤΡΑ
ΣΑΡ	ΠΩΤΗ⁙
ΦΑΣΙΦΙΘ	ΣΠΙΙΗΣΝΙΠ
ΤΟΠΡΟΣΚΥ	ΡΟΥΘΠ⁙Ω
ΝΗΜΑ	ΕΡΓΩΠΟΥΘΝ
Θ †	ΤΙΟΥ
Α Ρ Ц Σ	ΜΕΡΣΙΣΑΡ
ΓΡΑΜ	

a

Ἐπὶ Τειβερίου Καίσαρος σεβασ]οῦ Ποπλίου
Ἰουεντίου Ῥούφου μεταλλάρχου, [καὶ] Ζμαράκ]ου
καὶ Βασίου, καὶ Μαρκαρίτου καὶ λατομῶν πάντων τῆς Αἰγύπ]ου· Ποπλίου Ἰουεντίου

b

Ἀγαθόπους   Μέρσις ἀρχιτ-   d
ἀπελευθέρου   έκ]ων...
αὐτοῦ, καὶ   τὸ προσκύ-   e
πάντων   νημα Μαμ...
ἔτους Ε   μου δὶς Βα-
Τιβερίου Καί-   γαίου, σ]ρα-
σαρ[ος   τιώτης [τῆς]
Φαωφὶ Θ.   σπίρης Νίγ-
τὸ προσκύ-   ρου, ἐπὶ τῶ[ν]

c

νημα....   ἔργω[ν] Ἰουεν-
....   τίου Ἀγαθόποδος...
γραμμ...   Μέρσις ἀρ-
          [χιτέκτων].   f

Nestor L'Hôte n'a donné aucun renseignement sur l'ancienneté de cette chapelle monolithe; maïs elle peut être d'une époque fort an-

CDXV. — CARRIÈRES DE BRÈCHE VERTE.

térieure à celle des inscriptions gravées autour de la porte par des personnes qui auront voulu donner au dieu (sans doute *Pan* ou *Ammon générateur*) un témoignage de leur vénération.

Cela me paraît plus vraisemblable que d'admettre que la chapelle avait été construite aux frais de ceux qui ont fait graver ces inscriptions; car elles ne paraissent pas avoir d'autre caractère que celui des proscynèmes ordinaires. Rien n'y annonce qu'elle aurait été bâtie ou creusée par ceux dont les noms sont ici mentionnés.

C'est, du reste, ce qui pourrait être décidé par le style de cette chapelle monolithe et les hiéroglyphes qui la décorent, si toutefois il s'y trouve des hiéroglyphes; ce que L'Hôte n'a pas dit.

Je prends donc provisoirement ces inscriptions pour des proscynèmes tracés par des adorateurs du dieu honoré dans cette chapelle.

a (ou CDXV). « Sous le règne de Tibère César Auguste, [proscynème] de Publius Juventius Rufus, métallarque; de Smaragdus, de Casius, de Margaritus et de tous les carriers de l'Égypte. »

Ici le mot προσκύνημα doit être sous-entendu, comme dans la seconde inscription, commencée à la ligne 4, Ποπλίου Ἰουεντίου.

Μεταλλάρχη est pour μεταλλάρχου, erreur de cas qui se retrouve dans un grand nombre de proscynèmes de cette époque, et ici même, plus bas : σ]ρατιώτης pour σ]ρατιώτου, Ἀγαθόπους pour Ἀγαθόποδος. Ce P. Juventius Rufus était à la tête de l'*administration* des carrières de *Breccia verde*, ou peut-être de toutes les *carrières* exploitées à l'est du Nil[a].

Ceux qui s'associent à son acte de dévotion sont trois Grecs.

L'un s'appelle Ζμάρακ]ος, le même nom que Ζμάραγδος (ou Σμάραγδος), qui se trouve dans une inscription de Smyrne[b] et sur une médaille de Temnus[c]. L'orthographe *Zmaracdus* se lit même dans une inscription latine rapportée par Lupuli[d].

L'autre est écrit ΒΑϹΙΟΥ, nom qui serait un dérivé de βάσις, à moins que ce ne soit une contraction de ΒΑϹΙΛΙΟΥ. Mais, comme le B et le K sont très-faciles à confondre dans les inscriptions, je pense

---

[a] V. le t. I, p. 166, 167. — [b] *Corp. inscr.* n° 3148, 14. — [c] Mionnet, III, 27. *Suppl.* VI, 45. — [d] *Iter venusinum,* p. 287.

plutôt que l'original porte KACIOY, nom propre connu [a]. C'est l'épithète du Jupiter *Casius*, qui a servi à former d'autres noms [b].

Le troisième est Μαρχαρίτου, pour Μαργαρίτου. Μαργαρείτης se trouve dans une inscription de Cyzique [c].

La part que prennent tous les *carriers*, λατομοί, d'Égypte, à cet hommage religieux, montre assez que ce lieu était en grande vénération auprès de tous ceux qui, en Égypte, exploitaient les carrières. Il est vraisemblable qu'ils considéraient Ammon générateur comme leur patron commun.

b (CDXVI). « [Proscynème] de Publius Juventius Agathopus, son « affranchi (de P. J. Rufus), et de tous les siens; l'an v de Tibère « César, le 9 de phaophi » (5 novembre, l'an 17 de notre ère).

Cet *Agathopus* (Ἀγαθόπους pour Ἀγαθόποδος) a fait ce second proscynème quelque temps après le premier. On voit qu'il avait pris ses noms romains de Publius Juventius Rufus, dont il était affranchi. Son ancien maître l'avait, sans doute, chargé de l'exploitation d'une partie des carrières, comme cela semble résulter de l'inscription.

c (CDXVII). Au-dessous commence un troisième proscynème dont il ne reste que les mots τὸ προσκύνημα.... et les lettres ΓΡΑΜ, qui annoncent que l'auteur était γραμματεύς, soit un βασιλικὸς γραμμ., soit un τοπογρ. ou κωμογραμματεύς.

d (CDXVIII). Un *architecte*, peut-être simplement un *entrepreneur* (car ἀρχιτέκτων a quelquefois ce sens [d]), appelé Μέρσις (nom qui doit être égyptien), a écrit son nom de l'autre côté de la porte. Il y a beaucoup d'exemples de ces noms écrits sans nul autre complément.

e (CDXIX). Puis vient le proscynème d'un nouveau personnage dont le nom me semble tout à fait problématique. Que faire de MAM..ΟΓΑΙC ΒΑΓΑΙΟΥ? Je hasarde de lire Μαρκέλλου (?) δὶς Βαγαίου. Le nom Βαγαῖος est celui de personnages persans cités par Hérodote [e] et Xénophon [f]; il a pu, comme d'autres noms persans, s'intro-

[a] Athen. XIII, 593, F. — [b] V. mes *Rech.* dans les *Annales de l'Institut Arch.* t. XVII p. 352. — [c] *Corp. inscr.* n° 3664, l. 37. — [d] Plus haut, p. 118. — [e] III, 128.—VII, 80.— [f] *Hellen.* III, 4, 13

CDXX, CDXXI. CARRIÈRES DE BRÈCHE VERTE.

duire en Asie Mineure et en Syrie, où ce *Bagæus* doit être né; c'est du moins ce qu'on peut inférer de l'expression δὶς Βαγαίου (si ma correction est juste), usitée dans ce pays pour indiquer un particulier dont le père et l'aïeul portaient le même nom[a]. Δὶς Βαγαίου veut dire *fils de Bagæus, fils de Bagæus*, υἱὸς Βαγαίου τοῦ Βαγαίου. Le personnage était donc quelque *Asiatique* incorporé dans une des légions romaines en Égypte; car la leçon qui suit me paraît évidente: σρατιώτης (pour σρατιώτου) τῆς σπείρης Νίγρου ἐπὶ τῷ ἔργῳ (ou ἐπὶ τῶν ἔργων) Ἰουεντίου [Ἀγαθόποδος], « soldat de l'aile de Niger, occupée au travail « de Juventius Agathopus. » Nous verrons plus bas que la *spira* (ou cohorte) et la *centurie* dont faisaient partie les *soldats* auteurs de ces proscynèmes étaient désignées souvent par les noms des chefs de ces fractions légionnaires. La cohorte de *Niger* (ayant pour chef Niger) travaillait dans la carrière de Juventius, ou était préposée à sa garde. Voyez, sur cela, ce que j'ai dit[b].

Le Juventius dont il est ici question est très-probablement le P. Juventius Agathopus, l'affranchi de Rufus, qui avait obtenu de son ancien maître l'exploitation d'une partie des carrières.

f (CDXX). Nous retrouvons encore l'architecte Mersis, qui aura inscrit son nom une seconde fois, en repassant dans ce lieu. Il s'était contenté d'abord de graver son nom; ici il aura voulu en mettre un peu plus long; par exemple, Μέρσις ἀρχιτέκτων [παρὰ τῷ Πανὶ, Θεῷ μεγίσῳ, etc., dont il ne reste plus que la place.

CDXXI. (W. L.)

ΤΟΠΡΟϹΚΥΝΗΜΑ
ΙΟΥΛΙΟΥϹΤΡΑΤΙѠΤΟΥ
ΚΑΙΔΙΔΥΜΑΤΟϹ
ΠΑΡΑΘΕѠΠΑΝΙ
ΟΤΙΕΥΕΙΛΑΤΟϹΥΜΕΙΝ
ΓΕΓΟΝΕ·
L · Ι Τ Ι Β Ε Ρ Ι Ο Υ Κ Α Ι Ϲ Α Ρ Ο Ϲ
ΦΑΡΜΟΥΤΙ ΙΗ

Τὸ προσκύνημα
Ἰουλίου σρατιώτου
καὶ Διδυμᾶτος,
παρὰ Θεῷ Πανὶ,
ὅτι εὔιλατος ὑμῖν
γέγονε.
L. Ζ Τιβερίου Καίσαρος
Φαρμουτὶ ΙΗ.

[a] *Corp. inscr.* t. II, p. 1058. — [b] T. I, p. 454.

Le nom Διδυμᾶτος, génitif de Διδυμᾶς, est une forme alexandrine de Δίδυμος, Διδυμίων, etc.

Ὅτι est pour διότι, *parce que;* εὐείλατος, pour εὐίλατος : il me semble que le sens exigerait ἡμῖν, à savoir les deux personnages ci-dessus mentionnés.

« Ceci est le proscynème de Julius, soldat, et de Didumas, en
« l'honneur du dieu Pan, parce qu'il s'est montré propice envers
« vous (nous).

« L'an VII de Tibère, le 18 de *pharmuti*, au lieu de *pharmuthi*
« (Φαρμουθί qui est la vraie orthographe) (12 avril 20 de notre
« ère). »

Julius n'a donné que son prénom; mais, à cette époque, le prénom romain était souvent employé comme nom.

CDXXII. (W.)

ΤοΠΡοCΚΥΝΗΜΑ
ΑΠοΛΛωΝΙοC ΛοΝΓΙΝοΥ
CΤΟΥC ΙΑ ΤΙΒΕΡΙΟΥΚΑΙCΑΡΟCCΕΒΑCΤΟΥΕΦΙΠΚΓ

Τὸ προσκύνημα· Ἀπολλώνιος Λογγίνου, ἔτους ΙΑ (ou ΙΔ).
Τιβερίου Καίσαρος σεβασ7οῦ, Ἐπὶφ ΚΓ.

Ἀπολλώνιος est le nominatif pour le génitif, comme dans une foule d'autres proscynèmes, où le mot προσκύνημα est mis d'une manière absolue [a]; ou bien il y a de sous-entendu ἐποίησα ; mais les fautes nombreuses qu'on trouve dans la plupart rendent peut-être inutile tout effort pour excuser celles-ci. Le Romain *Longinus* avait donné à son fils un nom grec.

La date est du 16 février 24 de notre ère, s'il y a ΙΑ, et de l'an 27, s'il y a ΙΔ.

CDXXIII. (W. L.)

ΤοΠΡοCΚΥΝΗΜΑΙΕΡΟΝΥΜΟΥCωΡΟΥ
ΠΑΡΑΘΕωΠΑΝΙΚΑΙΤΟΙCCΥΝ᪽ΣΘΕΟΙC
LΙϹΙΒΕΡΙΟΥΚΑΙCΑΡΟCCΕΒΑCΤΟΥΕΠΕΙΦ Ā

---
[a] Plus haut, p. 186.

CDXXIV, CDXXV. CARRIÈRES DE BRÈCHE VERTE.

Τὸ προσκύνημα Ἱερωνύμου Σώρου
παρὰ Θεῷ Πανὶ καὶ τοῖς συν[νάοις] Θεοῖς
L. ΙΕ Τιβερίου Καίσαρος σεβασΙοῦ, ἐπεὶφ Α.

Si les deux copies n'étaient pas aussi distinctes, on pourrait conjecturer que le deuxième nom doit se lire Ὥρου; mais le Σ existe dans toutes les deux; il faut donc conserver Σώρου, nom qui n'est point dans le lexique de Pape, où l'on ne trouve que Σωρανός (ou mieux Σωριανός), qui en serait le dérivé romain, à moins qu'on n'aime mieux croire que c'est un nom propre formé avec l'ethnique de Σωρανός (né à Sora). Du reste, Σῶρος est un nom fort naturellement tiré de σωρός (*monceau*). J'ai dit ce qu'étaient ici les σύνναοι θεοί [a].

La copie de sir Gardner Wilkinson donne ΙϹ, qui doit être ΙΕ.
La date est du 25 janvier de l'an 28 de notre ère.

CDXXIV. (W.) Le même Apollonius, fils de Longinus, a écrit, sur un autre point du même lieu, le proscynème suivant, trois ans après le premier:

ΤΟΠΡΟϹΚΥΝΗΜΑϹΙ　　　Τὸ προσκύνημα· [Ἀπολλ-]
ΕΩΜΟΙϹΛΟΝΓΙΝΟΥΠΑΡΑ　　ώνιος Λογγίνου παρὰ
ΤΩΠΑΝΙΚΑΙΤΟΙϹϹΥΝΝ　　τῷ Πανὶ καὶ τοῖς συνν-
ΑΟΙϹΘΕΟΙϹLΙΖΤΙΒΕΡΙ　　άοις θεοῖς L ΙΖ Τιβερί-
ΟΥΚΑΙϹΑΡΟϹΕΒΑϹΤΟΖ　　ου Καίσαρος σεβασΙοῦ
ΠΑΟΙΝΙ ΙϽ　　　　　παωνὶ ΙϚ

Ce proscynème est du 11 juin 30 de notre ère.

CDXXV. (W. L.)

ΤΟΠΡΟϹΚΥΝΗΜΑ　　　Τὸ προσκύνημα
ΜΑΡΚΟΥΛΟΝΓΕΙΝΟΥ—　Μάρκου Λογγίνου
ΚΑΙΓΑΙΟΥΚΟΡΝΗΛΙΟΥ　καὶ Γαίου Κορνηλίου
ϹΤΡΑΤΙΟΤΩΝΡΕΡΕΝ·　σΙρατιωτῶν P Ἐρεν-
ΝΙΟΥLΙΑ͞ΝΕΡΟΝΟϹ　　νίου L ΙΑ Νέρωνος.

La sigle P̄, comme plus haut, est celle de la *centurie* (τῆς κεντουρίας Ἐρεννίου). Marcus Longin et Caïus Cornélius étaient des soldats placés sous les ordres du centurion Hérennius.

[a] Plus haut, p. 421.

CDXXVI. (W.)

Το ΠΡΟΣΚΥΝΗΜΑ	Τὸ προσκύνωμα
ΚΑΛΑΣΙΡΙΣ	Καλάσιρις
ΠΑΧΟΜΧΗΜΙΣ	Παχώμχημις
L L ο)V·I	. . . .
LΑΤΙΤΟΥ ΜΕΣΟΥΡΗ	L A Τίτου, μεσουρή (pour μεσορί).

L'Égyptien a deux noms, comme ailleurs, à moins qu'il ne faille lire Παχωμχήμιος. Le nom de Καλάσιρις s'est déjà rencontré plusieurs fois[a]. M. Samuel Birch a découvert l'expression hiéroglyphique de ce nom propre dans un papyrus de l'époque romaine appartenant à M. Gennyson[b].

Le même personnage a déposé son nom en deux autres endroits de la vallée.

CDXXVII. (W.)

Ce proscynème est aussi du règne de Domitien; mais ni l'année ni le quantième du mois ne sont indiqués.

Το ΠΡΟΣΚΥΝΗΜΑ	Τὸ προσκύνημα
ΤΑΙοΣ ΒΕΜΟΣ	Γαῖος Βέλλος (?)
ΚΕΛΕΡΧΩΡΤΗΣ	Κέλερ, χώρτης
ΠΡΩΤΗΣ Ι꞉Α	πρώτης [Φλ]α-
ΟΥΙΑΣ ΣΡΛΙΚ	ουίας Θρακ-
ΩΝ Ψ)ο ΥΛΙ	ῶν, Π Ἰουλίου.
ΕΠΙ ΔοΜΙ	Ἐπὶ Δομ-
ΕΤΙΠ)ΟΥΑΥΤ	ετιανοῦ, αὐτ-
Ι οΚΡΑΤοΡο)	οκράτορος.

Bellus peut être un nom romain, comme *Pulcher,* et le diminutif *Pulchellus.* On ne connaît que le dérivé BELLIVS sur les médailles d'Antonia[c]. Dans le papyrus de Schow, on trouve le nom égyptien de Βέλλης[d]. Est-ce le même avec une autre désinence?

L'épithète *Flavia* est certaine, aussi bien que le complément Θρακῶν. C'est la première fois que cette cohorte est nommée. On connaît la cohorte II FLAVIA *Brittonum*[e]. La première *cohorte flavinienne*

---

[a] Plus haut, p. 187, 234. Plus bas, p. 447. — [b] *Lettre à M. Letronne,* dans la *Revue archéologique,* T. IV, p. 195, 196. — [c] Eckhel, VI, p. 181. — [d] Schow, *Charta papyracea,* p. 19, l. 13. — [e] *Orelli,* n° 804.

CDXXVIII, CDXXIX. CARRIÈRES DE BRÈCHE VERTE.

des Ciliciens était cantonnée, sous Trajan, aux carrières de porphyre[a]. La légion n'est pas indiquée, parce que chacun était censé savoir à laquelle appartenait la cohorte citée.

Je pense que la sigle qui vient après est un P qui désigne le mot κεντουρίας, le *manipule* dont *Julius* était centurion. Caïus Bellus Celer était un de ses soldats.

CDXXVIII. (W. L.)

```
ΤΟΠΡΟCΚΥΝΗ
ΜΑΚΡΟΝΙΟΥCΑΡΑΠΑΤΟC
ΚΑΙΜΟΥΜΜΙΟΥΑΠΟΛΛΩΝΙΟΥ
ΚΑΙΠΑΧΟΜΠΡΗΤΨΕΝΧΝΟΥΜΙC
ΚΑΙΠΕΤΑΛΗCΚΑΙΦΜΟΙCΙΕΡΑΞ
ΠΑΡΑΠΑΝΙΘΕΩΜΕΓΙCΤΩΙ
LΙ͞ΔΟΜΙΤΙΑΝΟΥΤΟΥΚΥΡΙΟΥ
ΠΑΥΝΙ Ι͞
```

Τὸ προσκύνη-
μα Κρονίου Σαραπᾶτος
καὶ Μουμμίου Ἀπολλωνίου,
καὶ Παχομπρὴτ Ψενχούμιος,
καὶ Πετάλης καὶ Φμοῦς Ἱέραξ,
παρὰ Πανὶ θεῷ μεγίστῳ
L. ι͞ Δομιτιανοῦ τοῦ κυρίου
Παυνὶ ι.

Il est incertain si Σαραπᾶτος (génitif de Σαραπᾶς) est un deuxième nom de Κρόνιος, ou désigne le père; même incertitude pour Ἀπολλωνίου à l'égard de Μομμίου et pour les deux noms qui suivent.

Le nom Πετάλης peut être grec; Pape cite le féminin Πετάλη, tous deux venant de πέταλος.

Le quatrième portait un double nom, égyptien Φμοῦς ou Φμοῖς, et grec Ἱέραξ. En tout cas, Ἱέραξ est pour Ἱέρακος.

La date est du 4 juin de l'an 85 de notre ère.

CDXXIX. (W.)

```
ΤΟΠΡΟCΚΥ
ΝΗΜΑ
ΠΤΟΛΕΜ
ΑΙΟΥCΤΡ
ΑΡΙΩΤ
ΗC
ΚΕΝΤΙΑ
CΦΑΒΙΟΥ
```

Τὸ προσκύ-
νημα
Πτολεμ-
αίου σ]ρ-
ατιώτ[ου]
[τ]ῆς
Κεντυ[ρία-
ς Φαβίου.

Malgré les erreurs de *cas*, si fréquentes dans ces proscynèmes de

[a] T. I, p. 167.

gens sans éducation, j'ai cru pouvoir sauver celle-ci au soldat grec Ptolémée, en présumant que le mot στρατιώτης n'est pas fini, et que le HC de la ligne suivante est l'article féminin τῆς.

Les suivantes n'ont point de date; mais elles sont toutes de l'époque romaine.

CDXXX. (W.)

Το ΠΡΟCΚΥΝ:	Τὸ προσκύ-
ΑΙΝΑΠΙΚ	νημα Μικ-
ΚΑΛοΥΠЄ	κάλου Πε-
ΤЄΗCΙοΥЄΡΙο	τεησίου ἐργο-
ΔοΤοΥ LIZ	δότου. L. IZ

Le premier nom, Μίκκαλος, qu'on trouve encore plus bas (au n° CDLIII), me paraît certain. Le M, mal formé, se confond souvent avec le Π. Le deuxième est un nom égyptien avec la forme grecque, qui varie entre Πετίσιος, Πετείσιος, Πετεήσιος et la flexion en ις génitif ιος, et ιος génitif ίου. Ainsi Miccalus, Grec, aurait eu un fils portant un nom égyptien, si toutefois Πετεησίου n'est pas un deuxième nom. Les deux cas se sont déjà plusieurs fois rencontrés.

Ἐργοδότης doit signifier le *conducteur des travaux*, celui qui les *distribue* aux divers ouvriers d'un atelier. C'était probablement, dans l'exploitation des carrières, celui qui assignait à chaque travailleur la besogne qu'il avait à faire. La même nature de fonctions est peut-être exprimée dans l'inscription suivante :

CDXXXI. (W.)

ΤοΠΡοCΚΥΝΗΜΑΑΠο ΛΛωΝΙοΥ	Τὸ προσκύνημα Ἀπολλωνίου
ΥΙοΥ ΑΜΜωΝΙ..Ⱶ	υἱοῦ Ἀμμωνίου
ЄΡΓοΛ	ἐργολ[άβου]

Le mot pourrait être ΕΡΓοΔ, ce qui serait ἐργοδότου; car la confusion du Λ et du Δ, dans les copies, est perpétuelle. Si l'on conserve le Λ (et rien ne s'y oppose), on aura ἐργολάβου, dont le sens indique celui qui prend *l'entreprise d'un travail*. Ce serait, en cette circonstance, celui qui prenait à son compte, du *métallarque*, l'ex-

CDXXXII. CARRIÈRES DE BRÈCHE VERTE.

ploitation de telle ou telle partie des carrières, chargeant ensuite l'ἐργοδότης d'en faire la distribution aux journaliers.

Ainsi l'ἐργοδότης était l'homme de l'ἐργολάβος. Ces mots ne sont pas synonymes, comme le pensait Budée[a]. Les pièces de *brèche verte*, tirées de la carrière, étaient ensuite taillées en vases et autres ustensiles, ou en sarcophages, sculptées et ornées par des ouvriers (σκληρουργοί et ἱερογλύφοι), dont la profession est exprimée dans les inscriptions suivantes.

CDXXXII. (W.)

ΤΟΠΡΟϹΚΥΝΗ	Τὸ προσκύνη-
ΜΑ	μα . . . . . .
ΟΝΕΙΚΗϹ	ονείκης
ΑΜΜѠΝΙΟΥ	Ἀμμωνίου
ϹΚΛΗΡΟΥΡΓΟϹ	σκληρουργοῦ
ΤѠΝΑΠΟϹΟΥ	τῶν ἀπὸ Σου [λπικίου] (?)
ΥΗΜΑΙΙ(·)	σημαίας.
ΠΑΟΦ	. . . παοφί
Λ · · ·	Λ ·

Du premier nom, il n'y a de conservé que la finale. Ce nom peut être Ἀγαθονείκης ou tout autre terminé en ονείκης ; le nominatif pour le génitif.

Le mot σκληρουργός, qui se trouve aussi dans les deux suivantes, n'est pas connu jusqu'à présent ; mais la signification n'en est pas douteuse ; il désigne celui *qui travaille la pierre dure*, ὃς τὴν σκληρὰν λιθίαν, ou τὸν σκληρὸν λίθον ἐργάζεται. L'adjectif σκληρός, employé pour désigner le *granit* dans la stèle de Turin[b], convient à toutes les *pierres dures*, conséquemment à la *brèche verte*, une des plus rebelles au ciseau.

Je crois bien lire, en les deux lignes suivantes, τῶν ἀπὸ Σουλπικίου σημαίας, « un de ceux de la cohorte de Sulpicius. »

Le mot σημαία est un terme militaire synonyme de σπεῖρα ou τάγμα, pour désigner une *cohorte*. Cet Ammonius était un soldat faisant partie de la cohorte romaine préposée à ces lieux, laquelle avait

---

[a] H. Steph. *Thes. L. G.* t. III, p. 1978. B. — [b] L. 28.

pour chef Su[lpicius] ou tout autre dont le nom commence par Σου.
Les soldats préposés à la garde des carrières pouvaient y travailler aussi en qualité d'ouvriers.

CDXXXIII—CDXXXVI.

Les onze lignes suivantes contiennent, si je ne me trompe, quatre inscriptions distinctes, qui se confondent et se pénètrent, probablement parce qu'on a été gêné par la place.

ΤΟΠΡΟC
ΚΥΝΗΜΑ
ΓΑΙΟΥΑΥΡΗΛΙΟΥ
ΔΗΜΟΥϹΤΡΑΤΗ
ΤΟΠΡΟϹΚΗΙϹΩΤΟΥϹΚΛΗΡΟΥ
ΚΥΝΗΜΑΙϹΙΔΩΓΟΥΥΔΡΕΥ
ΡΟΙ ΔΗΜΟΥ ΜΑΤΩΝ
　　　　ΤΟΠΡΟϹΚΥ
ΝΗΜΑ ΔΗΜΟΥΤΕΚΝΑ
ΑΥΤΟΥΟΙΔΥΟΤΟΥΠΡΟΓΕΓΡΑ
ΔΗΜΟΥ ϹΤΡΑΤΙΩΤΟΥ

a Τὸ προσ-κύνημα Γαίου Αὐρηλίου Δήμου σ]ρατι-
b Τὸ προσ-κύνημα Ἰσιδώ-ρου Δήμου ώτου σκληρουρ-γοῦ ὑδρευ-μάτων.
c Τὸ προσκύ-νημα Δήμου
d Τέκνα αὐτοῦ οἱ δύο τοῦ προγεγρα[μμένου] Δήμου σ]ρατιώτου.

a Caïus Aurélius Démus, Grec au service de la cohorte romaine, était, comme le précédent, un soldat ouvrier, σκληρουργὸς ὑδρευμάτων. L'expression ὕδρευμα, consacrée pour désigner les *stations* ou *aiguades* dans le désert[a], me semble devoir se rapporter ici aux diverses stations sur la route de Kosséir, où l'on travaillait la *brèche verte*. Démus travaillait tantôt dans un de ces *hydreuma*, tantôt dans l'autre.

b Ce proscynème a pour auteur Isidore (Ἰσίδωρος pour Ἰσιδώρου), fils du précédent; il accompagnait probablement son père.

c Démus est revenu une autre fois, et a écrit de nouveau, sans indiquer ses qualités.

d Puis ses deux enfants (τέκνα αὐτοῦ) ont encore une fois déposé sans se nommer. Tous deux s'accordent pour faire un gros solécisme : τέκνα..οἱ δύο, comme s'ils avaient dit υἱοί; ils ajoutent τοῦ προγ. σ]ρατ. quoique αὐτοῦ fût suffisant.

[a] Plus haut, t. I, p. 174; t. II, p. 240.

CDXXXVII—CDXXXIX. CARRIÈRES DE BRÈCHE VERTE.

CDXXXVII (W. L.), CDXXXVIII (W.).

Ce sont encore deux tailleurs de pierre σκληρουργοί, dont ces numéros contiennent les noms.

ΠΕΤΑ ΟΥΗΡ	Πετα[ρ]ούηρ	ΤΟ ΠΡΟCΚΥΝΗΜΑ	Τὸ προσκύνημα
ΙCΠΕΤΕΝΛΥΙ	ις Πετεήσι	ΚΡΟΝΙΟΥ	Κρονίου
ΟC CΕΛΗΡΟΥΡΓο	ος σκληρουργὸ-	ΠΤΟΛΕΜΑΙΟΥ	Πτολεμαίου
CΕΚ ΠΕΡCοΥΚΑΙΑ	ς ἐκ Πέρσου καὶ Αἰ-	CΚΛΗΡΟΥΡΓΟΥ	σκληρουργοῦ.
ΑΝΟC ΤΥΜΕѠC	ανὸς Τύμεως (?)		

Le premier est un Égyptien, Pétérouéris (*qui appartient à Arouëris*), fils d'Égyptien. Le second un Grec fils de Grec appelé *Pétéisis* ou *Pétisis* (*qui appartient à Isis*).

Je ne sais que faire de ΕΚΠΕΡCΟΥ, à moins que ce ne soit un ethnique, ἐκ Πέρσου, *de Persès*, nom de lieu. Le reste est le nom d'un autre particulier avec la désinence romaine Α..ανός, probablement Αἰανός, qui est déjà connu[a]. Le deuxième nom, ΤΥΜΕѠC, a une physionomie égyptienne.

CDXXXIX. (W.)

ΗΡΑΚΝΕΙΔΗCΑCΤοΠΙΔѠΡοΥ	Ἡρακλείδης Ἀρτεμιδώρου
ΙΕΡοΓΛΥΦοC ΕΥΛΑΙΜѠΝΑΡΤΕ	ἱερογλύφος. Εὐδαίμων Ἀρτε-
ΜΙΔѠΡοΥ ΙΕΡΟΓΛΥΦοC	μιδώρου ἱερογλύφος.

Ce sont probablement deux frères ayant la même profession de *graveurs d'hiéroglyphes*; car le mot ἱερογλύφος, qui se trouve déjà dans un papyrus, Πετησίου ἱερογλύφου[b], ne peut avoir d'autre sens.

Ce mot n'a d'importance ici que parce que ce sont des *Grecs fils de Grecs* qui exercent cette profession. Le fait est curieux, et il fut un temps où rien n'aurait paru plus invraisemblable. Je me souviens de la surprise qu'excita le passage de l'inscription de Busiris, qui prouvait que l'on sculptait encore des hiéroglyphes au temps de Néron[c]. Qu'aurait-on dit alors, si l'on avait connu cette inscription, qui

---

[a] Plus haut, p. 404. — [b] Reuvens, *Lettres à M. Letronne*, 3ᵉ, p. 76. — [c] *Recherches pour servir à l'histoire de l'Égypte*, p. 409, 410.

atteste que non-seulement on sculptait des hiéroglyphes à l'époque romaine, mais même que cet art était exercé quelquefois par des Grecs?

Maintenant ce fait, quoique remarquable, n'a plus rien qui puisse surprendre; il n'est qu'un exemple de plus de cette fusion qui existait entre les vainqueurs et les vaincus, les premiers acceptant la religion des seconds et s'associant au culte de leurs dieux.

Héraclide et Eudémon s'occupaient sans doute à orner d'hiéroglyphes les divers ustensiles en brèche verte, taillés et façonnés par les Σκληρουργοί.

CDXL (W.), CDXLI (W.).

C'est à des *forgerons* ou *serruriers* que sont dues les deux suivantes :

ΑΝΗѠΝΙC	Ἀμμώνιος	ΟΔΗΡο	[ὁ σι]δηρο[υργὸς]
CΙΔΗΡοΥ	σιδηρου[ργός].	CѠΚΡΑ	Σωκρά-
		ΤΗC	της.

A moins que ΟΔΗΡΟ ne nous cache le mot ὁδηγός, *guide*. Ce devait être, en effet, une *profession* que de servir de *guide* aux voyageurs pour traverser ces déserts.

CDXLII (W.), CDXLIII (W.).

Deux proscynèmes sont mêlés dans cette inscription :

ΤοΠΡοCΚΥΝΗΜΑΤѠΠΡοCΚΥΝΗ
ΠΑΚΟΙΒΙC ΧΑΛΚΕΥC ΝΑΠΕCΟΡΙC

| Τὸ προσκύνημα | Τὸ προσκύνη- |
| Πακοίβις χαλκεύς. | μα Πέσορις. |

Deux Égyptiens, dont l'un ouvrier en cuivre, chaudronnier, etc. Πέσορις se montre encore plus bas (p. 446).

CDXLIV—CDXLVII. CARRIÈRES DE BRÈCHE VERTE.

CDXLIV.

ΤοΠΡοϹΚΥΝΗΜΑ	Τὸ προσκύνημα
ϹѠΚΡΑΤΗϹ	Σωκράτης
ΠΑΧΝΟΥΜΕѠϹ	Παχνούμεως.

CDXLV.

ΤΟΠΡΟϹΚΥΝΗΜΑ	Τὸ προσκύνημα
ΠΕΤΕΡΑΕΝϹΟΥΦΙϹ	Πετεραένσουφις
ϹѠΚΡΑΤΟΥ	Σωκράτου.

Ces deux proscynèmes sont intéressants en ce point, qu'ils sont l'un d'un *Grec*, Socrate, fils de l'Égyptien Pachnoumis; l'autre d'un Égyptien Pétéraennuphis (qui appartient à Rha (soleil) et à Ennuphis) fils d'un Grec, ce qui montre que, dans les familles mixtes, les enfants recevaient indifféremment des noms égyptiens et grecs [a].

Le fait serait encore plus curieux si le *Socrate* mentionné dans ces deux proscynèmes était le même personnage; car ce *Grec*, du moins cet homme portant un nom *grec*, aurait eu un père et un fils portant un nom égyptien.

CDXLVI. (W. L.)

ΤΟΠΡΟϹΚΥΝΗΜΑ	Τὸ προσκύνημα
ΠΑΧΝΟΥΜΙΤΙΘΟΗ	Παχνουμὶ Τιθοή
ΟΥϹΚΑΙΛΕѠΝΙΔΗ	τους, καὶ Λεωνίδη
ϹΛΕѠΝΤΟϹ	ς Λέοντος.

L'un est Égyptien fils d'Égyptien, l'autre Grec fils de Grec.

Une inscription d'Esné [b] donne le nom Τιθόης (gén. ήους ου ήτους), qui se trouve encore ailleurs. On remarquera Λέωντος, au lieu de Λέοντος. Si c'est une faute d'orthographe (non de copiste), elle tient peut-être à une différence de prononciation.

CDXLVII. (W.)

ΤοΠΡοϹΚΥΝΗΜΑ	Τὸ προσκύνημα
ΠϹΛΑϹ ϹΑϹΠΕΧΝο	Γελάσιος (?) Πεχνό
ΜΜΟϹΠΑΡΑΠΑΝΙ ΘϹѠ	μμιος (?) παρὰ Πανὶ Θεῷ.

Si l'on pouvait être sûr du nom *Gelasius* (ce que je suis loin de

[a] Plus haut, p. 233, 297. — [b] T. I, p. 200.

croire), on aurait encore un exemple du fils d'un Égyptien portant un nom grec. Il est plus vraisemblable que ces lettres nous cachent un nom égyptien.

CDXLVIII. (W.)

ΤοΠΡΡοСΚΥ	Τὸ προσκύ-
ΝΗΜΑΔΙοΓΕ	νημα Διογέ-
ΝΗСΠΑΡΑ	νης παρὰ
ΤοΥ ΠΑΝοΥ	τοῦ Πανοῦ
ΤοΥ ΚΥΡΙοΥ	τοῦ κυρίου.

L'auteur de ce proscynème, quoique Grec, ne savait guère sa langue. Non-seulement παρά, suivi du génitif, est incorrect en ce sens; mais Πανοῦ pour Πανός est un intolérable solécisme, qui se rencontre encore plus bas (p. 449).

CDXLIX. (W.)

Το ΠΡοСΚΥΝΗΜΑΑΠΕΛΑΙѠΝΟС	Τὸ προσκύνημα Ἀπελλίωνος
СΤΡΑΤΙѠΤοΥ ΠΡΟС	σ]ρατίωτου πρὸς
ΡοΝ ΠΑΝΑ ΚΥΡΙοΝ	τὸν Πᾶνα κύριον.

L'auteur de celui-ci a employé la forme πρὸς τόν, qui est inusitée, au lieu de παρὰ τῷ (sous-entendu Ἐλθοντος). Je lis Ἀπελλίων, nom d'un Crétois[a], dérivé connu d'Ἀπελλῆς, comme Ἀπελλίας, Ἀπελλίκων ou Ἀπελλίχος... Ἀπελαίων blesserait toute analogie.

CDL. (W.)

ΤοΠΡοСΚΥΝΗΜΑ	Τὸ προσκύνημα
САΡΑΠΙѠΝοС	Σαραπίωνος
ΕΡΜΕΙΝοΥ	Ἑρμείνου.

Ce nom d'Ἑρμεῖνος, qui est celui d'un péripatéticien cité par Lucien[b], s'est déjà retrouvé peut-être dans une des inscriptions memnoniennes (n° CCCLXXXIII). C'est un des dérivés du nom d'Hermès. Ce nom, si rare en grec, se montre plusieurs fois en latin sous la forme dérivée *Herminius* (Ἑρμίνιος). C'est celui d'un consul[c], du

[a] *Corp. inscr.* n° 2562. — [b] *Amor.* c. 56, p. 384, col. 2. Didot. — [c] Tit. Liv. III, 65.

CDLI — CDLIII. CARRIÈRES DE BRÈCHE VERTE. 439

Romain qui aida Horatius Coclès dans la défense du pont Sublicius[a], et d'un Troyen, guerrier terrible, tué par Orsiloque[b]. Le Tasse a pris de Virgile le féminin *Erminia* (Herminie) pour en faire le nom d'une de ses héroïnes.

CDLI. (W. L.)

    ΕΥΤΥΚΟC   Εὔτυχος,
    ΑΡΒΗΚΙCΠΕΤΕΑΡΟΗΡΙ   Ἄρβηκις Πετεαρόηρις,
    ΚΕ ΕΠΙΜΑΧΟC ΑΛΑΒΑC   κὲ (καὶ) Ἐπίμαχος ἀλαβασ-
    ΤΡΙΝΗC   τρίνης.

CDLII. (W.)

    ΑΤΚΟC ΑΛΑΒΑ   Λύκος ἀλαβα-
    CΤΡΙΝΗ   στρίνης.

Épimachos et Lycus prennent le titre de ἀλαβαστρίνης. Ce mot signifie-t-il *ouvrier en albâtre*, ou *né à Alabastra?* Je ne le déciderai pas. Ἀλαβάστρων πόλις est une ville mentionnée par Ptolémée[c], comme située dans le désert à l'est du Nil, où l'on exploitait les carrières d'albâtre. La position n'en est pas connue. Sir Gardner Wilkinson avait d'abord présumé qu'elle répondait à l'emplacement actuel de *Tell Amarna*, où se trouvent les grottes sépulcrales du temps du roi *Aten-Ra*[d]; mais ce lieu est sur les bords du Nil, tandis qu'*Alabastron polis* était, selon toute apparence, une ville ou bourgade située aux environs des carrières d'albâtre, et dont les habitants se livraient principalement à l'exploitation de cette substance, et à la fabrication des objets d'art ou des ustensiles qu'on en formait. Ce savant a depuis changé d'opinion[e].

Comme ethnique, Ἀλαβαστρίνης pour Ἀλαβαστρίτης, serait peu régulier.

CDLIII.

    ΤοΠΡΟCΚΥΝΗΜΑ   Τὸ προσκύνημα
    ΛΕΟΝΙΔΗC   Λεωνίδης
    ΜΙΚΚΑΛοΥΚΑΛΙ   Μικκάλου, Κάλλι...

On a déjà vu un Léonidas (n° CDXLVI); est-ce le même? Cela

---

[a] Tit. Liv. II, 10, 11, 20. — [b] Æneid. XI, 642. — [c] Geogr. IV, 5, 59. — [d] V. les inscriptions de la section XI. — [e] *Modern Egypt and Thebes*, t. II, p. 72.

est possible, l'autre n'ayant pas donné le nom de son père Μίκκαλος, nom dérivé de Μίκκος pour Μίκρος.

CDLIV.

Το ΠΡοCΚΥΝΗΜΑΠΑΧΟΜΠΡΗΤΙΨΕΝΧΝΟΥΝΙΟC

Τὸ προσκύνημα Παχομπρὴτ (?) ψενχνούμιος.

Πρητ fait-il partie du nom, ou est-ce un abrégé de προφήτου, dont on a vu le sens plus haut (p. 200)?

CDLV. (W.)

Το ΠΡοCΚΥΝΗΜΑ ΗCΝΡοΥ ΠΑΧ   Τὸ προσκύνημα..˙... Πάχ-
ΝΟΥ ΜΙCΨΕΝΧΝΟ ΥΜΙC   νουμις Ψενχνούμις
ΠΡΟCΤΑΤΗCΤΟΠΡΟC   προστάτης. Τὸ προσ[κύνημα..

Le mot *prostate* peut signifier bien des choses, quand il est sans complément, puisqu'il n'implique en lui-même que l'idée de *chef*, de *préposé*. Il signifie, par excellence, l'*intendant d'un temple*[a]. Était-ce celui du temple de Pan?

CDLVI.

ΤΟΠΡΟCΚΥΝΗΜΑ CΩΤΙΙΡΟC ΚΑΙ.C.C.ΚΑΙCΙΕΦΝΟΥΙCΚΑΙΠΑΧΝΟΥΙΙΙCΠΑΡΑ
ΤΟΙC ΕΝΘΟΔΕΗΕΟΙC

Τὸ προσκύνημα Σωτῆρος, καὶ.... καὶ Σιέφνοῦις (?) καὶ Πάχνουμις παρὰ
τοῖς ἐνθάδε θεοῖς.

Soter et les autres étendent leur hommage de Pan aux σύνναοι θεοί, qu'ils désignent par l'expression *aux dieux d'ici*.

CDLVII.

ΑΛΕΞΑΓC   Ἀλεξᾶ[τος]
ΤΟΠΡΟΠΟC   τὸ προσ[κύνημα].

C'est le génitif en ᾶτος (au lieu de ᾶ) qui se trouve exclusivement en Égypte[b]. Si Ἀλεξᾶτος dépend de προσκύνημα qui était au-dessus, la seconde ligne doit être τὸ προ. (abrégé) Ποσ[ειδωνίου].

[a] *Recherches pour servir*, etc. p. 214 et 483. — [b] Plus haut, p. 61.

CDLVIII—CDLXII. CARRIÈRES DE BRÈCHE VERTE.

CDLVIII. (W.)

ΙΕΡΑΞΠΑΙC	ἱέραξ παῖς,	O Hiérax, mon
ΤΟ ΠΡΟCΚΥ	τὸ προσκύ-	fils, [je fais] ici
ΝΗΜΑ COY	νημά σου	ton proscynème.
ѠΔΕ	ὧδε.	

Si je ne me trompe, c'est un père qui fait un proscynème pour son fils, sans dire son propre nom. Ceci explique peut-être le suivant, qui est d'un Hiérax faisant un proscynème pour son fils Pachon; à moins que, dans les deux cas, ΠΑΙC et ΠΑΥC ne soit, par iotacisme, le même nom que l'égyptien ΠΑΗC, que nous trouvons plus bas joint à un autre nom égyptien ou grec (n° CDXCI).

CDLIX.

ΠΑΧΟΜΠΑΥC	Παχὸμ παῖς	[Proscynème de son] fils Pachon,
ΕΡΑΞ	ἱέραξ.	[fait par] Hiérax.

CDLX. (W.)

ΤΟΠΡΟCΚΥΝΗΜΑΠΑΧΝΟΥΜΙC	Τὸ προσκύνημα Πάχνουμις
ΨΕΝΧΟΥΝΙCΚΑΛΗC	Ψένχουνις, Κάλης.

Peut-être y a-t-il ici trois noms égyptiens; car *Calès* ne paraît pas être un nom grec, quoique Καλήσιος soit homérique [a].

CDLXI. (W.)

ΤΟΠΡΟCΚΥΝΗ	Τὸ προσκύνη-
ΜΑ	μα
ΔΙΟΝΥCΟΥ	Διονύσου.

Il n'est pas nécessaire de lire Διονυσίου, les exemples de noms de divinités appliqués à des hommes n'étant pas rares, tels que Ἀπόλλων, Ἑρμῆς, Ἀφροδίτη, sans excepter Διόνυσος, qu'on lit sur des monnaies de Pergame et de Carie [b] et d'autres monuments [c].

CDLXII. (W.)

ΛΕΝΓΙΜΑC	Λε[ο]ντίδας (?)
ΔΙΔΥΜΟΥ	Διδύμου,
ΑΛΕΞΑΝΔ	ἀλεξανδ-
ΡΕΥC	ρεύς.

---

[a] *Iliad.* Z, v. 18. — [b] Mionnet, t. III, 365. — *Suppl.* t. V, 428; VI, 539. — [c] Keil, *Syll. Inscr. Bæotic.* p. 87 et 236.

Le nom de Λεοντίαδας ou Λεοντίδας me paraît ressortir de la leçon; le Γ peut être un T, et le M, un Δ ou ΑΔ. L'*omicron* aura passé inaperçu, à la faveur de sa petitesse : ce qui est arrivé plusieurs fois aux copistes d'inscriptions.

| CDLXIII. | ΤΟΠΡΟCΚΥΝΗΜΑ | Τὸ προσκύνημα |
| | ΛΕΟΝΤΑΤΟC | Λεοντᾶτος. |

Toujours le génitif alexandrin, comme Σαραπᾶτος, Ἀλεξᾶτος, etc. (p. 440).

| CDLXIV. (W.) | ΨΕΝΝΟΥΗΡ | Ψεννούηρις. |

| CDLXV. (W.) | ΠΕΤΑΡΟΗΡΙC | Πεταρόηρις. |

| CDLXVI. (W.) | ΑΥΡΗΛΙΟC | Αὐρήλιος |
| | Λ ΙΑΖΙΜΟC | Μάξιμος. |

| CDLXVII. (W.) | ΤΑΙΟC | Γαῖος |
| | ΠCΤΙΚΙΟC | Πετίκιος. |

| CDLXVIII. (W.) | | C. PETICIVS |

C. Péticius a écrit son nom en latin et en grec. La forme connue de ce nom romain est Péticus.

| CDLXIX. (W.) | ΨΕΝΠΟΥΗΡ | Ψενπούηρις. |

La tête d'Isis, qui précède ce nom, montre que Psenpouéris faisait un hommage non à Pan, mais à cette déesse, peut-être à tous les deux.

CDLXX—CDLXXIII. CARRIÈRES DE BRÈCHE VERTE. 443

B. VALLÉE DE FOÄKHIR.

CDLXX. (W.)

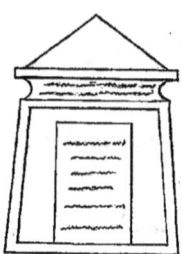

Ceci est un encadrement creusé dans le roc. Ne lisant pas distinctement ce qui est écrit au-dessous du fronton, je hasarde cette leçon : Ἡφαιϛᾶς ἐκ Φανελι... ou Φανέας, ou Φαμέας « Héphæstas, de Phaneli... « ou de Phanea..., lieu inconnu. » Ἡφαιϛᾶς est pour Ἡφαιϛόδωρος.

Ensuite : Τὸ προσκύνημα Φιλάμμων. C'est le seul exemple de ce nom qu'on trouve dans les inscriptions d'Égypte [a].

CDLXXI. (L.)

ΘΟΥΤΕΥC
ΠΕΤΕΜΙΝΙC

Θουτεύς est un nom propre égyptien qui a été écrit dans un autre endroit de la grotte.

CDLXXII. (L. W.) Sur une pierre engagée dans le mur d'une butte, L'Hôte a lu :

ΟΡΕΗCΚΕΦΑΛѠΝΟCΧΑΛΚΕΥC   Ὀρέης Κεφάλωνος χαλκεύς.

Le nom ΟΡΕΗC est peut-être Ὄρσης, comme à Silsilis[b]. Quoique Ὀρσέας soit dans Pindare[c], je crois ΟΡCΗC égyptien.

CDLXXIII. (W.)

ΤΟΠΡΟCΚΥΝΗΜΑΛΟΝΓΙΝΟΥΙΠΠΕΟC   Τὸ προσκύνημα Λογγίνου, ἱππέος
ΚΑΙΤΟΥΙΠΠ. ΙΑΤ...   (pour ἱππέως)
                                             καὶ τοῦ ἱππ[ικοῦ] ἰατ [ροῦ].

Il ne faut pas entendre que Longinus fût de l'ordre équestre. Quand *eques* ou ἱππεύς sont tout seuls, sans l'addition de *Romanus*,

---

[a] V. mes *Observations sur les noms propres grecs*, Nouv. Annales de l'Institut archéolog. t. XVII, p. 332. — [b] Plus haut, p. 230. — [c] *Isthm.* III, 90, Böckh.

56.

Ῥωμαῖος, ils ne désignent qu'un *cavalier* de légion[a]. Outre sa qualité de *cavalier*, Longinus était, en même temps, le *médecin* du corps de cavalerie (τὸ ἱππικόν, *ala equitum*) où il servait.

CDLXXIV. ΤΟΠΡΟΣΚ
ΓΑΒΙΝΙΟΥΕΑΙΜΟΥ
ϹΤΡΑΤΙѠΤΝΥΚΑΙΤѠ
Ν.ΑΥΤΟΥΠ.. ѠΝ
ϹΙΙϹ.ΡΗϹ ΦΑΚΟΥ
ΔΟΥΥΕΡΤΥΡΚΑϹ.
Π.ΤѠΝΟϹ

Τὸ προσκύνημα
Γαβινίου.....
σ]ρατιώτου καὶ τῶ-
ν [ἑ]αυτοῦ π[άντ]ων
σπείρης Φακού[ν-]
δου, κεντυρίας Κα-
πίτωνος.

Je ne vois pas ce que peut être le nom ΕΑΙΜΟΥ. Le nom romain Φακοῦνδος (*Facundus*) n'est connu, je crois, que comme étant le nom d'un personnage consulaire de l'an 278 de notre ère[b]. La rareté de ce nom étonne, le qualificatif élogieux *facundus* étant un de ceux qui ont dû être fréquemment employés comme nom propre. Cette *cohorte de Facundus* est sans doute la même que celle dont était soldat un Tryphon fils de Tryphon, qui visita le temple de Pselcis en Nubie, l'an xiv de Tibère. Τρύφων Τρύφωνος σ]ρατιώτης σπίρης Φακον..ου[c]. La rareté du nom romain *Facundus* m'avait induit à lire σπίρης B ἀκον[τισ]ῶν][d]; mais la vraie leçon est Φακόνδου ou Φακούνδου, comme ici.

ΥΕΡΤΥΡΚΑϹ ne peut être que Κεντυρίας. Gabinius était un soldat de la *centurie de Capiton*, faisant partie de la *cohorte de Facundus*.

Au-dessous, on lit un second proscynème de *Calasiris Pachomchémis* (plus haut p. 430).

CDLXXV. (L. W.) ΤΟ ΠΡΟϹΚΥΝΗΜΑΜΑΡΚΟΥ
ΜΟΝΙΜΟΥ ΕΙΠΠΕΟϹ

Τὸ προσκύνημα Μάρκου
Μονίμου, ἱππέος.

CDLXXVI. ΤΟΠΡΟϹΚΥΝΗΜΑ ΚΛΗΜΕΝΤΕΙΝΟΥ
(L. W.) ΔΕΚΑΝΟΥ

Τὸ προσκύνημα Κλημεντείνου, δεκανοῦ.

CDLXXVII. ΛΥΚΑΡΙϹѠΙϹΤΡΑΤΙѠΤΗϹ
(L. W.) ΤΟΠΡΟϹΚΥΝΗΜΑ
ΓΑΙѠ ΠΑΠΙ ΡΟΚ V ΠΑΝΟ

Λυκάριος (?), σ]ρατιώτης·
τὸ προσκύνημα [πα]-
ρὰ τῷ Πανὶ τῷ κυ]ρίῳ?..

---

[a] Le Beau, *Acad. Inscr.* t. XXVIII, p. 50. — [b] Onufr. Panvin. *Fasti et triumphi rom.* p. 105. — [c] Gaü, *Antiq. de la Nubie, Inscr.* pl xiii, n° 29. — [d] Même ouvrage, p. 27.

CDLXXVIII, CDLXXIX. CARRIÈRES DE BRÈCHE VERTE. 445

Ces trois proscynèmes sont écrits l'un sous l'autre, par trois personnes différentes qui peut-être visitaient le lieu en même temps.

Le premier est d'un *Marcus Monimus, cavalier*, qui aurait fait partie de l'aile de cavalerie cantonnée dans ce désert;

Le second, de *Clementinus*, appelé δεκανός, qui doit répondre au *decurio* des Latins, et signifier le chef d'une *décurie* ou escouade (*turma*) de cavalerie, probablement celle dont faisait partie Marcus Monimus;

Le troisième, d'un autre soldat dont le nom peut se lire Λυκάριος, celui d'un éphore de Sparte, ou bien Λύκ(ιος) Ἄριστος, ou Λύ. Πρίσκος.

CDLXXVIII. (L.)

ΙΕΡѠΝΕΜΟC	Ἱερώνυμος
ΤΟΠΡΟCΚΥΝΗΜΑ	τὸ προσκύνημα
ΘΕѠΝΙѠΝΟC	Θεωνίωνος
ΔΙΔΥΜѠΝ	Διδυμίων.

Je pense que cela signifie « Hiéronyme a fait le proscynème de « Théonion, fils de Didymion. » Θεωνίων est un dérivé de Θέων. On ne connaît jusqu'ici que Θεωνᾶς; Διδυμίων est déjà connu.

CDLXXIX. (L.) ΔΙΟΝΥΤΑC, dérivé connu de Διόνυσος, diminutif de Διονυσόδωρος, comme Διονῦς (ῦτος), qui est plus haut (p. 162).

Sur un rocher couvert de sculptures et d'hiéroglyphes, sont gravés plusieurs proscynèmes d'une époque de beaucoup postérieure aux sculptures, comme le prouvent et le très-bon style de ces sculptures, et les cartouches hiéroglyphiques qui les accompagnent. Ces sculptures représentent des divinités égyptiennes, placées au milieu d'un encadrement qui figure un petit temple, chapelle ou châsse (ναΐδιον ou παστάς).

L'Hôte en a donné un dessin que je reproduis dans la pl. XXXVII, ainsi que la copie figurée des inscriptions.

Je me contente donc de les transcrire ici en caractères courants.

CDLXXX. Le bas-relief de gauche (n° 1) représente Ammon ou Pan ithyphallique, avec ses dieux parèdres, Isis et son fils Horus, adorés par le pharaon Amyrtée, comme l'indiquent ses nom, prénom et bannière hiéroglyphiques. C'est le même roi pour qui fut travaillé le fameux sarcophage en brèche verte du *British museum*[a]. L'Hôte accompagne le dessin du bas-relief de cette note : *sculpture parfaite d'exécution et de style;* ce qui doit surprendre d'autant moins, que ce jugement s'applique également à ce sarcophage, comme on l'a vu [b]. Ce bas-relief est donc une nouvelle preuve de la perfection que les arts égyptiens avaient conservée moins d'un siècle avant l'arrivée d'Alexandre, ainsi que je l'ai déjà remarqué[c]. Le proscynème semble attester qu'Amyrtée a visité ces lieux; et il est fort probable qu'en lui sculptant un sarcophage avec la magnifique substance exploitée en ce lieu, on n'aura fait qu'exécuter un vœu exprimé par lui à la suite de son voyage.

a. Entre une petite figure de prêtre et l'encadrement d'un des bas-reliefs, on lit : Πεσόριος τὸ προσκύνημα Πανός... Il devrait y avoir au moins παρὰ Πανός, mais la place manque. On a déjà vu Πέσορις (p. 436).

CDLXXXI. *b.* Sur le listel, on lit les mots Τὸ προσκύνημα, qui étaient suivis d'un nom à présent effacé.

CDLXXXII. *c.* Au-dessous, on lit : Τὸ προσκύνημα Φαβρικίου παρὰ τῷ Πανὶ καὶ τοῖς συννάοις θεοῖς (Isis et Horus). Ce Fabricius était sans doute un des soldats romains cantonnés en ce lieu.

CDLXXXIII. *d.* Sur un petit bas-relief (n° 3) représentant le dieu Phthah, on lit, écrit en travers du sceptre : Τὸ προσκύνημα Αὐρηλίῳ Ἀμενώθη (pour Αὐρηλίου Ἀμενώθου). C'est un prénom romain devant le nom égyptien Ἀμενώθης.

CDLXXXIV. *e.* En haut du troisième bas-relief, sont écrits, en

[a] Plus haut, p. 420. — [b] *Mém. sur la civilisation égyptienne,* p. 65. — [c] Plus haut, p. 436.

CDLXXXV—CDLXXXVII. CARRIÈRES DE BRÈCHE VERTE.

lettres ponctuées, les noms Διονυτᾶς et Διδυμίων, dérivé de Δίδυμος, et Κρόκος, dont Pape ne cite que le dérivé Κρόκων; j'y ajoute l'autre dérivé Κροκίων, d'après une inscription d'Aphrodisias citée par le colonel Leake[a].

CDLXXXV. *f.* A côté, le proscynème de *Calasiris Pachomchémis*, inscrit déjà en deux autres endroits.

Vient ensuite un grand bas-relief composé d'une figure d'*Ammon générateur* (ithyphallique), devant lequel se lit une légende royale qui exprime un proscynème fait *l'an III du règne de Nectanébo, le quatrième mois de la tétraménie de la végétation* (mois de choïak), date qui répond à février 374 ou 355 avant notre ère, selon qu'il s'agira de Nectanébo I ou II de la trentième dynastie.

Au-dessus est un dieu assis, tenant le sceptre à tête de kukufa;

Au-dessous, un personnage à genoux, levant les mains en signe d'adoration, devant un autel, et trois béliers qui paraissent là pour figurer le sacrifice (θυσία) que le personnage a fait ou se propose de faire en l'honneur du dieu.

Derrière la grande figure d'Ammon est une petite figure du même dieu, et un cynocéphale accroupi, dont la tête est surmontée du double signe *soleil* et *lune*.

g et *h*. De chaque côté du schent (bonnet) d'Ammon, sont les deux inscriptions suivantes.

CDLXXXVI. Πάμμης Πασήνεος χαλκότυπος Σκοπηνέτης (?). Le dernier mot paraît être un ethnique (plus bas, p. 452).

CDLXXXVII. Λούκειος Καικέλιος (prob. Καικίλιος) Σωκράτης σπίρης Μάρκου Φρώρου (Φλώρου?), κεντυρείας Μομμίου. « Lucius Cécilius Socrate, « de la cohorte de Marcus Florus, de la centurie de Mummius. »

Φρώρου pourrait être un nom grec pour Φρούρου qui est connu.

[a] *Trans. of the R. S. of Litterature*, 2ᵉ sér. vol. I, p. 235, n° VI.

CDLXXXVIII. (W. L.)

ΤΟ ΠΡΟϹΚΥΝΗΜΑ ΨΕΝΠΟΥΗΡΙϹ ΠΕΤΕΑΡΕΝΟΥΦΙΟ
ΙΙΛΥΡΙΚΟϹ L ΙΒ ΧΟΙΑ Λ

Τὸ προσκύνημα Ψενπούηρις Πετεαρενούφιος
ὁ λυρικός. L ΙΒ χοιὰχ Λ.

C'est un Égyptien fils d'Égyptien. Ce nom est-il le même, sauf transposition, que Πετεραένσουφις du n° CDXLVI? C'est ainsi qu'il faut compléter plus haut (p. 234) le nom Πετεαρεν... Celui-ci était *joueur de lyre*, λυρικός, qui doit avoir été pris dans le même sens que λυρισ]ής.

CDLXXXIX. (W.)

ΤΟ ΠΕΤΕΜΝ Φ	Τὸ Πετεμένουφις?
ΕΝΜΝΕΚΟΥΡΟΥϹ..	[Ψ] ενμνεκουρούς?

CDXC. (W.)

ΑΝΖΙΝΔѠ	...... Ζην[ο]δώ[ρου]?
ΕΥΧΑΡΙϹΤѠΝΤѠ	εὐχαρισ]ῶν τῷ
ΤΟΠѠΙΠΑΡΑΠΑϹΙ	τόπῳ παρὰ πᾶσι
ΘΕΥϹ	θεοῖς.

Après εὐχαρισ]ῶν, c'est le nom du dieu qu'on s'attendait à voir; comme c'est dans le temple, le lieu sacré (ὁ [ἱερὸς] τόπος), que le personnage a obtenu l'objet de ses vœux, il aura cru pouvoir intervertir l'ordre naturel des idées, au lieu de εὐχαρισ]ῶν θεοῖς πᾶσιν ἐν τῷ τόπῳ.

CDXCI. (L.)

ΕLΓΑΙΟΥ	ΕL Γαίου
ΚΑϹΜΑΖ ΕΤΦΡΙϹ	....
ΠΑΗϹΑΡΠΑΗΚΙϹ	Πάης Ἀρπάηκις
ΑΡΠΗΚΙϹΠΑΗϹ	Ἀρπήκις Πάης
ΑΡΠΗΚΗϹ ΠΑΗ Ϲ	Ἀρπήκης Πάης
ΠΑΗϹΥΕΥ ΕΚ	Πάης Εὐ[σ]έ[6]ους]...

Cette inscription est de l'an v de Caligula (entre le 29 août 40 et le 24 janvier 41 de notre ère). C'est un des rares exemples d'inscrip-

CDXCII. CARRIÈRES DE BRÈCHE VERTE.

tions où le chiffre de l'année est placé avant la sigle. Tous ces noms sont égyptiens; ils sont doubles pour chaque personne, et les mêmes avec peu de variantes, suffisantes toutefois pour distinguer les individus. Un de ces noms, ΠΑΗΣ, leur est donné à tous, placé, tantôt le premier, tantôt le second. Ἁρπάηκις, Ἄρπηκις, Ἁρπήκης me paraissent être le même nom.

Le chiffre est placé avant la sigle L, toutes les fois que l'article l'accompagne, parce que la correction l'exige. On disait ἔτους πέμπτου (L.Є); mais on devait dire τοῦ πέμπτου ἔτους (τοῦ $\overline{\text{Є}}$ L).

CDXCII.

BACIΛEYCEY.....
ΘΕΟΔѠΡΟϹΤ.ΡΦΙΛΙΠΙΙΟϹ
ΤΟΥΙϹΛΕΙϹΤΟΙΙΙΥΛΕΙ.......ΚΑΙΖϹ ϽϹΙΟϹΟϹΚΟΙΑΧΙΡΙ...

Ce fragment est curieux, en ce que les deux dernières lignes sont évidemment plus modernes que la première.

Car ΒΑϹΙΛΕΥϹΕΥ, qui est certainement de l'époque ptolémaïque, doit se lire, sans nul doute, ΒΑϹΙΛΕΥϹΕΥΕΡΓΕΤΗϹ; c'est donc le proscynème d'un Ptolémée *Évergète*, le premier ou le second; cela reste incertain. Ce qui l'est moins, c'est que ce prince, quel qu'il soit, a fait son proscynème en *personne*; autrement, si quelqu'un l'avait fait pour lui, c'est le *génitif* βασιλέως qu'on trouverait, non le *nominatif*[a]. Ces grottes ont donc reçu cette visite royale, honneur qu'elles méritaient bien.

Maintenant on peut présumer que l'inscription n'avait qu'une ligne : βασιλεὺς Εὐεργέτης προσεκύνησε..... mais il est possible aussi qu'elle se continuât dans les lignes suivantes, et que Théodore, la trouvant fort maltraitée, n'ait eu aucun scrupule de l'effacer et d'écrire par-dessus :

Θεόδωρος τοῦ Φιλίππου....... [ἀπὸ]
τοῦ ΙϹ L εἰς τὸ ΙΗ...... καὶ Δωσίθεος, κοϊὰχ ΙΗ....

Il paraît que ce Théodore avait exercé une certaine fonction de-

---
[a] Plus haut, nᵒˢ LVIII—LXII.

450   PROSCYNÈMES ET ACTES DE VISITE.

puis l'an xvi jusqu'à l'an xviii; il avait fait son proscynème au mois de coïach ou choïach, conjointement avec Dosithée.

CDXCIII. La même circonstance se rencontre dans l'inscription suivante, gravée sur la base d'une statuette trouvée récemment à Alexandrie, et que m'a communiquée sir Gardner Wilkinson. J'en donne, pl. XXXVII, le *fac-simile*, de la grandeur de l'original.

ΛΕΥΚΙΟΣΠΡΟΣΤΑΤΗΣΑΣ   Λεύκιος προσ‍τατήσας
ΤΟΙΔ L ΚΑΙΙΕL   τὸ ΙΔ̄ L καὶ ΙΕ̄ L
ΤΟΙΣΜΕΝΟΥΣΙΑΕΝΤΗΣΥ   τοῖς μένουσιν ἐν τῇ συ-
ΝΟΔΩΙΑΝΕΘΗΚΕ   νόδῳ, ἀνέθηκε.

C'est-à-dire, je pense : « Lucius, ayant exercé, dans les années xiv « et xv, les fonctions de prostate de ceux qui résident dans le synode, « a dédié [ce monument à telle divinité, celle dont la figure occupait cette base]. »

Le datif τοῖς μένουσιν dépend de προσ‍τατήσας, ce qui est ordinaire après les mots exprimant une fonction [a]. Le *synode* était le nom de quelque confrérie, dont les membres étaient *externes* ou *internes*; les premiers ne se réunissant au *synode* qu'à certaines époques, les autres y demeurant à poste fixe, et étant présidés par un *prostate*, que nous avons déjà vu cité en circonstance pareille [b].

On remarquera l'expression τὸ ΙΔ̄ L, comme dans l'inscription précédente εἰς τὸ ΙΗ̄ L. L'article neutre ne peut se rapporter qu'à ἔτος sous-entendu : ceci prouve que la sigle L n'est pas, comme on le croit, la lettre initiale de Λυκάϐας, terme poétique signifiant année; car, dans ce cas, on emploierait l'article masculin. En outre, on ne comprendrait guère que cette initiale eût été L, l'ancienne forme du Λ, qui avait cessé, depuis des siècles, d'être usitée en grec au lieu de Λ. Le L n'est donc qu'un signe conventionnel pour exprimer ἔτος (τὸ) *l'année*, comme ⊢ servait à exprimer la drachme, C l'obole. Je ne me rends pas compte de la double forme, composée de E et de Σ, que le *fac-simile* donne à l'E en deux endroits (l. 2 et 4).

[a] Boisson. *Comm. epigr.* p. 422. — *Holst. epistol.* ad calcem. — [b] Plus haut, t. I, p. 402.

CDXCIV—CDXCVI. CARRIÈRES DE BRÈCHE VERTE. 451
CDXCIV. (L.)

AXIΛΛΑCONO...   Ἀχιλλᾶς Ὀνό[μαρχος ou μάκριτος].

Je ne dis pas Ὀνόσανδρος, parce que ce nom, qui ne se rencontre qu'une fois pour désigner un philosophe platonicien, n'est qu'une faute pour Ὀνήσανδρος, comme l'ont reconnu Schwefel et Coray.

CDXCV. (L. C. E.[a])

ΑΣΠΙΔΑΣΗΡΑΚΛΗΟΥ   Ἀσπίδας Ἡρακλήου
ΤΟΝΚΥΡΙΟΝ ΠΜΩΝ   τὸν κύριον ἡμῶν

Ἀσπίδας ou Ἀσπίδης est un excellent dérivé de Ἀσπίς; il est singulier qu'il soit tellement rare, qu'on ne l'ait jusqu'ici rencontré nulle part. Dans Ἡρακλήου (pour Ἡρακλείου), le Η tient la place de ΕΙ, comme ailleurs ΕΙ est pour Η[b]. La copie de la commission d'Égypte donne ΠΛΛCN, où l'on aperçoit les mêmes éléments. On pourrait lire ΤΙΜΩΝ, si l'emploi de τιμᾶν, en pareil cas, n'était pas insolite. Le verbe προσεκύνησε a été sous-entendu ou est effacé.

Τὸν κύριον ἡμῶν désigne τὸν κύριον Πᾶνα, le *seigneur* par excellence.

CDXCVI. Enfin, sur le même rocher, se trouve un encadrement tout semblable à celui du n° CDLXX, représentant un ναΐδιον. Dans l'encadrement qui figure la porte, on lit:

ΤΟΠΡΟ   τὸ προ-
CKYNH   σκύνη-
ΜΑCΙΙ   μα Σή-
COΕIC   σοσις
ΚΡΟΝΙ   Κρονί-
ΩΝΟC   ωνος.

Les éléments du premier nom conduisent assez naturellement au nom égyptien du pharaon célèbre appelé indifféremment Σέθωσις, Σεσόωσις[c], ou, sans la finale grecque, Σεθώς, qui est le même nom que celui du prêtre égyptien Σεθών, cité par Hérodote[d]. C'est la première fois qu'il se montre dans une inscription.

[a] *Descript. de l'Égypte*, Antiq. pl. t. V, pl. 56, 15. — [b] T. I, p. 354. — [c] Diod. Sic. I, 53. — [d] Herod. II, 141.

Quant à Κρονίων, il n'était guère connu que comme épithète de Jupiter, *fils de Cronos*, synonyme de Κρονίδης. Il a cependant été employé comme nom propre, mais à des époques récentes; car c'est celui d'un chrétien martyr sous l'empereur Dèce, au milieu du III[e] siècle[a]; et notre inscription ne peut être antérieure au IIe.

CDXCVII. (W.) A la jonction de Ouadi-Foäkhir avec Ouadi-e'Sid, sir Gardner a lu ces deux noms dans une grotte :

ΔΟΡΧШΝ   Δόρκων
ЄΥΤΥΧΗ   Εὐτύχης.

L'étymologie exige Δόρκων, de δόρκας, δόρκος, δόρκη.

§ X. GEBEL-ABOU-FEDAH, PRÈS DE MONTFALOUT.

Dans les carrières ou grottes creusées en ce lieu, on trouve les inscriptions suivantes :

CDXCVIII. (L.)

CΑΡΑΠΑΜΜШΝ Ι.ΝΡ   Σαραπάμμων......
ΝΙΚШΝΧΑΛΚΟΤΥΠΟCΚШCШ.ΑC   Νίκων χαλκότυπος ἥκω ὧδε.

Le nom ou la qualité de Σαραπάμμων manque. Χαλκότυπος est un *faber æris*, qui peut être un *ciseleur* sur cuivre (plus haut, p. 447).

CDXCIX. (L.)

ΑΡΓШΝΟCΚΑCΤШΡ   ...... Ἄργωνος, Κάστωρ....

Le nom du père d'Argon manque. Je pense que ΑΡΓШΝ est un dérivé du grec Ἄργος (*Argus*), qui désigne plusieurs personnages mythologiques.

D.

ΑΥΛΗΙ....   Αὐλήϊος ou Αὔληρος
CΑΡΑC   Σαρα[πίων (?).

[a] G. Syncell. *Chron.* p. 368, a — p. 692, ed. Bonn.

DI—DVI. GEBEL-ABOU-FEDAH.

DI. (L.)

ΤΟΠΡ/Ν	Τὸ πρ-
ΟCΓΕ	οσκύ-
ΝΗΜΑ	νημα·
ΕΠΙΜΑ	Ἐπίμα-
ΧΟC Π/Ν	χος π[αρὰ]
ΠΑΝΟ	Πανό[ς].

ou Πανοῦ, barbarisme que nous avons trouvé plus haut (p. 438).

DII. (L.)

ΑΚΑΗ   Ἀ[σ]κληπιάδης ?

DIII. (L.)

ΕΡΜΗϹΩΡΟϹΑΦΡΟΖ.....ΤΗ   Ἑρμῆς, Ὧρος, Ἀφρο[δεί]τη
ΔΙΔΙΩΓΙΔΟΖΑΝΚΑΙΧ////Λ   διδῶσιν δόξαν καὶ χ[άρι]ν.

La grotte était dédiée à ces trois divinités, auxquelles on demande qu'elles accordent *gloire* et *grâce*. Au lieu du subjonctif, on pouvait mettre l'optatif.

DIV. (W. L.)

CΑΡΑΠΙΩΝ///   Σαραπίων.

DV. (W.) Sur le jambage d'une porte, à la quatrième station de la route, on lit :

SER
INV
o✝o

probablement **SERENVS**. L'inscription paraît être chrétienne.

DVI. (W.) Enfin, pour ne rien omettre, le même voyageur a recueilli le fragment suivant, près de l'hydreuma, dans le Ouadi-Doghbug :

....ϹΙϹΙΝ
ΙΝΙϹ
Ρ......
ΙΙ ΚΘΗΜ

où l'on ne peut rien deviner, excepté le nom ΕΙϹΙΝ et un quantième de mois (ΚΘ) à la fin.

§ XI. GROTTES DE TELL-AMARNA.

DVII—DXXIV.

Sur la rive droite du Nil, un peu au sud d'Antinoé, on trouve les ruines considérables d'une ville antique appelée à présent *El-Tell*, la seule peut-être, dans toute l'Égypte, dont on puisse reconnaître le plan, la direction des rues et les substructions d'une partie des maisons particulières et des temples; ce qui forme un amas de ruines d'environ deux mille deux cents mètres de longueur et d'un mille de largeur. On en peut voir la description et le plan dans le grand ouvrage sur l'Égypte[a]. M. Jomard a fort bien reconnu que ce doit être la *Psinaula* de la Notice de l'Empire[b], et non *Alabastron polis*, comme on l'avait pensé[c].

C'est dans la montagne arabique qui borde à l'Orient la plaine où se trouve cette ville, qu'existent les grottes sépulcrales, si curieuses par les sculptures qui les décorent, dont le style est tout particulier, et ne se retrouve qu'à Gebel-Tounah, appartenant à un ancien roi appelé *Atenra*, dont l'époque, dans la série des rois égyptiens, est encore un objet de doute[d].

Dans ces grottes, qui furent bien plus tard, à l'époque romaine, l'objet d'une certaine vénération religieuse, sir Gardner Wilkinson a recueilli un certain nombre de proscynèmes grecs que je vais transcrire et expliquer. Rien n'y indique en l'honneur de quel dieu ils furent exécutés.

DVII.

..ΙΔΙΙΛΛΙΠΙΙΟϹ   L. ΙΔ. Κάλλιππος
ΦΙΛΙΝΟΥΥΑΡΑΝΤΙΝΟϹ   Φιλίνου Ταραντῖνος.

Le premier nom est douteux. On ne sait à quel empereur se rapporte l'an XIV, ainsi que les dates des proscynèmes suivants.

---

[a] *Antiq. Descript.* Heptanomide, p. 13 et suiv. pl. LXIII, fig. 6. — Wilkinson, *Modern Egypt and Thebes*, t. II, p. 76. — [b] P. 90, ed. Böcking. — [c] Plus haut, p. 439. — [d] Emman. de Rougé, *Lettre à M. Alfred Maury*, dans la *Revue archéologique*, t. IV, p. 122.

DVIII—DX. GROTTES DE TELL-AMARNA.

DVIII.

```
ΚΙΔΑΙΣΧΡΙΩΝ...ΛΟ ΤΟΥΘΡΑΙΞ
ΕΤΛΟΓ///.ΤΟΝΕΥΟ...ΝΘΕΟΝΛΙΔΜΕΣΟΡΙ ΚΒ
```

L ΙΔ. Αἰσχρίων [Διο]δότου Θρᾴξ·
εὐλογῶ τὸν Εὔοδον θεόν. L ΙΔ. μεσορὶ ΚΒ.

L'emploi de εὐλογῶ, dans le dialecte alexandrin, avait passé dans la langue des Septante [a]; mais ce qui le distingue ici, c'est que le nom du dieu païen est exprimé, τὸν Εὔοδον θεόν, ce qui équivaut à τὸν Πᾶνα θεόν. Nous avons vu qu'en effet ce Pan ou *Ammon* générateur, adoré dans le désert, était censé le protecteur de ceux qui le traversaient; ce qui lui méritait l'épithète de Εὔοδος.

DIX.

```
ΥΙΔΑΙΣΧΡΙΟΝ..           L. ΙΔ. Αἰσχρίων
ΔΙΟΠΡΣΟ...              Διοπρέ[πους?]
ΕΥΛΟΓΩΠΗΝΕΙΣΙΝ...       Εὐλογῶ τὴν Εἶσιν....
```

Ce proscynème est du même personnage qui a honoré Isis dans les mêmes termes dont il s'est servi à l'égard de Pan. Ce qui distingue ce proscynème de celui des deux Juifs (plus haut, p. 252), c'est que le nom du dieu y est exprimé, tandis que les Juifs se sont contentés de dire εὐλογῶ τὸν θεόν, ce qui pouvait s'appliquer à Jéhovah.

DX.

```
ΕΝΘΑΝΑΒΑΣΕΛΑ...ΖΕΚΑΤΥΛΛΙΝΟΣΕΝΠΡΟΣΙ.ιιΟΙΣ.
ΤΕΧΝΗΝΘΑΥΜΑΖΩΝΤΩΝΙΕΡΩΝΛΑΟΤΟΜΩΝ
```

Ἐνθ' ἀναβὰς ἐχάραξε Κατυλλῖνος ἐν προ[θυραί]οις ou προπ[υλαί]οις τέχνην θαυμάζων τῶν ἱερῶν λαοτομῶν.

Comme j'ignore où ces deux vers ont été gravés, je ne puis décider si ἀναβὰς se rapporte au voyage en remontant le Nil, comme plus haut ἀναπλέων (p. 405), ou à la situation élevée des grottes. ΕΛΑ..ΖΕ ne peut être que ἐχάραξε; ce qui suit est le nom du voyageur, qui

---
[a] Plus haut, p. 252, 253.

semble ne pouvoir être que Κατυλλῖνος, dont la pénultième est ici brève, par une licence que l'on prenait souvent[a]. Ἐν προθυραίοις semble appelé impérieusement par les lettres conservées ΠΡΟCΙ...ΟΙC ; on sait que τὰ προθύραια, dans l'hymne à Mercure[b], est synonyme de τὰ πρόθυρα. Προπυλαίοις remplirait les mêmes conditions de mesure et de sens. D'après l'une ou l'autre leçon, l'inscription a dû être gravée sur un mur ayant appartenu à quelque vestibule de temple.

Le second vers est un pentamètre dont le dernier pied est entièrement vicieux, puisque λαοτομῶν (-∪∪-) est pris pour un anapeste. L'épithète ἱερῶν est à remarquer ; elle fait peut-être allusion à la destination sacrée qui avait été donnée à ces grottes ou carrières par ceux qui jadis les avaient creusées.

« Catullinus, étant arrivé ici, en remontant le Nil (ou, étant monté
« jusqu'à ces grottes), a gravé [ces vers] dans ces vestibules, admirant
« l'art des carriers sacrés. »

DXI.

  ΛΙΕΜΥΕΒΙΟΜ   ....
  ΠΨ.ΛΟΧΕΝΙΤ··ΛΟΧΔΙ Ἱππόλοχ[ος Ἀντι]λοχίδου (?)
  ΖΑΝΘΟCΑΗΦΙΛΝ.   Ξάνθος Διφίλου,
  ΖѠΙΛΟCΑΠΟΛΛѠΝΟΥ Ζωΐλος Ἀπολλωνίου,
  ΑѠΡΟΘΕΟC   Δωρόθεος....

Je ne puis faire aucune conjecture satisfaisante à l'égard du premier nom, dont la finale paraît indiquer un des noms terminés en ϐιος, tels que Ἀλκίϐιος, Ἀλεξίϐιος, Ἀριστόϐιος ou tout autre commençant par un A. Les noms de la deuxième ligne sont un peu moins incertains ; ceux des lignes suivantes ne le sont pas du tout.

DXII.

  ΒΙΑCΟC   Βίασος
  ΑΡCΙΗCΙC Ἀρσίησις.

Le premier nom est inconnu. On ne connaît que Βιάσας, nom d'un Paphlagonien cité par Strabon[c], comme Βάγας, qui est peut-être de

[a] Fr. Jacobs, in Anth. palat. p. 959. — [b] Hymn. in Merc. v. 384. — [c] XII, 3, p. 553.

DXIII—DXVI. GROTTES DE TELL-AMARNA.

même origine que le persan Βαγαῖος, cité plus haut (p. 427), dont l'élément principal Βαγα se retrouve en d'autres noms persans, Βάγαιος, Βαγαπάτης, Βαγαπαῖος, Βαγασάκης, recueillis par M. Pape. Le deuxième nom est égyptien, un de ceux dans lesquels entre celui d'Isis.

DXIII.

```
ΜΗΝΟΦΙΛΟCΕΛΘΟΝ          Μηνόφιλος ἦλθον (ou ἐλθών)
            ΧΟΙΑΚΙΖ                   .... χοϊὰκ ΙΖ
ΗΛΙΟΔΩΡΟC              Ἡλιόδωρος
            ΑΡΙCΤΟΜΕΝΗC              Ἀρισ]ομένης
ΕΥΡ.ΑΛΛCC  ΛΙΠΟΥΟΥ      Εὐρύαλος Λιπού[τος].
```

Le dernier nom, s'il est bien lu, sera égyptien. Nous l'avons déjà vu plus haut, p. 181.

DXIV.

```
Ι.ΟΙΑΛ.ΑΝΔΡΟC           L ΘΙ. Ἀλέξανδρος
ΠΤΟΛΕΜΑΙΟΥ                 Πτολεμαίου.
```

Si la leçon est exacte, c'est un exemple d'une date exprimée dans l'ordre inverse; ce qui est si ordinaire dans les inscriptions asiatiques.

DXV.

```
ΠΤΟΛΕΜΑΙΟCCΕΟCΑΤΟCΕΥ    Πτολέμαιος Σωσᾶτος, Εὐ...
```

Cette dernière syllabe commence le nom d'un second voyageur. Celui du père de Ptolémée (Σωσᾶς) paraît ici pour la première fois; c'est un abrégé alexandrin pour Σωσιγένης, Σωσθένης, Σωσίπατρος ou autres analogues.

DXVI.

```
CΕΥΘΗCΚCΙΤΥΟCΩΔΕ        Σεύθης Κότυος ὧδε ἀφίκετο.
ΑΦΙΚΕΓ(
```

Ces deux noms (Seuthès, fils de Cotys) sont remarquables, étant particuliers aux rois de Thrace, parmi lesquels on compte quatre *Seuthès*, depuis l'an 424 jusqu'à l'an 200 avant J. C.; et cinq *Cotys*, depuis l'an 380 avant, jusqu'à l'an 7 après notre ère.

L'union de ces deux noms royaux, du père et du fils, semble indiquer que le personnage qui a écrit l'inscription était de la famille des rois de Thrace.

Nous avons déjà vu un *Rhœmétalcès* parmi les visiteurs des syringes[a], peut-être le parent d'un des deux *Rhœmétalcès* qui ont régné en Thrace, le premier en l'an 16 avant, et le second en l'an 19 après notre ère.

DXVII.

MNHCIOEOCΔWPIEWC   Μνησίθεος Δωριέως
NIKOMΛXOC   Νικόμαχος.
CANNOC   OIXOIAKIΓ   ......L]ΘI χοιὰκ ΙΓ

Le dernier nom est incertain. La date paraît claire. Les chiffres sont encore ici dans l'ordre inverse, ΘI pour IΘ.

DXVIII.

Π(.BI   Πο[λύ]6ι[ος]
XOIAKIΓ   χοιὰκ ΙΓ.

DXIX.

ΠΟΛΛW..ΔΑ   Ἀ]πολλ[ωνί]δα[ς]
CAPAΠIWNOCHKW   Σαραπίωνος ἥκω.

La forme dorienne du premier nom annonce un Macédonien.

DXX.

L ΙΒ ΦΑΛ.....ΚΖ.
....

La première ligne doit être L.ΙΒ. Φαμενώθ ΚΖ « l'an xii, le 27 de « phaménoth. »

[a] Plus haut, p. 289.

DXXI—DXXIV. GROTTES DE TELL-AMARNA.

DXXI.

ΠΡΗϹΚΟϹ
...ΑΡΕϹΕΖΟΕΙϹΖΟ...

La première ligne contient le nom romain Πρίσκος. Je ne sais que faire de la seconde.

DXXII.

ΔΙΟΝΥϹΙΟϹ   Διονύσιος [Δ]
ΙΟΠΙ....   ιοπ[είθης] ou Διοπείθους.
Δ

Je termine par deux proscynèmes que sir Gardner Wilkinson a trouvés dans les grottes voisines de *Speos Artemidos*, à peu de distance au-dessous de *Psinaula*.

DXXIII.

ΤΟΠΡΟϹΚΥΝΗΜΑΤ.ΙΑϹΙωΝ   Τὸ προσκύνημα· Πρασίων [καὶ]
ΕΥΝΑΝΙΟΖΙΑΤΡΟϹ   Εὐνάπιος ἰατρός.

Je crois que le premier nom doit être Πρασίων dérivé de πράσον, *poireau*, ou de l'adjectif πράσιος, *vert* ou *verdâtre*, πράσινος λίθος, *émeraude*. On connaît les noms propres dérivés Πρασίας, Πρασιανός, Πρασίων et Πράσων[a].

Le deuxième personnage paraît bien être Εὐνάπιος, dont le nom n'est jusqu'ici connu que par celui du biographe des philosophes. Notre Eunapius était médecin.

DXXIV.

ϹΙΥΝΙ/Ν ΙΑΑΠΟΛΛωΝΙΟΥ   [Τὸ προ]κύν[ημ]α Ἀπολλωνίου
ΟΛΥΜ...Ι   ΝΝΟΨΙΙΔ   [καὶ]Ὀλυμ[πιοδώρου] ἀνεψιάδ[ου].

Olympiodore était le cousin issu de germain d'Apollonius.

[a] Pape, *Wörterb.* et Dindorf, dans le *Thes. ling. græc.* t. VI, p. 4.

§ XII. LE GRAND SPHINX DE MEMPHIS.

DXXV—DXLII.

Le grand sphinx, taillé dans la masse du rocher, sur le penchant du plateau, en face de la seconde pyramide, était, depuis des siècles, enterré jusqu'au dos dans les sables, et sa tête seule, jusqu'à la naissance du cou[a], sortait de terre, lorsqu'en 1816 le capitaine Caviglia entreprit des fouilles à la partie antérieure du colosse. Il voulait creuser jusqu'à ce qu'il fût parvenu à découvrir les pattes de l'animal symbolique, lesquelles, selon l'usage, devaient se projeter en avant. Quelque chose lui disait que d'intéressantes découvertes le récompenseraient de ses fatigues; son attente ne fut pas trompée.

Il découvrit, au devant de la poitrine du colosse (v. le plan, sur notre pl. B, XXXIX, n° 1), entre ses pattes, un petit temple (d) hypèthre ou sans toit, dont les trois parois (a, b, c) étaient formées de trois tablettes hiéroglyphiques, du temps de Thouthmosis IV et de Ramessès le Grand. On en voit la disposition dans la pl. XXXVIII, dessinée par Salt, et publiée, pour la première fois, dans l'ouvrage du colonel Vyse[b].

Outre les trois tablettes hiéroglyphiques (a, b, c), on trouve un lion accroupi (g) regardant le sphinx; puis un autel (i) entre les deux pattes, sur lequel des sacrifices étaient faits, très-probablement en l'honneur du sphinx : car ce colosse, à en juger par le bas-relief de Thouthmosis, recevait les honneurs divins sous le nom de *Re* (soleil), ou plutôt, selon M Wilkinson[c], *Re-ma-Choi*, qui se retrouve dans le grec Ἥλιος Ἁρμαχις, nom du soleil, selon l'inscription n° DXXVII.

A ce temple ou cette chapelle pharaonique furent ajoutées plus tard, sous la domination grecque, plusieurs appendices.

Les pattes du sphinx, non prises dans le roc comme le corps, mais formées de pierres de taille, ne reposent pas sur un socle ou piédestal, comme on le pouvait croire. En avant est une esplanade

---

[a] *Gr. Descr. de l'Égypte*, Antiq. t. V, pl. XII. — [b] *Proceedings to operations carried on at the Pyramids of Gizeh*, t. III, p. 106. — [c] *Modern Egypt and Thebes*, t. I, p. 353.

DXXV—DXLII. GRAND SPHINX DE MEMPHIS. 461

pavée, une sorte de *dromos* (*k k*); puis, en *l l,* un escalier de trente marches (*n n*), entre deux murs (*m m*) latéraux, ceux qui ont été mentionnés dans l'inscript. n° XXIII. Après cet escalier est une autre esplanade ou *dromos*, et, en *o*, une sorte d'estrade d'époque romaine, dont on voit la restitution (pl. XXXIX, n° 2), placée dans l'axe de l'escalier; puis, à l'extrémité de cette esplanade, un autre escalier de douze marches (*s s*), au milieu duquel une autre estrade (*r*), semblable à la première et tournée dans le même sens (même pl. n° 3).

M. Perring pense que ces deux constructions ont pu servir de *loge* aux empereurs ou aux autres personnes de distinction, pour contempler plus commodément les cérémonies qui se célébraient dans le temple qu'elles dominaient.

Si telle était cette destination, on les aurait faites sans doute un peu plus grandes, afin de pouvoir recevoir aussi quelques officiers de la suite du personnage principal; mais chacune de ces deux constructions n'a pu évidemment recevoir qu'une seule personne. Je pense, quant à moi, que l'une et l'autre ont servi pour l'opération de la manumission ou affranchissement des esclaves, à l'époque grecque et romaine, à laquelle elles appartiennent toutes deux. Nous savons, en effet, que la manumission avait lieu souvent *dans les lieux sacrés,* en présence et sous la garantie des autels. Dans l'enceinte sacrée ou hiéron, il y avait quelquefois une sorte de tribune à laquelle un escalier conduisait; c'est là que le maître qui voulait affranchir un esclave montait (ἐφ' ὃν ἀναβάς), pour crier à haute voix, à ceux qui assistaient au pied de l'escalier, qu'il lui rendait la liberté : « Un tel « affranchit un tel. » Ν ἀπολύει Ν. Cette disposition est décrite par Suidas[a], dans un curieux passage tiré d'un auteur inconnu : Τέμενος καὶ τόπος ἀνάβασιν ἔχων πρὸς τὸ λέγειν ἐπήκοα (pour dire des choses qui s'entendent de loin). Il me semble que ces diverses conditions se rencontrent dans ces deux tribunes ou estrades, auxquelles on monte par un escalier de trois à quatre marches, et qui se trouvaient placées dans un lieu sacré. Elles furent bâties, à l'époque romaine, dans un

[a] Suidas v. βωμός. Cf. Curtius, *Anecdota delphica,* p. 12.

temple, pour l'usage de la population grecque, romaine et égyptienne; car il est bien probable que les cérémonies de l'affranchissement, prescrites par la loi civile, devaient être les mêmes pour les étrangers et les nationaux.

Si cette conjecture est vraie, ces deux petites constructions seraient les deux premiers exemples de ce τόπος ἀνάβασιν ἔχων qui servait à un tel usage. Cette idée pourra trouver plus tard son application dans les ruines d'autres édifices sacrés.

Ne serait-il pas possible de chercher cette destination à une construction placée dans l'axe et derrière le *naos* du temple de Diane Leucophryène, à Magnésie, en dedans de l'enceinte, ou τέμενος, formée par un portique. Cette construction isolée, dont il ne reste que la masse, sans aucun détail, a été restaurée, par M. Clerget, dans l'hypothèse d'une *grande base* destinée à porter une statue colossale entourée d'autres plus petites. M. Raoul-Rochette[a] conjecture que ce pourrait être un *grand autel* à degrés, analogue à celui de Diane à Patres ou de Jupiter à Olympie; mais la position, *derrière* le temple, conviendrait mieux, ce me semble, à la destination que je présume.

Au reste, l'impossibilité de *restaurer* ce massif, avec quelque apparence de certitude, en rendra toujours la destination fort problématique, jusqu'à ce qu'on découvre d'autres exemples qui s'adaptent plus clairement à l'une de ces hypothèses. Je ne hasarde donc ma conjecture que pour appeler l'attention des archéologues sur une disposition dont il n'a été jusqu'ici tenu aucun compte, dans la restauration des anciens temples grecs ou romains.

Je ne donnerai pas plus de détails sur les constructions découvertes entre les pattes du sphinx. La description détaillée en a été publiée par le colonel Vyse[b]. Ce que j'en ai dit n'a eu d'autre but que de faire bien comprendre la place qu'occupaient les inscriptions qu'on a trouvées en diverses parties des constructions qui avoisinent le colosse.

J'en ai déjà publié une qui concerne la réparation des murs du

---

[a] *Journal des Savants*, 1845, p. 647. — [b] T. III, p. 107 et suiv.

DXXV. GRAND SPHINX DE MEMPHIS.

sphinx[a], gravée sur une stèle trouvée en *N*, c'est-à-dire près des murs mêmes dont elle constate la restauration. Si alors j'avais connu celle qu'on va lire, je l'aurais mise en ce même endroit, ainsi qu'une autre découverte à Esné; car c'était leur place naturelle. Je vais donc les mettre ici toutes deux, ainsi que le décret de Busiris, quoique ce ne soient pas des proscynèmes; puis viendront celles qui ont exclusivement ce caractère.

DXXV. Cette inscription (pl. XXXVIII, n° 5) est gravée sur la face antérieure de la deuxième estrade figurée en *T* (la même, n° 1). Les lacunes peuvent être remplies presque partout avec certitude, sauf la fin de la ligne pénultième, et la dernière ligne, où se trouve un nom propre.

Ὑπὲρ αἰωνίου νείκης καὶ διαμονῆς
τῶν κυρίων αὐτοκρατόρων
Σεπ7ιμίου Σεουηροῦ, Εὐσεβοῦς,
Περτίνακος, Ἀραβικοῦ, Ἀδιαβηνικοῦ, Παρθικοῦ,
μεγίσ7ου, καὶ Μ. Αὐρ. Ἀντωνείνου, Σεβασ7ῶν [καὶ
Λ. Σ. Γέτα ἐπιφανεσ7άτου Καίσαρος], καὶ Ἰουλίας
Δόμνης Σεβασ7ῆς, μητρὸς σ7ρατοπέδων, τὸ σ7ῶμα
[τοῦτο, τῷ μακρῷ χρό]νῳ διαφθαρὲν, ἀπεκατεσ7άθη,
[ἐπὶ Λ. Μ. Ἀντ. Σαβεί]νου ἐπάρχου Αἰγύπ7ου, ἐπισ7ρατηγοῦντος
.... Ἀρρίου Οὐίκ7ορος, σ7ρατηγοῦντος................ Ἔ
τους Η [Σεπ7ιμίου Σεουηροῦ, καὶ Μ. Αὐρ. Ἀντωνείνου, Σεβασ7ῶν].

Pour la victoire et la conservation éternelle des seigneurs empereurs Septime Sévère, Pieux, Pertinax, Arabique, Adiabénique, Parthique, très-grand, et Marc-Aurèle Antonin, Augustes;
Et de Lucius Septimius Géta, très-illustre César;
Et de Julia Domna Auguste, mère des camps.
Ce pavé, endommagé par l'effet du long temps a été remis en état,
[Sous L. M. Antoninus Sabinus], préfet d'Égypte,
Étant épistratége... Arrius Victor,
Étant stratége, N....
L'an VIII [des empereurs Septime Sévère et Marc-Aurèle Antonin Augustes].

Cette inscription a donc pour but de conserver le souvenir de la réparation du pavé du temple; et, comme on ne comprendrait guère

[a] T. I, p. 226 et suiv.

qu'on eût écrit une inscription si solennelle pour une réparation partielle du pavé, il est vraisemblable qu'il s'agit ici d'une restauration entière, après un long temps; c'est le sens du verbe ἀποκατεσ]άθη, déjà employé à l'actif dans l'inscription relative aux murs[a].

L'objet de l'inscription étant déterminé, il faut en indiquer la date. On voit d'abord qu'elle est du règne de Septime Sévère et d'Antonin Caracalla, Augustes. Géta, dont le nom a été effacé dans la 6e ligne, n'était encore que César.

La date précise du règne est exprimée dans la ligne dernière, où TOYCH doit être le reste de Ἔτους H, l'an VIII, renfermé entre le 29 août 199 et 200. Cette date concorde, en effet, avec toutes les circonstances de l'inscription.

La mention de Géta César *très-noble*, ἐπιφανέσ]ατος, qui répond au *nobilissimus* des Latins[b], doit se trouver dans la 6e ligne, puisque c'est en l'an VII que ce prince a reçu le titre de César[c].

Si le titre *Pius*, Εὐσεβής, appliqué à Sévère, ne se montre sur les médailles qu'à partir de l'an IX, un an après notre inscription, d'un autre côté, il paraît, dans les inscriptions, dès l'an IV, en 195[d]. Ce même titre, n'ayant été donné à Caracalla qu'en 202[e], ne doit pas se rencontrer ici.

Quant à la restitution du nom du préfet, la finale NOY amène à *M. Ulpius Primianus*, qui, d'après une inscription memnonienne et une autre d'Éléphantine[f], administrait l'Égypte en 194-195 de notre ère, cinq années seulement auparavant. Mais une inscription trouvée récemment à Alexandrie montre que cette année 195 est la dernière de l'administration de M. U. Primianus, puisqu'en l'an IV, le 26 pharmuthi, le préfet se nommait *Lucius Marcus Antoninus Sabinus*: ἐπὶ L. M. Ἀντωνείνου Σαβείνου ἐπάρχου Αἰγύπ]ου Δ̄ ἔ(τους), φαρμουθὶ KC, ou Δ̄C est pour CΔ, comme plus haut, ΘΙ pour ΙΘ [g]. Les douze ou treize lettres qui manquent au commencement de la ligne 8 sont donc exactement reproduites par Λ. M. ANT. CABEINOY.

[a] T. I, p. 226. — [b] T. I, p. 448. — [c] Eckhel, t. VII, p. 228. — [d] Id. p. 192. — [e] Id. p. 202. — [f] Plus haut, p. 384. — [g] Plus haut, p. 457 et 458.

DXXVI. GRAND SPHINX DE MEMPHIS.

A la ligne précédente, il manque dix-sept lettres. ΝΩ est le reste de χρόνῳ διαφθαρέν; ce qui correspond à la formule latine : *vetustate corruptum* (et quelquefois *atque dilapsum*[a]). En conséquence, il faut une épithète qui ajoute à l'idée du temps, à savoir τῷ μακρῷ χρόνῳ. Procope a dit de même : ὧν τὰ μὲν πλεῖστα ἐξίτηλα χρόνῳ τῷ μακρῷ γέγονε [b]. La ligne se complète avec τοῦτο, dans le sens de *hocce pavimentum vetustate corruptum restitutum est*.

L'épistratége était un Romain,... *Arrius Victor*, selon l'usage constant. Quant au stratége, il n'y a nul moyen, en ce moment, de retrouver son nom; nous pouvons seulement être sûr que c'est un nom grec.

DXXVI. Cette inscription (pl. XXXVIII, n° 3), trouvée sur une jetée à Esné, a été publiée dans l'ouvrage du colonel Vyse [c].

Ἀγαθῇ τύχῃ. Πεπλήρω [ται....
L. Δ Ἀντωνίνου καὶ Οὐήρου τῶν κυρίων
αὐτοκρατόρων, μεσορί....Ἐπὶ Τίτου
Φλαυίου Τιτιανοῦ ἐπάρχου Αἰγύπ]ου,
ἐπισ]ρατηγοῦντος Τερεντίου Ἀλεξάνδρου,
σ]ρατ[ηγοῦν]το[ς] Κλαυδίου Ἀπολλιναρ[ίου].

A la bonne fortune. [Cette jetée a été complétée] l'an IV d'Antonin et de Vérus, les seigneurs empereurs, le... de mésori, sous Titus Flavius Titianus, préfet d'Égypte, étant épistratége Térentius Alexandre, étant stratége Claude Apollinaris.

L'époque est juillet-août 164 de notre ère.

Le préfet Flavius Titianus est le même qui est nommé, en l'an VI des mêmes empereurs, dans l'inscription du mur d'enceinte du sphinx[d]. Est-ce aussi le même Titus Flavius Titianus qui est mentionné ci-dessus[e] dans l'inscription memnonienne de l'an IX d'Adrien (126 de notre ère). Je l'ai mis en doute, à cause de la différence de quarante ans entre les deux époques. Cependant celle-ci, nous montrant que ce dernier porte aussi le même prénom *Titus*, qui n'est pas

---

[a] V. mon *Explication d'une inscription de Tunis*, dans la *Revue archéologique*, t. I, p. 822. — [b] *De bello gothico*, IV, 22, p. 576, 10, Bonn. — [c] T. III, pl. H, n° 2. — [d] T. I, p. 227. — [e] Plus haut, p. 348.

dans l'inscription du sphinx, me fait un peu plus balancer; et, comme il n'y a pas *impossibilité* absolue que le même Titus Flavius Titianus se retrouve, quarante après, occupant de nouveau les fonctions de préfet, j'hésite encore sur ce point, quelque peu vraisemblable qu'il puisse paraître.

Quant à l'*épistratége*, il est différent de celui qui est mentionné dans l'inscription du sphinx, quoiqu'il n'y ait pas tout à fait deux ans d'intervalle entre les deux documents : c'est un indice de plus qu'il y avait, pour l'Heptanomide, un épistratége distinct de celui de la Thébaïde[a].

Le parfait (πεπλήρωται) est moins usité que l'aoriste ἐπληρώθη; et ici πληροῦσθαι a le sens de *terminer*, *d'achever*, *compléter*, τελειοῦσθαι, *perficere*. Ensuite venait le nom de l'objet terminé, τεῖχος, χῶμα, ou tout autre.

DXXVII. Cette inscription, dont l'original est à présent déposé au Musée britannique[b], est gravée sur une stèle qui fut trouvée au point marqué *p* sur la pl. XXXVIII, 1. Elle a été publiée d'abord dans le *Quarterly Review*[c], puis une seconde fois avec un essai de restitution, fondé sur une meilleure copie que m'avait envoyée M. le colonel Leake[d]; une troisième copie figurée a été insérée dans la description du *British museum*[e], et je la reproduis (pl. XXXIX, n° 1). Au-dessous des *Ureus*, on lit un proscynème qui paraît être : Τὸ προσκύνημα Ὠρίωνος... Il ne se trouve pas sur l'autre *fac-simile*[f] : d'où l'on peut présumer qu'il s'aperçoit difficilement.

1   Ἀγαθῇ τύχῃ.
2 Ἐπεὶ (Νέρων) Κλαύδιος Καῖσαρ Σεβασ]ὸς
3 Γερμανικὸς αὐτοκράτωρ, ὁ ἀγαθὸς δαίμων τῆς
4 οἰκουμένης, σὺν ἅπασιν οἷς εὐεργέτησεν ἀγα-
5 θοῖς τὴν Αἴγυπ]ον τὴν ἐναργεσ]άτην πρόνοι-
6 αν ποιησάμενος, [ἐπεμ]ψεν ἡμεῖν Τιβέριον Κλαύδι-
7 ον Βάλβιλλον ἡγεμόνα· διὰ δὲ τὰς τούτου [χά]-

A la bonne fortune.
Considérant que Néron Claude César Auguste Germanicus, empereur, l'Agathodémon de la terre, outre tous les biens qu'il a répandus sur l'Égypte, prenant le soin le plus manifeste de son bonheur, nous a envoyé pour préfet Tibère Claude Balbillus; et que l'Égypte, comblée de

[a] Plus haut, p. 405, 406. — [b] Sous le n° 37. XI[e] Salle, *Synopsis of contents*, p. 110. — [c] T. XIX, p. 413. — [d] V. mes *Recherches*, etc. p. 392 et suiv. — [e] *Egyptian antiquities*, t. II, p. 377, 378. — [f] Howard Vyse, t. III, pl. G, p. 118.

DXXVII. GRAND SPHINX DE MEMPHIS. 467

8   ριτας καὶ εὐεργεσίας πλημυροῦσα πᾶσιν ἀγαθοῖς[ἡ]
9   Αἴγυπτος, τὰς τοῦ Νείλου δωρεὰς ἐπαυξομέ-
10 νας κατ' ἔτος θεωροῦσα, νῦν μᾶλλον ἀπέλαυ-
11 [σ]ε τῆς δικαίας ἀναβάσεως τοῦ θεοῦ· ἔδοξε
12 τοῖς ἀπὸ κώμης Βουσίρεως τοῦ Λητο[πολεί]-
13 του παροικοῦσι ταῖς πυραμίσι, καὶ τοῖς [ἐν α]ὐτ[ῇ]
14 καταγεινομένοις τοπογραμματεῦσι καὶ κω-
15 μογραμματεῦσι, ψ[ηφίσ]ασθαι κ[αὶ ἀν]αθεῖναι
16 σ7ήλην λιθίνην, παρὰ [τῷ μεγίσ7ῳ θεῷ Ἡλί]-
17 ῳ Ἁρμάχει, ἐκ τῶν ἐνκεχαρισμένων ἀγα-
18 θῶν [σημαίν]ον [τι] τὴν [πρ]ὸς αὐτο[ὺς ε]ὐεργεσίαν
19 ἐξ ὧν, ἐπίσ[ταντα]ι καὶ τὴν αὐτοῦ πρ[ὸς ὅ]λην τ[ὴν]
20 Αἴγυπτον καλοκα[γαθ]ίαν πάντες. Δογματί]-
21 ζει γὰρ τὰς ἰσοθέους αὐτοῦ χάριτας ἐνεσ7η-
22 λωμένας τοῖς ἱεροῖς γράμμασιν αἰῶνι μνημο-
23 νεύεσθ[αι παντί]. Παραγενόμενος γάρ, ἡμῶ[ν]
24 εἰς τὸν νομόν, καὶ προσκυνήσας τὸν Ἥλιον
25 Ἁρμάχιν, ἐπόπτην καὶ σωτῆρα, τ[ῇ τ]ε τῶν πυ[ραμ]
26 ί[δω]ν με[γαλ]ειότητι καὶ ὑπερουσία τερφθείς,
27 θε[ασ]άμενός τε, πλείστης ψάμμου διὰ τὸ μῆκος
28 τοῦ [χρό]νου ἐπει .... γράμματα πρῶτος
29 εἰς [τ]ὸ[ν θ]εὸν Σ[εβ]ασ7ὸν... [ἔπεμψεν] ....

toutes sortes de biens, par les grâces et les bienfaits de ce [gouverneur], et voyant que d'année en année vont s'accroître les dons du Nil, jouit maintenant plus que jamais de l'inondation juste du dieu,

Il a paru convenable aux habitants du bourg de Busiris, dans le [nome] Létopolite, qui habitent près des pyramides, et aux greffiers *locaux* qui demeurent dans ce bourg, d'ériger, en vertu d'un décret, une *stèle* de pierre, près du très-grand dieu soleil Harmachis, qui, par les biens qu'il accordés, a manifesté sa bienfaisance envers eux; lesquels biens leur ont aussi donné à connaître la bienveillance de Balbillus à l'égard de l'Égypte entière : car il vient de décréter que les bienfaits divins qu'elle a reçus, gravés sur cette stèle en caractères sacrés, seront transmis à la postérité la plus reculée. En effet, étant arrivé dans notre nome, ayant adoré le soleil Harmachis, notre surveillant et notre sauveur, charmé de la grandeur et de la supériorité des pyramides, et les ayant contemplées; voyant, de plus, que, par le laps de temps, le sable s'étant amoncelé..... [Balbillus a, le premier, écrit à l'empereur.....

L. 3. Sur le titre d'*Agathodémon de la terre*, donné à Néron, voyez ce que j'ai dit plus haut[a].

L. 5. Ἐναργεσ7άτην. Ainsi θεὸς ἐναργέσ7ατος[b] dans un sens analogue à celui de *deus præsens*, θεὸς ἐπιφανής, donné à Caligula dans une inscription d'Éphèse[c], θεὸν ἐπιφανῆ, καὶ κοινὸν τοῦ ἀνθρωπίνου βίου σωτῆρα; on peut voir d'ailleurs Visconti sur ce titre de ἐπιφανής[d]. On trouve jointes ensemble les idées de ἐπιφανής et ἐναργής : ainsi αὐτή τε... ἱδρῦσθαι καὶ βωμοὺς ἀνακεῖσθαι διὰ τὰς ὑπ' αὐτῆς γεινομένας ἐναργεῖς ἐπιφανείας[e], et πρόνοια ἡ ἐναργεσ7άτη καὶ ἐπιφανεσ7άτη[f].

L. 6. Ἐπέσ7ησεν ferait un bon sens, comme dans ἐπέσ7ησε τοῖς νομοῖς νομάρχας[g]; mais ἔπεμψεν est la vraie leçon.

Ce personnage est le Claude Balbillus, qualifié de σοφός dans une inscription memnonienne[h]; on a vu qu'il était devenu gouverneur

---
[a] T.I, p. 93. — [b] Ælian. Hist. anim. XI, 10.— [c] Corp. inscr. n° 2957.— [d] Iconogr. grecque, p. 310. — [e] Corp. inscr. n° 2954, A.— [f] Corp. inscr. n° 2972.— [g] Diod. Sic. I, § 54.— [h] Plus haut, p. 358.

59.

de l'Égypte la deuxième année de Néron. Il paraît que ce préfet porta dans l'administration de l'Égypte les talents et les qualités dont Sénèque a fait l'éloge.

L. 8. Les deux copies portent ΠΛΗΜΥΡΟΥΣΑ, non ΠΛΗΜΜΥΡΟΥΣΑ. Ce n'est pas une faute du graveur, car la double orthographe était admise.

On pourrait hésiter sur la personne à laquelle il faut rapporter le pronom τούτου : est-ce l'empereur? est-ce le préfet Balbillus? La tournure exige, ce me semble, qu'on le rapporte encore à ce dernier. C'est à la bonne administration de ce gouverneur qu'on doit la prospérité dont jouit la contrée; et, en ce sens, la reconnaissance qu'il mérite remonte jusqu'à l'empereur qui a envoyé dans la province un magistrat si distingué.

L. 9. Τὰς τοῦ Νείλου δωρεὰς ἐπαυξομένας κατ' ἔτος θεωροῦσα; l'Égypte voit sa prospérité *toujours croissante,* le Nil augmentant ses bienfaits d'année en année; ce qui peut s'entendre des soins continus qu'on donnait aux canaux. C'est un objet que les Romains ne négligèrent point, surtout pendant les deux premiers siècles de leur domination.

L. 10. Νῦν μᾶλλον ἀπέλαυσε. L'adverbe νῦν, joint à l'aoriste ἀπέλαυσε, ne doit avoir que le sens de *nuper*; ce qui est assez ordinaire. Hésychius : νῦν... δηλοῖ δὲ καὶ ἀρτίως [a]. On peut voir, sur cette acception, H. de Valois [b] et Masson [c].

L. 11. Δικαία ἀνάβασις est une expression assez remarquable. Plutarque dit de même : ἡ δὲ μέση ἀνάβασις περὶ Μέμφιν, ὅταν ᾖ δικαία, δεκατεσσάρων πηχῶν [d]; et Pline [e] : *Justum incrementum est cubitorum* xvi. Δίκαιος, comme *justus* en latin, se disait d'une chose exactement conforme à ce qui devait être, conforme à la loi. Tels sont les passages de la Bible, où nous trouvons : μέτρα δίκαια, χοῦς δίκαιος, στάθμιον δίκαιον [f]; on lit même ζυγὸς ἀδικίας [g] et στάθμια δόλου [h] dans les petits prophètes,

---

[a] *Voce* Νῦν. — [b] *Ad Euseb. Hist. eccles.* p. 152, 192, 539 — [c] *Collectanea hist. de Aristid. vita.* ad ann. CLXI, S 3. — [d] *De Isid. et Osiride,* p. 368, S 43. — [e] Plin. V, ix. — [f] *Levit.* XIX, 35, 36; *Deuteron.* XXV, 16; *Ezech.* XLV, 10; *Proverb.* XI, 1. — Cf. Philon, p. 503, B. — S. Epiphan. *De mensur.* S 21. — [g] Hos. XII, 7. — [h] Mich. VI, 11.

DXXVII. GRAND SPHINX DE MEMPHIS.

ce qui revient à ζυγὸς ἄδικος, σταθμια ἄδικα. Cela me donne lieu de penser que le πῆχυς δικαιοσύνης, *coudée de justice,* que l'on portait dans les cérémonies égyptiennes, selon Clément d'Alexandrie[a], n'est autre chose que la *coudée juste* (πῆχυς δίκαιος) ou *légale,* qui servait à mesurer l'inondation du Nil.

L. 11. Τοῦ Θεοῦ, c'est-à-dire τοῦ Νείλου. Sur une médaille de Julien, on lit DEO. SANCTO. NILO[b]. Parménon de Byzance donnait à ce fleuve le nom de Jupiter : Αἰγύπτιε Ζεῦ Νεῖλε[c].

L. 12. Pline parle en ces termes de *Busiris,* bourg dont il est ici question : *Sitæ sunt* (pyramides)... *a Nilo minus* IV M. P. *à Memphi* VII M. D., VICO *apposito, quem vocant Busirin, in quo sunt assueti scandere illas*[d]. Diodore de Sicile dit que les pyramides sont à quarante-cinq stades du Nil[e]; et, comme Pline divise toujours le nombre de stades par huit pour les convertir en milles, les quarante-cinq stades sont alors équivalents à cinq milles cinq huitièmes; il me paraît donc très-probable que cet auteur a écrit *minus* VI M. P. et non pas *minus* IV M. P.

L. 13. Il est incertain s'il faut lire ἐν αὐτῇ, se rapportant à Busiris, ou ἐν αὐτῷ, se rapportant au nome. Je me décide pour la première leçon, et voici pourquoi. Les subdivisions des nomes se nommaient τόποι ou τοπαρχίαι, *districts,* contenant les κῶμαι, *bourgs,* avec leur territoire : il est donc vraisemblable que les τοπογραμματεῖς sont les *greffiers* des districts, et les κωμογραμματεῖς ceux des bourgs. Ainsi les premiers sont d'un rang plus élevé que les autres, aussi, je ne sais pourquoi l'ordre est interverti dans un des deux décrets de l'Oasis, où les κωμογραμματεῖς sont placés avant les autres. L'absence des βασιλικοὶ γραμματεῖς, officiers dont les fonctions embrassaient tout un nome, indique qu'il s'agit des magistrats du bourg, et non de ceux du nome Létopolite.

L. 15. On ne peut suppléer autrement les lacunes qu'en lisant ψηφίσασθαι καὶ ἀναθεῖναι. Les différents lieux de l'Égypte avaient con-

---

[a] *Stromat.* VI, 4, p. 757. — [b] Belley, *Acad. inscr.* XXVIII, p. 531. — [c] *Ap.* Athen. V, p. 203 C, et Schol. Pindar. *ad Pyth.* IV, 99. — [d] XXXVI, 12, p. 737, l. 25. — [e] I, § 63.

servé, sous les Romains, le droit de *rendre des décrets* sur les objets qui concernaient la municipalité[a].

L. 16. On peut croire que la préposition παρά était suivie du nom du dieu. Παρὰ τῷ θεῷ se dit sans cesse en pareil cas.

L. 17. Les lettres APMAXEI, qui commencent cette ligne s'expliquent par τὸν Ἥλιον Ἅρμαχιν de la ligne 25; c'était une dénomination locale de Ἥλιος. Il est vraisemblable que la première syllabe est *Hor* ou *Horus*, d'autant plus que le nom qui se trouve en haut du sphinx, dans les deux bas-reliefs, est 𓅃, qu'on lit *Hor-ma-choi*[b], qui semble bien être le même qu'Ἅρ-μα-χις. Dans ce cas, on peut croire que le sphinx lui-même était adoré comme un dieu et comme symbole solaire.

L. 18-20. Il y a sans doute quelque témérité à vouloir remplir des lacunes aussi grandes; il est cependant impossible de ne pas chercher à tirer parti des vestiges qui subsistent; ce que j'ai tâché de faire d'une manière au moins probable.

La fin de la ligne 19, liée à la ligne 20, doit être nécessairement πρ]ὸς ὅλην τ[ὴν] Αἴγυπτον, et le πρός étant, sans nul doute, en rapport avec les lettres καλοκα, on lira τὴν (τῆς ou τῇ) πρὸς ὅλην τὴν Αἴγυπτον καλοκαγαθίαν (ou καλοκαγαθίας ou καλοκαγαθίᾳ), avec un deuxième mot καὶ εὐμένειαν, ou tout autre du même sens.

ΕΞΩΝΕΠΙϹ paraît être une reprise de ἐκ τῶν... ἀγαθῶν, ces *biens*, quoique émanés du dieu, attestent aussi la bienveillance du préfet, puisqu'ils sont dus en même temps aux soins qu'il a donnés à l'administration. C'est sur cette idée que repose la restitution hypothétique du passage : ἐξ ὧν ἐπίσ[ταντωι πάντες τὴν αὐτοῦ πρ]ὸς ὅλην τὴν Αἴγυπτον καλοκα[γαθίαν...

L. 21-23. Voici la phrase la plus remarquable de l'inscription; et heureusement les traces qui en restent sur le monument fournissent les moyens de la rétablir de manière à laisser peu de doute sur le fait qui y est exprimé.

La particule ΓΑΡ, placée après les lettres ΖΕΙ, annonce que le

---

[a] *Recherches pour servir*, etc. p. 235. — [b] Plus haut, p. 460.

DXXVII. GRAND SPHINX DE MEMPHIS.

mot dont elles sont la fin commençait la phrase; la même particule, placée après παραγενόμενος (l. 23), annonce aussi que ce participe commence une autre proposition. Ainsi, dans la partie comprise entre le verbe auquel ZEI appartient et παραγενόμενος, on doit trouver une proposition complète.

Ce premier point établi, on remarque (fin de la ligne 22) MNHMO, qui se lie immédiatement avec NEYECΘ, ce qui ne peut être que l'infinitif μνημονεύεσθαι : et, comme il est de toute impossibilité de trouver dans les lacunes de ces deux lignes la place d'un verbe à l'indicatif, dont cet infinitif dépend, il faut que ce verbe soit celui dont les lettres ZEI nous ont conservé la fin.

On voit déjà que ZEI ne saurait être autre chose que la troisième personne du singulier d'un verbe en ζειν, et le sujet de ce verbe doit être Balbillus. Il s'agit d'une action opérée par le préfet. L'infinitif μνημονεύεσθαι doit en dépendre; et il semble qu'on ne peut lire autrement que δογματίζει γὰρ... μνημονεύεσθαι, il arrête, il décrète, il ordonne, mot employé souvent dans cette acception. Aux exemples cités dans le *Thesaurus L. G.*, ajoutez ἐδογμάτισεν ἡ σύγκλητος[a]; ἐδογμάτισαν... κατ' ἐνιαυτὸν ἄγειν τάσδε τὰς ἡμέρας[b]; Diogène Laërce : τὸ δογματίζειν ἐστὶ τὸ δόγμα τιθέναι[c]; dans une des inscriptions de Cyzique, τῷ δάμῳ... δογματίζοντος[d], et ταῖς τιμαῖς δεδογματισμέναις[e]. Les anciennes gloses portent δογματίζω, *consulto, censeo, decerno*[f].

Les lettres TACICOΘEOYEAYTOY annoncent un accusatif qui dépend d'un des deux verbes de la phrase; la lettre E devant AYTO est marquée d'un trait, preuve qu'elle est douteuse; il faut lire évidemment τὰς ἰσοθέους αὐτοῦ. Reste à suppléer le substantif : ce pouvait être τιμάς; car rien n'est plus commun que l'alliance des deux mots ἰσόθεοι τιμαί, particulièrement dans l'expression τυχεῖν ἰσοθέων τιμῶν[g].

---

[a] *Decret. ap.* Joseph. *Ant. Jud.* XIV, 10, 22. — Diod. Sic. *Exc. de Legg.* t. X, p. 28, ed. Bip. — [b] II *Maccab.* x, 8; xv, 36. — [c] III, 51, *ibi.* Menag. — [d] Caylus, *Recueil d'antiquités*, t. II, pl. LV, 6, 5. Le commencement de la ligne doit se remplacer ainsi : TAIΣ EYΠΡΕΠΕΣΤΑΙΣ. — [e] Pl. LVIII, l. 54. — [f] *Ap.* Lab. *hac voce.* — [g] Diod. Sic. I, 22, 90, 97; III, 56; IV, 48. — Plutarch. *in Thes.* § 33; *in Pyrrho*, § 1. — Polyb. X, 10, 11. — Dionys. Halic. *Ant. Rom.* I, p. 35, l. 19, ed. Sylb. — Porphyr. *De abstin.* II, 37, etc.

Philon dit de même : τὰς ἰσολυμπίους αὐτῷ τιμὰς ἐψηφίσαντο[a], et Dion Cassius, τοῖς ὀρθῶς αὐταρχήσασι ἰσόθεοι τιμαὶ δίδονται[b].

Mais les lettres conservées donnent assez clairement χάριτας.

Toutes les copies montrent, et M. S. Birch me confirme, que la pierre porte ΕΝΕϹΤΗΛΕΙΖѠΜΕΝΑϹ. Les seuls verbes connus auxquels on pourrait rapporter ce participe sont ἐνσ7ηλόω et ἐνσ7ηλι7εύω, dont les participes parfaits passifs seraient ἐνεσ7ηλωμένας ou ἐνεσ7ηλιτευμένας. Celui-ci, ἐνεστηλει (pour λι) ζωμένας, suppose une troisième forme, ἐνστηλιζόω, forme étrange, qui n'a peut-être d'existence que par l'erreur du lapicide : il a cru écrire ἐνεσ7ηλωμένας ou ἐνεσ7ηλεισμένας de ἐνστηλίζω, dont il n'y a pas d'exemple, mais qui, du moins, n'a rien de choquant. En tout cas, le sens est clair; il équivaut à ἐν σ7ήλῃ γεγραμμένας τοῖς ἱεροῖς γράμμασιν, comme ἀναγράψας τοῖς ἱεροῖς γράμμασι, phrase de Diodore[c].

Quant à la lacune de quatre ou cinq lettres après μνημονεύεσθαι, elle ne me paraît pas devoir être remplie autrement que par παντί; ce qui nous donne αἰῶνι μνημονεύεσθαι παντί. L'adjectif n'est pas nécessaire, parce que αἰῶνι tout seul a le sens de *perpetuo, semper ab eo tempore*; mais il donne plus de force à l'expression.

Il paraît donc que c'est le préfet lui-même qui a ordonné que les bienfaits du dieu et les siens seraient consignés dans une inscription *hiéroglyphique*.

L. 23 et suiv. La dernière phrase commence à παραγενόμενος γάρ; elle contient l'énoncé des *grâces* que Balbillus a faites à l'Égypte.

Παραγενόμενος γὰρ ἡμῶν εἰς τὸν νομόν est une locution connue; ainsi : ἐπιδημήσας τε ἡμῶν ἐν τῇ πόλει[d].

Il s'agit ici du voyage de Balbillus dans son gouvernement. Les préfets d'Égypte avaient l'usage de faire des visites provinciales dans toute l'étendue du pays; c'est ce qu'attestent des inscriptions Memnoniennes[e]. Strabon raconte plusieurs circonstances du voyage d'Ælius Gallus dans la haute Égypte[f]; il fait même entendre que ces voyages n'étaient point rares[g], et il parle des bateaux thalaméges

---

[a] *Ad Caium*, p. 567, ed. Mangey. — [b] LI, 20. — [c] I, 45. — [d] Dobree's, *Greek inscr.* VII, 45. — [e] Plus haut, p. 405. — [f] XVII, p. 806, 815. — [g] *Id.* XVII, p. 817.

DXXVII. GRAND SPHINX DE MEMPHIS. 473

ou *yachts,* réunis à *Schédia* pour l'usage des gouverneurs qui visitaient l'intérieur du pays[a].

Balbillus avait fait son hommage religieux à la divinité locale, le *soleil Harmachis,* qualifié de ἐπόπτην καὶ σωτῆρα. On voit souvent ὁ Ἥλιος πάντων ἐπόπτης[b]; Porphyre nomme le soleil ὁ πανόπτης[c]; Eschyle[d] et Sophocle[e], παντόπτης.

Le préfet fut charmé de l'aspect majestueux et de la grandeur colossale des pyramides. Les pyramides et la statue de Memnon étaient alors les objets qui frappaient le plus les voyageurs en Égypte. On le voit, entre autres, par Lucien, qui donne pour principal motif du voyage de Démétrius le désir de voir les pyramides et d'entendre Memnon... ἔτυχεν τὴν Αἴγυπτον ἀποδημῶν κατὰ θέαν τῶν πυραμίδων καὶ τοῦ Μέμνονος[f].

Le mot μεγαλειότης s'entend proprement de la *grandeur morale* des personnes ou des actions, comme μεγαλεῖος dont il est formé. Cet adjectif est ancien dans la langue; mais je ne sais si l'on trouverait l'usage de μεγαλειότης avant l'époque alexandrine. Il est à remarquer qu'ici ce mot s'entend de la grandeur physique, ou du moins de l'effet produit par cette grandeur, comme nous dirions en français *l'aspect majestueux des pyramides.*

Après μεγαλειότητι vient ΥΠΕΡΟΥϹΑ. Ce doit être ὑπερουσία, mot inconnu dans la langue grecque, mais qui, par sa composition, serait assez propre à rendre le sens de ὑπεροχή, *grandeur, élévation extraordinaire,* ou bien ὑπερφυΐα, substantif dont je ne connais pas d'exemple; mais il est analogue à ceux de εὐφυΐα, δυσφυΐα, διφυΐα, et le sens peut être fixé par ces gloses d'Hésychius: ὑπερφυῶς, ὑπεράγαν: ὑπερφυᾶ, ὑπὲρ φύσιν μέγαν: ὑπερφυὲς, ὑπερμέγεθες.

Il paraît clair que Balbillus, si enchanté de la vue des pyramides, les voyait pour la première fois; il en était à son premier voyage en Égypte, ce qui confirme qu'il était arrivé depuis peu dans ce pays.

---

[a] Strab. XVII, p. 800. — [b] Lennep. ad Phalarid. p. 152. — [c] De Abstinent. II, 26; ibid. De Rhoer. — [d] Prometh. solut. frag. 177. Dindorf, 66, éd. Didot. — [e] Œdip. Col. v. 1086. — [f] Lucian. Toxar. 27, II, p. 536.

On doit conclure de ce passage que les pyramides, ainsi que le bourg de Busiris, étaient dans l'arrondissement du nome Létopolite; le grand *sphinx* était en rapport avec le culte de la divinité égyptienne appelée par les Grecs *Latone*, et qui avait donné son nom à Létopolis, métropole du nome; puisque, dans l'inscription métrique d'Arrien (n° DXLI), le sphinx est appelé le *suivant de Latone*.

La ligne 26 commence par θεασάμενός τε, qui complète le sens de τερφθείς; une incise commence ensuite : πλείσ7ης ψάμμου διὰ τὸ μῆκος τοῦ [χρό]νου ἐπει..... La construction est louche et incomplète; pourtant on devine que Balbillus, voyant que les sables s'amoncelaient autour du sphinx, avait, *le premier*, écrit à l'empereur (γράμματα πρῶτος εἰς τὸν θεὸν Σεβασ7όν ἔπεμψεν)? Déjà Strabon avait remarqué que l'*ensablement* se montrait sur le plateau des pyramides, et que les sphinx du temple de Sérapis étaient enterrés les uns à moitié, les autres jusqu'à la tête[a].

Il est impossible d'aller plus loin, et peut-être aurais-je bien fait de m'arrêter plus tôt, par exemple à τερφθείς, quoique διὰ τὸ μῆκος [χρό]νου soit certain, ainsi que ΓΡ. ΜΑΤΑΠΡΩΤΟϹ (avec un seul M), et que εἰς τὸν θεὸν Σεβασ7όν qui suit: d'où il résulterait que le préfet aurait cru nécessaire de demander l'avis de l'empereur pour opérer le déblayement des sables.

Les deux dernières lignes devaient contenir l'énoncé de la date : les lettres ΚΛΑΥΔ, au milieu de la ligne 35, appartiennent sans doute au nom de Néron. Il y avait peut-être :

L. ΔΕΥΤΕΡΟΥΝΕΡΩΝΟϹ]ΚΛΑΥΔ[ΙΟΥΚΑΙϹΑΡΟϹΕΒΑϹ].
ΤΟΥΓΕΡΜΑΝΙΚΟΥΑΥΤ]ΟΚ[ΡΑΤΟΡΟϹ, tel mois, tel jour.

Malgré les mutilations que présente le texte de ce décret, on y aperçoit bien distinctement l'énoncé de deux faits; l'un est l'érection d'une *stèle*, par les greffiers et les habitants du pays, avec une inscription, laquelle doit être celle qui nous a été conservée; l'autre

---

[a] XVII, p. 807.

DXXVIII, DXXIX. GRAND SPHINX DE MEMPHIS. 475

est la mention, qui a dû être exprimée en hiéroglyphes, des vertus et des bonnes intentions du prince.

Nous voyons par là que, du temps de Néron, les hiéroglyphes étaient encore employés sur les monuments publics, comme ils l'étaient sous les Ptolémées, toutes les fois qu'il s'agissait de la religion. Ainsi, dans l'espace de deux cent cinquante ans écoulés entre la date de l'inscription de Rosette et le commencement du règne de Néron, il ne s'était opéré aucun changement notable dans cette partie importante des usages égyptiens.

Ainsi le préfet romain attache une telle importance à l'emploi des *hiéroglyphes*, qu'il décrète lui-même qu'on en fera usage en cette circonstance religieuse! Nous avons vu, plus haut, qu'un propylon, construit sous Trajan, avait été couvert d'hiéroglyphes[a], et que des Grecs, à cette même époque, exerçaient la profession de *graveurs* ou *sculpteurs* d'emblèmes égyptiens (ἱερογλύφοι)[b]. Ces faits, maintenant hors de doute, attestent la persistance des usages antiques sous les dominations grecque et romaine.

DXXVIII. Cet *ex-voto*[c] a été trouvé dans la fouille. Le mot tronqué ne peut être que le nom égyptien Νεκ- Φερίτης ou Νεκφορίτης, à peu près identique avec celui de deux des pharaons de la vingt-neuvième dynastie : l'un, Νεφερίτης, le premier; l'autre, Νε- Φορίτης, le dernier de cette dynastie.

On n'a évidemment ici que la moitié de la pierre; sur l'autre moitié, devait se trouver un second *pied*. On a déjà vu que la représentation de ces pieds, dans les proscynèmes, était une sorte d'expression graphique de l'idée du verbe ἥκω ou ἦλθον, *je suis venu*[d].

DXXIX. On y trouva aussi de même un fragment de pierre sur

[a] T. I, p. 119. — [b] Plus haut, p. 435. — [c] Vyse, p. 109, pl. A, fig. 4. — [d] Plus haut, p. 204.

lequel étaient gravées des lettres demi-cursives (pl. XXXVIII, 4) qui doivent être Ἀδριανὸς ὁ πρίων, « Adrien le scieur (le charpentier). » C'est, je crois, le seul exemple d'un particulier portant le nom d'Ἀ-δριανός. Ce nom, comme celui de Trajan, était resté aussi rare que ceux d'Aurèle et d'Antonin ont été répandus après la mort de ces empereurs.

Les deux inscriptions qui suivent ont été tracées en diverses parties du mur qui borde le *dromos*.

DXXX. La première n'est qu'un court fragment d'une pièce qui a pu être assez longue, mais où l'on ne distingue presque rien d'entier. La forme des lettres indique l'époque d'Auguste à Néron.

```
..ΤΕ ΛΕΙΛΟΥ            ...τε Νείλου
..ΕΛΟΥΣΙΝ ΕΙΝΑ         ..[θ-]έλουσιν εἶνα[ι]
..ΣΥΜΒΟΛΟΝΤΕ           ....σύμβολόν τε.
```

Il est à regretter qu'on n'ait pas pu en lire davantage. C'était apparemment un décret ou un arrêté de l'autorité locale.

DXXXI. Celle-ci n'est qu'un nom propre.

```
                       [Τὸ προσκύνημα]
   ΗΡΑΚΛΑΤΟΣ           Ἡρακλᾶτος.
```

Toutes les inscriptions qui viennent ensuite ont été gravées sur les doigts de l'une des pattes du grand sphinx; elles déposent de la vénération religieuse que le sphinx inspirait, à l'époque romaine.

DXXXII.

```
   ΤΟ ΠΡΟΣΚΥΝΗΜΑ       Τὸ προσκύνημα
   ΑΡΙΟΥ               Ἀρίου.
```

répété deux fois. Le nom d'Ἄριος ou d'Ἄρειος s'est déjà présenté[a].

[a] Plus haut, p. 397.

DXXXIII—DXXXVI. GRAND SPHINX DE MEMPHIS.

DXXXIII.

TO ΠΡΟCΚΥΝΗΜΑ ΕΡΜΙΟΥ   Τὸ προσκύνημα Ἑρμίου.

DXXXIV.

KEKAPIKOYKEEYTYXI
KETEPONTIOY....
KEMANΔPIKEXPYC..ΦIOYKEEΠAΛIXOI

[Τὸ προσκύνημα....]
καὶ Καρίκου, καὶ Εὐτύχ[ους
καὶ Τερεντίου....
καὶ Μάνδρ[ου] καὶ Χρυσ[οῦ]φίου, καὶ Ἐπάλκου (ou Ἐπάλκους)

Le ΚЄ pour ΚΑΙ indique la basse époque de cette inscription. Κάρικος est un nom inconnu, mais assez naturellement formé de l'adjectif possessif de *Carien*. Μάνδρος, nom également inconnu, ne peut guère, à cette époque, venir de celui de l'ancienne divinité[a]; il doit être formé de μάνδρα. Le nom qui suit doit être Χρυσ[οῦ]φίου (sinon Χρυσοφίλου), formé de l'adjectif χρυσοϋφής ou χρυσούφαντος, *tissu avec des fils d'or;* c'en est le premier exemple connu. Enfin, le dernier nom peut être Ἐπάλκου, de Ἔπαλκος ou Ἐπάλκης, deux formes connues.

DXXXV.

ΤΟΠΡΟCΚΥΝΗΜΑ
ΑΡΠΟΚΡΑΤΙΟC
ΚΑΙΠΥΝΑΝ.

Τὸ προσκύνημα
Ἁρποκρατίω[νος
καὶ Τιμάνδρου?

ΠΥΝ peut très-bien se confondre avec ΤΙΜ; et ΤΙΜΑΝ peut être Τιμάν[δρου, Τιμάνθου ou Τιμάνορος].

DXXXVI.

ΤΟΠΡΟCΚΥΝΗΜΑΕΡΜΙΟΥΑΛΕ
ΞΑΝΔΡΟΥΠCΧΕΙΜCΙΝΙC

Τὸ προσκύνημα Ἑρμίου Ἀλεξάνδρου Πεχειμεινί[ου]

Le dernier mot est peut-être l'ethnique d'un nom de lieu inconnu.

[a] V. la 2ᵉ partie de mes *Recherches sur les noms propres grecs.*

DXXXVII.

```
ΙΙΙΣΘΙΣ.....ΑΙΣΣΙΣΑΡ
..ΑΙΣΑΥΡ ΑΠΟΔΩΛ...
..ΑΥΡΙΣΧΥΡΙΩΝ....
Σ .. ΤΗΣΛΑΜ.ΡΟΤΑΓ...
ΛΕΞΑΝΔΡΕΙΑΣΣ...
ΣΥΝ..ΙΩΚΑΙΤΕΚΝΟΙΣΣΤΕ
ΛΩΙΣΧ
ΕΠΑΡ\-ΘΩ
```

     ἐμνήσθησ[αν ....
[καὶ] Μ. Αὐρ...Ἀπολώνιος (pour Ἀπολλ.)
[καὶ] Αὐρ. Ἰσχυρίων [γραμματ-
εὺς?] τῆς λαμπροτάτης
   Ἀλεξανδρείας, σ[ὺν
[τῇ] συνβίῳ καὶ τέκνοις Στε-
[φά]νῳ, Ἰσχ[υρίωνι, καὶ ....
  Ἐπ' ἀγαθῷ.

Il y avait auparavant le nom d'un personnage dont les signataires se sont *souvenus* en faisant leur proscynème, selon un usage déjà plusieurs fois remarqué[a]. Ces divers noms ne donnent lieu à aucune remarque. Aur. Ischyrion exerçait une fonction exprimée dans la lacune qui suivait son nom; car Ἀλεξανδρείας doit être le nom de la ville plutôt que celui d'une femme; ce que prouve l'épithète de λαμπροτάτη, si souvent donnée aux grandes villes de l'empire romain, surtout en Asie mineure. Ἀπολλώνιος est rarement écrit avec un seul Λ.

DXXXVIII.

```
ΚΥΝΙΙΟ
ΦΑΝΟΥ
```

Peut-être [Τὸ προσκύνημα
.... Φάνου ou Φάνους.

Διοφάνους, Ἀριστοφάνους ou tout autre de ce genre.

DXXXIX.

```
ΚΟΛΛΟΥΘΙΩΝΟΣ
ΤΟΠΡΟΣΚΥΝΗΜΑ
```

Κολλουθίωνος
τὸ προσκύνημα.

Κολλουθίων est un dérivé de Κολοῦθος ou Κολλοῦθος, nom du poëte de Lycopolis en Thébaïde (Coluthus), auteur du poëme de l'*Enlèvement d'Hélène*. Je retrouve ce nom dans celui d'un abbé cité dans un papyrus chrétien : Ἀπᾶ Κολλούθου. Je soupçonne que ce nom est plutôt égyptien que grec. Il en est de même d'un autre poëte grec, Nonnus, né à Panopolis en Thébaïde, l'auteur des Dionysiaques; car Νόννος

---

[a] Plus haut, p. 29, 30.

DXL. GRAND SPHINX DE MEMPHIS.

n'a aucune racine dans la langue grecque, non plus que Νόννοσος, qui en est dérivé, nom d'un auteur chrétien qui fut député par Justinien au roi des Éthiopiens et des Axumites[a]. D'après son nom ce devait être, comme Nonnus, un Égyptien. Jablonski a déjà remarqué que Νόννος ou Νόννα, *moine* ou *nonne*, est un nom d'origine égyptienne[b]. On a vu que le nom d'un troisième poëte grec, Triphiodore, auteur de la *Prise d'Ilion*, était tiré de celui d'une divinité égyptienne *Triphis*[c], adorée près de Panopolis en Thébaïde. C'était un nom égyptien avec finale grecque. Il est donc tout à fait singulier que ces trois *poëtes grecs*, qui florissaient à peu près à la même époque, du IV[e] au VI[e] siècle, fussent nés dans la Thébaïde, et portassent des noms qui semblent indiquer qu'ils avaient une origine égyptienne. C'est là une particularité des plus remarquables, et qui n'a peut-être pas été assez remarquée. Elle semble indiquer qu'il subsista fort tard en Thébaïde une école *grecque* célèbre, où continuèrent à se former et Grecs et Égyptiens. On peut présumer qu'elle se tenait à *Ptolémaïs*, ville toute *grecque* fondée par Ptolémée Soter[d], dont les habitants me semblent être désignés, dans l'inscription d'Aristide, par les mots οἱ τὸν Θηϐαϊκὸν νομὸν οἰκοῦντες Ἕλληνες, qui, de concert avec les *nouveaux Grecs d'Antinoé* (οἱ Ἀντινοεῖς νέοι Ἕλληνες), honorèrent cet illustre rhéteur[e]; ce qui annonce, de la part de ces *Grecs thébains*, un goût très-vif pour la littérature.

DXL.

ΛΟΥΚΑC   Λουκᾶς.

C'est la contraction de Λουκανός ou de Λουκιανός[f], qui, avant l'établissement du christianisme, ne s'est encore rencontrée qu'une fois dans le nom du saint évangéliste. Depuis, ce nom a été porté par divers auteurs chrétiens[g]; c'est ce qui me ferait croire que ce nom isolé appartient à une inscription chrétienne.

---

[a] Apud Phot. Cod. 3. — [b] *Opusc.* t. I, p. 176, 177. — [c] Plus haut, t. I, p. 233. — [d] Plus haut, p. 188. — [e] T. I, p. 129. *Mus. Veron.* p. 41, 42. — [f] Plus haut, p. 56. — [g] Fab. *Bibl. gr.* t. XI, p. 338, 667. Harl.

DXLI. Le capitaine Caviglia trouva, gravée sur le second doigt de la patte gauche du sphinx, l'inscription suivante, en onze vers. Elle fut publiée, pour la première fois, dans le *Quarterly Review*[a], accompagnée d'un texte habilement restitué par le D[r] Th. Young, et d'une traduction latine et anglaise[1]. Les lacunes fort considérables qui s'y trouvaient furent remplies, avec sagacité, par ce savant universel, bien que le *fac-simile* qui a paru plus tard, dans l'ouvrage du colonel Vyse, ne les ait pas toutes justifiées. On voit, sur ce *fac-simile*, que l'inscription y occupait treize blocs juxtaposés, de grandeur inégale, sur deux desquels les lettres étaient entièrement effacées. D'une dernière ligne, il ne restait que le seul mot APPIANOC.

On ignorait que ces blocs eussent été détachés de la patte du sphinx, et enlevés par un amateur d'antiquités, lorsque arriva au Louvre, en 1828, la collection Drovetti, achetée à Livourne par le Gouvernement français.

Parmi les objets fort nombreux dont elle se composait, se trouvaient *huit* blocs de pierre portant des lettres. On ne savait que faire de ces blocs. Je fus prié de passer au Musée, pour voir ce que ce pouvait être. Je reconnus aussitôt que les lettres faisaient partie d'une inscription en vers, et que cette inscription n'était autre que celle du sphinx[2]. Il ne me fut pas difficile de réunir ces fragments et d'en reconstruire l'inscription, autant du moins qu'on le pouvait faire dans l'état où elle était réduite; car, des treize blocs qui existaient sur place, d'après la copie de Caviglia, il n'en avait été apporté à Paris que *huit*. Le *fac-simile* qu'en a publié M. de Clarac[b], et que j'ai reproduit sur la pl. XIII, n° 1, donnera une idée exacte de ce qui nous reste. Sur les deux blocs qui nous manquent, mais qui se trouvent dans la copie de Caviglia, j'ai, à dessein, seulement ponctué les lettres.

---

[a] N° 38, p. 412. — [b] Inscr. pl. LVII.

[1] Le texte du D[r] Young a été reproduit dans *Walpole's travels* (p. 603), et par M. Welcker, dans le *Sylloge inscr.* n° 170.

[2] J'ai annoncé cette petite découverte, dans le *Journal des Savants*, août 1830.

DXLI. GRAND SPHINX DE MEMPHIS.

Voici tout ce qu'on peut tirer de certain de ces huit blocs, et de la copie entière telle que la donne l'œuvre du colonel Vyse :

>   Σὸν δέμας ἔκπαγγλον τεῦξαν Θεοὶ αἰέν ἐόντες
>   Φεισάμενοι χώρης πυρίδα μαζομένης,
>   Ἐς μέσον εὐθύναντες ἀρουραίοιο τραπέζης
>   νήσου πετραίης ψάμμον ἀπωσάμενοι·
> 5 Γείτονα πυραμίδων τοίην θέσαν εἰσοράασθαι,
>   Οὐ τὴν Οἰδιπόδαο βροτόκτονον, ὡς ἐπὶ Θήβας,
>   τὴν δὲ Θεᾷ Λητοῖ πρόσπολον ἁγνοτάτην,
>   [Ἀλλ'] ἐπιτηροῦσαν πεποθημένον ἐσθλὸν Ὄσειριν,
> 10 Γαίης Αἰγυπ7οιο σεβάσμιον ἡγητῆρα,
>   Οὐράνιο[ν βασιλῆα?]
>   Εἴκελον Ἡ[φαίσ7ῳ?]....
>   Ἐς γαίαν φ......
>   ...... Ἀδριανὸς..... [ἐχάραξα?].

En voici la traduction libre :

Les dieux éternels ont formé ton corps étonnant dans leur sympathie pour la contrée qui produit le froment, t'ayant posé au milieu d'un large plateau, et repoussé le sable de ton île rocheuse. Ce voisin, que les dieux ont donné aux pyramides, n'est pas, comme à Thèbes, le sphinx homicide d'Œdipe; c'est le suivant sacré de la déesse Latone, le gardien du désiré et bienfaisant Osiris, le chef auguste de la terre d'Égypte, le roi des habitants du ciel...... semblable au soleil (ou à Vulcain)......

V. 2. Πυρίδα μαζομένης, *qui pétrit la farine de froment*, périphrase singulière pour rendre l'idée de πυροφόρος ou πυρηφόρος, épithète ordinaire de l'Égypte et de la Libye; car πυρίς (ίδος) est un dérivé inconnu de πυρός, qui ne peut signifier que *farine de froment*, ou bien *gâteau de froment*, πυρίνη μᾶζα, dans le sens de μᾶζαν μαζομένη χώρα; et πυρίδα μαζομένη χώρα, revient à πυρίνην μᾶζαν μαζ. χ. Il est difficile de se décider sur l'un des deux sens, puisqu'on disait aussi bien ἄλφιτα[a] que μᾶζαν μάσσειν, ou μάττεσθαι[b]. Dans tous les cas, πυρίς ne doit pas être un synonyme de πυρός, comme on l'a pensé[c].

V. 3. Je crois qu'ἀρούραιος τράπεζα désigne le plateau même sur lequel sont assises les pyramides. Le sphinx s'élève sur ce plateau,

---

[a] Aristoph. *Nub.* v. 788. — [b] Herod. I, 200. — Platon, *Republ.* p. 372, B. — [c] Welcker, *Sylloge epigrammatum*, p. 221.

servant de *témoin* de la hauteur qu'avait cette plaine, avant qu'on l'eût nivelée pour y placer les pyramides.

V. 4. Νῆσος πετραία doit être le sphinx lui-même, lequel ressemble à une île qui s'élève au-dessus de cette mer de sable. Le participe ἀπωσάμενοι semble annoncer que les dieux ont éloigné le sable du sphinx. C'est qu'en effet, à cette époque, son corps n'était pas enterré, comme il le devint plus tard. Mais, en voyant les sphinx du temple de Sérapis à moitié enfoncés, on pouvait penser que celui-ci avait dû à une protection divine de ne l'être pas encore.

V. 6. Il y a ici une de ces oppositions entre les deux mythologies grecque et égyptienne, dont nous avons déjà vu plus d'un exemple ; ainsi la voix de *Memnon* est opposée à celle du chêne de Dodone (n° CCCXXXVIII) et le héros à l'Achille de Thessalie (n° CCCLXXV).

Les deux hexamètres de suite, comme aux vers 9 et 10, sont deux irrégularités qui attestent l'embarras du poëte improvisateur.

V. 7. La première copie porte ΤΗΙΔϹΛ. L'accusatif ΤΗΝΔΕ donne peut-être une meilleure construction.

Quoi qu'il en soit, le titre de Θεᾷ Λητοῖ πρόσπολος est d'autant plus remarquable, que le territoire de *Busiris*, où était placé le sphinx, appartenait au nome *Létopolite*, tirant son nom de la déesse *Pascht* ou *Bubaste*, que les Grecs avaient identifiée avec leur *Latone*. C'était la divinité principale du nome, et elle avait un temple dans le chef-lieu, comme le dit Étienne de Byzance : Λητοῦς πόλις, μοῖρα Μέμφεως, καθ' ἣν αἱ πυραμίδες καὶ Λητοῦς ἱερόν. Il résulte de ce texte, combiné avec l'inscription n° DXXVII, que les pyramides étaient dans le territoire de Busiris, bourgade qui faisait partie du nome *Létopolite*.

V. 8. Comment le poëte peut-il dire que le sphinx observe et garde Osiris ? C'est, je pense, que ce dieu était adoré dans le grand temple, dont les vestiges subsistent, et qui, s'appuyant sur la base de la seconde pyramide, était situé entre elle et le sphinx, qui semble lui servir, en quelque sorte, d'introducteur et de gardien. Et, comme *Sérapis* paraît avoir été substitué, sous les Ptolémées, à Osiris, au moins en Égypte, il serait possible que ce temple fût le même que

DXLII. GRAND SPHINX DE MEMPHIS. 483

le *Serapeum* de Memphis, qui, selon Strabon, était situé dans un lieu tellement sablonneux, que les sphinx étaient enterrés, les uns à moitié, les autres jusqu'à la tête[a].

Des trois autres vers, il ne reste que le commencement, dont il est impossible de tirer aucun sens. Au 11ᵉ vers, OYPANIC peut être le reste de οὐράνιον μέγαν, ou de οὐρανίων πάντων βασιλῆα..., puisque cette épithète magnifique est bien donnée à son fils Anubis dans la belle inscription de Cyzique, qui est au musée du Louvre[b]: Οὐρανίων πάντων βασιλεῦ χαῖρ' ἄφθιτ' Ἀνουϐι. Au vers 12, ΕΙΚΕΛΟΝΗ a été lu, par le Dʳ Young, Εἴκελον Ἡφαίστῳ; on pourrait lire aussi bien Εἴκελον Ἡλίῳ, qui conviendrait mieux peut-être à *Osiris* et à *Sérapis*, confondus avec le soleil à l'époque romaine. De là ces dédicaces si nombreuses : ΔΙΙΗΛΙѠΙCΑΡΑΠΙΔΙ[c].

L'inscription n'a que *treize* vers; j'ai déjà dit que ce nombre impair est insolite. Selon toute apparence, il y en avait un quatorzième; c'est celui dont il ne reste plus que le mot ΑΠΠΙΑΝΟC, qui était évidemment précédé et suivi d'autres lettres effacées. La suscription de l'auteur faisait partie d'un vers; par exemple Ἀῤῥιανός τ' ἐχάραξα, comme, au numéro suivant, Ἀπίων ou ἀπιών ἐχάραξα.

On a présumé que cet *Arrien* était l'historien de ce nom, auteur de l'*Anabase*, des *Indiques* et des *Commentaires* d'Épictète. Cela est fort possible; car la forme des lettres correspond assez bien à l'époque de l'historien. Mais, en l'absence d'autre renseignement, il ne peut y avoir là qu'une possibilité.

DXLII. Sur le côté antérieur de la seconde estrade (pl. XXXVIII, n° 1, *o*), a été gravée cette autre inscription métrique, qui n'a été publiée que récemment dans l'ouvrage du colonel Vyse[d]; mais le texte en est tellement altéré, que le savant qui a donné ses soins aux inscriptions grecques dans cet ouvrage n'en a pas même essayé la lecture; il se contente de dire *it is very obscure*[e], ce qui n'est que trop vrai.

[a] XVII, 807. — [b] Clarac, *Inscr.* pl. LVII. — *Corp. inscr.* n° 3724. — [c] T. I, n° XLVII. — [d] T. III, plate F, n° 2. — [e] P. 118.

Cependant, sur les neuf vers dont elle se compose, il en est cinq que j'ai lus d'une manière certaine, et un sixième, d'une manière au moins probable, sauf quelques mots douteux; le reste m'échappe, ou ne m'offre que des mots sans suite. Mais j'espère que le résultat de mes efforts ne sera pas inutile pour conduire d'autres à une restitution complète. Je préviens que, dans cette restitution difficile, je m'arrête où je ne pourrais donner que des conjectures gratuites. Ici, comme ailleurs, je veux *rétablir* et non *refaire* une inscription. On trouvera, pl. XXXVIII, 4, la copie exactement reproduite du capitaine Caviglia. Voici ce que je puis en discerner :

Ἥδε κυρεῖ πάντων σφίγξ, ἡ καὶ θεῖον ὅραμα·
χῶμα γὰρ ἀγνοέεις ὕψος θ' ὅπερ ἔπλετο τῇδε·
φάσματος εὐέργοιο (?) νοήσεις κόσμον ἅπαντα
ἱερὸν, ὡς ἐφύπερθε πρόσωπον ἔχει τὸ θεόπνουν,
γυῖα δὲ καὶ δέμας οἷα λέων, βασιλεὺς ὅ γε θηρῶν
..... κεν τὸ θέαμά τις ἀτρεκέως γε νοήσει
ταῖς........
.................ἐκ τῆς θεότητος·
ἐσθλῆς αὐτὰρ ἐγώγε θέας ἀπιὼν ἐχάραξα.

Je doute qu'il n'y ait eu que neuf vers; il est vraisemblable qu'il y en avait *dix*, nombre pair; et, comme le sens est fini avec ἐχάραξα, le vers qui manque doit être le premier, dont le sens était complété par ἥδε κυρεῖ, à peu près ainsi : « Il est l'objet de l'*admiration de tous*, « ce sphinx, qui est un (ou que l'on qualifie de) divin spectacle. » Autrement, le génitif πάντων ne s'expliquerait pas, à moins que, au lieu de ἡ καί, on ne lût [ἔξ]οχα, qui s'emploie adverbialement avec le génitif; ἔξοχα πάντων est plusieurs fois dans Homère[a]; mais le changement serait un peu violent : je m'en tiens à ma première idée.

La fin du vers θ' ὅπερ ἔπλετο τῇδε est certaine; le reste est des plus douteux. Si l'on adopte cette leçon, conforme aux traces conservées, il faudra reconnaître l'idée de l'*ensablement* du sphinx; « enfoui « comme il est, vous ne pouvez connaître la hauteur et la masse qu'il « offrait auparavant, » χῶμα... ὕψος θ' ὅπερ ἔπλετο τῇδε.

[a] Iliad. Ξ, 257.

DXLII. GRAND SPHINX DE MEMPHIS.

D'où l'on doit conclure qu'après que Balbillus avait fait, *pour la première fois*, déblayer le colosse, les sables s'étaient amoncelés de nouveau. Ceci prouverait que cette inscription a été tracée longtemps après Balbillus, si la forme des lettres et le style n'annonçaient une époque qui ne peut guère être antérieure au temps de Septime Sévère ou de Caracalla, un siècle et demi après Néron.

V. 3. Φάσματος est suivi d'une épithète bien difficile à lire, mais dont la condition est d'avoir la première syllabe longue commençant par une voyelle. On peut choisir entre εὐέδροιο, dans le sens de ἀσφαλής, comme καθέδρα εὔεδρος καὶ ἐχυρά, ou bien εὐέργοιο, l'adjectif εὐεργός, *facile à travailler*, ayant quelquefois le sens de *bienfaisant, propice*, ἀγαθουργός, comme l'emploie le faux Manéthon à propos des astres : ἀστέρας εὐεργούς[a], idée qui, dans la bonne grécité, aurait été exprimée par εὐεργετικός ou εὐεργετητικός.

Notre poétastre veut dire : « Quoique le sable cache la base du « colosse, tu peux facilement juger tout ce qu'il a de beau, tout ce « qui en fait *l'ornement* (νοήσεις κόσμον ἅπαντα) sacré (ce qui le cons-« titue image sacrée), à savoir *sa tête et son corps*. »

V. 4 et 5. La lecture de ces deux vers est parfaitement certaine, telle que je la donne.

« Par en haut, il a la figure humaine, » c'est-à-dire « sa tête est « celle d'un homme. » Πρόσωπον τὸ θεόπνουν est remarquable, au lieu de ἀνδροπρόσωπον, ἀνθρωπόμορφον, ἀνθρωποφυῆ ou βροτόμορφον (qui aurait pu entrer dans le vers); mais θεόπνους, *animé du souffle de Dieu*, est bien plus beau. Cette expression philosophique et religieuse sent le voisinage ou l'influence des idées chrétiennes, qui, à cette époque, devaient déjà s'être infiltrées dans le langage des païens, même à leur insu. C'est ainsi que l'idée chrétienne de *l'amour de Dieu* se montre déjà, mais de loin, dans l'emploi de l'adjectif φιλόθεος, dont Lucien offre le premier exemple[b], et Ménandre le rhéteur, qui est tout au plus du III[e] siècle, fait la distinction entre θεοφιλότης *l'amitié des dieux pour l'homme*, et φιλοθεότης *l'amitié de*

---

[a] *Apotelesm.* VI, 228. — Cf. III, 63, 253. — [b] Voy. mes *Recherches sur les noms propres grecs.*

l'homme pour les dieux[a]; distinction qu'on chercherait vainement dans aucun auteur grec ou latin, avant l'établissement du christianisme. Rechercher les traces de cette infiltration des idées nouvelles dans la langue grecque du paganisme, à partir d'une certaine époque, serait un travail digne d'un grammairien philosophe, et que je serais heureux de provoquer par cette seule observation.

Je ne crois pas qu'on trouve θεόπνους en un tel sens. Porphyre est le premier qui l'emploie, au lieu de θεόπνευσ*τ*ος. Le nouveau *Thesaurus L. G.* ne cite que cet exemple et un autre de Georges de Pisidie; mais l'emploi en est différent.

V. 5. Si le sphinx a la *tête d'un homme*, il a *les membres et le corps d'un lion*, le roi des animaux. Dans ὅ γε, la particule γε a tout l'air d'une cheville; cependant ὅ γε se met pour équivalent de ὅς ἐσ*τ*ι.

V. 6. Dans ce vers, τὸ θέαμα est certain, comme la fin γε νοήσει. On croit encore distinguer ἀτρεκέως; mais le vers ne peut se faire qu'en admettant que le graveur a, par inadvertance, transposé τίς : cela est douteux.

Les vers 7 et 8 me paraissent, quant à présent, indéchiffrables, pour les mots comme pour le sens. Je n'y discerne rien, excepté, à la fin du vers 8, ἐκ τῆς θεότητος, par erreur θειότητος.

Le dernier est complet. J'avais d'abord eu l'idée de lire Ἀπίων, *Apion*, le nom de l'auteur des vers. Dans ce cas, ἐσθλῆς se rapporterait à θεότητος, et on lirait le vers : ἐσθλῆς · Αὐτὰρ ἐγὼ θεάσας Ἀπίων ἐχάραξα; mais la finale AC n'existe pas dans la copie, et la seconde syllabe de θεάσας est nécessairement longue : force a donc été de changer la construction, et de lire, sans rien ajouter : ἐσθλῆς.... θέας ἀπιών, etc. c'est-à-dire : « J'ai écrit ces vers après avoir joui de « (ou en quittant) cette belle vue, ce beau spectacle. » Ἀπιών suivi du génitif n'a rien que de naturel.

[a] Περὶ ἐπιδεικτικῶν, t. IX, p. 199 des *Rhetores* de Waltz.

§ XIII. INSCRIPTIONS DES PYRAMIDES DE MEMPHIS.

DXLIII—DXLV.

Le nombre considérable d'inscriptions tracées sur le grand sphinx même, et sur les constructions qui l'avoisinent, donnerait lieu de croire qu'on a dû en trouver au moins quelques-unes sur diverses parties des pyramides de Memphis, qui furent, dans l'antiquité, comme de nos jours, l'objet de l'admiration des voyageurs.

Cependant on n'en a trouvé aucune, ni grecque, ni latine, ni hiéroglyphique, pas plus à l'intérieur qu'à l'extérieur de ces édifices; ce qui n'empêche pas que j'aie cru pouvoir en rapporter *trois*, deux grecques et une latine, qui ont été fournies seulement par les auteurs. Or, de quel droit peut-on les considérer comme ayant été gravées jadis sur les pyramides, où il n'en existe plus aucune ? C'est ce qu'il n'est pas possible d'expliquer, à moins d'examiner une question fort difficile, qui, jusqu'à ces derniers temps, n'avait pas été bien éclaircie, et que je vais exposer avant de donner le texte de ces trois inscriptions. Il s'agit de l'existence d'un *revêtement* qui a recouvert jadis toutes les pyramides de Gizeh, revêtement dont les recherches du colonel Howard Vyse[a] ont constaté la nature et les dimensions.

A. Du revêtement des pyramides, principalement de la grande; à quelle époque il fut enlevé.

L'ascension au sommet de la grande pyramide est, de nos jours, pénible, mais assez facile le long des arêtes, au moyen des deux cent deux gradins formés par les assises, dont les extrémités sont en retraite les unes par rapport aux autres.

Mais il n'en était pas ainsi dans l'antiquité, ce que prouve ce passage de Pline : *Reliquæ tres* (pyramides)... *vico apposito, quem vocant*

[a] *Operations, carried on at the pyramids of Gizeh, in 1837.*

Busirim, in quo sunt assueti scandere illas[a]. Il résulte clairement de ce passage, comme on l'a depuis longtemps remarqué, que l'ascension des trois pyramides était alors fort difficile. Leurs faces, au lieu d'être disposées en gradins, comme elles le sont maintenant, devaient former un plan uni, sur lequel on ne pouvait gravir que lorsqu'on s'était préparé, par un long exercice, à cette ascension périlleuse; aussi n'était-ce que dans le bourg de Busiris, tout voisin, qu'il se trouvait des gens habitués à monter sur le sommet des pyramides, ce qu'ils exécutaient sans doute à prix d'argent, à la volonté et pour l'amusement des voyageurs[1]. Il faut donc se figurer que les gradins étaient recouverts d'un parement qui en faisait disparaître la saillie.

Ce parement ne se voit plus sur les faces de la première et de la troisième pyramides, celles de Chéops et de Mycérinus; mais il recouvre encore la partie supérieure de la deuxième jusqu'à la distance de 40 à 50 mètres du sommet. Ce revêtement, d'une épaisseur moyenne de 1^m3, qui est construit en calcaire compacte, susceptible d'un assez beau poli, forme un plan uni sur lequel il est, de nos jours, extrêmement difficile et périlleux de monter[2], et dont l'ascension, lorsque la construction était intacte, devait être impossible, excepté pour ceux qui avaient une longue habitude de gravir le long des faces ou même des arêtes, où l'inclinaison est beaucoup moindre.

[a] XXXVI, c. 12, § 76, ed. Sillig.

[1] C'est ce qu'on peut présumer d'après le passage d'Abdallatif qui est cité plus bas (p. 492).

[2] M. Jomard rapporte, dans la Description de l'Égypte, Antiq. Descr. II, p. 82, que, lors de l'expédition française, plusieurs soldats parvinrent à gravir jusqu'au sommet. Je tiens d'un voyageur qu'un soldat arabe y est monté au moyen de deux baïonnettes qu'il enfonçait dans les interstices des pierres, s'en servant comme d'échelons. Pour preuve de ce que peut une extrême agilité jointe à l'habitude que donne un long exercice, M. Hector Horeau, auteur du *Panorama d'Égypte et de Nubie*, m'a dit avoir vu un jeune Arabe monter jusqu'au sommet de l'obélisque resté à Louqsor, en mettant ses pieds et ses mains dans le creux des hiéroglyphes de la bande du milieu, qui sont, comme on sait, profondément entaillés.

DXLIII—DXLV. INSCRIPTIONS DES PYRAMIDES.

Ainsi d'une part, le passage de Pline; de l'autre, l'analogie qui se tire du revêtement de la deuxième pyramide, mettent hors de doute que quelque chose de semblable existait pour les deux autres.

Une remarque importante, faite par les savants français au pied de la grande pyramide, a donné le premier indice de la disposition de ce parement; car on pouvait le concevoir de deux manières : il pouvait consister en pierres prismatiques rectangulaires, dont l'hypoténuse aurait servi à réunir les angles des deux gradins. Cette disposition, la plus facile et la moins dispendieuse, était aussi la moins solide, et un excellent juge de la matière, M. Quatremère de Quincy, reconnaissait qu'elle n'est pas d'une solidité qui réponde à l'idée qu'on doit se faire du goût des Égyptiens dans ces sortes de travaux[a].

Il est donc vraisemblable qu'ils auront préféré un autre moyen, beaucoup plus dispendieux, mais aussi donnant une solidité bien plus grande, et qu'ils auront établi un revêtement d'une certaine épaisseur, composé de pierres de forme trapézoïdale, reposant les unes sur les autres à leur partie extérieure, et, intérieurement, sur les saillies des gradins, formant ainsi, par leur juxtaposition, un plan incliné depuis la base jusqu'au sommet de la pyramide.

L'observation dont je viens de parler a confirmé cette induction. Les savants français reconnurent qu'à partir du point où s'appuyaient les faces inclinées, la surface du rocher avait été dressée de niveau et creusée d'environ $0^m 2$, pour y former une sorte d'encastrement de $2^m 7$ de largeur. Il était naturel d'en conclure, et l'on en conclut, en effet (selon les expressions de M. Girard[b]), « que cet encastrement « avait eu pour objet de recevoir les assises inférieures d'un revête-« ment dont l'épaisseur devait être de $2^m 7$ ou d'environ 7 pieds. Les « angles de la première assise, ainsi fixés d'une manière inébranlable, « servirent à régler la pose des pierres intermédiaires de la même « assise. Quand celle-ci fut arasée, on suivit le même procédé pour la

---

[a] *De l'Architecture égyptienne*, p. 96. — [b] *Sur le nilomètre d'Éléphantine, Descript. de l'Égypte; Antiq. Mém.* t. I, p. 28.

« pose de l'assise suivante, c'est-à-dire qu'on établit des pierres angu-
« laires dans des mortaises pratiquées sur la première, et ainsi de
« suite jusqu'au sommet. Par cette disposition, les pierres qui cons-
« tituaient chacune des quatre arêtes retenaient comme encaissées
« toutes les assises horizontales du parement. »

Cette hypothèse ressort assez naturellement du fait observé. Toutefois, il manquait une autre donnée, sans laquelle on ne pouvait être certain que le parement se continuait ainsi jusqu'au sommet; car l'encastrement ménagé à fleur du sol pouvait n'avoir servi qu'à recevoir la dernière assise d'un socle ou soubassement d'une hauteur médiocre, analogue au socle rectangulaire des obélisques, et sur lequel auraient reposé les faces inclinées de la pyramide, recouvertes d'un parement de pierres prismatiques. Il était donc indispensable, pour ne plus conserver de doute à cet égard, de trouver une preuve que le revêtement se continuait jusqu'au sommet avec une largeur équivalente à celle qu'il paraissait avoir eue au pied de l'édifice. Cette donnée devait paraître impossible à découvrir, le parement n'existant plus, lorsqu'une observation fort simple, dont pourtant nul ne s'était avisé, vint fournir le renseignement qui manquait. Cette observation a été consignée dans un livre de ma jeunesse, écrit en 1812[a], où, à côté de quelques erreurs de détail, qui tiennent à l'inexpérience, je trouve encore des recherches originales et divers aperçus que je ne désavoue pas après un laps de temps de trente-cinq années.

La grande pyramide est terminée, à la partie supérieure, par une plate-forme qui a maintenant environ 10 mètres de côté.

Un passage de Dicuil, auteur irlandais du IXe siècle, me suggéra l'idée que cette plate-forme n'avait pas toujours eu la largeur qu'elle a maintenant. Pour m'en assurer, je me mis à recueillir les mesures que les voyageurs modernes en avaient données, celles, du moins, qui étaient assez précises et pouvaient se ramener à un module connu. En rangeant ces mesures par ordre chronologique, je m'aper-

---

[a] *Recherches géographiques sur le livre* De mensura orbis terræ, *etc. par Dicuil, Paris, 1814.*

DXLIII—DXLV. INSCRIPTIONS DES PYRAMIDES. 491

çus qu'en effet la plate-forme devenait plus étroite à mesure qu'on remontait l'ordre des temps. Ainsi, à l'époque de Greaves, par exemple, en 1638, elle n'avait que quatre mètres de largeur, c'est-à-dire environ six mètres de moins qu'en 1800. Les données intermédiaires suivent un ordre assez régulier de décroissance, et le nombre des assises diminue dans la même proportion : en 1647 Monconnys, en 1655 Thévenot, en 1690 le P. Fulgence, en trouvèrent 208 ; Davison, en 1763, n'en trouva que 206 ; en 1800 on n'en compta plus que 203, et maintenant il n'y en plus que 202[a]. Il résultait de cette double observation la preuve certaine que la plate-forme a toujours été en s'élargissant et la pyramide en s'abaissant, parce que les Arabes détachent continuellement les pierres et les font rouler du haut en bas, soit par passe-temps, soit pour en employer comme moellons les fragments brisés par la chute.

Encontinuant les mêmes recherches pour les époques antérieures aux premiers voyages européens, je découvris un fait qui, au premier abord, semblait contredire celui qu'on devait regarder comme parfaitement démontré. En effet, Abdallatif, qui écrivait en 1200, donne à chaque côté de la plate-forme dix coudées noires, qui sont reconnues pour être celles du Mékyas ou nilomètre du Caire ($= 0^m 5412$). Ces dix coudées équivalent donc à $5^m 412$: c'est $1^m 5$ de plus que la mesure de Greaves, résultat impossible ; car, à en juger par la quantité de l'élargissement de la plate-forme pendant les cent soixante-deux ans qui se sont écoulés entre le voyage de Greaves et l'expédition française, cette plate-forme devait être beaucoup moins large environ quatre siècles auparavant. Il devenait clair que, dès lors, la question se compliquait d'un élément nouveau ; en d'autres termes, que l'épaisseur quelconque du parement venait s'ajouter à la largeur du noyau de la pyramide que donnait la mesure de Greaves. Le revêtement existait donc au commencement du XIIIe siècle de notre ère, lorsque Abdallatif a écrit sa relation et a parlé des pyramides en témoin oculaire. Pour donner à cette conséquence une

[a] Hector Horeau, *Panorama d'Égypte et de Nubie*, p. 9.

complète certitude, il fallait peut-être encore un témoignage historique. Le même Abdallatif en fournit un irréfragable dans ce passage : « Ayant appris que, dans un village voisin, il y avait des gens « habitués à monter sur le sommet des pyramides, nous en fîmes « venir un qui, pour une bagatelle, monta jusqu'en haut, etc... » Les deux savants traducteurs de cet écrivain[a], et M. Quatremère de Quincy[b], n'ont pas négligé de rapprocher ce passage et celui de Pline, conçu presque dans les mêmes termes; et, sans avoir la moindre notion du résultat de la mesure de la plate-forme, ils en ont tiré la conséquence que le parement existait encore à cette époque. Cette conséquence est confirmée par d'autres témoignages, qui seront cités plus bas.

Si l'on prend pour la largeur du parement la quantité de $2^m 07$, qui est celle de l'encastrement à fleur du sol, on voit qu'au temps d'Abdallatif la plate-forme devait être à peu près à la hauteur de l'extrémité du noyau, puisque la mesure qu'il donne est justement égale à la double épaisseur du revêtement.

Cette observation complétait ainsi l'induction qu'on avait tirée de l'encastrement remarqué au pied de l'édifice, en prouvant que le parement s'élevait sur une ligne continue parallèlement aux côtés, ce qui, d'ailleurs, était conforme à la disposition remarquée dans la partie conservée du revêtement au sommet de la deuxième pyramide.

Dès lors, il ne restait plus de doute sur le sens dans lequel il fallait entendre le passage où Diodore de Sicile[c] dit que la pyramide est terminée, au sommet, par une plate-forme de six coudées de largeur. Diodore tenait ce renseignement des Égyptiens eux-mêmes, puisque les étrangers ne montaient pas sur la plate-forme : ainsi la coudée dont il parle doit être la coudée égyptienne égale à $0^m 525$ ou $0^m 527$. La mesure équivaut à $3^m 16$ environ; c'est $2^m 3$ de moins qu'au temps d'Abdallatif. Il était évident que cette mesure, étant

---

[a] Silvestre de Sacy, *sur Abdallatif*, p. 216. — White, p. 219. — [b] Quatremère de Quincy, *Arch. ég.* p. 95. — [c] I, 63.

inférieure au double du parement, avait été prise au-dessus des extrémités du noyau ou de la réunion des faces de ce noyau.

On a cru qu'une telle plate-forme n'existait point dans l'origine, et l'on a supposé que la grande pyramide était primitivement terminée exactement en pointe[a]. J'ai combattu, il y a déjà longtemps, dans le Journal des Savants[b], cette hypothèse dont on avait besoin pour trouver la hauteur de l'apothème justement égale à 184^m722, qui sont la longueur de la six-centième partie du degré moyen en Égypte. Contraire au témoignage de Diodore de Sicile, cette idée l'est également à un fait positif que le colonel Howard Vyse a fait connaître, c'est que le sommet de la seconde, qui est à peu près tel que les anciens l'ont construit, est terminé par une plate-forme de 9 pieds anglais[c] (2^m743) de côté, c'est-à-dire seulement 0^m42 de moins que celle de la grande, au temps de Diodore de Sicile.

Quant à cet auteur, les expressions qu'il emploie annoncent que la pyramide était alors intacte. « Elle est, dit-il, bâtie entièrement « de pierre solide d'un travail difficile, mais d'une éternelle durée. « Aussi, depuis sa construction..., les pierres qui la composent ont « conservé, sans altération, leur disposition primitive, et sont jointes « aussi exactement que dans l'origine [1]. »

La plate-forme de trois mètres n'était donc pas le résultat d'une détérioration postérieure : elle tenait à la construction primitive, et entrait dans le dessin des constructeurs. Il serait, en effet, impossible de supposer qu'ils aient terminé un tel édifice par une pointe aiguë. Eu égard à la grandeur du monument, une plate-forme de trois mètres était une extrémité plus pointue même que celle qui termine les obélisques.

On a présumé qu'il en était de ces pyramides comme de celles du lac Mœris, qui, selon Hérodote[d], étaient surmontées chacune

---

[a] Jomard, *Description de l'Égypte*, Ant. Mém. II, p. 226. — [b] Année 1823, p. 158. — [c] Howard Vyse, *Operations*, etc. t. II, p. 117. — [d] II, 149.

[1] I, 63. Διαμένουσι μέχρι τοῦ νῦν οἱ λίθοι τὴν ἐξ ἀρχῆς σύνθεσιν, καὶ τὴν ὅλην κατασκευὴν ἄσηπτον διαφυλάττοντες.

d'une statue; mais il a été remarqué, avec raison[a], que la plate-forme est beaucoup trop étroite pour avoir servi de base à une statue proportionnée à la hauteur du monument.

J'avais cru pouvoir conclure, d'un passage de Pline[b], réformé d'après une combinaison des variantes des manuscrits et des éditions, que la plate-forme était un peu plus large de son temps qu'à l'époque de Diodore[c]; mais un examen plus approfondi de ce passage profondément corrompu, et dont le P. Hardouin n'avait pas craint de tirer la preuve que la pyramide avait 15,000 pieds de haut, m'a convaincu que toutes les corrections, y compris la mienne, qu'on en a proposées, sont arbitraires, et qu'on n'en peut rien tirer de satisfaisant.

Au défaut d'un témoignage précis, toutes les probabilités indiquent qu'entre Diodore et Pline il ne devait s'être opéré aucun changement dans la largeur de la plate-forme. On y montait rarement et difficilement. L'édifice continuait d'être sous la protection de la religion. Il serait difficile de comprendre que, dans ce court intervalle, la pyramide eût éprouvé une dégradation quelconque au sommet. Mais, entre l'époque romaine et celle d'Abdallatif, se montre une différence notable : la plate-forme s'était élargie de 2 mètres et un tiers. Elle avait donc alors éprouvé un commencement de dégradation. Les Arabes, grands chercheurs de trésors, avaient trouvé de bonne heure la pierre postiche[d] qui fermait l'ouverture latérale de la pyramide, et pénétré dans les chambres intérieures, où ils n'avaient rien trouvé de ce qu'ils cherchaient. Ils durent alors attaquer le monument par le haut, espérant un meilleur succès. Ils firent enlever la première assise de la plate-forme, et, après avoir creusé au centre un trou plus ou moins profond, voyant qu'ils ne rencontraient pas de conduit qui pût les mener

---

[a] Jomard, *Descript. de l'Égypte*, Ant. Mém. II. p. 229. — [b] XXXVI, c. xii, § 79, ed Sillig. — [c] *Recherches sur Dicuil*, p. 110. — [d] Voir les extraits des auteurs arabes dans Silvestre de Sacy, trad. d'*Abdallatif*, p. 219, n. 21.

DXLIII—DXLV. INSCRIPTIONS DES PYRAMIDES. 495

dans l'intérieur, ils renoncèrent à une entreprise difficile qui ne produisait rien.

Tel est donc l'état où se trouvait la plate-forme au VI[e] siècle de l'hégire, lorsque Abdallatif écrivait. Ainsi l'édifice n'avait point encore subi d'altération essentielle. C'est postérieurement, et à des époques plus récentes qu'on ne le croit, en général, que la dégradation complète du parement extérieur des trois pyramides s'est opérée.

Le témoignage d'Abdallatif s'accorde avec celui d'un autre témoin oculaire [a], Gérard, envoyé par Frédéric Barberousse auprès de Saladin en 1185, douze ou treize années seulement avant la rédaction de l'ouvrage d'Abdallatif.

Il dit : « A nova Babylonia usque ad milliare unum in deserto « sunt duo montes, lapidibus marmoreis maximis et aliis quadratis « artificio erecti, opus admirabile, distantes ab invicem per tractum « unius arcus, quadrati, ejusdem quantitatis, scilicet latitudinis et « altitudinis [b]. » L'expression *lapidibus marmoreis* ne peut s'entendre que du parement, construit avec une pierre calcaire polie qu'on pouvait prendre pour du marbre.

Moins d'un demi-siècle après l'époque d'Abdallatif et de Gérard, ce parement subsistait encore : cela résulte de la narration de Guillaume de Baldensel, qui visita l'Égypte en 1336. Il s'exprime ainsi : « Ultra Babyloniam (Fostath) et fluvium Paradisi[1] versus desertum, « sunt plura antiquorum monumenta figuræ pyramidalis, inter quæ « sunt duo miræ magnitudinis et altitudinis de maximis lapidibus et « politis, in quibus inveni scripturas diversorum idiomatum [c]. » Les inscriptions dont il parle n'avaient pu être mises, comme on le verra

---

[a] Cité, pour la première fois, dans la Correspondance d'Orient, par MM. Michaut et Poujoulat, t. V, p. 299. — [b] Ap. Arnold. Lubec. *Chron. Slavorum*, lib. VII, c. x, p. 519, ed. Lubec. 1702. — [c] Ap. Canis. *Var. lect.* t. V, part. II, p. 113.

[1] C'est-à-dire le Nil, qui était aussi regardé comme le *Géon*, un des fleuves du Paradis, par Cosmas Indopleuste (*Topogr.* Christ. in *Bibl. nova patrum*, t. II, p. 149, D).

plus bas, que sur le revêtement, d'ailleurs clairement désigné par les mots *maximis lapidibus et politis*.

L'existence du parement à cette même époque est encore attestée par un auteur arabe, Aboul-Abbas-Ahmed, surnommé Schehab-Eddin, qui mourut en 1348. Dans son ouvrage, dont le manuscrit existe à la bibliothèque Bodléienne, on lit, d'après l'extrait fourni par M. le docteur Sprenger au colonel Howard Vyse[a], « que les faces « de la pyramide sont *unies*, et que les pierres, qui se recouvrent les « unes les autres, sont parfaitement jointes. »

Ces deux témoignages contemporains s'accordent à montrer que la démolition du revêtement ne peut être antérieure à la première moitié du xive siècle; et un passage de Makrizy[1], dans son ouvrage sur l'Égypte, qui a pu être composé vers 1390 à 1400, indique assez clairement qu'alors les pyramides devaient être encore revêtues. Il dit : « qu'entre Buzir et Gizeh il y a dix-huit pyramides; que « quelques-unes sont petites et bâties en briques crues, mais qu'elles « sont, en général, bâties en pierre; un petit nombre ont des pas « ou degrés, mais *la plupart* d'entre elles ont une forme inclinée con-« tinue et une surface unie. »

C'est qu'en effet, à cette même époque, le revêtement de la grande n'avait disparu que dans la partie supérieure. On était occupé à en démolir le reste, en 1395, comme le démontre le récit suivant, donné par un pèlerin qui accompagnait alors Simon de Sarrebruche, baron d'Anglure, à la Terre sainte[2].

---

[a] T. II, p. 349.

[1] Ce passage, donné par M. Sprenger, se trouve dans l'ouvrage du colonel Vyse (t. II, p. 352).

[2] Voici le titre exact de ce petit livre très-rare : *Journal contenant le voyage faict en Hierusalem et autres lieux de devotion, tant en la Terre saincte qu'en Ægypte, par très illustre messire Simon de Sarrebruche, baron d'Anglure, au diocèse de Troyes, en l'année 1395, mis en lumière pour la première fois sur le manuscrit trouvé en une bibliothèque*, Troyes, 1621. Ce petit livre, qui n'est point à la Bibliothèque royale, se trouve à celle de l'Arsenal; il n'est pas paginé. Il est cité aussi par M. Poujoulat, p. 300.

DXLIII—DXLV. INSCRIPTIONS DES PYRAMIDES.

« Quand nous fumes venus à iceux greniers [1], il nous sembla être
« la plus merveilleuse chose que nous eussions veuë dans tout le
« voyage, pour trois choses seulement : la première fut pour la
« grande largesse qu'ilz ont par le pied de dessoubs...; la seconde,
« pour la grande hauteur dont ilz sont, et sont ainsi comme à la fa-
« çon d'un fin diamant, c'est asscavoir très-large dessoubs, et très-
« aigus par dessus...; la tierce chose fut pour les très-nobles et gros
« ouvrages dont ilz sont faicts, de grosses et grandes pierres taillées
« bien...; et vismes adonc que sur l'un d'iceux greniers, ainsi comme
« au milieu en montant, avait certains ouvriers massons qui a force
« *desmuraient les grosses pierres taillées qui font la couverture desdits gre-*
« *niers,* et les laissoient dévaler aval; d'icelles pierres sont faicts la
« plus grande partie des beaux ouvrages que l'on faict au Caire et en

---

[1] Ce fut une opinion générale, dans le moyen âge, que les pyramides étaient des *greniers* construits par le patriarche Joseph pour conserver le blé des années d'abondance. Selon Dicuil, ces greniers étaient au nombre de *sept,* le même que celui de ces années. (....*septem horrea, secundum numerum annorum abundantiæ, quæ sanctus Joseph fecerat.* VI, 32.) A cette fin, on les avait faits spacieux par le bas, pointus par le haut; là se trouvait une petite ouverture par où l'on jetait le blé : c'est ce que raconte Grégoire de Tours (*Hist. Franc.* I, 10), d'après quelques pèlerins. Son récit prouve que cette opinion, commune en Égypte au ɪxᵉ siècle, et adoptée par la plupart des écrivains arabes (voy. Silvestre de Sacy, dans le *Magas. encyclop.* Vᵉ année, t. VI, p. 449), remontait assez haut, et ne pouvait provenir, comme on l'a cru, d'une confusion de mots de la langue arabe. On la trouve déjà dans l'*Etymologicum magnum* (v. Πυραμίδες, p. 697 Syll.) : Πυραμίδες δὲ πάλιν λέγονται ὠρεῖα βασιλικὰ σιτοδόχα, ἃ κατεσκεύασε Ἰωσήφ.

« On appelle encore *pyramides* des maga-
« sins royaux pour recevoir le blé, que Jo-
« seph fit construire. » Cette notion repose sur l'étymologie du nom, que l'on dérivait aussi de πυρός, *froment*. En effet, Étienne de Byzance dit que les pyramides ont été ainsi nommées des blés (ἀπὸ τῶν πυρῶν) que le roi y avait entassés; ce qui amena la famine (v. Πυραμ.). Quant à l'idée que Joseph était l'auteur de ces greniers, elle est due, je pense, aux Juifs alexandrins, qui se montrèrent toujours fort jaloux de lier l'histoire d'Égypte à la leur, et de faire jouer un rôle aux Hébreux dans ce pays. De là une foule de traditions du même genre qu'ils accréditèrent. Selon eux, Abraham avait enseigné l'astronomie aux Égyptiens (Joseph. *Ant. Jud.* I, 8, 2); et, d'après Artapanus (Juif déguisé sous ce nom), une fille d'Abraham, nommée Merrhis, avait épousé le roi d'Égypte Chénéphrès. (*Apud* Euseb. *Præpar. evang.* IX, 27, p. 432.) L'opinion dominante au moyen âge reposait donc à la fois sur une fausse étymologie et sur une fausse tradition.

« Babylone, et que l'on fist de longtemps...., et si ne sont que à
« moitié découverts.... Ainsi nous fut-il dit que en celles pierres que
« l'on descend d'iceux greniers, le soudan y prend les deux parts du
« proffit qui en ist, et les massons l'autre tiers; et sçachez que iceux
« massons qui icely grenier descouvrent, et qui n'estoient que ainsi
« comme au milieu en montant que à peine les pouvons nous apper-
« cevoir, et n'en sceusmes rien jusques nous vismes cheoir les grosses
« pierres, comme muitz à vin, que iceux massons abbatoient. »

Ce passage remarquable montre qu'en 1395 le revêtement était en pleine démolition. Toute la partie supérieure avait été déjà enlevée[1], puisque les ouvriers étaient *comme au milieu en montant*. Cette démolition, qui continua, sans doute, avec la même activité, devait être déjà fort avancée en 1440, lors du voyage de Cyriaque d'Ancône, puisqu'il assure être monté sur le sommet de la grande pyramide, où il trouva, dit-il, une inscription en caractères phéniciens (*phœnicibus characteribus epigramma*[a]). Puisqu'un voyageur pouvait monter, à cette époque, sur la plate-forme, il est à présumer que les gradins n'étaient pas recouverts par le parement, au moins d'un côté. Un passage cité par Zoëga[b], d'après un manuscrit de la bibliothèque Barberini, nous apprend qu'Alexandre Ariosto, qui visita les pyramides en 1476, vit les Arabes occupés à démolir une des pyramides, afin d'en tirer des pierres pour la construction de leurs édifices[2]. Par malheur, ce renseignement est trop vague; on ne sait de quelle pyramide il est question, ni quelle partie les Arabes démolissaient. Ariosto peut n'avoir parlé que de la démolition des angles au bas de la pyramide, ou même que de celle d'une des petites.

Laissant donc de côté ce passage, qui peut n'avoir point de rapport au parement, je me borne aux témoignages qui précèdent : ils prouvent que le revêtement de la grande pyramide n'a pu être tota-

---

[a] *Cyr. Ancon. Itinerar.* p. 52, Florent. — [b] *De usu obeliscor.* p. 402.

[1] Ce qui indique qu'il ne s'agit pas de la seconde pyramide.

[2] « Hac tempestate Mauri ad eruendos « lapides quibus ædificent, unam e pyra- « midibus diruunt. »

DXLIII—DXLV. INSCRIPTIONS DES PYRAMIDES.

lement enlevé avant la première moitié du xve siècle; et il a pu l'être plus tard encore.

La troisième pyramide a dû perdre aussi son magnifique parement à une époque récente, bien qu'on ne puisse la déterminer avec précision. Hérodote remarque[a] que, jusqu'à moitié de sa hauteur, elle était en *pierre d'Éthiopie;* ce qu'il faut entendre du granit rose : et, en effet, au pied de l'édifice, on trouve encore des blocs de ce granit, dont la forme annonce qu'ils ont servi au parement[b]. Que ce parement existât encore à l'époque d'Abdallatif, cela est prouvé, et par le passage déjà cité sur la difficulté de l'ascension, et par son assertion positive que la troisième pyramide est bâtie en *granit rouge, tiqueté de points et d'une dureté extrême*[c]; ce qui revient à l'expression de *pyramide colorée* ou *rouge,* que lui donnent d'autres écrivains arabes[d]. D'après le texte cité plus haut de Makrizy, on peut croire qu'il subsistait à la fin du xive siècle ou au commencement du xve.

Quant à la seconde pyramide, qui se distingue des deux autres en ce qu'elle conserve son revêtement à la partie supérieure, il est présumable que ce parement n'a été démoli que longtemps après les deux autres. C'est, d'ailleurs, ce qui résulte clairement de ce passage de Greaves : « Selon mon observation, dit ce voyageur, les pierres « de cette pyramide sont de couleur blanche... Les côtés s'élèvent, « *non avec des degrés,* comme ceux de la grande, mais ils sont *unis et* « *égalisés;* toute la construction (excepté à l'exposition du midi) pa- « raît très-entière, exempte de toute rupture ou brèche[1]. » Ce passage, parfaitement clair et explicite, établit qu'en 1638 ce parement existait encore *en très-grande partie.* On a généralement mis en doute le récit de Greaves, parce qu'il a paru tout à fait invraisemblable que la partie inférieure du parement eût disparu dans l'espace d'un siècle

---

[a] II, 134. — [b] Grobert, *Descr. des pyramides,* p. 97; Howard Vyse, *Operations, etc.* II, 183, n. 2. — [c] Abdallatif, etc. p. 173. — [d] Voir les notes de Silvestre de Sacy.

[1] « ...The sides rise *not with degrees* like that (the first), but are smooth and equall, the whole fabrick (except where it is opposed to the south) seeming very entire, free from any deformed ruptures or breaches. » *Pyramidographia,* p. 104.

et demi[1]. Tout récemment, M. Howard Vyse a même été jusqu'à douter que Greaves eût pris une connaissance personnelle de la deuxième ni de la troisième pyramide[2]. Mais on ne comprendrait pas que cet astronome, qui vint en Égypte tout exprès[3] pour voir et mesurer les pyramides; qui, dans cette unique intention, fit, comme il le dit, deux fois le voyage d'Alexandrie au Caire[4]; qui a donné de chacune des trois principales les premières mesures précises qu'un voyageur moderne ait obtenues, se fût contenté d'étudier la grande, sans même *aller voir* les deux autres. Cette supposition, en elle-même impossible, est contraire à la déclaration formelle de Greaves, qui assure qu'il parle *d'après sa propre observation* (*by my observation*); il dit : « De la grande pyramide *nous allâmes* à la seconde, « qui est à peine à un jet de flèche de l'autre (*scarce distant the flight* « *of an arrow*); en y allant, j'observai (*by the way I observed*), etc... » et toujours de la même manière. Son récit conserve donc toute la valeur que peut avoir celui d'un témoin oculaire, véridique, éclairé, qui ne pouvait ni se tromper lui-même, ni vouloir tromper les autres sur un fait matériel tel que *l'absence des gradins*. Sous peine de détruire toute certitude historique, il faut nécessairement admettre ce témoignage si formel, et reconnaître que le parement de la deuxième pyramide subsistait presque intégralement, au moins sur trois des faces de l'édifice, en 1638, comme il existe encore à la partie supérieure.

---

[1] Jomard, dans la *Descr. de l'Égypte*, Ant. Descr. t. II, p. 83 : « On est étonné « de lire dans Greaves, observateur attentif « et intelligent, que les côtés ne présentent « point de degrés, mais une surface égale « et unie. »

[2] .....It would almost appear that the « professor had not personally examined the « second or third pyramids. » T. II, p. 212, n. 4.

[3] Sur quoi Adisson le raille indirectement en ces termes dans le premier numéro du *Spectateur* : « To such a degree « was my curiosity raised, that having read « the controversies of some great men con-« cerning the antiquities of Egypt, I made « a voyage to Great Cairo on purpose to « take the measure of a pyramid. »

[4] For I twice went to Grand Cairo from « Alexandria, and from them into the dé-« serts, for the greater certainty, to view « them. » (*Preface to Pyramidographia.*)

DXLIII—DXLV. INSCRIPTIONS DES PYRAMIDES.

B. Découverte des restes du revêtement au pied de la grande pyramide et de deux autres par le colonel Howard Vyse.

Les recherches précédentes sont faites indépendamment de la récente découverte, due à M. le colonel Howard Vyse, d'un débris du revêtement de la grande pyramide. Cette *découverte*, qui, selon les expressions du colonel, *dissipe tous les doutes à l'égard du revêtement*, décide, en effet, les seules questions qui pouvaient rester incertaines, à savoir : la vraie disposition des pierres, et la matière dont elles étaient formées.

En déblayant la base de la grande pyramide, on a trouvé, encore en place, deux blocs du parement; et il est probable que, si l'on continuait l'opération du déblayement, on en trouverait encore d'autres.

Les blocs ont cette forme trapézoïdale ; leur hauteur a est de 4 pieds 11 pouces anglais ($1^m 472$), leur base b, de 8 pieds 3 pouces ($2^m 512$); le côté supérieur c, de 4 pieds 3 pouces ($1^m 293$), et le côté oblique d, de 6 pieds 3 pouces ($1^m 903$); l'angle que ce côté forme avec la base est de $51° 50'$, le même que celui de l'inclinaison des faces de la pyramide. Il ne faut pas négliger d'observer que, dès 1763, Davison avait déjà vu que les blocs du parement avaient cette forme. Dans sa lettre au professeur White, publiée (en 1817) par M. Walpole[a], il dit : « D'après ce qui reste du pare-« ment de la seconde pyramide, je n'ai aucun doute que l'une et « l'autre ont été recouvertes de pierres de cette figure , de manière à former une surface unie du sommet à la base. » Cette figure trapézoïdale est justement celle des deux fragments trouvés au pied de la grande pyramide. Si cette lettre, publiée seulement en 1817, m'eût été connue en 1814, le passage que je viens de citer m'eût révélé la forme exacte des pierres du parement.

[a] Walpole's *Memoires relating to Turkey*, etc. I, p. 370, 2ᵉ éd.

Les blocs retrouvés attestent que les assises du revêtement se superposaient, ainsi qu'à la seconde pyramide, et n'entraient pas, comme je l'avais présumé avec M. Girard, dans une mortaise pratiquée à l'assise inférieure, répondant à l'encastrement ménagé dans le roc vif sur lequel reposait la première assise. L'existence de cette mortaise était cependant bien vraisemblable, et semblait même nécessaire pour que la construction eût cette solidité que les Égyptiens recherchaient avec tant de soin ; mais l'extrême perfection qu'ils ont su donner à l'appareil des pierres de ce revêtement rendait la précaution inutile. « Les joints, dit le colonel Vyse, sont à peine visibles, « leurs interstices ont à peine une largeur égale à l'épaisseur du pa- « pier serpente (*the thickness of silver paper*[1]); et telle est la ténacité « du *ciment* qui a servi à les lier, que le fragment d'une des pierres, « qui a été violemment arrachée ou brisée, restait encore fermement « fixé dans son alignement, malgré le laps des siècles et la violence « qu'il a soufferte....Je considère que l'appareil des pierres dans la « chambre du roi et dans celle du parement est au-dessus de tout « parallèle[2]. » Avec de si habiles constructeurs, les mortaises étaient superflues.

En troisième lieu, l'inclinaison de la face extérieure des pierres du parement montre aussi que les blocs ne faisaient pas partie d'un socle qui ne s'élevait qu'à une certaine hauteur, mais qu'ils servaient de base à un parement qui montait jusqu'au sommet. « Il n'y a au- « cune raison de douter, dit M. Vyse, que tout l'extérieur de cette « vaste construction ne fût couvert de cette même excellente maçon- « nerie[3]. » Si cet habile observateur avait connu mes vues sur l'élargissement de la plate-forme, il aurait été confirmé dans son opinion. Ces vues conservent donc encore quelque utilité.

[1] Abdallatif dit l'épaisseur d'une *feuille de papier*. Cet écrivain se sert presque des mêmes termes que le colonel Vyse dans la description de cet excellent appareil. (Plus bas, p. 511.)

[2] « I consider that the workmanship dis- played in the King's chamber....and in this casing stone, is unrivalled. »

[3] And there is no reason to doubt that the whole exterior of this vast structure was covered with the same excellent masonry. » (T. I, p. 261, 262.)

DXLIII—DXLV. INSCRIPTIONS DES PYRAMIDES. 503

M. Perring pense que la face extérieure des blocs, quand on les mit en place, était grossièrement travaillée, et qu'on y avait ménagé des saillies pour protéger les angles contre le dommage qu'on aurait pu leur causer en élevant les pierres des assises supérieures. Les faces furent terminées après l'achèvement de la construction entière. J'avais pensé[a] que les angles eux-mêmes furent abattus sur place : dans l'un et l'autre cas, le travail a dû commencer par en haut; et c'est l'explication que j'avais donnée du passage où Hérodote dit[b] : « que l'on termina (ἐξεποιήθη) la pyramide en commençant par en « haut (τὰ ἀνώτατα αὐτῆς πρῶτα), et de proche en proche jusqu'en « bas (...τελευταῖα δὲ αὐτῆς τὰ ἐπίγαια καὶ τὰ κατωτάτω). » Ce sens est désormais incontestable.

Il résulte encore des observations de M. le colonel Vyse, que le socle rectangulaire sur lequel on avait cru que la pyramide reposait avant le commencement de l'inclinaison des faces, n'a jamais existé, et que les faces, ainsi que les arêtes, commençant au roc vif, se continuaient sans interruption de la base au sommet[1].

Les deux blocs ont leur parement extérieur entièrement dépourvu de sculptures ou d'ornement quelconque. La première, peut-être aussi la deuxième assise du revêtement, formaient donc une espèce de soubassement qui ne portait aucune décoration, comme les socles des obélisques et les piédestaux des sphinx et des colosses, qui sont restés entièrement nus. C'est au-dessus des premières assises que commençait la zone des hiéroglyphes et des sculptures symboliques. Mais il est probable que c'est sur les pierres du soubassement que les voyageurs grecs et romains ont gravé les inscriptions commémoratives dont il va être question.

Ce soubassement, dont la hauteur est inconnue, est, sans doute, ce qu'Hérodote entend par πρῶτος δόμος, lorsqu'il dit que le πρῶτος δόμος de la seconde pyramide était en *pierre d'Éthiopie*[c] ou en granit.

[a] *Recherches sur Dicuil*, p. 104. — [b] II, 125. — [c] II, 127.

[1] « This pyramid has no pedestal; but the faces and also the lines of the angles are in one continued line from the top to the bottom. »

M. le colonel Howard Vyse pense que les deux premières assises seulement de la deuxième pyramide étaient en granit; mais je ne vois pas, dans son livre, sur quelle observation il se fonde.

Avant cette découverte, on pouvait hésiter sur la matière qui formait le revêtement de la grande pyramide. On devait naturellement présumer qu'il était, comme celui de la seconde, en pierre calcaire du Mokattam; mais on pouvait aussi penser qu'il se composait d'une matière plus précieuse. Maillet[a], Savary[b], Larcher[c] et d'autres[1], avaient présumé qu'il était en marbre; et, sur la foi de l'auteur du petit traité des *Sept merveilles du monde*, attribué à Philon de Byzance, j'avais pensé qu'il était formé de zones polychrômes de granit, de brèches et d'autres pierres dures[d]. Cet auteur dit, en effet, que les assises des pyramides sont alternativement formées des plus précieux matériaux, tels que le *marbre blanc* (ἡ πέτρα λευκὴ καὶ μαρμαρῖτις), le *granit éthiopien* (ἡ αἰθιοπικὴ), le *basalte noir* (ἡ μέλαινα), l'*hématite* (αἱματίτης λίθος), la *brèche verte* (ὁ ποικίλος καὶ διάχλωρος[2]). Selon lui, quelques-unes des pierres ont la transparence du verre; d'autres sont verdâtres (κυαναυγές), ou jaune clair (μηλοβαφές), ou rouges comme si elles étaient teintes en pourpre (ἐξομοιοῦται τοῖς διὰ τῶν κογχυλίων θαλασσοβαφουμένοις). Lorsque j'ai écrit mon Commentaire sur Dicuil, encore peu versé dans la critique et dans l'étude des monuments égyptiens, j'ai eu tort d'attacher de l'importance à cette description fantastique d'un auteur assez peu instruit du véritable état des choses pour ne faire aucune distinction entre les trois pyramides : pour lui, elles ont toutes les trois six stades de tour et trois cents coudées de haut; elles s'enfoncent sous terre à une profondeur égale à leur élévation au-dessus du sol. Fabricius a, depuis longtemps, reconnu (et le dernier éditeur de cet opuscule, M. Orelli, est du même avis) que

---

[a] *Descr. de l'Égypte*, t. I, p. 290. — [b] *Lettres sur l'Égypte*, p. 194. — [c] *Trad. d'Hérod.* t. II, p. 443, 445. — [d] *Recherches sur Dicuil*, p. 107.

[1] On a vu que Gérard, au XII[e] siècle, a cru que ce parement était de marbre. (Plus haut, p. 495.)

[2] L'expression ὁ ποικίλος καὶ διάχλωρος (λίθος) serait, en effet, convenable pour désigner la *breccia verde*.

DXLIII—DXLV. INSCRIPTIONS DES PYRAMIDES. 505

ce petit traité ne peut être de Philon de Byzance, qui vivait sous Ptolémée Philométor. A en juger par l'enflure du style et l'incohérence des détails, il doit être de quelque rhéteur d'une époque assez récente.

La découverte du colonel Howard Vyse fait évanouir ces descriptions imaginaires; il faut donc remplacer tous ces marbres précieux simplement par le calcaire compacte. Le revêtement, travaillé avec l'admirable perfection que cet explorateur a constatée, reste encore une construction bien assez étonnante, surtout quand on pense qu'il s'agissait de couvrir ainsi une surface d'environ 85,000 mètres carrés, et d'employer plus de 210,000 mètres cubes de pierres taillées et appareillées avec le même soin.

Les recherches du même explorateur ont fait aussi retrouver des traces de revêtement au pied de plusieurs des six petites pyramides, situées à l'est de la grande et au sud de la troisième : ainsi, il n'est pas permis de douter qu'elles furent toutes, même les deux qui ont été construites à étages, recouvertes par un parement d'une disposition semblable et d'une épaisseur proportionnée à leurs dimensions. On pénétrait dans celles-ci, comme dans les trois grandes, par un couloir incliné qui aboutit à une ou deux chambres sépulcrales, taillées dans le roc à une profondeur variable [1].

On a cru que le conduit de la grande pyramide avait servi, par son inclinaison, à observer, de l'intérieur, l'étoile polaire. Cette idée est, en elle-même, bien peu vraisemblable : quelle pouvait être, en effet, l'utilité d'une telle disposition, dans un monument destiné à rester fermé à jamais? Mais elle est détruite par la découverte d'un même conduit incliné dans toutes les autres, conduit dont l'inclinaison varie entre 26° et 27°, pour la première, la deuxième, la troisième, la quatrième, la cinquième et la neuvième; entre 30° et

---

[1] La grande est la seule dont les deux principales chambres et les canaux qui y conduisent aient été pris dans la bâtisse; à la seconde, ils sont à peu près au niveau du sol; dans toutes les autres, on les a creusés dans le roc, à une profondeur qui varie depuis 5 jusqu'à 10 mètres.

34°, pour les trois autres; et l'on n'a guère besoin des savants calculs que sir John Herschel a pris la peine de faire, pour reconnaître que de tels conduits n'ont jamais pu servir à aucun usage astronomique. La quantité de cette inclinaison tenait à une habitude générale, comme celle des faces, qui, dans toutes les pyramides, est d'une égalité presque parfaite, puisque les limites extrêmes en sont comprises entre 51° 50' et 52° 20'; d'un autre côté, les chambres ou niches sépulcrales, placées, dans toutes, au bout de ces conduits, prouvent une destination uniforme, celle de servir de tombeaux, comme toute l'antiquité l'atteste.

C. Des hiéroglyphes qui décoraient extérieurement les pyramides. — Des inscriptions que les voyageurs anciens y avaient gravées.

Ici se présente naturellement l'examen d'une des plus grandes difficultés que peut offrir l'étude des monuments égyptiens. Personne n'ignore que les parois intérieures des trois grandes pyramides sont entièrement nues, qu'elles n'offrent aucun de ces bas-reliefs ou anaglyphes, ni de ces inscriptions hiéroglyphiques que les Égyptiens ont répandues, avec une si grande profusion, sur toutes les parois de leurs autres édifices sacrés ou funéraires. Cette absence totale d'inscriptions et de sculptures a paru si extraordinaire, si contraire à l'usage de ce peuple, qu'on n'a cru pouvoir expliquer cette singularité qu'en supposant que les pyramides avaient été construites avant l'invention de l'écriture hiéroglyphique. Mais, comme il n'y a pas plus de sculptures que d'hiéroglyphes à l'intérieur des pyramides, il faudrait nécessairement admettre, par la même raison, que les Égyptiens ne connaissaient pas non plus, à cette époque, l'art de sculpter les pierres : conclusion qui serait absurde, quand on pense à l'étonnante perfection qu'ils avaient dès lors atteinte dans la bâtisse, la coupe et l'appareillage. D'ailleurs, l'usage de la sculpture, à cette époque, est attesté par Hérodote[a], qui a vu des figures sculptées

[a] II, 124.

DXLIII—DXLV. INSCRIPTIONS DES PYRAMIDES. 507

(ζῶα ἐγγεγλυμμένα) sur les parois de la chaussée construite pour le transport des matériaux qui ont servi à élever les pyramides. Quant à l'existence des hiéroglyphes, elle est prouvée, en premier lieu, par le même Hérodote, qui cite une inscription en caractères hiéroglyphiques (διὰ γραμμάτων αἰγυπ7ίων), gravée sur la grande pyramide, et de l'époque même de la construction; en second lieu, par des inscriptions hiéroglyphiques peintes, non sculptées, sur les parois de chambres nouvellement découvertes à l'intérieur[1]. Ces inscriptions, que tout annonce avoir été tracées au temps de la construction, en confirmant le témoignage d'Hérodote sur l'usage des hiéroglyphes, détruisent la raison qu'on avait donnée de leur absence dans les pyramides. Mais elles rendent cette absence, comme celle des sculptures, encore plus singulière et inexplicable; car il résulte des nouvelles découvertes que l'intérieur des deux autres pyramides de Gizeh, ainsi que des six plus petites qui ont été ouvertes, est également dépourvu de la décoration habituelle des édifices égyptiens. On dirait donc qu'il y a eu, pour ces pyramides seulement, un parti pris de laisser entièrement nues leurs parois intérieures.

Trouver la raison de l'absence totale de décoration à l'intérieur des pyramides paraît donc bien difficile, surtout depuis qu'il est à peu près démontré que ce sont des monuments exclusivement funéraires. Malgré les témoignages formels des anciens, on a longtemps cru qu'elles pouvaient avoir eu une seconde destination, celle de monuments scientifiques, destinés à conserver l'état des connaissances mathématiques à l'époque où elles furent bâties. Cette opinion, mise en avant par Diderot[a], approuvée de Bailly[b], de Dupuis[c], partagée par beaucoup d'autres, par des membres de la commission d'Égypte[d], et par moi-même, je dois l'avouer[2], n'est plus soutenable, depuis

---

[a] *Encyclop. méthodique*, au mot *Égyptiens (Philosophie des)*. — [b] *Hist. de l'astron. anc.* p. 176, 418. — [c] *Origine des cultes*, t. I, p. 52, 53. — [d] Jomard, *Descript. des pyram.* dans la *Descript. de l'Égypte, Ant. Descript.* t. II, p. 196 et suiv.

[1] Outre le nom de *Menkaré*, écrit sur le cercueil trouvé dans la troisième pyramide.

[2] Dans mes *Rech. sur Dicuil*, p. 105, 106, j'ai laissé des doutes sur l'exclusive

que l'on connaît mieux l'esprit égyptien, manifesté dans ses monuments religieux. Les récentes découvertes, en faisant connaître la grande uniformité des dispositions intérieures de toutes les pyramides, grandes ou petites, où l'on a pénétré, ont démontré que leur destination a été la même, c'est-à-dire uniquement funéraire, ainsi que les *syringes* ou tombes des rois à Thèbes, qui se composent de conduits inclinés et de chambres sépulcrales, comme on en trouve à l'intérieur des pyramides ; avec cette différence qu'à Thèbes on les a creusées dans des montagnes *naturelles,* et qu'à *Memphis* les conduits et les chambres ont été ménagés, en partie, soit à fleur du sol, soit dans la masse de montagnes *factices.*

Mais cette analogie même rend plus inexplicable encore l'absence de toute sculpture dans ces monuments. Car, si l'on est sûr de quelque chose, d'après les nombreux exemples que l'on en connaît, c'est qu'aucune grande sépulture, et surtout qu'aucune sépulture royale ne pouvait se passer de ces scènes funéraires, religieuses, civiles ou militaires, de ces longues inscriptions exprimant le rituel ou la liturgie, en rapport avec la vie, les goûts, les actions du personnage auquel elle était destinée. Tel est, en effet, le sujet de ces représentations si variées, de ces interminables légendes hiéroglyphiques qui couvrent toutes les parois des syringes.

Maintenant, observons que les hypogées de Thèbes ne sont précédés d'aucun édifice extérieur sur les parois duquel ces représentations, essentielles à leur destination, auraient pu être disposées ; il a donc fallu, de toute nécessité, les sculpter sur leurs parois souterraines.

---

destination funéraire au moins de la grande pyramide, étant alors, comme plusieurs membres de la Commission d'Égypte, un peu sous l'influence des idées de Dupuis : je suis revenu, il y a déjà longtemps, de cette erreur. Dans une leçon faite au Collège de France, le 5 mai 1836, j'ai prouvé cette destination par le témoignage des anciens, par l'analogie dans la disposition des deux grandes pyramides (les deux seules où l'on eût alors pénétré), enfin par l'existence des nombreuses pyramides de Méroé, et de monuments analogues chez un grand nombre de peuples. La disposition presque uniforme des conduits et des chambres dans les petites pyramides, achève maintenant la démonstration.

DXLIII—DXLV. INSCRIPTIONS DES PYRAMIDES. 509

Il n'en est pas ainsi des pyramides, qui offraient, au contraire, de vastes surfaces extérieures, parfaitement unies et propres à recevoir toute espèce d'ornements; il est naturel de penser que c'était au dehors que ces représentations funéraires, que toutes ces inscriptions hiéroglyphiques devaient être figurées, exposées aux regards de tous, exprimant ce qu'il était utile de savoir, l'époque des monuments, leur objet, la vie du défunt, les cérémonies funèbres en général, et, en particulier, celles qui devaient se célébrer à son intention. Une fois sculptées au dehors, il devenait d'autant plus inutile de les répéter au dedans, qu'on a toute raison de croire que l'intention de ceux qui ont bâti les pyramides était qu'on ne pénétrât jamais dans l'intérieur. Les plus minutieuses précautions paraissent avoir été prises pour que les issues en fussent hermétiquement fermées, et pour qu'on ne pût arriver aux chambres funéraires. Il n'existe aucune preuve qu'on y soit entré, tant que la religion égyptienne a conservé quelque empire. J'ai déjà conclu, d'un passage de Strabon, qu'on n'y entrait pas de son temps[a]. Depuis qu'on a ouvert la seconde, la troisième, et six des petites qui en sont voisines, on a pu se convaincre que ni les Grecs, ni les Romains, n'y pénétrèrent jamais. Une seule circonstance suffirait pour le prouver clairement, c'est l'absence totale, à l'intérieur, de ces inscriptions grecques ou latines que les anciens voyageurs ont tracées en si grand nombre dans les syringes de Thèbes. S'ils avaient pénétré aussi dans les pyramides, leur vanité ou leur admiration n'aurait pu manquer d'y laisser de pareilles traces de leur visite[1]. Les papyrus nous montrent que les tombes des particuliers, à Thèbes, restaient accessibles, et s'ouvraient de temps en temps pour que les cholchytes, ou autres prêtres, pussent y célébrer des

---

[a] *Trad. franç.* t. V, p. 397.

[1] C'est ce qui montre qu'il ne faut pas voir un fait réellement observé dans ce que raconte le Pseudo-Plutarque (*de Placit. philos.* IV, 20) de l'écho qui se faisait entendre à l'intérieur des pyramides, où la voix se répercutait quatre ou cinq fois. Ceci doit appartenir à quelqu'une de ces narrations romanesques où l'on décrivait ce que personne n'avait jamais vu.

cérémonies funèbres, qui leur valaient de bonnes redevances. Les syringes paraissent n'avoir pas été dans le même cas. On a lieu de croire que les cérémonies en l'honneur des rois étaient célébrées dans les grands monuments de la rive gauche, au nombre de quarante-sept[a], tels que le *Rhamesséum*, le *Ménephthéum*, l'*Aménophiéum*, qui étaient, ainsi que le fabuleux *Osymandyéum*, des édifices à la fois religieux et sépulcraux, élevés aux rois, où le culte commémoratif de chacun d'eux était confié à certaines corporations sacerdotales. Telle était, sans doute, la fonction des pastophores d'Aménophis[b], qui subsistaient encore sous les Ptolémées, quinze siècles après la mort de ce roi[c]. Si de pareilles cérémonies furent célébrées en l'honneur des rois fondateurs des pyramides, c'est à l'extérieur, c'est au pied de ces monuments qu'elles ont dû l'être.

Cette vue, qui me semble sortir assez naturellement de l'analogie des deux genres d'édifices funéraires, a l'avantage, non-seulement d'expliquer sans effort, mais de rendre nécessaires, des témoignages parfaitement authentiques, qu'on a rarement admis sans restriction, quand on ne les a pas décidément rejetés[d]. Ce sont ceux qui attestent que l'extérieur des pyramides offrait de nombreuses inscriptions hiéroglyphiques. Une des raisons pour les rejeter était qu'il ne restait plus de traces de ces inscriptions : mais l'existence d'un revêtement, qui a depuis longtemps disparu, suffisait pour expliquer comment il n'en subsiste plus aucune. Une raison en apparence meilleure, c'est qu'on n'en aperçoit plus nul vestige sur la partie du revêtement qui existe encore au sommet de la deuxième pyramide. Mais rien ne dit, dans l'hypothèse où le parement des pyramides eût été sculpté, que ces sculptures eussent couvert les faces entières depuis le haut jusqu'en bas ; elles ont pu n'occuper qu'une zone d'une médiocre largeur, divisée en colonnes verticales qui ne s'élevaient que jusqu'au point où l'œil pouvait saisir ces figures et ces caractères.

---

[a] *Mémoire sur le tombeau d'Osymandyas*, p. 37. — [b] Voy. *Pap. Taur.* V et VI; *ibique* Peyron, p. 37-39. *Statue vocale de Memnon*, p. 59, 60. — [c] *Mémoire sur le tombeau d'Osymandyas*, p. 16. — [d] Comme Greaves et Larcher.

DXLIII—DXLV. INSCRIPTIONS DES PYRAMIDES.

Il n'y a donc réellement aucun motif pour rejeter ces témoignages, s'ils sont formels, positifs, émanés de gens qui parlent de ce qu'ils ont vu.

Or il n'est rien de plus précis que ceux des auteurs arabes, de Masoudi, de Kordhabdeh, d'Ebn-Haukal, d'Abdallatif, de Makrizy, etc.[a], la plupart témoins oculaires : ils s'accordent tous à l'égard des nombreuses inscriptions gravées sur la face des trois pyramides. Il suffira de rappeler ici celui d'Abdallatif, écrivain qui se distingue entre tous par son exactitude et son excellent jugement, et qui avait fait, d'ailleurs, une étude particulière des pyramides, sur lesquelles il avait composé un ouvrage spécial, qu'il appelle *mon grand ouvrage sur les pyramides*. Il dit : « L'extrême précision qu'on a mise à leur bâtisse est « digne de la plus haute admiration. Les joints sont si parfaits, qu'il « serait impossible de passer une aiguille ou même un cheveu entre « les pierres. Elles sont liées par un ciment dont la couche n'est pas « plus épaisse qu'une feuille de papier. » Puis il ajoute : « Les pierres « sont couvertes *d'anciens caractères*, maintenant inintelligibles.... « Les inscriptions sont *si nombreuses*, que la copie de celles-là seules « qui peuvent être lues sur la surface des deux pyramides remplirait « plus de dix mille pages. » Quand l'expression *dix mille* se prendrait ici pour un nombre indéterminé, comme le μυρίοι des Grecs, elle indiquerait, sans nul doute, une masse d'inscriptions, dont l'objet n'a pu être que d'exprimer tout ce que nous trouvons dans les innombrables légendes qui couvrent les parois des hypogées. Ce passage nous dispense d'en citer d'autres, et il démontre quelle extension il faut donner aux textes d'Hérodote et de Diodore.

Le premier dit qu'on avait marqué *sur la pyramide*, en caractères égyptiens, combien il avait été dépensé pour la nourriture des travailleurs[b]. Larcher[c] a conclu, de ce passage, qu'il n'y avait pas eu

---

[a] Cités par Silvestre de Sacy, dans ses Notes sur Abdallatif, p. 221 et suiv. — [b] Hérod. II, 125, 5 : Σεσήμανται δὲ διὰ γραμμάτων αἰγυπτίων ἐν τῇ πυραμίδι, ὅσα κ. τ. λ. — [c] *Traduct. d'Hérod.* II, p. 436.

de figures sculptées sur cet édifice, puisque Hérodote n'a pas fait, à cet égard, la même remarque que pour la chaussée.

Mais cet historien ne s'astreint nulle part à donner une description complète des monuments; il n'indique ordinairement que les circonstances liées à l'intérêt de sa narration. Selon toute apparence, il n'aurait pas parlé même de cette inscription, s'il n'avait été frappé de l'extraordinaire dépense qui s'était faite seulement en raiforts, en ail et en oignons, la partie la moins coûteuse de la nourriture des ouvriers. Son silence ne prouve donc pas qu'il n'y eût ni d'autres inscriptions, ni de figures sculptées. Ce serait peu connaître les usages égyptiens que de croire qu'on se fût borné à graver sur cette tombe royale ce qu'avait coûté la nourriture des ouvriers : c'est là un détail qui venait nécessairement après beaucoup d'autres, plus importants parce qu'ils touchaient au but religieux et funéraire des édifices, mais qui frappaient médiocrement les étrangers, habitués qu'ils étaient à voir les édifices égyptiens tout couverts de sculptures. Il n'en devait pas être ainsi du compte de seize cents talents dépensés seulement pour l'achat des denrées de la plus mince valeur. Voilà un trait qu'ils ne pouvaient passer sous silence.

Il faut bien appliquer cette observation au passage de Diodore [1], si

---

[1] I, 64. Il est à regretter que l'historien s'exprime si vaguement sur une autre circonstance, celle d'une ἀνάβασις entaillée dans l'un des côtés de la pyramide (ἀνάβασιν δ' ἔχει διὰ μιᾶς τῶν πλευρῶν ἐγκεκολαμμένην, 1, 64). Que cette ἀνάβασις fût un *escalier* formé de degrés, une ἀνάβασις κλιμακωτή ou κλιμακώδης, cela peut être, puisque toute expression générique embrasse les espèces, et que, d'ailleurs, celle-ci a souvent été prise dans ce sens particulier; pourtant le participe ἐγκεκολαμμένη jette du doute sur cette signification. Quoi qu'il en soit, on aurait désiré que l'écrivain eût dit où conduisait et à quoi pouvait servir cette *montée*, quelle qu'en fût la disposition : ce n'était pas, à coup sûr, pour arriver jusqu'au sommet; car on en retrouverait encore la trace à la partie supérieure du parement, qui existe sur les quatre faces de la seconde pyramide; mais elle n'en a conservé nul vestige. Comme nous savons, par Hérodote, que le πρῶτος δόμος de cette pyramide était en granit, on pourrait présumer que la montée servait à s'élever sur le rebord de ce πρῶτος δόμος ou soubassement, dont l'historien nous a laissé ignorer la hauteur. Le soubassement n'ayant pas reçu d'hiéroglyphes, ainsi qu'on le verra plus bas, en montant sur le rebord on pouvait lire plus facilement ceux qui étaient gravés au-dessus.

DXLIII—DXLV. INSCRIPTIONS DES PYRAMIDES.

l'on veut le concilier avec les auteurs arabes. Cet historien parle de la même inscription, non comme l'ayant vue, ou comme se l'étant fait traduire; et il semble n'avoir fait ici que copier Hérodote. Il ajoute que la seconde pyramide est ἀνεπίγραφος, *sans inscription;* ce qui, pris à la lettre, serait formellement contraire au dire d'Abdallatif. Ce mot ne peut donc s'entendre de l'absence de toute inscription : il doit se rapporter à celle que l'historien vient de citer comme exprimant ce qu'a coûté la nourriture des ouvriers de la première pyramide, et signifier qu'une telle inscription n'existait pas sur la seconde. Je ne vois guère que cette interprétation qui puisse faire concorder son témoignage avec celui d'Abdallatif et des autres écrivains arabes, qui est si précis et si formel; car personne ne supposera, sans doute, que ces inscriptions si nombreuses avaient été mises sur la pyramide après le voyage de Diodore de Sicile.

Il est cependant un passage d'Ebn-Haukal, cité par Makrisy, qui mérite une attention particulière. L'auteur dit que, parmi ces caractères, il y en avait de *grecs*. Ce fait revient à celui que j'ai rapporté d'après Guillaume de Baldensel, qui, en 1336, vit, sur les pyramides, des inscriptions, en diverses langues, *in quibus inveni scripturas diversorum idiomatum* [a]. Or ce double témoignage nous montre que, outre les légendes hiéroglyphiques, qui se rapportaient à la destination de ces monuments, on y voyait encore de ces inscriptions en vers ou en prose que les anciens voyageurs grecs et latins ont laissées en si grand nombre sur les monuments égyptiens.

Dans ces *espèces de cartes de visite* des voyageurs, comme les appelle Champollion, en exprimant leur admiration pour les monuments, ils ont déduit leurs qualités, indiqué l'époque de leur voyage, et nous ont ainsi transmis, sans y penser, une foule de renseignements maintenant précieux pour l'histoire de leur temps. De ces inscriptions, qui ont dû être si nombreuses, il ne restait plus, sur le sol des pyramides, que celles qui ont été gravées sur le grand sphinx et en diverses parties des constructions voisines (n°s DXXV-

[a] Plus haut, p. 495.

DXLI). Il n'est pas possible de douter que les anciens voyageurs n'en aient aussi gravé sur le parement extérieur des pyramides elles-mêmes, qui excitaient par-dessus tout leur admiration ; mais celles-là ont dû nécessairement disparaître, ainsi que les hiéroglyphes, avec le parement qui les avait reçus.

Cependant il en est échappé au moins deux à la destruction commune ; à la vérité, elles ne se retrouvent plus sur le monument lui-même, mais elles y furent certainement gravées.

DXLIII. La première est un distique conservé par le scholiaste de Clément d'Alexandrie.[1], qui l'annonce en ces termes : « Les pyra-
« mides sont des édifices, en Égypte, qui ont été bâtis *en place de*
« *tombeaux* (c'est-à-dire pour servir de tombeaux), comme le témoigne
« l'inscription gravée sur ces monuments, ainsi conçue. »

Le scholiaste a dit ἐν αὐταῖς, au lieu de ἐν μιᾷ αὐτῶν, probablement parce que Maxime, l'auteur de l'épigramme, l'avait répétée sur chacune des trois pyramides : ce qui était assez l'usage de ces faiseurs d'inscriptions, comme on le voit par plusieurs de celles de Philes, de Pselcis et des tombeaux des rois à Thèbes.

Quant à l'épigramme elle-même, la voici, corrigée de deux fautes évidentes :

Μνήματα Καιφρῆνός τε καὶ ἀντιθέου Μυκερήνου,
καὶ Χέοπος κατιδὼν, Μάξιμος ἠγασάμην.

Moi, Maxime, après avoir contemplé les tombeaux de Céphren, du divin Mycérénus et de Chéops, je les ai admirés.

Le manuscrit donne Καὶ Φρηνός τε; Hérodote écrit Χεφρῆν, et Diodore Κεφρῆν. Le poëte, ayant besoin d'une syllabe longue, a écrit

---

[1] Cette scholie a été publiée, pour la première fois, dans le Clément d'Alexandrie de Klotz, tom. IV, p. 113, d'après le beau manuscrit de la Bibliothèque royale, n° 451 : Πυραμίδες οἰκοδομήματα ἐν Αἰγύπτῳ ἅπερ ᾠκοδομήθη εἰς μνημάτων χώραν, ὡς μαρτυρεῖ τὸ ἐν αὐταῖς ἐπίγραμμα οὕτως ἔχον. M. Osann, qui a relevé cette inscription d'après le manuscrit, et l'a publiée (*Sylloge inscript.* p. 413), a lu εἰς μνῆμα τῶν χώραν, et propose de lire τῶν τυράννων. Il n'y a rien à changer.

DXLIV. INSCRIPTIONS DES PYRAMIDES. 515

Καιφρῆνος, dont la prononciation était la même. Un autre exemple de ce genre de séparation vicieuse existe dans les manuscrits de Diodore[a], qui donnent μὲν Χερῖνον (ὅν τινὲς μὲν Χερῖνον ὀνομάζουσιν), au lieu de Μενχερῖνον, qui est la vraie orthographe du nom, du moins la plus voisine du nom égyptien *Mencharé* ou *Menchérès*, comme l'écrit Manéthon[b], Μενχέρης; ce que donne aussi la lecture hiéroglyphique, le nom commençant par *Men*. Les nouveaux éditeurs de Diodore ont donc bien fait de lui restituer Μενχερῖνον.

J'ai conservé la leçon Μυκερήνου, parce que cette orthographe a pu sortir de la main de l'auteur. L'iotacisme efface toute différence, et la mesure reste la même; car les manuscrits d'Hérodote, de Diodore et d'Athénée (X, p. 438, b), font longue la pénultième de Μυκερῖνος, et avec toute raison, le nom grec dérivant de Μενχέρης.

Le manuscrit porte ἡγησάμην, ce qui est contraire au sens et à la mesure.

Je conjecture que le romain Maxime, l'auteur de ce distique, est le même qui a laissé deux inscriptions latines sur le colosse de Memnon, la première en vers trochaïques tétramètres catalectiques, la seconde en vers ïambiques (n°s CCCXCVII et CCCXCVIII); ce qui mettrait l'époque de celle-ci au temps de Trajan ou d'Adrien.

Cette épigramme est conçue comme plusieurs de celles qui ont été gravées dans les tombeaux des rois, où nous lisons ἰδών ou ἱστορήσας ἐθαύμασα. Cette pièce unique, que nous retrouvons dans un obscur scholiaste, provenait sans doute de quelque ancien recueil qui en contenait d'autres du même genre.

DXLIV. Je pense qu'on peut mettre dans ce nombre cette inscription anonyme, conçue exactement comme toutes celles du même genre. Elle paraît aussi avoir été inspirée par la vue des monuments et gravée sur l'un d'eux :

Ὄσσαν ἐπ' Ὀλύμπῳ καὶ Πήλιον ὑψωθέντα
ψευδὴς ἱστορίης ῥῆσις ἀνεπλάσατο·

[a] Diod. Sic. I, 64. — [b] Apud *Syncell.* p. 56 D.

Πυραμίδες δ' έτι νῦν Νειλωΐδες ἄκρα μέτωπα
κύρουσι χρυσέοις ἄστράσι Πληϊάδων ᵃ.

Que l'Ossa et le Pélion aient été jadis entassés sur l'Olympe ; c'est là une pure invention de la fable. Mais, encore maintenant, les pyramides élèvent leur front pointu jusqu'aux astres dorés des Pléiades.

C'est-à-dire *jusqu'au ciel*. Les poëtes prennent quelquefois les Pléiades pour l'expression générale de *ciel*. Antipater de Sidon ᵇ dit de même κείμενον ἐπταπόρων ἀγχόθι Πληϊάδων, passage qui a conduit M. Böckh à restituer très-bien le nom corrompu d'une inscription funéraire ᶜ. Cette hyperbole sur la hauteur des pyramides se retrouve en d'autres passages poétiques que Fr. Jacobs a cités.

Cette épigramme présente la même allusion à l'ancienne mythologie que la belle inscription gravée, par Asclépiodote, sur le socle du colosse de Memnon (n° CCCLXXV), et les deux du sphinx (n°ˢ DXLI et DXLII); c'est-à-dire une opposition ou un rapprochement entre les traditions de la fable et le monument que le voyageur admire.

Ces deux exemples pourraient indiquer que quelque Grec curieux avait jadis formé un recueil des inscriptions des pyramides qui lui avaient paru mériter d'être conservées, et qu'ainsi l'Égypte avait eu, comme la Grèce, son Polémon Stélocopas et son Néoptolème de Paros.

DXLV. L'inscription latine a cela de curieux, qu'elle a été copiée, en 1336, sur la pyramide elle-même, par G. de Baldensel, cité plus haut, p. 495. Après avoir dit : *In quibus (pyramidibus) inveni scripturas diversorum idiomatum* (ce qui comprend, outre les inscriptions hiéroglyphiques, toutes celles que les voyageurs des divers pays y avaient successivement gravées), le voyageur ajoute : *In uno inveni hos versus latinos petris insculptos.* Ces derniers mots indiquent bien que l'inscription était sur le parement. Voici les trois premiers de ces vers, qui n'offrent aucune difficulté :

ᵃ *Ant. palat.* t. II, p. 247. — ᵇ *Ep.* 51. *Anth. palat.* VII, 748. — ᶜ *Corp. inscr.* n° 2892.

DXLV. INSCRIPTIONS DES PYRAMIDES.

> Vidi pyramidas, sine te, dulcissime frater;
> Et tibi, quod potui, lacrymas hic mœsta profudi;
> Et nostri memorem luctus hanc scripsi[1] querelam.

C'est une sœur qui, en présence des pyramides, reporte sa pensée sur son frère chéri dont la mort l'a privée.

Les trois vers suivants, dont le premier et le dernier sont profondément altérés, ont été donnés ainsi par G. de Baldensel :

> Sic nomen decimi anni pyramide alta
> Pontificis, comitisque tuis, Trajane, triumphis,
> Lustris sex intra censoris, consulis esse.

Ce qui n'offre ni sens ni construction. Le bon pèlerin trouvait quelque obscurité dans ces vers; *horum versuum*, dit-il, *obscura expositio aliquantulum me tenebit;* il ne nous a pas mis dans le secret de ses efforts ultérieurs pour les comprendre : il est vraisemblable qu'ils auront été, comme les miens, tout à fait infructueux. Je présume que *decimi* nous cache le nom du frère (*Decimi*), et que les lettres qui suivent appartiennent à son surnom,

> Sic nomen Decimi ◡ ◡ - in pyramide alta,

en donnant à *sic* le sens de *utinam* (de même qu'ώς en grec), comme dans Horace : *Sic te diva potens Cypri, Sic fratres Helenæ*, etc. On peut trouver là l'expression d'un vœu dont le nom de son frère était l'objet. Ce frère aurait été pontife, et compagnon ou témoin des triomphes de Trajan.

Le dernier vers paraît avoir contenu l'expression de ce vœu; mais j'avoue qu'il est resté pour moi indéchiffrable, après beaucoup de conjectures qui me sont venues à l'esprit, et dont je crois inutile de faire part à mes lecteurs. La sœur semble regretter que son frère n'eût pas joint à ses autres titres de *pontife* et de *censeur*, celui de *consul*. Ce qu'on en tire de certain, c'est que le frère et la sœur étaient contemporains de Trajan.

[1] L'*i* bref se trouve dans d'autres pièces improvisées de cette même époque. Plus haut, p. 410.

Si Guillaume de Baldensel n'a copié que cette inscription, c'est apparemment que le temps ne lui aura pas permis d'en copier d'autres, ou peut-être qu'elle était la seule qu'il ait pu lire. En effet, Masoudi, qui écrivait au XIIe siècle, dit que les pyramides étaient couvertes d'inscriptions *presque effacées*[a]. Le revêtement portait donc, outre les sculptures hiéroglyphiques, dont un édifice égyptien ne pouvait se passer, un grand nombre d'inscriptions en diverses langues, où les voyageurs anciens avaient exprimé leur admiration. Ainsi s'expliquerait naturellement ce fait si extraordinaire de l'absence totale de sculptures et d'hiéroglyphes dans les conduits et les pièces intérieures des pyramides. Les hypogées de Thèbes furent ornés en dedans; les pyramides ne le furent qu'en dehors : voilà peut-être tout le mystère. Au reste, je suis prêt à me ranger à toute explication meilleure; car je suis loin de croire que la mienne résolve complétement la difficulté.

§ XIV. OASIS DE THÈBES.

DXLVI—DXLIX.

Plusieurs inscriptions grecques, tant païennes que chrétiennes, ont été recueillies dans cette oasis. Nous en avons déjà publié deux, gravées sur la façade d'édifices sacrés en deux localités différentes, l'une à *Cysis* (n° XIV), l'autre à *Tchonémyris* (n° XV)[1]. Dans une autre partie de cet ouvrage, nous donnerons et les pièces importantes connues sous le nom de *décrets de l'Oasis*, gravées sur le pylône d'El-

---

[a] Cité dans l'ouvrage du colonel Howard Vyse, t. II, p. 336.

[1] La leçon Τχονεμύρεως, à laquelle je me suis arrêté pour la finale de ce nom (t. I, p. 126, 127), est confirmée par celui d'un autre lieu de Thébaïde, cité dans une inscription de Cyzique (*Corp. inscr.* n° 3692), où il est question d'une *Julia Aria*, égyptienne (τὸ γένος Αἰγυπτία) du bourg de *Thmentamyris*, au nome Thinite (ἀπὸ κώμης Θμεντανύρεως τοῦ Θεινίτου νομοῦ). Le nome *Thinite* appartenait à la Thébaïde, ayant pour métropole la ville grecque de *Ptolémaïs* (Tôchon, *Rech. sur les nomes*, p. 88, 89).

DXLVI. OASIS DE THÈBES.

Khargeh, et les fragments d'époque chrétienne. Ici je dois me borner à consigner quelques inscriptions qui ont le caractère de proscynèmes ou de dédicaces religieuses. Elles ont été recueillies d'abord et publiées par M. Cailliaud[a]; quelques-unes l'ont été depuis par M. Pacho, dans les papiers duquel j'ai pu les voir. Mais tel était l'état des originaux, que les deux voyageurs qui les ont recueillis n'ont pu en tirer l'un et l'autre que des textes fortement altérés, où la plupart des lettres de même forme sont confondues entre elles, où souvent même il est difficile d'être sûr d'avoir bien lu. Celles que la copie donne sont quelquefois tout autres qu'elles devraient être. On en jugera d'après ces copies, que j'ai aussi exactement reproduites que la typographie le permet.

A. Douch-el-Qalah.

Les quatre premières ont été trouvées dans le lieu appelé *Douch-el-Qalah*, dont le nom antique, Κύσις, nous a été révélé par l'inscription n° XIV, ce que je crois avoir découvert aussi dans le numéro DXLIX.

Les trois premières ont été trouvées sous une voûte peinte, auprès du temple.

DXLVI.

```
ΟΓ ΠΟΚΥΝΗΜΑΑΝΟ ΛΟ
ΘΕΩΚΝΤΟϹΩΑΕϹΗΜΕΡΙϹΠΑ
ΡΑΙΩΚΥΡΙΩΑΜΙΝΙΧΘΗΝΠΛΕΑ
ΚΑΙΤΩΝΑΥΤΩΝΙΑΝΤΩΝΜΛΙΠΟ
ϹΑϹΡΩΚΛΙΙΟΩΡΑΟ ϹΟΠΠϹΕΖΜ
Ι...ΊΡϹΚΝΙΗΩΝΧ        ΧΝ
           ΩΑΧ
```

Τὸ προσκύνημα, Ἀνο[υϐ]ᾶς
Θεωνᾶτος ὧδε σήμερον πα-
ρὰ τῷ κυρίῳ Ἀμίνι[ϐι] Θ[εῷ] μεγίστῳ
καὶ τῶν αὐτοῦ πάντων...
Καίσαρος αὐτοκράτορος......
τοῦ κυρίου ἡμῶν...
παχών...

On peut lire Ἀνουϐᾶς[b] au nominatif[c], au lieu de Ἀνουϐᾶτος. Quant à Θεωνᾶτος, c'est un nom déjà connu par Photius, qui cite un *Théonas*, évêque arien d'Alexandrie sous Dioclétien; mais il fait le génitif en

---

[a] *Voyage à l'Oasis de Thèbes*, pl. XXIII. — [b] Plus haut, p. 124. — [c] Plus haut, p. 428.

ᾶ (Θεωνᾶ), non en ᾶτος, qui est la forme alexandrine, la seule qu'on trouve en Égypte[a].

La locution ὧδε σήμερον (ici, aujourd'hui a fait le proscynème) se retrouve plusieurs fois, avec ou sans ἦλθον ou ἀφίκετο[b] dans ces inscriptions et dans les proscynèmes de la Nubie. Il n'est pas douteux qu'elle soit cachée sous les lettres ⲰⲀⲈⲤⲎⲘⲈⲢⲒⲤ; les deux lettres finales ont été mises là presque au hasard, le voyageur ne pouvant distinguer celles qui étaient écrites.

C'est ce qui est arrivé souvent à M. Cailliaud comme à d'autres voyageurs, d'ailleurs fort soigneux, qui donnent des lettres dont la forme est toute différente de celle qu'elles devraient avoir, à en juger d'après le sens de la formule ou de la phrase.

Ainsi après τῷ κυρίῳ, qui est certain, viennent les lettres ΑΜΙΝΙΧΘΗΝΠΛΕΑ, qui doivent être Ἀμυνίϐι (pour Ἀμηνέϐι) θεῷ μεγίσῳ, qui était la divinité locale, d'après l'inscription de la façade (n° XV).

La dernière ligne est, à n'en pas douter, une date impériale, où Καίσαρος αὐτοκράτορος et le mois se discernent facilement.

DXLVII.

ΑΤΙΙⲰΝΑΠΟΛΛΟ	Σα]ραπίων Ἀπολλω[νίου
ΔΕΓΗΜΕΡΟΝΠΑΡΑ	ὧ] δε σήμερον, παρὰ
ΙⲰΙΑΠΟΛΛⲰΝΙΕΠΑ	τῷ Ἀπόλλωνι, ἐπ' ἀ
⊥ΗⲤⲰΙΑΓ	γαθῷ L. Γ Ἀν
ΧⲰΝΙΠΑ ΛΥΠΙⲤΠΥΚΥΡΙΤσ	τωνί[νῳ.... τῷ κυρίῳ
ΠΑΧⲰΝΚϛ	παχὼν Κϛ.

Ce n'est pas le nom d'*Apollon* qu'on s'attendrait à voir ici; c'est encore *Aménébis*; mais *Apollon* ou *Arouéris* était probablement un des σύνναοι θεοί de la divinité principale.

Que le proscynème se termine par l'expression d'une date, on n'en peut douter, d'après la fin, qui est l'énoncé du mois. Dans ce cas ΤⲰΝΙ ne peut venir que de Ἀντωνίνῳ, qui doit avoir été suivi de σεϐασῷ; mais les lettres sont seules différentes, et doivent avoir été,

[a] Plus haut, p. 54-57. — [b] P. 93, a, l. 20; 470, b, 28; ed. Bekker.

DXLVIII, DXLIX. OASIS DE THÈBES.

écrites au hasard par le copiste. Κυρίῳ de la fin ne paraît pas douteux. La date est du 21 mai de l'an 139 de notre ère.

DXLVIII. Celle-ci ne pouvant être typographiquement reproduite, j'en ai donné le *fac-simile* (pl. XXXVIII, n° 6), tel que l'a publié M. Cailliaud (pl. XXIII, n° 6). C'est un proscynème, où je distingue ces mots :

> Τὸ προσκύνημα Ἀνδρονίκου
> καὶ Χρήσ7ου........
> ......ὧδε σή-
> μερον παρὰ τῷ κυ-
> ρίῳ.......

Le deuxième nom est peut-être Χρησ7ογένου ou γένους, nom inconnu, mais formé d'un qualificatif suivi de γένης, comme Ἀρισ7ογένης, Δικαιογένης, Καλλιγένης, etc.

Après τῷ κυρίῳ doit venir le nom du dieu. Il est indéchiffrable.

DXLIX. Celle-ci est gravée sur le premier pylône du temple, sur celui-là même dont la façade porte la dédicace au dieu *Aménébis* (n° XV).

On doit regretter qu'elle soit dans un tel état qu'on y distingue à peine quelques mots sans suite; car on devine facilement qu'elle aurait une certaine importance si on la pouvait lire. D'abord elle fait mention d'une *construction* exécutée dans le temple, en dedans du mur d'enceinte τείχεος ἐντός; ensuite elle se compose de huit vers élégiaques.

La voici avec le texte que j'en ai pu tirer :

```
ONPMYAIEΔYPCNΔѠMHCATΘT.EIXEOCIENΠOC
Y+HNOMXAΘEHOΛRIX:OVPXIPEYC  O
ΠYOCΔETHCAITONANYCCKMѠNAIHIEHIKYCI
DVΠAROΘENNAEΠΠKOYM...OMIΣϷOMENDN
ΛΘΠTATΛHNAINOC..NOICEΠΘTENYTOTACIΔEXECCX
    O   ϽVYAPΓOIOIKEPΠOMENHΠEΔIOEC
CNYCΓETMICO
ΠACΠACCΘHONOICINAOIAM
HΠIOΘOΛNOCѠNYIOCΘOVΔΛETIMX
```

PROSCYNÈMES ET ACTES DE VISITE.

Ἔνθα μὲν... υρον δωμήσατο τείχεος ἐντός
  ὑψηλὸν, ζαθέης...... ὁ ἀρχιερεύς
Πρὸς δ' ἔτι καὶ τὸν.... ναίῃ τ' ἐνὶ Κύσι
οὗ πάρος ἐνναέται... νομιζόμενον
..................ὑπὸ πᾶσι δέχεσθαι
....ου γάρ ποι.. ϑερπομένη πεδίῳ ?
......
Παστὰς......
.... ων υἱὸς ὁ Οὐαλε[ν]τί[νου ?

V. 1. Dans ce qui précède le verbe δωμήσατο paraît être le nom de l'édifice construit [πρόθυ]ρον. Le vers 2 paraît commencer par ὑψηλόν, ζαθέης.... Le premier pentamètre se termine par ἀρχιερεύς.

V. 3. La fin du troisième vers est à remarquer; car ἐνὶ Κύσι (pour Κύσει) est certain; c'est le nom du lieu.

La dernière ligne semble renfermer le nom de l'auteur de ces vers ou de l'architecte.

B. Pylône du temple d'El-Khargeh.

Les dix inscriptions qui suivent sont gravées sur le pylône du grand temple bâti sous Darius, dans la capitale de l'Oasis de Thèbes. C'est ce même pylône sur les montants duquel on avait gravé les décrets dont j'ai parlé plus haut (p. 518, 519).

Ces pièces, quoique de peu d'intérêt, ne sont cependant pas toutes indignes d'attention.

DL, DLI. (C.) Les quatre numéros suivants sont de simples noms propres, sans aucune qualification.

ΙΕΡΩΝ   Ἱέρων.   ΝΙΚΟΜΑΧΟC   Νικόμαχος.

DLII (C.).

ΙΑΣΩΝΔΕΞΑΝ   Ἰάσων Δεξάν-
ΔΡ.Κ.ΕΡΞΕΝΙΚΕ Υ   δρου βερενικεύς.

L'inscription doit être de l'époque grecque. La patrie de Jason, fils de Dexandre, était Bérénice des bords de la mer Rouge, comme l'indique l'absence de toute qualification distinctive[a].

DLIII. (C.)

ΠΤΟΜΙC CHMЄΑΦΟΡΟC

Le premier mot est sans doute égyptien, car on ne voudra pas y voir un abrégé de Πτολεμαῖος. L'auteur était *porte-enseigne*, σημεαφόρος (pour σημαιοφόρος ou σημαιαφόρος, par confusion de αι et de ε).

DLIV.

L. I. ΦΑΡΜΟΥΘΙ M̄/B.   L. ῑ. φαρμουθὶ μηνὸς β̄.

Ceci est la date ou le commencement d'une inscription dont le corps est perdu. La sigle qui suit le nom du mois et précède le quantième doit être celle de μηνός, mot qui se place ordinairement avant le nom du mois.

DLV (C. P.)

ΛΙΟΝΥCΙΟCΑΦΡΟΔ . CH   Διονύσιος Ἀφροδεισίου,
ΜЄΝЄΚΡΑΤΗC...   Μενεκράτης...

DLVI (C.)

ΔΙΟ.ΔΟΤΟC CΑΡΑΠΙΘΝCC
ΠΟΛΙΙΙΚѠΝ....ΑΙЄΜΟΝΑΙΛΙCC
ΙCЄ . Υ . ΙΚ . Ν . Ѡ .
CΑCΡѠ

C'est peut-être en vain qu'on essaierait de déchiffrer, dans ce fragment, plus que la première ligne : Διόδοτος Σαραπίωνος. Le mot qui suit paraît cependant bien être ΠΟΛΙΤΙΚѠΝ. Dans ce cas, il y avait à la fin de la ligne précédente [ἐκ τῶν] πολιτικῶν. Ceci indiquerait une classe ou une fonction : οἱ πολιτικοί (en opposition à πραγματευόμενοι, les *marchands*, les *gens d'affaires*) seraient les *officiers municipaux* d'une ville dont le nom se trouve peut-être caché dans les lettres suivantes.

[a] V. t. I, p. 393.

C'est la première fois, à ce qu'il semble, que πολιτικοί se présente ainsi d'une manière absolue; le terme ordinaire est πολιτευταί.

DLVII. (P.) Sur la façade O. du grand temple on lit :

ΙΛΕѠC	Ἴλεως
COIEPA	σοὶ, Ἑρμ[εί-
ACYIOC	ας υἱὸς
ΕΥΜΟΓΕ	Ἑρμογέ-
ΝΟΥϹΚΑΙ	νους, καὶ
ΗΡΑΚΛΕΙ	Ἡράκλει-
ΟϹΑΔ-Α	ος ἀδελ-
ΦΟϹ .Κ	φὸς [αὐτοῦ]
ΚΑΙΗΡΑ	καὶ Ἡρά[κλειος ou εἴδης]
ΠΟΚΥΔΕΥΚ	Πολυδεύκ[ου]

L'auteur du proscynème s'adresse au dieu du temple, et le prie d'être favorable à Hermias, fils d'Hermogène, à son frère Héraclius, et à Héraclide, fils de Pollux. Il aurait dû dire, à ce qu'il semble, ἴλεως ὑμῖν; mais sa pensée se porte principalement sur Hermias, les autres sont mis à part. « Que le dieu te soit favorable (ἴλεως σοὶ ὁ « θεὸς εἴη), à toi, Hermias, ainsi qu'à Héraclius! etc. » Le nominatif pour le vocatif, dans les noms qui suivent, n'est pas même une incorrection[a].

DLVIII. (C. P.) Celle-ci est gravée sur la façade sud du second portique de Khargeh. La copie de Pacho est un peu moins mauvaise que celle de Cailliaud. Je les donne ici toutes les deux.

CAILLIAUD.

ΘΠΤΑΚΙΡΟΥϹΕΙΑΤΟΝΣΙΗΧΕΙϹΘΙΟΜΗΚΟϹΘΗΙΝ
ΤΗΝΙΙΝ.ΟϹΜΝϹΓΡѠΜΑΠΤϹ ΑΙΘΙΝΟ..
ΘΡΜΕΙΑϹΟϹΟΑϹ\ΝΑΧΜΗΝΑΝΘΟΥϹΑ.ΘΘ
ΠΑΤΡΙΔΟϹΕΖΕΡΝΟΥΥΙΟϹΟΕΡΜΟΦΙΛΟΥ.

PACHO.

ΠΤΑΚΙΤ.ΟΥϹΕΚΑΤΟΝ ΠΗΧΕΙϹΕΙΟΜΗΚΟϹΘΗΙΝ
ΤΗΝΙΒΙΟϹΜϹϹ.ΝϹΠѠΜΑΤΠΛΟΛΙΘΙΜΟΛ
ΕΡΜΕΙΑϹΟϹϹΑϹΥΝΑΚΜΗΝΑΝΘΟΥϹΑΙΜΕΘ
ΠΑΤΡΙΔΟϹϹϹΕΡΜΟΥΥΙΟϹΟΕΡΜΟΦΙΛΟΥ.

[a] Matthia, Ausführl. Gr. Gr. S. 313, 1.

En combinant ces deux copies on en tire quatre vers, ou fragments de vers élégiaques, qui étaient peut-être précédés de deux autres :

> Ἔπ]αχι τοὺς ἑκατὸν πήχεις εἰς μῆκος ὁ τῇδε
> .... ἐν σ]ρώματι τῷ λιθίνῳ·
> Ἑρμείας ...... σὺν ἀκμὴν Ἀνθούσᾳ μεθ' [ἑαυτοῦ]
> Πατρίδος ἐξ Ἑρμοῦ υἱὸς ὁ Ἑρμοφίλου.

Il s'agit d'un travail qui avait occupé en longueur (εἰς μῆκος) *sept fois cent coudées*. Une si grande dimension ne peut s'appliquer qu'à une route. Le premier vers se lit assez clairement, sauf la fin, ΘΤΗΙΝ, que j'essaie de lire ὁ τῇδε. Dans ce cas, le mot qui commence le deuxième vers serait le substantif dépendant de l'article ὁ; ce qui serait d'autant plus probable, que ce mot se termine par ΟϹ dans les deux copies.

Quoi qu'il en soit, il s'agit d'un *travail* quelconque, continué sur une longueur de 700 coudées ou de 1,050 pieds; dimension qui ne peut guère s'appliquer qu'à une route; et, en effet, je discerne à la suite les mots bien certains ἐ]ν σ]ρώματι τῷ λιθίνῳ.

Il s'agit donc d'un *pavé en pierres* qu'on avait réparé dans cette longueur, probablement celui du *dromos* du temple, opération semblable à celle qui fut exécutée dans le temple du sphinx[a].

L'auteur de ce grand travail était un certain Hermias. Les sept lettres ΟϹΟΑϹΥΝ ou ΟϹϹΑϹΥΝ, qui suivent, ne peuvent former que deux brèves et une longue. Je n'en puis rien faire; pourtant σύν paraît se joindre avec Ἀνθούσᾳ, qui est un nom propre connu, et doit être celui de la femme d'Hermias. Σύν devant une voyelle est bref; mais les fautes du dernier vers rendraient celles-ci fort explicables. Μεθ' [ἑαυτοῦ], après σύν, introduit un *pléonasme* ou une redondance qui ne choquerait pas même dans un meilleur poëte. L'adverbe ἀκμήν est gauchement placé, et se ressent aussi de la gêne du mètre. Tout cela est fort incertain.

Le dernier vers ne laisse rien de douteux, s'il n'est pas bon. « Hermias était fils d'Hermophile, et né à Hermopolis. » Ἐξ Ἑρμοῦ pour ἐξ

[a] Plus haut, p. 464.

Ἑρμοῦ [πόλεως], expression dont j'ai déjà parlé[a]. Je crois qu'Hermias a voulu qu'on fît attention à cette triple coïncidence des noms *Herm*ias, *Herm*ophilos, *Herm*opolis. Les noms propres dérivés d'*Hermès* devaient être communs dans la ville où ce dieu était spécialement adoré.

DLIX. Il est à remarquer que, dans l'Oasis, les deux seules inscriptions qui se rapportent à une construction ou à un travail exécuté sont en vers, au lieu d'être en vile prose. Il s'en trouve peut-être encore un troisième exemple dans ces quatre lignes, dont nos deux voyageurs ont pris une copie presque également informe.

CAILLIAUD.

ΕΛΤΕΡΟΝΜΗΓ.. ΟΓΠ...ΥΛΗVΟΤΙ
..+ΥΝΕΧΗΣΣΧΙΕΙΟΥΣΩΣΩΣΩΥΔΥΙΟΝΛ.ΟΥΔΑΤΙ
ΣΣΣ...ΟΝΕ.ΝΟΛ.ΟΣΣΝ.ΛΓΤΜΙ
ΥΗΙΔΙΩ..ΜΕΙ...ΕΓΑ..ΗΣΑΥΟΝΙ..V

PACHO.

ΕΛΤΕΡΟΝΗΕ........ΑVΛΗ·
..+ΥΝΕΧΞΞΝΕΙΝΟΥΙΟΝΛ..ΑΠ
....ΟΣΕΦΩΝΕΩΝΕΝΔΙΟΣΕΝΑΣΤΑΙ
ΗΙΔΩΜΖΝ......ΞΓΑΙΗΣΑΥ

La symétrie de ces quatre lignes indique des vers. Le premier semble commencer par Β]έλτερον ou Θάτερον ηε... Au deuxième, συνέχων (précédé d'une longue), est assez clair; le reste m'échappe. Je remarque que l'oméga, dans συνέχων, est figuré comme dans l'inscription de Panopolis (n° XIII).

DLX. Je consigne ici, pour ne rien omettre, deux inscriptions trouvées par Drovetti dans son Voyage à Syouah[b].

!ΙΛΩΝΛΥΣΙΣΣΟΝΣΙΤΟΙ

Ce doit être Φίλων ou Χε]ίλων, Λύσις, σύνσιτοι (pour σύσσιτοι). C'étaient

[a] Plus haut, p. 49. — [b] Pl. VII, 12.

deux *commensaux*, peut-être deux membres de quelque confrérie, *demeurant* et *vivant* ensemble, μένοντες ἐν τῇ συνόδῳ, selon l'expression d'une inscription d'Alexandrie[a].

DLXI.

ΠΑΙΔΕΑΣΤΕΚΤΩΝ   Παιδέας, τέκτων.
ΦΙΛΩΝΕΡΜΩΝ   Φίλων Ἕρμων,
ΕΝΚΑΥΤΗΣ.   ἐνκαυτής.

Le premier nom n'est pas connu d'ailleurs. Quant aux deux noms suivants, on est certain qu'ils s'appliquent au même individu, d'après le qualificatif au singulier, ἐνκαυτής. Philon Hermon est la même personne. La forme ἐγκαυτής pour ἐγκαυστής s'est déjà rencontrée. Le mot, pris isolément, désignait plus particulièrement l'artiste qui *peignait les murs*, ἐγκαυταὶ λέγονται, οἱ ζωγράφοι, οἱ διαγράφοντες τοὺς τοίχους[b]; c'étaient, à proprement parler, des *peintres décorateurs*.

Philon Hermon voyageait donc avec un *constructeur*, *maçon* ou *architecte*, l'un et l'autre sans doute associés dans leurs travaux, construisant et ornant en commun des habitations. Ils venaient d'Alexandrie dans l'Oasis pour y exercer leur art; c'est qu'en effet il ne pouvait manquer d'y avoir des maisons construites avec soin à la manière grecque.

On remarquera, d'après la forme des lettres, que ces deux inscriptions doivent être de l'époque ptolémaïque.

§ XV. INSCRIPTION DU PHARE D'ALEXANDRIE.

DLXII.

Les édifices sacrés d'Héliopolis, de Memphis, d'Alexandrie, des villes du Delta, avaient dû, de siècle en siècle, se couvrir de proscynèmes grecs et latins analogues à ceux qui viennent d'être relevés dans le reste de l'Égypte. Là devaient se trouver aussi une foule de statues ou statuettes de divinités, et des stèles dédicatoires avec leur inscription. Mais toutes ces villes antiques sont détruites; de leurs

[a] Plus haut, p. 450. — [b] *Etymol. magn.* p. 310, 40.

anciens monuments il ne reste plus que des débris informes, avec quelques substructions parmi lesquelles on ne trouve presque aucun vestige d'inscription antique. A Alexandrie même on n'en a trouvé qu'un fort petit nombre de dédicatoires, d'honorifiques ou de funéraires, qu'on a déjà lues dans ce recueil, ou qui paraîtront en leur lieu.

Je n'aurais donc à consigner ici aucun *proscynème*, ni autre inscription d'un caractère religieux, si je n'avais à produire celle du *phare d'Alexandrie*, quoiqu'elle n'existe plus, à présent, que dans les textes des auteurs anciens, et avec des circonstances qui méritent d'être signalées.

Strabon, dans sa description d'Alexandrie, dit que le *phare* avait eu pour architecte Sostrate de Cnide, comme le montre cette inscription : Σώστρατος Δεξιφανοῦς Κνίδιος, τοῖς θεοῖς Σωτῆρσιν, ὑπὲρ τῶν πλωϊζομένων[a]. « Sostrate de Cnide, fils de Dexiphane, aux *dieux sau-« veurs*, pour le salut des navigateurs. » Spanheim[b], Visconti[c] et d'autres critiques ont pensé que par *dieux Soters* (sauveurs) il fallait entendre ici Ptolémée Soter et Bérénice, dont Philadelphe était le fils, et qu'on appelait sur les monuments θεοὶ Σωτῆρες. Ces *dieux sauveurs* peuvent être, en général, les divinités protectrices des navigateurs. Si la dédicace avait été faite au nom de Soter et de Bérénice, ce nom aurait été exprimé. Le point est douteux ; mais heureusement il a peu d'importance.

Lucien rapporte l'inscription dans les même termes[d], ainsi que son scholiaste[e].

On ne peut donc douter, d'une part, que cette dédicace ne fût la seule qui se lisait sur ce monument ; et, de l'autre, qu'elle ne subsistât encore à cette époque ; et il est bien probable qu'elle a subsisté (comme Lucien le prédit) tant que le phare aura subsisté lui-même, ἄχρις ἂν ἑστήκῃ ὁ πύργος.

Pour rendre à cette inscription sa forme lapidaire, il suffit de la répartir en deux lignes,

---

[a] Strab. XVII, p. 791, D. — [b] *De Præst. numism.* t. I, p. 415, 416. — [c] *Iconogr. gr.* II[e] part. ch. XVIII, p. 564. — [d] *De hist. conscr.* § 62. — [e] *Ad Icaromen.* § 12.

DLXII. PHARE D'ALEXANDRIE. 529

ΣΩΣΤΡΑΤΟΣΔΕΞΙΦΑΝΟΥΣΚΝΙΔΙΟΣ
ΘΕΟΙΣΣΩΤΗΡΣΙΝΥΠΕΡΤΩΝΠΛΩΙΖΟΜΕΝΩΝ

ou en trois :

ΣΩΣΤΡΑΤΟΣΔΕΞΙΦΑΝΟΥΣΚΝΙΔΙΟΣ
ΘΕΟΙΣΣΩΤΗΡΣΙΝ
ΥΠΕΡΤΩΝΠΛΩΙΖΟΜΕΝΩΝ

C'est, à coup sûr, de l'une ou de l'autre de ces deux manières qu'elle était disposée.

Pline, dont l'époque se place entre ces deux auteurs, confirme leur témoignage. Il ne rapporte pas l'inscription textuellement; mais ce qu'il en dit montre qu'il n'en connaissait pas d'autre que celle qu'ils ont donnée, soit qu'il l'eût vue lui-même, soit qu'il n'en parle que sur ouï-dire; car rien ne prouve qu'il eût jamais visité l'Égypte. Il dit :.... *magno animo, ne quid omittamus, Ptolemæi regis, quod in ea permiserit Sostrati Cnidii architecti structuræ ipsius nomen inscribi*[a].

Mais ici une grave contradiction semble exister entre Pline et Lucien.

Le premier dit que Ptolémée avait *permis* à Sostrate d'inscrire son nom sur le phare; et, en effet, cela résulte du texte même de la dédicace, qui est certainement de l'époque où le monument fut élevé.

Lucien, au contraire, voulant prouver que les grands hommes préfèrent le jugement de la postérité à celui de leurs contemporains, et se consolent de n'avoir pas leur approbation, pourvu qu'ils aient celle des siècles à venir, cite, pour exemple, le stratagème employé par l'architecte du phare : « Après l'achèvement de cet édifice, dit-il,
« Sostrate inscrivit son nom sur la pierre; puis, ayant caché ce nom
« sous un lit de chaux, il grava par-dessus le nom du roi d'alors, sa-
« chant bien, ce qui en effet arriva, que, dans très-peu de temps, ce
« nom tomberait avec l'enduit, et qu'on verrait paraître : *Sostrate Cni-*
« *dien, fils de Dexiphane, [dédie cet édifice] aux dieux sauveurs, pour le*
« *salut des navigateurs*. Il agissait ainsi, non pas en vue seulement du
« moment actuel ni de la courte durée de sa propre vie, mais tout à

[a] Plin. XXXVI, 12.

« la fois pour le présent et les siècles à venir, tant, du moins, que la « tour sera debout et que son œuvre subsistera. »

On a donc trouvé une contradiction entre Pline et Lucien, l'un disant que Ptolémée avait permis à l'architecte de graver son nom sur le monument, l'autre prouvant le contraire par le récit du subterfuge auquel l'architecte avait été contraint d'avoir recours pour transmettre son nom à la postérité. On a, en conséquence, présumé que l'historiette de Lucien, étant de son invention, n'avait nulle autorité historique et devait être rejetée.

Pour moi, je pense qu'il n'y a entre les deux auteurs qu'une contradiction apparente; seulement Lucien a connu une circonstance que Pline a ignorée; et personne n'en sera surpris, Lucien ayant exercé, comme il le dit lui-même[a], une fonction publique en Égypte; tandis que rien n'indique, dans les écrits de Pline, qu'il ait jamais mis le pied dans cette contrée.

On comprend dès lors que ce dernier, n'ayant connu que l'inscription qui subsistait de son temps, la même qu'avait vue Strabon, et que Lucien vit dans la suite, en ait naturellement conclu que Ptolémée avait permis à Sostrate de graver son nom; puisqu'en effet ce nom était le *seul* qui s'y trouvât mentionné. Ce n'est donc, de sa part, qu'une induction tirée d'un fait indubitable en lui-même.

Le témoignage de Pline ne constitue qu'un argument *négatif;* celui de Lucien, au contraire, est *positif,* et mériterait, par cela seul, d'être préféré, quand la teneur même de l'inscription ne prouverait pas d'une manière décisive que l'anecdote est d'une complète certitude. Cette anecdote nous donne de plus le moyen de retrouver la première forme *ostensible* de la dédicace.

En effet, ceux qui ont rejeté le témoignage de Lucien n'ont pas réfléchi que l'inscription, telle qu'on la lisait sur le phare, depuis Strabon jusqu'à Lucien, c'est-à-dire au moins pendant un siècle et demi, n'a jamais pu être ainsi rédigée au temps de Ptolémée Philadelphe. La difficulté ne consiste pas seulement en ce que le nom de

[a] *Apologia,* XII, p. 202, éd. Didot.

DLXII. PHARE D'ALEXANDRIE.

Sostrate s'y trouve, mais en ce qu'il s'y trouve *seul*, et lié avec une formule de *dédicace*, qui appartient, non à l'*architecte* qui élevait un monument, mais au *fondateur* lui-même. L'artiste aurait dit : Σώστρατος Δεξιφανοῦς Κνίδιος ἠρχιτεκτόνησε, ou bien : Σ. Δ. Κ. ἀρχιτέκτων ἐποίησε, mais il n'aurait pas ajouté Θεοῖς σωτῆρσιν ὑπὲρ τῶν πλωϊζομένων, ce que le fondateur seul, non l'architecte, pouvait avoir le droit de dire.

Il faudrait n'avoir aucune notion de ce qui se pratiquait en Égypte sous la domination des Lagides, pour imaginer que Philadelphe, quelque bon prince qu'on le suppose, eût jamais souffert une telle usurpation dans la dédicace solennelle de ce grand et si utile édifice, que les contemporains placèrent au nombre des sept merveilles du monde.

Et quand on voudrait que, par une faveur spéciale, dont il n'y a nul exemple, Philadelphe eût permis à l'architecte d'entrer en partage de la dédicace, il est de toute évidence que le nom de celui-ci y eût été mis dans une situation subordonnée ou secondaire, de cette façon :

ΒΑΣΙΛΕΥΣΠΤΟΛΕΜΑΙΟΣΚΑΙΒΑΣΙΛΙΣΣΑΑΡΣΙΝΟΗΗΓΥΝΗΘΕΟΙΑΔΕΛΦΟΙ
ΘΕΟΙΣΣΩΤΗΡΣΙΝΥΠΕΡΤΩΝΠΛΩΙΖΟΜΕΝΩΝ
ΔΙΑΣΩΣΤΡΑΤΟΥΔΕΞΙΦΑΝΟΥΣΚΝΙΔΙΟΥΑΡΧΙΤΕΚΤΟΝΟΣ

Βασιλεὺς Πτολεμαῖος καὶ βασίλισσα Ἀρσινόη, ἡ γυνὴ, Θεοὶ ἀδελφοὶ,
Θεοῖς Σωτῆρσιν, ὑπὲρ τῶν πλωϊζομένων.
διὰ Σωσ]ράτου Δεξιφάνους Κνιδίου, ἀρχιτέκ]ονος.

ou mieux   ΣΩΣΤΡΑΤΟΥ Δ...Κ...ΑΡΧΙΤΕΚΤΟΝΗΣΑΝΤΟΣ,
ou mieux encore ΣΩΣΤΡΑΤΟΣ Δ... Κ... ΗΡΧΙΤΕΚΤΟΝΗΣΕ,

cette dernière ligne étant placée, soit au-dessous des deux premières, soit séparément, sur une autre partie de l'édifice.

Or, comme, dans celle qui nous a été conservée, le nom de l'architecte se trouve en tête, *seul* et à l'unique place que devait occuper, dans l'origine, de toute nécessité, celui du souverain, auteur de cette grande entreprise, c'est une preuve manifeste que ce nom ne s'y trouvait pas primitivement, et qu'il a dû y être mis plus tard. Mais il ne peut venir à l'esprit de personne que, dans la capitale des Ptolémées, on ait, à une époque quelconque de leur domination, effacé le nom du souverain pour le remplacer par celui de l'architecte ; il faut donc nécessairement admettre que Sostrate sera parvenu à tromper, au moins pour un temps, Philadelphe et ses contemporains, en parvenant à masquer son nom de manière qu'il ne parût pas d'abord, et ne se montrât que dans la suite. Or il n'y avait guère qu'un seul moyen d'y réussir, dans les conditions qui ressortent du texte de la dédicace transmis par les anciens auteurs : c'était justement celui que nous fait connaître Lucien ; ainsi, pour être assuré qu'un tel moyen fut employé, le témoignage de cet écrivain serait presque superflu : le texte seul de l'inscription suffirait.

Mais son attestation n'en devient que plus certaine, et nous ne pouvons douter que les choses ne se soient passées comme il le dit.

Le témoignage de Lucien, d'une part, et la teneur de l'inscription, de l'autre, concordent pour prouver que nous ne l'avons plus maintenant telle qu'elle fut tracée *ostensiblement,* sous le règne même de Ptolémée Philadelphe ; que la ligne qui renfermait le nom du roi était alors tombée, dans l'intervalle de son règne et du voyage de Strabon, avec l'enduit de plâtre sur lequel elle avait été tracée. Voici comment, dans l'origine, cette *double* inscription a dû être disposée, en trois lignes, dont la deuxième était masquée par l'enduit :

ΒΑΣΙΛΕΥΣΠΤΟΛΕΜΑΙΟΣΚΑΙΒΑΣΙΛΙΣΣΑΑΡΣΙΝΟΗΗΓΥΝΗΘΕΟΙΑΔΕΛΦΟΙ
ΣΩΣΤΡΑΤΟΣΔΕΞΙΦΑΝΟΥΣΚΝΙΔΙΟΣ
ΘΕΟΙΣΣΩΤΗΡΣΙΝΥΠΕΡΤΩΝΠΛΩΙΖΟΜΕΝΩΝ [1]

L'enduit sur lequel était gravée la première ligne, et qui recouvrait la seconde, en tombant, emporta l'une et mit l'autre à découvert. L'inscription continua donc, comme auparavant, d'être composée de ces deux lignes également symétriques et présentant un sens complet :

ΣΩΣΤΡΑΤΟΣΔΕΞΙΦΑΝΟΥΣΚΝΙΔΙΟΣ
ΘΕΟΙΣΣΩΤΗΡΣΙΝΥΠΕΡΤΩΝΠΛΩΙΖΟΜΕΝΩΝ

---

[1] On peut comprendre aussi que les mots de ΣΩΣΤΡΑΤΟΣ, etc., étaient placés sous la première, recouverte par celle de ΒΑΣΙΛΕΥΣ, etc. De cette manière, ils ne parurent au jour que lorsque celle-ci tomba avec l'enduit sur lequel elle était gravée.

DLXII. PHARE D'ALEXANDRIE.

Lucien ne dit pas à quelle époque la chute de l'enduit eut lieu. Il fait entendre seulement que ce fut plus ou moins de temps après la mort de Sostrate. Tout ce qu'on sait, c'est qu'au temps de Strabon la première ligne n'existait déjà plus. Cet auteur a-t-il connu le stratagème de Sostrate? Rien n'empêche de le croire; car il n'avait nul besoin d'en parler, ayant cité l'inscription uniquement pour prouver que l'architecte du phare était Sostrate de Cnide.

Quoi qu'il en soit, on ne s'étonnera pas qu'à l'époque où le nom du roi disparut et celui de l'architecte prit sa place, on n'ait pas rétabli l'inscription telle qu'elle devait être. La chose s'explique, ce me semble, assez naturellement. Le prince qui régnait, lorsque la ligne furtive fut mise à découvert, usant d'indulgence pour un stratagème dont l'auteur était mort depuis longtemps, respecta cette volonté dernière d'un grand artiste; et l'inscription put attester aux navigateurs, jusqu'à la destruction du phare (ἄχρις ἂν ἑστήκῃ ὁ πύργος), que Sostrate de Cnide était l'architecte du monument qui les sauvait du naufrage.

Au moment de terminer la dernière *page* de ce volume, je reçois de M. Samuel Sharpe une courte inscription, récemment trouvée, dans la syringe de Rhamsès V, par M. Georges Alexander. Je n'ai que cette transcription, en caractères minuscules :

Ἀλλούχιος
σχολαστικὸς...
ταῖς ἦλθον
καὶ ἐθαύμασα.

Comme nom grec, ΑΛΛΟΥΧΙΟC est impossible. Heureusement que, sans ajouter ni retrancher une lettre, et par le seul changement de ΑΛΛ en ΔΑΔ, on peut lire, avec toute certitude, Δᾳδούχιος, nom excellemment formé, quoique sans exemple, dérivé naturel de Δᾳδοῦχος, titre d'un prêtre d'Éleusis (plus haut, p. 279). Ce dérivé doit appartenir à un individu qui avait eu un *dadouque* dans sa famille. C'était probablement un Athénien d'Éleusis. ταις doit être le reste de [παρὰ ταῖς σύριγξι ταύ]ταις, ou peut-être [παρὰ ταύ]ταις (sous-ent. σύριγξι). Quant à σχολαστικός, j'ai déjà expliqué ce mot (p. 275).

FIN DU TOME SECOND.

ADDITIONS ET CORRECTIONS

DU TOME PREMIER.

Aux additions et corrections que j'ai déjà données à la fin du tome Ier, j'ajoute celles-ci, dont j'ai tiré une partie de l'article que M. Franz, le digne continuateur du *Corpus inscriptionum græcarum*, a bien voulu consacrer à mon livre. Cet article se trouve aux n°s 91 — 95 du *Jahrbücher für wissenschaftl. Kritik* (mai 1843); je ne saurais mieux reconnaître la bienveillante attention que ce savant a donnée à mon ouvrage, qu'en receuillant et en communiquant à mes lecteurs les excellentes remarques qu'il lui a suggérées.

Page 18. Dans la première ligne, on peut retrancher βασιλέως devant ἀδελφῆς; l'addition est inutile.

P. 49. La copie de l'inscription d'Apollonopolis parva, donnée par sir Gardner Wilkinson (dans les *Hieroglyphics*, vol. II, pl. 65), confirme ma restitution.

P. 97. J'ai maintenant des doutes sur l'existence de cette courte inscription. Aucun des voyageurs que j'avais prié d'en faire la recherche n'en a découvert de trace; et, comme elle n'offre, en définitive, qu'une répétition de la date de l'inscription du pronaos, je crains qu'elle ne soit le résultat de quelque confusion dans les papiers du voyageur qui me l'a transmise.

P. 115. M. J. Franz (p. 752) remarque, avec raison, qu'il pourrait bien se faire que le propylon de Panopolis, fini l'an XII de Trajan, sous *Sulpicius Simias*, eût été commencé un ou deux ans plus tôt; et, comme il s'agit, dans la lacune à remplir, non du préfet sous lequel la construction a été terminée, mais de celui sous lequel elle a commencé, il se pourrait que le nom à suppléer fût celui du prédécesseur, à savoir de *C. Vibius Maximus*, qui administrait l'Égypte en l'an VII de Trajan (n° CCCXXXIV, p. 340), quatre ou cinq années seulement plus tôt.

P. 131, note. D'après une remarque de M. Böckh, il n'est peut-être pas nécessaire de changer ὑπάρχου en ἐπάρχου, dans le texte d'Aristide. (*Corp. inscr.* n° 2592.)

P. 181. M. Franz (p. 715), admettant mes vues sur le passage de l'historien Lycus, pense que, sans y introduire de transposition, on peut le lire ainsi : ...καὶ Λύκος δ'ἐν τῷ περὶ Νέσ]ορος· ἐποίησεν ὁ Φιλάδελφος, φησίν, οὕτως· ᾠκοδόμησε... καὶ Φιλωτέρα.

P. 199. Dans le commencement de l'inscription n° XVIII, que j'avais négligé, M. Franz a découvert les noms de Νεώτερος Ὠτίωνος Πετρωνίου. J'ai présumé qu'on pouvait lire Ὠρίωνος (plus haut, p. 228). Le père de Νεώτερος aurait donc porté un double nom, soit Ὠρίων soit

Ὠτίων Πετρώνιος. Dans le premier cas, l'Égyptien Ὡρίων aurait ajouté à son nom celui de Πετρώνιος. Nous aurions ici un individu d'une famille mixte, comme il s'en rencontre tant parmi nos inscriptions. Le nom romain suivrait le grec, ainsi qu'en bien d'autres cas.

Du reste, si les personnages, auteurs de la sculpture hiéroglyphique de la colonne du temple d'Esné étaient, non de purs Égyptiens, comme je l'ai dit, mais des Égyptiaco-Grecs ou Romains, on n'aurait pas lieu de s'en étonner, d'après les autres faits analogues que j'ai déjà relevés.

P. 218. Les observations de M. Franz (p. 754) montrent que le commencement de l'inscription de Gerasa doit être restitué ainsi qu'il suit :

[Ὑπὲρ τύχης καὶ σω]τηρίας αὐτ[οκράτορος τοῦ κυρίου ἡμῶν Κ]αίσ[αρος T. Αἰλί]ου Ἀδρ[ιανοῦ Ἀντωνεί[νου Σεβ. Εὐσεβ. π.] π. καὶ Αὐρηλίου Κα[ίσ]αρ[ος υἱοῦ αὐ-] τοῦ καὶ τῶν[τέκνων αὐτοῦ], etc.

P. 259. Outre *Chrysormos*, *Chrysaor* et *Chryséros*, il a pu y avoir, dans le papyrus, *Chrysermès* (Χρυσέρμης), nom qui se lit dans une inscription. (Ross, *Inscript. gr.* n° CXCI, l. 1.)

Μηναπίων peut être composé avec le nom du dieu *Lunus* (Μήν, Μηνός), aussi bien qu'avec celui de μήνη, lune.

P. 295. M. Franz croit que, dans la phrase ἀπέλυσε... καὶ τῆς ἀμπελίτιδος τὸ κεράμιον, ce dernier mot dépend aussi de ἀπέλυσε, pris dans le sens de ἀφῆκε.

P. 367. Il émet, de plus, l'opinion que cet *Eupator* n'est autre qu'un premier fils d'Épiphane, dont l'histoire n'a pas parlé, parce qu'il était mort très-jeune (p. 737 suiv.). Cette opinion me semble fort vraisemblable, et je renonce volontiers à celle que j'ai proposée.

P. 371. M. Franz aime mieux lire cette fin ainsi :

ὅπως ποιήσης [καθάπερ ἀξιοῦσι, συντάσσων μηδέν]α
ἐνοχλεῖν αὐτούς...

P. 377, 378. Malgré la vraisemblance de ma correction, ΛΟΧΙΑΔΙ pour ΜΟΧΙΑΔΙ, je dois avouer qu'elle me paraît maintenant peu soutenable, parce que la leçon ΜΟΧΙΑΔΙ se trouve dans les copies de M. L'Hôte et de sir Gardner Wilkinson, et que mon savant confrère, M. Ampère, m'a dit s'être assuré que cette leçon est bien celle de l'original. Il faut donc admettre que Μοχιάς sera une épithète d'Isis, tirée soit d'un attribut, soit d'un nom de lieu, comme *Ménuthias*, *Thermuthias*, etc.

P. 378. Il paraît que l'auteur de l'inscription de l'amulette a voulu faire un distique; car, si la première ligne, εἶς Βαΐτ, εἶς Ἀθώρ, μία τωνεια (?) εἶς Ἄχωρι, ne peut être ramenée à aucun vers régulier, la seconde, χαῖρε πάτερ κόσμου, χαῖρε τρίμορφε θεός, est un pentamètre fort passable.

P. 394. Il doute (p. 755) que les βασιλισ7αὶ doivent être assimilés à ceux qu'on appelait οἱ περὶ τὸν Διόνυσον καὶ θεοὺς Εὐεργέτας τεχνῖται. C'était, à son avis, une *confrérie religieuse*, mais non des τεχνῖται ou *artistes*.

J'ai dit que les membres de cette confrérie étaient au nombre de *trente et un*; M. Franz n'en compte que *vingt-neuf*; il trouve que ce nombre peut se rapporter à celui des années de règne d'Évergète II, d'où l'on pourrait conclure que la date de l'inscription est de l'an 142 à 141; ce qui lui paraît une confirmation de mon opinion sur l'année de la naissance de Soter II et d'Alexandre.

ADDITIONS ET CORRECTIONS. 537

Mais peut-on exclure du nombre des membres de la *confrérie* le prostate Papias et Denys le grand prêtre? Or ils complètent le nombre de *trente et un*.

P. 409. M. Franz (p. 749) lit la première ligne de l'inscription οἰκ]οδομαῖς Τανὸν θεὸν ἱδρύσαντο, et il croit que Τανός est une divinité égyptienne. Je suis tout à fait de son avis. Il émet, de plus, l'opinion que ces lettres sont le reste d'un vers hexamètre précédé d'un autre, ce qui a dû former cette inscription entière :

[Ἀντ' εὐεργεσίας ἀνδρες ξένοι ἀενάοισιν
Οἵδε πρὸς οἰκ]οδομαῖς Τανὸν θεὸν ἱδρύσαντο.

Le sens de ces deux vers est très-plausible. C'est tout ce qu'on peut exiger d'une leçon conjecturale.

P. 425. Dans le passage d'Arrien (11, 5, 12), la leçon Μαλλοί a été changée en Μαλλῶται par le nouvel éditeur, M. Ellendt, d'après trois manuscrits.

P. 459. A la première ligne du n° LII, M. Franz (p. 756, 757) lit : Πο. Οὐράνιος ὁ καὶ Τουτώριος ou Τοῦτος, et Ll... μετ Πετ ου Σεμπ]ρωνίου.

Au lieu de Σενσκείτη, il lit Σενσκειτηνῇ, d'après l'analogie de Βορειτηνή, Λευκοφρυηνή. Il faut pourtant remarquer que cette finale en ηνή, pour les épithètes de certaines divinités, ne se trouve, jusqu'ici, qu'en Asie Mineure.

Le même savant critique croit qu'à la l. 5 il faut lire ὤρυξα et non ἀνώρυξα.

NOUVELLES REMARQUES SUR DEUX PASSAGES DE L'INSCRIPTION DE ROSETTE.

J'ai admis que le décret de Rosette avait été rendu à l'occasion du *couronnement* d'Épiphane (t. I, p. 241, 265). Depuis, je suis revenu sur cette opinion, et j'ai reconnu

que l'an ix d'Épiphane n'était pas celui de son *intronisation*, et que c'était un simple *anniversaire* de son *avénement*, qui avait eu lieu le jour même de la mort de son père, le 17 méchir ou 28 mars de l'an 204. Son *couronnement*, ou son *intronisation*, n'eut lieu que l'année d'après. J'avais, de plus, établi, que le jour de l'*avénement* d'Épiphane était le même que son *jour éponyme*, ce qui a été contesté. J'ai discuté ces points dans une note lue à l'Académie, et que je vais reproduire, parce qu'elle intéresse en plusieurs points la *chronologie des Lagides*, qu'elle rectifie ou confirme en plusieurs points de mon commentaire.

I.

Le jour de l'avénement d'Épiphane est le même que son jour éponyme.

Pour suivre cette discussion, il est bon d'avoir sous les yeux le tableau chronologique du règne d'Épiphane jusqu'à la date du décret de Memphis (p. 266).

Le passage controversé est ainsi conçu :

L. 47. Καὶ ἐπεὶ τὴν τριακάδα τοῦ μεσορή, ἐν ᾗ τὰ γενέθλια τοῦ βασιλέως ἄγεται, ὁμοίως δὲ καὶ [τὴν.....] ἐν ᾗ παρέλαβεν τὴν βασιλείαν παρὰ τοῦ πατρὸς ἐπωνύμους νενομίκασιν ἐν τοῖς ἱεροῖς, αἳ δὴ πολλῶν ἀγαθῶν ἀρχηγοί πᾶσίν εἰσίν, ἄγειν τὰς ἡμέρας ταύτας ἑορτ[ὴν καὶ πανήγυριν ἐν τοῖς κατὰ τὴν Αἴ]γυπ7ον ἱεροῖς, κατὰ μῆνα.

Et puisque le xxx de mésori, dans lequel on célèbre la naissance du roi, ainsi que [le......,] dans lequel il a succédé à son père, les prêtres les ont reconnus pour éponymes dans les temples, jours qui sont en effet, pour tous, l'origine de grands biens, ils les célébreront désormais chaque mois par une fête en son honneur et une panégyrie dans les temples d'Égypte.

Les prêtres disent donc que ces deux jours, qui étaient déjà reconnus pour épo-

538 ADDITIONS ET CORRECTIONS.

nymes auparavant, seront, de plus, désormais, célébrés, à l'occasion de la présente cérémonie, par des fêtes et des solennités particulières.

Le premier de ces jours est le xxx de mésori, douzième mois de l'année égyptienne; c'est le jour où l'on célébrait les *généthliaques*, c'est-à-dire l'anniversaire de la naissance du prince. Épiphane était donc né le dernier jour du douzième mois de l'année, lequel jour, en 196 avant J. C., répondait au 8 octobre julien proleptique. Sur ce point, nulle difficulté.

Le deuxième jour éponyme est celui où Épiphane *avait reçu la couronne de son père*, où il *lui avait succédé*, c'est-à-dire le *jour de son avénement*, ἐν ᾗ παρέλαβεν τὴν βασιλείαν παρὰ τοῦ πατρός. Il ne peut y avoir de doute sur le sens de ces mots, et il serait fort superflu de l'établir de nouveau, s'il n'avait pas été contesté par nos savants confrères.

Le verbe composé παραλαμβάνειν, comme le substantif παράληψις, sont les mots propres pour exprimer la transmission par succession ou héritage. Ainsi l'expression παραλαμβάνειν τὴν ἀρχήν ou τὴν βασιλείαν est caractéristique pour signifier qu'un magistrat ou un roi est arrivé au pouvoir ou à la couronne après un autre; παραλαμβάνειν est alors tout à fait synonyme de διαδέχεσθαι, ἐκδέχεσθαι ou παραδέχεσθαι, à la seule différence qu'il ne peut, en ce cas, se passer du complément παρά τινος, c'est-à-dire de l'indication de la personne à qui l'on succède, de qui l'on a reçu le pouvoir; aussi, quand il s'agit de la transmission de la couronne de père en fils, le complément παρὰ τοῦ πατρός accompagne le verbe, comme on le voit dans toutes les occasions où cette idée se rencontre, et, en particulier, dans l'inscription de Rosette, où l'expression παρέλαβεν τὴν βασιλείαν se trouve *trois fois*, et autant de fois avec l'addition παρὰ τοῦ πατρός.

Il n'en est pas de même du substantif παράληψις, qui, indiquant d'une manière absolue *la prise de possession*, n'est point suivi du complément. C'est ce qui explique pourquoi, dans cette même inscription, on trouve aussi *trois fois* l'expression ἡ παράληψις τῆς βασιλείας, et jamais avec l'addition παρὰ τοῦ πατρός. Ainsi, l. 7, à l'endroit où il est dit que la panégyrie de Memphis a pour objet *la prise de possession*, on lit ἡ πανήγυρις τῆς παραλήψεως τῆς βασιλείας; aux lignes 28 et 45, où il est parlé de ce qu'il est d'usage de faire, lors *de la prise de possession de la couronne*, on lit : τὰ νόμιμα ou τὰ νομιζόμενα τῇ παραλήψει τῆς βασιλείας, sans l'addition de παρὰ τοῦ πατρός. Seulement, la première fois que cette locution se rencontre, comme on voulait insister sur le titre auquel Épiphane était arrivé au trône, après πρὸς τὴν πανήγυριν τῆς παραλήψεως τῆς βασιλείας, le rédacteur a mis les mots ἣν παρέλαβεν παρὰ τοῦ πατρός; les deux autres fois, il s'en est dispensé; ce qui, en effet, était devenu parfaitement inutile : preuve de plus que le mot παράληψις ne pouvait être suivi du complément.

Telle est la vraie théorie de ces deux expressions; ce qui ne peut laisser de doute dans aucun esprit raisonnable.

On voit par là que, si le texte démotique, comme on l'a remarqué après Champollion, n'offre pas, en cet endroit, la circonstance exprimée dans le grec par les mots παρὰ τοῦ πατρός, il faut que ce soit une erreur du traducteur égyptien, qui n'a pas compris l'indispensable nécessité de ces deux mots, ou bien une pure inadvertance du graveur qui a transcrit le texte démotique sur la pierre ; d'autant plus que le texte hiéroglyphique, dans le passage correspondant[1], porte « la prise « de possession de la puissance royale à « *la place de son père*, » comme le traduit Champollion[2].

Il est donc de toute évidence que les mots ἐν ᾗ παρέλαβεν τὴν βασιλείαν παρὰ τοῦ πατρός, qui désignent le second des deux jours éponymes, ne peuvent signifier que *le jour où il hérita de la couronne de son père*, c'est-à-dire *le jour de son avènement à la couronne*; et c'est précisément parce que ce jour marquait son entrée dans la vie politique qu'on l'avait décrété *éponyme*, comme on avait décerné le même honneur au jour de sa naissance ; tous deux, selon l'expression adulatrice des prêtres, étant *l'origine de grands biens pour tous*, αἳ δὴ πολλῶν ἀγαθῶν ἀρχηγοί πᾶσιν εἰσιν.

Il serait facile maintenant de connaître avec une suffisante approximation la date précise de ce deuxième jour, et de remplir la lacune de la ligne 47, quand même nous n'aurions aucun autre secours pour y parvenir. La date du décret rendu par les prêtres, à cette occasion, est exprimée d'une manière très-nette (l. 4—6) : « L'an « IX... le 4 du mois xandique, le 18 méchir « des Égyptiens. DÉCRET. » Et plus bas : « Les « archiprêtres et prophètes qui, des tem- « ples du pays, *sont arrivés à Memphis* au- « devant du roi, pour la panégyrie de l'avé- « nement à la couronne qu'il a reçue de son « père, *s'étant réunis dans le temple de Mem-* « *phis* ce même jour (c'est-à-dire le 18 mé- « chir), ils ont déclaré, etc. »

Il y a ici deux circonstances : l'une *générale*, l'arrivée à *Memphis* des délégués du sacerdoce égyptien pour la panégyrie ; l'autre *particulière*, la réunion dans le *temple* pour la promulgation du décret rendu à cette occasion. Il est clair qu'une telle cérémonie devait durer plusieurs jours, deux ou trois, peut-être plus, comme on le voit par la panégyrie de *Phthah Socari*, dont il est fait mention dans un bas-relief de Médynet-Abou, et qui dura *trois jours consécutifs*, les 26, 27 et 28 athyr[3]. Dès lors, la circonstance doit avoir eu lieu, sinon le jour même de la principale cérémonie, tout au plus le lendemain ou le surlendemain ; par conséquent l'éponymie du prince doit avoir eu lieu le 17 ou le 16 méchir : c'est l'une de ces deux dates qu'on peut restituer, en toute assurance, sans crainte de se tromper de plus d'un jour.

La date du premier jour éponyme d'Épiphane, celui de sa naissance, est donc fixée, dans le texte grec, au 30 mésori. Celle du second jour se trouvait énoncée à la fin de la 46ᵉ ligne du texte grec, mais cette fin a disparu. Elle n'existe que dans les deux textes hiéroglyphique et démotique ; mais, par l'effet d'une inadvertance du graveur égyptien, il y a erreur de signe dans l'un ou l'autre texte. Le premier porte le 17 de méchir ; le second, 𓏏𓏏𓏏, le 17 du mois de la deuxième tétraménie de la végétation, ce qui répond à phaophi.

Champollion, qui, le premier, a remarqué cette discordance fâcheuse dans son

---

[1] Ligne 10 du texte hiéroglyphique. — [2] *Dictionnaire hiéroglyphique*, p. 295. — [3] Champollion, *Lettres d'Égypte*, p. 361.

mémoire sur la notation hiéroglyphique[1] des parties du temps, s'est prononcé sans hésiter pour la date du texte démotique, sans même donner le motif de son choix, qui, au premier abord, peut paraître arbitraire, puisqu'il semble n'y avoir aucune raison pour choisir entre ces deux dates, appuyées l'une et l'autre sur une autorité qui doit nous paraître d'égale valeur.

Ce motif est celui qui m'a déterminé moi-même; en effet, il ne pouvait échapper à Champollion que la date du 17 méchir est précisément celle qui résulte de l'ensemble du texte; puisque le jour de *l'éponymie* était le même que celui de *l'avénement*, dont la célébration amenait la réunion des prêtres à Memphis. Cette réunion et la cérémonie ne pouvaient avoir lieu que le *jour même*, ou tout au plus *la veille* du décret; la date du 17 méchir, marquée dans le texte démotique, réunit donc tous les caractères de la vérité. Celle du 17 phaophi, au contraire, mettant quatre mois d'intervalle entre la cérémonie et le décret rendu par les prêtres assemblés pour cette même occasion solennelle, est évidemment impossible, et il m'a paru, comme à Champollion, qu'on ne pouvait y songer ni s'y arrêter le moins du monde. Aussi n'avais-je pas cru nécessaire de la discuter dans mon commentaire. Je m'étais contenté de dire que ceux qui, s'écartant, sur ce point, de l'avis de Champollion, voudraient préférer la date du texte hiéroglyphique, s'attacheraient à une opinion *insoutenable* (p. 321). Je persiste dans mon dire, et je ne puis être ébranlé par les observations qui ont été faites sur le plus ou moins de facilité paléographique à commettre l'erreur dans l'un ou l'autre texte. Ceci n'est point une simple question de paléographie, c'est une question de bon sens; car, dès le moment que le jour de l'éponymie est celui de l'avénement qui marque aussi l'époque de la cérémonie de Memphis, le point est définitivement jugé et la date du 17 méchir paraîtra la seule possible.

Mais le jour de l'avénement d'Épiphane n'était autre chose que celui de la mort de son père Philopator. Car, en Égypte, où la maxime *mort le roi, vive le roi*, était en vigueur, la succession était immédiate, et ces deux jours se confondaient toujours en un seul. Il s'ensuit, de toute nécessité, que la date du 17 méchir, pour l'avénement, est purement fortuite. Le 17 méchir, ou 26 mars, tombe au voisinage de l'équinoxe vernal, parce qu'en l'an 196 cet équinoxe est arrivé le 24 mars, deux jours avant. Mais, comme ce jour a autant de chance qu'aucun autre dans l'année pour être celui de la mort de quelqu'un, je n'ai trouvé nulle difficulté à admettre qu'il fût celui de la mort de Philométor, conformément aux exigences de l'histoire, et, par conséquent, qu'il fût le jour de l'avénement de son fils.

On a prétendu que cette rencontre, loin d'être fortuite, tenait à un usage, depuis longtemps reçu, de couronner les rois lors de l'équinoxe vernal; et que, s'il y a deux jours de différence, cela tient à l'imperfection de l'astronomie égyptienne qui, dit-on, ne pouvait déterminer un équinoxe à deux jours près.

Cette inexactitude n'est pas très-vraisemblable, quand il s'agit, non d'une ob-

---

[1] *Mém. sur les signes employés pour la notation des divisions du temps*, p. 20. — *Acad. des inscr.* t. XV, p. 92 et suiv.

servation isolée, sur laquelle on pouvait, sans doute, commettre une telle erreur, mais de la détermination qui avait dû être répétée et vérifiée cent fois dans l'hypothèse que l'on admet, puisque les Égyptiens devaient attacher une grande importance à l'observation d'un fait astronomique qui aurait joué un si grand rôle dans leur histoire.

Toutefois, je n'insiste pas sur cette difficulté, parce que l'opinion dont il s'agit prête à une difficulté bien plus grande, et, on peut le dire, tout à fait matérielle.

La preuve que le voisinage du 17 méchir et de l'équinoxe vernal est ici un *pur effet du hasard* se tire de la nature même de ce quantième; on a vu que c'est celui de *l'éponymie* d'Épiphane. Or cette éponymie, ainsi que toutes les autres, était établie à un jour fixe dans un mois; il a donc correspondu au 17 méchir, pendant toute la vie d'Épiphane, comme le jour de sa naissance au 30 mésori; mais, comme ces jours étaient placés dans un calendrier vague, leurs rapports avec les points fixes de l'équinoxe et du solstice variaient d'un jour tous les quatre ans; si donc le 17 méchir a correspondu, dans la neuvième année d'Épiphane, avec le surlendemain de l'équinoxe, huit ans auparavant, lors de l'avénement d'Épiphane, il correspondait au 28 mars. Au contraire, la coïncidence des deux jours n'a été complète que dans la dix-septième année de ce prince, où le 17 méchir a correspondu avec le 24 mars; et, l'année de la mort d'Épiphane, son éponymie tombait le 22 mars, deux jours avant l'équinoxe. C'est donc par l'effet naturel du roulement de l'année vague dans l'année fixe que le 17 méchir a correspondu avec le 26 mars, lors du décret de Rosette. L'équinoxe n'est entré dans aucune considération pour cette époque, qui est celle de l'éponymie.

Indépendamment de la preuve qui se tire de l'inscription de Rosette elle-même, il suffisait de se souvenir de ce qui se pratiquait à l'époque où les rois montaient sur le trône, pour être sûr qu'il n'en pouvait être autrement. L'année vague des Égyptiens, due, sans doute, d'abord, à l'imperfection des connaissances astronomiques, avait été ensuite conservée par la religion; et les Égyptiens, au dire de Géminus (l. 6), regardaient comme un principe duquel il n'était plus permis de s'écarter, que toutes les fêtes devaient, à leur tour, et dans un espace de 1461 ans, passer par tous les jours de l'année naturelle. Ils tenaient tant à ce principe, qu'ils faisaient jurer aux rois, en montant sur le trône, de ne rien changer en ce qui tenait au calendrier, et de conserver intact le mouvement successif des fêtes (*Schol. Germ.* t. II, p. 71, éd. Buhle). Serait-il vraisemblable d'admettre que, pour l'époque même où l'on faisait ce serment solennel, on eût choisi une époque fixe, comme l'équinoxe ou le solstice, et donné un démenti si flagrant aux institutions du pays? On pourrait regarder comme certain qu'il en était autrement, quand même l'inscription de Rosette ne le montrerait pas d'une manière si claire. On a donc ici prêté aux Égyptiens une intention qu'il n'ont pu avoir; et l'on a cherché de l'astronomie là où il n'y a qu'un usage fondé sur toutes les habitudes religieuses du pays.

Ces observations me dispensent de discuter les arguments (avancés à l'appui d'une coïncidence qui n'existe pas) tirés de bas-reliefs égyptiens, dont on ne sait rien, sinon que leur signification, quelle qu'elle soit, est tout autre que celle qui leur est attribuée par notre confrère ; ce qu'il me serait facile de démontrer, si cela pouvait être nécessaire.

Je me bornerai, sans entrer ici dans plus de détails, à justifier un point du tableau chronologique que j'ai rapporté plus haut.

La première année d'Épiphane y est fixée au jour de son avénement, c'est-à-dire au 17 méchir, et non au 1er thoth précédent ; tandis que toutes les autres années de son règne commencent le 1er thoth. On a trouvé une contradiction dans cette différence d'époque ; c'est, au contraire, une expression fidèle de ce qui a dû se passer.

En effet, lorsqu'un prince mourait, sa femme, un de ses enfants ou un de ses plus proches parents, lui succédait *le même jour*. Si ce jour, par le plus grand hasard, se rencontrait le 1er de thoth (le jour de l'an), l'année civile tout entière ne répondait qu'à une seule année de règne ; mais, comme il est toujours arrivé que la mort du prince a eu lieu dans le cours d'une année, cette année s'est trouvée toujours partagée entre deux règnes. Les actes publics de la première partie de l'année avaient pour date la dernière année du règne précédent, et ceux de la deuxième partie étaient marqués par la première année du règne suivant. Celle-ci commençait donc le jour de la mort du prédécesseur ; mais elle ne durait que jusqu'au 1er thoth de l'année suivante, auquel commençait la seconde année du règne : en d'autres termes, la première année du règne de tout prince, en Égypte, se composait du nombre de mois et de jours nécessaire pour compléter celle qui avait commencé sous son prédécesseur.

J'ai donc eu raison de ne point commencer la première année d'Épiphane au 1er thoh, comme je l'ai fait pour les suivantes. Si j'avais agi autrement, j'aurais perdu de vue que cette méthode de compter pour première année d'un prince, non-seulement la portion occupée effectivement par son règne, mais toute la partie qui avait appartenu à son prédécesseur, est étrangère à l'usage civil de l'Égypte, et a été inventée par les chronologistes alexandrins pour leur commodité particulière. Lorsqu'ils voulurent réduire les règnes dans une ère continue, et dresser le *canon des rois*, ils éprouvèrent quelque embarras, parce que, dans les annales des différents peuples soumis au régime monarchique, la durée de chaque règne était marquée isolément par année et mois, comme nous la voyons encore indiquée dans les listes de Manéthon. La dernière année d'un règne et la première du suivant se trouvant alors presque toujours réunies dans une même année civile, ils prirent le parti, afin d'éviter les erreurs provenant de doubles emplois, de compter uniformément pour première année d'un prince l'année tout entière où il avait commencé de régner, quand même il n'en aurait occupé que peu de jours. Ainsi, pour nous renfermer dans la partie de l'histoire qui nous occupe, Philopator, le père d'Épiphane, avait régné environ six mois au delà de dix-sept ans, mais les chronologistes ne lui comptèrent que dix-sept ans de règne, attribuant les six mois en sus à la première année de son fils Épiphane. C'est sur ce principe qu'est établie la table chronologique de Porphyre, rapportée par Eusèbe, et tout le canon des rois que nous donne Ptolémée. Mais cet arrangement artificiel est, comme je l'ai dit, purement chronologique, et j'aurais fait une grave inadvertance si j'avais placé le commencement *effectif* du règne d'Épiphane à un jour autre que celui de la mort de Philopator, c'est-à-dire le 17 méchir ou 26 mars.

II.

Le décret des prêtres a été rendu à l'occasion d'un anniversaire de l'avénement d'Épiphane, et non de son couronnement.

Ici se place une nouvelle observation sur le motif de la réunion des prêtres égyptiens à Memphis. Tout le monde a pensé que ce motif était le *couronnement* d'Épiphane après sa *minorité*. Cette opinion, que j'ai partagée également (p. 265 suiv.), se fondait, en premier lieu, sur ce qu'Épiphane avait dû être couronné un peu avant sa majorité, puisque Polybe dit qu'il le fut, *bien que l'âge ne pressât pas encore* (ὡς οὐδέπω μὲν τῆς ἡλικίας καθεπειγομένης, XVIII, xxxviii, 3). Or, en l'an ix de son règne, il n'en pouvait être éloigné, tandis que, l'année suivante, il l'aurait dépassé; et c'était une raison de croire que son couronnement avait eu lieu à l'époque du décret de Memphis; en second lieu, cette grande cérémonie ayant été accompagnée de la prise du *pschent*, ou de la coiffure royale, devait avoir le *couronnement* pour objet principal.

Je partageai donc, sur ce point, l'opinion de tout le monde, bien qu'elle me parût offrir beaucoup de difficultés. En y réfléchissant davantage, ces difficultés, qui m'avaient tenu en suspens, se sont présentées à mon esprit avec plus de force, et je me crois à présent certain qu'Épiphane n'a été couronné que l'année suivante, en sorte que la panégyrie mentionnée dans le décret de Rosette avait pour but de célébrer, non pas son *couronnement*, mais le huitième anniversaire de son avénement.

Et d'abord, il n'y a pas un mot dans l'inscription qui soit relatif au *couronnement* du jeune prince ou à son *intronisation*; ce qu'on exprimait par le mot ἀνακλητήρια, *fêtes de la proclamation*, terme dont Polybe se sert deux fois, à propos du couronnement d'Épiphane (XVIII, xxxviii, 3) et de celui de Philométor ou d'Évergète II (XXVIII, x, 8); ou par le substantif ἐνθρονισμός et les verbes ἐνθρονίζειν ou ἐνθρονίζεσθαι, qu'emploie Diodore de Sicile en parlant d'Évergète II (XXXIII, 13). Dans l'inscription, au contraire, on ne voit rien de tel : il n'est jamais question que de la παράληψις τῆς βασιλείας, qui est l'*avénement* au trône. Ainsi les prêtres disent qu'ils se sont réunis à Memphis, non pour la panégyrie du *couronnement*, ce qui serait exprimé par les mots : πρὸς τὴν πανήγυριν τῶν ἀνακλητηρίων ou τοῦ ἐνθρονισμοῦ, mais pour la panégyrie de l'*avénement*, πρὸς τὴν πανήγυριν τῆς παραλήψεως τῆς βασιλείας, et de même dans les deux autres exemples. Cela ne peut réellement indiquer qu'un anniversaire des *cérémonies de l'avénement* et non le *couronnement* du prince. Voyons maintenant les difficultés qu'on peut opposer à ce fait, qui paraît si nettement indiqué.

On se demande, d'abord, pourquoi la cérémonie de Memphis, si elle n'eût été qu'un anniversaire, aurait été célébrée avec une distinction si particulière? et ensuite pourquoi cet anniversaire devint l'occasion des grands honneurs rendus au jeune roi par le sacerdoce égyptien? Cela est expliqué dans le décret, où l'on voit qu'Épiphane venait justement de conduire à bonne fin une longue guerre avec les révoltés du Delta, guerre commencée sous le règne précédent et achevée dans la huitième année du sien (l. 24), peu de temps avant le huitième anniversaire de son avénement. Pour le célébrer (πρὸς τὸ συντελεσθῆναι (αὐτῷ τὰ) προσήκοντα νόμιμα τῇ παραλήψει τῆς βασιλείας), il vint à Memphis, amenant avec lui les chefs des révoltés, et leur infligea la punition de leurs crimes, vengeant ainsi les dieux, son père et sa propre couronne (l. 28, ἐπαμυνῶν τῷ πατρὶ καὶ τῇ ἑαυτοῦ βασιλείᾳ πάντας ἐκόλασε καθηκόντως).

En tout ceci, nulle mention d'*intronisation ni de couronnement*. On n'y voit qu'un *anniversaire*, celui de l'avénement, παράληψις ; on n'y parle point de la majorité du roi, et rien ne dit qu'il ne fût pas encore *mineur*. Cette observation nous explique, pour la première fois, d'une manière complète, un mot de l'inscription qui m'avait toujours paru obscur, c'est l'épithète de νέος, que l'on donne à Épiphane au commencement, βασιλεύοντος τοῦ νέου..... Πτολεμαίου.

J'avais pensé, comme tout le monde, que cette épithète se rapportait à ce qu'Épiphane fut couronné lorsqu'il n'était pas encore majeur. Mais, en tout cas, il n'était pas fort loin de sa majorité, car l'expression déjà citée de Polybe, *l'âge ne pressant pas encore*, à propos du couronnement d'Épiphane, indique bien que, si le prince n'avait pas tout à fait atteint sa majorité, il n'en était pas bien loin ; et nous allons voir qu'en effet il s'en fallait peu qu'il n'y fût arrivé. Il était donc inutile de l'appeler encore νέος ; car, devenant *majeur* par le fait même de son couronnement, il ne devait plus recevoir ce titre de νέος, qui ne peut réellement s'expliquer d'une manière parfaitement satisfaisante que si le prince était encore *mineur*[1].

Ce fait se rattache très-probablement à une autre circonstance qu'il sert à expliquer.

Il résulte, en effet, de mon observation, que l'anniversaire de l'avénement qui marquait le commencement de chaque année de règne était célébré, à Memphis, par tous les collèges sacerdotaux de l'Égypte, réunis dans cette ville, qui venaient *au-devant du roi*, ἀπαντήσαντες τῷ βασιλεῖ (l. 8) ; à la ligne 17, il est dit que le roi « a « dispensé les députations sacerdotales de « descendre chaque année jusqu'à Mem- « phis, » ἀπέλυσεν τοὺς ἐκ τῶν ἱερῶν ἐθνῶν τοῦ κατ' ἐνιαυτὸν εἰς Ἀλεξάνδρειαν κατάπλου. Ceci veut dire que, jusque-là, les députations avaient été assujetties, chaque année, lors de l'anniversaire, à venir au-devant du roi jusqu'à Alexandrie ; mais qu'à partir de cette année il les dispensait de venir jusqu'à cette ville, et il leur accordait de s'arrêter à Memphis, lieu où les cérémonies devaient être célébrées.

Tout semble donc concourir à montrer qu'il ne s'agit ici que de l'anniversaire de l'avénement.

Mais on pourrait tirer une objection de la circonstance exprimée à la ligne 45, où il est dit que le prince est entré dans le temple la tête couverte de la coiffure royale appelée *pschent*. On sait que cette *coiffure double* était un symbole de la basse et de la haute Égypte, et une sorte d'expression

---

[1] Mon savant confrère, M. de Saulcy, dans son Analyse grammaticale du texte démotique de la pierre de Rosette (p. 42), confirme entièrement mon explication du mot νέος ; puisque, selon lui, les mots βασιλεύοντος τοῦ νέου y sont rendus, en égyptien, par : *sous le règne de l'enfant*, ce qui ne peut absolument s'appliquer qu'à un roi *mineur*.

ADDITIONS ET CORRECTIONS.

de la domination sur tout le pays. On a donc cru pouvoir assimiler l'action de se coiffer du pschent avec le *couronnement*; mais c'est là une pure hypothèse. Aucun texte ne dit que les rois ne prissent le *pschent* que dans cette seule circonstance; et les monuments nous les montrent la tête ornée de cette coiffure, non-seulement dans des cérémonies religieuses qui n'ont aucun rapport avec un couronnement, mais même dans des scènes de guerre ou de triomphe, et particulièrement dans celle qui est si souvent répétée, où le roi tient, d'une main, les cheveux de plusieurs ennemis, et, de l'autre, va les frapper de son arme redoutable. Il s'ensuit que le *pschent*, coiffure exclusivement réservée aux *dieux* et aux *rois*, était pris par ceux-ci dans diverses circonstances solennelles, religieuses ou guerrières, et même pendant leur minorité, puisqu'ils étaient *rois* dès leur avénement, quelque *jeunes* qu'ils fussent. Il n'est donc pas étonnant qu'Épiphane mît le *pschent* sur sa tête avant d'entrer dans le temple pour y célébrer les cérémonies anniversaires de son avénement.

Dans la solennité dont il s'agit, célébrée l'an IX du règne d'Épiphane, on doit donc voir simplement le huitième de ces anniversaires. Son *couronnement* ou son *intronisation* (ἐνθρονισμός) ne peut avoir eu lieu que le 17 méchir de l'année suivante, et l'on remarquera que, même à cette époque, il n'avait pas encore atteint sa majorité; circonstance qu'on doit respecter, puisqu'elle repose sur le texte de Polybe; mais le prince en approchait beaucoup. En effet, d'après mon tableau, au 17 méchir de l'an IX, jour de la cérémonie de Memphis, il n'avait que douze ans et cinq mois; un an plus tard, le même jour, il s'en fallait encore de sept mois qu'il eût atteint sa quatorzième année, époque de sa majorité, ce qui est parfaitement conforme aux paroles de Polybe : οὐδέπω μὲν τῆς ἡλικίας κατεπειγούσης, *l'âge ne pressant pas encore.*

Je résume cette discussion en peu de mots :

1° Le jour de la deuxième *éponymie* d'Épiphane était à la fois celui de son avénement, de la mort de son père et de la panégyrie de Memphis;

2° La date du texte démotique, pour le jour de cette éponymie, est la seule possible;

3° La panégyrie de Memphis avait pour objet de célébrer le huitième anniversaire de l'avénement d'Épiphane encore mineur (*νέος*), et non pas son couronnement, qui n'eut lieu que l'année suivante, à pareil jour, c'est-à-dire le 17 méchir de l'an 195 avant notre ère.

ADDITIONS ET CORRECTIONS
DU TOME II.

§ I. SUR LES INSCRIPTIONS GRECQUES DU PYLÔNE DE PHILES.

Le chapitre relatif à Philes était imprimé, avant que j'eusse reçu de M. Lepsius le dessin de la planche XXI, qui donne toutes les inscriptions gravées autour de la grande figure, à la paroi gauche du pylône (pl. XVIII, A[1] F); et de M. Durand, compagnon de voyage de mon savant confrère et ami M. Ampère, celui de la planche XIX[2]. C'est encore à M. Durand que je dois le dessin de la planche XX, fig. D[3]. Il s'ensuit que la situation de plusieurs des inscriptions gravées sur le pylône n'avait pas été indiquée bien exactement. Je vais rectifier ces erreurs, en indiquant ici la place de chacune d'elles, marquée par le numéro du texte, sur les cinq planches relatives au pylône :

N°ˢ du texte.	N°ˢ des pl.	N°ˢ du texte.	N°ˢ des pl.	N°ˢ du texte.	N°ˢ des pl.	N°ˢ du texte.	N°ˢ des pl.
LVII.	XIX.	LXXIV.	XXII.	XCIII.	XIX.	CXIV.	XXI.
LVIII.	XXII.	LXXV.	XX.	XCIV.	Id.	CXV.	XIX.
LIX.	XIX.	LXXVI.	XXI.	XCV.	Id.	CXIX.	Id.
LX.	Id.	LXXXI.	XX.	XCVI.	Id.	CXX.	Id.
LXI.	XXII.	LXXXIV.	Id.	XCVII.	Id.	CXXI.	Id.
LXII.	Id.	LXXXV.	Id.	XCVIII.	Id.	CXXII.	Id.
LXIII.	Id.	LXXXVI.	XIX.	CV.	XXII.	CXXIV.	XVIII.
LXIV.	Id.	LXXXVII.	XX.	CVII.	XIX.	CXXXII.	XXI.
LXV.	Id.	XC.	XXI.	CVIII.	XXI.	CXXXIII.	XVIII.
LXIX.	XIX.	XCI.	Id.	CXII.	Id.	CXXXIV.	XXI.
LXXII.	XX.	XCII.	XIX.	CXIII.	Id.	CXXXV.	Id.
LXXIII.	XXII.						

Sur la pl. XXI, qui représente la grande figure royale, M. Lepsius s'est contenté d'indiquer le commencement des inscriptions; cette indication suffira pour les re-

---

[1] La lettre A, sur cette figure, doit être effacée.

[2] En avant de la figure, effacez le chiffre CVIII, qui doit être reporté sur la planche XXI, au-dessus de l'inscription ΓΑΙΟC ΙΟΥΛΙΟC (par erreur du dessin ΙΟΦΛΙΟC), qui fait face à la main gauche de la figure.

[3] M. Durand a omis, par erreur, l'A à la fin de la seconde ligne de l'inscription LVIII. Cette lettre est très-distinctement marquée dans la copie de M. Lenormant.

ADDITIONS ET CORRECTIONS.

connaître, d'après le texte complet que j'en ai donné dans l'ouvrage.

Comme je ne discernais pas bien le commencement de quelques-unes, j'ai prié M. Lepsius de vouloir bien m'envoyer le *fac-simile* des inscriptions, dans l'espoir qu'il y en aurait que je ne connaissais pas ; ce qu'il a fait avec une extrême complaisance. J'ai vu, par là, que j'avais déjà trois de ces inscriptions (les n°⁵ LXV, CVIII, CXXXIV), pour lesquelles les *fac-simile* n'ont fait que confirmer mes lectures ou restitutions, ainsi que je l'indiquerai plus bas, aux pages correspondantes. Mais, de plus, j'y ai reconnu plusieurs nouveaux fragments de peu d'importance, que je transcris pour ne rien omettre.

1° A la droite du n° CX, je distingue :

ΔΙΟΝΥCΙΟC
ΜΑΙΟΥ
ΚΥΝΗΜΑΤWΝ
ΤWΝΜΕΠΕΠΟΗΚΑ

Διονύσιος [Πτολε-]
μαίου [τὸ προσ-]
κύνημα τῶν [φιλούν-]
των με πεπόηκα.

« Moi, Dionysius, fils de Ptolémée, j'ai « fait le proscynème de ceux qui m'aiment. »

2° A gauche du n° CXX :

ΝΗΜΑΑΠΟΛ
ΚΑΙΠΟCΕΙΔWΝ
ΤΗCΜΗΤΡΟCΚΑΙ
ΤΟΥΑΔΕΛΦΟΥ

[Τὸ προσκύ]νημα Ἀπολ-
λωνίου [καὶ Ποσειδων-]
ίου καὶ] τῆς μητρὸς καὶ
. . . . .τοῦ ἀδελφοῦ

3° Au-dessous :

ΔΙΚΑΙCΑ
ΕΠΑΡ

Ἰσι]δι καὶ Σα[ράπιδι....
..... ἔπαρ[χος]....

4° Une quatrième, dont je n'ai pu trouver la place, commence ainsi :

..... ΠΡΕΙCΚΟCΗ
ΥΝΗ..CΑΕΦΑ

où l'on ne peut guère discerner que Πρεί-σκος ἥ[κω καὶ προσεκ]ύνησα....

Pages 8-10. Toutes les objections qui m'avaient été adressées, sur la prétendue impossibilité de ces bas-reliefs égyptiens sculptés en travers d'inscriptions grecques, sont à présent détruites par l'existence bien constatée d'une inscription *hiéroglyphique* et *démotique*, du temps d'Épiphane, traversée par des sculptures égyptiennes, exécutées sous Ptolémée Dionysos ou Aulète. Elles existent à la face orientale du temple d'Athor (pl. IX, C). De même qu'au pylône de Philes, les caractères de la double inscription, partout où elle n'est pas atteinte par la sculpture, sont lisibles, au point que M. Lepsius d'abord, M. Ampère ensuite, ont pu en tirer une empreinte lisible.

Ce fait intéressant a été exposé et mis dans tout son jour par M. Lepsius, en deux lettres qui m'ont été adressées. (*Revue archéologique*, t. IV, p. 1-19 et 241-252.)

P. 15. Je crois à présent, d'après la place que les inscriptions grecques occupent sur le dessin que m'a envoyé M. Lepsius (pl. XXII), que la grande figure du roi victorieux a été exécutée antérieurement au règne d'Auguste.

P. 30. Le *fac-simile* envoyé par M. Lepsius confime mes leçons : καρποφόρου et κατ' ὄνομα.

P. 31. L'*iota* surabondant ne se trouve pas seulement après W, mais après A ; ainsi, dans une inscription des syringes (n° CCCXVIII), on lit ΗΚΑΙ pour ἧκα.

P. 42, l. 21. Lisez n° LXX.

P. 48. C'est Διοπολίτης que le dernier éditeur de Ptolémée, M. Nobbe, a choisi avec raison (IV, 5, 67). Les motifs exposés dans le texte, sur cette orthographe, ne permettent pas d'hésiter entre Αἰγοσπολίτης et Αἰγοπολίτης (Lobeck, *Phryn.* p. 665). La dernière leçon est la seule bonne.

P. 54 et suiv. A cet égard, j'ai donné beaucoup plus de détails dans ma dissertation *sur les noms* Κλεοφᾶς *et* Κλεοπᾶς (*Rev. archéolog.* t. I, p. 485). Je me contente d'y renvoyer.

P. 100. Κτῆσις, Νίκις, Δεῖνις; lisez Κτήσις, Νίκις, Δείνις.

P. 101. Le mot *cinædi* est encore employé par Pline le jeune (*Epist.* IX, 17, 1): *... quia scurræ, CINÆDI, moriones mensis inerrabant.*

Σαμβύκας a le sens de σαμβυκιστρίας, comme ailleurs dans Polybe, VIII, 8. Cf. Meineke *ad Menandr.* Ῥαπιζομ. p. 197.

P. 125. Le *fac-simile* envoyé par M. Lepsius confirme, sur tous les points, le texte que j'ai tiré des trois copies que j'avais de cette inscription. La ligne la plus importante, la dernière, qui contient la double date, s'y trouve exactement telle que je l'ai donnée (p. 129).

P. 138. Le *fac-simile* porte réellement **AYTOY** (l. 4), non ATOY, qui ne faisait pas de sens.

P. 140. C'est le même nom, Πετυβάσθης, qu'on retrouve, sous une autre forme, dans le Πυτουβάσθης, pour Πετουβάσθης, de Sozomène. (*Hist. eccl.* VI, 30, p. 685, B.)

P. 143. M. J. Franz, dans un article que je n'ai connu qu'après l'impression de ces feuilles (*Rheinisches Museum*, neue Folge, III, Jahrg, S. 290), a reproduit cette inscription, sans rien changer au texte que j'en avais donné depuis longtemps.

P. 153. Dans ce même article, il a donné également la suivante (n° CXIII), et son texte diffère peu de celui que j'ai tiré de mes copies. Ces différences proviennent, en partie, de ce que M. Franz n'a eu sous les yeux que la copie de M. Gau. Ainsi je n'ai rien à changer à mes leçons, excepté au dernier vers, καλά, exigé par le dialecte, au lieu de καλή.

P. 155. Le même critique a aussi expliqué cette troisième inscription dans le même recueil. Il y a reconnu, de son côté, l'anagramme syllabique qui fait de cette épigramme un jeu d'esprit, unique, jusqu'à présent, en son espèce.

P. 161, l. dern. Ἐποίησε, lisez ἐπόησε.

P. 165. Inscr. l. 3, au lieu de Διονυσιάδου, on doit plutôt lire Διονυσίδου.

P. 177. L'ordre dans lequel les cartouches sont ici placés ne correspond pas exactement à leur transcription à la page suivante. Le n° 7 doit être remis à la place du n° 5, et le n° 5 deviendra l'avant-dernier. La lecture de ce cartouche est douteuse. On peut y voir une variante orthographique du nom d'*Aurelius*, AVPΛI. Le nom de *Verus* serait alors exprimé par les deux premiers signes du huitième cartouche $\overset{x}{\underset{n}{\rightleftharpoons}}$. On a ainsi la légende entière : *Lucius Aurelius Verus. Toujours vivant.*

P. 200. Dans un papyrus de Leyde, on trouve mentionné un personnage qui est, à la fois, un ἀρχιερεύς et un προφήτης. Pap. II, col. 3, l. 14 et 15. Leemans, p. 124.

P. 233, n° CLVIII. La croix ansée, indiquée ici, a été omise sur la planche XXII.

P. 237, l. 23. Au lieu de Ἀγλαοφάνου ou νους, il a pu y avoir Ἀγλαοφάντου.

Ce que j'ai dit du nom de Πανδοκόδωρος, et des autres du même genre, a été développé et complété dans mes *Observations*

ADDITIONS ET CORRECTIONS. 549

sur les noms propres grecs. (*Annales de l'Institut archéologique*, t. XVII, p. 295.)

Lorsque j'écrivais la page 238 (l. 20), je n'avais pas remarqué la signification de l'adjectif πΤοῖος dans Πτοιόδωρος. J'ai depuis reconnu que c'est l'épithète de l'Apollon *Ptoüs* (Πτῷος), en Béotie. (Mêmes *Observat.* p. 296.)

P. 244. J'ai fort mal lu le mot ΣΟΦΩ-ΝΙΝΑΟϹ, Σοφρώνιμος (pour Σωφρόνυμος); on lira de préférence Σοφώνυμος de σοφός et de ὄνομα, comme Ἱερώνυμος; ou même, conservant le premier nom Σόφων, qui est celui d'un auteur culinaire, on peut lire la suite Ἴλαος, Ἴλλος, Ἴλαρος.

P. 251, l. 12. Lisez : « Phidon, fils d'Am-
« bryon, crétois, ô héros! t'a consacré ces
« vers et les honneurs qui te sont dus;
« donne-lui un heureux retour. » Dans ΣΩΙ-ΖΟΜΕΝΟΙ, l'insertion de l'*iota* est une orthographe fréquente dans les manuscrits. (Cf. Boisson. *ad Babriam*, p. 9.) La correction ἐνταυθοῖ est inutile, ΕΙΤΑΥΤΟΙ pouvant se lire, sans changement, εἴ τ' αὐτοί.

§ II. SUR LES PLANCHES RELATIVES AUX SYRINGES DE THÈBES.

Huit de nos planches (de XXIII à XXX) ont été consacrées à recevoir les copies *figurées* de cent vingt-deux des inscriptions des Syringes, je dis *figurées*, parce que Champollion, Salt et sir Gardner Wilkinson, qui les ont copiées, ont évidemment eu l'intention de les représenter telles qu'ils les voyaient. Ainsi, sans être des *fac-simile*, elles peuvent être considérées comme des *imitations* qui en reproduisent d'une manière assez exacte les caractères paléographiques. Nos planches en sont des calques fidèles, que l'on pourra consulter avec confiance, pour vérifier et contrôler les textes que j'ai tirés de ces copies.

Et, afin que cette collation se fasse sans aucune difficulté, je donne ici deux tables de concordance entre les numéros que portent les inscriptions dans mon ouvrage, et ceux qui leur correspondent sur les planches. Rien de plus facile que d'aller chercher dans le texte, au moyen de l'une, les numéros correspondants à ceux des planches; et, de l'autre, sur les planches, les numéros correspondants à ceux du texte.

PREMIÈRE TABLE.

Pl.	Texte.	Pl.	Texte.	Pl.	Texte.	Pl.	Texte.
1	CCLXVII.	14	CCLXIV.	26	CCXXVII.	39	CCXXXIV.
2	CCLXXIV.	15	Oubliée (Ἡρακλείδης Ὥρου).	27	CCXLVI.	40	CCL.
3	CCLXXII.			28	CCXXX.	41	CCLIII.
4	CCLXXVI.	16	CCLVI.	29	CCLII.	42	CCXXXVII.
5	CCLXXIII.	17	CCLIX.	30	CCXXXII.	43	CCXLVIII.
6	CCLIV.	18		31	CCXLVII.	44	CCXXXVI.
7	CCLXVIII.	19	CCLVII.	32	CCXXXVIII.	45	CCXXXV.
8	CCLXX.	20	CCLVIII.	33	CCXXXI.	46	CCXL.
9	CCLXXI.	21	CCLXV.	34	CCXXIV.	46 bis. CCXLII.	
10	CCLV.	22	CCXXVI.	35	CCXXV.	47	CCXXXIII.
11	CCLXXI.	23	CCLI.	36		48	(V. p. 551. col. 1).
12	CCLXIX.	24	CCXLIX.	37	CCXXV.	49	CCXLIV.
13	CCLXXV.	25	CCXXIX.	38		50	CCXLI.

ADDITIONS ET CORRECTIONS.

Pl.	Texte.	Pl.	Texte.	Pl.	Texte.	Pl.	Texte.
51	CCXLV.	71	CCXC.	89	CCCXVII.	108	CCCIX.
52	nom propre omis.	72	CCXCI.	90	CCCVII.	109	CCLXXX.
53	CCXXXIX.	73	CCXIV.	91	CCCVIII.	110	CCCX.
54	CCXXXVIII.	74	CCVIII.	92	CCCXVI.	111	CCCXIV.
55	CCLXXVII.	75	CCXCII.	93	CCCII.	112	CCCXI.
56	CCLXVIII.	76	CCXCIII.	94	CCXXII.	113	CCCXV.
57	CCLXXIX.	77	CCXCV.	95	CCXX.	114	CCCXII.
58	CCLXXXI.	78	CCXCIV.	96	CCXXIII.	115	CCCXIII.
59	CCVI.	79	CCXCVI.	97	CCXII.	116	CCXVI
60	CCVII.	80	CCXCIX.	98	CCXI.	117	CCCXVIII.
61	CCLXXXII.	80 bis.	CCC.	99	CCLXIII.	118	CCCXIX.
62	CCIV.	81	CCXCVII.	100	CCXXI.	119	CCCXX.
63	CCLXXXIII.	82	CCXCVIII.	101	CCLX.	120	CCCXXI.
64	CCLXXXIV.	83	CCCIV.	102	CCLXI.	121	(à tort 123) CCI.
65	CCIX.	84	CCCIII.	103	CCXIII.	122	CCIII.
66	CCLXXXV.	85	CCCV.	104	CCLXII.		
67	CCLXXXVI.	86	CCX.	105	CCXV.	Pl. XXXVII.	{ CCCLXXV. CDXI. CDXII. CDXIII. }
68	CCLXXXVII.	87	CCCVI.	106	CCXIX.		
69	CCLXXXVIII.	88	CCCI.	107	CCXVII.		
70	CCLXXXIX.						

DEUXIÈME TABLE.

Texte.	Pl.	Texte.	Pl.	Texte.	Pl.	Texte.	Pl.
CCI.	121	CCXXV.	35, 36 / 37, 38	CCXLVI.	27	CCLXVIII.	7
CCIII.	122			CCXLVII.	31	CCLXIX.	12
CCIV.	62	CCXXVI.	22	CCXLVIII.	43	CCLXX.	8
CCVI.	59	CCXXVII.	26	CCXLIX.	24	CCLXXI.	9, 11
CCVII.	60	CCXXVIII.	32	CCL.	40	CCLXXII.	3
CCVIII.	74	CCXXIX.	25	CCLI.	23	CCLXXIII.	5
CCIX.	65	CCXXX.	28	CCLII.	29	CCLXXIV.	2
CCX.	86	CCXXXI.	33	CCLIII.	41	CCLXXV.	13
CCXI.	98	CCXXXII.	30	CCLIV.	6	CCLXXVI.	4
CCXII.	97	CCXXXIII.	47	CCLV.	10	CCLXXVII.	55
CCXIII.	103	CCXXXIV.	39	CCLVI.	16	CCLXXVIII.	56
CCXIV.	73	CCXXXV.	45	CCLVII.	19	CCLXXIX.	57
CCXV.	105	CCXXXVI.	44	CCLVIII.	20	CCLXXX.	109
CCXVI.	116	CCXXXVII.	42	CCLIX.	17 et 18	CCLXXXI.	58
CCXVII.	107	CCXXXVIII.	54	CCLX.	101	CCLXXXII.	61
CCXIX.	106	CCXXXIX.	53	CCLXI.	102	CCLXXXIII.	63
CCXX.	95	CCXL.	46	CCLXII.	104	CCLXXXIV.	64
CCXXI.	100	CCXLI.	50	CCLXIII.	99	CCLXXXV. à CCXCI.	66 à 72
CCXXII.	94	CCXLII.	46 bis	CCLXIV.	14		
CCXXIII.	96	CCXLIV.	49	CCLXV.	21		
CCXXIV.	34	CCXLV.	51	CCLXVII.	1	CCXCII.	75

ADDITIONS ET CORRECTIONS. 551

Texte.	Pl.	Texte.	Pl.	Texte.	Pl.	Texte.	Pl.
CCXCIII.	76	CCC.	80 bis	CCCVIII.	91	CCCXV.	113
CCXCIV.	78	CCCI, CCCII.	88, 93	CCCIX.	108	CCCXVI.	92
CCXCV.	77	CCCIII.	84	CCCX.	110	CCCXVII.	89
CCXCVI.	79	CCCIV.	83	CCCXI.	112	CCCXVIII.	117
CCXCVII.	81	CCCV.	85	CCCXII.	114	CCCXIX.	118
CCXCVIII.	82	CCCVI.	87	CCCXIII.	115	CCCXX.	119
CCXCIX.	80	CCCVII.	90	CCCXIV.	111	CCCXXI.	120

P. 288. Ma conjecture à l'égard de la leçon ΤΕΥΤΙC, que je lis ΞΕΥΞΙΣ, est confirmée par l'exemple de ΤΕΥΞΙΑΔΗΣ, nom d'un sculpteur dans l'inscription de la statue d'Hypéride (Spon, *Miscell. erud. antiq.* p. 137). Visconti a montré qu'il faut lire ΞΕΥΞΙΑΔΗΣ (Ζευξιάδης). *Iconogr. gr.* t. I, p. 272.

P. 291. J'ai omis de placer ici, après le n° CCXLIII, l'inscription marquée du chiffre 48 sur la pl. XXV, qui se lit : Ἀρχέδημος Δωσιθήου (pour Δωσιθέου), ὡς ἐτῶν K. « Archédémus, fils de Dosithée, « âgé de vingt ans. »

Le chiffre 52 de cette même planche est celui du nom propre ΚΑΛΛΙΜΑΧΟΣ, qui a été omis dans le texte.

P. 295, n° CCXLVIII, 1re ligne de la traduction, effacez *admirateur de l'art*.

P. 297, CCLVII. C'est par inadvertance que j'ai introduit ici le nom Ἀμαξωνίου; il ne se trouve que dans le n° CCLVIII. Ce numéro-ci a été donné non-seulement par Champollion, mais aussi par M. Hamilton.

P. 310, CCC. On pourrait lire .... νοτάριος, plutôt que νόμαρχος; et τούτου se rapporterait à quelque nom précédent. Νοτάριος est un mot latin grécisé, employé par les Grecs du Bas-Empire, pour dire *greffier*, γραμματεύς, ὑπογραφεύς. En ce cas, l'inscription serait d'une époque fort récente, peut-être chrétienne.

P. 315, l. 7, lisez Πηλουσιώτης. — L. 21, lisez Ἀσκληπιᾶς. Ce nom doit être la forme alexandrine de Ἀσκληπιόδωρος.

P. 316, l. 4, ajoutez : M. Hamilton donne aussi ΚΤΗCΙΑC ΗΠΑΙΩΝΟC, que je lis Κτησίας Ἡραίωνος. Le deuxième nom n'est pas connu; mais il est un dérivé de Ἡραῖος, qui se trouve sur une monnaie de Cyme (Mionnet, *Suppl.* VI, p. 10), et qui, comme Ἡραιεύς, Ἡραίς, Ἡραίσκος, dérive de celui de la déesse Ἥρα.

P. 324, note, et p. 325, n. 1. Retranchez : « Voyez le mémoire à la fin du vo- « lume. » J'avais alors l'intention de réimprimer le volume sur Memnon ; j'ai changé d'avis.

P. 403, l. 7 de l'inscription, au lieu de σἸῶμα, lisez σἸρῶμα.

P. 418, n° CDXII. Lisez : « Ce fragment « annonce que *Sabinius Fuscus*, *præfectus* « *legionis* IX *Hispanicæ* (ou *Hispanæ*), a en- « tendu *deux fois* le colosse, la troisième « année de..... le... des ides de mars, « le III des calendes, ides et nones d'un « autre mois. »

Rien ne dit que la IXe légion Hispanique ait jamais été cantonnée en Égypte ; mais Sabinius Fuscus, le préfet de cette légion, a pu venir, en curieux, visiter l'Égypte et ses monuments.

P. 442, l. 1. Le nom ΛΕΝΓΙΜΑC, peut être celui de ΛΟΝΓΙΝΑC, qu'on trouve dans une inscription de Kalapsché, n° 30.

P. 443, n° CDLXXII. J'avais raison de

croire égyptien le nom de OPCHC; on le trouve comme tel dans les inscriptions de Khardassy, n°ˢ 23, 26, 47.

P. 450. M. J. Franz a déjà remarqué que L n'est pas la lettre initiale de Λυκά-6ας, mais doit être une sigle (*Elementa epigraph. græcæ*, p. 375). Que cette sigle réponde au mot ἔτος, c'est maintenant ce que prouvent les deux inscriptions citées dans le texte.

P. 543, col. 1, l. 21. κατεπειγομένης, lisez : κατεπειγούσης.

TABLE ANALYTIQUE

DES

MATIÈRES CONTENUES DANS CE VOLUME.

SUITE DE LA Ire CLASSE.

INSCRIPTIONS RELIGIEUSES.

IVe PARTIE.

HOMMAGES RELIGIEUX, OU PROSCYNÈMES ET ACTES DE PRÉSENCE DES VOYAGEURS ANCIENS.

SECTION Ire. ÉGYPTE ET LES DÉSERTS DES DEUX CÔTÉS DU NIL.

§ I. *Philes* (n°s LVII—CLII). Avant Aulète (n°s LI—LXII). Chronologie des deux rois Alexandre, 20-22. — Règne d'Aulète (LXIII—CVII). Chronologie d'Aulète et de ses enfants, 68-95. — Tableau de leur règne, 95-98. — Règne d'Auguste (CVIII—CXXI). Tableau chronologique du règne d'Auguste, 137. — Règne de ses successeurs, jusqu'à Marcien (CXXII—CLI). Du paganisme après l'édit de Théodose, 205-217. Ère de Dioclétien, 217-228.

II. *Senskis* ou *Senskeit* (CLIII).
III. *Grottes de Silsilis* (CLIV—CLXVIII. V. la pl. XXIX).
IV. *Temple à l'est d'Élithyia* (CLXIX—CLXX).
V. *Petit temple de Latopolis* (CLXXI—CLXXIV, pl. XXIII).
VI. *Hydreuma de Panium* (CLXXV—CC).
VII. *Syringes ou tombeaux des rois à Thèbes* (CCI—CCCXXIV, pl. XXIII à XXX).
VIII. *Colosse de Memnon* (CCCXXV—CDXIII, pl. XXXI—XXXVI). — Inscriptions datées, 328-384. — Inscriptions non datées, grecques, 386-410; — latines, 410-418. — Concordance des numéros du texte et de ceux des planches, 419.
IX. *Carrières de brèche verte* (CDXIV—CDXCVII). A. Vallée de l'Hamammat, 423-442. — B. Vallée de Foakhir, 443-452.
X. *Gebel-Abou-Fedah*, près de Monfalout (CDXCVIII—DVI).
XI. *Grottes de Tell-Amarna* (DVII—DXXIV).
XII. *Grand sphinx de Memphis* (DXXV—DXLII).

554 TABLE ANALYTIQUE DES MATIÈRES.

§ XIII. *Pyramides de Memphis* (DXLIII—DXLV). A. Du revêtement des pyramides, 487-500. — B. Découverte des restes du revêtement, 501-506. — C. Des hiéroglyphes qui décoraient extérieurement les pyramides, 506-518.

XIV. *Oasis de Thèbes* (DXLVI—DLIX). A. Douch-el-Qalah, 519. — B. Pylône du temple d'El-Khargeh, 522. — *Oasis de Syouah* (DLX, DLXI).

XV. *Alexandrie* (DLXII). Inscription du Phare.

ADDITIONS ET CORRECTIONS DU TOME I.

Nouvelles remarques sur deux passages de l'inscription de Rosette.

§ I. Le jour de l'avénement d'Épiphane est le même que son jour éponyme, 537.

II. Le décret des prêtres a été rendu à l'occasion d'un anniversaire de l'avénement d'Épiphane, et non de son couronnement, 543.

ADDITIONS ET CORRECTIONS DU TOME II,

§ I. Sur les inscriptions grecques du pylône de Philes, 546.

II. Sur les planches relatives aux syringes de Thèbes, 549.

www.ingramcontent.com/pod-product-compliance
Lightning Source LLC
Chambersburg PA
CBHW070833230426
43667CB00011B/1783